# STRASSBURGER

# Zunft- und Polizei-Verordnungen

des

## 14. und 15. Jahrhunderts.

# STRASSBURGER
# Zunft- und Polizei-Verordnungen

des

## 14. und 15. Jahrhunderts.

Aus den Originalen des Stadtarchivs

ausgewählt und zusammengestellt

von

J. BRUCKER

**Nebst einem Glossar zur Erläuterung sprachlicher Eigenthümlichkeiten**

von

J. BRUCKER & G. WETHLY.

STRASSBURG

VERLAG VON KARL J. TRÜBNER.

1889

Elsäss. Druck. vorm. G. Fischbach, Strassburg.— 2623.

# VORWORT

Es wird hier, Dank gütiger Unterstützung des Gemeinderaths unserer Stadt, den hiesigen Kreisen die für die Vergangenheit Strassburg's eine regere Theilnahme bewahrt haben, so wie der Gelehrtenwelt überhaupt, eine Auswahl ungedruckter Dokumente dargeboten, welche für die Entwicklungsgeschichte der Gewerbe und des wirthschaftlichen Lebens, so wie für die genauere Kenntniss der polizeilichen Einrichtungen im Mittelalter, von wirklichem Interesse sein dürften. Sie wurde von dem inzwischen verstorbenen Stadtarchivar Brucker aus den zahlreichen Sammelbänden des Archivs zusammengestellt, welche die handschriftlichen und gedruckten Strassburger Stadtordnungen bis gegen Ende des vorigen Jahrhunderts enthalten, und von ihm mit den nothwendigsten Anmerkungen versehen. Leider ist es ihm nicht beschieden gewesen die mit Liebe und Verständniss unternommene Arbeit zu Ende zu führen. Herr Archivsekretär Krippendorf hat die Korrekturen besorgt; das unvollendet gebliebene Glossar ist von Herrn Gustav Wethly überarbeitet und fertiggestellt, dem Unterzeichneten aber ist der Auftrag geworden, dem er sich in dankbarer Erinnerung an alle die im Stadtarchiv verlebten, arbeitsvollen Stunden, gern unterzogen hat, das Leben des Hingegangenen, der ihm während eines Vierteljahrhunderts fœrdernd zur Seite gestanden und ein theurer Freund gewesen, in kurzen Umrissen zu schildern.

Johann Karl Brucker wurde zu Strassburg, im December 1816, in sehr bescheidenen Verhältnissen geboren. Nachdem er frühe seinen Vater verloren und mit der Mutter eine Zeitlang in Kolmar gelebt, kam er, gänzlich verwaist, in die Vaterstadt zurück und besuchte daselbst, einige Jahre lang, die unteren Klassen des Kleinen Seminars. Bald jedoch musste der Knabe, trotz seines lebhaften

Wunsches weiter zu studieren, auf seinen Lebenserwerb bedacht sein, und trat daher als Lehrling in die bekannte Buckdruckerei von Berger-Levrault ein. Nach beendeter Lehrzeit wanderte er, dem alten Herkommen gemäss, und das Felleisen auf dem Rücken, durch die Schweiz und einen Theil des südlichen Deutschland's, das Handwerk zu grüssen, sich in seinem Berufe zu vervollkommnen, und dabei mit offenem Blick die Naturschönheiten und die Menschen in der Fremde betrachtend.

Kaum in's Elsass zurückgekehrt, erfuhr er durch einen glücklichen Zufall, dass in dem Städtchen Hagenau, eine kleine Druckerei, allerdings in mehr als mangelhaftem Zustande, zu verkaufen sei. Mit dem Muth und dem glücklichen Selbstvertrauen der Jugend beschloss er die Gelegenheit nicht verloren gehen zu lassen, eine selbstständige Laufbahn zu beginnen, und mit Hülfe eines Kameraden, dem gerade eine kleine Erbschaft zugefallen, wurde die alte, schadhafte Holzpresse, nebst einigen Centnern noch schadhafterer Drucktypen und dem Reste des jämmerlichen Inventar's sein eigen.

Das Glück war dem unermüdlichen und sparsamen Manne nicht ungünstig. Bald konnte dem Freunde das geborgte Kapital zurückerstattet werden, und nach und nach schuf der redliche Fleiss ihres Leiters der Brucker'schen Druckerei in Hagenau selbst und der Umgegend eine wachsende Klientel; ein Wochenblatt wurde gegründet und die finanzielle Lage des Unternehmens war eine durchaus gesicherte, als die Februarrevolution ausbrach. Unser Freund warf sich mit der ganzen, ehrlichen Ueberzeugung, die ihm eigen war, zum Vertreter der freisinnigen Ideen in einem Kreise auf, der weniger vielleicht als irgend ein andrer im Elsass denselben zugänglich war, und liess in dem von ihm herausgegebenen Blatte die demokratischen Principien auch dann noch vertheidigen, als die immer heftiger und schonungsloser auftretende Reaktion bereits längst wieder den ganzen Staatsorganismus in ihre Hände gebracht hatte. So ward die Lage Brucker's in Hagenau bald eine sehr unangenehme; schliesslich wurde das von ihm verlegte Organ von den Strassburger Gerichten, weil es ohne bestellte Kaution politische Fragen behandelte, unterdrückt, und der Drucker selbst entging nur mit Mühe dem beantragten Gefängniss. So musste er sich am Ende noch glücklich schätzen das mit so grossen Anstrengungen in Blüthe gebrachte Geschäft mit

Verlust losschlagen zu können, und nicht ohne eine begreifliche Verbitterung kehrte er Hagenau für immer den Rücken.

Einige Jahre lang war nun Brucker, sei es in Strassburg selbst, sei es in Weissenburg und auf andern Punkten unseres Landes, mit Bauunternehmungen beschäftigt und nichts hätte damals die Vermuthung gerechtfertigt, dass er noch im reifern Mannesalter eine so ganz verschiedene Laufbahn betreten würde, als er im Beginn der sechziger Jahre die Bekanntschaft des damaligen Strassburger Stadtarchivar's Alfred Schweighæuser machte. Es war diess ein verdienstvoller und hochbegabter Gelehrter, aber menschenscheu und dabei fast immer krank, so dass er nach einem Vertrauensmanne suchen musste, der ihn in seiner archivalischen Thätigkeit unterstützen, oder, besser gesagt, ersetzen konnte. Für diesen bescheidenen und äusserst schlecht besoldeten Posten eine geeignete Persönlichkeit aufzufinden, war aber selbstverständlich nichts weniger als leicht, und Schweighæuser durfte sich daher glücklich schätzen, als Brucker, dem seine damalige Beschäftigung nicht mehr gefiel, auf seinen Vorschlag eingieng und darauf von dem damaligen Bürgermeister, Herrn Humann, zum Archivaradjunkten ernannt wurde.

Der neue Archivbeamte hatte nun wohl allerdings das wenige Latein, das er zur Zeit im kleinen Seminar zu Strassburg gelernt hatte, zumeist wieder vergessen, und das Mittelhochdeutsch der seiner Obhut nun mitanvertrauten Dokumente niemals zu erlernen Gelegenheit gehabt. Aber mit eisernem Fleisse setzte er sich an die Arbeit, und trotzdem die Jahre des Lernens längst bei ihm verflossen, gab er sich mit einem solchen Pflichtgefühl, einer solchen Energie des Willens der neuen Aufgabe hin, dass er in wenig Jahren den Erfordernissen derselben gerecht zu werden verstund. Schweighæuser, der den moralischen Werth seines Gehülfen und seine Arbeitskraft bald erkannte, liess ihm um so mehr auf dem Archive freie Hand, als er selbst nach dem Tode des hochverdienten Bibliothekar's Prof. Dr. Andreas Jung, mit Belassung seines bisherigen Amtes zum Vorsteher der Stadtbibliothek ernannt wurde, deren Verwaltung in ihrem damaligen Bestande eine volle Menschenkraft erforderte. Selten betrat er mehr die Räume des Archivs, in welchem nun Brucker sich ganz der auch materiell schwierigen Arbeit des Ordnens hingab, eine Arbeit, die seit den verheerenden Umwälzungen und Plünderungen in der Revolutionszeit eigentlich nie systematisch vorgenommen, geschweige denn durchgeführt worden war. Die alten Repertorien aus den Jahren vor 1789 stimmten in gar vielen Punkten nicht mehr, gewisse Rubriken waren durch den Pfalzsturm entweder vollständig zu Grunde gegangen oder hoffnungslos mit andern Abtheilungen des Archivs zusammengeworfen worden. Dieses alles zu entwirren war nun Brucker's Aufgabe; denn seine Vorgänger, mit Ausnahme des fleissigen und gelehrten Dr. Ludwig Schneegans († 1857), der aber doch mehr eigenen wissenschaftlichen Nachforschungen als der amtlichen, archivalischen Thätigkeit nachgieng, hatten ihm ungefähr Alles in dieser Richtung zu thun gelassen. Und mit dieser vorläufigen Ordnung war nur der kleinste Theil der ihm gestellten Aufgabe gelöst, denn nun galt es die alten Bestände des Archivs gemäss einer Ministerialverordnung des Jahres 1857, welche für sämmtliche Gemeindearchive Frankreichs dasselbe *cadre de classement* vorschrieb, neu zu gruppiren, eine hier durchaus verfehlte und oft geradezu schädliche Maasregel, da naturgemäss die darin festgestellten Rubriken in gar vielen Fällen auf die Archivalien der alten Reichsstadt mit ihren weit reichenden politischen Beziehungen durchaus nicht passten. Die Nachachtung dieses Persigny'schen Cirkular's, der er sich nicht ganz entziehen konnte, hat Brucker besonders in früheren Jahren manche unangenehme Stunde bereitet, wenn er sich auch später durch diesen offiziell vorgeschriebenen Rahmen weniger beengen liess.

Beim Eintreten in sein Amt hatte unser Freund es sich zur absoluten Pflicht gemacht, einer jeglichen andern Thätigkeit als der eines Ordners und Registrators des Archivs zu entsagen, und einzig und allein dieser so nothwendigen aber bescheidenen, und für nicht Eingeweihte gar nicht zu beurtheilenden Aufgabe sich zu widmen. Durch zähes Festhalten an diesem Entschluss gelang es ihm in verhältnissmässig kurzer Zeit eine, wenigstens summarische, Sichtung der verschiedenen «Archivgewölbe» durchzuführen, wobei ihm auch die einfachste materielle Beihülfe so sehr abging, dass er hunderte von Fascikeln, die einst im Juli 1789 in den Gossen und dem Strassenkothe des heutigen Gutenbergsplatzes gelegen, und deren Staubkruste seit jenem Pfalzsturme noch nicht entfernt worden war, selbst abwaschen und abbürsten, und deren zerrissene Blätter selbst zusammenleimen musste. Aus den Berichten des Stadtarchivars ging indess doch genugsam hervor, welche werthvollen Dienste der Adjunkt desselben in den letzten Jahren geleistet hatte, um den damaligen Maire zu bestimmen, Herrn Brucker zum Vorsteher des Archivs zu ernennen, als Schweighæuser im Jahre 1866, wegen zunehmender Kränklichkeit, um seine Entlassung bat und so die beiden von ihm verwalteten Aemter neu zu vergeben waren.

Mit doppelter Freudigkeit kehrte nun Brucker zur Arbeit in die dunkeln Archivräume auf dem Stadthause zurück. Wie eifrig der neue Titular auf Vermehrung der ihm anvertrauten Schätze bedacht war, ersicht man daraus, dass er es im Frühjahr des Jahres 1870 von der Stadtverwaltung als eine Begünstigung sich erbat, eine Masse von Dokumenten aller Art, — es waren über zwanzig tausend Stück, — die seit mehr als sechzig Jahren auf den Speichern der Neuen Kirche, über der Bibliothek, im Staube lagerten, nach dem Archive schaffen zu dürfen, um sie seinen Beständen einzuverleiben. Durch seinen Pflichteifer allein sind sie so von dem Feuertode gerettet worden. Mit welcher aufopfernden Sorgfalt, die ihn das eigene Heim mit den Archivräumen vertauschen liess, und unter welchen Aengsten er während der Belagerung Strassburg's die ihm anvertrauten Schätze bewachte und sie, als auch diese Räume nicht von Geschossen verschont blieben, in die Kellerräume des Stadthauses schaffte, lebt noch in eines jeden älteren Strassburger's Gedächtniss.

Der Gedanke an die durchgemachten Gefahren liess ihm auch dann keine Ruhe, als die Krisis längst vorüber war. Er versuchte die Aufmerksamkeit der neuen Stadtverwaltung, so wie auch die des grösseren Publikum's auf die seiner Obhut anvertrauten Dokumente zu lenken und den historischen Werth derselben klar zu legen, indem er im Jahre 1873 auf eigne Kosten einen Band herausgab[1], in welchem er in kurzen Umrissen über die Geschichte des Strassburger Archivs und seine Hauptbestandtheile, besonders was die politische Geschichte bis zum Jahre 1555 betraf, berichtete. Dass es ihm damals gelungen das Publikum im Allgemeinen für sein liebes Archiv zu begeistern, wagen wir nicht zu behaupten, aber mit

[1] Les Archives de la ville de Strasbourg, antérieures à 1790. Strasbourg, 1873, in-8°.

Freuden erfüllte ihn der bald darauf gefasste Beschluss der Stadtbehörde die nach und nach fertig gestellten Theile des Summarischen Inventar's, an welchem er seit so langen Jahren arbeitete, in Druck zu geben und so einheimischen wie auswärtigen Gelehrten zum ersten Male eine genauere Kenntniss der historischen Schätze zu ermöglichen, welche die Tausende von Fascikeln des Strassburger Stadt-Archivs enthalten. Mit der wichtigsten Abtheilung derselben, mit der eigentlich politischen, sollte der Anfang gemacht werden.

So trat denn die Frucht der mühsamen und bis jetzt nur von Wenigen beachteten Arbeit Brucker's von 1878 bis 1886 in vier stattlichen Quartbänden an die Oeffentlichkeit, mit lebhaftestem Danke von allen denjenigen begrüsst, die sich im letzten Jahrzehnt mit elsässischer und deutscher, ja selbst nur mit westeuropäischer Geschichte beschäftigt haben; denn weit über den Rahmen der engeren Landes- und Reichsgrenzen erstreckt sich für gewisse Zeiten das Interesse der darin verzeichneten Dokumente. Mag auch diese schöne, durch keinerlei Vorarbeiten, — wie an andern Archiven — geförderte Leistung unseres Freundes zu einzelnen kritischen Bemerkungen hie und da gegründeten Anlass bieten, so ist es doch Brucker's Verdienst, und sein alleiniges Verdienst, die ausgiebige Benutzung der im hiesigen Stadtarchiv vorhandenen, reichfliessenden, historischen Quellen zur Geschichte des spätern Mittelalters und dem Beginne der Neuzeit zuerst durch dieselbe ermöglicht zu haben.

So lange die Bearbeitung und Drucklegung der vier Bände dieser ersten und wichtigsten Rubrik des Inventar's gedauert, hatte der Archivar niemals dem, übrigens so berechtigten Hang der meisten seiner Berufsgenossen aller Länder nachgegeben, aus den ihm anvertrauten Schätzen zum Zwecke persönlicher Arbeiten zu schöpfen, und so seinen Namen in die Gelehrtenwelt einzuführen, die ihn nur als den eifrigen, jederzeit gern dienstbaren Beamten kannte. In seiner fast peinlichen Pflichttreue hätte er geglaubt seinen amtlichen Obliegenheiten zu nahe zu treten, wenn er seine Zeit auf Privatarbeiten verwendete; dazu kam wohl auch, dass der bescheidene Mann aus eigenen Kräften keine für die Wissenschaft nutzbare Arbeit liefern zu können befürchtete. Nicht ohne einen leisen Anflug von Kummer jedoch wies er dergleichen Aufforderungen, die zuweilen an ihn gestellt wurden, zurück, und als endlich der vierte Band des Inventar's die Presse verlassen, und er somit die Akten zur politischen Geschichte Strassburg's bis zur grossen Revolution, zum Abschluss gebracht hatte, liess er sich endlich durch aufmunternde Freunde bewegen an eine neue Aufgabe heranzutreten.

Es war ihm schon früher der Gedanke gekommen, eine Arbeit zu unternehmen, die man mit Recht als eine der wünschenswerthesten und nützlichsten zur Förderung unserer Lokalgeschichte bezeichnen darf. Während die politische und kirchliche Vergangenheit Strassburg's in umfassenden Arbeiten wie in Monographien, in Urkunden- und Dokumentensammlungen früher schon und bis heute, vielfach behandelt wurde, ist die ökonomische Geschichte der alten Reichsstadt erst nur in neuester Zeit durch Prof. Gustav Schmoller und einige seiner Schüler eingehenderer Betrachtung unterzogen worden. Die Durchsicht der zahlreichen Bände handschriftlicher Stadtordnungen, die das Archiv aufbewahrt, hatte Brucker ein lebendiges Bild des wirthschaftlichen Lebens Strassburg's im Mittelalter vor Augen gestellt. Sein lebhafter Wunsch war nun, seinen Mitbürgern — die er sich, etwas optimistisch vielleicht, gern in erster Reihe als seine Leser dachte — dieses anregende Bild der heimathlichen Vergangenheit gleichfalls vor Augen zu stellen. So machte er sich an die Arbeit, aus den alten, verblassten Registern die auch für sein geübtes Auge nicht immer leicht zu entziffernden Notizen auszulesen und schliesslich die ihm kulturhistorisch am interessantesten dünkenden nach ihrem Inhalte zusammenzustellen. Auf das Mittelalter beschränkte er sich absichtlich deswegen, weil vom XVI. Jahrhundert an diese Verordnungen sämmtlich im Druck erschienen, und vielfach, auch heute noch, in Bibliotheken und Privatsammlungen vorhanden sind, während diejenigen des XIV. und XV. Jahrhunderts bisher so gut wie unbenützt geblieben, und gerade sie ein reichhaltiges Material dem Historiker und dem Juristen zur Verfügung stellen.

So ist denn nach und nach der vorliegende Band entstanden, dessen Manuskript Brucker nach langem Bedenken, und nachdem ihm die wohlwollende und nicht minder wohlverdiente materielle Unterstützung der Gemeindeverwaltung dazu geworden war, in die Druckerei wandern liess, damit seine bald dreissigjährige Wirksamkeit als Stadtarchivar abzuschliessen gedenkend. Die Korrektur dieser Blätter füllte die letzten Mussestunden seines arbeitsamen Lebens aus. Schon sah er sich am Ziele, schon war der letzte Druckbogen des Textes in seinen Händen, und es fehlte nur noch ein kurzes Vorwort und eine Ueberarbeitung des Glossar's, als eine plötzliche Krankheit, den seit einigen Jahren nicht mehr so rüstigen Mann darniederwarf. Nach kurzem Leiden raffte ihn am 23. März 1889 eine Lungenentzündung dahin, ohne dass ihm noch die Freude gewährt worden, dieses Buch, den Liebling eines von Sorg' und Leid nicht verschont gebliebenen Lebensabends, abgeschlossen zu erblicken. Mit dem Tode Brucker's hat das städtische Archiv einen hingebenden, unendlich fleissigen und stets gefälligen Leiter, haben seine Mitbürger einen biedern Strassburger von altem Schrot und Korn verloren, und diejenigen, denen es vergönnt war ihm näher zu treten, betrauern einen unvergesslichen Freund. Denn man konnte nicht lange mit ihm verkehren und einen Einblick in sein inneres Leben gewinnen, ohne für diesen schlichten Ehrenmann die tiefste Achtung, für dies Gemüth ohne Falsch die wärmste Anhänglichkeit zu empfinden.

Möge diese seine letzte, nur auf einen frischen Grabhügel niedergelegte Arbeit den Namen Brucker's auch nach seinem Hinscheiden in der geschichtlichen Literatur seiner Vaterstadt lebendig erhalten! Möge die Arbeit des Todten von den Fachgenossen allen freundlich aufgenommen und beurtheilt werden, die ihm im Leben so vielfach zu Danke verpflichtet gewesen!

Strassburg, 18. Juli 1889. RUD. REUSS.

# Aechter-Ordnung.

**15. Jahrhundert.**

Stadtordnungen, vol. 14, fol. 22.

Wer by uns zû ohte ward geton, es sy von dotslegen, wunden oder von notzögen wegen, sie habent usz gesworn oder nit, die sollent alle wile das sie in den ohten sint nahtes ein myle sin von unser stat und sollent tages nit neher kommen dann uszwendig an unser stat burgbanne, es sy dann mit urloup meister und rats die dann sint, oder das ine sin weg ungeverlich in den burgbann trüge; und wer anders von den unsern begriffen wurde tages in unser stat burgbann und nahtes innewendig der mylen von unser stat zû zalende, dem sol man sinen kopf abslahen und sol man jn riehten über naht mit dem swerte.

Wer in der stette besserung ist, von wellicher hande sachen das ist, er sy in der ohte oder nit, der sol friden haben uszwendig des burgbannes von dem von deswegen er usz ist, von ime und allen sinen fründen, und sol ouch der von deswegen er usz ist fride haben in der stat und in dem lande vor ime und allen sinen fründen; und sol der meister jhenem so usz ist das gebieten mit der stette briefe ob er dem geriehte entwichen ist, oder aber mundt zû munde so er sweret usz zû sin; welher das brichet, der sol dulden die besserung die uf den gesetzt ist der der stette friden brichet; wil aber er nit frieden haben dem von deswegen er usz ist gefaren, was ime dann darnoch geschieht von dem von deswegen er usz ist gefaren oder von sinen fründen, es sy in dem burgbann oder uszwendig, darüber ist man im, noch der stat noch deheim siner fründe besserung schuldig, und sol der meister und der rat dem andern uf in beholfen sin.

**14. Jahrhundert.**

Stadtordnungen, vol. 29, fol. 3.

Es sol ouch dehein ehter dem in unserm burgban erlŏbet ist kein meszer noch scheide tragen daz lenger sy denn die mosze, und welher daz verbreche, der beszert es ouch alz es in unser stette bůch stat.

# Almosen-Ordnungen.

## 15. Jahrhundert.

Stadtordnungen, vol. 14, fol. 13.

Nochdem sich bitzhar ein grosse mennige des bettels zů Straszburg ernert und von vil landen hargetzogen, uf den bettel sich verburgert hat, und das almůsen von vilen ungöttlich genommen worden, sich lichtvertig und sündlich gehalten, ire kynde uf den bettel getzogen und den böse exempel vorgetragen; ouch etwan sie und ire kynder winterzit vor den kirchen erfroren und zů armen dürftigen worden, und aber dannocht das almůsen denjhenen, so des zům nottürftigsten gewesen, nit oder wenig, sunder den durch oberzelte unredliche lůt entzogen worden ist, deszhalb so hat ein ersamer rat der stat Straszburg, in betrachtung brüderlicher liebe, die got zům höchsten geboten und den menschen zů erlangung göttlicher gnaden und seligkeyt das best und erschiezlichst gůt werck ist, vier herren von den drytzehen, fünfzehen, ein und zwentzig und dem rat verordnet, ordenunge zů setzen und bedencken wie es nun fürter mit den bettlern, frömden und heimschen, ouch huszarmen lůten gehalten werden sol, domit der bettel vor und in den kirchen, ouch sunst uf den gassen und vor den hüsern abgestelt und vil böses so darusz erwachsen fürkommen werde.

Und umb das solche ordenunge desto basz gehandthabt, und man nit allezit ein ersamen rat mit solchen händeln, so sich in diser ordenungen begeben und fürfallen möchten, bekümbern dörf, so sollent allwegen vier herren von den XIII, XV, XXI und räten, als obstot, zů oberpflegern genommen und verordnet werden, und deren yeder zwei jor pfleger sin; es were dann das es ir einer, umb gots willen, gern lenger thůn und pfleger blyben wolt; und sollent noch uszgang des nehsten jors der XIII und der von dem rat abgon und zwen andere an derselben stat durch rete und XXI gekosen und verordent werden, und das ander jor der XV und der XXI, und aber zwen andere an ir stat gekosen und donoch für solcher gestalt gehalten und durch sie in mossen nochstot gehandelt werden.

Dieselben vier jetzt verordenten oberpfleger habent nün erberer, dapferer man von den nün pfarren erbeten und vermöcht, die die pflegde solcher bettlerordnunge gůtwilliglichen umb gotts willen zů thůn angenommen haben; by solcher zal sol es ouch fürter blyben und wie nochstot gehalten werden:

Nemlich so sollent alle jor dry meistere under den nün pflegern sin, und zům ersten von disen styften und pfarren genommen werden, nemlich von dem münster, von sant Steffan und sant Martin, und yeglicher vier monat meister sin; das ander jor von sant Thoman, sant Claus und sant Aurelien, und das dryt jor von dem jungen sant Peter, alten sant Peter und sant Andres.

Es sollent ouch dieselben dry meister von dem münster, sant Steffan und sant Martin von sant Michelstag an das jor usz meister sin und blyben, und noch uszgang des jors von der pflegde abgon, und andere usz den bestimpten styften und pfarren an ir stat gekosen und erbeten werden; donoch das ander jor die dry von sant Thoman, sant Claus und sant Aurelien, und das dryt jor die letzten dry von dem jungen sant Peter, dem alten sant Peter und sant Andres, und allewegen dry andere von den styften und pfarren, do die abgonden gewesen, durch die vier oberpflegere erkosen, genommen und erbeten werden, also das ein yeder drü jor pfleger sin und bliben sol.

Were ouch sach das eyner oder mer pflegere in solcher joracht tods abgingen oder das kranckheit halb sins libs nit gethün möcht oder sunst kein burger me zů Straszburg sin wolt, so sollent allewegen andere an derselben stat gemacht und verordnet werden, die ouch nit lenger an der pflegde sin und bliben sollent dann die abgangen gewesen sin solten.

Wurde ouch einer in der zit als er meister sin solt krangk, do man sich besserung zů ime versehen möcht, der sol einen under den andern zweyen meistern so das jor meister mit ime ist, oder so er derselben keinen möcht, einen usz den nünen erbeten der ine die zit siner kranckheit verwäse, domit sinethalben nützit versumpt werde.

Wurde ouch denselben dryen meistern oder dem der dann yeder zyt meister wer, ützit fürfallen dartzů er der andern zweyen oder der mitpfleger aller, ouch der vier verordenten herren des rats und regiments, nottürftig were, der sol dieselben thůn besenden und mit der rat in den fürfallenden händeln fürnemmen, handeln und strofen was und wie sich zymmen und gebüren wurt; es were dann das ein sach so grosz wer die irer art oder irem gůten bedüncken noch für ein ersamen rat gehört, so sol dieselb ouch dohin brocht werden.

Es habent ouch die vier verordenten eins rats, die oberpfleger mit sampt den nün erbettenen pflegern aller armen lůt hüser in diser stat Straszburg durchgangen, derselben armut, mangel und gebresten sich erkundet und so vil inen müglich erfaren, und daruf die stat in vier teyl, den vier styften noch, getheylt : nemlich das münster und sant Steffans kirspel ein theyl, sant Thoman, sant Martin und sant Claus der ander, alten sant Peter und sant Aurelien der dritt und der jungen sant Peter und sant Andres der vierd theyl sin, ouch denselben nün pflegern vier getruwer beeydigte knecht zugeben und verordnet.

Dieselben vier knecht habent geschworen einen eydt lyplichen zů got und den heyligen, den obgeschryben pflegern und meistern gehorsam und gewärtig zů sin, und das gelt so inen und ir yedem durch dieselben pfleger oder meister alle mittwuche gegeben wurt, stracks an die ort und ende jnen das empfolhen zů tragen und überantworten.

Sie sollent die wuchen under sich theylen, also das ye eyner umb den andern ein wuche uf den meister warten und zům wenigsten zům tag ein mol zů im lůgen sol, ob er sin und siner gesellen nottürftig, oder was ime sunst fürgefallen were, noch sinem bevelhe zů thůn was er yeder zit von ime bescheyden wurt.

Und umb das dieselben desto mynder geverden in solchem gelt umbtragen bruchen mögen, so sollent die meister yeder zit ire ernstlich nochfrogen daruf haben, ouch die knecht in den vier theylen verwächseln, also, das welcher ein wuche in eym theyl, die ander wuche in dem andern theyl umbtragen soll, domit das sie befinden mögen ob yeder das empfangen gelt yeder zit recht umbgetragen und, in mossen ime befolhen, überantwort habe.

Sie sollent ouch ir ernstlich nochfrogen by den nochburen thůn, ob sich einige personen so das almůsen empfohen eins unerbern wesens halten oder annemmen wurden, oder wo zwey armer by einander sässen die do nit elůt, oder sonst gewachssene kinder hetten, deren sie nit notturftig werent, oder sich sunst ir eins ungebürlich hielt, darusz kupplery, diebstal, spiel, füllery und ander übelthaten erfaren und enston möchten, das den meistern fürderlichen zů verkünden und anzůbringen, domit denselben das almůsen abgekürtzt und witer nit gegeben werde, so lang bytz sie sich eins solchen ab oder eelichen zůsammenthäten, wie frommen lůten gebürt.

Und wo ouch also kynder by armen lüten befunden, die ir brot verdienen und vater und můtter deren wol geraten möchten, die sollent zu frommen lůten verdingt werden, domit das sie etwas lernen und das almůsen den nottürftigen gehandtreicht werde.

Wo ouch yemans kranckheyt oder ander sachen halb sich mit dem wuchenlichen almůsen nit betragen möcht, das der knecht einer spüren und sehen kundt das ime witer hilfe zů haben not sin wurde, das sollent sie und ir yeder den meistern fürderlichen anzeigen, domit denen mit witer stůre ouch geholfen werden möge.

Und umb sollich unmůsz und arbeit so die knecht mit den pflegern und den armen haben werden, sol man ir yedem alle wuche 4 β δ zů lone geben, und solche belonnunge usz dem almůsen genommen werden.

Und uf das solch almůsen nit unzimlich verschwendt oder verthon werde, oder durch diejehnen so solch almůsen nemmen desto weniger in wurtshüsern, bierhüsern oder uf stůben verzert oder verspielt werden möge, so sollent alle die so das almůsen nüssen, es sy frow oder man, jung oder alt, nieman uszgenommen, ein zeichen offenlich an ime tragen, doby man sie erkennen möge; und wo ouch darüber yemans an solchen enden befunden wurt, dem sol das almůsen abgekürtzt und nit me geben werden; dann wil deren yemans zeren, der sol das in sinem huse by sinem wibe und kynden thůn und niergent arderswo.

Die obberürten nün pfleger und ir yeder sollent ouch ir getruw erfarung haben wo sie husarme lůte fynden, die sich das almůsen zů nemmen und das zeichen offenlichen zu tragen etwan irer eltern oder irs handwercks halben beschampten, und sich doch eins erbern wäsens hielten und nit betragen möchten, den sollent sie das almůsen ouch heymlichen mittheylen, und in ein sunder register zů den ungezeichten armen verschryben lossen.

Wo sich aber eelůt befynden do etwan der man des almůsens nottürftig und die frow ir brot noch wol gewynnen möcht und das zeichen nit tragen wolt, oder die frow des almûsens nottürftig und der man als obstat, so sol man dem nottürftigen das zeichen zû tragen geben und das ander das zeichen zû tragen nit schuldig sin, yedoch demselben ernstlichen verbieten sich des almûsens sins gemahels nit zû undernemmen noch des zû geniessen; und sol das so das almûsen nympt flysz thûn und so ee es mag des almûsens geroten, das zeichen wider überantworten.

Es sollent ouch dieselben nün pfleger zûm wenigsten alle vier wuchen ein mol, oder so oft sie gût und not bedunckt, one die knecht in aller armen lût hüser gon, sich by den armen lûten erkunden und erfaren ob inen das almûsen durch die obberürten vier knecht wuchenlich, in mossen inen bevolhen, gegeben werde oder nit, ouch ob sich dieselben armen by solchem almûsen betragen oder des nit mer oder so vil notturftig syent, oder sunst jung gewachssene kynde habent, die ir brötlin verdienen und sie deren geroten möchten, oder sich sunst yemans ungebürlichs, unerbers wesens hielt, das zû fürkommen und zû strafen was strafbar befunden wurt, uf das das almûsen nit ungöttlich genossen und uszgetheyelt werde. Deszglichen sollen die oberpfleger alle jor, zûm wenigsten zwey mol, in der armen lût hüser gon und die ersuchen, wie dann in den nehst obgeschriben artickel begryffen stot.

Und daruf sol after sant Michelstag nehstkünftig niemans, er sy frömbde oder heimsch, jung oder alt, man oder frow, in diser stat Straszburg, weder usz noch inwendig der kirchen, uf den gassen oder vor hüsern gestattet werden zû betteln oder heischen, uszgenommen die armen schüler so hie in den vier schûlen zû schûlen gondt, der doch nit me sin sollent dann hundert, nemlich im münster viertzig, zû sant Thoman zwantzig, zûm jungen sant Peter zwantzig und zûm alten sant Peter zwantzig, die ouch alle ein zeichen an inen tragen sollent, und ouch keinem der über sechszehen jor alt ist zeichen gegeben noch zû betteln gestattet werden, und sollent ouch nit me dann dry tag in der wuchen also vor den hüsern singen, nemlich zinstag, donrstag und samstag.

Es sollent ouch weder dieselben schüler noch die armen die das almûsen empfohen fürter zû den Carthûsern gon das almûsen zû holen oder heischen, dann wer das darüber thäte, der sol darumb gestroft und niemans nochgelossen werden.

Oder ob sie oder ir yemans von burgern oder andern inwonern bescheyden wurden das uberblybens by iren hûsern zû holen, das mögent sie thûn, und sol inen mit diser ordnunge nit abgestelt sin. Deszglichen sollent ouch derselben armen lût hüser mit eim sunder zeichen betzeichnet werden, uf das so yemans etwas in sim huse überblyben wurde, dasselb dem armen heim schicken möge.

Es sol ouch fürter niemans me mit der büchsen umbgon betteln, als bitzhar bescheen ist, usgenommen die armen blotterlût und der weysen samler, und sust niemans gestattet werden; deszglichen der armen sundersiechen clingeler ouch abgestelt sin.

Sodann der frömbden betller und landtstricher, ouch bresthaftiger und behafter lût halben, so ist verordnet, das dieselben weder in den kirchen oder uf den gassen betteln oder heischen sollen, sunder wo die durch die obberürten vier knecht oder ir einen befunden, mit denselben gehandelt werden sol als harnoch geschryben stot, nemlich :

Was also von armen bresthaftigen bettlern alhie befunden, die morgens früge vor mittag har in die stat kommen wärent, die sollent durch die knecht stracks für und abgewisen werden; welche aber noch mittag uf den obent harkäment, die sollent in die zwo bosen gewisen und morgens früge wider usz der stat abgevertigel werden, und globen in eim halben jor nit wider harin zû kommen zû betteln, und sol ouch derselben yedem 2 ẟ; und sowol zwey eelût mit kinden harkäment, sol doch nit me dann den zweyen alten, vater und mûtter, yedem 2 ẟ zû eim zergelt durch die knecht gegeben werden, und dem frömbden armen sundersiechen yedem 4 pfennig; und sollent ouch alle globen in eim halben jor nit wider in die stat zû kommen zû bettelen.

Man sol ouch den armen sundersiechen in dem gûtlûthuse hie fürter nit gestatten das almûsen in diser stat zû fordern, sunder die sollent von dem huse underhalten werden.

Wo ouch ein solcher darüber vor uszgang eins halben jors in diser stat bettelen befunden wurd, der sol durch die vier verordente knecht angenommen und in den thurn geleyt, ouch durch die verordenten pflegere, noch gestalt der sachen, gestroft werden.

Deszglichen so sol ein yeder schaffener in der ellenden herbergen ir bylger warnen und ernstlichen sagen ir strosz und usz der stat zû ziehen und hie in diser stat nit zû bettelen; dann wo ir eyner darüber bettelen funden, das der in den thurn geleyt und darumb, noch erkandtnisz der pfleger, gestroft wurd, sich des haben zû halten.

Und daruf sol man ouch alle jor den zollern uf der Rinbrucken und zu Grafenstaden bevelhen und in ire eyde bynden, alle bettler und bettlerin, deszglichen die behaften und blotterlût, so über die bruck in die stat begerendt, in glübde zû nemmen in der stat nit zû bettelen, sundern stracks für und durchzûziehen. Wo ouch die vier verordenten darüber einichen bettler hie finden wurden, der do hiesch, der über Rin oder die Ille für Grafenstaden harin kommen wärent, die sollent sie, by iren eyden, annemmen und in den thurn legen und das den meistern ye zur zyt anbringen, witer mit denselben zû handeln wie sich gebüren wurt.

Es sollent ouch dieselben vier verordenten knecht ir ernstlich ufsehen haben das kein arme lût, als dann zû vil molen bescheen ist, fürter in schyffen, uf wägen oder karrichen hargefürt werden; das ein fûrman oder schyfman darüber yemans also hargefûrt hett, dem sollent sie fürderlichen gebieten dieselben wider hinweg zû füren, oder aber ime sin schiff und geschyrr, rosz und wagen behämen und den meistern anbringen, witer zu handeln was sich gebüren wurt.

Item als dann bitzhar vil armer lût von dem lande harin getzogen und uf den bettel schultheissenburger worden sind, und aber ein artickel des schultheissen ordenunge verbüt das der schultheiss keynen also annemmen sol, do ist verordnet das es by solchem artickel blyben, und denjhenen so fürter also uf den bettel harin ziehen von dem almûsen nützit gegeben und ouch sunst zû betteln nit gestattet werden sol.

Wo ouch yemans, der sich eines unerbern, schandtlichen wäsens gehalten und in der jugent nit dienen oder arbeyten wöllen, befunden wurde, dem sol das almûsen ouch nit mitgetheylt, sunder der stat verwisen werden, uf das sich niemans uf solch almûsen verlosz und sich in sinen jungen tagen desto lichtfertiger halt.

Und uf das die armen mit narung noch notturft versehen und nit me vor den kirchen oder uf den gassen bettelen törfen, so haben die vier verordenten herren des regiments, mit hilf der nün erbettenen pfleger von den nün styften und pfarren, so vil by den styften, clöstern und richen burgern vermöcht, das sie verwilliget und zûgesagt habent den obbestimpten nün pflegern ire gestyfte almûsen und spenden jerlichs zû überlyfern ud zû hannden zû stellen.

So sol ouch in yeder styft und pfarren ein stock gemacht und doran mit grossen buchstaben geschryben werden, das wer den armen etwas stüren dasselb in den stock stossen wölle, zû welchen stöcken die dry meistere ein yeder ein slüssel haben sollen und die stöck, so oft sie es gût beduncken wurt, in bysin zweyer von den überigen pflegern und des schaffeners, ufthûn und das gelt in des schaffeners huse tragen und zalen, und dann das wuchenlichen usztheylen, in mossen vorgeschryben stot.

Es sollent ouch alle lûtpriester und predicanten durch die vier oberpfleger früntlich gebetten und ersucht werden an iren predigen, umb gotswillen, die armen inen lossen bevolhen sin und das volck zû ermanen ir handtreichung dotzû zû thûn, domit die armen mögent underhalten werden.

Und daruf sollent in allen pfarren lût erbetten werden, die do mit säcklin an stäblin umbgondt und den armen das almûsen darin samlen und dasselb gelt in die stöck, so dotzû in yeder kirchen gemacht werden sollent, stossen.

Es sol ouch ein fromer man zû eim schaffener bestelt und angenommen, ouch mit einer zimlichen behusung daruf man die frucht und anders so jerlichs gefallen und zûrysen wurt schütten und legen mag, dartzû mit einer zimlichen belonung besoldet werden.

Derselb schaffener sol schwören einen eydt lyplichen zû got und den heyligen den armen lûten getreuw und holt zu sin, iren nutz und frommen zû schaffen, iren schaden zû warnen und zû wenden, ouch den obgemelten verordenten herren und nün pflegern gehorsam und gewärtig zû sin, und denselben umb sin innemen und uszgeben alle fierteil jors ein erbere ufrechte rechnung zû thûn, und was yeder zit über und vorhanden blyben ist zû zeygen und zû überlyfern.

Er sol ouch eygentlichen verschryben und ufzeichen was und wie viel yeder zit usz yedem stock genommen oder darin befunden oder ime sust durch die verordenten oder andere erbere lût zû handen gestelt wurt, deszglichen was alle wuchen yedem armen menschen geben und den knechten zû überantworten bevolhen wurt, mit irem namen und zûnamen, uf das man befinden möge das yedem werde das ime werden sol und verordnet ist.

Er sol ouch sunderlichen in ein besunder register ufzeichen alle frömbde bettler und sundersiechen mit iren namen und zůnamen, wie ime dann die durch die vier knecht anzeigt werden, und uf welchen tag die hie gesin und was yedem worden ist.

Es sollent ouch die vier verordenten herren des regiments, die nün pflegere und die vier knecht, by iren eyden domit sie einer stat Straszburg verwandt, alles das das inen oder ir eim zůgestossen oder geben werden möcht, den armen lůten zůgehörendt, dem schaffener fürderlichen überantworten und ufzeichen lossen und das nützit by inen behalten oder in irem nutze bewenden noch zů entlehenen, in dheinen weg, alles getruwlich und ungeverlichen.

### 15. Jahrhundert.

Stadtordnungen, vol. 28, fol. 374.

Zům ersten, so sollent die die von alter har burgere zů Straszburg gewesen sind, es sigent frowen oder man, das almůsen nit heischen, es sy dann verlicher armut und swacheit, oder krankheit halp jrs libes, also das sů sich one das almůsen nit können oder mögent erneren, und wo die kneht erfünden das jr eins oder me also das almůsen hiesch des nit notturftig were oder sich sust mit siner arbeit one betteln betragen möcht, das sollent sü fürbringen dem obern vogt den die stat ordent, und ist dann das er underrichtet wurt das der oder dieselben des almůsens nit notturftig sint, so sol er die kneht lossen ein huszsůch tůn, und erfindet sich dann solichs jn worheit, so sol er oder diejhenen die darüber solich almůsen geheischen haben den knehten bessern sechs pfennig, und sol der obervogt jenen verbieten das almůsen nyme zů sůchen; wo aber hünder eim etwas mercklicher habe und summe funden würde, sol der vogt fürbas an die zwen die jm zugeordent sint bringen, also das sü drie solichs noch jr besten verstentnisz strofen und handeln; desselben glichen, wo einer jn vermögenlicheit ist das er sich mit seiner arbeit one betteln betragen mag, got der darüber betteln, der sol den knehten ouch sechs pfennige verfallen sin und jm verboten werden das almůsen nyme zů sůchen; wo sich aber nit jn worheit erfünde das eins das also fürgeben wurde ützit hett oder sich sust one heischen (nicht) erneren möht, so sol den knehten nützit werden; were es ouch das jr eins oder me gewachsen kinde hette die jr brötel gedienen möhtent, die sol man ouch nit lossen nach dem almûsen gon, und wer über solich verbot noch dem almûsen ginge, den oder die sol der obervogt darumb strofen noch zymlichen billichen dingen; ob aber ein solch jne beduhte zu swere sin, sol er fürbasz an die obgenannten zwen bringen.

Und als bitzhar etlich frömden das burgreht umb den schultheisen kouft hant uf das sü hie mohten noch dem almûsen gon, das sol fürer nit me sin; dann wo solich personen zu den schultheisen koment, do jne solichs argwenig oder notturftig beduncket, sol er sü frogen, by dem eide, obe sü das burgrecht darumb by jm empfohent das sü noch dem almûsen gon wellent, und welcher dann seit das er es bettelns halp empfohen wölle, den sol der schultheis zu burger nit ufnemen noch empfohen; und welcher darüber noch dem almûsen ginge, das sollent die kneht dem obervogt fürbringen, und soll dann derselbe den knehten bessern vj δ und sol jm uszgeboten werden als von den frömden hienoch geschriben stot; und ob wol ein schultheis einen solichen harüber zu burger empfinge, so sol doch denselben solich burgreht nit schirmen, sunder gehalten werden als von den frömden vor und noch harinne geschrieben stot.

Fürbas von der frömden wegen die nit von alter har hie burgere gewesen sint, was do derselben biszhar sint hie gelossen worden wonen, die sollent fürbasz doby bliben, so verre das es solich personen sint die das almûsen notturftig sint; aber fürbasz so sol kein frömder das almusen nit heischen über drie tage, by einer pene (von) 1 β δ., die jr jeglicher der das darüber dete, so es jme verkündet wurde, bessern sol, und man jm sagen sich fürderlich hinweg zu machen und jn eim vierteil jors nit wider in die stat zû kommen; bliebe er darüber hie oder keme er vor verschynunge des vierteil jors har wider, sol man jne in den turn leigen; und welher dieselben frömden armen lûte über drie tage hielt, der soll bessern fünf schilling pfennig, und hat er des geltz nit zu geben, so soll er dofür ein halb jor von der stat sin ein mile, und von den 5 β sollent den knehten werden ij β und die überigen iij β unser lieben frowen werk, und sollent in solicher mossen ouch gehalten werden die, es sient blinde oder krüpel, die do gehôrent zu der bruderschaft zu sant Andres.

Wo sich ouch erfinde das die güler jemans kinde lehen, den oder die sollent die drie ouch strofen noch jr besten verstentnitz.

Es sollent ouch die kneht sweren vor eim obervogt allen obgemelten stücken erberlih und ufrecht noch zůgonde und darjnne nyemans anzusehen ouch kein myete noch myetewon von nyemans zů nemen, jn deheinen weg; und wer sich darjnne anders hielte, der sol darumb und umb den meyneit gestrofet werden als sich gebürt.

Der undervogt der armen lůte, gyler und betteler sol sweren das ampt getruwelich und ernstlich zů versehen und zů hant haben, als das harkommen ist, und nyemants lossen zu betteln der des almůsen nit notturft ist, und ouch kein frömden gyler über drie tage hie lossen gilwerck triben, und ouch von nyemans, er sy frömde oder heymsch, dhein schenck noch myete zu nemen, er, noch nyeman von sinen wegen, und wo er ützit weisz oder empfindet das strofbar ist, das sol er sinem herren dem obervogt und pfleger fürbringen, one verzog, und was derselbe jnen heisset, des sol er ouch gehorsam sin zu tun, one geverde.

# Angeklagte.

---

## Verbot Fürbitte für einen Angeklagten einzulegen.

**15. Jahrhundert.**

Stadtordnungen, vol. 30. fol. 21.

Wen ouch meister und rat umb unfůge zů rede setzet, oder der ein unfůg tůt, für den sol dehein unser burger oder burgerin bitten, weder den meister, den ammeister noch den rat, oder deheinen sunderlich under inen, weder heimlich noch offenlich; danne der do die unfůge geton hat, sol slehtlich mit sime fürsprechen und nit uber sehsse siner fründe für rat gon, und sich verantwurten, noch siner notdurft, so er beste kan.

Wurt ouch yeman, es sy über lang oder über kurtz, umb unfůge vor meister und rat gebessert, den sol dehein unser burger helfen abebitten, weder heimlich oder offenlich, in deheinen weg.

Wer anders dete dann do vorgeschrieben stot, der oder die bessernt fünf pfunt pfenninge, die man nieman faren lossen sol, by dem eide.

# Armbruster-Ordnung.

**1465.**

G. U. P. Lad. 11, Nr. 27.

Unser Herren meister und rat und die XXI sind überein komen und haben erkant das die armbruster zů Strasburg diese ordenunge halten sollen:

Zum ersten, das dehein meister noch gesell armbruster antwerks zů Strasburg fürbass kein gespenet armbrust als köstlich uss bereiten und mit schönem tuch decken sol, als bitzhar bescheen ist, sonder man sol ein solich armbrust mit eim grawen dach decken und es für ein gespenet armbrust verkoufen.

Ouch sol man ein geschift armbrust mit eim grawen tuch und zwein slehten strichen verdecken, und solich geschift oder gespenet armbrust nit für nuwe verkoufen, sonder ein nuwes für ein nuwes und ein altes für ein altes, als billich und reht ist.

Were aber das einer, er were edel oder unedel, der mit ein armbrust zů eim meister keme und in bete ein solch armbrust, geschift oder gespenet, köstlich zů decken, dann wie vorstot, mag ein jeglicher wol tůn und sin lon darumb nemen; aber uf den kouf sol solichs nit bescheen, umb das willen, das nyeman do durch betrogen werde.

Und wellicher solicher vorgeschriben artickel einen verbrichet, der sol bessern ein pfunt Strasburger pfennige, one allen intrag der stat Strasburg das halbe und dem antwerck den armbrustern zů Strasburg das ander halbe, und sol dem koifer wider geben sin gelt so er umb das armbrust geben hat, und sol darzu dasselbe armbrust der stat verfallen sin und uf iren werkhof geantwurt werden, one verzog.

Were aber das ir einer sich mit solichem armbrust machen etwas gröblichen missehandels oder nochdem er ein mol in egemelter mossen gebessert wurde, semliches geverlich me verbreche, wellicher meister dann erfindet, der sol, by sinem eide, solichen handel oder bruch unsern herren meister und rat fürderlich fürbringen; was besserunge dann die rete oder die für die es die rete wisent fürbas erkennen, dem sol dann ouch nochgangen werden, one widerrede.

Es sol dehein meister dem andern, oder dehein gesell keyme meister sin gesellen abziehen, abtedingen noch entfrömden one wissen und willen desselben meisters by dem dann solich gesellen sind, und wellicher das verbreche, er were meister oder gesell, und sich das in warheit erfünde, der oder die das deten, sol jeglicher bessern x β δ, der stat das halbe und dem antwerk das ander halbe.

Wann ouch ein meister an einen gesellen, oder ein gesell an einen meister oder ein gesell an einen andern gesellen eynycherley ansproch gewynnet oder hat und solichs vor meister und gesellen, die die ansproch nit berüret, begerent zu rehtigen, so sol alsdann derselben parten ein denselben meistern und gesellen zu Strasburg v β δ geben und reichen vor und ee sü zůsammen kummen; begerent aber beide parten für meister und gesellen, so sol jeder part iij β δ geben, und sollent dann meister und gesellen inen gehorsam sin die sache zů verhören und, by iren eiden, reht noch bester verstantniss darumb zů sprechen, nieman zů lieb noch zů leide, und was sü also sprechent oder erkennent, sollen beide parten globen und versprechen stete und veste zu halten und doby lossen zů bliben, one intrag. Doch was sachen für unser herren meister und rat gehörent, die söllent vor inen oder dohin es die rete wisent usgetragen werden.

Ouch als die meister fürgenommen hetten zů ordenen, das dehein meister deheim kneht fürbas kein stückwerk solt geben zů machen, es were dann XIIII verbeinter sůlen für ein güldin oder XVIII sleter sůlen für ein güldin und XVIII sloss mit slüsseln und mit nusse ouch für ein güldin, ist erkant das man jeden theil solicher stückwerk halp unverdinget oder unverordent soll lossen bliben oder zů arbeiten geben wie es harkummen ist.

Ouch als die meister fürgenommen hetten, das ir keiner deheinem natürlichen knaben ir hantwerk leren solt, hette aber ein meister ein naturlichen sün, den möhte er wol leren; die wile sü es do iren natürlichen sünen gönnen wellent, so ist erkant das sü es armer frommer lüte natürlichen sünen ouch gönnen söllent zu leren.

Were ouch das ein meister einen gesellen hette der der eren bresthaft und nit fromm zů sin geschuldiget würde, und der selbe geselle meinte das er des unschuldig were und begerte darumb rehtes, alle die wile er dann des rehten vor meister und rat, oder dohin sü das wisent, gehorsam und gewartig ist, so mag der meister den selben gesellen halten; were aber das der geselle des rehten darumb nit gehorsam were, oder das er der schuldigunge mit urtheil und reht überwunden würde, so sol in der meister nit me halten, sonder das andern meistern zu Strasburg ouch verkünden; die sollent in dann ouch nit fürbas halten, und wer dann wil, der mag es andern meistern in andern stetten ouch verkünden, sich wissen donoch zu rihten.

Es sol ouch fürbas dehein gesell an keinem hochzitlichen tage: unser lieben frawen tag, zwölfbotten tage noch sonntage, im selbs nit arbeiten, sonder, hat er ützit zů machen, mag er mit sinem meister reden im an wercktagen zů erlouben und im die naht dienen, obe der meister wil.

Als ouch die meister fürgenommen hettent zu ordenen, das dehein meister deheine armbrust lenger weren solt dann so lang als einer solichs beschiessen moht in eines meisters huse, do beduncket die herren, merklicher ursachen halb, das beste sin das man solichs unverordent sol lossen bliben, wie es von alter harkummen ist.

Als ouch die meister fürgenommen hettent ein verschreibung und verbüntniss mit andern meistern des armbruster antwercks von andern stetten zů machen, nochdem do solichs ander antwerck halp nit gewöhnlich, sonder ein nuwerunge ist, so ist erkant dieselbe nuwerung nit anzuvohen, sonder sich deshalp mit deheim ussern zů verbinden oder zu verschrieben, dann wil jemann von andern stetten diese ordenunge by inen ouch machen, das mögent dieselben ussern von in selbs tun.

Actum feria secunda post beati Bartholomei apostoli, anno 1465. (26. August.)

## Berathschlagung der Armbruster.

**1449.**

G. U. P. Lad. 11. nº 27.

Zu wiszende daz wir noch genanten armbrostermeister uf samstag vor Sant Margredentage anno MCCCCXLVIIII in der stat Stroszburg by einander gewesen sint, als daz schiessen doselbs gewesen ist, und habent uns mit einander underret und sint ouch lûter eins der stück, also denn hie noch geschriben stat, uf ein verbessern der armbroster meister die nit doby gewesen sint:

Zûm ersten, so ist die meinunge, dem almechtigen got und siner würdigen mûter Marien zu lobe un zu eren, daz hynnan fürder kein armbroster knecht an sunnentagen und an andern gebannen virtagen kein armbrost machen söllent, denne zûm jore ein schiesz armbrost, und sol ouch kein armbroster meister kein knecht darüber nit me gestatten nech erlouben zu machen.

Es soll ouch kein armbroster meister den knechten fürbasz kein stückwerk me geben zu machen, es were denne daz ein knecht xv verbeinter sûlen für ein guldin oder xviii slechter sûlen ouch für ein guldin oder xviii slosse riehten wolt mit slüsseln und mit nusz, ouch für ein guldin, daz mag den ein jeglicher meister den knechten also geben zu machen, obe er wil, und darüber nit.

Item Hanns von Molliszheim, der stat Straszburg armbroster, Kappelhans und Nyclaus Reinhart, armbroster zu Straszburg.

Item Lienhardt Herleberg, der stat Basel armbroster, und Heinrich Heiden, der armbroster.

Item Hanns von Windeberg, der armbroster zû Hagenowe.

Item Thoman Grünewalt der stet armbroster zû Colmar.

Item Nyclause, der stet armbroster zû Landowe.

Item Wirich, der armbroster zû Sarbrücken.

Item Hans, der armbroster zû Ueberlingen.

Item Peter, der armbroster zû Offenburg.

Item Claus, der armbroster zû Rufach.

Item Claus, der armbroster zû Sultz by Rufach.

So habend danne die nochgeschrieben meister in der nechsten vergangenen Frankforter herbstmessen in dem XLVIIII jor, also die in derselben messen zů Frankfurt gewesen sint, in sollichs also do vorstat, ouch gewillet und gehollen :

Mit namen Helfferich, der armbroster zů Menze.

Item Peter, der armbroster zů Frankfurt.

Item Claus, der armbroster zů Basel.

Item Emmerich, der armbroster zů Bingen.

Item Nyclaus, der armbroster zů Kobelenz.

Item Hennichin, der armbroster zů Spire.

Item Hanns, der armbroster zů Landowe und Hans der armbroster zů Elsaz Zabern.

# Arme Sünder.

## Berathung über das Verfahren mit den armen Sündern.

**1461.**

Stadtordnungen, vol. 24, fol. 4.

Hans Bock, Claus Bidermann und Heinrich Arge feria quinta post Udalrici. Anno 1461 (9. Juli).

Als bitzhar gescheen ist, wann man übeldetige lüte verurteilt hat zů döten, und inen solichs des obends verkündet, und eim zů nahtimbs gegeben wol zů essen, und ein bruder die naht by im gelossen, ine mit gůten worten zů trösten, das do etlich darobe so gröslich erschrocken und dodurch so verzwifelt worden ist, das er sich selbs erdötet hat mit erhencken im turn, und also domit libe und sele verdampt; aber solichs etlicher mosse fürbas zu versehen, so haben die drie ratzherren, nochdem ine das entpfolhen worden ist, darüber gerotslagt und ist des merer teils meynunge: wann hynnan fürter jemans zům tode verurteilt wurt, das man das ir keim des obendes noch des nahtes verkünden sol, ouch den imbs die zit nit geben, ouch keinen bruder die zit zu inen lossen, sonder an dem morgen des tages als man in rihten wil, wann man das erst mol in den rat lütet so sol man es im erst verkünden und den brůder by im haben, der ine zů andaht wise mit gebet und gůten worten, des lidens unsers Herrn zů ermanen und ine mit der barmherzigkeit gottes zů trösten und nit von im zů kommen; und obe er begert alsdann etwas zů essen oder zů trinken, zimlich mag man im uf denselben morgen wol geben, in der stat costen.

So ist des mynner teils meynunge, wie es harkummen sy mit verkünden des obendes ouch mit dem nahtimbs wol essen zů geben und mit dem brůder die naht by im zů haben, doby liesse er es bliben, wann sovil me das ime notdurftig beduhte, wann einer verurteilt würde zům tode, das man ine dann in ein strick slüge und versorgete mit henden und füssen, das er im selbs den tod nit möht angetun.

Ouch als by kurtzen joren angefangen ist, das man der verurteilten lüte biht des obendes oder des morgens uf dem turn gehört hat, dodurch villiht etlicher in der biht underrichtet ist sin vergiht etlicher mosse zů laicken oder zů widerreden, als dann etlicher solich laickunge etwie dick vor der pfaltzen vor menglich offenbar geton und dodurch den reten ein nochrede gemaht hat, als obe sie ine mit martel gezwungen hetten die unworheit zů sagen, do hat das merer teil gerotslaget, das solich verurteilt lüte nit me also uf den tůrnen bihten süllent, sondern die man usfüret süllent bihten in dem heiligen hüsel das by dem galgen zů eyniger solicher biht halp gemaht ist; und die die man ertrencken wil, süllent uf der schintbrucken[1] bihten; und sol man bestellen das der pfaff alle wegen vorhin doselbs sy, uf das des pfaffen halb kein sumesal an der biht sy.

So beduhte den mynnre teil das man es ouch liesse bliben als es harkommen wer; dann solten die herren die stettmeister und ander etwann zů winterzit so lang do usshalten bitz ein jeglicher sin handelunge alle gebiht, so möhten inen hengest und pferde erfrieren, dann es würde einen langen verzog bringen; so sy es ouch an etlichen andern enden gewönlich, das man einen lasse etlich tage vorhin bithen und verrihten mit dem heiligen sacrament.

Ouch als man bitzhar hat lossen alle die abslahen die gehencket worden sint, dodurch der galge alle wegen lere gestanden ist, als obe man keinen diep hie zů Strassburg strafte, do man aber meinet wann man die die man hencket daran liesse hangen, so brehte die ellende angesiht ein forhtsam schreck, das sich maniger besorgen würde zů stelen, und sich daran stiesse us forht das er ouch erhungen würde. So sprichet man ouch das die mure umb den galgen deshalp zů eynygen sy gemaht, das die doten oder die gebein, die noch langem hangen darunter vallen, beslossen sin solt, das es kein hunt noch ander tier hinweg getragen möht; dann als etlich meinen es were der gartner

[1] Die heutige Rabenbrücke.

fruht zû nohe oder were den gartner frawen oder andern frawen ein gross beschwerde tegelich anzûsehen, so ist dagegen geret, das inen solichs, als etlich uf reder doby ligent, keinen schaden bringe. Darumb und nochdem es der stat erelicher und den myssedetigen erschröcklicher und besser ist, das man nieman der gehencket werde abeslahe, ist geordent, das man hynnan fürder nieman abslahen sol, usgenommen do einer burger were und sin fründe für ine beten, den möhte man solichen sinen fründen zû lieb gönnen, in irem costen, abzûslahen.

# Aufruhr und Aufläufe.

**15. Jahrhundert.**

Stadtordnungen, vol. 30, fol. 121.

Unser herren meister und rat und die XXI habent erkant diser ordenunge nachzůgon : zům ersten, als der stette Straszburg rechtbůch im anfange wiset, das ein yeglich mensche, er sy fremde oder von der stat, zů allen ziten darin fride habe.

So ist zů hanthabunge solichs friden geordent, das vor allen dingen ein stettmeister und ein ammeister, als die houbter diser stat Straszburg, blyben söllent by ir oberkeit der stette friden zů gebieten; ouch wie in geschellen eins ammeisters eit vor gon sol und wie die vorgemachten ordenungen wisent, dem sol fürbasz nachgangen werden.

Aber wo oder an wellichem ende in diser stat oder in disem burgbanne zwischent burgern oder andern personen, edel oder unedel, heimsch oder frömd, frevel handel uferstat, doby ein stettmeister oder ein ammeister nit ist, so sel ein yeglicher des rats oder ein und zwentzig, oder ob der deheiner doby ouch nit were, ein yeglich burger oder ein yeglich der stat ratsbot oder ammeistersknecht, scharwechter oder heimlich hůt fürderlich dozů gon und bede parthen ernstlich ermanen friden zů haben und von einander fridelich zů gon und ir spenne rechtlich uszzůtragen.

Welche parthen do des ungehorsam werent und darüber gewaltsamkeit tribent mit frevelm handel, slahen oder stechen, weren es do burger gegen burgeren, so sol der der sie des fridens ermanet hette, by sinem eit, uf stunt, ohne verzog, durch sich oder yeman anders solichs verkünden dem ammeister oder reten die er uf die zit haben mag; was dann der ammeister oder die rete darin ratent zů tůn, dem werde nochgangen, es sy umb den fridebruch zů rede zů setzen oder sust zů strofen.

Geschee aber sollicher fridebruch von eim lantman oder me gegen burgern oder von eim lantman gegen eim lantman oder sust yeman, der nit burger were, so sol ilende nachgangen werden dem artickel der in der stat bůch geschriben stat und wiset also : ist das ein lantman ein andern lantman krieget und anloufet in diser stat oder in disem burgbanne zů Straszburg, so sollent unser burger die doby sin und es sehent, zůloufen mit waffen so sie beste mögent und sie bedersit vohen und behaben untz an einen meister und rat; wer ir aber so wenig, das sie sie nit behaben möchten, so sollent sie nachfolgen mit dem geschrei durch die gassen, und sol menniglich zůloufen mit bereitschaft so beste er mag, und söllent die behalten untz an meister und rat; und was dem lantman dozwuschen geschee, do enget dehein gericht nach.

Were ouch yeman, er were heimsch oder frömde, so frevel oder bösehaftig, das er yemans in diser freyen stat oder burgbanne finge, oder understünde zů vohen oder zů trengen im zů geloben veltsicherheit oder zů sweren sich uf zile oder uf manunge usz der stat Straszburg gericht und gebiete, nohe oder ferre, zů antwurten, so söllent alle der stat Straszburg burger, ir süne, ir knecht, ir gesinde oder ander ir inwoner oder ir zugewanten, die der geschicht oder des geschreyes oder wesens der geschiht, in sehen oder in hören oder in hőresagen, etwas gewar werdent, wenig oder vil, by iren eiden, glich uf stunt zů frischer getat, zů dem getäter, one verzog grifen, ine gefenglich oder bliplich machen, wie sie in dann erobern mögent, das er in meister und rat hant und gewalt behalten werde, er un sin mitgetäter; und obe sie understünden zu entfliehen, so söllent alle burger, by iren eiden, die doby sint oder es hörent oder mercken, ouch burgerssüne und knecht und meniglich fürderlich nachilen und offenlich mit luter stimme schreyen und růfen gerichtjo und helfjo über die getäter der bösen geschicht, missehandeler und verbrecher der stat friden und friheit; deszglich sol ein yeglich burger un inwoner, er sy herr, jungherr, meister oder knecht, by sinem eide, der solich geschrei höret oder das gelöufe sicht, ouch anfohen nach zů ilen und des nit stille ston, sunder dem gemeinen geschrei über die getäter nachloufen one underlosz durch alle gassen oder an die ende darin oder dardurch die getäter fliehen; und alle burger oder burgersknecht, die einen getäter oder sine helfer sehent fliehen, sie söllent engegen loufen, den getäter helfen vohen oder bliplich machen; ouch alle die in iren hüsern oder höfen das geschrei oder das geloufe hörent, die söllen sich mit irem redelichem gewere ilends herusz uf die gasse machen, hinzů oder hinach loufen und helfen bitz das solich getäter erobert wurt; und sol der burger der den getäter erobert, nach dem erobern underston in mit worten zů schirmen, bitz er ine in sichern gewarsam, nemlich in meister und rats hande und gewalt oder in einen turn bringen mag.

Wann ouch solicher getäter einer oder me in eins burgers hus oder hofe flithe oder understünde zů fliehen, so sol derselbe burger, er sy hohe oder nider, rich oder arme, durch sich selbs oder sin gesinde, by dem eide, one verzog, zů demselben getäter gewalteclich grifen und helfen vohen und in meister und rats hant und gewalt bringen.

Alle burger und die iren so uf die zit des geschreyes sint in stiften, in kirchen, in clöstern oder in capellen oder in gefreieten höfen, söllent, by iren eiden, one verzog, heruszgon und sich stellen für alle thor und thüren derselben friheit, und der getäter keinen in die friheit lossen, sunder ouch alle burger und ir gesinde so zů nechst doby sitzent oder die uf die zit on das doby sint, söllent ouch den getätern den weg fürloufen, das ir keiner in die friheit kommen mag, und ouch ernstlich helfen das der getäter oder sin helfer deste ee ergrifen und erobert werde mit gefengnusz oder sust.

Were aber das yeman so frevel were und durch sinen eigen můtwillen ein solich geschrei anfinge mit ufsatz ein geloůfe in der stat zů machen one not, in masz das dehein solich geschiht gescheen were deszhalb sich nicht gebürt also gerichtio zů schreyen, wo do derselbe valsch geschrei macher ergrifen wurt, so sol man in darumb an sinem libe und gůt strenglich strofen.

Nů umb deswillen, das solich geschrei das dann worhaftig ist noch treffenlicher geoffenbart und uf das allerernstlichest bestellet werde dotzů zů tůnde, so ist geordent das der ammeister, so balde er durch einen gloůplichen man oder me der geschiht underricht wurt, one verzog sol heissen den wächter uf dem münster offenlich schreyen und růfen drü mol gerichtio, gerichtio, gerichtio, und solichen růf tůn zů den vier orten uf dem münster, und donach balde die grosz glock klencken ouch drü mol und donach wider hinuf gon und aber drü mole schreyen gerichtio, als vorgemeldet ist. Were aber das ein ammeister in solicher ilender geschiht nit balde zů finden were, wo dann zwen oder drye ein und zwentziger und darzů zwen oder drye des grossen rats, das werent nemlich vier oder sehs personen der rete und XXI, solichs notdurft beduchte und es mit einander rieten, so söllent sie nach solichem irem rat den wächter uf dem münster fürderlich heissen schreyen und klencken in egemelter mossen, und wann solich geschrei und klencken uf dem münster geschieht, so sellent, ist es im tage, die mannespersonen so in den gassen zû nechst by den porten sitzen, mit iren redelichen geweren fürderlich an die porte loufen und warten ob yemans der sie argwenig beduchte understünde hinusz zû ilen zû fûsz oder zû rosz, so söllent sie zû demselben grifen und ine nit von hant lossen one eins ammeisters oder siner gewissen botschaft geheisse.

Desglich söllent die die zû nechst by den wassern sitzen in allen gassen by den gedeckten brucken, am obern staden und ouch am nidern staden nieman zû schiff hinweg lossen faren noch des anhin lossen hinweg gon, weder by tage noch by nacht, wann man also uf dem münster gerichtio schreyet und die glocke klencket. Wo aber solicher geteter so frevel were, das er sich nit wolt lossen vohen, was ime dann deszhalb begegent, in welhen weg das ist, do sol ouch kein gericht nach gon. Und ob derselbe freveler lebendig blibe, wo er dann ergrifen wurt do er der stat Straszburg in ir gericht gefolgen mag, so sol man umb solichen fridebruch, als den höchsten frevel, von ime richten. Und ob yemans solicher freveln bösen geschicht halb von dem leben zû dem tode keme, so sol man darumb die schuldigen ouch an irem leben strofen, uf das sich andere daran stossen und deste ee gedencken semlich übeltat zû vermiden und der stat friden erschrecken zû brechen, sunder erberlich zû halten. Doch wann man uf dem münster gerichtio schreyet und die grosz glock allein klencket, so dörfent die antwerck sich mit irem harnasch nit weffen oder an die ende so inen benant sint ziehen zû den bannern, es were dann das ein für uszginge und das man mit den glocken uf dem münster stürmen wurde; oder wer es das das geschelle so grosz würde, das man die mortglock anzüge, so sol menglich zogen wohin dann yederman geordent ist.

Man sol ouch allewegen, so balde man also uf dem münster gerichtio oder fürio schreyet und stürmet, alle clein törlin, nemlich Finckenweiler törlin, sant Elsbethentor, sant Kathrinenthor, die zwei Utenthörlin, die zwei thor in krutenowe, den fischerturn, die zwei sant Steffansthörlin, sant Andresthörlin, Ruwerinthor, Ruschenthörlin und den gattern an der Rusch, das wickhüselin uf Ruwerin owe by spittelmüle und den snelling by roseneck, one verzog, zůsliessen im tage und darnach nit uftůn one geheisz des ammeisters.

Es sollent ouch die die uf die türe und under die thore gesworen habent, dohin ilen yeglicher dohin er gesworen hat, und nit dannan kommen dann mit erloubunge eines ammeisters oder siner gewissen botschaft.

Man sol ouch des tůn schriben und lesen in dem zedel den man von des harnsch wegen jors vor dem münster leset nach dem briefe den man dann jors sweret.

Man sol ouch dise nuwe ordenungen den constofelern und den antwerken jetzt fürderlich geschrieben geben, und donach ouch ein copie des briefes den man jors vor dem münster sweret, die dann uf yeglicher gesellеschaftstuben alle jor uf den sontag nach imbis allernehst vor dem swertage der gantzen mennige vorgelesen werden sol; und sol ouch der houptkanne oder böttel, by sinem eide, die mennige uf sin stube besenden und, by iren eiden, gebieten desselben sontags, so es zwölfe sleht, uf ir stuben zu sin, umb das sie doselbst die copie hören, uf das sie wissen was sie swerent uf den zinstag als man uf dem münster sweret. Es ist ouch geordent an yegliche port einen ufgonden arm oder zůslag oder ein nebentserre zů machen, umb deswillen, das die die in solichen loufen an yegliger porten stundent zu hüten die porte, deste werlicher innhetten das über iren willen nit usz oder ingetrungen möhten, sunder stille ston müste bitz er mit frogen oder mit besehen nach notdurft gerechtvertiget wurde, und das die zit nit yeglicher mit verstopftem oder verbunden munt usz oder inwandeln möchte, so man nit wuste wer er were.

Der wächter uf dem münster sol ouch tag und nacht umb sich sehen und horchen, wo ein solich geschrei oder geloufe sich in diser stat oder im burgbanne machet, an welichem ende das ist; were es im tage, so sol er gegen demselben ende uszstrecken ein grosz vane wisz und rot; were es aber in der nacht, so sol er uf dem münster uszstrecken ein burnen swebel gegen dem ende do in beduncket das geloufe oder geschrei am gröszten sin, uf das man do by mercken mag gegen welichem ende oder gegen welher porten sich die getäter kerent zu fliehen, und noch umb des willen das man inen durch nebenwege oder durch ander gassen den weg fürloufe oder deste ee begegnen mag sie zu vohen.

Der stat houptman und diener söllent ouch, by iren eiden, zů rosz oder zu fůsz, wo sie solich geschrei oder gelouſe in der stat gewar werdent, fürderlich den getätern nochilen; und wer es das der getäter einer oder mer usz der stat entwichen, so söllent die diener mit nachilen aber das beste tůn; und ist es das sie die getäter in dem velde ergriſen, und zů der stat Straszburg handen bringen, was habe sie dann by inen ſindent, es sy pferde, harnsch oder anders, das sol den dienern zugehören zů büten. Wer aber das solich geſangen oder inbracht getäter dehein habe hette, so sol dannocht den dienern sust etwas geschenket werden, nach gnoden und willen der rete; desglich wer semlicher getäter einen oder me in der stat oder uszwendig vohet und zu der stat handen schaffet oder sust umbbringet, über kurtz oder lang, wan sich das jenen füget, und darumb ziemlich schencke begeret, dem sol ouch, nach erkenntnisz der rete, schenck gescheen; wer aber darumb kein schencke begert, so sollent es doch die rete gegen ime und gegen allen die also das beste tůnt, in allen eren gůtwillig bedencken und solicher truwe, das yeglicher sinen eiden und eren darine genůg tůt, nieman vergessen.

Wann ouch die zoller uf der rinbrucken hörent zům münster, in egemelter mossen, die grosz glock klencken und der worzeichen eins, nemlich die wisz und rot vane im tage, oder ein burnende swebel by nacht uf dem münster sehent, so söllent sie ir glöckel klenken und nieman, er sy wer er wölle, der von oder usz der stat kompt über die bruck lossen, er bringe dann ein worzeichen von dem ammeister; sonder wo yeman keme der sie argwenig beduchte, zů dem söllent sie griſen und in haſt behalten, mit hülf der wercklůte und knechte die uf der rinbrucken arbeiten, die ouch, by iren eiden, mit iren geweren, die sie die zit mögent han, alszdann zů den zollern, wann sie ir glöckel lůtent fürderlich louſen und inen ernstlich bistant und hilf tůn söllent so lange das gescheſt weret.

Desglich, wann die von Keule, by tage oder nacht, hörent das glöckel uf der rinbrucken lüten, so söllent sie mit iren gewere ilen uf die rinbruck und den die von der stat wegen daruf sint getruwlich helfen das beste tůn, welich dann als burger der stat gewant sind von ir herren oder iren wegen.

Der zoller uf dem wickehüsel, wann er höret die grosse glock klencken oder sieht das egemelt worzeichen üf dem münster by tage oder by nacht, so sol er sin serre zû tûn, und weren, so beste er mag, das nieman der von der stat kompt, er sy wer er wölle, über die bruck komme, er bringe im dann ein worzeichen von dem ammeister, und sol ouch domit sinen korp lossen fallen und sin glöckel lüten, das es der uf der nuwen warten höre; und sol nieman der von der nuwen warten oder doher kompt über die bruck harin lossen, sunder sie bitten zu warten, und werent burger under denselben kommenden lûten, so sol er sie manen aldo zû bliben im zû helfen bitz das das geschefde zerget; dann solich geschefde kan nit vil weren über ein halbe stunde oder doch zûm lengsten uf ein stunde. Und wann ime verkündet wart das das geschefde zergangen sy, so sol er sinen korp wider ufziehen und sin serre ouch uf tûn.

Desglich sol der uf der nuwen warten, sobald er hört das wickhusglöckel lüten, one verzog sin serre und grendel ouch zû tûn und beslossen halten, und fürderlich sin korp ouch lossen fallen und sin glöckel ouch lüten und nieman überlossen, und mit den sehs gesellen von Illekirch, die nach sinem lüten zû im kommen söllen, das beste tûn so lange das geschefde weret, bitz das er sieht das der korp uf dem wickhüsel wider ufgezogen sy, so soll er sinen korp ouch wider ufziehen und sin serre ouch wider uf tûn und den gesellen von Illkirch ouch wider heim erlouben.

So sollen die von Illekirch, by iren eiden, wann sie hören das glöckel uf der nuwen warten lüten, ir glocke stürmen und mit iren geweren zûsammen loufen, und sehs gesellen, nemlich die halben schützen und die andern halben sust mit gewere fürderlich schicken zû dem uf der nuwen wart und dem gehorsam sin; darzû sollent die von Illekirch noch zehen mit geschütze und mit gewere schicken gon Grafenstaden by der brucke, und die von Grafenstaden ouch zehen, und alle helfen den zollern ob yemans one des ammeisters worzeichen von der stat keme, ilende in fluchtwise oder in argweniger gestalt, das sie zû demselben grifen und in gefenglich by inen behalten, und es fürderlich dem ammeister verkünden und des ammeisters enpfelhe domit warten; und wann man zû Illekirch also stürmet, so sol man zû Grafenstaden auch klencken; und söllent die zoller nieman der also usz der stat kompt, er sy wer er wölle, über die brucke lossen, er bringe dan ein worzeichen von dem ammeister. Doch mögent sie wol die die von Sletzstat oder anderswo har kommen und zů der stat zů wöllent herüber lossen. So söllent ouch die von Illekirch und Grafenstaden mit den iren die fůrte bestellen das nieman durch die fůrte hinweg kommen möge, so lange bitz das der ammeister inen botschaft uf die bruck und in die dörfer tůt und verkündet wider heim zů ziehen.

Der uf der warten by sant Arbogast, wann er höret solich grosz glock klencken oder des geschreyes gewar wurt, so sol er sin glöckel ouch klencken und sin serre oder schwenckel abelossen und niemans der von der stat kompt, er sy wer er wölle, der im kein worzeichen von dem ammeister bringet und in argwenig beduncket, er rite oder gange, nit usz lossen. Ouch wann die mannespersonen zů sant Arbogast hörent das glöckel uf der warten lüten, so söllent sie den grendel uf sant Arbogasts brucken zůslahen und mit irem geschütz und gewere die bruck und das wasser weren, das nieman des uszhin mag; ouch, ob den uf der warten not anginge, so söllent die erber lůte zů sant Arbogast und alle die vor dem wissen turn im velde sint, mit iren geweren hinzů loufen und ime helfen, by iren eiden, bitz das es sich endet.

Item die in Ruprechtzowe, wo sie des klenckens oder geschreyes gewar werdent, so söllent sie ir glöckel in ir capel ouch tůn klencken und sich mit iren geweren doby zůsammen machen, und sehen ob yeman von der stat keme zů inen loufen, er sy wer er wölle, der sie sins balde loufens oder sust ander ursachen halb argwenig beduchte, so sollent sie zů ime grifen und ine sicher gefenglich füren für den ammeister, oder ir botschaft zů dem ammeister schicken zů frogen wohin sie mit dem gefangen söllent.

Item alle geste, so man also stürmet oder ein geschrei hat, söllent in ihren herbergen bliben; und welcher gast uszwendig der herberge were, der sol fürderlich wider in sin herberge gan, umb das im kein unlust uf der gassen beschee.

Desglich, alle pfaffen und alle geistlich personen, ouch alle frowen personen söllen uf die zit nit after wegen gon oder stohn, sunder sich heim machen wohin dan yeglichs gehört, und die burger in solichem irem geschefde ungeirret lossen, by der strof die dann beschehen möhte den die des ungehorsam werent.

# Aussätzige.

**15. Jahrhundert.**

Pergamentband.

In dem namen des vatters, des sûns und des heiligen geistes amen. Dem almehtigen ewigen gotte, unser lieben frowen, allen heiligen und allem himelschen here zû lobe und eren und allen selen zû troste, ist disz bûch und ordenunge der gûten lûte des hofs zû Rotenkirchen zû Strasburg gemaht, das es stete und veste sin und bliben sol.

Zûm ersten, so sol nieman der ussetziger empfangen werden uf den hof zû den Rotenkirchen der ein pfrûndener oder ein pfrûndenerin wil sin, er sige dann der stat burger und habe sin burgreht reht gehalten und besessen, als dann in dem nehsten artickel hienoch geschriben stot; wo man das nit eigentlich weis, so sol man es vor meister und rate mit erbern erkanten burgern küntlich machen.

Und sol ouch ein yegelichs zehen gantz iore ein ingesessen burger gewesen sin; danne maniges kouffet das bürgreht und sitzet ein zit in dieser stat und zûhet danne wider hinusz und dienet dann etwas zinszes uf ein stube, umb das es des burgrehts geniesse; do sol man derselben keinen empfohen, sü überkomment danne in sunders mit den pflegern.

Were es ouch das eins den siechtagen der malatrie an ime empfünde und darumb burger würde, umb das sü uf den hof kement, das sol niemans helfen; und wer eins uf den hof kommen, das sol den hof und pfrûne und was es do het verloren haben, es überkomme danne mit den pflegern.

Man sol ouch niemans uf den hof zû den pfrûndenern empfohen der schultheissenburger ist, als das von alterher kommen ist.

Ein yegelichs das uf den hof kommen sol, das sol vor und ee haben sinen huszrat, als das von alterher kommen ist und es ouch eigentlich hienoch geschriben stot, und sol dartzů geben fünf pfunt und fünf schillinge pfennige, das der dienst heisset; des süllent werden dirthalp pfunt dem hofe und dirthalp pfunt den pfrůndenern, die sü ouch under sü teilent, frowen und manne, jung und alt, glich eime als vil als dem andern; und von den fünf schillingen werdent dirthalp schillinge dem capelon für sinen sübenen und drissigisten; danne wann darnoch eins von tode abgot, so git man darnoch keinen sübenen und drissigisten me, als das do hindenan geschriben stot; und die andern dirthalb schillinge werdent dem gesinde das den pfrůndenern dienet, als das ouch do hindenan eigentlich geschriben stot by den ordenungen der gesinde; und git dann dartzů von sime gůte alz das ouch hienoch verschriben stot.

## Dis ist der huszrat den eins haben můs das zů den pfrůndenern kommen sol.

Item ein bette das besser ist dann ein pfund pfennige.
Item ein spanbette.
Item ein strosacke.
Item ein houptpfulven.
Item zwey küssin.
Item vier lilachen.
Item ein serge.
Item ein kuter.
Item ein tisch.
Item zwey tischlachen.
Item zwo hantqweheln.
Item ein kensterlin.
Item ein becherfölge kanne.
Item ein halp becherfölge kanne.
Item ein müschkennelin.
Item ein saltzfasz.

Were ouch iemans, man oder fröwe, das mit dem siechtagen der ussetzikeit begriffen werdent und burger sint, und die über zweihundert pfunde wert gůts hant, wellent die uf dem hofe wonen und keine pfrůnde nemen, die süllent zů dem dienste von allem irem gůte geben den zwentzigisten pfennig; welles aber wolte, das mag geben viertzig pfunt, es habe wie viel es welle.

Wil aber ein persone nit uf dem hofe wonen oder entwichet, das sol glicher wise dem hofe als vil geben als vorgeschriben stot, on den dienst; den bedarf es nit geben, und sol ussewendig des burgbannes sin und wonen; wann es aber wolte und ime gefüglich were uf dem hofe zů sinde, so bedarf es danne nit me geben dann den dienst und sinen huszrat, noch des hofes reht.

Wer ouch über die vorgenant summe, das ist zweihundert pfunde wert, gûts hette und pfrûne mit den andern nemen wolte, hett das kein kint, das sol zu dem dienste geben den fünften pfennig; hett es aber kint, so sol es geben zû dem dienste den zehenden pfennig.

Wer do het under zweien hundert pfunden wert gûts, untz an hundert pfunt, und kein pfrûne nemen wil, das sol geben zû dem dienste fünf pfunt, und noch sime tode sol dem hofe werden ouch fünf pfunt zû dem das es uf dem hofe gebruchet het und das es do gelossen het; wolt aber eins pfrûne nemen, so sol es dem hofe geben zû dem dienste drissig pfunt, ob es anders kein kint hett; hett es aber kint, so sol dem hofe werden zû dem dienste fünfzehen pfunt.

Wer do het under hundert pfunden, untze an fünfzig pfunden wert, und wil mit den andern keine pfrûne nemen und hett kein kint, so sol dem hofe zû dem dienst werden zwentzig pfunt; hett es aber kint, so sol dem hofe zû dem dienste werden zehen pfunt.

Wer do het under fünfzig pfunden, untze an zwentzig pfunde wert, und wil keine pfrûne nemen und hett kein kint, so sol dem hofe werden zû dem dienste zehen pfunt; hett es aber kint, so sol dem hofe werden zû dem dienste fünf pfunt.

Wer do het under zwentzig pfunden, untze an fünfzehen pfunde wert, und wil pfrûne nemen und hett kein kint, noch vatter noch mûter, das sol geben zû dem dienste fünf pfunt.

Wer aber kint oder vatter oder mûter lebende hett und under zwentzig pfunde wert gûts hett, dem sol man pfrûne geben, ob es wil, und darf nit me geben dann den dienst.

## Von Kindern.

Ist ouch ein kint, das mit dem siechtagen begriffen ist, das vatter und mûter lebende hett, die beide über zweihundert pfunde wert gûts hant, die süllent ir kint bekösligen und do haben, oder ire erben, on des hofes und der siechen costen und schaden, und mügent, ob sü wellent, nit me geben dann den dienst, hant sü aber kein kint me mit einander, überlebet dann das kint den vatter oder mûter, so sol dem hof werden, noch des vatters tode, fünf und zwentzig pfunt, und noch der mûter tode fünftzehen pfunt; lont sü aber me kint, so sol dem hofe werden von dem vatter zwölf pfund und von der mûter sechs pfunt.

Hant aber zwey mit einander under zweien hundert pfunden wert und hant kein kint me, so süllent sü es bekôstigen, als vor stot, und von dem vatter vallen noch tode fünftzehen pfunt, und von der mûter ahte pfunt; hant sü aber me kind mit einander, so sol man dem kinde pfrûnde geben, und süllent zû dem dienste geben fünf pfunt; und überlebet das kint vatter oder mûter, so sol dem hofe werden von dem vatter ahte pfunt und von der mûter fünf pfunt.

Hant aber zwey mit einander under hundert pfunden, untze an fünftzig pfunde wert, und hant keine kint me, so süllent sü zû dem dienste geben fünf pfunt, und sol man dem kinde geben pfrûne; und überlebet das kind vatter oder mûter, so sol dem hofe werden von dem vatter zwölf pfunt und von der mûter sehs pfunt; hant sü aber me kint, so süllent sü nuwen den dienst geben; und überlebet das kind vatter oder mûter, so sol dem hofe werden von dem vatter fünf pfunt und von der mûter drü pfunt.

Hant aber zwey mit einander under fünftzig pfunden, untz an zwentzig pfunde wert, und hant kein kint me, so dürfent sü nit me geben dann den dienst, und sol man dem kinde pfrûnde geben; und überlebet das kint vatter oder mûter, so sol dem hofe werden von dem vatter fünf pfunt und von der mûter drü pfunt; wo aber zwey under fünftzig pfunde wert hant und me kint hant, die dürfent nit me geben dann den dienst.

Were ouch eins also arme, das es nit den vollen hette und heischen müste, so sol ein erber persone, die den pflegern erkant ist und sü ime wol getruwen mügen das almûsen zû empfohen so viel ime danne gebristet zû dem hofe zu kommen; wann das geben wurt, so sol man nit me heischen.

Es süllent alle pflegere die vor meister und rat zû pfleger werden gesetzet, by iren eiden, ir erfaren haben von allen den die do begriffen sint mit dem siechtagen der malatrie und uf den hof gehôrent, und sü rehtfertigen und lossen vor inen sweren was sü gûts hant, und süllen ouch, so verre sü können, by allen vorgeschriben artickeln und stücken bliben, uf den eit.

Welle aber viertzig pfunt gent, die dürfent kein reht tûn umb ir gût, und sol man sü ouch nit rehtfertigen was sû habent.

Keme ouch ein burger oder burgerin hinusz, es were alt oder jung und wer so arme das es die fünf pfunt und fünf schillinge das der dienst heisset nit ufbringen möhte unde ouch die nit heischen wolte, so mag es wol kommen, ob es wil, zû den armen in das husz das der Snelling heisset und doselbs geben als das harkommen ist, das sint zwey pfunt und fünftzehen schilling pfennig, als es danne by derselben ordenunge eigentlich geschriben stot. Und wenne es do noch zwey pfunt und zehen schillinge pfennige het, die man teilet under die pfrûndenern, und fünf schillinge dem capelon und dem gesinde, das der dienst erfüllet wurd, und sinen huszrat noch des hofes reht, der also gût ist als danne ander pfrûndener haben müssent, so mag es danne wol kommen zû den pfrûndenern; dann sol man ime geben und teilen und lossen werden alz eime andern pfrûndener.

Würde ouch ein geistlich persone, das in eime closter in diser stat oder burgbanne were, also siech, und wer inen nit gefüglichen ein solichs by inen in irem closter zû haben, als reht ist, wil dann das closter es lieber uf dem hofe haben und do halten, one des hofes und der siechen costen und schaden, und zehen pfunt geben zû dem dienste, so sol man es uf dem hofe empfohen, als das von alterher kommen ist.

Weller knabe oder tochter hinusz kommet zû den pfrûndenern und under ahtzehen joren alt sint und nit me gent danne den dienst, den sol man allezit, so men die pfrûn teilet, einen schilling pfennige miner geben dann eime andern pfrûndener; doch so sol man in geben und teilen alle gevelle als eime pfrûndener; und wann eins ahtzehen ior alt würt und darüber, so sol man ime gantze pfrûne geben als eime andern.

Wer ouch die werent, frowen oder manne oder kint, die niht reht zû dem hofe hettent und rich werent und die pfrûne koufen wolten, wanne man dann umb eine pfrûne als vil geben wolte, das die pflegere, die dann zû ziten sint, beduhte das es dem hofe weger were geton dann gelossen, by iren eiden, so mügent sü wol eime solichen die pfrûn zû koufen geben.

Weller ussetziger priester uf den hof kommet, wolte der umb gotteswillen alldo messe haben, dem mag man das wol gönnen, doch das er uf dem altare der in der kirchen stot messe het und nit uf dem altar in dem kore. Er sol sich ouch nit in dem kore noch treszkammer antûn noch usziehen; dann kein ussetziges in den kore noch treszkammer gon sol, als das von inen dahündenan verschriben stot.

Man sol ime ouch den kelich und meszgewant lihen die dartzů gehörent, und kein anders.

Dis ist die ordenunge des huses zů den Rotenkirchen das do heisset der Snelling[1], und wart gebessert und gemaht do man dasselbe husz uf der Brůschen by der warten abe brach und es uf den hof zů den Rotenkirchen satzte.

Zům ersten, so sol man alle die darin empfohen die schultheissenburger sint, als das von alterher kommen ist; und sol ein yeglichs zehen iore vor und ee burger sin gewesen und ouch sin burgreht gehalten und besessen; wo man das nit eigentlich weis, so sol man das vor meister und rate mit erbern erkanten burgern küntlich machen.

Man sol ouch alle die darin empfohen die do zehen gantzer iore aneinander in unser stat gewesen sint, und dartzů meister und rate und allen iren geboten und verboten dieselben zehen iore gantz usz gehorsam gewesen.

Were es ouch das eins den siechtagen der malaterie an ime empfünde und darumbe burger würde oder sust in unser stat wonete umb das sü zů dem hofe kement, das sol nieman helfen; und were eins oder me also in dasselbe husz kommen, das sol das husz und hof und was es het verloren haben.

Als ouch dieselben lůte am Snellinge in unser stat gont das almůsen heischen, do sol man niemant der nit reht zů dem hofe het in dasselbe husz am Snellinge empfohen, noch nieman die wonunge desselben huses nit lihen, geben noch zů koufende geben; dann man keinen frömden ussetzigen menschen in unser stat sol lossen gon noch wandeln, als das eigentlich do hindenan von in geordent und verschriben stot.

Welles man an den Snelling empfohet, das sol geben zwey pfunt

[1] Der Name wurde, wie in der Ueberschrift dieses Theiles der Ordnung schon bemerkt ist, dem Siechhause bei der Rothen Kirche gelassen, als es von dem gleichnamigen Gewande « beim Snelling », in der Nähe von Königshofen, wo das Breuscheck (Schnakenloch) stund, nach Schiltigheim verlegt wurde. Der Name rührt höchst wahrscheinlich von einer in jener Gegend der Stadtumwallung vorhandenen Fallbrücke her.

pfennige, die hörent dem hofe zû, in desselben Snellings huses nutze zû bruchen, und danne fünftzehen schillinge pfennige zû irem holtzgelte und einen schilling für schüsseln und teller, und yedem siechen in demselben husze viere pfennige und der kellerin sehs pfennige, und sol sin huszrat haben noch desselben huszes reht und gewonheit, als das ouch hienoch stot, und sol sust nieman nützit verbunden sin zû geben, weder lützel noch vil, weder capelon, klingeler noch siechen, noch niemans anders, in keinen weg.

### Dis ist der huszrat den eins haben mûs.

Item es sol haben ein bette als gut als zwölf schillinge.
Item ein strosack.
Item ein serge oder kuter.
Item vier lilachen.
Item ein pfulwen.
Item ein küssin.
Item ein spanbette.
Item ein kensterlin.
Item ein tischlachen.
Item ein becherfölge kanne.
Item halb becherfölge kanne.
Item ein müschkennel.
Item ein saltzfasz.

Welles ouch also arm were das nit den vollen bette und heischen müste, so sol man das günnen zû heischen, glicher wise und in aller mossen, als danne do vornan by den pfrûndenern geschriben stot.

Dieselben lûte am Snellinge der süllent nit über ehtwe in die stat gon das almûsen heischen, und süllent den winter von sant Michelstag bitz ostern vor eime usz der stat sin, und den summer von ostern wider bitz sant Michelstag vor mittage usz der stat sin; es were danne das es uf ein solichen tag ein gebannen vasttag were, so süllent sü doch vor eime usz der stat sin, und süllent sich fürderlich wider uf den hof fürdern und nit dannan gon noch ryten on wissen und willen der pflegere; und wer der vorgeschriben dinge deheins verbreche, der sol ein halb ior den hof verloren haben.

Und was den geben wurt die also in die stat gont heischen, das süllent sü mit den teilen die danne do usse in irem huse uf dem hofe blibent, wie es danne herkommen ist.

Und sol ein ieglichs sinen gang gon und den für sich nemen, und niergent anderswohin; wer das brichet, das sol den hof ein halp iore verloren haben.

Es sol ouch ir keins uf den vischemerckt gon noch under die metzige; wer das brichet der bessert ein halp iore ab dem hofe.

Sü süllent ouch nit uf den Holwig[1] gon so es mercket tage sint und in kein getrenge der lüte; wer das brichet der bessert ein halp iore abe dem hofe.

Sü süllent ouch in keine kirche noch capelle gon, weder in diser stat noch anderswo; dann sü süllent in ire kirche gon uf dem hofe und anderswo derselben glichen.

An unsers herren frönlichnamstage und am swertage süllent sü ouch nit in die stat gone; wer das brichet der het den hof ein halp iore verloren.

Sü süllent ouch durch das iore am zinstage und am dünrestage nit in die stat gon, es were danne uf ein solichen tag ein hochzitlicher tag; wer das brichet het den hof ein halp iore verloren.

Man sol ouch keinen frömden ussetzigen menschen me lossen in unser stat gon oder ryten, anders dann hienoch stot; und wo es die am Snellinge sehent oder empfindent, so süllent sü es den pflegern verkünden oder dem sü dann empfolhen sint, von unser stat wegen, uszůtriben; doch mügen sü wol sin by dem ymbis und den helfen essen den man den ussetzigen menschen git an der krummitwuche zům jungen sant Peter.

Es sol ouch nit me dann ein ussetziges mensche von der gůten lůte huse zů Illekirch in die stat gon dahin es vormals gangen ist, und was demselben geben wurt, das sol es mit den andern teilen in irem huse; so süllent sü ouch nyemant darin empfohen, es sige dann von Illekirche, von Grofenstaden und von sant Oszwalt; wer es aber das sü alle abstürbent, so sol man eins oder zwey ussetzige menschen von dem Snellinge huse darin tůn; mag das nit sin, umb das danne dasselbe husz nit ler und ostür stande und kein unfůre darin beschee, so sol man einen frömden menschen darin nemen.

Und ist dis der gang den es gon sol und nit anders: item es sol und mag gon zů unser frowen brůder tor herin und hinder sant Nyclause hin den staden uf, und durch Hornecken gessel und sant Elisabetten gasse uf und zů sant Elisabetten tor wider usz, das ist sin gang.

Man sol ouch niemer gestatten das die dörfere, als Lingolsheim, Eckboltzheim, die drü Huszbergen, Schiltickheim und deren glichen, die dann allernehst an unser stat stossent, kein gůtlůthusz machent

[1] Alter Kornmarkt.

noch setzent gegen unser stat; dann wurt yemans in denselben dörfern ussetzig, so mügent sü soliche hüsere stellen by ire dörfere ginsite von unser stat, und dannoch niemant darin empfohen, es sige dann usz dem dorfe do das gûtlûthusz stot; und wann soliche personen abgesterbent, so sol man das husz uf stunt abbürnen, als das von alterher kommen ist. Desglichen süllent ouch die dörfere, die dann in einer mylen weges aller nehst by unser stat ligent, ouch niemans frömdes in ir gûtlûthusz empfohen noch lossen kommen; und were anders dete, das süllent die pflegere nit gestatten; gebe in ouch yemans darinne widersatz, das süllent sü, so bald das sin mag meister und rat verkünden und sagen; die süllent dann solichs weren und nit gestatten.

Die pfrûndener süllent durch das ior nit in die stat gon und die am Snellinge ungeirret lossen, es wer dann das der am Snellinge so lützel were, so mügen in wol die pflegere erlouben in die stat zû gonde, ob es sü anders beduncket ein notdurft sin, und anders nit.

Wanne man aber sitzet by sant Arbogasts bruck, so süllent alle frömde siechen by den am Snellinge sitzen, und wellent die pfrûndener ouch do sitzen, das mügent sü wol tûn; und was inen da geben wurt, das süllent sü glich under einander teilen, eime als vil als dem andern.

Als man ouch sitzet an der kroummitwuche zûm jungen sant Peter und man do den ussetzigen einen ymbis git, do mügent die pfrûndener und alle ander siechen, sie sigent frömde oder heimsch, ouch wol do sitzen und denselben ymbis helfen essen, also das sü alle usz unser stat sient so die glocke drü sleht; und welle über die drü in diser stat blibent, die süllent das bessern, als dann do hindenan eigentlich stot.

Wanne man sitzet by den ruwern uf sante Marien Magdalenen tag, so süllent nit über fünfe von dem Snellinge huse do sitzen und fünfe von den frömden, die andern heimeschen und frömden süllent alle die zit zû den Rotenkirchen sin und bliben und do warten, und was den zehenden geben wurt, das süllent sü glich mit den teilen die dann in irem husze sint, und den frömden die aldo gewartet hant eime also dem andern.

Deszglichen süllent ouch der am Snellinge nit über viere in diser stat an keinen enden by einander sitzen.

Die am Snellinge süllent kein gesesse haben by sant Helenen, und dagegen süllent die pfrůndener sü an den andern gesessen ungeirret lossen und nit daby sin anders dann do vorstot.

Würde den am Snellinge etwas in ir husz gegeben, das sol ir sin, es were danne daz man es hiesz der gemeine geben, so sol man das mit den pfrůdenern teilen, yegelichem zů glichem teile, frowen und mannen, jung und alt.

Dagegen, würde den pfrůndenern etwas in ir husz geben, das sol ouch ir sin, es were danne das man es ouch hiesse der gemeine geben, so sol man das den am Snellinge ouch teilen zů glichem teile, als vorstot.

Die am Snellinge süllent keinen teil haben an dem das do gevellet in der kirchen und in die stöcke die do stont uf dem hofe und ussewendig umb den hof; dann es sol des hofes und der pfrůndenern sin, als das von alterher kommen ist.

Sü süllent ouch kein schüsseln noch stüle setzen uf die strosse, von der stat by steinstrosser turne bitz ussewendig des burgbannes, an beiden enden des hofes, und süllent ouch selbs nit do sitzen das almůsen zů heischen.

Die am Snellinge süllent diese drie tage mit namen des heiligen Crütztag als es funden wart, an sant Sophien tag und uf unser frowen tag, als kirwihe das ist, in irem husze, hofe und garten und daby sin und bliben und die pfrůndenern ungeirret in ire wonunge lossen, ungeverlichen; doch so süllent sü in der kirchen by dem ampte, der messen und zů vespern sin.

Were ouch die werent, frowen oder manne oder kint, die nit reht zů dem hofe hettent und riche werent und die pfrůnde koufen woltent, wanne man dann umb ein pfrůnde als vil geben wolte das die pflegere, die dann zů ziten sint, beduhte das es dem hofe weger were geton dann gelossen, by iren eiden, so mügent sü wol eime solichen die pfrůne zů koufen geben.

Und ist hienoch eigentlich geschriben uf wellen synne man einer personen die pfrůne oder wonunge zu koufen geben sol; doch uf der pflegere erkennen, ob es sü anders dem hofe beduncket geroten sin.

Were ouch iemans der also begerte uf dem hofe sin wonunge zů haben und wolte by den pfrůndenern sin in irem huse, dem mügent die pflegere die pfrûne wol zû koufende geben umb sehtzig pfunt pfennige oder höher, und noch dem sû danne die gestalt an einer personen sehent; und sol dartzû geben fünf pfunt und fünf schillinge für sinen dienst; und sol man derselben personen geben, nemliche alle wuche, zwene schillinge und sehs pfennige sinen lebtagen und nit lenger. Man sol ime ouch alle die gevelle teilen glich als eime andern pfrûndener. Wer es ouch das man den andern me oder minder zû der wuchen gebe, das sol dise persone nit angone.

Es sol ouch ein yeglichs das also empfangen würt sinen huszrat haben, noch des hofes reht und gewonheit, als die andern haben müssent.

Man sol ime ouch eine kammer geben allewil es uf dem hofe ist, obe anders eine ler stot.

Als ouch ein gesinde eime yegelichen pfrûndener verbunden ist zû tûnde, das sol es ime ouch tûn.

Wolte ouch ein frömde persone uf dem hofe sin leben slissen und wollte by den pfrûndenern sin in irem husze und wolte keine pfrûne nemen, das sol geben umb die wonunge zwentzig pfunt pfennige und nit minder, höher mügent sü es ime wol geben; und ein solichs bedarf keinen dienst noch ymbis noch ander ding geben, es welle es dann gern tûn; und sol der hof derselben lûte keinen costen noch schaden haben. Man sol ime ouch keinerley gevelle teilen.

Es sol ouch ein yegelichs das also empfangen wurt sinen huszrat haben noch des hofes reht und gewonheit, und sol ime das gesinde gehorsam sin als eime pfrûndener.

Gebürte sich ouch das solich persone, die also die pfrûne kouftent, als davor stot, oder zwentzig pfunt umb die wonunge gebent, also kranck oder siech würdent oder so unvermügenlichen wie sich dann machen würde daz sü ein sunder gesinde oder me bedurftent, die sol eins haben und halten in sime costen und anders nit.

Wolte ouch ein frömde persone sin leben uf dem hofe slissen und wolte sunder und nit by den andern sin, dem sol man ein husz zû koufende geben umb fünfzehen pfunt, und sol darzû geben umb die wonunge ouch fünfzehen pfunt, daz tût zûsammen drissig pfunt; und sol ein solich persone uf dem hofe sin one des hofes und der siechen costen und schaden. Es sol ouch das husz in gûtem gebuwe halten in sime costen; und wann eins von tode abget, was es danne uf dem hofe hinder ime lot, gelt oder geltswert, nüt uszgenommen, das sol alles dem hofe bliben.

Es söllen ouch alle personen die nit bürger sint und uf dem hofe ir leben slissen wellent und in sundern hüsern sitzent, die bedörfent keinen dienst geben noch sust nüst anders, sü wellen es danne gern tůn.

Die gesinde uf dem hof, es sigent kellerin oder klingeler, süllent ouch denselben personen nit verbunden sin ützit ze tůnde, in keinen weg.

Es süllent ouch alle die uf dem hofe, die do in sundern hüsern sitzent, nyemans in ire hüsere empfohen und inen ouch nit geben, lihen noch zů koufende geben; dann wer do begert in solichen hüsern zů sinde oder uf dem hofe sin wonunge zů haben, der sol das vordern vor den pflegern und mit den überkommen, noch dis buchs besage, als das harkommen ist.

Wer ouch uf den hof kommet, es sy burger, hindersosz, lantman, frömde oder heimesch, niemans uszgenommen, und mit den pflegern überkommet noch dis buchs besage, der mag donoch mit allem sime gůte das er het oder gewinnet, es sy ligende oder farende, tůn und lossen, siech oder gesund, was es wil, ungehindert des hofes und der pflegere, one den huszrat und geschirre und kleidere das es danne uf dem hofe gebruchet het, und ouch was es noch tode hinder ime uf dem hofe liesse, das sol alles dem hofe bliben.

Wer aber zehen pfunt pfennige git oder die versichert by sime lebtagen das sů noch sime tode geben werdent, dem sol man lossen, oder sinen erben, alles das es hinder ime liesse, nüt uszgenommen, und sol sü weder der hof noch die siechen erben, und dogegen, stürbe yemans uf dem hofe, so sol man denselben ouch nüst teilen noch geben von solichem erbe und gůte, und sol doch also versorget werden, das man soliche kleidere, bette, küssin, lilachen und desglichen nit für den hof verkoufen sölle.

Man sol ouch alle frömde personen, die nit burger sint und ouch die burger sint und in sundern hüsern sitzent, nit trengen, kiesen noch machen der andern meister oder meisterin zů sin, sü wellen es dann gern tůn.

Sü süllent aber verbunden sin zů halten alle gebote und verbote die dann in disem bůche stont und noch des hofes reht und gewonheit, als danne die andern alle uf dem hofe verbunden sint gegen den pflegern.

Wer ouch der were, burger, hindersosz oder lantman, der in eime sundern husze sitzet und das koufet het, der bedarf an dem gründonrestage nit sin by dem ambaht und ime lossen sin hende und füsse weschen, er welle es dann gern tůn; doch sol er die zit usz in sime husze sin und bliben.

Es söllent ouch, und sint des schuldig zů tůnde, alle siechen uf dem hofe und die do iemer me uf den hof komment unsern lieben herren got tegelich zů bitten für alle die do ir almůsen zů dem hofe, gebuwe und herbergen geben hant, und ouch darumb sü die gottesgoben der pfrůnen niessent und für die dannoch tegelich ir almůsen aldar gebent.

Es süllent ouch alle siechen uf dem hofe, geistlich und weltlich, alle tage in der capellen sin by dem ambaht der messen, und süllent ouch aldo sin obe man das ambaht anvohet und ouch nit dannan gon es sige danne gantz und gar usz vollenbroht. Hette man uf etlichen tag keine messe, so süllent sü doch uf einer messen lang vor essen am morgen in der capellen sin und beten, es were dann das eins vor kranckheit nit dar kommen möhte, oder das es so redeliche sach irrete; das sol eins dem capelon verkünden oder sagen; und wer das nit dete, das bessert einen schilling pfennige so dick das beschiht.

Desglichen süllent sü alle tage in der capellen sin zů vesperzit, man singe oder lese sü; es were danne das eins sache irrete als vor stot; wer das nit dete, das bessert sehs pfennige so dicke das beschiht.

Sü süllent an dem gründunrestage by dem ambabt sin von anfange bitz ende usz und inen lossen ire hende und füsse weschen, als das von alterher kommen ist.

Desglichen süllent sü ouch am karfritage by dem ambaht sin, und was zů dem crütze geopfert wurt, vor dem es ein capelon nider geleit, und das ambaht volles usz, das ist eines capelons; was aber vor und noch aldar geopfert wurt, das ist alles des hofes und der pfrůndenern, als das ouch eigentlich do hindenan in der fundacien stot.

Es sol ouch ein iegelich geistlich persone sin benedicite sprechen ob tische vor essen, und sin gratias ab tische noch essen, und ein yegelich leige, frowe und man, tohter und knabe, sin pater noster und ave Maria sprechen ob tische vor essen und noch essen, dem allmehtigen gotte, unser lieben frowen und allen heiligen zů lob und eren, und allen selen zů troste. Wer das nit dete, das bessert sehs pfennige so dick das beschiht.

Es süllent ouch alle die uf dem hofe, sie sient siech oder gesunt, got, unser frowe und die heiligen nit übel handeln, weder mit sweren, flůchen, schelten noch mit keinen andern dingen, damit der almehtige got, unser liebe frowe und die heiligen enteret möhtent werden. Wer das darüber dete, das süllent alle die solichs sehent oder hortent den pflegern sagen oder verkünden, on allen vertzog, und süllent die pflegere, so bald das sin mag, dieselbe persone, ir sy eins oder me, strofen und bessern der geschihte noch.

Wer ouch solichs noch vorgeschribener mossen verswige und das nit seyte noch fürbrehte an stunt oder so balde das sin möhte, dasselbe sol den hof und die pfrůne ein iore verlorn haben.

Es süllent ouch alle die uf dem hofe, sie sient siech oder gesunt, keinerley spiel uf dem hofe noch ussewendig umb den hof tůn, weder umb gelt noch geltswert, lützel noch vil, unde süllent ouch das niemans gestatten zů tůn, er sy frömde oder heimsch. Wer das darüber dete, den süllent die pflegere darumb strofen und bessern der geschihte noch, und süllent niemans ungebessert lossen der solichs tůt oder der spiel haltet.

Es sol ouch ir keins dem andern nit stelen, weder uf dem hofe noch anderswo; und wer dem andern etwas stielt, do es die pflegere erkennent das es ein diepstal ist, dasselbe das also gestolen het sol den hof und die pfrůne verlorn haben eweclich, und was es uf den hof broht het, das sol dem hofe bliben.

Wer es ouch das der siechen uf dem hofe eins das ander zů der E neme, welle das tůnt die hant beide den hof und pfrůne verlorn.

Es söllent ouch alle siechen uf dem hofe nit unküscheit mit bůlerige triben, weder uf dem hofe noch anderswo, es sy under inen selbst oder mit andern frowen noch mit farenden töhtern; desselben glichen süllent die frowen und töhtere ouch nit tůn; und wer das brichet, das het den hof und die pfrůne verloren, und was es do het, das sol dem hofe bliben.

Sü süllent ouch solichs niemans gestatten ze tůnde, so verre eins das gewenden mag; und wo ouch ir eins oder me solichs sehent, hortent oder empfindent, das süllent sü den pflegern verkünden oder sagen, so balde das sin mag, on vertzog; und welles solichs verswige und es nit seite noch fürbrehte, das sol den hof und pfrůne ein ior verlorn haben.

Wer es ouch das yemans under den siechen mit eime gesunden, schönen menschen in bůlschaftwise zů schaffen hette, als das eins teils do ob sot, und danne dieselben schönen menschen den pflegern nit zů verantwurten stünden, so süllent die pflegere den besserungen nochgon von der siechen wegen, als das davor eigentlich geschriben stot; und umb das ander gesunde menschen von solichem nit entreinigt werdent, so süllent die pflegere meister und rat fürbrigen oder sagen wer soliche schöne personen sint die dann solichs geton hant, umb das sie ouch gestrofet werdent.

Sü süllent ouch mit keinerley kuppelige umbgon, weder uf dem hofe noch anderswo; wer das brichet, das het den hof und pfrůn verlorn.

Es sol ouch kein siechman keine gesunde persone, es sy frowe oder tohter, umbvohen, heilsen noch küssen oder an die brüste griffen; glicher wise sol kein frowe noch tohter keinem manne noch knaben tůn; wer das darüber dete, das sol den hof und pfrůne ein halp ior verlorn haben.

Es sol ouch kein siechman in kurzen kleidern öffentlich gon, weder uf dem hofe noch anderswo, und sol sich ouch keine frowe noch tohter zů vast öffenlich entblössen; wer das darüber dete, das bessert fünf schillinge so dicke das beschiht.

Sü süllen ouch nit schamperlich reden von unküscheit und ouch nit soliche lieder davon singen, davon ein anders beweget oder bekort möhte werden; wer das brichet, das bessert ein schilling pfennige so dicke das beschiht.

Es sol ouch ir keins dem andern flůchen, schelten noch übelreden oder frevenlichen heissen liegen (lügen); wer das brichet, das sol das bessern der geschihte noch.

Desglichen sol ouch ir keins das ander slahen, stossen, rouffen, werfen, weder mit füsten, messern, bengeln, steinen oder deren glichen; wer das darüber tete, der sol das bessern der geschiht noch.

Welles ouch das ander blůtrunzig machet, do die pflegere und ein scherer erkennent das es ein blůtrunz ist, do sol dasselbe das solichs geton het den hof und pfrůne zwey iore verloren haben, und do noch ein iore an das gnode dem der schade gescheen ist.

Wundete aber ir eins das ander, do die pflegere und ein scherer erkantent das es ein wünde ist, dasselbe das den schaden geton het und alle sin helfer, die der sachen schuldig sint, süllent den hof und die pfrůne verloren haben, und süllent die pflegere nit deste minre solichs meister und rate verkünden, ob anders das dem der schade beschen ist nit von siner clage ston wil; und was meister und rat darinne erkennent, es sy das sie das selber für handen nement oder es den pflegern bevelhent uszůtragen, dem sol danne als nochgangen werden.

Slüge ouch ir eins das ander zu tode, das süllent die pflegere, so balde das sin mag, one vertzog, meister und rat verkünden; die süllent es dann vor handen nemen als sich das gebürt; entwichet aber dasselbe das den schaden geton hat, so sol es doch den hof und die pfrůne ewencliche verloren haben, und alle sin helfer die der sachen schuldig sint, und was sü uf dem hofe hant, das sol alles dem hofe bliben.

Sü süllent ouch keinerley pfiffen, hürnen, trummen noch ander gewůte machen uf dem hofe, und besunder after tagezit. Wer das darüber dete, der sol es bessern der geschihte noch.

Důt ouch ir deheins dem andern ein unzuhte und wil das an dem geunfůget ist solichs clagen, so sol es das den pflegern zů wissen tůn, und wanne dann die pflegere hinusz komment, so sol das an dem geunfůget ist öffentliche clagen vor den pflegern, und süllent die pflegere ouch jenes verantwurten öffentliche hören ab dem dann geclaget ist; und wanne sü beidersit clage und antwurt verhöret hant, sint sü danne worheit in der sache notdurft, die mügent sü ouch wol darumb hören, und noch clage und antwurt und worheit, ob anders worheit geleistet ist, so süllent die pflegere darüber erkennen und sprechen noch ire besten verstentnisse, niemans zů liebe noch zů leide; und was sü also in der sachen erkennent und sprechent, dem sol dann nochgangen werden.

Desglichen, tůt ouch ir deheins ein unfůge oder me als danne in disem bůche stot, wann das den pflegern fürkompt so süllent sü, so erste das sin mag, hinusz gon und den oder die solichs geton hant ouch öffenliche zů rede stellen und sin verantwurten ouch öffenliche hören, in aller mosse als dann in dem vördern artickel stot; und nochdem sü die sache verhörent, so süllent sü ouch darinne sprechen was sü danne billich beduncket noch dis bůch besage.

Wer es ouch das iemans ein unzuht beschee und das nit clagen wolte oder sich under einander rihtetent, umb das der hof und die siechen nit in unordnunge komment, wann es dann den pflegern fürkompt, so süllent sü es vor handen nemen nochdem sich dann das gebürt.

Die pflegere süllent ouch maht und gewalt haben inen fryden zů gebieten, und wie hohe sů gebietent, by solichen geboten süllent sü in halten.

Desglichen süllent ouch die meistere und meisterin uf dem hofe und ein capelon maht haben inen fryden zů gebieten.

Es süllent ouch alle siechen uf dem hofe nit für den hof ryten noch gone, anders dann hienoch geschrieben stot.

Die manne süllent vor dem tor sitzen oder ston und die frowen vor der kirchen, als das von alterher kommen ist, ungeverlichen, und süllen auch niergent afterwege gon; es were dann das eins mit sime gůten fründe ginge gegen unser stat, bitze an das nehste wickhüsel by sant Helenen und nit fürbasser, oder hinusz bitze zů dem ehter crůtze; wer anders tete, der sol es bessern der geschihte noch.

Sü süllent ouch nit über keinen acker gone noch niergent von dem hofe anders danne do vor stot, und sol ouch ir keins niergent ryten noch gone, weder in diese stat noch burgbanne noch in dis lant, on wissen und willen der pflegere; dann sü süllent in dem hofe und garten und daby sin und bliben; und wer das brichet, der bessert ein halp iore ab dem hofe.

Sü süllent ouch alzit so sü wandeln wellent den pflegern sagen warumb das sige, uf das sich die pflegere wissen darnoch zů rihten.

Were es aber das die pflegere ir eime oder me hinweg erloubtent usz dem burgbanne zů sin, so süllent sü doch nit über drie tage usz sin one urlop der pflegere; und were es das die pflegere yemans me und lenger erloubtent usz zů sin danne drye tage, alle wile eins dann usz und ab dem hofe ist, was danne den andern die uf dem hofe sint geben wurt, es sy brot, gelt oder anders, nit uszgenommen, das süllent die uf dem hofe sint und blibent glich under einander teilen und jenem das usz ist nit davon geben; was man aber von pfrûnen teilt von des hofes wegen, das sol man denselben die usz sint iren teile gehalten bitz das sü her wider komment, und ine dasselbs geben und nieman anders.

Were es ouch das ir eins oder me die also ussen werent von tode abegingent obe sü herwider uf den hof kement, was ime dann dazwüschent, diewile sü usz gewesen sint, von pfrûnen gefallen were, das sol dem hofe bliben und niemant anders, weder sinen fründen noch sust nyemans nüst verbunden sin davon ützit zû geben, in keinen weg.

Wanne sü ouch in dise stat oder in das lant wandeln wellent, so in anders erloubet ist, so sol ein iegelich man und knabe uf sime houpte einen growen slehten breiten filtzhût haben und den tragen, und sol einen growen mantel anhaben; wer das bricht, der bessert ein ior ab dem hofe.

Desglichen sol ein iegeliche frouwe oder tohter einen growen kulhût one zipfel uf irem houpte haben, zû öberste uf den sleigern, und den tragen stetes, und einen growen mantel anhaben, und welle das nit dete, die bessert ouch ein iore ab dem hofe.

Hette aber ein pfrûndener oder pfrûndenerin etwas ernstlicher sachen halb zû schaffen, das es die pflegere beduhte ein notdurfte sin, wie im dann die pflegere erloubent zû riten oder zû gon das sol daby bliben.

Sü süllent ouch nit über die zwene bürnen gon, der eine vor der kirchen, der andere vor dem Snellinge huse, dann die gartener und aller mengelich wasser davon holent; doch so mügent ir gesinde, die schöne sint, wol darüber gon und inen wasser davon holen. Wer das brichet, der bessert ein halp iore abe dem hofe.

Es sol ouch keins in des capelons husze, hofe und garten gon; wer das brichet, der bessert fünf schillinge so dick das beschiht.

Stige ouch iemans by naht oder by tage in des capelons husz, hof oder garten, oder tete keinerley unzuht oder schade darinne, das sol es bessern der geschihte noch.

Desglichen süllent sü nit in den kore noch in die treszkammer gon; wer das brichet, der bessert fünf schillinge so dicke das beschiht.

Als ouch die lûte in dise stat zû merckete komment, da süllent sü denselben lûten, noch nieman anders, die ding die sü also zû merckete bringent, es sy brot, win, korn und alle ander getregede, gensze, enten, hůnre, tuben und alle ander gefůgele, mylich, kese, ancken, ziger, butter, eiger, trübel, öpfel, bieren, kirsen und alles obs, und alle andere getregede und essende ding, nit uszgenommen, nit beknotzen, handeln noch anrüren; dann wellent sü solicher dinge etwas, so süllent sü die ire gesinde, die do schöne unt nit ussetzig sint, lossen koufen und sü nit. Wer der dinge deheins verbreche, der sol den hof ein iore verlorn haben.

Desglichen süllent sü ouch nit in unser stat noch niergent anderswo tůn, by den vorgenanten besserungen.

Sü süllent ouch nit mit keinerley koufmanschaft umbgon noch triben, noch keinerley kremperige triben, weder mit viehe noch mit gůte noch essende ding, nüt uszgenommen; wer das verbreche, das sol das bessern der geschihte noch.

Desglichen süllent sü nit antwerck triben noch sust etwas machen und das schönen lůten geben zů verkoufen, noch niemans von iren wegen; wer das brichet, der sol das bessern der geschihte noch.

Es sol ouch kein pfrůndener noch pfrůndenerin keinen frömden siechen in ire gemeyne hüsere laden, weder mit essen noch trinken; es were danne der gantzen gemeyne liep; wer das brichet, der bessert eine pfrůne.

Wolte aber ir eins einem frömden siechen mit erberkeit eine früntschaft tůn, das mag es wol an den Snelling laden, und süllen ime die an dem Snellinge das gönnen; wer sich dawider sätzete, das bessert zwene schillinge pfennige.

Es süllent alle die uf dem hofe keinen frömden siechen lenger enthalten dann ein naht oder zwo, es were danne das eins vor kranckheit oder ungewitter nit gewandeln möhte; und enhieltent sü als darüber einen frömden siechen oder me lenger dann hievorstot, on erloubunge der pflegere, das bessert iegelichs einen schilling pfennige so dick das beschiht.

Sü süllent ouch allen frömden siechen nit gestatten noch verhengen oder kein anwisunge geben, das ir keins tůge oder volbringe der stücke keins die danne uf dem hofe verboten sind; und wer anders dete, gestattet oder verhinge oder keinerley anwisungen datzů tete oder gebe, das sol bessern der geschihte noch.

Es süllent ouch alle siechen uf dem hofe zů rehter zit slofen gon, nemlich zů naht zwischen nünen und zehenen; und wer über die zehene sesse, das bessert ein schilling pfennige so dicke das beschee.

Sü süllent ouch nit hosen noch schûhe usziehen noch antûn in ire gemeine stuben; wer das brichet, der bessert ein schilling pfennige so dicke das beschiht.

Weller sieche uf dem hofe ein elich gemahel het, do mag wol ein elich gemechde alle wuche ein mol oder zwey mol, by tage, hinusz uf den hof zû ime gon und lûge was es tûge; aber sü süllent keine naht do usse uf dem hofe sin noch bliben, es were dann das eins siech zû bette lege, so mag es wol by ime bliben und sin warten; wer anders dete danne hie stot, das bessert zehen schillinge pfennige.

Es süllent ouch alle siechen die do kint hant dieselben kint nit lossen zû inen uf den hof gon, es sige danne zû der wuchen ein mole und nit me, und süllent ouch keine kint kein naht by inen uf dem hofe lossen; wer das verbreche, das sol ein halp iore den hof verlorn haben.

Sü mügent ouch wol die grosse batstube uf dem hofe wermen zû vier wuchen ein mol und nit me, und die cleine am Snellinghuse dazwüschen ein mol und ouch nit me; wer das bricht, der bessert fünf schillinge pfennige so dick das beschiht; doch so mügent in die pflegere erlouben si fürbasser zû wermen, wanne sü das beduncket ein notdurft sin, und anders nit.

Sü süllent ouch nit by naht baden, und im tage nit lenger baden als bitz das man das ave Maria lûtet; und wer lenger darüber badete, der sol das bessern als hie noch stot: nemlich ein pfrûndener oder pfrûndenerin zwene schillinge und der eins am Snellinge ouch zwene schillinge; welles aber am Snellinge die zwene schillinge nit geben wolte, das sol einen monat ab dem hofe sin. Weller frömder sieche das verbreche, der sol den hof ein halp iore verloren haben.

Es sol ouch kein sieche in keine batstube gon, weder in diser stat noch anderswo, do gesunde menschen ingont; dann wellent sü baden, so süllent sü in den batstuben baden uf dem hofe, so das zit ist, oder anderswo derselben glichen; und wer das verbreche, der sol den hof und pfrûne verloren haben.

Wer es ouch das yemans under den siechen uf dem hofe zû einer notdurfte wasser baden wolte und es die pflegere erloubtent, welles dann also baden wil, das sol alle tage geben viere pfennige für holtz; badetent aber zwey mit einander in einer bütten usser eime kessel, do git iegelichs alle tage drye pfennige; wo aber zwey oder me badetent und iegelichs ein sünder bütte het und doch usser eime kessel badetent, do git iegelichs alle tage vier pfennige, als da vor stot, doch das sü in gewönlichen bütten badent, die nit über sehs emig sient, ungeverlichen.

Die siechen süllent ouch kein fůszwasser, wůste tůcher, binden noch plaster oder deszglichen schütten für ire hüser, summerhüser, kuchen oder keilre, noch an kein ander ende, umb das gesunde menschen, die do wandeln, davon nit entreiniget werdent; dann sü süllent solichs tragen und schütten, oder yemans von irent wegen, in das wasserloch by der batstuben; wer das brichet, das bessert zwene schillinge pfennige so dick das beschiht.

Desglichen süllent ouch alle, die das vor kranckheit halp getůn mügent, nit schütten iren harn usz iren kammern vornan noch hindenan für ir husz noch in den garten, von ostern bitz sante Michelstag, dann die gesunden do wandeln; sü süllent die zit solichs tragen und schütten in das sprochhusz; wer das brichet, das bessert sehs pfennig so dick das beschiht.

Sü mügent ouch wol win uf dem hofe schencken, also das sü den under einander schenckent und vertribent, und niemans frömdes, der nit uf den hof gehöret und schöne und nit ussetzig ist, davon gebent noch lossent holen; wer das brichet, der bessert fünf pfunt pfennige so dick das beschiht; und wer soliche besserunge nit zů geben hette, dem sol man den hof verbieten bitze er soliche besserunge git.

Wenne sü ouch wine also uf dem hofe schenckent, was danne an solichen winen gewunnen wurt, das süllent sü behaben und sol ir sin; würde aber üt an solichen winen verlorn, es were nochzůck oder ob wine uszliefe, den verlust süllent sü liden, und sol der hof jim kein costen noch schaden haben.

Weller ouch under inen ein zit ab dem hofe wolt sin, mit erloubunge der pflegere, der sol den andern sicherheit geben, würde üt an solichen winen verlorn, das der dann sinen teil daran gebe, oder das er aber dieselbe zit diewil er usz ist keinen teil an dem gewynne neme, ob anders daran gewunnen würde.

Es sol ouch ir keins, es sy siech oder gesund, das wasser das der klingeler den pfrůndenern in die standen treit verbruchen zů unreinen dingen, als hende und fůsse oder tücher zů weschen, dann man sol es verbruchen zû kochen und andern reinen dingen; wer das darüber tete, der bessert sehs pfennige so dick das beschiht.

Desglichen süllent die am Snellinge ouch nit das wasser verbruchen zû unreinen dingen das man treit in die küchen zû kochen, by der vorgenanten besserungen.

Es sol ouch ir keins, es sy siech oder gesund, keine tûcher brügen oder sieden am morgen und am obende so man kochet, umb das die spise davon nit entreiniget werde; wer das brichet, das bessert einen schilling pfennige so dicke das beschiht.

Was obses ouch in der manne garten wehsset, wanne das zittig würt, so sol man das abelesen und das teilen den pfrûndenern in der manne husz.

Was obses ouch wehsset in der frowen garten, das sol man teilen den pfrûndenern in der frowen husz, als vor stot.

Und was obses wehsset in dem Snelling garten, das sol man teilen in das Snelling husz den armen.

Was grases ouch wehsset in den vorgenanten dryen garten, das sol ouch der siechen sin in denselben hüsern; doch so süllent sü davon geben und lonen die böme zû würmen und zû bereiten, als das harkommen ist.

Es süllent ouch alle die uf dem hofe alle die gesinde die sü dingent, es sient knehte oder kellerin, vor und ee den pflegern antwurten, öbe die angont inen zû dienen, uf das sü tûnt vor den pflegern als danne von inen geordent und verschriben stot.

Es sol ouch ir keins uf dem hofe keime gesinde urlop geben one wissen und willen der pflegere; hant sü aber ein gesinde oder me nit gerne, so süllent sü das den pflegern verkünden und vor inen den bresten sagen warumb sü es nit gern noch me haben wellent; was danne die pflegere darumb erkennent, das sol daby bliben. Und gebe yemans eime gesinde urlop frevelichen, das süllent die pflegere strofen der geschihte noch.

Es süllent ouch alle siechen die uf den hof komment, sü sient burger oder nit, sweren dem hofe getruwe zû sinde und des hofes nutz zû fürdern und sinen schaden zû warnen und wenden, so verre eins kan und mag, ungeverlichen.

Desglichen söllent die töhter und knaben, die unter ahtzehen ioren alt sint, geloben by truwen an eides stat; wanne sü aber ahtzehen iore alt werdent so süllent sü ouch sweren als die andern.

Sü süllent ouch, by demselben irem eide und truwen, den pflegern gehorsam sin und einem meister und meisterin in allen redelichen zimlichen dingen.

Es sol ouch ein yeder meister under den pfrůndenern die kammer haben, und darinne ligen, die do stot obe der stuben gegen der küchen, er sol ouch den sesz haben in der stuben und in dem summerhusze, als harkommen ist, und den stůl hündenan in der kirchen nebent der türen, uf das er dartzů warneme und gesehen müge das yegelicher tůge als er tůn sol.

Desglichen sol eine meisterin under den frowen die kammer haben und darinne ligen, die do stot gegen dem tor und sol ouch den sesz haben in der stuben und summerhusze, als reht ist, und den stůle dahindenan in der kirchen gegen des meisters stůle über, umb das sü ouch dartzů lůge und warneme das yegeliche tůge als sü tůn sol.

Es sol ouch der meister am Snellinge die kammer haben obe der stuben die do stot gegen dem summerhusz über, und den sesz in der stuben und summerhusze als das ouch harkommen ist.

Sü süllent ouch keinen meister noch meisterin uf dem hofe machen, kiesen noch welen one wissen und willen der pflegere, und wen sü mit der pflegere willen zů meister und meisterin erwelent, der sol sich das nit widern, dann er sol gehorsam sin, on die personen die nit burger sint, als das do vornan eigentlich geschriben stot.

Desglichen süllent sü ouch keinen meister noch meisterin absetzen one wissen und wille der pflegere; und wann sü einen meister oder meisterin nit me haben wellent, so süllent sü vor den pflegern sache sagen warumb das sige; erkennent dann die pflegere, nochdem sü die sache verhört hant, das einer oder eine nit me meister oder meisterin sin sölle, so mügent sü dann wol donoch einen andern meister oder meisterin kiesen; wer anders dete, der bessert fünf schillinge pfennige.

Die meister oder meisterin, sü sient unter den pfrůndenern oder am Snellinge, süllent maht und gewalt haben inen fryden zu gebieten an den enden do sü danne meister sint, als das do vornan ouch verschriben stot; und woby sü gebietent, doby sol das gehalten werden.

Es söllent ouch alle meister und meisterin, ouch der meister am Snellinge, by iren eyden, alzit daruf lůgen und warnemen daz yegelichs tûge das es tûn solle, und söllent ouch versorgen das der hof und die ding die zû dem hofe gehörent in eren gehalten werdent noch dem besten, so verre sü können und mügent ungeverlichen; und wo sü sehent, hortent oder empfindent das yemans darwider dete anders dann es tûn solte, das sü das, so balde das sin mag, den pflegern zu wissen tûgent.

Es sol ouch ein yedie meisterin under den pfrûndenern, by irem eide, in gegenwertikeit eines capelons, altzit darûf lûgen und warnemen wanne ussetzige personen uf den hof komment, sü kumment zû den mannen oder zû den frowen oder an den Snelling, das sü danne denselben iren huszrat beschöwe und eigentlich lûge obe der werschaft habe und als gût sige als danne in disem bûche geordent und verschriben stot. Und welle stücke nit werschaft hettent, die sol sü nit nemen und sol eins ander stücke heissen dargeben, uf das dem hofe werde das ime werden sol, als das harkommen ist.

Keme ouch ein burger oder burgerin von den Snellingen zû den pfrûndenern, so sol die meisterin lûgen und besehen das es sinen huszrat habe, der also gût sige als in danne ander pfrûndener und pfrûndenerin haben müssent.

Stürbe ouch eine persone under den pfrûndenern under den mannen, so sol ein meister uf dem hofe alles das er hinder ime lot dem capelon antwurten, und sol den mannen bliben kûlhûte, hûte, teschen, eser, gürtel, hemede, hosen und schûhe, das ander sol alles des hofes sin.

Stürbe ouch eine persone, eine pfrûndenerin under den frowen, so sol den frowen bliben fünf schillinge wert, sleiger und hemede, beiltzermeln, lynin ermel, gürtel, fünftzige gesmyde, also slüsselsnûre, nolbein, seckel und schûhe, das ander sol alles des hofes sin.

Wanne ouch eins an dem Snellinge gestirbet, so sol ein meister desselben huses alles das er hünder ime lot ouch dem capelon antwurten, und süllent inen bliben von frowen und mannen also von den pfrûndenern davor stot, und süllen es glich under einander teilen, mannen und frowen, jung oder alt, yegelichem gliche vil.

Und was dem hofe zûvellet von pfrûndenern und ouch von den die danne des hofes reht und gewonheit koufet hant, das süllent die pflegere anlegen an den hof und der pfrûndener nutze und gebruche; was aber dem hofe zûvellet von den am Snellinge süllent die pflegere anlegen an desselben Snellings husze und derselben armen lûte nutz und gebruche.

Und so eins oder me von tode abget, wer do oder würde üt ab dem hofe getragen, verüssert oder verandert, das sol man wider uf den hof antwurten on intrag; dann niemans nützit nemen sol noch von handen lossen kommen on wissen und willen der pflegere; wer das brichet, das sol bessern nachdem dann die geschihte an ir selbs ist.

Es süllent ouch alle die uf dem hofe alle die dinge die sü do gebruchet und gehandelt hant, es sient kleidere, huszrat, essende ding oder anders, nit uszgenommen, es sige ir oder nit, soliche ding nit für den hof verkoufen, noch niemans von iren wegen, umb das schöne, gesunde lûte davon nit entreiniget werdent; wer das darüber te te das sol den hof und pfrûne ein iore verlorn haben.

Es sol ouch ir keins nützit für den hof lihen oder geben die ding die des hofes sint oder die stücke die eins dar hat broht und do haben sol von des hofes wegen, on wissen und willen der pflegere; wer das darüber dete, das sol bessern der geschihte noch.

Desglichen süllent sü ouch alle die ding die sü uf dem hofe bruchent, es sigent tischlachen, hantqueheln, lilachen, hemede, ziechen und anders, nit uszgenommen, nit tûn zû buchen noch zû weschen ussewendig des hofes; dann sü süllent solich ding, die sü also bruchent und gebruchet hant, uf dem hofe buchen und niergent anderswo, und die mit irem gesinde und den iren lossen uszweschen; wer das verbreche, der sol den hof ein iore verlorn haben.

Es süllent ouch alle die uf dem hofe nyemans der nit ussetzig und uszgeben ist keinen lymût machen noch dargeben als obe ein soliche persone ussetzig und nit schön sin solte; und wer das darüber tete und yemans dargebe oder yemant keinerley lymût oder gerûf mahte, das yemans dodurch verston möhte das ein solich persone ussetzig und nit schön sin solte, den oder die solichs tûnt sollent das bessern noch dem die geschiht an ir selbs ist.

Es süllent alle die uf dem hofe, sie sient siech oder gesund, nit dawider tûn als danne von inen geordent und verschriben ist, und wer dawider tete, es were an eime stücke oder me, den süllent die pflegere darumb strofen, ye der geschihte noch.

Desglichen süllent sü ouch nit gestatten noch verhengen das iemans dawider tete, er were frömde oder heimisch, so verre eins das gewenden mag; und wer darüber tete, in welichen weg das were, das süllent alle die das sehent oder hörent solichs den pflegern verkünden und zů wissen tůn, so balde das sin mag, one vertzog; und wer solichs verswige und das nit seite noch fürbrehte, den oder die süllent die pflegere darumb strofen und bessern der geschihte noch.

Es sol ouch niemans uf dem hofe kein nuwerunge, besserunge oder ordenunge machen, es syent gebote oder verbote noch sust anders, on wissen und willen der pflegere; wer das darüber tete, der bessert der geschihte noch.

Were es ouch das yemans uf dem hofe etwas tete das er nit tůn solte, das süllent die pflegere strofen und sü nit uf dem hofe (lassen), ouch sust niemans anders, nochdem als das dann in disem bůche eigentlich verschriben stot.

Als sü ouch tofeln uf dem hofe hant do der merteil alle namhaftige stücke usz disem bůch uf das kürtzeste angeschriben stont, die dann inen uf dem hofe geboten und verboten sind zů halten, die man ouch allezit do haben solle, uf das sü sich deste basz donoch wissent zů rihten, do sol ein yegelicher der do die pfrůne teilet und git, alltzit so er sü git ir yeglichs besunder frogen ob es üt wisse von yeman das es nit die tofel und das daran geschriben stot gehalten habe, oder obe yemans üt geton oder verbrochen habe das wider des hofes reht und gesetzede ist, das es das sage, by sime eide und trüwen; und wer also üt seit oder fürbringet, das sol derselbe der die pfrůne git und der meister oder die meisterin, so balde das sin mag, den pflegern verkünden oder sagen, umb das solichs gestrofet werde und der hof und die siechen nit in unordnunge komment.

Und wer also üt seite oder fürbringet, den oder die sol niemans übel handeln, leidigen mit worten noch mit wercken; wer das darüber tete, wie das danne den pflegern fürkommet, so süllent sü das vorhanden nemen, strofen und bessern nochdem dann die geschihte an ir selbs ist.

### Dis ist die ordenunge des klingelers uf dem hofe als hie noch stot.

Der klingeler sol sweren vor den pflegern dem hofe getruwe und holt zů sinde und sinen nutz zů fürdern und sinen schaden zů warnen und zů wenden, so verre er kan und mag, ungeverlichen; und sol ouch altzit, so es ime die pflegere empfelhent, daruf lûgen und warnemen obe yemans unküscheit dete oder obe iemans frevelichen swüre oder spielte und anders danne uf dem hofe verboten und geboten ist zû halten, das er das den pflegern sage so erste das sin mag; dasselbe süllen ouch alle gesinde verbunden sin ze tunde.

Er sol ouch altzit der manne und der frowen kûchen versorgen mit holtze und mit wasser in die standen usz dem bürnen, zû kochen und zû andern reinen dingen, ungeverlichen.

Er sol ouch den pflegern und dem capelon und dem meister und der meisterin gehorsam sin in allen redelichen zimlichen dingen was sü ine heissent.

Er sol ouch nit gon in des capelons husz, by der penen der fünf schillinge pfennige, alz dann andern siechen geboten ist; doch so mag ein capelon eime erlouben wenn er wil.

Er sol ouch alle tage in die stat gon mit der schellen und korbe und büssen, das almûsen getrüwelichen zû fordern und heischen und darnoch zû rehter zit, uf mittentag, wider uf dem hofe sin, ungeverlich; und was ime also geben wurt von brote, sol er uf dem hofe in die kiste tûn die dartzû gehört, und es alle wuche lossen teilen uf der matzen mit dem losse under die pfrûndener und pfrûndenerin, alt und junge, yegelichem zû glichem teile, als das harkommen ist, und sust niemant anders nüst davon geben noch lossen nemen, ungeverlich, dann so vil das er zû siner notdurft halp geessen mag; und was gelt im geben wurt, sol er tûn in die büsse und ouch under sü teilen, yegelichem zû glichem teile, in mosse als vorstat; und do von solichem gelte würt im als vil als der pfrûndener eime.

Würde ime ouch von yemans etwas bevolhen das er das eime in sunders geben solte, das sol er ouch demselben bringen und geben dem man es dann geheissen hat zû geben.

Was ime aber geben würde, das man hiesse der gemeinde geben, es wer was es wolte, nüt uszgenommen, das sol er dem capelon antwurten, der sol es dann geben und teilen nochdem es dann geheissen ist zu geben.

Er sol ouch noch dem ymbis holtz höwen in die zwey hüsere, den brüdern und swestern, noch notdurfte zû verbürnen.

Er sol ouch den winter der manne stub wermen, am morgen so man das ave Maria lütet und am obend zů vesperzit, noch notdurft, ungeverlichen. Also sol ouch důn der frowen kellerin.

Er sol ouch alle naht uf dem hofe ligen, und sol alle obende die tore, die tůren und venster beslissen und versorgen zů rehter zit und sü am morgen ouch wider uftůn zů rehter zit, ungeverlichen.

Er sol ouch altzit zů dem hofe lůgen und die ding die zů dem hofe gehörent getruwelichen versorgen, und was zů ungerech stot, das sol er zů gerech stellen und setzen, do yegelichs danne hin gehöret; als obe leitern, stůle, bencke und desglichen am regen oder wetter stünde, das sol er an das trucken tůn, yegelichs an sin ende.

Er sol ouch die wasserlöcher růmen wann das notdurft ist, und sol den gumpost helfen sieden zů siner zit; und was also ein gemeyne dienst des hofes und der siechen ist das sol er tůn, ungeverlichen.

Er sol ouch helfen win koufen uf den hof, wann man in das heisset, noch dem besten nutze und notdurfte der siechen, es sy uf dem winmerckte oder uf dem wasser oder in keilern, und davon sol er haben sinen teil an dem gewynne und verlust als die andern, ob er wil.

Er sol inen ouch die batstube wermen als reht ist und als es ime danne die pflegere bevelhen zů tůnde; und wann er sü wermen wil, so sol er sü versorgen mit holtze und mit wasser, und sol sü noch dem bade wider fegen und weschen reineclichen; geet er aber in die batstube zů wartende der siechen mit riben, weschen und andern dingen, so sol ime ein yegelich sieche geben einen pfenning von sime gelte.

Weller klingeler ouch in die batstube zů den siechen get, der sol donoch in diser stat in keine batstube gon allewile er uf dem hofe dienet; und wenne er solichs verbreche, so süllen in die pflegere darumb strofen und bessern.

Wanne sü ouch uf dem hofe zů einer notdurft wasser baden woltent, so in anders von den pflegern erloubet ist, so süllent sü mit dem klingeler überkommen für wasserschöpfen und holtzhowen, obe sü sin anders bedurfent, dann er sol inen nit verbunden sin üt dartzů zů tůnde.

Er bedarf ouch allen den die do in sundern hüsern sitzent gantz nit verbunden sin ützit ze tunde.

Er sol ouch mit nieman uf dem hofe kriegen, schelten noch flůchen; dann tůt yemans das es nit tůn solte, das sol er den pflegern sagen oder verkünden, die söllen es dann vor handen nemen als sich das gebürt.

Er sol ouch die frömden siechen zů rehter zit heissen slofen gon; also die kellerin ouch tůn süllent.

Er sol ouch niemans verbunden sin hin oder har zů loufen oder zů gonde; dann er sol dem getruwelichen nochgon als dann hie von im geordent und verschriben stot, aller dinge ungeverlich; und were es das er dem nit nochginge, so süllen in die pflegere darumb strofen, nochdem er dann verschuldet het; und darumb und umb solichen dienst so git man ime disen nochgeschriben lon.

### Dis ist der lon der eime klingeler wurt.

Item er nympt so vil brotes als er geessen mag von dem brote das er bringet, als das do vornan stot.

Item so git man ime alle viertel iors ein pfunt und fünfzehen pfennige.

Item alle viertzehen tage XXVI pfennige für spise und von der badstuben zů wermen.

Item alle ior einen schilling pfennig für lieht.

Item so wurt ime also vil geltes usz der büssen die er treit als eime pfrůndener, als das ouch do vornan stot.

Item so git man ime fünf schillinge pfennige für einen schantz.

Item zwene schillinge für ein par hosen.

Item zwene schillinge pfennige für ein par schuhe.

Item und wann ein mannespersone hinusz kommet zů den siechen, so wurt ime ahtzehen pfennige von den dirthalp schillingen pfennige die dem gesinde in der gemeinde werdent.

Item wann ein frowenpersone hinusz kompt, so wurt ime ein schilling pfennige ouch von den dirthalp schillingen als vor stot.

Item so git ime ein capelon uf unser lieben frowen tag der liehtmesse ein wahskertze als der siechen eime.

Item wann ein persone an den Snelling kompt so wurt ime nüschint.

### Dis ist die ordenunge der kellerin.

Es süllent alle kellerin uf dem hofe, es sient kellerin der manne oder frowen und kellerin am Snellinge, und die kellerin deren die do in sunderhüser sitzent sweren vor den pflegern dem hofe getruwe und holt zû sinde, und sinen schaden zû warnen und wenden und des hofes nutz zû fürdern so verre sü können und mügen, ungeverliche, und süllent alzit, so es inen die pflegere empfelhen, daruf lûgen und warnemen obe jemans unküscheit dete oder mit keinerley kuppelige umbginge oder swüre oder spielte, das sü das den pflegern verkündent oder sagent so balde das sin mag.

Es süllent ouch die kellerin in den dryen hüsern, der manne und frowen und am Snellinge, alle obend umbfrogen, von siechen zû siechen, an den enden do iegeliche dann kellerin ist, ob iemans üt oder etwas welle uf morn den tag usz der stat inen zû bringen oder zû koufen; und wer also ûtzit wil, der sol sü uf denselben obend uszrihten, es sy mit gelte das es danne uf morn bedarf; und welle persone sü aber an den obend nit uszwisent, denselben süllent sü ouch nit verbunden sin etwas zû koufen oder zû bringen; und sol sich donoch zû prime zit wider uf den hof fürdern und ire küchen warten und iegelichem sin spise bereiten, noch dem besten und so verre eine kann, und ouch ime die antwurten, ungeverlich.

Sü süllent ouch alle morgen früge ein für machen und dozû setzen einen hafen mit wasser, obe yemans selber etwas wolte machen, daz es dann wasser by dem herde fünde.

Sü süllent ouch den siechen gehorsam sin, was uf dem hofe ze tunde ist, redelichen, zimlichen dingen.

Sü süllent ouch allen siechen die do in sundern hüsern sitzent gantz nützit verbunden sin zû tunde, in keinen weg.

Sü süllent ouch alle frömde siechen heissen slofen gon zû rehter zit, als dann die andern siechen tun müssent; besunder der manne kellerin und die kellerin am Snellinghuse süllent das altzit warnemen das kein siechman after rehte zit do vornan blibe; wer inen des nit gehorsam were, das süllent sü den pflegern verkünden oder sagen.

Es süllent ouch alle kellerin uf dem hofe, keine uszgenommen, nit gon in des capelons husze, hofe und garten, by fünf schilling pfennige, also das ouch allen siechen verboten ist; doch so mag ein capelon inen erlouben wenn er wil.

Die kellerin der manne sol alle tage dem klingeler sin bette machen, noch notdurft.

Sü süllen ouch mit niemans uf dem hofe kriegen, schelten noch flûchen; dann tût yemans daz er nit tûn sol, das sullent sü den pflegern sagen oder zû wissen tûn; die süllent es dann vorhanden nemen als sich das gebürt.

Die kellerin der manne sol eime capelon und eime meister gehorsam sin, und die kellerin der frowen sol ouch dem capelon und einer meisterin gehorsam sin; desselben glichen die kellerin am Snellinge sol eime capelon und irem meister gehorsam sin; was sü die heissent das sü das tûgent, noch nutze des gemeinen hofes und redelichen, zymlichen dingen, das anders frowen zûgehört zû tûnde, ungeverlichen; und süllent sust yedem siechen in sunderheit nit verbunden sin hin oder har zu loufen oder zû engern anders dann in diser ordenunge geschriben stot, aller dinge ungeverlichen.

### Und ist dis der lon den man den kellerin git die den pfrûndenern dienent.

Item yeder kellerin alle vierzehen tage vier schillinge pfennige.

Item yeder kellerin alle viertel iors dirthalb schillinge pfennige.

Item yegelicher alle iore ein par schûhe.

Item so git man inen als vil brotes als der siechen eime von dem brote das der klingeler bringet.

Item und wann ein usselziges, ein mannespersone, hinusz kompt, so wurt der manne kellerin ein schilling pfennige von den dirthalb schillingen die dem gesinde in der gemeinde werdent.

Item wann eine frowenpersone hinusz kompt, so wurt der frowen kellerin ahtzehn pfennige ouch von den dirthalp schillingen, als vor stot.

So git der capelon iegelicher ein kertze uf unser lieben frowentag der liehtmesse also der siechen eime.

### Dis ist der kellerin lone im Snellingehusze.

Item ahtzehen pfennige git ir alle wuche ein capelon.

Item vier schilling pfennige git ir alle viertel iors ein capelon umb das sü ime buchet und kleibt.

Item so gent ir die siechen in dem huse alle ior aht schillinge pfennige für Martins naht und andere hochgezit.

Item so git ir ein yegelichs usselziges das an den Snelling kompt sehs pfennige.

Item so git ir ein capelon ein kertze als der siechen eime uf unser lieben frowen tag der liehtmesse.

Item so gent ir die siechen in dem huse als vil brotes als sü gessen mag.

Und wanne frömde siechen uf dem hofe ligent, do git ir ieglicher sieche alle naht einen pfennig für slofgelt, und dagegen sol sü die bette, küssen, pfulwen, lilachen wider rein machen und süfern.

Bringet ouch ein frömder siecher etwas, das bereitet sü und kochet es ime.

### Dis ist die ordenunge des der die büsse treit des heiligen geistes. Amen.

Ein iegelicher der do die büsse treit in namen des heiligen geistes, der sol sweren mit derselben büssen und gelt das im geben und bevolhen würt getruwelichen umbzůgonde, und das almůsen getruwelichen zů heischen und zů fordern in den kirchen, uf den gassen und an allen enden do er dann truwet das es notdurft ist zů heischen, und was ime geben wurt, das sol er in die büssen tůn, ungeverlichen.

Man sol ouch alle viertel iors, oder so dick das notdurftig ist, die büsse uftůn und was darinne funden wurt, das sol man in drü teilen, und ein teil geben dem der die büsse getragen het, und ein teil den pfrůndenern und das dirteil den armen an dem Snellinge; und sol man solich gelt oder was ime geben wurt anlegen zů irem gebrůch und nutze, als das harkommen ist.

Was ime ouch von liehter und wahs geben würt, es sy by lipbevilhen und an andern enden, das sol man in drü teilen; do werden ein teil aber dem der die büsse getragen hat und die andern zwei teile nympt der capelon, und het in der capelon messe, vesper und ander zit damitte in gotz lobe und ere zů verbruchen, als das harkommen ist.

Wanne er ouch in der vasten ostereyger heischet, was ime do von eigern geben würt, do nympt er ouch einen dirteil; das ander teil git man in die zwei hüser den pfrůndenern, und das dirteil den in dem Snellingehusze, allen und yegelichen zů glichem teile, jung und alt.

## Dis ist die ordenunge die frömden gůten lůte uszůtriben.

Es sol ouch der der do geordent ist von unsz stat wegen die gůten lůte uszůtriben sweren daz er altzit war daruf neme und sin erfaren donoch habe, wanne frömde ussetzige lůte in dise stat komment, das er die uf stunt hinweg usz unser stat heisse gon; und ist es notdurft, das er dann mit inen gange, oder yemans von sinen wegen, bitz für das tore, uf das er wisse das sü hinweg sint; und welhe sich darwider satztent und das nit tůn wolten oder das er sü donoch me in diser stat fünde, dieselben sol er uf stunt in den türn legen und sü nit darusz lossen, sü überkomment dann mit ime noch redelichen, zimlichen dingen, und ouch das er damitte versorge, so beste er kan und mag, das solichs nit me von inen beschee.

Wer ouch eine sache in solicher mosse gestalt, das in beduhte das soliche ussetzige es nit myden woltent oder das sü sust nit mit rehte sachen umbgingent, in welichen weg das were, so sol er sü nit von handen lossen kommen on wissen und willen der pflegere, und was die darinne erkennen, dem sol also nochgangen werden; es were dann das eine sache in solicher mosse gestalt were das die pflegere beduhte das es für meister und rat gehörte, so süllent sü das dohin wisen oder bringen.

Er sol ouch alle iore, uf die krommittewoche, zům jungen sant Peter gon, so sü den ymbis aldo essent, und inen gemeinlichen sagen das sü lůgent das sü alle by dem tage, so die glocke drü sleht, usz unser stat sient, und welle er darüber hie findet, die sol er in den türn legen, und ouch damitte sagen, das sü durch das iore nit in dise stat gangent on erloubunge der pflegere oder eins capelons.

Er sol ouch alle iore uf den grůndůnrestag uf dem hofe sin so man das ambaht beget, als man den siechen ir hende oder fůsse weschet, und das er do den lůten stöwe und were das iemans kein unzuht begange, uf das gottes dienst deste lobelicher volbroht werde.

## Dis ist die ordenunge eins schaffeners, wie sich der uf dem hofe halten sol.

Und sol ouch ein iegelicher schaffener, der zů eime schaffener zů dem hofe gewunnen wurt, sweren das er alle gülte und zinsze und ander gevelle, die dann der hof het und zů dem hofe gehörent, ernstlichen und getruwelichen ingewynne noch dem besten und nutze, so verre er kan und mag, ungeverlichen.

Und was er innympt und ime geben wurt von getregede, das sol er an die ende schaffen do ime die pflegere es dann hin bevelhent zů tůnd und anders nit.

Was pfennigzinsze er ingewynnet und nympt, die sol er alzit dem capelon antwurten, wann das notdurft ist.

Er sol ouch, so best er kan und mag, kein gülte noch zinsze usse lossen ston, also das ein gült oder zinsz die ander rürent, ungeverlichen.

Were es ouch das ime yemans üt gebe oder befülhe, es were gelt oder geltswert, lützel oder vil, also consciencien gelt oder sust gottesgoben, die man danne dem hofe und den siechen durch gots willen gebe, das sol er nemen und gütlich empfohen und es uf stunt und so balde das sin mag den pflegern verkünden oder sagen, und solichs ouch anschriben wer es danne gegeben hat, uf das sich die pflegere ouch wissent donoch zů rihten.

Er sol ouch alle iore uf die süngihten und wann es die pflegere gehept wellent haben ein rechnunge von allem innemen und uszgeben tůn, als das harkommen ist.

Er sol ouch den pflegern gehorsam und gewartig sin, was sü ime empfelhent von des hofes wegen ze tůnde das er das tůge.

Er sol ouch nit verbunden sin yegelichem siechen in sunderheit üt des sinen inzůgewinnen noch zů sammeln, in keinen weg; dann er sol das tůn das dem gemeinen hofe und der messen zůgehört, als das harkommen ist, ungeverlichen.

Ouch sol ein yegelich schaffener, der ein schaffener des hofes wil sin, ob der angöt dem hofe ze dienen, vor und ee burgschaft geben für fünftzig pfunt pfennige. Also wer es das er üt inneme und domit anders dete dann billichen were, das man dann wuste wie solich ingenommen gelt und anders dem hofe wider würde.

### Dis ist die ordenunge eines capelons uf dem hofe, wie sich der halten sol.

Zům ersten, als gewonheit was das ein capelon in unser stat gesessen was und nů der siechen viel sint, do sol ein yegelich capelon tegelichen mit siner huszere uf dem hofe gesessen sin, in eime husze das danne eime capelon zůgehört, umb das ob iemans uf dem hofen not beschee zů bihten und zů bewaren mit den heiligen sacramenten, das dann solichs inen in zit würde, uf das niemans versumet noch verwarloset würde.

Er sol ouch tůn und versorgen daz die messen, vespern und ander zit gesungen und gelesen werden zů rehter zit, noch inhalt der fundacien, die ouch uf das selebůch wiset, als sü danne in tütsch hienoch in diser ordenunge eigentlich geschriben stot.

Er sol ouch nit gestatten das der siechen deheiner in sin husz hof noch garten gange, noch in kore und treszkammer, als das ouch von inen verschriben stot.

Er sol ouch kein unfůr noch unfertig leben uf dem hofe triben, noch das niemans gestatten zů tůnde, so verre er kan und mag, und sol ouch erbar gesinde by ime haben und halten.

Were es ouch das urlüge, krieg oder ander ehaftige not in dis lant keme, so sol ein capelon alles das zů der capellen gehört, als keliche, altartücher, messegewant, bůcher und deszglichen fürderliche den pflegern antwurten, umb das keine unlust dartzů beschee.

Also ouch ein capelon die zweyteil des wahses nymmet von dem das der büssentrager heischet und bringet, do sol er dasselbe wahsz bruchen und burnen in der capellen zů den messen, vespern und andern ziten, durch gottes willen als das harkommen ist.

Er sol ouch alle iore uf unser lieben frowentag der liehtmesse jedem priester, die ime helfen singen oder lesen, geben ein wahskertze die ein halp pfunt důt, und dem sigersten und allen siechen und gesunden uf dem hofe yegelichem ein kertze der ehtewe ein pfunt tůnt.

So wurt eime capelon von yedem siechen, der zů den pfrůndener höret, dirthalb schilling pfennige für den ingang, subenen und drissigisten; dann wann eins donoch von tode abget, so git men ime keinen subenen oder drissigsten und sust nützit me.

Dis ist ein abschrift des briefes wie die pfrůne zů den gůten lüten mit eime capelon gefundieret, gestiftet und bestetiget ist.

In gottes namen. Amen. Wir Johanns Rudolf von Endingen, ritter zů Straszburg, der meister und der gantze rat der stette Straszburg habent mittechlichen betrahtet das in der gůten lůte huse zů Rotenkirchen, gelegen indewendig dem begriffe des kirspels sant Helenen ussewendig der muren unser stette Straszburg, sint lange zit gewönlichen gewesen und noch do sint vil lûte von frowen und mannen, die ussetzig und der gûten lûte sint, die do under einem gemeinen lebende aldo wonent und gesammelt sint, und wie wol vor langen ziten eine herliche capelle mit eime kirchofe aldo gewesen ist, dieselbe capelle in eren der heiligen sante Sophien redelichen gewihet ist; und wie wol fürbas vor langen ziten zwüschent den kircherren der egenanten kirchen einsit und den schaffenern, in schaffeners wise, des egenanten huses der gûten lûte andersit, mit gehelle, gewalt und erteilunge eins bischofs von Straszburg, von und über die opfer die do komment und gefallende werdent in der egenanten capellen, und ouch von und über die bihten der siechen und ussetzigen lûte des egenanten huses zû verhörden, inen heilsamen bûssen zû setzende und zû reichende die heiligen sacramente, und, so sü gesterbent, ire leichnamen zû begrabende, von dem der ye zû ziten ist capelon in der egenanten capellen ein früntliche rahtung und übertrag geschach, die untzehar gehalten ist und eweclich unverbröchenlich sol gehalten werden.

Doch so ist keine geistlich ewige pfrûnde in der egenanten capellen gemaht und gestiftet, als wir empfunden hant, wie wol das dazû von flisse und fürsihtikeit der wisen manne Johannes zûm Trübel und Hanseman Peigers, burgere der egenanten unser stette, nû zû ziten pflegere und schaffenere des egenanten huszes, von urlobes des erwürdigen in Christo vatters und herren herren Wilhelms, von gots und des bebestlichen stûls gnoden bischofs zû Straszburg, etlich gelt, das erber christenlûte, von fryem willen, dartzû gegeben hant und gesammelt ist; so sint ouch etlich ierlich gülten und zûfelle, umb das man göttlichen dienst in der egenanten capellen zû sichern ziten in solicher wise begon sülle, von maniger hande der egenanten unser stette personen gegeben und geordent, also das in des egenanten husz bûche, das darüber gemaht ist, eigentlich verschriben stot.

Nun begerent wir den demütigen meynungen und begirden unser mitburgere und der egenanten siechen der gûten lûte mit disen noch geschriben dingen wolgefallen, zû ere des göttlichen namen und des ganzen himelschen hofes und zû merunge des göttlichen dienstes, in der egenanten capellen, und zû hilf und heile aller glöibigen selen, sunderlingen und allermeist der die von dem gûte das in von unserm herren gotte verluhen ist harzû üt geben hant oder harnoch gebende werdent. Und mit namen der vorgenanten heiligen sant Sophien, in der eren die egenant capelle gewihet ist, mit willen und gehelle und ouch bestetigunge des egenanten herren Wilhelms, des bischofs zû Straszburg, so beschöpfent und stiftend wir uf ein ewige priesterpfrûnde und gottesgobe in der egenant capellen, und wellent das dieselbe pfrûnde bewidemet sige und bewidement sü ouch in die wise als hernoch geschriben stot:

Zûm ersten, wenne oder wie dicke hernoch in künftigen ziten, noch tode, von scheidunge, verlossunge, ufgabe oder verzignisse des bescheidenen Clauses genant Kerne, eins priesters den wir nûzemal für einen pfrûndener der obgenanten pfrûnden und capellen nennent und antwurtent, lidig wurt, so süllent wir und unser nochkommen, meister und rat der stette Straszburg, die dann ye zû ziten sint, indewendig dem nehsten monot nochdem das küntlichen wurt das die pfrûnde also lidig ist, zû zalende dieselbe pfrûnde, eweclichen zû lihende und ein persone zû der egenanten pfrûnde antwurten eime cüster der meren stifte, der dann ye zû ziten ist, der dieselbe persone ouch uf dieselbe pfrûnde bestetigende würt.

Man sol ouch dieselbe pfrûnde niemans anders lihen, dozû antwurten oder daruf bestetigende dann ein redeliche persone, die do ist eins löbelichen lebens, eins erbern wandels und eins gûten lymûts, der ouch priester ist und kein ander pfrûnde noch gotsgobe het; were es aber das er ein ander pfrûnde oder gotsgobe villiht hette, die sol er schuldig und gebunden sin, under gûter gezügnisse, bede mit worten und mit wercken, zû lossen und ufzûgebende in den nehsten ahtagen als er zû der egenanten pfrûnde geantwurtet wurde und daruf bestetiget wurt in hant des der dieselbe erste pfrûnde zû lihende het. Geschee das nit so bald die ahtage fürkomment, so sol die pfrûn der egenanten capellen, dartzû er also geantwurtet und daruf besteliget ist, zû stunt lidig sin, und mügent und süllent wir dann, oder unser nochkommen, einen andern redelichen priester, als vor stot, antwurten zû derselben pfrûnden, den man ouch daruf bestetigende würt. Wer es ouch das derselben personen die also uf dieselbe pfrûnde bestetiget wurt deheinerley ander pfrûnde würde, so soll ouch zû stunt die pfrûnde der egenanten capellen lidig sin, und mügent und süllent ouch dennzemol wir oder unser nochkommen einen andern priester antwurten zû der egenanten pfrûnden, in die wise als vorgeschriben stot; dozû me so sol noch enmag die persone die dieselbe pfrûnde het dieselbe pfrûnde nit verwisseln one geforderten und gegeben urlop meister und rates der stette Straszburg, die denne zû ziten sint.

Fürbas so sol ein yegelich capelon, der danne ye zû ziten uf die egenant pfrûnde bestetiget ist, uszgenommen der messikeit die harnoch geschriben stot, selbs alle tage, nochdem als man prime zû dem münster verlot, unvertzögelich messe unde ander gotsdienst haben, als das in dem egenanten bûche geschriben stot; doch sol er, diewile man dieselbe prime lütet, mit der glocken oder den glocken der egenanten capellen dryewerbe underscheidenlichen zû messen lüten und tûn lüten, das die siechen und ussetzigen des egenanten huses sich wol gerihten mügent zû der egenanten messe zû hörende.

Wenne ouch und wie dicke, noch desselben bûchs gesegede, der egenant capelon schuldig und verbunden ist vigilie zû habende, so sol er die vigilie haben und tûn also balde die zitglock zwey gesleht noch mittentage; wenne aber der capelon, noch des egenanten bûchs gesegede, vesper und complet und nit die vigilie begon sol, so sol er zû stunt, also balde die glock drü sleht, die vesper anhaben.

Ouch ist der egenant capelon schuldig und verbunden alle sunnentage, zû den ziten als man messe het, durch sich selbs oder einen andern den egenanten siechen ussetzigen zûm mynsten zû predigende und in tütsch zû sagende das evangelium das uf denselben tag gefellet, das pater noster, den glouben und die schulde, als gewönlich ist, und zû verkündende der heiligen tage und der toten jorgezit, die man in der nehsten wuchen die dennzemole kompt, noch gesegede des egenanten bûchs, begonde wurt. Wenne ouch, noch innheltnisse des egenanten bûchs, men gotzdienste mit singende tûn oder begon sol in der egenanten capellen, so sol der egenant capelon mit ime bringen und by ime haben einen schûler der ime diene, hantlenge oder eins gûten lymûts und etwas geleret sige, und der das göttliche ambaht redelichen singen könne.

Und zû widemen der egenanten pfrûnden und zû redelicher ufenthelnisse irs capelons, so setzent und benûment wir und wellen ouch das eweclichen dozû gefalle :

Zům ersten ein husz gelegen indewendig den müren der stette Straszburg, in Burggasse, neben eime huse das do gehörte zů einre pfrůnde sant Michelscapelle, gelegen in dem lichofe der stift zům jungen sante Peter zů Straszburg, uf der egenanten müren einsit und andersite neben herrn Johanns Zorns genant von Eckerich, eins ritters husze, also das der capelon der egenanten pfrůnden, der danne zů ziten ist, so sol dasselbe husz nützen und niessen und es in gůtem gewonlichen buwe halten.

Item fünftzehen pfennige ewiges gelts uf einre badstuben, gelegen in der stat Straszburg gegen dem pfennigthurne über, einsite nebent der herren des aptes und des convents des closters von Morszmünster hofe und andersite neben eime husze, ist der herren zům jungen sant Peter zů Straszburg, die man eime capelon der egenanten capellen, der ye zů ziten ist, alle wuche betzalen sol, ahte pfennige, diè die pflegere und schaffener des egenanten huszes alle tage eweclichen süllent dem egenanten capelon zů der messen in derselben capellen zů haben geben und betzalen, von und uf allen den gülten, gefellen und gütern des egenanten huses.

Item alle die gülte, zinsze, pfennige, korn, wahs, brot, krut und saltz, die in dem egenanten bůche verzeichet sint und die man, noch lut und sage desselben bůchs, geben und reichen sol eime capelon der egenanten capellen, wanne und wie dick er tůt und vollendet die dinge die in demselben bůch geschriben stont.

Item alle die opfer die die egenanten siechen und usseltzigen oder ander cristenlůte uf den altar der egenanten capellen geopfert, indewendig messen die man in der egenanten capellen haben wurt, uszgenommen unser frowentag als sü in das gebürge ginge und sant Sophientag und der tag als die egenante capelle gewihet wart; an denselben dryen hochgeziten tagen sol dem egenanten capelon nüschint werden von dem opfer das dannzemol uf den egenanten altar geopfert würt.

Item dartzů alles das opfer das man an dem heiligen karfritage, nochdem das man das heilige crütze in der capelle nidergeleit, zů demselben crütze opfert, diewile der capelon by demselben crütze gottsdienst und ambaht singet, also gewönlichen ist; also das von dem überigen und allem ander opfer die eweclichen in der egenant capellen geopfert werdent, sol dem egenant capelon nüt gefallen, ime geben oder lossen, sunder dasselbe überige und alle ander opfer süllent fallen und gereichet werden oder dienen in und zů dem gemeynen gebruche und notdurft des huses und der siechen ussetzigen vorgenant.

Welichs tages der egenant capelon in der capellen keine messe het oder ander dinge nit endůt die er dennzemol tůn sol, als das in dem egenanten bůche geschriben stot, was man ime dann darumb uf denselben tag geben solte han, sol man im nit geben noch reichen; doch desses uszgenommen, wie dicke das egenant bůche wiset, das man uf einen tag solt selemesse haben in der egenanten capellen; ist dann derselbe tag ein sünnentag ader ein ander hochgezit tag, so verhengent wir das denne und also dicke sol und mag der egenant capelon uf den nehsten tag davor den man nit firet die selemesse haben, unde sol ime darumb werden alles das das man ime geben und gereichet solte haben, glicherwise als ob er denselben bezeichenten tag selemesse in der egenanten capellen gehebt hette.

Wir verhengent und erloubent ouch das derselbe capelon alle wuche einen tag oder zwene, ob er wil, soll und mag schaffen und ahten das die egenanten messen und ander dinge die er, noch lut und sage des egenanten bůchs, tůn sol, von eime andern redelichen priester eines gůten lymůts, den er dozů nimpt, begangen und geton werdent; und sol man demselben priester uf denselben tag oder uf dieselben zwen tage, und nit fürbas, an stat des egenanten capelons geben und reichen was man denn zemol dem egenanten capelon solte gereichet haben; was ouch von sumenisse oder ander sachen wegen dem egenanten capelon innebehalten oder genommen würt, das süllent ouch die egenanten pflegere getruwelichen gehalten, das man das anlege und bewende zů erfüllende und zů ursossende die ding die also versumet sint, oder aber zů zierunge und messegewant des egenanten altars und der pfrůnde.

Item der egenant capelon sol ouch allewegen in der stat Straszburg gesessen sin; were es aber das er von etlicher redelicher, notdurftiger sache wegen můt und willen hette ein clein zit usz der stat Straszburg zů sinde, so sol er dieselbe sache den egenanten pflegern fürlegen, und beduncket die danne das dieselbe sache redelichen, notdurftig und wore sige, so mügent sie dem egenanten capelon urlop geben, ein zit die sü dann bedüncket, usz der egenanten stat zû sinde; doch also, das derselbe capelon, die zit diewile ime erloubet ist usz zû sinde, schaffe und bestelle das ein ander priester, eins gûten lymûts, alle tage in der egenanten capellen, an siner stat, messe habe und ander ding tûge die und also in dem obgenanten bûche geschriben stont; demselben andern priester, diewil er das tût an stat des egenanten capelons, sol man die zit, also lange dem capelon ist erloubet usz zûsinde, geben und reichen alles das man dozwüschent dem egenanten capelon gegeben und gereichet solte haben, hette er selbs die egenanten dinge in der vorgenanten capellen geton.

Fürbaszme, wer es das der vorgenant capelon also siech würde das er messe und ander vorgenant dinge selbs nit getûn oder gehaben möhte, so mag und sol er viertzehen tage, ob der siechtage also lange wert, durch ein andern priester, eins gûten lymûts, tûn und volbringen; dût er das, so sol man ime dazwüschen gentzlichen nüschint nemen oder innbehaben, sunder man sol ime alle dinge geben und reichen als ob er die dinge selbs geton hette, als vor geschriben stot; wer es aber das der egenant siechtage sich lenger verlengerte wenne dann die egenanten viertzehen tage fürkomment, also lange denne donoch derselbe siechtage weret, so sol der egenant capelon alle wuche vier messen, das ist eine am sünnentage, eine an dem mentage, eine an der mittewochen und eine an dem fritage tûn sprechen, und alle ander dinge dieselben vier tage schaffen, geton und begangen werden, die er durch die wuche, noch dem als in dem egenanten bûche geschriben stot, in derselben capellen geton solt haben; tût und bestellet der egenant capelon das, das also beschiht allediewille das dann derselbe siechtage weret, so sol man demselben capelon alle dinge gentzlichen geben und reichen glicher wise als hette er selbs alle dinge die man tûn sol durch die gantze wuche geton. Were es ouch sache das uf den zinstag, donrestag oder samstag ein firtag oder me gefielent, uf den tag oder die tage sol man ein messe haben, als vor stot, für den mentag, mittewoche und fritag.

Were es ouch das in der pfarren und kirspelle sante Helenen von bebestlichem oder geordentem gewalte singen verslagen würde, darumb sol man dem egenanten capelon von den gefellen die ime zugehörent nüschint nemen noch abbrechen; doch also, das der egenante capelon, alle diewile das singen verslahen weret, sol mit beslossener tûre und one lütender glocken, mit stiller stymmen, also das das reht verhenget, messe und ander dinge in der egenanten capellen haben und schaffen begangen werden, als in dem egenanten bûche verschriben stot.

Fürbas so ordent und wellent wir das der egenante Claus Kerne, und ein yegelicher sin nochkommen, an der egenanten sinre pfrûnde, also balde er úf dieselbe pfrûnde besteliget wurt, so sol in gegenwertikeit eins der pflegere des egenanten huses, die dann zû ziten sint, dem korbischofe und archidiacone, under dem die pfrûnde gelegen ist, oder sinem officiale oder sins gerihts ingesigel sweren zû den heiligen, daz er alle vorgeschriben dinge und ir yegeliches besunders, als verre an ime ist und ime zûgehörent, getruweliche stete halte und erfülle, one geverde. Und alles vorgeschriben zû urkunde und bestetigunge, so ist des obgenanten herrn Wilhelms, des bischofs zû Straszburg, ingesigel, durch unsere bette willen, und ist ouch unsere stette ingesigel gehencket an disen brief. Und wir, der vorgenant Wilhelm von gotts und des bebestlichen stûls gnoden bischove zû Straszburg, sit die schöpfunge, stiftunge und der wideme der egenanten pfrûnden und alle vorgeschriben dinge, mit unserm willen, also sü davor geschriben stont, gescheen und ergangen sint, und darumb so habent wir zû allen vorgeschriben dingen unsern gewalt gegeben und bestetigent sü alle von sicherm wissende; und zû ewiger gezügnisse und befestung aller vorgeschriben dinge habent wir ouch unser ingesigel geton hencken an disen brief, der geben wart an sante Bartholomei obend, des heiligen zwölfboten, in dem iore do man zalte von gotts geburt tusent vierhundert und süben ior. (24. August.) Dirre briefe sint zwen glich, der man einen by uns und den andern by den pflegern des egenanten huszes der gûten lûte sol gehalten werden.

## Ordenunge der pflegere, wie sü sich in irem ampte halten süllent.

Es süllent ouch alle pflegere sweren dem hofe das beste und wegestes ze tûnde, und alle vor und nochgeschriben stücke, puncten und artickel stete und veste zû halten und zû hanthaben, so verre sü können und mügen, ungeverlichen.

Were es ouch das yemans dawider tete als dann in disem bůche geordent und verschriben stot, das sü dann das strofent und bessερent yegelicher geschihte noch, nyemans zů lieb noch zů leide und ungeverlichen.

Fügete es sich ouch, als vol gescheen möhte, das yemans under inen etwas dete das nit in disem bůch geschriben stot und doch wol strofens bedurfte, wann dann solichs beschee und den pflegern fürkompt, so süllent sü das für handen nemen und strofen der geschiht noch, noch ire besten verstentnisse, ungeverlichen.

Sü mügent ouch wol argwenige lůte den besehern rügen, wanne die inen fürkomment, als das von alterher kommen ist, nyemans zů liebe noch zů leide und ungeverlichen.

Ouch süllent sü besorgen und ir erfaren danoch haben das ein yegelicher capelon tůge als er dann tůn sol, es sy mit singen oder mit lesen und anders das er danne verbunden ist zů tůnde.

Sü süllent ouch alltzit dartzů lůgen und warnemen das ein yeder schaffener des hofes tůge das ime dann empfolhen ist zů tůnde von sins ampts wegen; und wann sü beduncket das ein schaffener dem hofe nit gefüglichen were, oder das sü einen nit me haben wolten, so mügent sü eime urlop geben, wanne und welle zit sü wellent, und einen andern bestellen, noch nutze und notdurft des hofes.

Sü süllent ouch maht und gewalt haben einer yegelichen personen die do uszgeben ist usz unser stat zů gebieten, und wie hohe sü gebietent daby sol das bliben und gehalten werden; und were das sich yemans dowider satzte und soliche gebote verbreche, das süllent sü für meister und rat bringen, und süllent meister und rat solichen personen fürbasser gebieten und soliche verbrochenen gebote, so die pflegere geton hant, nyemans übersehen noch faren lossen, uf den eyt.

Sü süllent ouch nit gestatten das niemans uf dem hofe, es sy wer der welle, keine ordenunge, ufsatzunge noch nuwerunge mache uf dem hofe one wissen und willen (der pflegere), und wo es darüber beschee oder bescheen were, so süllent sü das nit gestatten, dann man sol dem nochgon als danne in disem bůche verschriben stot.

Desglichen süllent sü ouch nit gestatten das dehein capelon, noch niemans von sinen wegen keine ordenunge, ufsatzunge noch brůderschafte uf dem hofe mache, darumb das ime dodurch gelt oder anders von den siechen zůgefallen oder werden möhte, dann die armen siechen ir gelt und anders selbs wol bedürfent.

So ist disz die nuwe ordenunge die meister und rot und die ein un zwentzig gemacht hant im jor als man zalt noch Christi geburt 1461.

### Die pflegere zů den gůten lůten.

Also yetz zwene pflegere sint zů den gůten lůten, beide von den antwercken, so sol man inen noch einen zůgeben der ein constofeler ist, also das ir drye werdent; und wenn dann ye einer abgat, so sol ein ander an des abgangen statt gekosen werden von den reten und einunzwentzigen, als dann das vormols geordent und in der fünfzehen bůch verschriben ist, also daz ir allwent einer von den constofeler und zwene von den antwercken do sint.

Dieselben pflegere söllent sweren an den heiligen dem hof der gůten lůte getruwelich beroten und beholfen zů sin, und wie dicke der capelon oder schaffener sü zů des hofes redelicher notdurft besendet, daz sü dann gehorsam sint zů komen und in des hofes sachen getruwelichen zů roten und daz beste und wegeste zů tůnde, und alle vor und noch geschriben stücke, puncten und artickele zů halten und zů hanthaben, so verre sü könnent und mögent, ungeverlich.

Es söllent ouch der gůten lůte pflegere und schaffener, so ye zů ziten sint, des hofes eigentschaft, zinse und gült und gütere nit verkoufen noch dehein zinse, sü syent ablösig oder lipgedinge, daruf noch ützit daz dem hof zůgehört slahen; dann beduhte sü yemer ützit daz der hof hette zů verkoufen oder gelt uf ablosunge oder lipgedinge zů des hofes notdurft ufszůnemen, so süllent sü sollichs für die rete und einunzwentzig bringen und den luter sagen sach warumbe sü beduncket gůt sin daz man sollich eigentschaft verkoufen sol, oder warzů man daz gelt daz man ufnemen (will) bruchen wolt, und waz dann die rete und einunzwentzig darinne erkennen dem sol den nochgangen werden; doch mögent sü des hofes gůtere wol verlühen.

Die pflegere söllent ouch durch sich selbs, noch niemans anders von iren wegen, umb den capelon noch umb den schaffener nützit nemen noch lehen, in deheinen weg, daz dem hofe zůgehört; so sollent sü sich ouch des sust von inen selbs nit underzyehen, dann allein dem hof der gůten lůte zů behalten und daran sin das desselben hofes und der gůten lůte nutz darmitte geschaffet und geworben werde, by iren eyden, ungeverlich.

Sü süllent ouch, by denselben iren eyden, umb den capelon und ouch umb den schaffener irs eigenen geltz und gůtz ouch nützit lehen; so sollent der capelon und der schaffener, by iren eyden, des inen nit lyhen.

Es söllent ouch die pflegere, der capelon und der schaffener der gůten lůte dem hof der gůten lůte siner zinse, gůtere oder gülte oder ütz anders das dem hofe zůgehört nüt abekoufende oder des iren ützit dem hofe zů koufende geben, weder zů eigen, zů lipgedinge oder uf ablosunge, by iren eyden, allewile sü an sollichen ampten sint, unervolget und unerkant der rete und einunzwentzig.

Ouch so söllent die briefe die do sagent über des hofes der gůten lůte zinse, gülte und eigentschaft geleit werdent in einen trogk, der do hünder den pflegern eime ston sol und versorget sin sol mit slossen, das yeder pfleger einen sundern slüssel darzů haben sol und keiner on den andern darüber komen möge; und wenn manne eins briefes oder me so darin lege notturftig wurde, so sol man anzeichen was briefe also darusz genommen werdent und sollich zeichunge im troge lossen; und söllent dann die pflegere und schaffener, by iren eyden, daran sin, was briefe also us dem troge genommen werdent, die wider darin gehörent, oder waz ander briefe ye gemaht werdent, dem hof zůgehörende, daz die alle, so erst daz sin mag, wider in den trog geleit und geantwurt werdent.

Es söllent ouch die pflegere den hof der gůten lůte, by iren obgeschriben eyden, nit überniessen, in deheinen wegk, nützit uszgenommen noch hindan gesetzt, clein noch grosz, dann so vil als ine nochgeschriben stot, das ist mit name jegelichem pfleger jors dryssig schilling pfennige zů wynahte und ir jegelichem fünf schilling pfennige so man rechnet, und zů sant Martins tag ir jegelichem ein halp viertel wins und zwene cappen.

Sü söllent ouch, so dicke sü notdürftig bedunckef, von dem schaffener rechnung empfohen, und ernstlich sehen darzů haben das der schaffener sinen sachen ernstlich und dapferlich nochgange und tůge daz er tůn sol; und wenn sü die jorrechnung empfohen wöllent, so söllent sü dofor für den rot gon und inen sollichs verkünden, so sol dann der rot inen zwene des rotz zůorden by sollicher rechnung mit dem capelon gegenwertig zů sin.

Es sol ouch der schaffener vor sollicher jorrechnunge bestellen das derselben rechnunge zwo glich geschriben sient; do sol der schaffener us der einen sin rechnunge tůn und sol der zweyer einer vom rot die ander haben und darin sehen so der schaffener rechnet, uf daz man wisse daz sü glich standent; und dieselbe rechnunge söllent die zwene des rotes jerlichen hünder den rot antwurten, daz sü zů der statt handen kume und behalten werde; und uf sollicher rechnung mögent sü wol by einander essen, und was das costet sol von des hofes wegen bezalt werden.

Ouch so mögent sü wol do usz in des capelons husz, wenn sü in sachen den hof und die gůten lůte antreffen hinusz gont, bescheidenlich zeren, dodurch der hof an coste nit beswert wurt, ungeverlich.

Wer es ouch daz yemans uf dem hof, es werent pfründener, knechte, kellerin oder yemans anders, dowider dete als dann in den bůchern der ordenung, so uf dem hof und hünder den pflegern ligent, geschriben stot, so söllent sü das strofen und bessern jegelicher geschiht noch, niemans zů liebe noch zů leide, ungeverlich.

Fügte es sich aber das yemans under inen etwaz dete das strofbar were und doch eime nit an libe oder glide ginge und in demselben bůche nit geschriben stünde, wenn das den pflegern fürkompt, so sollent sü daz für handen nemen und strofen der geschihte noch, noch ir besten verstentnisse, ungeverlich.

Sü mögent ouch wol argwenig lůte den besehern rügen wenn inen die fürkoment, als daz von alter har komen ist, niemans zů liebe noch zů leide, ungeverlichen.

Ouch söllent sü ir ernstlich erfaren donoch haben, schaffen und bestellen das ein yegelicher capelon tůge als er dann tůn sol, es sy mit singen, mit lesen und anderm das er dann tůn sol und verbunden ist zů tůn.

Sü söllent ouch maht und gewalt haben einer jegelichen personen die do uszgeben ist usz unser stat zů gebieten, und wie hoch sü gebietent, doby sol das bliben und gehalten werden; und were das sich jemans dowider satzte und sollich gebote verbreche, das söllent sü für meister und rat bringen, und söllent meister und rat sollichen personen fürbas gebieten und sollich verbrochen gebote, so die pflegere geton hant, nyemans übersehen noch faren lossen.

Es sol ouch uf dem hof niemans, er sy wer der welle, kein ordenung, ufsatzung oder nuwerung machen uf dem hofe on der pflegere wissen und willen, und wo es darüber beschee oder bescheen were, so söllent sü das nit gestatten; dann man sol dem nochgon wie dann in den gemelten bůchern geordent und verschriben ist.

## Dis ist die nuwe ordenunge eines schaffeners zů den gůten lůten.

Der schaffener uf dem hof der gůten lůte sol sweren dem hof truwe und holt (zů) sin, des hofes nutz und frommen (zů fürdern), sinen schaden zů warnen und zů wenden, so verre er kann oder mag, on geverde.

Er sol ouch alle gülte, zinse und ander gefelle die der hof hat und zů dem hof gehörent ernstlichen und getruwelichen ingewinnen, so best er kann oder mag, und was er inbringt oder im geben wurt von getregede sol er schaffen an die ende dohin im die pflegere bescheident; aber was er innympt von pfennig zinsen, die sol er allezyt den pflegern antwurten, wenn das notdurftig ist; und süllent denn die pflegere semlich gelt legen in den trogk darzů die pflegere alle drye slüssel habent.

Er sol ouch, so verre er kann oder mag, kein gülte oder zinse usz lossen ston, das ein gülte oder zinse die andern rürent, ungeverlichen.

Wer es ouch sache daz im yemans ützit gebe oder bevilhe, es were gelt oder geltzwert, lützel oder vil, als conscientziengelt oder sust gotzgoben, die man dem hof und den siechen durch gotzwillen gebe, daz sol er nemen und gütlichen empfohen und es uf stunt, so bald das sin mag, den pflegern verkünden und sagen, und sollichs ouch verrechen und anschriben wer es dann geben hat, uf daz sich die pflegere wissent donoch zů halten und zů richten.

Er sol ouch alle jor zů süngichten, und wenn oder wie dick die pflegere es an in begerent, ein rechnung zů tůnde von allem innemen und uszgeben, als das harkommen ist.

Der schaffener sol ouch den pflegern gehorsam und gewartig sin, alles daz zů tůnde daz sü im von desz hofes wegen empfelhent.

Er sol aber nit verbunden sin jegelichem in sunderheit üt des sinen inzůgewinnen noch zů samelen, in keinen weg, dann allein daz dem gemeinen hof und der messen zůgehört, als das harkommen ist.

Er sol ouch des hofs gelt von der hant nit lyhen nyemans, er sy hohe oder nider, in deheinen weg, es gange denn den hof an.

Der schaffener sol ouch alle artickel in der pflegere ordenung begriffen, so verre in die berüren, getruwelich halten und hanthaben und volzyehen, alles by sime obgeschriben eyde.

Wenn es ouch ist das man eins schaffeners notturftig ist, so sol der von den reten und einunzwentzig dar gekosen und bestalt werden, in mossen als der schaffener uf unser frowen husz.

## Dis ist die ordenunge der viere beseher.

Es süllent meister und rat vier erbere manne, nemlich zwene artzotte und zwene scherer kiesen und welen, und wann einer oder me von tode abeget oder es nit me getůn mag, so sol man einen andern an ire stat kiesen und welen, noch innhalt der ordenunge. Dieselben vierre süllent sweren argwenige lůte, die mit dem siechtagen der malatrie bekümbert und beheft sint, nemlich zů besehende und zů versůchende, mit dem wasser zů beschowende, mit lossende, mit der angesiehte und mit allen andern dingen die dartzů gehörent, den richen als den armen, frowen und manne und kint, und was notdurftig ist zů den sachen zů tůnde, wo und von wennen ine das fürkompt, nyemans zů liebe noch zů leide; und süllent ouch davon nit me nemen dann als hienoch geschriben stot.

Wen sü ouch besehent, es sigent frowen oder manne, die über zehen pfunde wert gůtes hant und nit schöne ist, der sol in geben ein pfunt pfennige und nit me, mynre mügent sü wol nemen, und süllent ouch die pfennige glich under sich teilen.

Wen sü aber besehent der under zehen pfunde wert gůts het, von dem süllent sü nützit nemen, noch niemant von iren wegen, und sol ine meister und rat, von unser stat wegen, geben umb ire arbeit fünf schillinge pfennige; dieselben süllent sü ouch glich under sich teilen.

Wenne sü aber einen menschen besehent der do schöne ist, von dem süllent sü, noch niemand von iren wegen, nützit nemen, weder lützel noch vil: botenbrot, schencke, myete, myetewon, in keinen weg, wann fünf schillinge pfennige süllent in werden von unser stat umbe ir arbeit, und süllent die under sich teilen als vorstot.

Und welle zit sü eine persone uszgebent die also nit schöne ist, so süllent sü, so balde das sin mag, sollichs den pflegern der gûten lûte zû wissen tûn, uf das sü sich ouch wissent darnoch zû rihten.

Wo ouch den vorgenanten vieren yemant fürkeme der also brest-haftig und nit schön sin solte und sich dawider satzte das er sich nit wolte lossen versûchen, das süllent sü eime meister und eime ammeister, die dann zû ziten sint, oder dem rate unvertzögenlich verkünden und sagen; die süllent dann dieselben die in also gerüget sint so halten das sü sich lossent versûchen.

Wer es ouch das sü yemans versûchtent der dennzemol schöne were und sü doch beduhte das es uf den siechtagen geneiget were, dieselbe persone süllent sü donoch anderwerbe versûchen, so sü bedüncket das es zit sige.

Were es ouch das der vorgenanten vierer einer, die nû sint oder die danne an ire stat komment, nit in diser stat were, so süllent doch die andern den sachen nit deste minre nochgone, ungever-lichen.

Es süllent ouch die vorgenanten viere artzote und scherer alle die sü versûchent, sü werdent schuldig funden oder unschuldig, nie-merme für den bresten artzenen afterdem soliche personen ver-sûchet sint, und ouch mit nieman der solich personen die versûchet sint artzenet, es sy in der apdecken oder ertzenige, teil oder gemein haben; weller das darüber dete, der sol meineidig sin und sol in meister und rat strofen umb einen meineyt.

Alle und yegeliche vorgeschriben stücke, puncten und artickele süllent die vorgenanten viere, und alle die harnoch an ire stat kom-ment, sweren stete und veste zû halten und nit dawider zû tûnde, ouch damitte gereht und ufreht umbzûgonde, niemans zû liebe noch zû leide, und ungeverlichen uf den eyt.

## Dis ist die ordenunge der artzote, scherer und bader und ir gesinde.

Es süllent ouch alle artzote und artzotinne, wundeartzot, scherer und bader, und ouch alle ire knehte und gesinde die damitte umbgondt, die in unser stat und burgbanne sitzent, sweren dise hernoch geschriben stücke ewecliche zû haltende, wo inen von yeman fürkompt der sü argwenig bedüncket das er bresthaftig und bekümbert sige mit dem siechtagen der malatrie, das sü den oder die zû stunt und one vertzog den vorgenanten vieren beseher, oder die an ir stat sint, rügent und fürbringent, und in ouch nit artzonent noch im kein hülfe tûnt, er sige dann vor und ee von den vieren lidig geseit des siechtagen der malatrie; dartzû süllent sü, by den vorgenanten iren eiden, keinen an ire zünfte oder antwercke empfohen, er habe danne dis gesworn vor den pflegern der gûten lûte oder ir eime; sü süllent ouch keinen kneht noch gesinde das damit umbgot über ahtage nit halten noch by ine haben, er habe dann vor gesworn dise vorgeschriben stück zû halten.

Es sol ouch ein yegelich kneht wen er also rügen wil der in argwönig beduncket sime meister rügen und nieman anders.

## Dis ist die ordenunge wie die gûten lûte erben süllent, als das ouch in der stat rehtbûch stot geschriben glich von wort zû worte als hienoch.

Es süllent ouch alle ussetzigen und die do begriffen sint mit dem siechtagen der malatrie, sü komment uf den hof oder nit, es sient frowen oder mannesnamen, die unser burger oder hindersossen sint, erbes empfenglichen sin, das inen zûvellet nochdem sü in solichen siechtagen kommen sint, und were under solichem erbe barschaft, das sol man förderlich anleigen an eigen, zinsze oder gülte, und süllent solich erbe nyessen diewile sü lebent, obe sü wellen, also das sü solich ererbet gût, es sy ligende oder farende, eigen oder ablosunge, nit maht noch gewalt haben zû verüssern noch zû verandern, noch in keinerley weg, wie das genant ist, abzûkommen, es sy hinweg zû geben oder zû verkoufen, es geschee danne mit ire nehsten erben wissen und willen, die ye zů ziten sint; doch so mögent sü maht haben zů gebende von solichem gůte, durch gottes willen, durch liebtete, zů selgerete oder conscienciengelt, von hundert pfunden ein pfund, und nit me, als andern unsern burgern die im todbette liegent das gegönnet ist zů tůnde, noch desselben artickels besage. Were aber ob eime solichen siechen abegang an siner narunge und notdurft würde, das sol man für meister und rat bringen; erkennent die das man in das erbe griffen sol, das mag man tůn, umb so vil dann erkannt würt; were ouch das darüber sich solichs gůtes yeman underwinde mit koufen oder verkoufen, oder in wellen weg das were, one der erben gehelle und anders dann davor geschriben stot, das sol weder craft noch maht haben.

Es sint ouch diser bůcher drü glich geschriben, der eins allewegent uf dem hofe sin sol, und ist dasselbe birmenten, und dann under yedem pfleger eins, die sint bappiren; also wann ein pfleger zů dem ampte gekosen wurt, das men im dann das bůch gebe das der gehebt het der do abgangen ist, uf das er wissen müge des hofes reht und gewonheit.

# Bader-Brüderschaft.

**1487.**

Stadtordnungen, vol. 2, fol. 120.

Unser herren meister und rat und die ein und zwentzige habent dise nochgeschriben puncten und artikel, so die bader gemeinlich sich jrer brůderschaft halb jm grossen spittel, mit gehelle der pflegere desselben spitals, geeynet habent zů halten, gehören lesen, wisende also:

Man sol hynen fürterme allewegen zů den halben joren kyesen einen nuwen meister, und sol dann der alt meister bliben sitzen der zů den ziten meister ist gewesen, und sol der alt meister dem nuwen meister der zů den ziten erwelet ist, alle dinge überantworten was zů der brůderschaft gehört, mit namen die grosz büchsz, und sol der alt meister ein slüssel haben zů der cleinen büchsen, und sol die erwelunge gescheen uf sant Stefanstag und uf sant Johanstag zů sungihten.

Noch dem als man einen nuwen meister gemaht hat, so sol man darnoch machen einen bühsenkneht der zů den ziten unser lieben frowen allernützlichst und aller getruwest ist, der selbe sol das büchsengelt jnsammeln getruwelichen und das beste darjnne tůn, und das gelt jn die bühse stossen angesiht der lůte, und wann er das büchsengelt gesammelt het, so sol er die bühse fürderlich dem meister wider bringen und nit über naht hynder jm behalten. Demselben bühsenkneht sol man geben ij ß ₰ und nit me, und sol der bühsenkneht den brüdern und den swestern gehorsam sin so es sich zympt und gebürlich ist als zů den vier fronvasten; so sol er flissiglichen umbgebieten, und wann jne der brůderschaft meister manet, so sol er gehorsam sin.

Man sol hynnen fürter die vier vierer kyesen zů halben joren, mit namen uf sant Stefanstag noch wynahten, und aht tage noch sant

Johans als man den meister und den bühsenkneht gemaht hette, und sol der ein vierer ein meister sin der sin hantwerck het, und sollent die vier vierer slüssel haben jeglicher einen zů der grossen bühsen, und so das halbe jor uszkompt, sollent die zwen eltsten vierer abgon und zwen andere an jr stat kyesen, und die zwen andere sollent bliben sitzen, darumb das jn dester basz sů wissende sy was sich gehandelt habe das vergangen halbe jor, und sollent die vier vierer die zů den ziten gekosen sint uf die kertzen warten zů den fronvasten messen, und wann man die kertzen brucht, und sollent nit von den kertzen kommen sie syent dann wider gehalten geton jn den trogk.

Item wer sin bühsengelt lät ufsteigen über zwen bühsengelt, der bessert unser frowen ein halben vierling wahsz und sol es der bühsenkneht fürbringen, by siner truwe.

Item wann man gebütet zů eim opfer zů kommen, wer do nit gehorsam ist oder nit kompt, der bessert ein vierling wahsz uf ein verantworten.

Item wann man zů opfer gät, so sol ein heylbeling das mynste opfer sin, und wer das breche und man das von eim jnnen wurdt, der bessert ein halben vierling wahsz.

Item es sol keyn meister noch kein meisters frowe kein ryberin noch kein hüterin nit dingen, die jn einem gemeinen leben geloufen ist, sie sy dann vorhin umbgangen und gebessert noch christenlicher ordenunge; wer das brichet der bessert ein pfunt wahsz.

Item were es sache das ein ryberin oder ein kneht kranck wurde oder in aht tagen das heilige sacrament empfangen hat von kranckheit jrs libes, dem sol man aht tage teylen jn glicher wise also were es jngangen, und nit lenger.

Item welche ryberin ein kindt gebürt jn einem elichen stat, die jn unser brůderschaft ist, derselben sol man teylen aht tage also vor stat geschriben, und sol die sehs wochen des bühsengelts fry sin.

Item welher kneht oder ryberin oder hüterin die sacrament empfangen hette von krangkheit wegen, dieselben sollent des bühsengeltz fry entladen sin bis das sie arbeiten mögent.

Item were es sache das jeman jn unser brůderschaft siech wurde und begerten das man jnen von der brůderschaft gelt lihe, so sol man jnen usz der bühsen lihen iij β ₰ uf ir eigen pfant.

Item wen die bühsenmeister der brůderschaft oder der bühsenkneht heisset swigen, wer dem gebot nit gehorsam were der sol bessern einen halben vierling wahsz.

Item wer den andern frevenlich heisset liegen, so die gesellschaft by einander ist, der sol bessern ein vierling wahsz.

Item welher jn unser brůderschaft, so die brůderschaft by einander ist, einen unzymlichen swůre tete, der sol bessern ein halb pfundt wahsz.

Item wer der were der einen kriegk an den andern brehte und wurt des erzeiget das er den kriegk an den andern broht habe, der sol es bessern noch erkantnusz der gesellschaft.

Item welher usz einer kannen trincket oder sich unzymlich über tisch hielte, so die gesellschaft by einander ist, der sol bessern einen halben vierling wahsz.

Item welher jn unser brůderschaft zů borge spilte, der bessert ein halb pfunt wahsz.

Item wer sin urtin jnhaltet über naht und das nyeman seyt, der bessert ein pfunt wahsz.

Item es sol nyeman jn unser brůderschaft kein kartenspil noch würfel leygen oder spilen obe des nochrihters schiben noch an keynen andern enden, und welher das verbreche der bessert ein pfunt wahsz.

Item wem der brůderschaft meister gebůtet, so die brůderschaft zů schaffen het, und welher nit kompt der sol bessern ein vierling wahsz uf ein verantworten.

Item wer es sache das ein brůder oder ein swester begerte für die mennige ein gebot, so sol es geben ein halb pfunt wahsz und dem bühsenkneht vier pfennige.

Item wer es sache das yeman jn unser brůderschaft begerte gebot für den brůderschaft meister oder für die vier lüte, der sol geben ein vierling wahsz und dem büssenkneht zwen pfennig zů gebieten.

Item welhe persone die brůderschaft begert zů empfohen, die sol geben ein halben vierling wahsz jnzůschriben, und darnoch also lange er hie ist alle woche ein helbeling.

Es ist ouch zů wissen das das unser brůderschaft meynung ist, und dise brůderschaft nun ze mole gestift und geordent gott dem herren zů lobe und siner userwelten můter zů eren und den armen selen zů trost und hilf. So sint wir alle gemeinlich undereinander eins worden, obe es sich begebe, über kurz oder über lang, das ein zwytraht wurde under den knehten die jn der brůderschaft zů den ziten sint, und das sie sich vermeyntent die brůderschaft abe zů thůn und nit me halten woltent, und solich gelt so sie hetten jn der brůderschaft bühsen zů denselben ziten under (die) brüder und swestern teylen woltent, solichs sol nit sin, dann das ist beret, alles das das zů den ziten unser brůderschaft hette von barem gelt und von gezierde oder anderm, dasselbige alles sammen, nützit usgenommen, sol dem spital zůfallen und zůgehören, one alle widerrede und jntrag aller menglich jn unser brůderschaft.

Und nochdem unser herren meister und rat und die ein und zwentzige solich geschriben puncten und artickel also gehört haben lesen, so habent sie den badern zůgelossen die zů halten by den penen und jn aller wise wie vorgeschriben stat, doch jnen und jren nochkommen der stat Strassburg friheit vorbehalten solichs mögen mynnern oder meren oder ganz abtůn, wo sie das zů ziten beduncket nütze oder gůt sin, aller dinge ungeverlich.

Actum secunda post beati Mathei, apostoli et evangeliste. Anno domini 1477. (22. September.)

# Bæcker-Ordnungen.

## 1370.

G. U. P. Lad. 11. nº 13.

Unser herren meister und rat sint übereinkommen, das die brotbecker drie tage zû der wochen bachen mögent, und nit minre, und zû jeder becken wie vil sie wellent; wil aber ir keinre me bachen wenne zûr wochen direwerbe, daz mag er ouch tûn, und wie vil er wil, und sol in nieman darumbe zû schaden bringen, und sol ouch ir keinre under in deste minre bachen, durch daz er ein andern domitte eren wolte und sin daran schonen; und welre daz under in brichet, der bessert 5 lib.

Wenne ouch ein stettemeister umbe gat brot beschöwen, welre brotbecker danne zû cleine gebachen het, dem sol man zwölf brot nemen und sol die brot teilen und geben an die stett, do man sie untze har hin geben hot, und sol derselbe darzû bessern 10 β dem ungelte, und sullent die halben dem ungelte bliben und die andern dem oder den, die sie vor dem rat troffen hant, und sullent darzû bessern 3 β den, den sie vormals worden sint, und sullent sie ouch dieselben 3 β, by irme eide, nieman varen lossen; und sol ouch ein jeglich stettemeister daz brot alle tage beschowen, es sy uf den bencken oder in den hüsern, und zû welre zit er in dem tage wil; und sol man ouch alle jore viere us dem rat darzû kyesen, also wer es daz ein stettemeister soliche unmûsse irrete oder andere bresten hette, daz er es nit getûn möhte, daz es denne die vorgenanten viere an sinre stat besehent, oder aber zûm minnesten zwene under in, und sullent ouch die brotbecker meister und die geswornen von dem antwercke gehorsam sin alle tage mit ine zû gande, wie dicke oder zû welre zit sie wellent; und sol ouch kein brotbecker, noch nieman von sinen wegen, kein brot vor dem stettemeister noch vor den vorgenanten vieren von dem rate verbergen, noch gegen in entsagen.

Die brotbecker sullent ouch ein pfennwert umbe einen pfenning bachen, uf das allerglicheste, also denne daz korne giltet und sinen lof het, umb daz arme und riche domit reht beschehe; und waz brotes sie umb einen pfennig bachent, daz sullent sie nit höher geben, neher mogent sie es wol geben, wenne sie wellent, es sy waz brotz daz ist, es sy weiche oder herte; und welre daz verbrichet, der bessert 1 lib.

Es mag ouch ein jeglicher pfister, der pfrûnden bachet, bachen wie vil brotes er wil oder vie dicke er wil, und mag ouch daz verkoufen wo er wil, und sol in nieman darumbe zû schaden bringen.

Es mag ouch ein jeglich brotbecker bachen welre hande brot er wil, es sy wis oder rückin, und zû welre zit er wil in dem jore, und sullent ouch ir brot zû merckete tragen und uzlegen zû bancke und zû merckete, und sullent es nit durch geverde in den hüseren behaben, alle diewile sie zû verkoufende haben; welre daz verbreche, der bessert ein lib., also dicke er das dete.

Die stebeler mögent ouch ir brot verkoufen an welhen stetten sie wellent, oder ir gesinde von iren wegen.

Und sullent ouch alle brotbecker meister und die geswornen irs antwerckes sweren zû den heilgen vor meister und rate, wen sie wissent oder befindent, der düre vorgeschriben stücke deheins verbrochen habe, daz sie den oder die unverzögenliche meister und rat vürbringent, und sullent es ouch meister und rat rihten und rehtvertigen, uf den eid, wie es in vürkummet und nach höresagen, zû glich wise also umbe ein wunde oder umb einen totslag. Actum sub domino Ulr. Bock magistro. Anno 1370.

Sie sullent ouch, by iren eiden, symmelbrot bachen vür symmelbrot, kirnenbrot vür kirnen, hunenbrot vür hunen, mit ein ringelin gezeichet, rückinbrot für rückin, und darnoch aller hande brot, jegeliches noch sime kerne.

Es sullent ouch jetzentan alle brotbecker meister in unser stat sweren an den heiligen, daz sie abelossent alle die setze und gebot, die sie under in gemaht und ufgesetzet habent, die do wider unser stat oder die gemeinde sint, und besunder alle die setze und gebot, wie die genant sint, die do sint wider die vorgeschriben stücke, puncten unde artickele und wider jegelichen besunder, und das sie ouch deheinen satz noch gebot dowider setzent, gebietent oder wider in machent, one urlop, wissende und wille meister und rat, die danne ze ziten sint; und meister und daz merre teil des rates erteiltent und erkantent in danne etteliche dinge der sie notdürftig warnt, und was in also mit urteil bekant und erlöbet wurde, daz sullent sie, by den egenanten eiden, noch danne nit maht haben zû dunde, dieselbe erlöbunge sy danne e zû diesen vorgeschriben stücken verschriben und verzeichent, durch daz unser stat und ouch sie wissent, daz in nit me erlöbet ist danne so vil also verschriben stat; und sullent ouch, by iren eiden, deheinen an ir antwerck empfahen, er swere danne an den heiligen, vor meister und rate, dieselben stücke also ze haltende, und sol man ouch den verschriben der do swert; und welre das nit enswüre un daz meister und rat ieme empfindent, die sollent es strengliche rihten und rehtvertigen, uf den eid; und was ouch ein solichen, der nit gesworen hette, anginge, do sol man ime weder geroten noch beholfen sin zû keinen sachen die in anegingen.

Wenne ouch die viere, die ein rat jores darzû setzet, darzû gemachet, so sullent sie dûn weissen und rocken bachen, und sullent dûn darin slahen ungelt, zinsz und holtz, und versûchen wie daz brot geston mag, umbe daz sie deste basz daz brot gesehen künnen.

Als ouch unser herren meister und rat, schöffel und amman erteilt und erkant habent, durch nutzes willen rich und arme, das die brotbecker bachen sullent alle backen, die jeglicher bachet, die dirteil beckebrotes, ytel heiltwert, uf das allerglichest und gerethest, noch deme der rocken oder weissen gilt; do hant user herren meister und rat, schöffel und ammann erteilt mit urteil, das sie das halten und tûn sullent; und wer daz verbrichet, alse an maniger backen dhein brotbecker das versitzet, als dicke sol ir jeglicher bessern 30 ß δ, und sol man inen die nit varen lassen, by dem eide, und sol darumbe die alte hûte nit abesin, denne man sol sie darzû halten und in iren kreften bliben.

## 1392.

Stadtordnungen, vol. 20, fol. 81.

Mengelich sol wissen, also die brotbeckere bitze her gar kleine gebachen hant, daz gar unlidelich ist gewesen, daz daz meister und rat versehen und versorget hant, in dise wise : zům ersten so hant sü darzů gemahl drye manne mit namen Johans Bock den elter in Kalbesgasse, Reinbolt Spender und Wernher Schöppfelin, die do alle tage umbe riten oder gon söllent von eime brotbeckerhuse zů dem andern, und sullent daz brot beschowen in den hüsern und uf den laden, und sunderliche vor dem münster uf den brotkarichen, obe ein pfennewert brotes umbe ein pfennig gebachen sy; und welles brot sü zů kleine vindent oder zů kleine erkennent do bessert der brotbecker 5 β. ; dieselben sullent sü ime gebieten in dryen tagen zu gebende, by 30 β. Es sol ouch mit nammen kein brotbecker kein ander brot bachen denne ein brot umbe ein pfennig, und můgent ouch die brotbecker bachen alle tage und wie dicke sü wellent und welher hande brot si wellent; und sol ouch das antwerg der brotbecker hinnan fürder keine hůte darüber setzen noch kein gebot oder satz under in darüber machen; und wer es daz sü es darüber detent, so bessert daz antwerck 10 lib., also daz bůch sat.

Actum et pronunciatum die dominica proxima post diem sancti Remigii. Anno 1392. (14. Januar.)

Wer ouch zů kleine gebachen het, daz brot sullent die drie dün verkouffen noch dem sie beduncket daz daz brot wert sy. Die brotbecker sullent ouch alle tage bachen, und welher dis gebotz halb ungebachen were, der bessert 10 β also manigen tag der vesitzet.

## 14. Jahrhundert.

Stadtordnungen, vol. 24, fol. 31.

Das ist der herren rotslagen von des kornes und des brotes wegen:

Item daz er brotbecker kein brot verköfet es sige denne vor und ee besehen von denen die von meister und rotez wegen dozů geordent sint :

Item daz men keinen frömden lüten, die do nit hüslich noch hebelich hie jn der stat sitzent, kein brot zů kőfende geben sol ebe die glocke zehen sleht.

Item daz men der stette brot niemantz me denne eins schillingz wert zů kőfende geben sol.

Item ein deil der heren meinent daz men daz korn setzen sol, nemlich den besten weissen umb zwölfthälb schilling, den besten rocken umb zehen schillinge, die beste gerste umb sehs schillinge.

Item so meinet der ander teil der heren daz men nu zů mol nüt setzen sol.

Item daz die burger keime frömden man noch fröwen kein brot kőffent.

Item daz men den frömden brotbeckern, die do brot harin zů merckete fürent, jr jegelichem zů der wuchen zehen vierteil kornes hinus losse, doch also daz er daz selbe korn zů brote mache und daz brot alles herin zů merckete füre, und daz men doruf hůte setze daz daz brot alles herin zů merckete kume und daz er daz nit verkőfe es sige denne vor und ee besehen, obe er rehte pfenewert gebachen habe oder nüt, von der stette brotbesehern, je noch dez mercketez lőf, also er denne daz korn kőfet.

Item welcher burger sin gůt, es sigent acker oder reben, jm lande bitzher jn sime kosten gebuwen het und noch buwet, oder obe ein metziger sin gesinde jm lande by syme vihe het, den sol men solchem jrem gesinde brot hinus lossen und kein korn.

Item welcher prelate oder lantman, der do nüt unser burger ist noch jn unser stat nüt gesessen ist, korn herin gefüret het, dem sol men es wider hinus lossen völgen, obe er es begeret, doch mit solicher besorgnys daz es nůt us dem bistdum gefüret werde.

## 1439.

Stadtordnungen, vol. 20, fol. 84.

Es soll hynan fürder ein yeglicher brotbecker drye tage zur wuchen bachen und nit minre, und zů yeder becke wie vil er wil; es were dann das einen solliche redeliche sache irrten, das er das nit gedůn möhte; es soll aber deheinre minre bachen durch das einer des andern schonen oder domit eren wolt, ungeverlich; welher das under inen bricht, der bessert fünf pfunt pfennige, und sollent die brotbeschouwer sollichs rügen und fürbringen zů dem nehsten dage so man rat het, nochdem sie sollichs empfindent und inen fürkomet.

Die brotbecker sollent ouch ein pfennwert umb einen pfennig bachen und ein heiltwert umb einen heilbeling, uf daz allerglichest als dann das korn gültet und sinen louf hat, ungeverlich als daz gewiht der wogen eigentlich innhaltet und do vor geschriben stot, umb daz arm und rich domit reht beschehe; und sollent ouch das brot nit höher geben dann ein pfennwert umb einen pfennig, neher mögent sie es wol geben, als daz es sy in der mosse als vorgeschriben stot, es sy weich oder hert.

Und sind das die dage die die brotbecker zů der wuchen bachen sollent, als vorgeschriben stot, mit namen den sondag zů obent und den mendag, item die mitwuch den dag, item und den fritag den dag.

Es mag ouch ein jeglicher brotbecker bachen welher hande brot er wil, es sy wis oder rücken, und sollent ouch brot dragen und legen zů merckte und zů bancke, und sollent es ouch nit durch geverde in iren hüsern lossen oder verbergen allewile sie zů verkoufende hant. Sie mögent ouch die halbe becke zweiling bachen, doch das es wol gebachen sy und rein und sin gewihte habe, als die ordenung wiset; doch sol ein jeglicher brotbecker alle becken die ir jeglicher von simelbrot bachet, das dirte deil zů heiltwerten bachen, noch dem der weisse gültet, uf das allerglicheste und gerehtest.

Sie söllent ouch, by iren eiden, simelbrot für simelbrot bachen, bollebrot für bollebrot, kürnen für kürnenbrot und aller hande brot, jeglichs noch sime korne. Wer es ouch daz yeman bollebrot für simelbrot darleit oder sust ze swartz gebachen hett, der sol bessern als were es ze clein.

Wer es ouch das die brotbeschouwer simelbrot fundent das nit reht und wol gebachen oder zů swartz und nit simel wer und denckeht wer, daz soll man ouch bessern in aller mosse als ob es ze clein wer; wo sie ouch ein brot argwenig duncket das nit reht gebachen, das mögent die schouwer enzwei sniden und bessern.

Wann ouch die brotbeschouwer umbgont brot zů beschouwen,

fundent sie dann deheinen brotbecker der zû clein gebachen hett und das zû vil und mit geverden geschehen were, den sollent sie uf den nehsten dag so man rot het für die rete bringen, umb daz das gestroft werde, noch dem einer an sollichem verschuldet het; und soll doch den brotbesehern ir besserung behalten sin und werden.

Wann man ouch umbgot brot beschouwen, die dann darzû gesetzt sint, welher brotbecker dann ze clein gebachen hett, dem soll man zwölf brot nemen und soll die brot deilen und geben an die stette dohin man sie untzhar geben het, und soll derselbe darzû bessern zehen schilling pfenning, und sollent die halben der stette bliben und die andern halben dem oder den die sie dann vor dem rate trofen hant, und sollent dazû bessern 3 β ₰ dem brotbecker antwerck, und sollent die brotbecker, by iren eiden, die 3 β ₰ nieman varen lossen; und sollent ouch die zwene von den brotbecker meister und geswornen under inen gehorsam sin alle dage mit inen ze gonde, wie dick oder zû welher zit sü wollent; und soll ouch kein brotbecker oder nieman von sinen wegen brot vor dem stettmeister noch den obgenanten sehssen, nit verbergen noch entsagen, und soll man ouch das mit dem brot besehen halten als daz von alter harkomen ist und an disem buche geschriben stot; es sollent ouch meister und geriht brotbecker antwercks bliben by ir alten hût und der nochgon als das harkomen ist.

Es sollent ouch jetze alle brotbecker meister in unser stat sweren an die heiligen, daz sie abelossent alle gesetzede und gebot die sie under inen gemaht hant, die wider unser stat und gemeinde sint, und besunder die setze und gebot, die wider die vorgenanten artickel sint oder ir deheinem besunder, und das sie ouch deheinen satz noch gebot dowider machent oder gebietent on urlop, wissen und willen meister und rats die dann zû ziten sint; und meister und rat erkantent inen dann, mit urteil, ettlich dinge der sie nottdurftig werent, und was inen also mit urteil erkant würde oder erloubt, das sollent sie by den egenanten iren eiden noch dann nit maht haben zû tûnde, dieselbe erloubunge sy dann ee zû disen vorgeschriben stücken verzeichent und verschriben, durch daz das unser stat und ouch sie wissent das inen nit me erloubt sy dann so vil als verschriben stot in unser stat bûch; und sollent ouch, by irme eide, deheinen an ir antwerck empfohen, er swer dann vor meister und rat dieselben stücke alle ze halten; und sol man ouch den verschriben, der do swert, und welher das nit swüre, wo das meister und rat fürkeme, so sollent sie es strenglich rihten und rehtvertigen, uf den eid, und was ouch eime sollichen, der nit gesworen het, widerfür, dem sol man in deheinen weg weder beroten noch beholfen sin.

Es soll ouch dehein gremper oder gremperin, noch nieman von iren wegen, hinnanfür kein brot me veil haben, es sy gantz oder gesnitten, umb daz armen lüten und der mennige pfennewert werden mögent, dann versehelich ist daz sie die brot neher nement und sie doch zů pfennigen gebent.

Ein jeglicher brotbecker mag wol zwölf magere und zwölf veister swine haben und ziehen und nit me, und sollent die zů wasser triben von ostern untz sant Michels dag des obens jm nahtimbis und an dem morgen von ostern untz unser frouwe dag der eren zwüsent vieren und fünfen; von unser frouwen dag untz zů sant Michels dag zwüschent fünfen und sehssen, und von sant Michels dag untz zů unser frouwen dag der liehtmesse des morgens zwüschent sehsse und sübene, des obendes zwüschent vieren und fünfen; von der lieht-messe wider untz ostern des morgens zwüschent fünfen und sehssen des obendes zwüschent sehssen und sübenen; und sollent ouch die swine niergent anderwo verkoufen oder triben zů verkoufen dann alhie in der stat höwe und zů (deren) nutzen, sie noch nieman von iren wegen; und welher brotbecker me züge oder solliche verher oder swine fürbasser usser unser stat verkoufte, der bessert unser stat fünf pfunt pfennige, und von denselben fünf pfunden soll dem antwerck ein pfunt werden; und sollent ouch die geswornen des antwercks das rügen und fürbringen meister und rat, wo inen sollichs fürkompt daz das yemant verbrochen hette, by iren eiden; und soll ouch ein jeglich geriht under den brotbeckern dem andern alle jore in den eid geben daz also fürzebringen.

Wer ouch sine swine anders tribe dann do vor geschriben stot, der bessert unser stat 10 β δ; und wil man ouch hůte darüber setzen, und mag ouch jeglich schöffel das rügen und fürbringen, und wil man ouch solliche besserunge nieman varen lossen; geschehe ouch sime vihe utzit der anders tribe dann vorgeschriben stot, do soll keine besserunge nachgon.

Unser herren meister und rat habent, mit rot der XXI, mit urteil erteilt und herkant, also ein rotslahen und ordenunge troffen ist von des brotbachens wegen, also das eigentlich von worte zû worte hie nachgeschrieben stat, daz man hynnanfürter daz also halten sol; und ist dis daz rotslahen und lutet also:

Item ein vierteil weissen für 5 β δ, und wann daruf geslagen wurt 2 1/2 β δ für zolle, malegelt, bachelon und alle andere koste, do soll daz fine simelbrot wegen 32 lot, das ist ein liber (pfunt) und bristet an dem vierteil 11 lot; doch sollent sie es bachen, und werdent der brot 90, so wurt daz houbtgut gelöset.

Item umb 8 β δ mit den kosten, so werdent der simelbrot 96, der jeglichs soll wegen 39 lot und 3 quinsin, daz sollent sie bachen für 30 lot und bristet 24 lot an dem vierteil.

Item umb 8 1/2 β sollent der brote werden 102, der jeglichs soll wegen 28 lot, und ist glich uf.

Item umb 9 β sollent der brote werden 108, der jeglichs soll wegen 26 lot, und blibt 21 lot über.

Item umb 9 1/2 β sollent der brote werden 114, der soll jeglichs wegen 25 lot und blibt 6 lot über.

Item umb 10 β sollent der brote werden 120, der soll jeglichs wegen 23 lot und 3 quinsin, und blibt 6 lot über, doch bachent sie es billich für 24 lot.

Item umb 10 1/2 β sollent der brote werden 126, der jeglichs soll wegen 22 1/2 lot und blibt 21 lot über.

Item umb 11 β sollent der brote werden 132, do soll jeglichs wegen 21 1/2 lot und blibt 18 lot über.

Item umb 11 1/2 β sollent der brote werden 138, do soll jeglichs wegen 20 1/2 lot und blibt 17 lot über.

Item umb 12 β sollent der brote werden 144, der soll jeglichs wegen 19 lot und 3 quinsin und blibt über 12 lot, darumb soll billich ein brot wegen 20 lot.

Umb 12 1/2 β sollent der brote werden anderhalb hundert, der soll jeglichs wegen 19 lot und blibt über 6 lot.

Umb 13 β sollent der brote werden anderhalb hundert und 6 brot, der sol jeglichs wegen 18 lot und 1 quinsin und blibt über 9 lot.

Umb 13 1/2 β sollent der brote werden anderhalb hundert und

12 brot, der soll jeglichs wegen 18 lot 1 quinsin und blibt 21 lot über.

Umb 14 ß sollent der brote werden 168 brot, der soll jeglichs wegen 17 lot.

Umb 14 1/2 ß sollent der brote werden 174, der jeglichs soll wegen 16 lot 1 quinsin und blibt über 28 1/2 lot.

Umb 15 ß sollent der brote werden 180, der jeglichs soll wegen 15 lot 3 quinsin und blibt über 21 lot.

Umb 15 1/2 ß sollent der brote werden 186, der soll jeglichs wegen 15 lot 3 quinsin und blibt über 19 lot 2 quinsin.

Umb 16 ß sollent der brote werden 192, der soll jeglichs wegen 14 lot und 3 quinsin und blibt über 24 lot.

Umb 17 ß sollent der brote werden 204 brot, der soll jeglichs wegen 14 lot und ist als glich uf.

---

Wann ein vierteil weissen gültet 5 ß δ, daruf geslagen wurt zoll, malgelt und allerley kost, daz dût zesammen 7 1/2 ß δ, soll das bollbrot wegen 54 lot 1 quinsin, wol und reht gebachen, und blibt über an einem vierteil 14 lot.

Umb 8 ß soll ein brot wegen 51 lot und ist also glich us.

Umb 8 1/2 ß soll ein brot wegen 48 lot und got glich us.

Umb 9 ß sol ein brot wegen 45 lot und 4 quinsin, blibt über 9 lot.

Umb 9 1/2 ß soll ein brot wegen 43 lot, bristet 6 lot.

Umb 10 ß soll ein brot wegen 40 lot 3 quinsin, blibt über 6 lot.

Umb 10 1/2 ß soll ein brot wegen 38 lot und 3 quinsin, blibt über 13 1/2 lot.

Umb 11 ß soll ein brot wegen 37 lot, blibt über 12 lot.

Umb 11 1/2 ß soll ein brot wegen 35 1/2 lot, bristet 3 quinsin.

Umb 12 ß soll ein brot wegen 34 lot, glich us.

Umb 12 1/2 ß soll ein brot wegen 32 1/2 lot, blibt über 21 lot.

Umb 13 ß soll ein brot wegen 31 lot 1 quinsin, blibt über 21 lot.

Umb 13 1/2 ß soll ein brot wegen 30 lot 1 quinsin, bristet 4 1/2 lot.

Umb 14 ß soll ein brot wegen 29 lot, blibt über 24 lot.

Umb 14 1/2 ß soll ein brot wegen 28 lot, blibt über 24 lot.

Umb 15 β soll ein brot wegen 27 lot, blibt über 36 lot.

Umb 15 1/2 β soll ein brot wegen 26 lot 1 quinsin, blibt über 13 1/2 lot.

Umb 16 β soll ein brot wegen 25 1/2 lot, glich us.

Umb 16 1/2 β soll ein brot wegen 24 1/2 lot, blibt über 45 lot.

Umb 17 β sol ein brot wegen 24 lot, glich us.

---

Wann ein vierteil rocken gültet 4 β und 2 β werdent daruf geslagen für zoll, malgelt und alle ander koste, nüt usgenummen, so soll ein brot wegen daz reinste rockenbrot, do boll under ist, oder daz dirteil weissen durch einen reinen bütel, so soll ein semlich rockenbrot wegen 60 1/2 lot, und blibt 12 lot über, und wurt ein vierteil rocken gebachen für 6 β mit allen kosten.

Umb 6 1/2 β so soll daz brot wegen 56 lot, und got glich us.

Umb 7 β so soll daz brot wegen 52 lot.

Umb 7 1/2 β so soll daz brot wegen 49 lot und blibt über 3 lot.

Umb 8 β so soll daz brot wegen 45 1/2 lot, got glich us.

Umb 8 1/2 β so soll das brot wegen 42 lot 3 quinsin, blibt über 7 1/2 lot.

Umb 9 β so sol das brot wegen 40 lot 1 quinsin, blibt über 21 lot.

Umb 9 1/2 β so soll das brot wegen 38 lot 1 quinsin, blibt über 7 1/2 lot.

Umb 10 β so soll das brot wegen 36 lot 1 quinsin, blibt über 18 lot.

Umb 10 1/2 β so soll das brot wegen 34 1/2 lot, blibt über 21 lot.

Umb 11 β so soll das brot wegen 33 lot, blibt über 12 lot.

Umb 12 β so soll das brot wegen 30 lot 1 quinsin, blibt über 12 lot.

Umb 12 1/2 β so soll das brot wegen 29 lot, blibt über 18 lot.

Umb 13 β so soll das brot wegen 28 lot, glich us.

Umb 13 1/2 β so soll das brot wegen 26 lot 3 quinsin, blibt über 34 1/2 lot.

Umb 14 β so soll das brot wegen 21 lot, glich us.

Umb 14 1/2 β so soll das brot wegen 25 lot.

Umb 15 β 24 lot.

Umb 15 1/2 β 23 lot.

Umb 16 β 22 lot.

Umb 16 $1/2$ β 21 lot.
Umb 17 β 20 lot.
Umb 17 $1/2$ β 19 lot.
Umb 18 β 18 lot.

Item ouch ist zû wissen das manigerleye rockenbrot gebachen wurt, do ye eins köstlicher gebachen wurt dann daz ander, und undertwilen das lihteste das beste pfennewert ist, darnach mus man sich wissen ze rihten. Do wissent das ein vierteil rocken koufft umb 18 β und daruf geslagen 14 ₰ zû zolle, malegelt und 1 β ₰ zû bachen, do soll ein pfennigbrot 20 lot wegen, also das von dem vierteil rocken nit me cligen komt wenne 1 $1/2$ sester.

Anno 1440 hant dise gesworen die brotbecker ordenunge und artickel zû halten, als sie brotbeckermeister worden sint :

Item Pfister Hensel von Wintzenheim swur uf mitwuch nach Nicolai, anno 1440. (8. Dezember.)

Iten Veltin von Ingewiler swur uf mitwuch nach dominicam oculi, anno 1440. (2. Mærz.)

Item Michel von Esselingen swur uf mentag noch sant Bonifacietag, anno 1440. (7. Juni.)

Item Eberlin, Metzen Heintzen sun von Hindisheim, swur uf samstag nach sungith, anno 1440. (26. Juni.)

Item Meisen Rule swur uf mitwuch nach vincula Petri, anno 1440. (3. August.)

Item Jacob Keser hat gesworen uf zinstag sant Laurentietag, anno 1440. (10. August.)

Item Jacob Küffer hat gesworen uf mentag noch sant Paulus bekerungstag, anno 1441. (1. Februar.)

Item Hans Schafftoltzheim uf samstag vor der grossen fastnacht, anno 1441. (4. März.)

## 1460.

Stadtordnungen, vol. 1, fol. 54.

Wann ein vierteil rocken giltet 4 β ₰ und 2 β ₰ daruf geslagen für zoll, malgelt, wegegelt, bachlon und für allen andern costen, daz were ein vierteil korns gebachen für 6 β ₰, so sol daz vinste rockenbrot, do das dirteil weissen ist oder aber als vil bolmels als darunder gehört doby sige für den weissen, und als ouch der rocke durch ein griessbütel gebütelt sige, wegen 61 lot, und blibet 12 lot über; do bittent die brotbecker, das man sie des griessbütels erlosst und das man sie das mele losse büteln durch einen rockenbütel.

Item es sol ouch dehein brotbecker noch kornkeuffer noch nieman in unser statt dehein korn koufen, es sy weller hande korn oder getregede es wölle, in dissem burgbanne noch in der halben myle uf den strossen, weder uf wegen noch uf den karchen, sunder si sullent sollich korn oder getregede alles uf dem kornmercket an offenem mercket koufen; wer daz verbrichet, der git 5 lib. ₰ also dick daz geschiht. Was korns man ouch in secken uf dem wasser harin bringet zů mercket, daz sol man alles uf den holwig tragen oder füren, zů offenem mercket. Do bitten die brotbecker, obe einer brehte ein fierteil oder zwei ungeverlich, das ir einer die koufen möhte one uf gross mercktage.

Item man sol ouch zwölf brotbecker an brotbecker antwerck ordenen, die den lüten brot bachent, und eim jeglichen, der das an sie begert, die můlte zů huse heim gebent und in syme huse büttelent und teig darinne machent, und in den ofen bereitent und tragent, und eins jeglichen gesinde domitte in sin huss lossent gon und doby sin und zů dem sinen lůgen, und wanne er eime sollich brot gebachet, daz ers danne dem oder denselben lütten, den ers gebachen het, fürderlich heim schicke und antwurte, getruwelich und ungeverlich, also daz alles vor ziten gewönlich gewesen und von alter har komen ist. Und sol ir keiner, noch nieman von synen wegen, me nemen dann einen schilling pfennige von eim fierteil zů bachen und zů bütteln.

Es sullent ouch dieselben zwölf, weller danne je darzů geordent wurt, vor meister und rote sweren, zů gotte und den heiligen, disse ordenunge getruwelich und stete zů halten ein gantz jor uss on intrag, und wer das im jore ufgebe, der sol daz selbe jor uss kein brot bachen; duchte aber einen noch ussgang des jors, daz im solliches nym gefüglich were, der sol daz den brotbesehern vor ein monet verkunden, daz die mit den brotbeckern andere an deren statt ordenen. Do bittent die brotbecker daz man sie irs eides des puncten halp erlosse, sie wellent des one das gehorsam sin zů tůn.

Unser herren meister und rat und die XXI haben erkant, das es by der ordenunge bliben sol.

Actum feria quarta ante Galli. Anno 1460. (14. Oktober.)

**1467.**

Stadtordnungen, vol. 1, fol. 77.

Als der brotbecker clage halb etlich herren geordent sint uf die stück irs brestens zû ratslahen, so haben sie sich davon underret, und were ir meynunge : des ersten von der stösse wegen, das den brotbeckern erloubet sin sol aht heltwert wissbrot aneinander zû stossen; item 3 wisspfenning brot; item 3 oder 4 pfenning rückenbrot und 6 rückin heltwert, also das die stösse clein sint und nit zû breyt; und wä die brotbeseher beduhte das die stösse zû breyt werent oder me brot aneinander werent gestossen danne vorgemeldet ist, so sollent es die brotbecker bessern noch besagen der alten ordenunge.

Was brotes ouch die brotbeseher sehen in der brotbecker hüser, under der pfaltzen, uf stuben oder in wurtshüsern oder an andern enden, und das werschaft ist, das selbe brot sollent sie darnoch nymme besehen, weder uf dem herten merckt noch anderswo. Sie sollent ouch kein brot besehen noch bessern das über zwen tage alt ist; wä sie aber bresthaftig brot fundent, das under zweyen tagen alt und vor nit besehen were, das sollent sie bessern noch besage der ordenunge.

Were aber das ein brotbecker mit ufsatz uf den herten merckt buche und sich das kuntlich funde, der sol das antwerck verloren haben und in jore und tag kein brot zû Sträsburg bachen, und wann das jore verschynet, wil er dann brotbecker antwerck me triben, so sol er es von nuwen koufen als ein frömder.

Und als das brot etlich zyt bishar den ougen noch besehen ist, do beduhte sie geroten sin, umb das den brotbeckern und der mennige yederman reht beschehe, das man dann die woge widerumb bruchen solt, und die brotbecker daruf bachen noch deme das korn gültet, uf oder abesleht noch margtzal, noch besage der alten ordenunge.

Wie ouch der bresthaftigen brot halb, die gebessert werdent, vormols geordent ist die uf der schintbrucken zû verkoufen, do were ouch ir meinunge das den brotbesehern ernstlich bevolhen würde dem also nochzůgonde.

Ouch so were ir meinunge, wers das eym brotbecker das sin verwarloset wurde durch sich oder sin gesinde, also das ine beduhte das es nit verschafft were, wann dann derselbe sollichs den brotbesehern verkündet ee er utzit dovon verkouft, und ime das brot lot setzen uf einen pfenning wie er das geben sol, und gehorsam ist dem stracks nochzůgonde, on alle geverde, der sol keyn besserunge davon geben; wann er aber dem nit also nochginge, so sol er darumb besserung liden, noch besage der ordenunge.

Und als den brotbeckern mit disem rätslahen gelibert wurt, wers do das sie darumber aber nit buchent und der mennige me bresten liessent an brot, so möhtent unser herren meister und rät fürter gedencken wege fürzůnemmen, die der stette und der mennige nutze und gůt werent.

Erkant von den XXI.

Ouch sollent meister und geriht brotbecker antwercks, by iren eiden, den brotbeckern, die mele hant, gebieten, by 5 β δ, (besserung) zů bachen, so dick es notdurft ist, und darinne nieman übersehen, sondern daz zů tůn nieman zů lieb noch zů leid, und die besserung ouch nieman faren lossen, sondern der stat daz halbe geben und dem antwerck das ander halbe.

Actum feria secunda post inventionem sanctæ crucis 1467. (4. Mai.)

## 1493.

Stadtordnungen, vol. 1, fol. 207.

Uf der brotbecker bitte und begeren, den frömden brotkarrichen abezůstellen das sie fürter uf den sontag und ouch den zinstag nit me har zů merckte faren solten, sondern allein uf den fritag, und das die von Hagenouwe nit alle woche mit kuchen und brettstellen harfaren solten, so habent unser herren meister und rat erkandt, das es by der ordenunge bliben sol, wie die usswiset, dann allein, diewile die frömden in langen joren uf den zinstag mit brot nie harin gefaren sint, so sol es fürter by dem fritag und sontag bliben; also was inen von brot uf der tage einen über blibet, das söllent sie uf den andern nehsten mercktage darnoch tragen, harfüren uf den herten merckt und doselbs verkouffen, und nirgend anderwo, by der pene die den heymschen brotbecken daruf gesatzt ist.

Dartzû so sol den heymschen wissbecken gegönnet und erloubet sin, das ye einer umb den andern, doch alle woche nit me dan einer, ein stück symels, zû dryen molen, verbachen möge zû ettekuchen und brettstellen, umb das die mennige deste bass iren lusten an dem brotkouf haben möge; und sollent die nit anders dann uf die wise besehen werden, das es reht fyn symel sy.

Actum sabbato vigilia nativitatis Mariæ. Anno 1493. (8. September.)

### 15. Jahrhundert.

Stadtordnungen, vol. 13, fol. 87.

Unser herren meister und rat sind überein kumen, als die brotbecker untzhar unördenlich gebachen hant, dodurch gebreste des brotes kumen ist, das do hynan fürer ein yeclich brotbecker drye dage zûr wuchen bachen soll, und nit minre, und zû yeder becke wie vil er wil; es were dann das einen sollichen redeliche sache irrete das er das nit getûn möhte, oder das den brotbeckermeister, der den merckt alle dage besehen soll, beduhte das brot gebresten wolte, der mag heissen bachen noch notdurfft. Es soll ouch deheinre me bachen dann dry dage, ussgenomen in der winahten, in den pfingesten, in der messe, zû unser fröwen dagen, zû sant Adolffsdage, so mag er bachen wie dick und wie vil er wil. Es soll ouch deheinre brotbecker minre bachen durch das einer des andern schonen oder domit eren wolt, ungeverlich; welher das unter inen bricht, der bessert fünf pfunt pfenninge; und sollent die brotbeschöwer sollichs rûgen und fürbringen zû dem nehsten dage so man rat hat, nochdem sie sollichs empfindent und inen fürkomet.

Die brotbecker sollent ouch ein pfennewert umb 1 ₰ bachen und ein heiltwert umb einen helbeling, uf das allerglichest als dann das korn gültet und sinen louf hat, ungeverlich als das das gewiht der wogen eigentlich innhaltet und dovon geschriben stot, umb das arm und rich domit reht beschehe; und sollent ouch das brot nit neher geben dann untz an den vierden dag als es gebachen ist worden, und wan das brot vier dage alt ist, so sollent sie es, by iren eiden, niergent anderswo verkoufen dann vor dem münster uf dem hertenmerckte, umb das die sehs, die von des rats wegen geordent sint brot ze beschöwen, und die geswornen des antwercks, so mit inen gont, besehen könnent ob ein pfennewert umb einen pfennig gebachen sy oder nit; und welher also zů clein gebachen hett, der bessert also harnach geschriben stot; welher brotbecker ouch solliche brot neher gebe oder an andern enden verkoufte, dann do vorgeschriben stot, der bessert 1 lib. ₰ als dicke er das důt, und sollent von demselben pfunde 10 β unser stat vallen, 5 β dem oder den die das, von des rates wegen, trofen hant, und die überigen fünf schilling dem brotbeckerantwerck; und sollent auch die geswornen am antwerck, by iren eiden, rügen, fürbringen und sagen denen die von meister und rat das brot ze beschöwen geordent sint, wo sie empfindent oder inen fürkomet das einer brot neher gebe oder an andern enden verkouft hat, es were in iren hüsern oder anderswo, anders dann do vorgeschriben stot. Ouch sollent die geswornen am antwerck ir fünf schilling pfennige so dem antwerck zůgehörent nieman varen lossen, und soll ouch ein geriht dem andern sollichs jors, so das geriht angot, an brotbeckerantwerk in den eid geben, das also ze halten und ze rügen noch dem und vorgeschriben stot.

Und sint dis die dage die die brotbecker zůr wuchen bachen sollent, also vorgeschriben stot, mit namen den sondag zů obent und den mendag untz morgenymbs, item die mitwoche den dag, item und den fritag den dag.

Es mag ouch ein jeglicher brotbecker bachen welher hande brot er will, es sy wis oder rucken, und sollent ouch ir brot zů merckte dragen und legen zů merckte und zů bancke, und sollent es ouch nit durch geverde in iren hüsern lossen oder verbergen, allewile sie zů verkoufende hant; welher das verbreche, der bessert ein pfunt pfennig als dick er das důt; desselben pfundes sollent werden 10 β der stat, 5 β denen die es, von des rates wegen, troffen hant, und die überigen 5 β dem brotbeckerantwerck.

Es soll ein jeglicher brotbecker alle becken die ir jeglicher von symelbrot bachet das dirte teil zů heiltwerte bachen, nochdem der weisse gültet, uf das allerglichst und gerehtest; und von des rückenbrotes wegen, alle die wile das korn gültet under zehen schillingen, so sollent sie pfennewert bachen. Wer es dann das yeman begerte ein heiltwert, so sollent sie im der das begert ein brot in zwei sniden und im geben welhes teil er wil, umb einen helbeling; wenn es aber gültet zehen schilling oder darüber, so mögent sie wol die halbe becke zweygelinge bachen, und nit me, und die ander halbe pfennewert; und sollent ouch nieman kein pfennewert noch zweygeling versagen allewile sie hant; und welher der obgeschriben stücke eins verbricht, der soll bessern ein pfunt pfennige, mit namen 10 β δ der stette, 5 β δ den die es, von des rates wegen, troffen hant, und die übrigen 5 β δ dem brotbeckerantwerck, und soll darumb die alte hute nit abesin, dann man soll sie darzů halten und in iren creften bliben lossen.

Es sollent ouch die frömden brotbecker, die harin zů merckct farent, sich glicher wise halten mit dem rückenbrot als die heimeschen; und welher das verbricht, der bessert 5 β δ, mit namen das halbe der stette und das andere halbe denen die es, von des rates wegen, troffen hant; doch mügent sie es wol neher geben.

Es söllent ouch die brotbecker bestellen und ordenen sehs oder me an irem antwercke, die den lůten bachent und inen die můlten in ire hüsere fürent und den deig darinne machent, und inen domit das beste und wegeste důnt, als das von alterhar kommen ist.

Sie sollent ouch, by iren eiden, simelbrot für simelbrot bachen, kürnenbrot und aller handebrot, jeglichs noch sime korne. Wer es ouch das yeman bollebrot für simelbrot darleit oder sust ze swartz gebachen het, der soll bessern in aller mossen als wer es zů clein.

Wenn ouch die brotbeschouwer umbgont brot zů beschouwen, fündent sie den deheinen brotbecker, der zů clein gebachen het und das zů vil und mit geverde geschehen were, den sollent sie uf den nehsten dag so man rot het für die rete bringen, umb das der gestroft werde noch dem einer an sollichem verschuldet het; und sol doch den brotbesehern ir besserung behalten sin und werden.

Wanne man ouch umbgöt brot beschouwen die dann darzů gesetzet sint, welher brotbecker dann ze clein gebachen het, dem sol man zwölf brot nemen und soll die brot deilen und geben an die stette dohin man sie untzhar geben het, und soll derselbe darzů bessern zehen schilling pfennig, und sollent die halben der stette bliben und die andern halben dem oder den die sie dann vor dem rate trofen hant; und sollent darzû bessern 3 β ₰ dem brotbecker-antwerck, und sollent die, by iren eiden, nieman varen lossen. Und sollent ouch die zwene von den brotbeckermeister und gesworne inen gehorsam sin alle dage mit inen ze gonde, wie dicke oder zû welher zit sie wollent, und soll ouch kein brotbecker, oder nieman von sinen wegen, kein brot vor dem stettmeister noch den obgenanten sehsen nit verbergen noch entsagen, und soll man ouch das mit dem brotbesehen halten als das von alterhar komen ist und an disem bûche geschriben stot.

Es sollent ouch jetze alle brotbeckermeister in unser stat sweren an den heiligen, das sie abelossent alle gesetzede und gebot, die sie under inen gemaht hant, die wider unser stat und die gemeinde sint, und besunder alle die setze und gebot, die wider die vorgenanten artickel sint oder ir deheinen besunder, und das sie ouch deheinen satz noch gebot dowider machent oder gebietent, on urlop, wissen und willen meister und rats die dann ze ziten sint; und meister und rat erkantent inen dann mit urteil etliche dinge, der sie notdürftig werent; und was inen also mit urteil erkant wurde oder erloubet, das sollent sie, by dem egenanten irem eide, nochdann nit maht haben ze tûnde, dieselbe erloubunge sye dann ee zû disen vorgeschriben stücken verzeichent und verschriben, durch das unser stat und ouch sie wissent das ine nit me erloubt sy dann so vil als verschriben stot in unser stat bûch; und sollent ouch, by irem eide, deheinen an ir antwerck empfohen, er swere dann vor meister und rat dieselben stücke alle ze halten; und soll man ouch den verschriben der do swert; und welher das nit swüre, wo das meister und rat fürkeme, so sollent sie es strengelich rihten und rehtvertigen, uf den eid; und was ouch einem sollichen, der nit gesworn het, widerfür, dem soll man in deheinen sachen weder beroten noch beholfen sin.

Es sol ouch dehein gremper oder gremperin, noch nieman von iren wegen, hinanfür kein brot me veil haben, es sy gantz oder gesnitten, umb das armen lüten und der menige pfennewert werden mögent; dann versehelich ist, das sie die brot neher nement und sie doch zû pfennigen gebent; welher gremper sollichs verbreche, der soll bessern 1 lib. ₰, mit name das halbe unser stat, 5 β den brotbesehern und die überigen 5 β der brotbecker antwerck, und soll man im darzû die brot nemen und in den spital schicken.

Ein jeclicher brotbecker mag wol aht magere und aht veisster swine haben und ziehen, und nit me, und sollent die zů wasser triben von ostern untz unser fröwen dag der eren, des morgens früge zwüschent vieren und fünfen und des obendes noch der ehtewen; von unser fröwen dag der eren untz sant Gallendag, des morgens zwüschent fünfen und sehssen und des obendes zwüschent sehssen und sübenen; von sant Gallendag untz zů unser fröwe dag der liehtmesse, des morgens zwüschen sehssen und sübenen und des obens zwüschent vieren und fünfen; von der liehtmesse wider untz ostern, des morgens zwüschent fünfen und sehssen, des obendes zwüschent sehssen und süben; und sollent ouch die swine niergent anderswo verkoufen oder triben zů verkoufen dann alhie in der stat höwen und zů (deren) nutzen, sie noch nieman von iren wegen. Und welher brotbecker me züge oder solliche verher oder swine fürbass usser unser stat verkoufte, der bessert unser stat fünf pfunt pfennige, und von denselben fünf pfunden soll dem antwerck ein pfunt werden; und sollent ouch die geswornen des antwercks das rügen und fürbringen meister und rat, wo inen sollichs fürkompt das das yeman verbrochen hette, by iren eiden. Und soll ouch ein jeglich geriht under den brotbeckern dem andern in den eid geben das also fürzebringen. Wer ouch sine swine anders trybe dann do vor geschriben stot, der bessert unser stat 10 β δ; und wil man ouch hute darüber setzen und mag ouch ein jeglicher schöffel das rügen und fürbringen, und wil man ouch solliche besserunge nieman faren lossen. Geschehe ouch sime vihe ützit der anders tribe dann do vorgeschriben stot, do soll keine besserung noch gon.

Unser herren meister und rat hant den brotbeckern gegunnet die verher und swin von ostern untz zů sant Michels dag an dem oben ze triben in den nahtimbs und fürer nit.

Es soll ouch dehein brotbecker noch kornkoufer, noch nieman in unser stat dehein korn koufen, es sy welher hande korn oder gedrägde es wölle, in disem burgbann, noch in der halben mile uf den strassen, weder uf wägen noch uf karchen, sunder sie sollent sollich korn oder geträgede alles uf dem kornmarckt koufen an offenem merckte; wer das bricht, der git fünf pfunt pfennige als dick das geschiht. Was korns man ouch in secken uf dem wasser har bringet zů merckt, das soll man alles uf den holwig tragen zů offenem merckt.

Es soll ouch dehein kornkoufer oder brotbecker, noch jeman anders deheinen sack entpinden vor prime; wer das brichet, der bessert 3 β ♂, und wer also korn kouft oder verkouft, der soll dem zoller das wortzeichen geben abe dem mercket, als das von alterhar komen ist; und wil man ouch ernst'ich hüte darüber setzen.

---

## Wie die Bæcker ihre Schweine unter der Pfalz verkaufen sollen.

**1412.**

G. U. P. Lad. 11, Nr. 13.

Wir Cunrat Pfaffenlapp zům Rust, der meister und der rot zů Straszburg, thunt kunt allen den die diesen brief ane gesehent oder gehörent lesen, als von solicher ordnunge wegen die schöffel und amman, durch gemeines nutzes willen der richen und der armen, hie zu Straszburg gemachet hant, das die brotbecker ire swine und verher fürbass nit me in der statte oder vorstatte und ringmure ziehen söllent, danne in der mossen also das schöffel und amman erkennet haben; da aber die brotbecker meinten das sie domitte grösslichen beladen und beschweret werent, darumbe darnach meistere und rot und die ein und zwentzig den brotbeckern gegunnet und gegeben hant zwene bencke by der Pfaltze, under den swibogen, doch umb einen bescheidenen zinss, den sie der stette davon söllent geben, und ouch also, das sie uf dem einen bancke rein fleische und uf dem andern pfinnig fleische houwen und verkouffen söllent und mögent umb einen glichen pfenning, als das der stette reht und gewonheit ist, und umbe das die brotbecker dise gebote dester bass geliden möhten, und da die rete besorgeten das es nit fridlichen möhte beston, soltent die brotbecker by den metzigern under iren bencken houwen, darumbe aber die metziger und brotbecker uf disen heutigen tag, dato diss briefes, vür uns komment mit namen die metziger: Claus von Berse, Peter Museler, Hans Betscholt, meister Heintze und Hanns von Berse, von ir und ires antwerkes wegen, und die brotbecker mit namen Jacob Herman, Jacob Geyspoltzheim der eilter, Jacob Geyspoltzheim der jünger, Werlin von Hagenöwe und Martins Hanseman, von ir und der anderen brotbecker und ires antwerckes wegen, und sprochent die metziger, es were also herkommen das die brotbecker ir fleisch uf iren bencken bitzher gehouwen und verkoufft hetten, des sie wol kuntschaft hetten, und wolten in ouch gern bencke also umb glich gelte lihen, ir brüger und ander kneht umb einen glichen pfenning gunnen und lossen dienen, und bestellen das in kein unfug oder unzuht von in oder iren knehten beschehen solte, und boten meister und rot das sie sich mit den alten ammanmeistern darumbe bedehten und die brotbecker uf iren bencken wolten heissen houwen, umb das das fleische und die woge dester bass besehen würden, diewil sie doch in ir kneht, brüger und bencke gern lihen und das bestellen das in kein unfug oder unzuht von inen oder iren knehten solte beschehen, in der mosse als vorbegriffen ist; und wolten ouch gern gehorsam sin was wir darumbe sprechen und erkannten; dawider aber die brotbecker sprochen, sie getruweten nit mit fride by den metzigern uf iren bencken zů blibende, als sich ouch das vor ziten erfunden het, und getruweten wol wir liessen sie by den zweien vorgenanten bencken under den swibogen beliben, dievil es doch meister und rot vor mit den ein und zwentzigen zů rehter urteil erkennet und gesprochen hetten, und solte man mengelichen by sinem herkommen lossen bliben; wer in liep so liesse man ouch in ire swine und verher also sie die bisher gehept hetten, und sprochen ouch domit sie wolten ir sachen erberlichen bestellen, und arm und rich umb einen glichen pfenning und mit rehter wage geben das gůt fleische umb sinen pfenning und das pfinnige umb den sinen, also es ouch der stette reht und gewonheit were, und boten uns meister und rot, das wir die metziger underwiseten das sie sie dabi beliben liessen und in ir brüger und ander knehte umb iren pfenning gunneten und liessen, um bessers friden willen, als ouch das meister und rot mit den ein und zwenzigen vor mit rehter urteil gesprochen und erteilet hetten. Und nach vorderunge und antwurte, als wir die beide partyen gegen einander gehörten, do komment wir, dieselben meister und rot zu Straszburg, mit rehter urteil vor offem gerihte, überein und hant es ouch erteilet, das die brotbecker by den zweien bencken by der pfaltze, under den swibogen söllent belieben, umb einen bescheidenlichen zinss, den sie der stette dovon geben sollent, und das sie underscheidenlichen uf dem einen gůt fleische und uf dem andern pfinniges söllent houwen und verkoufen, und söllent in die metziger brûger und knehte lossen und gunnen umb ir gelt, ir swine und fleische zû bereitende, zû houwende und zu verkoufende, das ouch sie in vorgeschribener mossen richen und armen umb glich gelte, noch der stette rehte und gewonheit und rehtem gewiht, geben söllent und verkoufen; und daran söllent sie die metziger vürbass weder sumen noch irren, nachdem und es vorhin meister und rot mit den ein und zwentzigen haut gesprochen und erkennet, und des zû einem urkunde, so habent wir unsse stette ingesigel geton hencken an diesen brief, der geben wart am nehsten montage noch unser frouwentage nativitatis, des jores do man zalte von gottes geburte vierzehenhundert und zwölf jore. (13. September.) Har an warent wir her Claus Zorn, schultheisse, Ulrich Bocke der jünger, Cunrat Pfaffenlap zum Rust, Claus Merswin, her Johans Meier, der ammanmeister, her Reymbolt Zorn genant Lapp, her Wilhelm Klobelouch, her Claus von Westhus, Reymbolt Wetzel, Wilhelm von Mülnheim, Reymbolt Klobelouch, Claus Friderich Otteman von Mülnheim, Werlin Hüffelin, Bartholomeus von Mülnheim, Johans Bock, Hug Völtsche, Hetzel Rebestocke, Götze von Heilgenstein, Heintzemann Gürteler, Johans Peterlin, Haneman von Goudertheim, Friderich von Eppfich, Cuno zum Trübel, Ruther Vörster, Johans Pfettesheim, Hans von Wintertur, Jacob Mansze, Hans von Heilgenstein der jünger; von den cremern, Erhart von Rotwile; von den brotbeckern, Jacob Herman; von den metzigern, Johans von Berse der jünger; von den tuchern Claus Sprenger; von den küffern Claus Schanlit; von den gerwern Claus von Werde; von den winlüten Hans Mummenheim; von den murern Anthonie der kacheler; von den smiden Stephan Sporer; von den schnidern Cunrat Schrotbancke; von den schifflüten Hans Armbroster; von den kürseneren Götze von Hagenowe; von den zimberlûten Johans Kerbe; von den winrufern und winmessern Jeckelin zur Kanen; von den schuhemachern Oberlin Hering; von den goltsmiden und schiltern Andrese Smalrieme; von den kornluten her Michel Melbrüge; von den gartnern Hans Zender; von den vischern Lambess Hanns; von den scherern und badern Walther Scherer zû sant Thoman; von den saltzmütern her Ulrich Gosse, von den webern Diebolt Mannertrib; von den winstichern und underkoufern Schenckenhans; von den wagenern, kistenern und dreshelern Johans Mentzer; von den grempen, seilern und obsern Rulman Seyler; von den vassziehern Claus von Wilgotheim; von den schiffzimberlûten Lyenhart Bobest; von den oleylûten, müllern und duchscherern Otteman der tuchscherer, der bot.

## Beibehaltung der Brodwage.

### 15. Jahrhundert.

Unser herren meister und rat, schöffel und amman sint überein kummen, als bitzhar manigerley breste und clage gewesen ist von des brotes wegen, beide an dem brotbachen ouch dem besehen des brotes, und von der wogen, do etlich meynen man sol das abtûn, und ouch etlich meynen man solt by der wogen bliben, das nu vor schöffel und amman alles wol erlutet ist; daruf habent sie mit urteil erkant, nochdem sie die sachen alle verhöret hant, das man fürbas die woge halten und das brot wegen sol, als das vormals geordent und vor den schöffeln usgewagen ist, und das man ouch den reten und XXI entpfelhen sol über die sache von des brotbachens und der wogen zû rotslahen und zû orden, und besonder die brotbeschouwer zû ordenen, das die jors geandert werden uf den synne als die drie uf dem pfennigturn, umb das alle jor ir etlich blibent, die von den sachen wissent, und nit ytel nuwe geordent werdent. Daruf so ist gerotslaget und ein ordenunge trofen und gesatzet, in der mosse als hienoch geschriben stot: zûm ersten so sol man die woge das brot zû wegen halten, als das vormols geordent ist und hienoch geschriben stot, und süllent hynnanfürder der brotbeseher sehsse sin, die ouch geordent sint, nemlich zwene von den constofeleren, das sint Bertholt Zorn zûm Riet und Burckart Buman, item zwene von den antwercken, das sint Hans von Northus und Claus Biderman, und dann zwene von den brotbeckern, das sint Jacob Waldener und Hensel von Ettenheim; dieselben sehsse süllent ingnot anfohen diser ordenunge noch zû gon, und das tûn bitz zû jor das man die geriht und ampt besetzet; so süllent dann die rete die halben andern, also das ir drie alt blibent und drie nuwe gesetzet werdent, nemlich einer von den constofeleren, einer von den antwercken und einer von den brotbeckern, und süllent die nemen von den reten und XXI oder von andern personen, die nit rete sint, mit wem es dann aller bast versorget sin mag; und süllent ouch darnoch alle jor die halben also geandert werden, also das die rete domit ungesumet bliben sullent.

Die vorigen sehs so yetz gesetzet sint und die hernoch an ir stat gesetzet werdent, süllent alle sehsse oder zům minnest drie under inen, alle vierzehn tage, und so dick es sie notdurftig beduncket, an dem fritage uf den mercket gon und besehen was der weissen und der rock giltet in der gemeine, weder uf das nyderste noch uf das höheste, sonder in der mittel mosse; darüber süllent sie dann das brot besehen, das das brot uf den pfennig und uf das gewihte gebachen werde.

---

## Verbot ausserhalb der Stadt Brot backen zu lassen.

**1454.**

Stadtordnungen, vol. 28, fol. 130.

Unser herren meister und rät und die XXI sint überein kommen und habent mit urteil erkant, das dehein der statt Sträsburg ingesessen burger oder hindersehsz fürer brot im lande, es sy ferre oder nohe, kouffen oder bachen lossen sol, sunder ein yeglicher sol brot hie in der statt bachen lossen, oder aber das umb die innern brotbecker oder die lantbrotbecker an offenem merckt koufen, uf das der statt werde das ir zůgehört; und wer das verbreche das sich kuntlich fünde, den wil meister und rät darumb an sinem libe und gůt herticklich strofen, als obe er der statt iren zoll empfürt hette, und sollent ouch die räte sollichs, by iren eyden, niemans übersehen noch faren lossen.

Decretum feria secunda post reminiscere; proclamatum feria sexta post reminiscere. Anno 1454. (22. März.)

## Erklärung der Bæcker dass sie nicht genug Brot zu backen vermögen.

**1467.**

Stadtordnungen, vol. 28, fol. 124.

Ersamen, fürsihtigen, lieben herren, wir fůgent uwer ersamen wissheit zů wissen, also ir uns jetz ein nuwe ordenunge in geschrifft geben hant, darinne ir uns etlich liberunge geton hant, daz wir nu zů grossen gnoden und dank von uwer fürsihtigen wissheit hant, sunder leste artickel der do luttet: und also den brotbeckern hiemitte gelibet wurt, wer es daz sie harüber aber nit bůchent und der menige me bresten liessent an brot, so wöllent unser herren meister und rot fürter gedencken wege fürzůnemen, die der stette und der menige nůtz und gůt sint. Der artickel ist uns nu zů swer, danne unser sint zů wenig, und truwent der menige nit brotz genůg zů bachen; do wölle uwer wissheit insehen und daz bedencken, daz wir, so vil danne unser ist, allesamen daz aller beste harinne tůn wöllent, noch allem unsern vermögen, und wöllen uch haruf alle die geschriben geben, die wissbrot und ruckenbrot zů merckete bachent; und wolte uch danne beduncken das ir ettelicher nit bůche also er solte, daz mügent ir wol in des ungelts bůche erfinden, obe jeman darinne verhielte und obe jeman an der stette danne billichen were.

Diss die do wissbrot bachent.

Meister Hanns Günther, der rother.
Erhart Tollfuss.
Meister Jacob Waldener.
Dieboltz Hanns.
Gilge an steinstross.
Meisen Clâus.
Cunrat Koburger.
Diebolt am saltzhof.
Hanns Waldener.
Hanns Karstat.
Themme.
Diebolt Schopff.
Sporer.
Hanns von Husen.
Veltin Linser.
Spittel Hensel.
Peter zur sunnen.
Bechtold Wüst.
Ulrich zur rosen.
Martin von Elbelingen.
Bernhart von Benfelt.
Jörge am winmerket.
Hanns von Bobenberg.
Jacob von Basel.
Mens Stussinger.
Jacob Scheubel.
Balthasar.
Gengenbach.
Herman von Mentz.

Gnedigen, ersamen, liben herren, daz sint die personen die do wissbrot bachent, jeder noch sinem vermögen, einer me der ander mynner. Uf den meytag 1467. (1. Mai.)

---

## Gutachten das schlecht gebackene Brod betreffend.

**1461.**

Stadtordnungen, vol. 24, fol. 5.

Die herren die geordent worden sint zů ratslahen der bresthaftigen brot halb, haben sich dovon miteinander underret, und nochdem sie underrichtet sint, wann ein brotbecker umb sin misbachen gebessert wurt umb 14 ß, noch besage der ordenunge, das das nit strofe genug sy; dann wievil sie gebessert werdent, so lossent sie doch nit abe; sie bachent brot das strofbar ist; darzů wann einer also misbachet und von den besehern nit funden wurt, also das er ungestrofet hindurch kompt, so hat er sovil zů gewynne, und wurt aber alles die mennige dodurch beswert, die ein sollich misbachen brot nemmen und bezalen muss als obe es unstrofbar were; dorumb und umb zů versehen das sollichs fürbass deste mynner beschee, so were der herren meynunge das geordent wurde: wann die brotbeseher nu hinfürme brot fündent das zů clein, zů schwartz oder nit wol gebachen ist, so sol der brotbecker der das brot gebachen hat darumb bessern noch besage der brotbecker ordenunge, und sol darzů derselbe brotbecker sollich misbachen brot, sovil das noch vorhanden ist, zů merckel tragen für das münster, uf den herten merckt, und das sust niergent anderwo verkoufen, weder under der pfaltzen, in iren hüsern oder an andern enden, do dann ir einer laden oder bencke haben möhte. Und sol ouch ein yeglich brotbecker sollich brot geben uf den pfennig, wie dann die sehs brotbeseher oder der merener teil under inen erkennet, und nit höher, neher mag er es wol geben; und sollent ouch die sehs brotbeseher erkennen tůn, uf ir eide, ye nochdem das brot, das sie also gebessert hant bresthaft ist, niemand zů liebe noch zů leide, one geverde.

Es sol ouch dehein wurt oder houptkanne sollich misbachen brot nit koufen, lützel oder vil. Welher wurt oder houptkanne das darüber tete, wä das die brotbeseher befindent, sol derselbe wurt oder houptkanne solliche besserunge glicher wise geben und tun als der brotbecker der das misbachen geton hat, in mosse wie dovor begriffen ist.

So dann von den zweyelingen wegen, nochdem do die herren underrichtet sint das vil vorteil und geverde domitte getriben und die mennige domit vast beswert wurt, mit dem das die nit durchbachen, sunder denckeht verkouft werdent, und besunder das man nit von alter har zweyelinge gebachen habe, so beduhte sie geroten sin das sollichs gantz abgeslagen wurde; also das die brotbecker deheinen zweyeling me bachen soltent; doch wann es were das ein vierteil rocken 10 β δ gülte oder darüber, so möhtent sie die wol bachen halp und halp, in mossen als vor.

Ouch umb deswillen das die pfennig rückenbrot deste bass durchbachen werden möhtent, so beduhte sie ouch geroten sin, das die brotbecker nit me dann zwey rückenbrot aneinander bachen soltent, also das dehein rückbrot me dann einen stoss hette; desglichen soltent sie ouch halten mit den zweyelingen, so sie anders die bachen soltent; und wer das darüber tete, der solt bessern 5 β δ so dick das geschee, und sol dovon werden das zweiteil der stat und das dirteil den brotbesehern.

Actum feria secunda post dominicam cantate. Anno 1461. (4. Mai.)

---

## Rathsentscheidung.

### 15. Jahrhundert.

Stadtordnungen, vol. 24, fol. 26.

Als unser herren meister und rat, schöffel und amman das malgelt des rocken vormols umb 6 δ gelihtert und den weyssen by dem alten malgelt habent lossen bliben, do aber den herren fürkommen ist, wie das ettliche brotbecker den weyssen den sie griessent an der ungeltkisten verrihtent und vermalgeltent als ob es rocken were, dodurch nü der stat an irem malgelt unreht geschiht, sollichs zů versehen haben unser herren meister und rat und die XXI erkant: das alle weger, müller, müllerin, ir kinde die zů joren kommen sint, triber, karricher und ander ir gesinde sweren sollent, nemlich die weger den brotbeckern ir korn, weyssen und rocken, das sie zů der mülen schickent, ouch zů wegen, jeden sack sunderlich, und das sie und ouch die müller, ir wip, kinde und gesinde ernstlich daruf lugen und warnemen sollent, das dehein brotbecker me weyssen zůr mülen trage dann er weyssen wortzeichen hat, oder weyssen tuge malen den er an der ungeltkisten für rocken verzollet und vermalgeltet hat, oder me dann sehs sester hat in eym sack; und wä sie ein sollichs befindent oder inen sust fürkeme das die brotbecker darinne ützit, geverde oder vorteil suchtent, das sie dann das, by iren eiden, fürbringen sollent den süben uf dem pfennigturn, und das dann der der also buswürdig funden wurde von yedem sack 20 β δ bessern sol, so dick das geschiht, die ouch die süben niemans übersehen noch faren lossen sollent, by iren eiden.

Actum feria secunda ante Arbogasti. (Monat Juli.)

---

## Berathschlagung um dem Mangel an Brot vorzubeugen.

**15. Jahrhundert.**

Stadtordnungen, vol. 28, fol. 125.

In vergangener zyt zů ettwie manigem mole in diser statt mangel und brest gewesen ist an brot, dovon gross clegede in der mennige entstanden, und nu sollicher breste zům dickern mole kommen ist, dovon das die lantbrotbecker verhalten haben mit irem brot harin zů faren, als dann gewönlich geschiht wann ufslag an korn wurt oder wann vertzit, unfride oder ungevelle in das lant kompt, oder sie sust ander sachen halb verhindert werdent mit irem brot do uss zů bliben; sollicher brest nit gewesen were hettent sich die heymschen brotbecker uf die lantbrotbecker und uf das brot das sie gewönlich bringent nit verlossen. Und nochdeme die lantbrotbecker nit verbunden sint harin zů faren, sunder sie mögent kommen oder ussbliben wann sie wollent, so muss man sollichs bresten in künftigem, wann sie ussblibent, aberwartende sin. Were ouch, dovor got sy, das sollicher unfride entstunde das man harin flöhen wurde, ob dann die lantbrotbecker ouch wol harin kement, so werent sie doch nit gerüstet, weder mit hüsern, öfen, holtz noch gesinde, also das sie der mennige mit brot bachen nit zů hülf oder zů stüre kommen kondent, und müste man sich als dann behelfen mit den innern brotbeckern, deshalb etlich der herren meynent das der stat und der mennige besser und weger sy sie habent die iren by inen in der stat die inen bachent, dann das sie sich verlössent uf die üssern, die do ussbliben mögent wann sie wöllent, und das daruf den frömden ein zyl gesetzt wurde das sie darafter keyn brot me harin füren soltent zů merckt; und wann sollichs als geordent wurde, so meint man die brotbecker so hie umb in den dörfern sitzent und sich der stat und irs merckts geverent, wurdent harin ziehen, das brehte der stat nutz an lüten ouch an gůt; dann wann sie hynen werent, so kouftent sie das korn am kornmerckt, domit so wurde der kornmerckt deste besser und gefyel dovon der stat zolle; item sie mülent es hie, dovon wurde der stat malegelt, also das es in alle wege der stat nutz und fürstand brehte; und so verre die schöffel daran ein gefallen haben woltent und sollichs verwilligen, so solte fürder ordenung begriffen werden das die mennige gůten brotkouf findent soltent, darzů sich dann die brotbecker gutwilliglich erbotten haben.

So were der andern meynung, das nit gůt were das die lantbrotbecker mit irem brot do uss bliben soltent, dann wä sollichs geschee und die heymschen brotbecker sehent das man irs brotes geleben müste, so werdent sie so mutwillig und halsstarck, das nit wol mit inen zů überkommen were; ouch so möhtent sie sollichs nit zů tůn, nochdem ir vil sint die do korn zů borge koufent, und wann ein ufslag würde so fundent sie es nit veyl das man inen dann den spicher zů yeder zyt uftun solt, sie mit gůt zů versehen, und meynen als dieselben es lossen zů bliben wie es harkommen sy.

Nu, nochdeme unser herren meister und rät und die XXI sich von den dingen in egemelter mossen underret haben, so hant sie erkant sollichs an die schöffel zů bringen, und nochdeme die in den dingen willen und gefallen haben wöllent und do das mererteil wurt, dem werde dann fürter nachgangen.

## Hausbrotbæcker-Ordnung.

**1478.**

Stadtordnungen, vol. 1, fol. 149.

Unser herren meister und rat habent geordent von der husbrotbecker wegen, die den lûten uss irer gewerde brot bachent, das die cym jeglichen, der das an sie begert, sin mele in sinem huse bûteln, ouch das teick in eins jeglichen muleten oder zuber in sinem huse machen, und donoch eins jeglichen gesinde mit dem teick lossen in des brotbecken huss gon und doby sin und zû dem sinen lugen, bitz das es in den ofen kompt. Und wann eim solichen brot gebachet, das er es dann dem oder denselben lûten, den er es gebachen hat, fürderlich heim schicke und antworte getruwelich und ungeverlich; und sollent ouch nemlich eim jeglichen daz sin das in zûgehört zûm allernützlichsten und besten versorgen und zû gûtem gewerde schaffen, so verre ir jeglicher kan oder mag; und sol ir keiner, noch nieman von sinen wegen, me nemen dann einen schilling pfennige von eim fierteil zû bachen und zû bûteln; mynder mögent sie vol nemen; welher aber sin mel selber bûtelt, von dem sollent sie nemen von eim fierteil zehen pfennige zû bachen, und nit me; mynder mögent sie vol nemen. Ouch so swere teysems sie eim gebent, do mögent sie so swere teiges von sinem teige wider nemen, mit dem gewicht, und nit me; und mag ir jeglicher den lûten zûr wochen bachen wie dicke oder wie vil er gebachen mag, und sol nieman kein bachen versagen, er möht es dann aber nit getûn unmuss oder ander anligender sachen halp; doch so sol er im bachen so erst er mag, und sol im das mit geverden nit verziehen.

Es sol ouch ein jeglich hussbacher, der den lûten bachet, niemans by nacht bachen, sunder allen husslûten by tage bachen: nemlich morgens, so man das gross ave Maria lûtet, anfohen und nachtes, so man aber das gross ave Maria lûtet, ufhören.

Ouch sollent dieselben hussbacher dehein brot bachen uf den kouf, sunder allein warten uf das hussbachen.

Es sollent ouch dieselben hussbacher sweren zů got und den heiligen dise vorgeschriben ordenunge getruwelich, stete und veste zů halten und eim jeglichen daz sin zům nützelichsten und besten zů versorgen, als dann davor begriffen ist.

Were ouch daz ir einer oder me jemant daz sin myssbuchent oder anders mit der lůte gůt umbgingent dann billich were, der oder die den sollichs geschee mögent das den brotbesehern fürbringen, und was dann die darinne erkennen, dem sol nochgangen werden und ouch doby bliben.

Ouch sollent die hussbacher, die der mennige in egemelter mossen bachen wellent, nit mit den brotbeckern oder irem antwerck dienen; sie sollent ouch nit verbunden sin ir antwerck zů koufen, sunder sie sollent sust dienen mit andern antwercken dohin man sie entpfohen sol in solicher mosse, das sie das antwerck nit bedörfent koufen, sunder inen sust geben gewonlichen stuben zinss und die nachthut tůn, als andere am antwerck, doch das ir nit zwene oder me, sunder allein ir einer mit eim antwerck dienen sol.

Und ob etlich ingesessen brotbecker antwercks das ouch ingon wolten, die sollent donoch, so lange sie also der egemelten ordenunge noch bachen wellent, mit dem brotbecker antwerck nit zů schaffen haben, sunder ouch mit andern antwercken dienen, wie vorgemeldet ist; doch das derselben hussbrotbecker nit über zwölfe werden sollent.

Item Claus Waltenheim, item Hans Frantz von Schafftoltzheim hant gesworen sexta post corporis Christi. Anno 1478. (22. Mai.)

Item Hans von Kircheym by Bynekeym hat gesworen dominica post corporis Christi. Anno 1480. (5. Juni.)

Item Hans Brant im bruch hat gesworen sabato post Francisei 1481. (6. Oktober.)

## Verzeichniss der Bæcker.

### 15. Jahrhundert.

G. U. P. Lad. 11, nº 13.

### Dis sint die brotbecken die wisz bachent:

Batholomeus von Husen.
Hans von Kirchen.
Bernhart von Rihen.
Andres von Wetzel.
Haman in Dorngasz.
Claus Swenck.
Lux Oeler.
Spital Lorentz.
Ulrich von Kintlingen.
Peter Hetz.
Hans Schnabel von Koburg.
Siffrit von Alatzheim.
Hans Mergentem von Spir.
Jacob Spiegel von Nördlingen.
Martin Udęne.
Paulus von Landowe.
Caspar von Wisenstein, im Giessen.
Hans von Oetlingen.
Veltin von Moszbach.
Thengen witwe.
Diebolt von Nuwiler witwe.
Lorentz von Etlingen.
Hans Scheffer von Berlichen.
Herman von Nuwiler.
Jeronimus Herlin von Wirtzburg.
Jost Cristian von Marckerlebach.
Jeronimus von Herrenberg.
Hans Franck von Werthen.
Mathis Flösz von Nördlingen.
Hans Pfiffer von Heiderspach.
Hans Strecker von Rosenburg.
Gilgen Paulus an Steinstrasz.

### 15. Jahrhundert.

### Diese brotbecken wellent rockenbrot bachen für das münster uf den fritag und sunnentag.

Cunrat von Bobenberg.
Cunrat von Nördlingen.
Peter Nagel.
Peter Lang von Fürstenberg.
Thenge von Heilprunn.
Hans Wüstenbecher von Stutgarten.
Peter Franck bi sanct Marx.
Hans von Horneck.
Veltin von Wingarten.
Bastian Mosung.
Peter Furman.
Claus Günther.

One die husfůrer die noch zům hantwerck sollent kummen.

Gnedigen lieben herren, unser ordenunge noch so ist an uwer ersame wiszheit unser demůtig bitt und begeren, uns zů diser nuwen ordenung ouch zů gunnen und zů verwilligen unserm yeden ein vierteil gutsz IV oder VI mynder oder me zů bachen, uf der brotschower ordenung daszselbe brot zû verkoufen in unsern hûsern und am laden, und das es von den brotbeschowern ouch beschowet werden sol wie von alter har, uf daz wir uns deste basz erneren und unser huszins deste basz geben möhten; und mit dem andern brot wöllent wir uns halten noch besag der nuwen ordenung.

**15. Jahrhundert.**

Dis sint die brotbecken die do wellent bachen under die pfaltz, noch inhalt der ordenung, je einen tag umb den andern.

**Montag.**

Siffrit von Alatzheim.
Peter von Wimpfen.
Claus Swenck.
Bartholomeus von Husen.
Hans von Oetlingen.
Hans von Kirchen.
Caspar von Wisensteig.
Lentz von Ettlingen.
Ulrich von Knitlingen.
Jeronimus von Herrenberg.
Peter Hetz.
Spittel Lorentz.
Bernhart von Rihen.
Haman von Bischofsheim.
Gilgen Paulus.
Martin Udene.
Hans Schnabel von Koburg.
Hans Pfiffer.

**Zinsztag.**

Hans Strecker.
Hans Scheffer von Berlichen.
Hans Franck von Wertheim.
Andres von Wetzel.
Jacob Spiegel von Nördlingen.
Hans Mergentem von Spir.
Thengen witwe.
Mathis Flösz von Nördlingen.
Jeronimus Herlin von Wirtzburg.
Peter Stoltz.
Jost Christian.
Herman von Nuwiler.
Lux Oeler.
Diebolts von Nuwiler witwe.
Veltin von Moszbach.
Paulus von Landow.

## Landbrotbæcker-Ordnung.

**1447.**

Stadtordnungen, vol. 1, fol. 16.

Unsere herren meister und rat und die XXI sint mit urteil überein kommen, das die lantbrotbecker hynanfürder nit me dann drie tage zûr wuchen alhar in die stat zû mercket faren süllent, nemlich uf den sontag zû morgen, uf den zinstag zû morgen und uf den fritag zû morgen, und süllent nyergent anders faren noch stellen zû mercket dann vor das münster oder an die steynyn bruck by der nuwen metzigen, und doselbs ir brot verkoufen uf den karchen oder wegen daruf sie es harin fürent, und nit lenger veil haben dann bitz die glock eis sleht noch mittage; was in dann über blibet, das mügent sie in die hüser gehalten tûn oder mit in wider heim füren. Und süllent das selbe brot so in also über blibet, nochdem die glock eis gesloht, nit verkoufen, weder in den hüsern noch sust, sonder daz gehalten bitz zûm nehsten merckettage; so sie aber brot harin füren, so süllen und mögen sie das selbe brot ouch uf den karrich oder wagen tragen und doselbs verkoufen und anders nyergent; und welicher brotbecker oder welich ander person, es wer frömde oder heimisch, der oder die solich brot, so in die hüser gestalt wurde, in den hüsern oder anders verkoufte dann dovor bescheiden ist, der oder die süllent bessern der stat 30 β ₰, so dick das geschee und das in worheit (sich) küntlich fünde.

Es sol ouch ir deheiner hynanfürder dehein wisbrot, symeln noch wecken nit alhar zû mercket füren, und ist das darumbe, das arm und rich, die gern rückenbrot koufen, uf solich drie tage deste bas und deste rehter gekoufen mögent.

Es sol ouch dehein lantbrotbecker dehein brot me in secken noch in körben harin füren, sonder ir brot uf iren karrchen oder wegen alhar zû mercket füren, an der egemelten ende eins, und uf soliche tage als vorgeschriben stot; und sol ir deheiner, so er also zû mercket faret, underwegen an deheinen enden, wo daz were, sust dehein brot verkoufen noch ableyen, in deheinen weg; und ist das darumb, daz vil lüte denselben brotbeckern korn umb brot geben und die brotbecker das korn in solichen iren secken hinweg gefürt und der stat davon ir zölle entpfürt haben; und welicher lantbrotbecker darüber brot in secken oder in körben fürte, dem oder denselben sol man solich brot mit den secken und körben nemen und das teilen an dise drie ende, nemlich: in den grossen spital, in die ellende herberge und den weisen, und sol der zoller, der das stellegelt entpfohet, und der sibenzüchterkneht, by iren eiden, uf solichs warnemen welicher brotbecker das verbreche, das sie im dann daz brot zû stunt nemen und das teilent an die ende als vorstot. Welicher lantbrotbecker ouch uf ein andern tag dann uf die egemelten drie tage brot harin zû merckete fürte, der oder die sol jeglicher darumb unser stat bessern 5 β ₰, so dick das geschee, und sol der vorgemelt zoller und sibenerkneht solich besserung, wer die obgemelten 30 β ₰ oder die 5 β ₰ verbreche, ouch rügen und den sibenzüchtern fürbringen, die ouch solich besserunge nyman faren lossen süllent, by iren eiden.

---

Als nochdem myn herre der ammeister und ettlich ander herren von den dritzenhen dise vorgeschriben ordenunge gehört und sich von den sachen underret haben, so beduhte sie geroten sin, das man derselben ordenunge nochgon solt.

Ouch diewile die lantbrotbecker das korn neher do uss im lande koufent und ir brot mit geringerm costen bachent, nochdem sie kein zol noch malgelt gebent, das sie davon vast me forteils und gewynnes in irem verkoufen hie in der stat habent dann die heimschen, die der stat hohe und nahe dienent, so duhte mynen herren den ammeister und die andern herren von den dritzehen wol billich und ouch geroten sin zû orden, das sie das halb malegelt gebent, nemlich von yedem fierteil guts 6 ₰, und obe semlichs ein fürgang gewynnet, das man dann donoch ein ordenunge setze, wie man solich malegelt von den landbrotbeckern ufheben sol, uf das der stat werde das ir billich werden sol und dodurch ein ufgang an dem malegelt gewynne, doch das man die brotbecker von Hagenowe solt lassen bliben by dem stellegelt, als das harkommen ist.

---

Unsere herren meister und rat, schöffel, hussbecker und amman habent erkant, das die brotbecker an irem antwerck bestellen und orden süllent sechzehn redelich brotbecker meister, die gesessen sint an den enden do es dann der mennige vast gelegen ist ir zû bachen, und süllent die sechzehn brotbecker, by iren eiden, den lüten, die by in tûnt bachen, getruwelich mit irem gut umbgon, und eim jegelichen, der das an sie begert, die bütelfass und multen heim tragen oder füren, und das mele in sinem huse büteln und den teig darinne machen; welich person aber begeret das man im sin gut in der brotbecker hüser bütele und deig darinne mache, do süllent die brotbecker eime jegelichen sin mele sonder büteln, ouch eim jegelichen sin deig sonder machen und wircken, und eim jegelichen sin brot alzit sonder bachen und soliches weder under sin noch under ander lüte gut nit tůn noch vermenckeln, sonder eime jegelichen sin gewerde wider geben und heim antwurten, und ouch eins jegelichen gesinde, so dohin geschicket wurt, lossen doby sin und sehen wie dann mit dem sinen umbgangen werde, untz das es im heim in sin hus kumpt, uf das ein jegelicher dodurch wissen oder erfaren möge obe im an dem sinen reht oder unreht geschee; es sol ouch ein jegelich brotbecker, noch nieman von sinen wegen, nit me nemen von eim fierteil guts dann 1 β δ zů büteln und zů bachen; und obe jeman beduhte das er an dem sinen verkürzet worden were, oder daz im ein brotbecker myssebachen hette, das mag er zů stunt am selben tag oder uf den andern tag dornoch bringen für die mulemeister, die süllent dann solichs besehen und den brotbecker darumb verhören, und dann semlichs rehtvertigen in der mosse in das vormols entpfolen ist in ir ordenunge.

Actum feria quarta post pentecoste. Anno 1447. (31. Mai.)

## 1484.

Stadtordnungen, vol. 1, fol. 39.

Als vormols ein ratslahen von der inner und lantbrotbecker wegen von schöffel und amman besteliget, und sollichs den reten und XXI fürer empfolhen worden ist das zů ordenen und zů setzen noch dem besten und der statt nutz und notdurft, und die nu fürer etlichen herren empfolhen habent darüber zů rotslahen, die habent nu noch mannigerley underredung leztes einhelleklich beschlossen, in die wise als hienoch geschriben stät.

Des ersten, so were ir meynung, das man vor allen dingen ein gebot thun solt, das dehein der statt Strasburg ingesessen burger oder hindersess fürer brot im lande, es sy ferre oder nahe, koufen noch bachen lossen solt, sunder ein yeglicher solte brot hie in der statt bachen lossen, oder aber das umb die innern brotbecker oder die lantbrotbecker an offenem merckt koufen, uf das der statt wurde das ir zůgehört; und welher das verbreche, den solt meister und rat darumb an sinem libe und gůt hertiglich stroffen, als obe er der statt iren zol empfürt hette, und sollen ouch die rete sollichs, by iren eiden, nieman übersehen noch faren lossen.

Von der lantbrotbecker wegen habent sie gerätslaget uf dise nochgeschriben ordenunge:

Die landbrotbecker alle und ir yeglicher besunder, die brot harin zů merckt fürent, oder wer es von iren wegen verkouft, sollent yetz und donoch alle järe einmole sweren, wenn der stette zollere, so darüber gesetzet und geordent sint, zů ir eym komment und ine frogent wie vil vierteil gůts er in brote uf sinem wagen oder karrich habe, das er inen dann sollichs, by sinem eide, ungeverlich sagen sol, das sie sollichs anschribent, und donoch, so balde er verkouft, zů denselben zollern gon in das gaden vor dem münster, das in darzů bescheiden ist, und inen den zolle, so davon gebürt, zů rihten und zů geben, nemlich von yedem vierteil 6 β δ; und wenn er sinen zolle also gerihtet, sollent die zoller ime ein wortzeichen geben zů dem thor uss; und wers das sich yemer in worheyt erfinde, das einer den zollern die worheyt darinne verhelet, und das er me brot uf sinem wagen oder karrich gehept dann er den zollern geseyt hette, den sol meister und rat darumb und umb den meineydt strofen als sich gebürt. Und sol ir deheiner brot alhie veil haben oder verkoufen, er habe dann dise ordenunge vor ouch gesworen; und wer das verbreche, der bessert 30 β δ so dick das geschee; und wil man ouch ernstlich hůt darüber setzen, das solliche besserunge niemans erlossen werde.

Ir deheiner sol ouch, by demselben sinem eide, sinen wagen oder karrich mit brot nit uftůn oder was davon verkoufen oder hinweg geben, er sy dann vor von den zollern besehen und angeschriben worden, in mosse wie vor stät; wer das darwider tete, den wil meister und rat darumb heftiklich strofen.

Und daruf, so mögent die lantbrotbecker mit irem brot wol alhar in die stat zů merckt faren und das verkoufen, hohe oder nehe, wie sie gelanget, als bitzhar gewesen ist.

Und sollent die brotbeseher, die den innern brotbecker ir brot beschöwent, sie nit besehen; doch sollent dieselben lantbrotbecker nit me dann drye tage zůr wuchen alhar in die statt zů merckt faren, nemlich uf den sonnentag zû morgen, uf den zinstag zû morgen und uf den fritag zû morgen, und sollent niergent anderswo hinfaren dann für das münster, und doselbs ir brot verkoufen uf den karrichen oder wagen daruf sie es harin fürent, und niergent anderswo, und besunder nieme uf der steynin brucken by der nuwen metzigen, umb das die zollere iren sachen des zolles halb deste genöwer nochkommen mögent; und sollent nit lenger veil haben dann bitz die glock eins sleht noch mittage; was inen dann verblipt sollent sie nit verkoufen, weder in den hüsern noch sust, sunder das gehalten bitz zûm nehsten mercktage; so sie aber brot harin fürent, so sollent und mögent sie dasselbe (übrige) brot ouch uf den karrich oder wagen tragen und doselbs verkoufen und anders niergent; und wellicher brotbecker oder wellich ander person, es wäre frömde oder heymsch, sollich brot so in die hüser gestallt wurde, in den hüsern oder anders verkoufte, dann davor beschriben ist, der oder die sollent bessern der statt 30 β δ, so dick das geschee und sich in worheit kuntlich erfinde. Und ist das darumb, das arm und rich uf sollich drye mercktage bessern kouf findet dann sie sust haben möhtent.

Es sol ouch dehein lantbrotbecker, noch sust niemans wer der sy, fürer dehein brot in secken, körben oder uf dem wasser oder sust heymlich harin füren oder tragen, sunder die lantbrotbecker sollent ir brot uf iren wegen und karrichen zû merckte füren, für das münster, als vorgeschriben stät, und sol ir deheiner, so er also zû merckt feret, underwegen sust an deheinen enden, wä das were, dehein brot verkoufen noch abelegen, in deheinen weg, dann der statt bitzhar dodurch ir zoll empfürt und gross geverde domit getriben ist; und wer darüber brot in secken, körben, uf dem wasser oder sust heymlich harin fürte, dem oder den sol man sollich brot mit den körben oder secken nemen und das teylen an dise vier ende, nemlich: in den grossen spittal, in die ellende herberge, den guten lüten und den weyssen; und sollent meister und rate, den oder die, die sollichs verbrechent, dazû an libe und gût stroffen, als obe sie der statt ir zölle empfürt hettent, als sich dann umb ein sollichs geheischet; und wil man ouch ernstlich hût darüber setzen, die uf sollichs warnemmen und lûgen, und wo inen das fürkompt rügen und fürbringen sollent das dise besserunge niemans übersehen werde.

Wellicher lantbrotbecker ouch uf einen andern tag dann uf die egemelten drye tage harin zů merckt füre, der oder die sol yeglicher darumb unser statt bessern 5 β ₰ so dick das geschee, und sollent ouch die egenanten zoller und ouch der stubenkneht, wä sie erfindent das yemans solliche besserung, es werent die 5 β ₰ oder die 30 β, verbrochen hette, das den siebenzüchtern rügen, die ouch sollich besserung, by iren eiden, niemans erlossen sollent.

Man sol einen brotbecker antwercks und einen redelichen man zů ime, der schriben und lesen kan, ordenen, die do sweren sollent uf die drye tage als die lantbrotbecker harin zů merckt farent, nemlich uf den sonnentag, zinstag und fritag, früge fürderlich noch der thorglocken für das münster zů gon und do der lantbrotbecker zů warten, und sobalde einer darkompt ine besehen und by sinem eide frogen zů sagen wie vil er vierteil gůts in brot uf sinem wagen oder karrich habe, und wie vil er seyt, sollich anzeichenen und dann darnoch in der gaden einen vor dem můnster, das inen darzů bescheiden ist, den zolle von ime empfohen, von yedem vierteil 6 β ₰, und daran ir deheinem was schencken, wider geben noch nemen lossen, sunder den zolle getruwelich inzůnemen und zů sammeln, und das gelt, das inen also wurt, in angesiht der oder des der sollichs git, in die bühsse stossen; und wenn einer also verzollet hat, dem sollent sie ein wortzeichen geben an die zoller an den thoren, das er werde gelossen faren.

Wers ouch, so sie einen besehent und ine frogent wie vil er brotes hette, derselbe die worheyt darinne verhelete und mynner seyte dann er fürte, und sich das kuntlich funde, oder sie sust die sache argwönig beduht, oder das einer uftete ee er dann besehen wurde, dem sollent sie kein wortzeichen zům thor uss geben, sunder sollichs fürderlich meister und rat fürbringen, das es gestrofet werde als sich gebürt.

Sie sollent ouch aht nemmen obe yemans von den brotbeckern veyl hette, der ir ordenunge nit gesworen hette, das sie den und die ouch rügen meister und rat, uf das die besserung der 30 β ₰ so doruf gesetzet ist nit faren gelossen werde.

Sie sollent ouch alle mentage die bühsse darin sie den zoll stossen den dryen uf den pfennigthurn antworten, und die geschrift daran sie anzeichent habent wie vil gůts yeglicher wagen oder karrich gefürt hat, domitte uf das man wisse das der zolle gantz ingesammelt sy.

Sie sollent ouch von den lantbrotbecken, noch niemans von iren wegen, dehein miet noch mietlon nemen allewile sie an dem obgemelten ampt sint, und umb sollichs sol man inen von unser statt geben ir yeglichem 2 lib. ₰, nemlich alle fronvasten 10 β ₰.

Die zoller an den thoren und der am wighüsel sollent sweren ernstlich aht- und varzůnemen uf die lantbrotbecker und ir wegen und karrich, das sie deren deheinen lossent faren, ir yeglicher bring dann ein wortzeichen von den zollern das er sin brot, das er harin gefürt hat, verzollet und davon geton habe das er tůn sol.

Und wä sie von yemans empfindent der den zolle empfürt hette oder understunde zů empfüren oder sust geverde darinne suchte, den sollent sie rügen und fürbringen meister und rat, umb das der darumb fürgenommen und gestrofet werde als sich gebürt.

Wers ouch das dehein lantbrotbecker oder sust yeman, wer der were, brot harin fürte oder träge in körben, secken oder heymlich, dem sollent sie, by iren eiden, die körbe und secke mit dem brot nemen und das brot geben an diese vier ende, nemlich: in den grossen spittal, in die ellende herberge, den guten lüten und den weyssen, und darzů den der sollichs also gefürt oder getragen hat fürderlich rügen meister und rat, das der ouch darumb gestrofet und ime die besserung so doruf gesetzt ist nit faren gelossen werde.

Die zoller an der bedeckten brucken sollent sweren warzůnemen daruf obe yeman, wer der were, brot uf dem wasser harin fürte, und wen sie ersundent der sollichs tete, er sy frömde oder heimsch, dem sollent sie sin brot nemen ut supra. Doch wers das dehein lantbrotbecker uss den dörfern uf der Illen gelegen brot in schiffen harin fürte, das er vor dem münster verkoufen wolte, dem sollent die zoller sin brot nit nemen, sunder ein pfant von ime behalten sollich brot den zollern vor dem münster zů verzollen, und ine ouch nit faren lossen, er bringe dann ein wortzeichen von denselben zollern vor dem münster das er sin brot verzollet habe.

Der herren rät meynung were ouch das man die brotbeseher, die den innern brotbecken ir brot beschouwet hant, solte lossen bliben, doch also, als denselben besehern von der besserung so eim brotbecker, so er in misbrůch verfüle, bitzhar 5 β ₰ worden ist, das do sollich 5 β ₰ nü hinfürme zů den 5 β ₰ die der statt von sollicher besserung vormols zůgehört hant, geslahen werden sollent, und das aber den brotbesehern dogegen von der statt gelonet und nemlich ir yeglichem 2 lib. ₰ zům jore geben wurdent.

Als dann vormols schöffel und amman erkant habent das man by der wogen bliben sol, also das man jerlich versuche woby die woge beston möge, do were ir meinung das man lüt dazů ordente, das dem nochgangen wurde.

Das ist von dem rat und XXI bestetiget worden feria secunda post dominicam reminiscere. Anno 1454. (18. März.)

---

Als unser herren meister und rat und die XXI das malgelt am rocken gelihtert und an yedem vierteil 6 ₰ abgelossen hant, und doch den weyssen lossen bliben als vor, domitte nu vil vorteil und geverde getriben werden möhte, und einer an der ungeltkisten möhte sprechen, er wolte rocken malen so es weyssen were, umb das er deste myner zolles gebe, sollichs zů versehen so habent unser herren meister und rat erkant, das die brotbecker hie in der statt alle sweren sollent, wenn ir einer am ungelt wortzeichen nimpt zů sinem gůt das er dann malen wil, das dann derselbe den ungeltern, by sinem eide, sagen sol wie vil des weyssen und wie vil des rocken sy, und ouch von jedem geben und rihten das dann davon gebürt; und wers das ir deheiner darinne mencherley vorteil oder geverde suchte oder anders seyte dann an ime selbs were, und sich das kuntlich funde, den sol meister und rat darumb an sinem libe und gůt herteklich strofen, und ouch sollichs, by iren eiden, niemans übersehen noch faren lossen; und sollent ouch die brotbecker niemans an ir antwerck empfohen, der habe dann dis vor ouch gesworen.

Actum et decretum sabato post dominicam reminiscere. Anno 1454. (24. März.)

---

## Rathsentscheidung.

**15. Jahrhundert.**

Stadtordnungen, vol. 24, fol. 26.

Als in der ordenung der lantbrotbecker under anderm begriffen ist : wers das sich yemer erfinde das ir einer den zollern die worheit verhelete und mynner seite dann er brotes uf sinem karrich oder wagen gehept hette, den sol und wil meister und rat darumb und umb den meineydt stroffen, als sich gebürt; sollicher artickel nu die XV etwas zû herte beduncket gesetzet sin; dann obe einer zûwilent umb einen sester oder umb zwen, das do 1 δ oder zwen zolles tete, misseyte, solte der meineydig sin und uf stunt umb den meineydt gestroffet werden und von sinen banherren desglich ouch stroffe wartende sin, meinent sie das sollichs etwas zu geverlich vere; darzû, nochdem die rete mit mannigerley ernstlichen sachen beladen sint, so mögent sie nit allwegen die lantbrotbecker, die also fürgenommen und zû rede gesetzet werdent, also fürderlich verhören und ussrihten als die armen lüte sin wol notdurftig werent; dorumb und in dem besten so beduhte die XV geroten sin, und sint ouch des alle eins, das sollicher artickel geandert und geordent wurde in dise wise : welher lantbrotbecker also unreht seite, das die süben uf dem pfennigturn, die über die zölle rihten, den darumb stroffen soltent der geschiht noch, uf ir eide; domitte so wurde ine die stroffe und besserung nit übersehen und were doch nit als geverlich und hert als vor.

---

## Brodbeseher-Ordnung.

**1461.**

Stadtordnungen, vol. 29, fol. 22.

Unser herren meister und rat und die XXI sint überein kommen und haben erkant : wann die brotbeseher hynanfürderme brot findent das zû clein, zû swartz oder nit wol gebachen ist, so sol der brotbecker der das brot gebachen hat darumb bessern noch besage der brotbecker ordenunge, und sol darzů derselbe brotbecker solich missebachen brot, so vil das noch vorhanden ist, zů merckt tragen für das münster uf den herten merckt, und das sust nyergent anderswo verkoufen, weder under der pfaltzen, jn jren hüsern oder an andern enden, do ir einer laden oder bencke haben möhte; und sol ouch ein yeglicher brotbecker solich brot geben uf den pfennig wie dann die sehs brotbeseher oder der meren teil under jnen erkennen, und nit höher, neher mag er es wol geben; und sollent ouch die sehs brotbeseher solich erkennen tůn, uf ir eide, ye nochdem das brot das sie also gebessert hant bresthaft ist, nieman zů liebe noch zů leyde, one geverde.

Es sol ouch dehein wurt oder houptkanne solicher misbachen brot nit koufen, lützel noch vil; wellicher wurt oder houptkanne das darüber tete, wä das die brotbeseher erfindent, so sol derselbe wurt oder houptkanne solich besserunge glicher wise geben und tůn als der brotbecker der das missebachen geton hat, jn mosse wie dovor begriffen ist.

Sodann von der zweyelinge wegen : nochdem vil vorteil und geverde domit getriben und die mennige dodurch vast beswert wurt, mit dem das die nit durchbachen sunder denckeht verkouft werdent, und nochdem man nit von alter har zweyelinge gebachen hat, so ist erkant das die brotbecker fürbasz deheinen zweyeling me bachen sollent; doch wann es were das ein vierteil rocken x β δ gülte oder darüber, so möhtent sie wol bachen halb und halb, jn mosse als vor.

Ouch umb deswillen das die pfennig rückenbrot deste basz durchbachen werden, so sollent die brotbecker nit me dann zwey rückbrot aneinander bachen, also das dehein rückenbrot me dann einen stosz habe; desglich sollent sie ouch halten mit den zweyelingen, so sie die anders bachen sollent; und wer das darüber tete, der sol bessern v β δ so dick das geschiht, und sol dovon werden das zweyteil der stat und das dirteil den brotbesehern.

Actum feria secunda post dominicam Cantate. Anno LX primo. (4. Mai 1461.)

# Bauordnung.

**1488.**

Stadtordnungen, vol. 24, fol. 19.

Item als der stat Strasburg jrer gebuwe halb bitzhar und jn vergangen ziten grosser unnützer costen ervahsen und die stat dodurch jn mengerley wege hoch beswert worden ist, wider ordenunge, usz allerley ursachen die nit not zů erzalen sint, etc., so habent die herren die XV darüber ein ratslahen geton und das broht für unser herren die rete und XXI; die habent sollichs mit jr urteil bestetiget und erkant es fürter zů halten wie hienoch volget:

Nemlich das der stat lonherre mit sinen alten gebuwen jnn und ussewendig der stat, wann der lone am grösten und die woche gantze ist, stän sol uf x lib. ₰ jn tagelone, und mit höher.

Darzü, wann derselbe lonherre von der stette wegen nuwe zufallende gebuwe ze thůn hat, als jetz an Steinstrosz und zů Vinckwiller gewesen und noch ist, so sol derselbe nuwe gebuwe ouch stän zur woche uf x lib. ₰ jn tagelone und ouch nit höher; doch das derselbe lonherre an jedem werck usz sollichen x lib. ₰ verlonen und bezalen sol seyler, wagener, smyde und derglichen wercklüte, ouch alles werckgeschirre, als das die alte ordenunge uszwiset.

Sust andern gezück als kalck, stein, holtz, jsen, bly und nagel, das sollent die drye uf dem pfennigturn koufen und bestellen zů gebürlichen ziten und zů zymlicher notdurft, als das harkommen ist.

Item des Rynbruck lonherren gebuwe an der Rinbrucken und uf den wegen gynsit Rines, so man pflichtig ist zů machen und demselben lonherren zůstondt zů machen, sol zůr wochen ston uf vij lib. ₰ jn tagelone, als obgemelt ist, also das derselbe lonherre usz den süben pfunt pfennigen ouch bezalen sol smyde, wagener, seyler und ouch die wellen bezalen die uf den weg kommen zů machen.

Aber holtz, jsen und andern gezück sollent ouch die drye uf dem pfennigturn koufen und bestellen, als das harkommen ist.

Item horbe und esterrich gebuwe sol ouch zůr wochen ston uf süben pfunt pfennigen, und darusz sollent ouch alle dinge belonet und bezalt werden als vorstat, uszgenommen esterrichstein, die sollent kouft und bezalt werden als harkommen ist.

Item das wasser und wegemeisters ampt mit sinen wercken allen: wuren, lantfesten und allen wegen jnne und uszwendig der stat, die jme zůstont zů machen, sol ston zůr wochen uf iij lib. ₰, jn mossen von den andern lonherren geschriben stät.

Item der schützenmeister ampt, von würckendes wegen uf dem bühsenhof und das darin gehört, sol stän zůr wochen uf iij lib. ₰, dovon solle Heinrich Graseck sins wochen lones und dozů der stat armbroster jerlich uszgeriht und belonet werden, desgliche alle ander amptlüte, als smyde, seyler, wagener und derglichen.

Aber was notturftiges gezügs als ysen, bly, kupfer, stahel, salpeter, swebel und desglichen zů koufen ist, das sollent die drye ouch bezalen, als harkommen ist.

Und umb das dise satzunge und ordenunge fürter jn bestant bliben und gehalten werden mag, so ist der herren meynunge das haruf allen lonherren mit sampt den geordenten buweherren, by eides pflichten, bevolhen werden sol sich dozů zů schicken das es by diser satzunge blibe und nit darüber gangen werde, sonder fürter wochenlich und jerlichen ersparet werde was zů ersparen ist und was man one schaden gesparen mag.

Wann ouch fürbasz hin der stat gebuwe zůfallent, sie syent nuwe oder alte, clein oder grosz, und durch die rete und XXI oder durch die XV erkant wurt solliche gebuwe ze thůn, es syent hüser, thürne, muren, graben und derglichen, nützit uszgenommen, solliche gebuwe alle sollent den geordenten buweherren, und nyemans anders, befolhen werden die zů volfüren noch der stat nutze und ere, mit der gedinge das dieselben buweherren, mit sampt den lonherren und wercklüten und die zů jnen gehörent, solliche gebuwe besehen, anslahen und dorüber ratslahen tůn, und sollich jr ratslahen bringent für die XV oder die rete und XXI, und was dann doselbs zůgelossen oder erkant wurdt, das sol eigentlich und nach notdurft ufgeschriben und dem nochgangen werden und nit witer, doch also das dannocht nit über die vorgenanten summen zůr wuchen gebuwen werden sol; dann, umb das man bitzhar nit stete buweherren zů allen wercken gehabt hat, sunder etwan zů eym gebuwe vier oder fünferley herren gebrucht und geordent hat, so ist der stat an jren wercken vil und manigerley unnützes costens und schadens zůgefallen.

Wann ouch fürbasz hin sollicher notdurftiger gebuwe zů viele, es were am murewerck, zymberwerck, an der Rinbrucken, ésterrich werck, wasser oder wegemeister ampt oder uf dem bühsenhofe, wo das were, das man by der summen so jedem derselben werck zůgeordent ist nit bliben möhte, sonder gůts wetters oder anderer menglicher notdurft halben merer costen daran legen müste, so sol sollichs von jedem lonherren broht werden für die buweherren, die sollent dann allewegen ein betrachten haben das die zit an andern wercken, do es allermynnest schaden bringet, abgebrochen oder einsteils gantz stille gestanden werde, bitz die notdurft an disem ende volbroht und ooch nit über die summe gebuwen werde.

Es sollent ouch fürbasz hin alwegen alle stettwerck und besonder das murewerck, esterrichwerck und derglichen abgestellet und daran ufgehört werden zwüschent sant Martins tag und sant Mathis tag ungeverlich, dann man gewönlich die zit vor wintergefröste, kelten unt kurtzer tage halben nit nützliches gewercken oder geschaffen mag; aber stein zů hoyen, zimberwerck zů machen sol man tůn mit den bestelten, gedingten wercklüten die jren steten lone habent oder, obe es witer not dete, jn verdinge und keynem tagelone, noch besage der alten ordenunge; und was also winterzit an jedem werck erspart wurt, das mag man jm summer, wo es not were, zů stüre nemen, das man deste bas by der summen bliben mag und nützit dodurch versumet wurt.

Und haruf sollent ouch die drie uf dem pfennigthurn den lonherren allen gemeinlichen einen sack machen, also wann und wie vil jeder lonherr zůr wochen mynder dann sin summ verlonet und verbuwen hat; dasselbe gelt sollent sie jn denselben sack tůn, dogegen, wann der lonherren einer oder me zůr wochen über sin geordente summ verbuwet und verlonet hat, das sol wider usz demselben genommen und geben werden, und doch jedem lonherren sin verbuwen gelt wochenlich jn costen geschriben werden, wie bitzhar bescheen ist; doby so mag man deste bas erkennen obe es bestandt haben wil oder nit, und was an jedem werck mynder verbuwen wurt dann jm zůgeordent ist; dann die buwherren und lonherren alwegen uf den mynnesten costen geneiget sin und ersparen sollent was man gesparen mag, als jnen das mit andern notdurftigen puncten jn jrer ordenunge geschriben, by eidespflihten befolhen sin.

Actum uf samstag nach dem heiligen pfingstage. Anno LXXXV. (28. Mai 1485.)

# Bettler-Ordnung.

**15. Jahrhundert.**

Stadtordnungen, vol. 13, fol. 59.

Unser herren meister und rat, schöffel und amman sint überein komen daz alle die armen lûte die noch brote gont, die nit usz unser stat erzogen und erboren sint, die söllent dise stat rumen und von diser stat gon in dise nehesten ahte tagen, ungeverlich; keme aber ein biderman und verspreche sich ein arm mönsche ze ziehen, dem sol man das arme mönsche heime lossen; und welhe als von unser stat erzogen und erboren sint und die man hinne lossen wil, den sol man wortzeichen geben von unser stat, als vor zilen me geschehen ist.

Desglich söllent alle die vom lande harin komen sint und nit korn mit inen broht habent, daz sü und ir kint hinnan untz ernen zû essen habent, ouch in disen ahte tagen von unser stat gon; wolte aber ir einer sich versprechen korn harin ze bringen, daz er mit den sinen untz ernen zû essen hette und des bürge geben, den sol man hinne lossen; were aber derselben einer so gebrûchelich und so vermöglich, daz der gût were ze reisen oder sich sust siner arbeit begot, es sy mit vischende oder vogel vohende oder sust mit tragen und arbeiten, die mögent ouch hinne bliben.

Und het man ouch zwene oberman darzû geordent die daruf warnement, und welhe also hinne blibent, die nit von unser stat erzogen und erboren sint oder andere die nit korn ine broht habent, daz sü untz ernen zû essen habent oder, noch vorbegriffener mosse, korn harin bringen wellent, oder die so arbeitende, gebrûchige lûte sint, zû der lib und gût wil man das warten sin; und welher giler und betteler, die nit von unser stat erzogen und erboren sint, das nit detent und darüber hinne blibent, die wil man on irem libe strofen.

## Verordnung die Bettler betreffend.

**15. Jahrhundert.**

Stadtordnungen, vol. 28, fol. 382.

Zům ersten, so sollent die die von alter har burger zů Sträsburg gewesen sint, es sient frouwen oder man, das almůsen nit heischen, es sy dann verlicher armůt und swacheit oder kranckeit irs libes; und wä die kneht erfündent das ir eins oder me also das almůsen hiesch der nit notdurftig were oder sich sust mit siner arbeit one bettely betragen möhte, das sollent sie fürbringen dem obervogt, den die stat ordent, und ist dann das er underrihtet wurt, das der oder dieselben des almůsens nit notdurftig sient, so sol er die knehte lossen ein huszsůch tůn, und erfindet sich dann sollichs in worheit, so sol der oder diejehnen, die darüber sollich almůsen geheischen haben, den knehten bessern 1 β δ, 6 δ in die büsse und 6 δ den knehten; und sol der obervogt inen verbieten das almůsen nyme zů sůchen; wo aber hünder eim etwas mercklicher habe und summe funden würde, sol der vogt fürbas an die zwen die im zůgeordent sint bringen, also das sie drie solichs noch ir besten verstentnisz strofen und handeln; und was also erkant wurt, do sol den knehten der vierde pfenning werden und das überig in ein büsse gestossen werden. Desselben glichen, wo einer in vermögenlicheit ist das er sich mit siner arbeit one betteln betragen mag, got der darüber betteln, der sol den knehten ouch 1 β verfallen sin, in obgemelter mossen, und im verboten werden das almůsen nymer zů sůchen; wo sich aber nit in worheit erfünde das eins das also fürgeben wurde ützit hett oder sich sust one heischen (nit) erneren möht, so sol den knehten nützit werden; were es ouch das ir eins oder me gewahssen kinde hette, die ir brötel gedienen möhtent, die sol man ouch nit lossen noch dem almůsen gon; und wer über sollich verbot noch dem almůsen ginge, den oder die sol der obervogt darumb strofen noch zymlichen billichen dingen; ob aber ein sach ine beduhte im zů swere sin, so sol er (sie) fürbasz an die obgenanten zwen bringen.

Und als bitzhar etlich frömde das burgreht umb den schultheissen kouft hant, uf das sie hie mohten noch dem almůsen gon, daś sol fürer nit me sin; dann wo solich personen zů dem schultheissen komment, do ine solichs argwenig oder notturftig beduncket, sol er sie fragen, by dem eide, obe sie das burgreht darumb by ime empfohent, das sie noch dem almůsen gon wellent, und welher dann seit das er es bettelns halp empfohen wölle, den sol der schulheis zů burger nit ufnemmen noch empfohen; und welher darüber noch dem almůsen ginge, das sollent die kneht dem obervogt fürbringen, und sol dann derselbe den knehten bessern 1 ß, in obgemelter mossen, und sol im uszgeboten werden als von den frömden hienoch geschriben stot; und ob wol ein schultheis einen solichen harüber zů burger empfinge, so sol doch denselben solich burgreht nit schirmen, sunder gehalten werden als von den frömden vor und noch harinne geschriben stot.

Fürbas von der frömden wegen die von alter har hie burger gewesen sint, was do derselben von dem 1469$^{er}$ jore biszhar sint hie gelossen worden wonen, ob die noch lebent, die sollent fürbasz doby bliben, so verre das es solich personen sint die des almůsen notturftig sient; aber fürbas so sol kein frömder das almůsen nit heischen über drie tage, by einer pene (von) 1 ß ₰, in vorgemelter mossen, die ir jeglicher der das darüber dete, so es im verkündet wurde, bessern sol, und man im sagen sich fürderlich hinweg zů machen und in eim vierteil jors nit wider in die stat zů kommen; blibe er darüber hie oder keme er vor verschynunge des vierteil jors harwider, sol man ine in den turn leigen, und welher dieselben frömden armen lůte über drie tage hielt, der sol bessern 5 schilling pfennig, und hat er des geltz nit zů geben, so sol er dofür ein halb jor von der stat sin ein mile; und von den 5 ß sollent den knehten werden 2 ß und die überigen 3 ß in ein bůsse gelegt; und sollent in solicher mossen ouch gehalten werden die, es sient blinde oder krüpel, die do gehörent in die brůderschaft zu sant Andres.

Wo sich ouch erfünde das die gyler jemans kinde lehen, den oder die sollent die drie ouch strofen noch ir besten verstentnisz, und was uf sie geleit wurt sol in ein bůsse gestossen werden.

Es sollent ouch die kneht sweren vor eim obervogt allen obgemelten stücken erberlich und ufreht nochzůgonde und darinne niemans anzûsehen ouch kein myete noch myetewon von niemans zû nemen, in dheinen weg; und wer sich darinne anders hielte, der sol darumb und umb den meyneit gestrofet werden als sich gebürt.

Der undervogt der armen lûte, gyler und bettler sol sweren das ampt getruwelich und ernstlich zu versehen und zû hanthaben als das harkommen ist, und niemans lossen betteln der des almûsen nit notturft ist, und ouch kein frömden gyler über drie tage hie lossen gylerwerck zû triben, und ouch von niemans, er sy frömde oder heymsch, dhein schenck noch myete zû nemmen, er noch nieman von sinen wegen, und wo er ützit weisz oder empfindet das strofbar ist, das sol er sinem herren dem obervogt und pfleger fürbringen one verzog, und was derselbe inen heisset des sol er ouch gehorsam sin zû tûn, one geverde.

---

### Ernennung eines Bettelvogtes.

**1473.**

Stadtordnungen, vol. 28, fol. 380.

HH. Dietrich Burggrave, Heinrich Arge, Marx Kerling.

Feria quinta post reminiscere 1473 (8. März).

Als Heinrich Bisinger der armen lût vogt gewesen ist und aber das ufgeben hat, und sich niemans des amptes annemen und underwinden wil, villiht deshalb das es etwas unmûsz uf ime treit und man dovon nieman nützit git, do habent die herren, die dozû geordent sint, gerätslaget und beduhte den merer teil geroten sin, das man fürbasz eim vogt jors 30 ß δ zû lone gebe und die neme usz den besserungen in die die armen lûte verfielent; nemlich so solten die drye uf dem pfennigthurn eim vogt ein bühsse geben, darzû sie den slüssel hinder inen behalten soltent, und was also zû besserunge gefiel von freveln die die armen lûte begingent oder von den frömden armen lûten, die hie gont gilen lenger dann die ordenunge innhaltet; sollich gelt sol in die egenante bühsse gestossen werden, und wann es wurt umb die wynahten, so sol ein vogt sollich bühsse uf den pfennigturn antworten, die bühsse ufzûtûn, und sol dann dem vogt 30 ß δ dovon werden, und sol das überige fallen an unser frowen werck, obe anders über 30 ß δ in der bühssen funden wurde; were sin aber myner, so sol sich der vogt lossen benügen mit dem das in die bühsse gefallen were, und was eim schultheisen zůgehörte liessent sie ime werden wie bishar were bescheen. Und daruf so sol ouch ein vogt globen, by sime eide, den sachen, mit verwaltunge sins ampts ouch mit inbringen der egemelten besserunge und in die bůhsse zů stossen, redelich und getruwelich noch zů gonde, alles ungeverlich.

Und als sie verstanden hant das die stat den armen lůten jors 10 ß ₰ gebe zů zins von eim huse darinne sie im winter geriht habent, do were ir meynunge das man inen die fürter nit me geben solt.

So were des andern teils meynunge, die wile die armen lůte vormols den turn gehept uf der hofestat und darinne geriht gehalten, und aber unser herren die rete und XXI denselben turn zů der stat handen genommen und erkant habent den armen lůten dofür jors 10 ß ₰ zů geben, so lot es derselbe teil doby bliben das inen die von der stat fürter geben und gehantreichet werden, und gefiel ime wol das eim vogt 30 ß ₰ zůgeordent wurdent zů geben in egemelter mosse; also nochdem diser teil verstät das der schultheis ouch von etlichen stücken frevel nimpt, so were sin meynunge das gelt so von besserunge und ouch von frevel gefiel alles in die egemelt bühsse zů stossen, und wann es werde umb die winahten, das dann die bühsse werde uf dem pfennigturn ufgeton, und dovon dem vogt vorabe geben 30 ß ₰, und das der schultheis donoch sin frevel ouch nemme, und were ützit überiges, das sol fallen an unser frowen werck.

Ouch als etlich gevelle dem geriht und den knehten bishar zůgefallen sint, nemlich wann einer vor geriht abe dem andern claget, so git yeder 4 ₰, die sint bishar dem geriht allein worden; item wann dann ein frömder betller hie mishandelt oder lenger hierinne gilet dann die ordenunge innehaltet, so hat den knehten 6 ₰ zůgehört in über die Rinbruck zů füren, do beduhte die herren geroten sin das sollich gevelle gehalbiret wurdent, also das dem gèriht und den knehten jeglichem von sinen gevellen das halbe wurt und das überige in die bühsse viel.

Item Peter Gries ist erkant vogt zů sin und im 30 ß ₰ zů geben us den gevellen.

Actum feria secunda ante conversionis Pauli. Anno 1473. (18. Januar.)

# Boten-Ordnungen.

## 15. Jahrhundert.

Stadtordnungen, vol. 17, fol. 177.

### Die Löffere.

Man sol hinnanfürder drie gesworne botten haben zů loufende, und die söllent fromme, getruwe, biderbe, redelich knehl sin, und söllent die bühssen alle zyt haben vor in hangen und tragen, es sye allhie in der stat oder anderswo, one geverde. Denselben dryen knehten sol man geben jeglichem zů zweien joren 8 eln tůchs zů eime cleit und 5 β δ für lappengelt, und ir jeglichem alle fronfasten 5 β δ und nit me, uszgenommen iren lon den sü mit loufen gedienent.

Dieselben drie loufenden botten söllent eim oberschriber empfolhen sin sü heissen zů loufen; und söllent ouch dieselben drie botten, noch dehein zůbot, niergent von der stat loufen one urlop, wissen und willen eins stettmeisters der danne ze ziten rihtet oder eins ammeisters oder eins oberschribers, und söllent keinen herren noch stat nit neusen noch in heischende, in deheine wege, und der stat botschäft getruwelich zů endingen und zů werbende, one verzogk und geverde, und kein ander botschäft mit der stätte botschäft ze tragende one der vorgeschriben personen urlop.

Sü mögent ouch wol unsern burgern und den unsern manebriefe tragen mit der bühssen, so der obgenant drier einer ime das erloubet; wurt es ime aber nit erloubet, so sol er soliche manbriefe, by sime eid, nit tragen, er tůge danne die bühsse abe und losse sü die zyt heime, ungeverlich.

Man sol ouch den zůbotten lonen die loufe, die sü von unser stett wegen tůnt, und sol dorüber nit anders noch fürbaz mit inen zů schafend haben.

Es sol ouch ein jeglich bott sweren, was geltz im uszwendig geben wurt, den burgern oder den iren zů bringen, das sü doch solich gelt, so balde sü in die stat kummen, fürderlich geben dem es zůgehört, by der tagzit oder an dem andern tag, one lengern verzog; und daruf sol ein jeglicher bott dem pfennigthurn für 20 lib. ₰ geben sicherheit, doran dann benüget eim stettmeister und eim ammeister so dann je zů ziten sint.

Die loufenden botten, die obern und die andern, söllent ouch von unser stette, unsern burgern und den unsern nit me nemen danne von jeder mile 8 ₰, es sige über gebirge oder sust in Swoben oder anderswo hin, verre oder nahe, und sol ouch ein jeglicher löffer unszer stat und eime jeglichen unserm burger und den unsern umb denselben lone also gebunden sin ze loufende und sich des nit widern, by sime eid; es sy danne das er vor ein loufe habe und sich versprochen habe den ze tůnd ungeverlich. Wurde ouch ir eime me danne einerleye botschäft empfolhen an einem loufe, wie sich das getriffet, do sol er von dem fůrlouf, es sige umb ein mile, zwo, drie, vier oder me, ouch nit me nemen danne von jeder milen 8 ₰; würd aber ein botschäft so ernst, das einre tag und naht müste loufen, riten oder faren, den costen und die arbeit mögent ein meister, der ammeister oder ein oberschriber wol erkennen, und waz der einre eim botten dofür heisset fürbasz tůn, mag er wol nemen.

Kein bott sol ouch dehein wartschilling nemen, ir einre habe danne ein gantzen tage über gewartet; doch so sol ir deheiner durch můtwillen oder geverlich des wartschillings halb uszbliben; dann ein jeglicher sol sich mit der bottschäft her heime fürdern so erste er mag; und so man inen cöste git by unsern erbern botten, so söllent sü ouch dehein wartgelt nemen.

Waz bottschäft ouch ir eime von dem oberschriber empfolhen wurt, es sy verre oder nohe, die sol er fürderlich tůn one widerrede, und sol es ouch selbs tůn und nit andern lůten geben, es were danne bresten halb sins libs, doch mit willen und urlob eines oberschribers.

Wurt ouch ir einre ein bottschäft gevertiget zů werben, triffet er danne den oder die dem die bottschäft zůgehöret neher dann er uszgevertiget ist, so sol der bott das überig gelt wider geben, und nit me danne von der milen 8 ₰ nemen, als vorstot. Deszglichen, wurd ouch ir einre mit einre bottschäft wendig, so sol er das gelt gantz und gar wider geben, one widerrede; und ir keiner sol ouch nit spilen deheiner hande spile allewile er usz und in der stett oder in der burger bottschäft ist.

Es sol ouch kein loufender bott me bühssen haben wanne eine, und waz bühssen sü me und fürbasz habent, die sollent sü dem statschriber geben und antwurten.

Es sol ouch ir keiner deheinen brief har wider bringen, er werde es dann geheissen.

Und alle und jegeliche vorgeschriben stücke, puncten und artickel söllent die drye obern botten sweren zů got und den heiligen die stete und veste ze halten; und welher der vorgeschibenen stücke deheins verbreche, der sol meineidig und erlose sin und kein bott niemer me sin noch werden, und sol man das zů sime libe rihten und rehtvertigen.

## 1484.

Stadtordnungen, vol. 28, fol. 362.

Als die ordenunge der loufenden botten halb wiset, das der öbern botten drye sin sollent, und aber der zůbotten halb deheyn zale gesetzt ouch nit geordent ist wie die ufgenomen werden sollent, deshalb bishar vil lihtfertiger kneht zůgelossen sint der stat bühsze zů tragen, die etwan den burgern ir gelt ingenomen und verhalten und sich ouch sust unredelich gehalten haben, sollichs jn kůnftigem zů versehen so ist gerätslaget wie die ordenunge so vormols gesetzt ist inhaltet doby sol es fürer bliben, mit dem zůsatze, das den zůbotten ein zale gesetzt werden sol, das deren sin solten xxj, und dan die drye öberbotten, das werent zůsammen xxiiij botten.

Und daruf so sollent die zůbotten alle abe sin und jre bühszen in die cancellye antworten, und mögent dan sie oder wem es sust gelegen ist sich zů zůbotten geschriben geben; usser denselben mögent dan die räte und XXI kiesen und welen welhe sie beduncken die redelichsten und besten zů solichem ampt sin, desglichen sie harnoch, wann ye einer abegät, einen andern an sin stat kiesen sollent.

Fürbasz, als ein artickel wiset, das ein jeglicher botte alles das gelt so jme uszwendig geben wurt den burgern oder den jren zů bringen, das sie solich gelt fürderlich antworten sollent dem es zůgehört, und deshalb burgschaft geben für xx lib. ₰, und das do zůgesetzt würde, das solich burgschaft ouch reichen solt. Also wä ein bott bescheiden würde und er sich des anneme ein botschaft fürderlich, tage und naht oder sust in einer benanten zit oder unverzögelich, zů enden, und er das sumete, item das er eym schuldener zyl gebe wider des willen der jne uszgesant hette, oder desglich unzymliche sachen, die der stat, den burgern oder den jren zů schaden langenten, was dorusz brust und schade entstünde, dofür soltent die bürgen büntlich sin bisz an die xx lib. ₰.

Item als ein artickel inhaltet das die botten nit me nemen sollent dan von yeder milen viij ₰, es sy über gebirge oder sust, in Swoben oder anderswo hin, verre oder nahe, solichs swerent die botten und wurt nit gehalten, dan die milen gar unglich sint: man rechnet von hynnan gon Offemburg ij milen weges und git man doch eym boten dovon ij β ₰ zů lone, desglich in Swoben oder in Switz solte do eym boten von einer milen nit me dann viij ₰ lones werden, so müste er me verzeren dan jm lones würde, was essent dan wibe und kinde daheym? Do were zů ordenen, das die botten nemen soltent von einer milen viij ₰, es were verre oder nohe; doch wann es were über das gebirge gegen Swoben zů oder über das gebirge der Eitgenossen lant zů, do die langen milen angont, do möhtent sie von der milen nemen 1 β ₰; desglich in Lamparten von einer tůtschen milen ouch 1 β ₰.

Und als ein artickel ouch wiset was botschaft ir eym vom öberschriber empfolhen wurt, do were zů setzen das püncteI : desglich obe ir eym von eym burger bevolhen wurde ein botschaft zů werben oder schulde oder anders zů fordern, es were mit eym unverzogen reht oder sust, wie das geschee, das sol er ouch selber tůn und nit andern geben one des burgers wissen und willen den es anegät; und welhem boten er ouch solichs also git oder empfilhet, dem sol er geben und werden lossen alles das gelt das jme dovon zů lone worden oder zůgesait were zů geben, und des nützit behalten, by sinem eide.

Wann sich ouch der botten deheiner in der stat oder jr burgere sachen und gescheften anders hielten dan billich were, oder eynicherley handelten das unzimlich oder wider jr ordenung were, so balde das eim öbern schriber in clages wise oder sust fürkeme, solle er maht haben demselben botten sin büchse zů nemen bitz uf ein redelich genügsam verantwort; und obe die sache grosz und witer strofbar were, das sol ouch durch jne für meister und rat broht und gestrofet werden als sich dan gebürt, und nit deste myner der stat oder jren burgern jr recht gegen sinen bürgen behalten sin.

Wann ouch die botten in des stat sint, sollent sie, by iren eiden, für die cancelye gän oder in der botten stube, doselbs zů warten uf den statschriber oder ander burger, wer jr dan notturftig und begerende ist zů loufen umb das gelt als die ordenunge wiset, und das nieman zů versagen oder sich zů bergen, ungeverlich.

Es sol ouch nyeman, wer der ist, dehein der stat bühsze oder zeichen tragen, weder jn stat noch jn lande, er sy dan ein gesworen bott, noch besage der ordenung, und wer das darüber frevenlich tete, der bessert xxx β δ so dick das beschichet; und sol das ein jeder gesworen bott schuldig sin zů rügen und fürzůbringen, by sinem eide.

Dis ist gewisen für rete und XXI doselbs zů bestetigen.

Rete und XXI habent dis rätslahen gehört und erkant dem nachzůgonde. Actum quinta post Judica LXXXIIIJ. (8. April.)

# Verordnungen

## das Brennholz betreffend.

### 14. Jahrhundert.

Stadtordnungen, vol. 30, fol. 14.

Es mag iederman wol sin bůrne holtz und sine wellen legen uzwendig der ringmure uf die almende; leite ez aber ieman an etliche stette uf der almende daz schedelich were, wa daz meister und rat erkentent, die můgent daz bůrne holtz und die wellen heissen dannan tůn.

Nieman sol och kofen bůrne holtz oder wellen uf mereschetze, daz man bringet und fürt in disen burgban; wer das brichet, der git xxx β.

---

### 1468.

Stadtordnungen, vol. 13, fol. 68.

**Von dem bürne holtz.**

Es ensol nieman deheine welle holtz koufen noch verkoufen uf merschetze in dirre stat burgban, und sol ouch nieman deheinre hande holtz höher verkoufen noch geben zů koufende anders denne in die wise als hienoch geschriben stot, neher mag man es wol verkoufen.

Zů dem ersten, so sol man die grossen wellen die man nennet füllewellen geben nit höher dann 6 β ₰, summer und winter.

Darnoch die erlin wellen, die mit eichin holtz gemüschet sint und noch den vorgenanten wellen die besten sint, sol man geben umb 4 ½ β, summer und winter.

Darnoch die eichin wellen, die man uf der Kintzige harbringet, sol man geben umb 4 1/2 β, summer und winter; und die herbestwellen sol man geben umb 3 β; und sol man ouch die vorgenanten wellen hinnanfürder nüt kleiner machen denne sie jegenote sint, on alle geverde.

Wer ouch het ein grosz hundert wellen, der sint mit namen zehen tusent, es sy in gemeinschaft oder besunder, der sol alle wuche tusent wellen von eime jeglichen grossen hundert verkoufen; het er aber minre oder me, so sol er dovon verkoufen als es sich danne geheischet oder margzal, ungeverlich.

Het ouch jeman deheine welle kouft umb unser burger, es sy innewendig oder ussewendig dirre stat, das noch unvergolten ist, der kouf sol abe sin und nüt stete bliben.

Man sol ouch ein stücke eichins holtzes das beste geben umb drü pfunt on fünf schillinge, und sol man ouch dasselbe holtz hinnanfürder nüt kürtzer houwen denne vierdehalbes schůhes lang.

Man sol ouch brotbeckerholtz, das erlin, espin und eichin gemüschet ist under einander oder semelich brotbeckerholtz das dem glichet, geben umb 2 1/2 lib. und nit höher; und sol man ouch das hinnanfürder vierdehalbs schůhes lang houwen und nüt kürtzer, und sol ouch das zalholtz alles ein schrotz lang sin, on geverde.

Man sol ouch das obere holtz geben umb 20 untze als gebürt, ye das fůder für 4 β 2 ₰.

Das kurtze eichin holtz, das man nidenan haruf herbringet, sol man ein stück geben uf fünf schillinge und zwei pfunt und nit höher, neher mag man es wol geben; und sol man das ouch hinnanfürder houwen 2 1/2 schůhes lang und nüt kürtzer.

Das klein bengeleht holtz das man harbringet, wannan das kummet, das do ist erlin, eppin und eichin under einander gemüschet und klein holtz heisset, das sol man geben umb ein pfunt pfenninge und nit höher; und sol man ouch das hinnanfürder 2 1/2 schůhes lang houwen nüt kürtzer; und die redlichen waltbengel, die ir rehte lenge habent, do sol man ein fůder geben umb 4 β.

Es sol ouch dehein unser burger keinre hande holtz uflegen durch geverde dis gebottes wegen, wanne man sol es harfüren zů verkoufende, in die wise als do vor ist bescheiden, on alle geverde.

Es sol ouch nieman dehein holtz ungeleit koufen oder verkoufen in diser stat, und söllent die underkoufer sweren das zů verhüten und fürzůbringen wo das nüt geschee; und wer das verbreche, der bessert 30 β ₰, die man nieman faren lossen sol.

Was holtzes ouch zů merckete kouft ist, es sient wellen oder schiter, das sol man ouch harfüren und verkoufen.

Man sol ouch die wellen die man nennet afterslege oder estwellen nit höher geben dann ein hundert umb 4 β ₰.

Und wer dirre vorgenant dinge deheines verbreche, der bessert jor und tag von dirre stat und git 10 lib.

Wer ouch das ein lantman hinnanfürder holtz hiewe anders danne do vor ist bescheiden und das harbrehte zů verkoufende, der bessert ein pfunt als dicke er es brichet.

Und wellent ouch unsere herren meister und rat hûte über die vorgenant dinge setzen und es ouch rihten und rehtvertigen, uf den eid, wie es in vürkommet und noch hörsagende.

Es söllent ouch alle holtzlûte die welde hant und holtz verkoufent oder von irenwegen verkouft wurt daran sie teil und gemein habent, sweren an den heiligen, das sie ire welde nüt deste minre houwent noch schaffent deste minre gehouwen werden von dis gebotes wegen, es sient wellen oder schiter, on alle geverde, und das sie ouch das holtz har in dise stat zů merckete fürent und verkoufent an den brucken und an den stetten do sie es von alter har gewönlich verkouft hant, und das sie ouch alle die stücke haltent und vollefürent als es schöffel und amman überein sint kommen und ouch verschriben ist, ungeverlich aller dinge.

Es sol nieman keiner hande holtz koufen, es sient wellen oder schiter, noch nieman von sinen wegen, ussewendig dirre stette burgban, er welle es danne harin zů merckete füren und verkoufen; und wer der vorgenanten dinge deheins verbrichet, der bessert jor und tag und 10 lib. als dicke er es verbricht, und wellent es ouch meister und rat rihten und rehtvertigen.

Item das hert holtz und ouch das ouweholtz, so man uf wagen oder karrichen har in die stat oder für das münster füret zů verkoufen, sol man by den fůdern verkoufen und durch die holtzleiger leigen, und nüt hoher geben dann als die vorgeschriben ordenunge wiset; doch mag man uf ein fůder 8 ₰ slahen für fůrlon das man für das münster füret zů verkoufen.

Item die wellen uf den wagen und karrichen sol man ouch by der zal verkoufen und nüt dürer geben dann als die vorgeschriben ordenunge wiset.

Item so söllent die holtzleiger sweren die personen die der obgenanten stück eins oder me verbrechen zů rügen den süben rihtern, die dann sollichen bruch strofen söllent, nochdem dann besserunge dovon geschriben stot, und ouch nochdem sie reht beduncket besserunge zů erkennen umb die stück do kein besserunge by geschriben stot.

Es sol ouch der alten ordenunge nochgegangen werden, und söllent die holtzlůte sweren als dovon geschriben stot.

Dis gebot ist gescheen durch her Bechtold Zorn zům Riet, dem stettmeister, an dem tag vor sant Ulrichstag, anno 1468, uf der pfaltz. (3. Juli.)

### 15. Jahrhundert.

Stadtordnungen, vol. 14, fol. 107.

Als ein zyth lang mangel an brennholtz gewesen und deszhalb grosse clage under dem gemeynen man entstanden, ouch dahin erwachsen ist, das niemandts keyn holtz (erhält) on sunder grosse schenck den holtzlůten, schyfflůten und karrichern, zůdem das man sůr und fuls under eynander und nit nach ordnung uszgeschlossen oder gesundert nemen müssen, das nun, wo nit fürkomen, gemeynen, rich und arm nit zů kleynem nochteil reichen würde. Solchem forzůseyn, so haben unser herren meister und rat erkant, das eyn stat solchen holtzkouf zů iren handen nemen und zwen dapferer redlicher man bestellen und verordnen soll, die alles das holtz so von frembden und heymischen haringefürt zů schyffen wurt, empfahen und denen der das ist nach synem wert und alter ordnunge betzalen und under die burger und inwoner teylen und damit handeln sollen, in mossen nachgeschrieben stot.

Doch wo burgere schyff oder clostere eigen holtzwachs haben und das harin in ire hüser zů irem gebruch oder die styft under ir stiftsverwanten theylen lossen, die sollen in diser ordnung nit vergriffen, sunder uszgeschlossen seyn.

Nemlich und zům ersten, so sollen dieselben zwen schweren eynen eyd lyplich zů got und den heyligen ir ernstlich und getrůw ufsehens zû haben und den geschwornen holtzlegern jederzyt zû befelhen, wann eyn schyf mit holtz an den staden gefürt und uszgeschossen wurt, das sie dem das sundern, und was zûsamen gehört zûsamen legen, und nicht me das weich under das hert mischen, noch ful erspürt holtz oder bengel under zalholtz, oder holtz das nit syn recht lenge hat under anders rechter lenge legen, als bitzhar beschehen ist, by der pene 5 β δ, die sie ouch, by iren eiden, keynem der das verbrechen wurt nachlassen sollent.

Und was dann ein yeder holtzman also an den staden bringen und lifern wurt, das soll ime durch die verordneten zwen also bar, yedes noch synem wert, noch alter ordenunge, (bezahlt) und ime der uszschieser und legerlon abgezogen werden.

Und daruf soll ouch denselben zwen verordneten fünfzig pfunt pfenning zû handen gestelt werden holtz darumb zû koufen und handeln, in mossen vor und nachgeschrieben stot.

Dieselben zwen verordneten sollen, by iren eyden, sollich holtz so yeder zyt an den staden oder, so die wasser kleyn und man nit harin faren mag, an den Rhyn kumen und durch sie gekouft und bezalt wurt, getruwlich vleyszlich und uf das best sie künnen oder mögen under die burgerschaft und inwoner, so das an sie begeren, teylen und umb das bar gelt werden lossen, ouch dasselb eigentlich ufschrieben und darumb ouch umb das vorbestympt empfangen gelt alle halbe jor vor den dryen uf dem pfennigthurn ir erbere rechnunge thûn und das erlöszt gelt überliefern.

Was holtz ouch an den staden geleit und zû zweien oder drü fûdern verkouft oder yemands heymgeschickt wurt, das sollent die verordneten nit schuldig sin yemands anderwerb vor syner thûren legen lossen oder ime ützit nochzûtragen; was sie aber in halben oder gantzen stücken verkoufen, das soll denen so das begeren stracks, so es uszgeschossen, heymgefürt und vor iren hüsern geleit und durch die geschworne holtzleger, in mossen obstot, gesundert werden, die ouch, by iren eiden, sobald sie solich holtz geleit, den zwen verordneten oder ir eym antzeigen sollent wie vil und welcherley holtz sie eym jeden gelegt haben, uf das sie dasselb anschriben, den holtzman betzalen und darumb ir rechnunge thûn künnen.

Dieselben zwen verordneten sollen ouch von eym yeden der also holtz an sie begeren wurt, von yedem fûder das sie im geben heyschen und nemen 1 ♁, den sie in die büchs so sie by inen haben stossen, und solichen pfenning, by iren eiden, niemands nochlossen, und dann solche büchse alle halbe jor uf den pfennigthurn, so sie ir rechnung thûn, lyfern, und ir yedem alsdann zû lon 5 lib. ♁ gegeben werden, das ist ir yedem jors 10 lib. ♁.

Und sollen ouch von niemands dheyn schenck oder myet nemen, weder sie, ir wybe, kynde oder gesinde, dodurch es inen werden mocht, in keynen weg, uf das niemands dodurch gefürdert oder gehindert werden möge und menglich glychs beschee.

Sie sollen ouch niemands über ein stück holtz zûmol oder ützit uf borge geben, dann sie in ir rechnunge nützit in extantz bringen sollent.

Es sol ouch ein yeder burger macht haben das holtz so ime durch die verordneten zwen oder ir eynen zûgestelt, selbs heym zû füren oder im lossen füren wen er wil, und nit me an eynen oder den andern verbunden sin.

Als ouch die karrcher die burger mit irem holtzfüren ein zyt lang höher gesteigt und beschwert haben dann von alter har komen ist, do ist verordnet das ein yeder karrcher von eim fûder holtz, so er hin an dem staden ladet, nit me nemen soll dann fünf pfenning eym für sin thûre zû füren, es sy gesessen verr oder nohe, und von eym hundert wellen 6 ♁, einem halben hundert 3 ♁ und von eym fierling 2 ♁, und von hundert wellen das sie uszwendig der stat harin füren 8 ♁, und von eym fûder holtz so sie an dem Rhyn holen müssen 10 ♁ und nit me, mynder mögen sie wol nemen; und ouch solichs niemands versagen zû thûn; alles by der pene fünf schilling pfennig, die man niemands faren lossen soll.

Und soll ouch sunst by alter ordnung blyben und mit der lenge des holtz ouch betzalung desselben, und deszglichen uszschiesser-, sunderung-, holtzleger- und holtzfürer- oder karrcherlon lut derselben gehalten, ouch diese ordnunge den zweien verordneten geschrieben geben werden.

# Mummen-Ordnungen.

## 1456.

Stadtordnungen, vol. 2, fol. $50^{b}$.

Als uns har ettlich grosse personen, schülere und andere mit butzen uf diese heiligen tage gelofen sint und unfur getriben hant, was doch unbillich beschehen ist, so hant unser Herren meister und rät mit urteil erteilt, das hynanfürder nieman der über 12 jor alt ist uf den vier stiften, zur Hohenstift, zů sant Thoman, zum jungen sant Peter und zum alten sant Peter, noch sust niergent anderswo in diser Statt, in butzen wise loufen sol. Und sollent ouch solliche knaben, die in butzen wise loufen wöllent, niergent anderswo loufen als in jren kirchspellen. Und wer anders liefe dann dovor geschriben stät, zů dem wil man griffen und jn den turn legen und nit harwider usz lossen er habe dann vor xxx β δ geben.

Actum et decretum vigilia Katharinæ et proclamatum ipsa Katharinæ, anno 1456. (24. und 25. November.)

## 1463.

Stadtordnungen, vol. 2, fol. $55^{b}$.

Unser Herren meister und rat und die XXI sint überein kommen und habent erkant, das hinnanfürder nieman der uber XIV jor alt ist in butzen wise loufen sol, und wer das verbreche der bessert xxx β δ, die man nyeman faren lossen wil; wer aber das gelt nit zů geben hat den wil man in den turn legen.

Decretum et proclamatum vigilia Katharinæ, anno 1463. (24. November.)

## 1483.

Stadtordnungen, vol. 2, fol. 116 b.

Unser Herren meister und rat und die XXI sint überein kommen das niemans, es syent manne oder frowen, geistlich oder weltlich, in butzen oder buren wise, oder sust verbunden oder unbekentlich zů deheinen tentzen uf stuben noch sust zů hüsern noch jn deheinen andern weg affter wegen gon sollent, es sy by tage oder by naht. Dann wer also in butzen oder buren wise oder sust verbunden und unbekentlich ginge, der oder dieselben sol yeglichs xxx β ₰ bessern der statt, und wil man ouch hůt darüber setzen und den selben ir butzen oder wie sie dann verbunden werent abetůn und besehen wer sie sint, das solliche besserunge nyeman übersehen noch faren gelossen werde, und sol das besonder meister und rat empfolhen sin ernstlich zů rihten.

Proclamatum quarta post Sebastiani, anno 1483. (22. Januar.)

# Feuer-Ordnungen.

**15. Jahrhundert.**

Stadtordnungen, vol. 13, fol. 133.

Unser herren die rete und ein und zwentzig habent erkant, das den vier füreherren, den lonherren und dem rentmeister, by iren eiden so sie darumb sweren sollent, allzit, so lange sie in der stat Strasburg gesessen sint und es libes halb getůn mögent, ernstlich empfolhen sin sol, wann und wie dick ein für uszgät in diser stat oder in der vorstett ein jeglicher mit siner hantgewer zů dem für fürderlich zů ilende, es sy by tage oder by naht, sammenthaft und jeglicher besunder, was inen dann doselbs notdurftig beduncket das beste zů tůn, es sy mit heissen oder raten abezůbrechen, mit anwisunge geben zů löschen, wasser zů tragen, fürehocken, füreleytern und alle andere geschirre so man dozů bedarf tůn zů holen, die lůte ouch anzůwisen helfen zů arbeiten, und das ouch alles was dann in den dingen notdurft oder geraten beduncket (in) ein ordenunge zů setzen und zů ratslahen, und dann solichs ouch an unser herren meister und rat und die ein und zwentzig zů bringen und die es lossen besteten, also das es allwegen, so ein füre uszgät, gehalten werden sol, by hoher pene daruf zů setzen, umb das jeglichem den das berüret deste ernster sy durch der gemeynen stat mercklichen eren, nutz und notdurft willen; dann gůt ordenunge machen und die nit halten bringet mercklichen schaden und verderben richen und armen, die alle der ewige gott fürbas gnediglich behüte vor allem schaden.

Item etlich scharwähter zů teilen in gassen und in winckel, ufsehen zů haben uf stelen oder hinwegtragen in stelens wise usz hüsern by dem brande.

Item were es ouch das es an zwein enden bůrnen wurde, so sollen sich die obgenanten personen teilen, an jeglichem ende das beste zů tůn.

Ouch sol den murern und ouch den zymberlüten, so zů dem füre geordent sint oder werdent, ernstlich, by iren eiden, empfolhen sin, wann und wie dick ein füre uszgät, es sy by tage oder by naht, jeglicher mit exen so dozů gehören fürderlich zů dem füre zů ilen und doselbs getruwelich zů helfen das beste tůn, was dann ye notdurft ist, und ouch den herren die zů dem füre geordent sint als houptlüte gehorsam zů sin.

Die houptlüte sollent ouch sampt oder jeglicher besonder, so bald er zům füre kumpt, jederman anwisen wer doby stät, also das sie nyeman lossen müssig ston, sonder das jederman etwas tůge, das dann notdurft ist zů tůn; und wer das nit tůn wolt oder nit getůn kunde, das der fürderlich hinweg gange; und wer es das inen yemans harinne ungehorsam were oder inen eynichen widersatz dete, den sie kennent, den sollent sie gedencken, den sie nit kennent, den sollent sie lossen in den turn leigen.

Item der ammeister sol sinen zwein ammeistersknehten entpfelhen alle naht den scharwähtern, so die hůt geteilt wurt, zů sagen, were es das by naht ein füre uszginge, das dann ir ehtwe von der scharwaht loufen sollent, nemlich für jedes füreherren husz zwen, jeglichem zů verkünden wo es bürnet, sich mit im und sinen swebelisen zům füre zů fügen und aldo helfen das beste zů tůn; und sollent ouch die scharwähter by ir jeglichem bliben bitz er inen heim erloubet.

Wenn es aber im tage bürnet, so sollent die houptlüte, so balde sie es geware werdent, von in selbs zů dem füre ilen und aber das beste tůn.

So sol der lonherre zwen kneht an der stat werck bestellen uf in zů warten so es bürnet, zů im zů kommen und zů tůn was sie dann geheissen werdent.

Desglich sollent der dryer uf dem pfennigturn zwen kneht fürderlich zům rentmeister kommen wann es bürnet, und gehorsam sin zů tůn das man sie heisset.

Und als vil zůloufens ist zům füre, die do zůsehent und nützit tůnt und andere irrent die do gern tůn woltent, etc. Wann do fürer ein für uszgät, so sol ein jeglicher burger oder hindersohsze von antwercken sich fürderlich weffenen und ziehen zů sins antwercks paner, oder aber an die thore oder letzen dohin ein jeglicher gesworen hat;

und sollent ouch die antwercksmeister und ouch die houptlüt an den thoren ein ernstlich ufmercken haben welher nit enkeme oder joch zû spote keme, das der darumb zû rede gesetzt werde, und kan er sich dan nit redelich verantworten mit dem das ime das füre also nohe gewesen sy oder yemans siner nohen fründe, den sol man darumb strofen und ime die besserunge nit übersehen.

Es sollent ouch alle würte und gasthalter iren gesten ernstlich sagen, wann man also stürmet, es were füres oder ander sachen halb, das sie dann in ir herbergen blibent, uf das inen dehein unlust widerfare.

So sol man der priesterschaft sagen das sie zû sollichen ziten ouch in iren hüsern blibent oder möhtent zûsammen gon in irer stift refental; doch welicher, usz gûter meynunge bewegt, wolte helfen wasser tragen das für zû löschen, das liesz man ouch gescheen.

Wann und wie dick ouch hinfürme ein füre uszgät in diser stat oder in den vorstetten, es sy by tage oder by naht, so sollent die viere ratsboten und die zwen kneht am ungelt, by iren eiden, fürderlich ilen zû dem füre, und aldo uf die füreherren warten und inen gehorsam sin getruwelich zû tûnde was si dann von inen geheissen werdent oder inen empfolhen wurt; und sollent ouch, by iren eiden, nit von denselben herren kommen alle die wile so das füre weret, es were dann das die füreherren ir eim oder inen allen erloubetent oder das der ammeister des ratsboten bedurfte, so mögent sie wol hinweg gon; und umb das sie deste geflissener sient also das beste zû tûn, so sol man ir jeglichem geben 1 β δ.

Desglich sol man den zweyen ammeisters knehten, nochdem die uf den ammeister warten müssent, ouch jeglichem geben 1 β δ.

Es sol ouch der swebelkneht, by sinem eide, verbunden sin, wann hinfürme nahtes ein für uszgät, sich fürderlich mit den swebelisen zû dem ammeister zû fügen, uf ine mit den swebelisen zû warten die wile das füre weret, und sol nit von ime kommen, es were dann das im der ammeister erloubet oder das er sin, tages halb, nit me bedurfte, so mag er wol hinweg gon; und wann er also nahtes uf den ammeister wartet, so sol man ime geben 1 β δ.

Und als die thurnhüter nahtes uf iren thürnen bliben müssent, uf das sie dann deste geflissener sient umb sich zû sehen, so ist geordent, wann hinfürme ein für uszgät, es sy by tage oder naht, und besunder nahtes, das dann jeglicher uf sinem thurn, so lange das füre weret, wachet und ouch umb sich sehen und horchen sol, obe er ützit argweniges sehe oder hörte, es were gegen dem velde zů oder in der stat, solichs sollent sie dem ammeister fürderlich verkünden und zů wissen tůn. Es sol ouch ir jeglicher oben uf in sinem thurn ein lutzern haben, und wann nahtes ein füre uszgät, so sol ir jeglicher ein bürnende lieht in sin lutzern tůn und das lossen bürnen so lange das füre weret, doby man siht das er wachet, und sol man ir jeglichem 1 β δ geben.

Es sollent ouch die sübener zwen kneht, by iren eiden, verbunden sin, wann ein füre uszgät, es sy tages oder nahtes, fürderlich zů dem füre zů ilen, doselbs uf die füreherren zů warten und inen gehorsam sin zů tůnde was inen dann von denselben bevolhen wurt; und umb das sie geflissener sient zů dem füre zů kommen, so sol man ir jeglichem geben 1 β δ.

Welher aber under den obgenanten knehten allen nit zů dem füre keme und ungehorsam were, oder sust nit tete das im bevolhen were, dem sol man nützit geben und ine darzů strofen noch erkentnisse der füreherren.

Und als etlich geistlich herren von den orden zů dem füre loufent und arbeit habent mit wasser tragen und in andere wege, do ist geordent, wann ein füre uszgät, es sy tages oder nahtes, und das füre doby sie werent ein stunde oder zwo ungeverlich gewert hette, so sol man denselben herren eim, so vil ir dann by dem füre gewesen werent, geben 8 δ; wer es aber das ein für lenger dann vor gemeldet ist weret und das die arbeit grösser were, so sollent die füreherren ir eim geben 10 pfenninge oder einen schilling pfenninge, je nochdem die arbeit grosz ist.

Es sollent ouch wortzeichen gemaht und die geben werden den die do wasser tragent; also wann das füre zergät, wer dann ein wortzeichen bringet do sehe man das der wasser getragen hette, und dem gebe man gelt, der kein wortzeichen brehte dem gebe man nützit.

Item als ehtwe von den zymberlůten und ehtwe von den murern geordent sint zům füre, etc., und geret wurt das inen nit gelonet werde noch irer arbeit, deshalb sie unwillig syent, do ist geordent das inen gelonet werden sol noch der stat wercklüte erkentnisse, also das der stette zymberman und murer zûgegen sin sollent, und was die eim heissent geben für sin arbeit, je nochdem das füre grosz oder cleyn gewesen ist, lange oder kurtz geweret hat, das das doby blibe.

Es sol ouch der lonherre fürderlich bestellen leytern und fürhocken, kurtz und lange, die do liecht sient, und die uf einen wagen ordenen und den under die schüre uf dem rossmerckt stellen, und den dem wagenkneht, in des lonherren hof, der mit der stat wagen fert, ernstlich bevelhen und im sagen, wann ein füre uszgät, es sy tage oder naht, das er dann fürderlich, by sinem eide, sin pferde in denselben wagen spann und die leytern und hocken zû dem füre, an ein sunder ende, füre, das nyemans dodurch geirret oder gehindert werde, und wann das füre wider zergät, das er dann die leytern und hocken wider uf den wagen lade und sie ouch wider in die obgemelt schüre füre.

Und umb das die lidern eymer sammenthaft zû eim füre komment, so ist ouch geordent das ein grosse benne sol gemaht und die eim kornkoufer bevolhen werden; als wann ein füre uszgät, es sy tages oder nahtes, das er dann fürderlich mit sinem wagen und der bennen zû der pfaltzen fare und die eymer uflade und die zû dem füre füre, das die sammenthaft einsmals dar komment, nochdem sich deren sust zum füre zû tragen oder zû füren nyemans annemen wil.

Item die nahtrittere als man denen gelt git jors von den zübern, do were gût das man etwan im jore ungewarntes dings sie besehe, obe sie domit gerüstet werent oder nit.

Item als die nahtrittere aber fürgewant und gemeynt habent, wann sie von eim füre gangent und by einander zerent, das dann die stat solichs bezalen solle, do ist der fürherren meynunge, dwile myn herren inen jors gebent 8 lib. ß, so werde inen domit wol gelonet, und lont es by demselben artickel und sinem innhalt bliben; wöllent aber die nahtrittere darüber vil verzeren, das sol die stat nit zû tûnde haben.

Es sol ouch der rentmeister mit der dryer knehten jors zwürent oder so dick ine not beduncket sin, ungewarntes dinges, in der vier kübeler hüser gon und besehen ob sie ir bütten und stendel und ander ir geschirre habent und domit gerüstet sient. Er sol ouch sehs eichener bütten lossen machen, oben wite und unden enge, mit gargeln wol versorget, und die ouch lossen verbichen noch notdurft, und die der stat küfer fürter bevelhen zů versorgen, also wann ein füre uszgät das man sie wisse by ime zů finden.

Als die vier kübeler biszhar, wann ein füre uszgangen ist, kerrich zů irem geschirre gelehent hant, do sollent sie fürter keine kerrich me also lehenen, sunder ir jeglicher sol sinen eigenen karrich haben, uf das, wann ein füre uszgät, das sie deste fürderlicher mit irem geschirre dozů kommen mögent und das irenthalb kein brust sy.

Es sollent ouch die fürcherren bestellen das die swebelisen versorget werdent mit sollichen personen die libes halben on das nit wole geschicket oder tugenlich sient in irem harnsch für das münster zů gän, domit die antwerck desto werlicher standen, als das die notdurft heischet.

Item der lonherre sol machen sehs kropfen in das howe(?)

Item er sol ouch lossen machen sehs lange hocken, die do liechter sient dann die under der pfaltzen.

Item lange und kurtze leytern die do gebruchlich sint.

Item die latern under der pfaltzen zů besehen, und was besserunge bedarf das es ouch beschee.

Item die swebelisen allenthalben in den gassen zů besehen und zů ordenen, nochdem deren an vil enden abgegangen sint.

Item der eymer halb uf der pfaltzen, die ouch zů ordenen, ufzůhencken mit eim wendelbōm.

Item die meisterschaft gartener antwercks uf den dryen stuben zů besenden und sie zů fragen was sie von fürgeschirre uf iren stuben habent.

Item den kolknehten sint die hocken und leytern under der pfaltzen bevolhen.

Item dem im scharwähter huse sol man einen slüssel zů der pfaltzen geben.

## Verordnungen über das Verhalten bei Feuersbrünsten und bei Volksaufläufen.

### 1492.

Stadtordnungen, vol. 13, fol. 138.

Unser herren meister und rat und die XXI habent erkant, wann sich fürbashin begibt das man fürs oder anders geschölles halb stürmete, es were by tage oder by naht, so sollent allewegen der stettmeister der dann die zit rihtet, desglichen die alten ammeistere alle und dozû die vier dritzehener von den hantwercken so in der stat sint, und es libes halben getûn mögent, sich fürderlich zû dem ammeister fügen und riten zû sinem huse oder für das münster, wä sie dann ye zû ziten den ammeister wissent zû finden, und dem zû allen ziten gehorsam sin und mit im helfen das beste tûn, ye noch gestalt und gelegenheit der sachen, ungeverlich.

Begebe sich ouch zû ziten das ein stettmeister der dann rihtet nit in der stat sin wolt oder libes halben nit geschiket were zû riten, so sol er doch allewegen ein andern stettmeister an sin statt geben, und mit demselben verschaffen das er an siner statt zû eim ammeister geriten komme, in mossen vor stät.

Es sol ouch dehein ammeister me denen so an die porten und ander letzen geordent sint durch soldener oder andere kneht verkünden und heissen wider heim gän, sonder er sol allewegen etlich von den herren so ime in egemelter mossen zügeordent und by im sin werdent umbschicken und denen bevelhen an die porten und letzen zû riten, den erbern lüten heim zû erlouben, umb das dehein vorteil oder bruste dorusz erwahssen möge.

Actum tertia ante purificationis Mariæ. Anno 1492. (31. Januar.)

### 1498.

Stadtordnungen, vol. 13, fol. 138 b.

Unser herren meister und rat und die XXI habent erkant, das fürbashin ein jedes hantwerck einen redelichen, dapfern manne ordenen und geben sol uf den bühssenhof, welher under inen dem hofe am nehsten gesessen ist und mit der hantbühssen oder andern bühssen schiessen kan; obe aber etliche hantwerck deren keinen hette oder vermöhte, so sol es sust einen redelichen mann geben und ordenen mit einer gûten hellenparten oder sust mit einem dapfern, mannlichen hantgewere, und die den schützenmeistern geschriben geben; die alle sollent sweren, wann ein füre uszginge oder ein geschölle uferstünde, sich fürderlich uf den bühssenhof zû fügen und doselbs helfen das beste tûn, noch bescheit der houptlûte.

Darzû so sollent alle hantwerck, by iren eiden, allen den iren ernstlich sagen und bevelhen und ouch daran sin, wann fürterme ein füre uszginge oder ein geschölle uferstünde, das dann ir jeglicher fürderlichen gange für das münster oder an die ort und letzen dohin dann ein jeglicher bescheiden ist, und das ouch ein jeglicher sin sûne und knehte, die zwentzig jore alt sint oder me und geschicket zur gewere sint, mit im nemmen sol, jeglichen mit eim gûten hantgewere und by der pene 5 β δ, die man ouch nyeman faren lossen sol.

Es sol ouch ein jeder mit sinen wiben, kinden und gesinden, die nit zûr gewere gût sint, schaffen und bestellen das sie doheim in iren hüsern blibent und menglich ungeirret lossent; es were dann sache, das im oder sinen verwanten fründen das füre so nohe were oder das sie geschicket und des willens sient helfen zû löschen und zû arbeiten, die mögent wol hinzû gon und tûn was die notdurft heischet, und das sol inen kein schaden bringen; doch obe ein fromme mann sinen sûn oder kneht in sinem huse lossen wolte, das sin deste basz zû verwaren, der mag das tûn one schaden, ungeverlich; und obe er dann einen sûn oder kneht hette die gût gewere sint, das er dann dieselben überigen alle mit im nemmen sol, wie obstät, domit das geloife uf den gassen und das gestende by dem füre nit me so grosse und ander lüte durch sie gehindert werden mögen, als bitzhar bescheen ist.

Wann man ouch fürbasz den hantwercken vor dem münster erloubet heym zû ziehen, so sol jedes hantwerck mit sinem paner ziehen für ir stube oder für irs meisters husz und das paner heym geleiten; und welher dann nit zûgegen und vor dem münster gewesen ist als er sin sol, die sol man anzeigen; desglichen obe jemans me gerüget oder geschriben geben wurde, der nit an den porten oder letzen gewesen were dohin ein jeder bescheiden ist, dieselben alle sollent durch die meisterschaft irs hantwercks fürderlich, und in den nehsten aht tagen, dorumb gerehtfertiget und gestrofet werden wie obstät, jeder umb 5 β δ, doch uf ein redlich verantworten; und sol das halbe der stat werden und das ander halbe dem hantwerck; dann welhe meisterschaften das nit teten, die wöllent die fünfzehen darumb heftiglich strofen und das nyeman faren lossen.

Item wie alle porten und letzen vormols versehen und versorget sint mit lüten und gezüge, doby sol das bliben, mit dem bescheide, welher fürbasz ungehorsam und an die porten und letzen nit kompt dohin er geordent ist, so sollent die houptlüte an jedem ende, by iren eiden, schuldig und verbunden sin den oder dieselben fürderlich geschriben zû geben der meisterschaft sins hantwercks, das die darumb gerehtfertiget und gestrofet werden wie sich gebürt.

Es sollent ouch die houptlûte in den vorstetten alle jore ein mole, oder so dick sie not beduncket, umbgän und alle die mannespersonen so in den bezircken sitzent, die jedem teil zûgeordent sint, anschriben und ufzeichenen, mit iren sûnen und knehten, das sie wissent wie vil der sin sollent; und welher ungehorsam were und nit keme als er kommen sol, den sollent die houptlüte, by iren eiden, fürderlich geschriben geben jeden an das hantwerck dohin er gehört, umb das sie gerehtfertiget und gestrofet werden als sich gebürt.

Actum secunda post judica. Anno 1495. (6. April.)

## 1498.

Stadtordnungen, vol. 13, fol. 139b.

Unser herren meister und rat und die XXI habent erkant das fürbashin alle jore die meisterschaften eins jeglichen antwercks doran sin und verschafen sollent das der mennige irs antwercks vorgelesen werde die ordenunge vorgemelt, so den houptlüten geschriben geben worden ist in dem fünf und nüntzigsten jore, wie jederman sich halten sol so man füres oder anderer geschölle halben stürmen wurde, es sy uf den sweretage oder andere tage, so sie ir gemeinde by einander haben, und inen domit sagen das dem styffe nochkommen und gelept werde, by der pene darinne begriffen.

Darzů so sol ouch fürbashin ein jedes antwerck einen redelichen, dapfern mann geben und ordenen, der ouch sweren sol, wann man fürs halben stürmen wurde, fürderlich in sinem harnsch und eim redelichen hantgewere zů dem füre zů loufen und doselbs den fürherren gehorsam und gewartig zů sin ze tůn was inen zů yeder zit bevolhen wurt, und besunder die umbstender, es sient frowen oder manne, heissen abgän und sich heim oder an die ende machen dohin yeder gehört; und wer des ungehorsam sin wolt, dieselben sol man anzeichen oder sie pfenden uf ein verantworten; welher sich aber in freveler gestalt wider sie satzte, den sollent sie gehalten füren, ye noch rat und geheisz der füreherren.

Desglichen, umb das dann nützit von den antwercken vor dem münster fürgenommen werde darusz unwille oder unrät entstän möhte, so sol der ammeister, wann er für das münster kompt, mit sampt den alten herren inen usz dem regiment zwen redeliche und dapfer mann zů houptlüten geben und ordenen, uf derselben geheisz und bescheit zů warten; dieselben zwen mögent dann usz jedem paner einen zů inen nemmen und berufen inen darinne hilf und bystant ze tůn; und sie sollent ouch besunder darin sin das nyemans von priestern oder frömden lüten, frowen oder manne, do gelossen werden stän zů sehen, sonder die sollent hinweg gewisen oder mit inen gehandelt werden wie hievor by dem füre geschriben stät.

Es sollent ouch die alten herren so zů eim ammeister geriten komen, welhe das libs halben vermögen, sich mit iren knehten und dienern wäffenen, und besunder der stät kneht und soldener, umb willen was ufsatze vorhanden sin möhte, das sie danne deste geschickter syent zůr gegenwere, bitz man inen zů helfe komen mag.

Item als ouch etlich paner zů ziten eyntzig für das münster getragen werden, do sollent die meisterschaften an den antwercken doran sin und bestellen, das ir paner fürter basz fürsehen und besetzt werden dann bitzhar bescheen ist.

Es sollent ouch alle würte, gasthalter und andere personen die frömde lüte enthalten, iren gesten sagen und bevelhen, wann man stürmet, das sie in iren hüsern und herbergen blibent, umb das inen dehein unlust widerfare.

Actum sabato ante Mathiæ, apostoli. Anno 1495. (21. Februar.)

## Verordnung für die vier Böttcher bei Feuersbrünsten.

**1498.**

Stadtordnungen, vol. 13, fol. 146.

Die vier kûbeler sollent sweren zû gott und den heiligen, wann ein füre uszgät, das gott lange wende, und der wähter stürmet, so sollent ir yeglicher zwo grosse, lange bütten und zwey tragestendel fürderlich zû dem füre füren, und sollent kein kugelehte bütten darfüren, dann es sollent lange bütten sin, durch des willen, das deste me eymer in die bütten mögent, wasser darusz zû nemen.

Sie sollent ouch zû solichen bütten und stendelin sonderlich sorge haben, das sie zû allen ziten wol gebunden sient und gehebe stont, uf das, so man wasser darin schüttet, das es nit wider uszloufe; als vormols dick beschehen ist das erlechte, rynnende, bösze bütten zû etlichem füre gefürt wurdent, das unser herren wä solichs hynnanfürder me beschee und von wellichem das beschee hertiglichen strafen wollent.

Item die bütten und stendel sollent ouch sonderlich darzû gemaht sin, das sie starck und gût sient, das ein cleiner stosz oder ein falle inen nit lihtigklich geschaden möge.

Item ir yeglicher sol ouch ein sunder zeichen haben an sinem geschirre, das sol gezeichent ston in dem bûch uf dem pfennigturn by sinem namen.

Item und sol man inen von solichen bütten, die sie also zû dem füre fürent, geben von einer sehs pfennige zû zinse und von eym stendel drye pfennige, als das von alter harkommen ist.

Item die kübeler sollent ouch, by dem obgemelten eid, uf ir geschirre warnemmen wann das für zergät und man sy nymme bedarf, das jeglicher das sin heym füre, und wellicher das sin also ston liesz one notdurft, als vormols me bescheen ist, wurde das verloren, dofür sol man ime nützit geben.

Item wurdent aber eym sin bütten zerbrochen durch grosse trẽme oder muren oder wende die daruf fielent, das küntlich were, do sol ime die stat den schaden keren noch zymlichen dingen, und er sol ouch, by sinem eide, nit me fordern noch heischen dann ime der schade schedelich ist.

Item springent aber reyse oder wydde an den bütten oder stendelin abe, die alters oder fulheit halb brechent, darumb sol man sie strafen und nit dofür geben.

Item die vier kübeler oder ander kübeler sollent ouch kein ander clein geschirre darfüren, weder zůber noch kübel, und ist das darumb, das man sol die lidern eymer bruchen; und welher darüber geschirre darfürte, dem wil und sol man nit dofür geben.

Item were es aber sache das ein für zů grosz wurde, das man me geschirre bedörfte zů den eymern, wann dann die ratsboten oder ammeisterknehte von geheisse des ammeisters, der vier herren einer oder eins rentmeisters oder eins lonherren zů inen komment und sie heissent geschirre darfüren, das sollent sie tůn; und wellichem das also empfolhen wurt, hette der nit geschirres so vil man ine heisset bringen, der sol siner gesellen einen, der dise ordenunge gesworn hette, heissen die zale erfüllen, und keinen andern; es were dann das ein füre also grosz were, das die gesworen kübeler kein geschirre me hettent das zů dem füre gehörte zů tragen, so mag man geschirre nemmen by den andern wä man sie findet.

Item man sol ouch kein ander geschirre darfüren dann der kleinen züberlin und kübele die ein mönsch wol getragen mag; das ist darumb das des grossen geschirres one das gnůg do ist durch die grouben zubere, und ist darumb, wann zwen an eim zuber tragent das man nit wol mag stegen mit ufgeloufen; wurde aber ein brant also grosz das des kleinen geschirres zů wenig were und das man klein und grosz geschirre bedörfte, so möhte man nemmen das man hette.

Item was geschirre also dargeluhen werden, do sol man von geben als es von alter harkommen ist, das ist von eim geschirre ein pfennig; wurde aber eim sin geschirre zerbrochen, der sol sinen schaden, rechenen und die stat nit übernemmen, by sinem eide; wurde ouch der stücke eins verloren, das sollent sie bezalt nemmen also noch gewönlichem loufe des mercktes.

Item die vier kübeler und ouch die andern die geschirre zů eyme füre geluhen hant, die sollent, by irem eide, wann ein füre zergät, solich klein geschirre fürderlich uflesen und jeglicher das sin versorgen, uf das es nit verloren und zerbrochen werde, und nit beschee, als vormols me bescheen ist, das einer sin geschirre liesz liegen und forderte sin bezalung uf dem pfennigturn; und wo solichs me beschee das solicher ufsatze befunden wurde, dem wolt man nit für sin geschirre geben.

Item als die vier gesworen kübeler biszhar, wann ein füre usgangen ist, kerrich zû irem geschirre gelehent hant, do sollent sie fürter kein kerrich me lehenen, sunder ir jeglicher sol sinen eigenen karrich haben, uf das, wann ein füre uszgät, das sie deste fürderlicher mit irem geschirre dozû kommen mögent und das irenthalb kein brust sy.

Und umb das dise vorgeschriben puncten und artickele sollent gehalten werden, so sol man ir jeglichem geben alle jore zehen schilling pfennige, das ist fünf schilling zû wynahten und fünf schillinge zû süngihten, und sol ein jeglicher der der vier kübeler einer ist dise ordenunge sweren zû halten, on alle geverde.

Das sint die kübeler die zû dem füre gesworen hant:

Martin von Ellwangen.
Arbogast Keller.
Sambson Klotz.
Jacob Bender von Walsee.

---

## Ordnung der Wasserschöpfer.

**1409.**

Stadtordnungen, vol. 13, fol. 147.

Item es sollen nûn hinfüro die dry brunnenschöpfer so biszhar für das münster geordent gewesen sint, by iren eiden so sie vorm münster gesworen habent, so sich begibt das ein für uszgadt, mit iren zubern, schiben und seilern fürderlich zû dem für loufen und die eimer und schiben an den brunnen, die jeder zit dem für am nehsten gelegen sint, herab tûn und ir schiben und geschirre daran hencken und do mit wasserschöpfen das beste tûn; und so das für gelöschet und inen etwas irs geschirrs zerbrochen wirdet, sol inen alsdann umb ir arbeit und zerbrochen geschirr noch zimlichen und pillichen dingen uf dem pfennigturn, noch erkentnisz der fürherren, belonung und bezalung geschehen.

Actum sexta post oculi. Anno dom. 1499. (8. März.)

Brunnenschöpfer: Hans Kurtzwil, Mathis Schmidt, der schumacher, Paulus Berger, der faszzieher.

---

## Verordnung für die Oelleute, Müller und Tuchscherer bei Feuersbrünsten.

### 15. Jahrhundert.

Stadtordnungen, vol. 30, fol. 135.

Unser herren meister und rat und die ein und zwentzige haben erkant, das die olûte, die müller und tûchscherer, by iren eiden, bestellen sollent: wann in der naht, nemlich obendes nochdem das die thorglock gelütet wurt oder morgens vor der thorglocken, ein füre in der stat uszget und man desselben füres halp stürmet mit den fûrglöckelin und mit der grossen glocken zûm münster, oder were es das sich in der naht ein geschelle oder ein vigende geschrei herhûbe, das man des heiligen geistes glock allein lüten würde, so sollent alle die iren, die nit an ander ende geordent sint, nemlich alle mannespersonen mit iren sünen und knehten und allen den die zû inen gehörent, alt oder jung, die zû der gewere gût sint, mit ires antwercks baner, alle in irem harnsch one beinharnsch und mit irem redelichen gewere, fürderlich zogen für das münster und einen bûrnen swebelringk by inen haben und aldo warten uf den ammeister, was der oder sin gewisse botschaft heisset das sie do das beste tûgent.

Wann oder wie dick sich aber im tage machet, das ein füre uszget und das man füres halp in egemelter mossen stürmet, so sollent aber sie alle mit irem harnsch und gewere und mit ir baner für das münster ziehen und uf den ammeister warten.

Es sol ouch ir büttel by ires antwercks baner sin, und sehen ob yemans der iren nit aldo were; den oder die sol er, by sinem eide, dem ammeister geschriben geben, one verzogk, so balde das geschefde vergeet; dann wer harin ungehorsam were, den wil man an libe und gůt strofen, als sich dann noch yeder geschiht gebürt.

Doch die in den vorstetten sitzent, die söllent darinne bliben und uf ir houbtlüte doselbs warten, welich nit anderswohin geordent sint.

Es sol ouch yeglicher die scharwaht tůn als es harkommen ist; aber welicher in den vorstettent sitzet und darinne uf der muren wachet, der sol der scharwaht, obe die an in keme uf die naht so er uf der muren wachen sol, dieselbe naht erlossen sin; doch sol sin antwerck einen andern an sin stat dieselbe naht an der scharwaht haben, also das die zale der sehs und zwentzigen von den antwercken alle naht an der scharwaht gantz sy, und darzů ein schöffel oder ein ratherre.

Es sol ouch dehein frowenperson, weder jung noch alt, ouch dehein knabe oder ander ungebrůchlich lůte in solichen geschefden an die porten noch uf die muren loufen; ouch sol nieman zů keime füre gän, der nit dozů geordent ist, er wolt dann helfen löschen oder etwas ander notdurftig arbeit doselbs tůn; dann wer harüber hinzů liefe oder uf den gassen stünde müssig und zůsehe oder yemans irrete, den oder die wil man in obgemelter mossen heftlich strofen; darumb sol ein yeglichs dis den sinen ernstlich verkünden, sich vor schaden zů hüten.

# Fischer- und Vogler-Ordnungen.

## 14. Jahrhundert.

Stadtordnungen, vol. 12, fol. 183.

Dis sint der vischer reht zů Straszburg.

Unser antwerg und lüte sint in offen gedingen überein kommen, das sü es halten wellend und söllent also hie noch geschriben stot; zům ersten:

Wer uf unser antwerg fert und sin reht nůt enhet, der sol sin reht gewinnen, oder sol ime aber der meister schiff und geschirre nemen, so es dem meister fürkommet, fürderlich by dem eide den er dem antwerg het geton, und wen er berůfet, der sol mit ime gon. Der meister sol nieman sin reht lihen, do si denne das merteil der ahte lüte under den vischern doby; důt ers aber darüber und one sü, das sol keine kraft haben.

Man sol ouch hinnanvierme nieman sin reht lihen er si denne burger und in dem burgbanne gesessen zů Straszburg; und wo also ein biderbe kneht kommet, der ein biderbe kneht heisset oder ist und burger ist und in dem burgbanne zů Straszburg gesessen wil sin, vordert er sin reht und git einen gůten bürgen, domitte das gerihte wol benüget, so sol man ime sin reht lihen, und sol geben, in vier joren, alle jor ein pfunt pfennige, und des ersten jores soll er darzů geben 18 β 2 δ dem bühssener und sol haben einen gůten harnasch, domitte das antwerg wol benüget, wie unser herren geordent hant.

Wer aber hinnenvierme sin reht gewinnet des vater sin reht vor het gehaben, der sol geben 10 β δ in (die) bühsse und 10 β δ dem meister, und hörent dieselben 10 β δ ouch in die bühsse; wer es aber das es gemeret würde, so sol er ouch me geben. Und sol man keime knaben, des vater sin reht het, sin reht lihen, er sy denne sehtzehen jor alt oder me.

Ein meister mag aber wol eins kint der sin reht het gehebet, sin urlop lihen viertzehen tage uf das antwerg zû farende, als das er in den viertzehen tagen sin reht gewinne, und sol der knabe einen bürgen haben; fünde es sich das der knabe zû jung were oder waz bresten daran were, das er doch das gelt gebe.

Es sol ouch kein meister keime, der sin reht also gewinnet, lenger borgen denne also lange er meister ist.

## Von den stetten uf dem vischemerckete.

Es ist zû wissende, welher vischer ein eigen stat het uf dem vischemerckete, stürbe der one knaben, der erste der denne zû dem meister kummet und sin reht an dem antwercke het, und weis das derselbe dot ist, und sine stat an in vordert, der sol dem meister 4 ♂ geben, und sol ime denne der meister die stat setzen one höher steigunge. Es sol sich ouch kein meister helen noch bergen, by sime eide den er dem antwercke gesworn, one alle geverde; wer es aber das ein meister enweg füre und nüt in der stat were, so sol derselbe meister den er gesetzet het glicher wise denselben gewalt haben eine stat zû lihen, und sol sich ouch nüt bergen, by sime eide den er vor dem münster geton het, one geverde; und sol ouch keinre der vor ein stat het keine stat me erlouffen, und der eine stat erlouffen het, der sol ouch keine me erlouffen.

Es sollent ouch nüt zwene gemeiner werden eine stat zû erlouffen, und sol ouch keinre keinen umb lon gewinnen eine stat zû erlouffen; und wer wider die zwene hündersten artickel dete, es were mit lonknehten oder gemeinern, der bessert 7 β ♂ und het die stat verlórn.

Es sol keinre me denne eine stat haben in dem almende mercket oder in dem eigen mercket, die nüt sin ist oder sinen gesellen, den er rehter gemeiner ist; het er me stette und kummet ein ander mit sinen vischen, der ouch gerne ein stat hette, dem sol er eine stat rumen; dût er das nüt fürderlich, so bessert er 7 β ♂; und sollent vier gesworne darüber sin; wer es aber das einer sinen gemeiner nit heim hette, so sol er nüt me dann ein stat bruchen, und söllent ouch die kneht sagen, by irem eide, wer sie frogt, wer me dann ein stat hat.

Wer unser reht het, der sol keime burgere noch keime lantmanne keinen visch verkoufen umb lon, und sunderliche eime lantmanne weder umb lon noch vergeben; aber eime burger wol vergeben; wer das verbrichet, der bessert 7 β δ, es were denne das einre sin gelt geluhen hette uf eine fere oder uf einen salmenzug, der mag wol verkoufen.

Es sol ouch nieman keinen kneht über keinen visch gewinnen zů verkoufende, es were denne das einre überleit were mit doten vischen, so mag er einen kneht einen dag gewinnen, und nüt me; wer das breche, der bessert 7 β δ, es were denne sin gedingeter jorkneht oder ein kneht, den er zů eime zil vier wuchen oder me gedinget hette, der mit ime ginge oder füre uf die weide und sin reht hette.

Wir sint übereinkummen, wer eime sine stat nimmet oder entweltiget dozů er reht het, claget ers von ime, der bessert 7 β δ.

Es ist ouch zů wissende, wer do wil eine stat bevohen, der sol von ostern bitze sante Adolfestage sie bevohen, so es sesse sleht noch mittentage, und von sante Adolfestage bitze ostern bevohen, so es viere sleht noch mittentage.

### Wie man usvaren sol und wenne man usvaren sol und von den nahtvaren.

Wir sint überein kommen after der ersten wuchen des meisters so er angot, wer usvert, one zwene meister die ir reht hant, mit garnen, der bessert 7 β δ, es wende denne libesnot oder herrennot.

Und sint überein kommen das niemant keinen kneht uf die weide schicken sol der sines rehten nüt enhet zwey schiff zů fertigen mit eime rehte, het er einen kneht, den sol er an sin schiff setzen; wer das bri het, der bessert 7 β δ; und sol man gesworne darüber haben, die ouch über nahtfaren gesworen hant.

Einer mag sinen kneht wol mit sime schiffe enweg schicken wo er hin wil, aber der kneht sol unser antwerck nüt triben. Ouch sint wir überein kommen, wer einen kneht füret der mit eime andern sich versprochen het zů farende, derselbe meister bessert 7 β δ; es si denne das er vor mit dem ersten meister überkommen ist.

Wir sint ouch überein kommen, wer das breche der an dem

samstage zû naht oder an dem sunnendage zû naht, und an dem karfritage und an den vier obenden, das sint sante Peters obend, unser frowen obend der eren, allerheiligen obend und der winaht obend, und an unser frowen obenden allen, füre mit lantgonden garnen, der verlüre ein geferete 14 β δ, wenne es den vieren fürkommet, und sol sü nieman beclagen, wenne die aht die darüber gesworen hand.

Wer aber faren oder schalten wil an dem samstage von der stat, es si mit welre hande gezog es welle, der sol faren vor der vesper, das in oder sin schiff die vesper nüt begriffe indewendig den zilen die hienoch geschriben stont; begriffet in aber die vesper dozwüschent, in oder sin schiff, so sol er weder faren noch gon untze an den mentag zûm tagehorne; wer das brichet, der bessert 7 β δ. Das ober zil ist für den Clobelouch Rin[1], das nider ist der Mûrgiesse[2] gegen der Ahe hinüber, das dirte ist der usser Rin by Gergen fere[3] vor dem umbegonden wasser.

Und also so sol nieman faren mit den garnen die über den model gestricket sint, untze an den mendag das men den tag hürnet, und ouch an den nehesten tagen noch allen den vorgen heiligen tagen, die do vor geschriben stont, vor dem tagehorne.

Es sol ouch nieman in kein banwasser faren do er teil von git, er habe denne e gesworn; und sol das nüt die anegon der die wasser sint; die mögend wol faren an allen heiligen obenden; und were es das ir keinre oder ir knehte oder sine garn üt ussewendig fürent in der almenden, die sollent es bessern by 7 β δ; wenne aber einre in

1 Unter dem *Clobelouch Rin* wird wohl einer der oberhalb Strassburg's befindlichen, damals noch zahlreichen kleinen Arme des Stromes gemeint sein, an dem Güter des patrizischen Geschlechtes der *Clobelouch* oder *Knobloch* gelegen waren.

2 Mit dem *Murgiessen* ist wahrscheinlich der Arm der Ill gemeint, der bei dem noch heute so genannten *Murhof* vorbeifliesst; denn bei demselben trennte sich der Arm der Breusch, der *Ar* oder *Ahe* genannt wurde, von diesem Hauptnebenfluss der Ill, um sich, rings um die Stadt, nach dem Wacken hinzuziehen und schliesslich in die Ill einzumünden.

3 *Gergen fere* war die *untere* der beiden Rheinfæhren, die zum Uebersetzen über den Strom dienten, ehe die stehende Strassburger Schiffbrücke über denselben gebaut wurde. Während die *obere* im Banne von Hundsfelden sich befand, ist die hiererwähnte in derjenigen Gegend der Ruprechtsau zu suchen, wo heute noch das Gewand *Gergen-Garten* auf dem Kataster sich befindet.

zinswassern gefert, so sol er herhein faren und sol keinen zug ziehen in keime almenden wasser.

Wir sint überein kommen das kein frömder oder dehein ussburger hie inderwendig der milen sol faren, mit weller hande gezog es sy, das die unsern miden müssent, an dem samstage zů naht und an dem sunnendage und an den andern virtagen, und wo man einen darüber findet, dem sol man nemen schiff und geschirre. Und wer der ist, der also einen frömden findet, der sol zů yme sprechen: das muss ich von dir sagen, und sol das unserm meister fürbringen, by syme eide.

### Von den zügen.

Wir sint überein kommen, der ussvert noch sante Michelstage oder umb allerheilgen tag und einen zug machet, der sol ston untze zů winahten, so sol er ledig sin, und wer uf den zug fert, der sol in helfen gelten; und wer noch sante Johanstage in den winahten einen zug machet, der sol ston untze zů sünigihten, so sol er ledig sin, und wer ime die wile uf den zug fert, der sol in helffen gelten; und welle also die züge machent, den sol man geben zů lone, eime meister 1 ß ₰, eime stierknaben 4 ₰ und eim knehte, der sines rehten nüt enhet und einen slegel gefüren mag, 8 ₰ und iren kosten den sü verzerent.

Item es sol nieman in der geselleschaft zů dem salmenzuge me füren denne ein halp garn; wer das brichet, der verlüret 16 ₰, also maniger in beclaget.

Ouch komment wir überein, obe drü garn oder viere uf eime zuge sint, kummet einer gevaren mit eime garne, als er von rehte sol, und vordert an sü das sü in iren gemeiner lossent sin, das süllend sü tůn; wellent sü in aber nüt zů gemeiner, so söllent sü ir garn alle netzen; wil er nüt ir gemeiner sin und wil alleine faren, so sol er sü nit twingen.

Item wir sint überein kommen, wer der were der uf einem zuge mit sime garne hůbe, wer er nüt bereit mit seil und mit steinen beden, kumment andere, die do bereit sint mit irme garne und entwerent in des zuges, das geferte bessert 7 ß ₰ und was sü daruf gefohent; und sol man alle jor vier gesworne darüber setzen.

So der snolvisch zů leuche got und also die garner uf die züge farent desselben leuches, so mag einre mit eime garne, bereit mit aller zůgehörden des garnes, wol einen zug beheben, welle zit er wil, den obentzug; und wenne er den obentzug also gezühet also die sunne undergot, so mag ein anderer oder er, wer der sy, wol den zug beheben an der werbe uf die ander naht, und mag do zwüschent faren wer do wil untz uf den mittentag; noch dem mittentag so sol nieman faren, wenne der dez der zug ist, het er in behůt mit knehten, die zů dem zug hörend und es den lüten verkündent, die denne do ziehen wöllent; und wer das breche, der verlüret 7 β ꝺ und was er darufe gewinnet.

So aber die frömden ussewendig des burgbannes oder den zilen farent noch leichvischen, so mögent die unsern ouch faren; sie süllent aber niemans frömdes heissen also faren; das sol in innewendig der zil ouch keinen schaden bringen, wo sie sehent die farent die unser antwerck nüt enhabent.

## Von dem Yse.

Wir sint überein kommen das sehs gesellen oder ehtewe mögent ein isz bevohen oder zwey, und sol der einre uf das isz müssig gon; man sol es ouch bevohen mit eime ruder das zehen schůhe lang ist oder me; das isz sol ouch also starg sin das es den ruder getragen mag und mit eime garne das zweiger untze wert ist oder besser, und sol das ein nuwe gefroren isz sin; wer das breche, der bessert 7 β ꝺ; und sol man ouch gesworne darüber setzen. Also vil aber unser werent an eime yse oder an eime woge, die vischen woltent, überginge die ein wasser oder ein wint, so soltent sü vischen, und soltent nütschit darumbe verlieren.

Es sol ouch nieman mit steinwatten oder mit brůtwatten faren, von ostern untze ussgonder pfingest wuchen, von dem alten woge untze an den pfannenstil, in dem innern wasser und ouch in dem Rine; wer aber darnoch faren wil, es si mit steinwatten oder mit brůtwatten, die süllend nüt faren, sie habend denne von jedem geferte einen geswornen; und wer das breche, der bessert 7 β ꝺ also dicke ers brichet. Und sol dis in allen zinswassern nüt schaden.

Wir sint überein kommen das nieman keinen hürling vohen sol, mit weller hande garn man hürlinge gefohen mag, one alle geverde, denne also es von alters harkommen ist. Und sol man von jedem geferte einen geswornen darüber kiesen; dieselben söllent ouch nit faren, sü habend denne darüber gesworn; und söllend dieselben geswornen alle ahte tage die zû rede setzen die sü bresthaft vindent; wer es ouch das von denselben geswornen jemant gerüget würde, und der mit sime rehte vor gerihte ledig wurde, so sol der der in denne gerüget het an sine stat tretten; wer das brichet, der bessert 7 β δ.

Es sol nieman keinen hürling verüssern noch verandern, noch einen frömden dusse heissen hürlinge in sine arcke oder in sinen wiher werfen vor sante Arbogastes tage; hünder weme man aber also hürlinge finde vor demselben zile, der bessert jedem ahtmanne 7 β δ und dem meister 14 β δ, und sol ime die vische darzû nemen.

Alle watter söllend an sante Arbogastes obend harhein faren und die gezoge die an lant gont, und süllend viren untz sante Marie Magdalenen tage zûm tagehorne, und söllend dovor keinen hürling vohen; wer das brichet, der verlüret 7 β δ; und sol kein vischekoufer keinen hürling koufen vor sante Arbogastes tage, bi der vorgenanten penen, und söllent die vischekoufer alle jor vier gesworne geben über die hürlinge.

Es sol ouch nieman junge gründelin vohen, noch aller hande junge vische untz zû ussgonde pfingesten wuchen, one geverde; wer das brichet, der verlüret 7 β δ; und sol man alle jor vier gesworne darûber haben.

## Von dem wenden.

Von wendens wegen sint wir überein kommen, das an dem samstage zû naht nieman wenden sol, noch an dem sundage, noch an unser frowen tage; wer üt anders tût, der verlürt 7 β δ; doch wante jeman vor dem samestage, das mag er wol lossen ston über den sunnendag, und sol ime das keinen schaden bringen.

Und sol man bi naht für gewende faren, und sol faren wie frûge man wil vor tage für ein gewende in der wuchen; und sollend es halten glicher wise die garner.

Sü söllent ouch des tages beiten, und sol man nüt wenden vor tage, und wer darzû kummet vor tage, der sol teil und gemeine daran haben an dem gewende; und wer der were, der eime gemeinschaft verseite der also darnoch keme vor tage für das gewende, der verlürt 7 β ȣ und was er darufe gewinnet.

Entwerte ouch einre den andern eines gewendes oder wurde eime ein gewende angewunnen, der verlüre ouch 7 β ȣ und die vische darzû.

Wer für ein gewende fert, der sol es bevohen mit schiff und geschirre, also des antwercks gewonheit ist, und sol des gewendes warten, und sol für kein ander gewende varen oder körbe darfür hencken, er habe denne dis vor gewendet und zûgeslagen, das er zü dem ersten bevangen het, es si lache oder gewende, und mag darnoch aber wenden je eins besunder noch dem andern, und mag wol von dem gewende varen brot zû holende oder anders das er bedarf, also das er dozwüschent nût anders lûge oder tribe das zû dem antwerck gehöret.

Varent ouch sesse oder ehtewe für ein gros gewende, die süllent ouch glicher wise für kein anders faren oder kein anders bevohen, sü habent denne dis vor gewendet und zûgeslagen dofür sü zûm ersten gefaren sint, es si lache oder gewende, jegeliches by 7 β ȣ.

Und sol nieman keime helfen wenden denne ein kneht der sin reht het oder sin jorkneht oder sin sûn; gewunne er aber darüber deheinen kneht über sin gewende der sins rehten nüt enhet, der bessert 7 β ȣ.

Item wer wendet, der sol ein gewende, wenne er dovon gefert und es gewendet, ufbrechen das dirteil des besten fereweges das er wendet; doch sol ime keine specke schaden; wer das brichet, der bessert 16 ȣ also dicke er es breche.

Keinre sol keine lache verstellen an dem samstage zû naht und an dem sunnendage zû naht, und sol das gliches halten also die garner, bi 7 β ȣ.

Wer ein fach machet niden für ein gewende der bessert 7 β ȣ und sol einre niden eine lachen ufbrechen, also ein gewende das das dirteil des wassers us und in mag gon, bi 16 ȣ.

Wer einen hot oder einen alten Rin verbachet, der sol das dirte teil des besten ferweges ofen lossen, es sige enge oder wit; wer das brichet, der bessert 7 β ȣ.

Es sol nieman wenden das wilgehe noch das cleine pfarresgiesel das doby ist, bi 7 β δ, und söllent vier gesworne über die vorigen stücke sin.

Das giesselin hinder der vogeler stube sel nieman wenden, er welle es denne wenden den gesellen gemeine uf der stuben; und wer das breche, der bessert 7 β δ, und sol das der meister und das geriht uf der stuben rügen, bi dem eide den sü uf der stuben swerent.

## Von den lewen.

Wir sint überein kommen, wer zů den lewen bevohen wil, der sol bevohen an dem nehesten wergtage noch unser frowen tage der jüngern, und sol sü bevohen mit zwein pfelen; wer die ouch bevohet, der sol sü machen in den nehesten ahte tagen zů allem rehte; obe er das nüt dete, wer darnoch keme der hette besser reht darzů denne der sü bevangen het.

## Von den wellen.

Ouch sint wir überein kommen von den wellen, das darinne nieman vohen sol wenne an dem nehesten mendage noch unser frowen tage der jüngern zů der primen, one alle geverde; wer üt anders tůt, der verlüret 16 δ also maniger in beclaget, und die vohunge sol nüt geben.

Und komment übercin in dem gedinge, das nieman zů den wellen bevohen sol, er lege und hebe sü denne, und sol sü nüt verkoufen, und der an dem stege ist, der sol bevohen und nüt der by ime an dem schiff ist.

## Von den körben.

Wer zů dem herbeste körbe bevohen wil, der sol bevohen an dem ersten tage noch unsers meisters tage, so man in dem hofe isset; wer das brichet, der verlürt 7 β δ.

Es sol ouch nieman keinen sebdenkorp mit keime üle stellen in dem burgbanne, in den zilen also es gemaht ist, von sante Arbogastes brucke untze an Brüsch gemünde; und wer das brichet, der bessert 7 β δ, und sol man alle jor vier gesworne darüber setzen. Item men sol keinen korp hencken in das krut und keinen krebeskorp mit üle stellen, by 7 β δ.

Wer zû den rufolcken rüsen bevohen wil, der sol bevohen am nehesten zistage noch unsers meisters tag so man in dem hof isset, und sollent die öbern haben an den bedecketen brucken und die nidern an sante Stefans brucke; wer anders dete, der bessert 7 β ₰ und die weide. Dis vorgeschriben geschirre mag man wol stellen und heben, wanne man wil, uf virtage so man nit faren sol.

Wir sint überein kummen das die rehten züge nieman verslahen sol eins hocken lang, der vierzig schûhe lang ist, von deme lande in den innern wassern, untze Brüsch gemünde, by 7 β ₰.

Ouch sint wir überein kommen das die ligend gezoge der gonden gezogen rumen sol und entwichen.

Unde komment überein, das nieman zû den kürbelin bevohen sol wenne an dem nehesten wergtage noch dem zwölften tage, und süllent die nidern bi den nidern haben und die öbern bi den öbern, und sol jederman mit sime schiffe faren und nüt lösen über kein gescheit so man das primeglöckel anzühet, und so er ein halp bevohet, so sol er wider an das schiff gon, und söllent aber fürbas bevohen; und süllend alle bi einander an dem nidern stege sin so man das glöckelin anzühet, und süllend mit einander anlösen, und sol sich nieman bergen noch wider keren, durch keine geverde, umbe das er afternoch bevohe; wer üt anders tût, der verlüret 16 ₰ also maniger in beclaget. Unde wer also zû den kürbelin empfangen wurt, der söllent nüt (me) denne zwene an eime schiffe faren, die rehte gemeiner sint, und süllent sü ouch selber stellen oder sin reht gemeiner oder sin gedingeter kneht; lihet er eime andern kürbelin, schiff und geschirre oder verkoufet die weide, der verlüret 7 β ₰.

Wir und die von Honowe sint in eime offenen gedinge überein kommen, welre wil bevohen mit den kürbelin indewendig der mülen, der sol faren zû dem stege zû dem andern, one alle geverde, und sol bevohen bitze an den Pfannenstiel[1] mit sime rehten gemeiner oder mit sime gedingeten knehte; und wer do bevohen wil usse-

[1] Mit dem *Pfannenstiel* ist wohl die äussere der beiden Schleussen oder *Pfannen* des Johannis- oder *Rheingiessens* gemeint, die jederzeit den Verkehr zwischen Ill und Rhein sicherten. Durch die Ausbuchtung der Schleuse (dem *Stiele* der *Pfanne*) in den Fluss, wurde nach einer Seite hin der Betrieb der Fischerei begränzt.

wendig und indewendig, der verlüret 16 ₰ als maniger in beclaget; und wer do bevohen wil indewendig der milen den ussern Rin, der sol faren oben an sante Johansgiesse, one alle geverde; er sol bevohen zů den kürbelin untze uf den alten Veltwert[1].

Wer fürbasser bevohen wil, der sol haben an dem Veltwerde und sol nieman irren indewendig der milen, und sol bevohen uf den wert zů dem Hagen. Noch dem zwölften tage zů winahten, an dem ersten wergtage, so süllent sü einander anlossen mit der glocken, one alle geverde; wer es das ir kemen (die) beduhte das ime unreht were beschehen an der weiden, der sol in beclagen, und sol man den ussewendigen und den indewendigen ein unverzogen reht tůn vor unserm meister des ersten gerihtes.

Item ist es das man einen ufslag machet uf den tag, so süllent es die innern den üssern sagen.

Wir sint überein kommen, wer dem andern in sin banwasser fert, das er verzinset het, oder ime sine vische ussvohet, mag ers bezügen mit zwein biderben mannen, die es sehent oder hörtent, der sol sin reht verloren han und sin geburschaft.

Und sint überein kommen, wer dem andern sine wellen oder sine kürbelin oder sine rüse enweg wurfet, oder sine vische nimmet, oder vindet einre den andern obe sime flosschiffe oder obe sinen vischen in böser meinungen, der sol von dem antwercke sin und sol niemmer me daran kommen.

Ouch sint wir überein kommen, in eim offen gedinge, wer der were der eim andern ein schiff oder ein floschiff neme oder garn, nüt ussgenommen, welher hande garn es were, die do dem antwercke zůgehörent, wer den beclaget so bessert er 7 β ₰.

Wer ouch der were der dem andern neme ein kerlin, oder ein büttichin, oder ein nertelin, oder ein bernelin, oder einen ruder, claget ers, der bessert 16 β ₰.

Wir sint überein kommen, wer dem andern sine vische underdin-

[1] Das *Veltwerd* war eines der zahlreichen Wœrthe oder Inseln des damals noch nicht eingedämmten Rheines bei Strassburg, warscheinlich das *Beiltwert* des Allmendbuches von 1427. — Etwas weiter muss das Wert zum *Hagen* gelegen haben, dessen Name und Lage heute nicht mehr aufzufinden sind, da der Strom im Laufe der Jahrhunderte viele dieser Sandinseln umgewühlt oder ganz verschlungen hat.

get oder sinen kouf besweret, der verlüret 7 β ϐ dem meister und dem antwerck, und sol mit dem cleger überein kommen.

Es ist ouch überein kommen das nieman keinen visch sol fürkoufen, er koufe sü denne der mennige vor; und wenne einre also vische fürkoufet, wer denne darkummet, der unser reht het, und vordert die vische, dem sol man dieselben vische geben, bi dem koufe also sü denne gekoufet sint, und sol man es ime nüt versagen, sü sint dot oder lebendig; und wer der were der der vische nüt enwolte, sü werend tod oder lebendig, der sol keine me do vordern; wurt ime aber der vische entzeit oder verseit, so sol denne der dem die vische werdent ime geben was er darabe gewinnet, und bessert 7 β ϐ.

Es ist ouch zů wissende das niemant mit keime lantmanne oder mit eime ungeburen keinen visch verkoufen sol, er habe sü denne vor geteilet oder geschetzet.

## Von den vogeler.

Von den vogeler wegen sint wir überein kommen und wart beret, in eime offen gedinge, das man sol haben drige erbere manne, die do die vogelweide söllent lehen und niemant anders; ouch sol man wissen wer der were der darin breche unerlöbet, one der driger erloubunge; also maniger in beclaget, also dicke bessert er 7 β ϐ, und an denselben drigen stot die vorgenant lehnunge.

Die vorigen drige lehener söllent lehenen und nieman anders, uf das nützeste und beste, bi den eiden die sü geton hant.

Wer es ouch das ir einre gonde würde von den drien, es treffe zů welher hande lege, zů der lehenschaft, der sol nüt me den gesellen rechen denne 1 ϐ für sine sumenisse, (be)darf er aber jemans mit ime, so söllent die andern zwene ouch mit ime gon, und söllent ouch nuwent 1 ϐ jegelicher rechen für sine sumenisse.

Wir sint überein kommen, in eime offen gedinge, das man sol teilen die vogelgriene uf sante Johans tage zů sunigihten also mit gedinge: so die glocke zwölf gesleht, so sol mengelich kummen zů den Wilhelminer der teil haben wil an den vorigen grienen das jor und sin losz haben wil.

Und wenne die losz gegeben werdent, so sol nieman darzů gon

denne die drige die darüber gesworn hant; bedörfent sü aber eins oder zweiger, die mögent ouch darzů gon die sü denne berufent; wer das verbreche, der bessert 16 β δ, und süllent es die drige rügen, by iren eiden.

Wer ouch der were der do keme noch deme das die glocke zwei hette geslagen, der sol das jor kein reht dozů haben und sol die gesellen nüt nötigen; und wer sich dowider satte, der bessert dem antwercke 7 β δ; er mag noch der teilunge wol faren in die zinsweide und wo in got donoch hingewiset.

Wer ein losz nimmet an der weiden, der sol ouch zinsen, und sol ouch nieman kein losz nemen, er welle denne selber vogeln, und ouch keime sin losz grien verkoufen, by den vorigen 7 β δ.

Wer under den vogelrn sine zinse nüt het geben an dem nehesten sundage noch dem winahttage, der bessert 7 β δ, und sol der zinssamener, by sime eide, rügen und sol men ime ouch rihten also eime büssener.

Man sol von dem ostertage die langen garn in lachen und in legern nüt stellen, ussgenummen mit den beilgen, das sol nüt schaden; untze zů sante Michels tage, so sol jederman stellen und tůn wie er gewinnen mag, und got das die almende nüt an.

Man sol ouch in dem vorigen zile in lachen und in legern mit keime vogelgarne noch mit keime geehse vogeln; und wer der ding eins verbreche, der bessert 7 β δ, und söllent die drige lehener rügen.

Kement ouch die drige in die lachen und in die leger und fündent der vorigen garn deheins, die söllent sü nemen.

Item in der zinsweiden sol niemant me stecken stossen wenne einenthalben und anderthalben vogeln, wil er aber gansen oder mit den beilgen vogeln, oder suss noch vogeln stellen, so sol er ginre eins rumen und sol nuwent an zwein enden zů schaffende haben, und nüt (an) drienthalben, by 7 β δ, und sol das der zinssamener rügen.

Wer einen kneht, der sines rehten nüt enhet, schicket uf sin eigen weide, wil der in die zinsweide varen, so sol er mit schiff und geschirre varen und den kneht mit ime nemen, und sol mit dem knehte nüt an zweigen enden vogeln, by 7 β δ, und söllent die drige zinssamener das rügen.

Item wer dem andern eines vogelgrienes entweret wider reht, der bessert 7 β ₰ und was er darufe gewinnet.

Es sol keinre dem andern eine garnleige entweren wider reht, by 16 β ₰ und was er do gewinnet.

Wer do ganset, do ein rehter zug ist, der sol die pfele die er gesleht ussrumen und sol das beste und das wegeste darzů tůn das sü uskumment, by sime eide; důt er das nüt, so bessert er 16 ₰, und söllent die vorigen drige das rügen.

Er sol ouch dieselben garne leigen rumen mit bestösse und mit allen dingen, also es von alter harkommen ist, ouch by 16 ₰.

Wer die eynunge het, der sol keinen vogel vohen mit deheinem hunde; also dicke ers brichet also dicke verlürt er 7 β ₰.

Item in der almendeweide sol man ouch stecken stossen einenthalben und andernthalben vogeln, und wer es das an in beden zů stellende were, keme denne ein geselle zů ime und vordert an in teil und gemeine des grienes, so sol er mit ime teilen und sol ime eins geben; dete er das nüt, claget es denne ginre von ime, so kummet er umb 7 β ₰ und was er daruf gewinnet, und verlürt ouch das grien.

Item wer der ist der stecken stosset und eines grienes hütet, der sol keinen visch vohen den er verkoufen wil; wol mag er visch vohen das er gisset; ist es aber das jemans gewar wurt das er vische verkoufet, so mag einre ime das grien nemen, und satzete sich denne ginre dowider und müste es ime dirre über den hals angewinnen, so verlüre er das grien und keme ouch umb 7 β ₰.

Es sol keinre drienthalben geschirre haben, und wo das eime geswornen fürkümme, der bessert 7 β ₰.

Item in der almende weiden: wer mit langen garnen in lachen und in legern oder mit bettichen zů luszgefügel stellet, der sol das bestösse, wenne er ushebet, gerwe ussrumen und dennan tůn, one alle geverde, by 7 β ₰.

Item wer noch gensen stellet in der almende weiden, der sol dreiszig clostern seiles obewendig der garnleigen rumen und dreiszig clostern indewendig, one geverde, by 7 β ₰, wo es eime geswornen fürkeme.

Wer eine hütte, do man sich inne erneren mag, zerbrichet oder verbürnet, oder die stodeln zerhowet, der bessert 7 β ₰; doch was eime vogeler in der zinsweiden schedelich ist, das mag er wol dannan tůn, one allen schaden; unde obe einre eine böse hütte abebrichet und eine besser dar machen wil, das sol ouch nüt schaden.

Wer vogel vohet und vogel kouft, des frowe oder sin gesinde söllent der vogel keinen verkoufen die er kouft het, er sol sü selber verkoufen; die vogel die er selber vohet, die mögent sine frowe und sin gesinde wol verkoufen; und wer dowider dete, der bessert 7 β ₰; es were denne das einre ginge mit den erbern lüten zů eime opfer, oder messe hörte und sin antwerck nüt entribe, one geverde; und söllent vier gesworne darüber sin, die ouch rügen süllent obe einre vogel rupfete uf dem merckete, by derselben penen; doch mag einre wol in ein geschirre rupfen; und das niemant keinen růder, noch keinen lowen, noch kein floschiff, noch keinen fulen fisch setze in das gadem, by 16 ₰; und wer drin netzete, by 6 ₰; und wer uf dem vischemerckete barbein oder barfůs ginge, der vische veil hette oder zů merckete stünde, ouch by 6 ₰, also dicke er gesehen würde.

Wir sint überein kommen, in eime offen gedinge, das nieman keime růfen sol von sime narten noch helfen vische koufen, er bete in denne darumbe; es sol ouch nieman vor keime narten ston, der gemeiner het, vische veil bieten oder verkoufen oder zů dem koufe reden, er welle denne hinafter by ime ston, by 16 ₰; wer es aber das einre, der keinen gemeiner het vische veil zů bieten, vor sime narten stünde ungeverliche und eime vische veil bütte, das sol ime nüt schaden bringen; doch mag ein gesworner einen also heissen bescheidenliche hinafter ston.

Item die wasserschöpfer süllent von nieman ützit oder keine můte nemen, und süllent ouch hinnanvorme nieman frömdes, und sunderligen die heringlüte und die grempen, lossen wasser nemen us den bütten, noch keinen eymer oder ander geschirre sü lossen in die bütten stossen. Und sol Künlin den obern mercket von erste und darnoch sin sůn den nidern mercket besetzen und bestellen mit narten, uf das beste, wegeste und das glicheste, eime also dem andern, als es von alter harkommen ist, und söllent von niemant keine muete nemen, dass sü ime fürbasser narten und wasser gebent oder stette ufenthaltent. Sü söllent ouch keime Iller oder anderm frömden vischer keinen narten lihen oder geben oder sü lossen nemen, die heimeschen endörfent denne der narten nüt; und sünderlingen die heringfrowen und die gremper sol man keinen me lossen nemen; und söllent ouch keime kein wasser me geben, er bruche denne unser narten die den unsern überblibent und nüt endürfent; sü sollent ouch nieman me keine stat ufenthalten oder bevohen, der nüt heime oder zůgegen ist.

Es ist zů wissende, wenne man in den ymbes komet und ein meister jederman gebütet uf sime stůle zů sitzende, stot er uf von sime stůle one urlop des meisters, der bessert 16 ₰; wer es aber das jeman unzühtig were in demselben ymbes, mit worten oder mit wercken, das zů unzühten treffe, das sollent der meister und die ahtelüte für sich nemen, und söllent rihten als es von alter harkommen ist und noch der geschiht also es denne begangen ist.

Ein jegelich büssener der denne ein bůssener ist, der sol gewinnen was in dem jore verloren wurt bi ime; gewünne ers aber nüt in dem jore, so sol ers verschriben geben dem gerihte; erkennet denne das gerihte das einre also arm ist das ers ime nit angewinnen möhte, so mag ime das gerihte zil geben; erkennent sü es aber nüt, so sol es der büssener für in geben dem ers nüt angewunnen het in dem jore.

Wenne ein meister abegot, sol man in dem ymbis dem nuwen meister und dem gerihte die bůcher vorlesen, so wissent sü warnoch sü sich das jor rihten süllent, und vor aller mengelich.

Wer der were der ein ambaht het und das nüt ufgit zům gedinge, der bessert also vil also das dorüber er gesworn het, das ist 7 β.

Wer einen begrifet in dem gedinge, der sol ime entwurten in dem gerihte, wurt er ime fellig, so sol er in bezalen zwüschent den vier tagen, und sol der ymbes der schulden fri sin; wer das breche, der besserte 16 ₰.

Wenne man in eim gedinge ist und man sich scharen wil in dem gedinge, umbe weller hande sache es sy, so sol nieman an die schar gon durch bette wille oder durch früntschaft willen, er spreche denne, by sime eide, das er es durch des antwerckes notdurft willen tůge; doch was in dem bůche stot, do sol sich nieman umbe scharen.

Wer den andern anclaget umbe teil oder gemeine, wurt ginre, der angeclaget ist, ledig mit dem rehte, so verlüret der nüschent der in angeclaget het; wurt er aber vellig, so bessert er 16 ₰, es si umb teil oder umbe gemeine.

Wer der were der den andern beclaget umb eine üppige sache, one geltschulde, der bessert 6 ₰ wider wen das urteil vellet.

Wer es das keinre unsers antwerckes für den rot ginge umbe deheinre hande sache zû vordern oder zû clagende, die das antwerck aneginge oder antreffe, es were denne das man ime nüt rihten wolte vor des antwerckes gerihte von den sachen also er denne zû vordernde oder zû clagende hette; wer das breche, der bessert dem antwerck 1 lib. δ; und sol man ouch derselben vorigen besserunge ir deheinre faren lon, by dem eide den der meister dem gerihte geton het.

Es sol nieman keinen herren über unser antwerck füren mit bette noch mit gewalt; wer das dût, der verlüret 7 β δ.

Wir sint überein kommen, in eim offen gedinge, das man keime unsern meistern sol me geben noch ime vallen sol von dem antwercke, denne sine gebot und die heilgen pfennige und die wettpfennige und sin dringgelt, so er eime sin reht lihet; und 10 β sol men eime yegelichen meister geben, so er abegot, das er einen nuwen meister laden sol und domitte schencke; und sol men ime ouch 10 β δ geben das er eime nuwen rotherren schencke; die andern gevelle und besserungen söllent alle vallen in unser bühsse. Wer ouch der were der zû meister würde gesat oder gekosen und me wolte vordern anders denn vorgeschriben stot, der sol bessern yedem achtmanne 7 β δ.

Wo ein bidermann stirbet oder sine frowe oder sin elich kint, das sol man dem büttel sagen, und sol er denne dem antwercke gebieten, die in das kirspel hörent, und niemanne me; und wer dar nüt enkommet dem es geboten wurt, der verlüret 6 δ und git dem meister einen pfennig, dem büttel einen und an die kertze 4 δ.

## 1428.

Stadtordnungen, vol. 1, fol. 33.

Unsere herren meister und rat hant mit urteil erteilt, das dehein vischer noch kein unser burger noch undersasse mit deheinem engern gezoge noch garne, es sint schaftwatten, brutwatten, louckengarne, oder mit deheinem engern berner, es sy der affenberner oder kegelberner oder klingeberner, noch deheinem engerm wendekorp bruchen, noch faren, noch domit vischen sol invendig der milen, danne der model ist den unser herren meister und rat hinder inen habent und ouch jeder städemeister einen hat; mit witern garnen oder gezögen mögent sie wol faren; und sol ouch weder man noch frowe kein ander gestricke machen das enger sy danne die egeschriben modeln; und wer der vorgeschriben stücke deheins verbreche, der bessert 30 β; söllent 10 β in der vischer gemeinen antwerks bühssen fallen und das überige pfunt usern herren meister und rat; und söllent ouch alle gesworne vischerantwercks und alle schöffel es rügen und fürbringen den fünfen oder unsern meister und rat, wo sie es befindent oder inen fürkompt das jeman der vorgeschriben dinge deheins verbrochen habe; und söllent ouch die fünfe oder unser herren meister und rat soliche besserunge nieman faren lossen.

Es sol ouch nieman deheine jungen vische vohen noch veil haben von ostern untze ussgonde pfingest wuchen; wer ouch solich junge vische do zwüschent veil hette, der bessert ouch 30 β; söllent ouch 10 β dem antwercke zůgehören, und wil man ine die vische nemen.

Es söllent ouch keine vogeler noch vischer, noch nieman anders, von vastnacht untze pfingesten deheinen vogel fohen, er sy gross oder clein, ussgenommen kraniche, noch die veil haben, es sy grüne oder gesaltzen, es sint vasant, velthünre, antfögel, brofogel, tritfögel, murfögel, rackehelse, breitsnebel, trosseln, nunnen, smichen, merrich, sluten, ziemern oder vifitze, noch keinen derglichen noch sust keinen cleinen vogel, wie der genant ist; wer das verbricht bessert als vorgeschriben stot; und söllent es ouch alle schöffel und ratesherren und die gesworenen vischerantwercks rügen und fürbringen als vor, und sol man ouch soliche besserunge nieman faren lossen.

Es sol ouch nieman, es sigent vischer oder andere, nieman ussgenommen, deheine jungen hürlinge hie zwüsent und sant Arbogastestag vohen noch in kein arcken noch wiher werfen, weder mit garnen, wurfgarnen, berren oder andern dingen; wer das verbricht, der bessert die vorgeschriben besserunge 30 β; und söllent ouch 10 β in des antwercks bühsse fallen.

Unsere herren meister und rat sint überein kommen, das dehein unser burger, noch nieman von sinen wegen, es sien sine kint, sin gesinde oder jeman anders, dehein gezame tube, sie sy junge oder alt, dem andern sol abefohen, es sy in der stat oder in dem burgbann; und welicher unser burger das dete, es sie sine kint oder sin gesinde oder jeman anders, es sy frowe oder man, der bessert ein halb jore von der stat, ein mile, und git dartzů 30 ß; und söllent es ouch alle ratesherren rihten und rehtvertigen, uf den eide, und ouch solich besserunge nieman faren lossen.

Publicatum dominica ante festum annunciationis beatæ virginis. Anno 1425. (18. März.)

---

## Bruchstück einer Fischer-Ordnung.

**15. Jahrhundert.**

Stadtordnungen. vol. 1, fol. 35.

. . . . . . . . . . . . . . . . . . . . . . . . .

Es sol ouch kein vischer keinen fulen, verdorben visch under andern gůten vischen verkoufen; wer das důt, der bessert 30 ß ₰.

Ouch ist den vischern gegunnet, wo si vische koufent uswendig der milen, das ir danne me denne viere miteinander gemein haben mögent, und sol in das nit schaden, doch also das sie die vische teilent e danne sie sie zů merckete bringent oder verkoufent; und es ouch haltent in die wise als do vor ist bescheiden.

Zů glicher wise sollent es ouch die metziger und mengelich halten, by der vorgeschriben penen, die vische uf merschetzen koufent oder verkoufent; und söllent alle die die in dem rat sint, alle schöffele und die geswornen alle dise vorgeschriben dinge rügen, fürbringen und ouch rihten, uf den eid, wo sie es sehent oder für die worheit befindent.

Es söllent ouch alle die die vische herbringent zů merckete, es sy von Westerrich[1] oder woher dann es ist, getröst sin, und wer in laster oder leit důt, es sye mit worten oder mit wercken, gegen dem oder den söllent es meister und rat strenglich und unverzögenlich rihten

[1] Diese Fische kamen aus den grossen natürlichen und künstlichen Weihern des Westrichs, die noch heute als Linder-, Gondelfinger-, Stockweiher u. s. w. jenseits des Vogesenkammes in Deutsch Lothringen vorhanden sind

und rehtvertigen, uf den eid, noch der getat die danne geschehen ist und wie es in fürkommet.

Es söllent ouch alle vischer, die den salmen snident und verkoufent, mit namen die nit schöffel sint, sweren an den heiligen, und die schöffel sint g(e)loben, by iren eiden, das sie keinen salmen der übernehtig oder nût schimelig ist, anderswo veil habent danne by dem burnen an dem vischemerckete, und söllent ouch alle und ir jegelicher besunder daruf setzen und stellen ob es deheinre under in verbreche, das sie es meister und rat vürbrechteten und ouch vürbringen söllent, by dem vorgeschriben irme eide; und wer es danne verbrochen het, der bessert 30 β δ.

Wer dem andern sine vische nimmet in sime wiher oder in sinem floschiffe oder in siner arcken, es sy innewendig dem burgbanne oder uswendig des burgbannes, der sol us der stat varen ein mile ein jor und sol fünf pfunt geben, wenne es der meister und der rat küntlich erfert, und sol nit harin kommen one meister und rats urlob, und sol den kleger unclagehaft machen; wurt es aber geclaget, so sol es meister und rat, uf den eid, rihten noch rehte.

## Von den gesaltzenen Fischen und Heringen.

Es sol ouch nieman keinen bösen, fulen hering, bücking noch bösen bolchen oder andere böse gesaltzen vische veil haben noch nieman ze koufende geben, sie sient danne vor besehen von den die darüber gesetzet sint oder werdent, und wer das verbreche, der bessert 5 β δ. Und wo es ouch eime stettemeister oder ammeister fürkommet, der sol söliche böse vische in die Brusche werfen, und söllent es ouch alle underkoufer und die die darüber gesetzet sint und gesworen hant es meister und rat rügen und fürbringen, by irme eide, one alle geverde.

Es söllent ouch alle die den bolchen snident und andere gesaltzen vische verkoufent sweren zû den heiligen, das sie keinen bolchen noch andern gesaltzen visch verkoufent der sie wandelbar duncket; wo es ouch deheinre under in von dem andern befunde, der sol es meister und rat verkünden und vürbringen, by dem vorgeschribenen irme eide.

Was bolchen ouch von Mechel[1] ist, das söllent sie den lüten sagen, was ouch vassbolchen oder körbelbolchen ist, das söllent sie ouch den lüten sagen und dofür ze koufende geben, und was ouch Wicheherder[2] bolchen ist, das sollent sie ouch den lüten sagen und dofür ze koufende geben, und wer ouch anders domitte dete, der bessert 5 β δ.

Es sol ouch nieman zweier hande bolchen uf eime bancke veil haben noch verhöwen, wanne man sol jegelichen bolchen, wannan der ist, allein uf jegelichem bancke veil haben und verhöwen und kein andern bolchen doby, der von einre andern stat oder von einre andern gegene ist.

Was bolchen ouch in vassen ist und harkommet, den sol man nüt us den vassen tůn in körbe und in für körbebolchen verkoufen, und wer anders dete, der bessert 5 β.

Es sol ouch nieman keinen hering noch bücking veil haben anderswo danne by heringburnen, ussgenommen die heringlüte, die vor iren türen und under iren schöpfen sitzent, die mögent sie veil haben; und wer das verbrichet, der bessert 30 β δ.

Es söllent ouch nüt me denne zwene miteinander gemein haben, die isen, saltz, schmaltz, heringe, bückinge, gesaltzen vische oder anders das dem glichet veil habent; wer das verbrichet, der bessert 5 β.

## 1449.

Stadtordnungen, vol. 2, fol. 31.

Dise ordenunge ist gemaht uf zistag vür sant Gregoriendag, anno domini 1449. (11. März.)

Item zům ersten, so sol menglich mit der steinwatten und mit den stroifebernen an keinen enden nit fischen, varen noch bruchen von vastnaht bitze usgonde pfingest wuchen.

Es mag ouch mengelich mit allen gezögen faren und fischen von usgonde der pfingest wuchen; also werre der were (der) vische finge und die vische veil trüge uf den vischemercket, die zů clein werent,

[1] Mecheln in Flandern.

[2] Wahrscheinlich der entstellte Namen einer Stadt in den Niederlanden.

so sollent und mögent die zwölf geswornen an vischerantwercke und ouch alle der vischer schöffel ires antwercks soliche vischelin erkennen in das wasser zů schütten das erste mol, und obe ein sölicher, dem also sine undögeliche vischelin würden in das wasser geschüttet, darnoch söliche undögelicher vischelin uf den mercket me brehte, dem sol man sie in das wasser schütten zům andern mole, und derselbe sol ouch dozů bessern 5 β so dicke das donoch geschieht.

Item und sint dise gezöge usgesat, mit den sol nieman faren noch vischen untze uf usgonde pfingest wuchen bitze uf unser frouwe dag der eren, nemlich die brůtwatte und die steinwatte und das enge louckengarn; und wer solichs breche, der bessert 1 β δ so dicke das geschiht und funden wurt.

Item als in der siebener bůch geschriben stot, daz nieman keine lewe in unserme burgbanne legen sol, und nů dise nochgeschribene soliches vürnemen sollent und also jn meister und rot das enpfolen het darüber und ander stücke zů sitzen, obe üt in den oder in andern sachen zů endern sige, daz deme also nochgangen werde; also habent sie darinne bedoht und vürgenommen daz man boten dozů machen sol und vür meister und rot bringen und lossen besehen wo man lewen soll lossen ligen oder nit, umbe des willen daz man doby besieht daz (das) der stette und den mülen keinen schaden bringet oder an andern enden das geschedelich were.

Item die antfogel sullent einen qwerchfinger von dem körberhut haben von dem halse also sie abegesnitten werdent; wer das breche der bessert 5 β also dicke er des funden wirde, und sol bliben by 10 δ zů verkoufen; desglichen sol man allen gefügeln důn den man die helse abesnidet, by der vorgenanten pene.

Item als vormols ein regenvogel umb 6 δ geschriben stot, do ist der herren meinunge daz ir lützel zů merkete koment und nit jedermann werden mag, do hat die herren beduht daz es zů nohe sige und ist ir meinunge daz er hinanvürme sol umbe 8 δ geben werden den besten, neher mag man sie wol geben.

Item als grosse clage ist, daz die antfögel und ander cleine und gros fögel in der vasten und zů virziten gefangen werdent so es nit nütze ist und schedelich gefangen wurt, do ist der herren meinunge daz es aller mengelich schedelich ist, und umbe solichen schaden so zů versehende were, so ist ir meinunge wie daz hinanfürme nieman kein gefügel, clein óder gross, fohen sol von vastnaht untze sungihten, usgenomen krenche, sprehen, kesseler, gluten, rotbeinlin, mewen und junge fogel in den nestern, also das unser herren den umbsessen ouch schribent, die des pflegent zů fohen, ouch dovon zů stonde und sollichs zů halten. Und geschieht das darumb daz alle fogel uf soliche zit brütig sint und nit nütze sint zů fohen noch zů essen.

Item es sol ouch hinanvürme nieman kein lantgonde gezöge füren in den doten wassern und in den heden, noch kein andern garn, von angon mertzen bitzen an den meigedag, anders denne in fliessenen wassern, (darein) mögent sie wol faren, und sullent ouch kein fach noch stellunge machen, als das unser herren meister und rot den üssern ouch verkünden sullent solichs zů halten; woltent aber, so solichs meister und rot und die XXI in verkündetent, sie es ouch nit halten, so söllent die heimschen ouch soliches nit gebunden sin zů halten..

Sie sullent ouch in der stette graben noch nünocken stellen nit über und über; und fohet soliche stellunge an uf den zwölften dag und weret untze uf den meigedag, also daz sie alle morgen ir hürde und körbe an den lant legent, uf daz jedeman ungeirret in dem graben sige; nahtes mögent sir ir stellunge wol haben, also daz uf den meigedag hürde, körbe, pfele, stellunge dannan geton sige; wer soliches breche, der bessert 5 β; und ir grien ouch wider gesleifet und dannan geton sin sol.

Item dise nochgeschriben sint hiezů geordent von meister und rot mit namen her Claus Lentzel, wilent stettemeister, her Obrecht Schalck, her Heinrich Meiger, bede altammeister, und Claus Heilman von den fischern, meister Jörge Schertzheim, Ammel Ebel, Michel Suntheim, Anshelm Grofe, Claus Tachinna, Sifritz Hans, Hans Weldel, Folern Claus, Adam Fogeler.

## 1481.

Stadtordnungen, vol. 2, fol. 33.

Dise artickel sint geschriben us der sübener bůch.

Unser herren meister und rat und die XXI sint überein kummen das nyeman sol die burggraben noch Rintsutergraben[1] noch Hirtz-

[1] Der *Rintsutergraben* ist der alte Namen für Gerbergraben.

lach [1], von obenan untz undenan bitz an den Rine, vischen mit gewende; wer das brichet, der sol ein halb jor von der stat sin ein myle oder sol aber darfür 5 β ₰ der stat geben.

Es sol ouch hynnanfürder nyeman mit deheime streifeberner an deheynen enden nit vischen, varen noch bruchen, von angondem mertzen untz unser lieben fröwen der eren.

Es sol ouch nyeman hynnanfürder me mit deheiner brûtwatten vischen, varen noch die bruchen in deheinem hole, in deheinen heden noch an deheinen enden wo das ist, es sy verre oder nohe, ouch von angondem mertzen (bis) zû sant Johanntag zû sunngihten, anders dann in fliessenden wassern.

Es söllent ouch hynnanfürder dehein vischer, noch unser burgere, noch hindersess, noch nyeman anders deheine junge hürlinge vohen an deheinen enden, verre oder nohe, von vastnaht untz zû unser fröwentag der eren und den tag uss.

Es sollent ouch hynnanfürder dehein vischer noch deheine unser burger noch hindersess noch nyeman, wer der ist, die in der stette burggraben mit garnen vischen oder ziehen werden, die burggraben an deheinen enden mit deheinem twerchgarne verlegen, vermachen noch verstellen mit deheinen dingen.

Es sol dehein vischer noch nyeman anders in disem burgbann dehein lewen fürbasser machen noch haben; wer das darüber tete, der bessert von yeder lewen 30 β ₰ als dick das geschee, und wil man ouch solliche besserung nyeman varen lossen; doch sol das die nit angon die eygene wasser habent.

Es sol ouch hynnanfürder dehein vischer noch nyeman kein fach noch stellung in unser stat graben an deheinen enden machen noch haben; wer das darüber dete, der bessert 30 β ₰.

Wann man zûm ersten junge hürlinge in dem wasser siht oder vindet, so sol dehein vischer mit deheinem zoge varen domit man hürlinge vohen oder ergriffen mag, es sy dann das einer an demselben geverte sy, der gesworen habe semlich hürlinge die also gefangen werdent nit zû verüssern noch zû verandern und fürderlich uszûwerfen, und wer das von jeman erfindet der das nit dete, daz er das

[1] Die *Hirtzlach* war der Graben der bei dem Ausfluss der Ill aus der Stadt, am sogenannten Sack, gegen das Waseneck sich erstreckte.

fürbringen sol dem antwerck, by sinem eide, und was also dem antwerck gerüget wurt von denselben geswornen, do sol die besserunge dem antwerck bliben; was aber die zwölf geswornen, die jors vor den sübenen swerent, rügent oder vindent, söllent sie den sübenen fürbringen.

Actum feria secunda post vincula Petri 1451. (2. August.)

## 1468.

Stadtordnungen, vol. 2, fol. 57.

Als unsern herren meister und rät fürkommen ist wie die innern vischer uf dem vischmerckt umb einander visch koufent, ouch mit den Westerricher vischen und karpen vil vorteyl und geverde tribent, das nü der mennige schedelich sy, also das die mennige nit koufes bekommen mag als sie sust wol tete, darumb haben sie erkant als hienoch geschriben stät:

Des ersten, als in eym artickel ir ordenunge begriffen ist, das die vischer wol mögent umb unser burgere innewendig disem burgbanne visch koufen, do ist erkant, das doby gesetzet werden sol das sie solich visch koufen wol tůn mögent umb unser burgere die nit vischer noch vischkoufer sint.

Fürbass ist erkant, das deheyn vischer deheym closter oder yeman anders visch uf dem merckt koufen sol, es sy dann das ein solicher dem er die visch koufen wolt zůgegen sy oder habe dann sinen nochboten by ime; und das ouch deheyn vischer von solichen gekoufeten vischen ime selbs nützit behalten sol; und wer solichs darüber tete, der sol bessern 30 ß δ.

Item von der Westerricher visch wegen, do ist erkant, das dehein vischer, unser burger, vor pfaffenvastnaht bis ostern deheyne Westerricher oder desglich visch uf merschatz koufen oder verfürworten sol hie dissite der steygen, und welher das verbreche oder deheyn vorteil oder geverde darinne suchte, der sol bessern 5 ß δ so dick das geschee.

Es sollent ouch alle die, sie syent frömde oder heymsch, was doter Westerricher visch sie uf den merckt bringen, die desselben merckts verkoufen und dieselben doten visch donoch nit me zů merckt tragen; und wer hierüber tete, der sol bessern 30 β δ so dick das beschee; und wie vormols geordent ist der bösen, fulen visch halb, das die keyn vischer under gûten vischen verkoufen sol, doby sol es ouch bliben.

Actum et decretum sexta post reminiscere. Anno 1465. (15. März.)

## 1468.

Stadtordnungen, vol. 2, fol. 61.

Unser herren meister und rat und die XXI haben erkant, das die vischer nit neher dann ussewendig der ehter crütz [1] visch oder krebs umb einander koufen mögen, als das sie deheinerley visch oder krebs in der stat noch innewendig der ehter crütz umb einander koufen söllent; doch mögent sie darinne koufen leichkarpen und hürlinge, die sie in wiher ziehen wollent und darzû spisevisch, denselben ziehevischen zû essen.

Item sie sollent ouch deheinerley gebroten visch koufen in der stat noch innewendig der ehter crütze.

Item es sol dehein vischer deheim closter oder jeman anders visch uf dem merckt koufen, es sy dann zûgegen der dem er die koufen wil oder habe sinen nochboten by im, und sol ouch dehein vischer von solichen gekouften vischen im selbs nit behalten. Desglich sol Heinrich Metziger und sin nochkummen, wer in das scharwachthus visch kouft, ouch also tûn und von deselben gekouften vischen nit behalten, obe er wol die er gern im selbs behielte in sonders bezalen wolt.

Item die vischer mögent uf den wihern oder zû Zabern Westerricher visch koufen, also das sie hie zwüschen nit neher und ouch nit hie in der stat oder im burgbanne von pfafenvastnaht bitz ostern deheinerley Westerricher visch koufen sollent.

Item die vischer sollent ouch weder teil noch gemein haben mit

[1] Die alten Aechter Kreuze rings um die Stadt bezeichneten die Grenze ihres Bannes, über welche die aus der Stadt verwiesenen nicht schreiten durften. Ueber ihre Lage s. Silbermann, *Lokalgeschichte*, S. 163—164.

deheime der nit unser burger ist; doch sollent die vischer, die unser burgere sint, nit me dann zů zwene mit einander gemein haben.

Item als die heimschen vischer und die frömden mit Westerricher vischen in der vasten etwan under einander gestanden sint uf dem merckt visch zů verkoufen, das sol hynanfürder nit me sin, dann die heimschen und die frömden sollent nü fürbass sonder ston : nemlich söllent die heimschen den oberstant haben uf beide sit von dem vischmerktburnen untz hinabe gegen das wurtzhuse zur Wannen, also das dehein frömder vischverkoufer zwüschen den heimschen ston sol; dann die frömden vischverkoufer sollen iren sondern stant haben von des wurtzhuses zůr Wannen, uf derselben siten von der Wannen, abehin, so verre sie dann standes bedörfen, also das dehein heimscher vischer under den frömden ston sol veil zü haben.

Item so sollent die Iller darnoch ston als die von alter har gestanden sint.

Item als die vischer in der vasten die frischen Westerricher visch usgesundert und in garn geverlich behalten haben bitz noch ostern, und dann begeret inen zů gönnen die garn zů ziehen, soliches sol hynnanfürder nit me sin, dann die vischer sollent die Westerricher visch, wie die dann je zů ziten sint, in der vasten ungeverlich verkoufen und die geverlich nit me behalten.

Es sollent ouch alle die, sie sient heimsch oder frömde, was doter Westerricher visch sie uf den mercket bringen, die desselben mercktes verkoufen und dieselben doten visch donoch nit me zů merckt tragen; und wie vormols geordent ist der bösen und fulen visch halp, das die kein vischer unter gůten verkoufen sol, doby sol es ouch bliben.

Und wer der obgeschriben artickel einen verbrichet, der sol bessern 30 β δ so dick das geschiht, und söllent die vischer gemeinlich sweren einen jeglichen der solchs verbrichet den süben zů rügen, und welicher das nit rüget, den sol der rat umb den meineid strofen.

Item man sol ouch dis den süben geschriben geben und was stück harinne ernuwet sint in irem bůch ouch ernuwen.

Item boten zů ordenen herr Hans Hüffel und Heinrich Bisinger.

Actum feria tertia post exaudi domine. Anno 1465. (28. Mai.)

**15. Jahrhundert.**

Stadtordnungen, vol. 12, fol. 183.

Unsere herren meister und rate sint überein kommen, das kein vischer noch kein unser burger noch hündersesse mit deheinem engern gezoge noch garne, es sint schaftewatten, steinwatten, brûtwatten, louckengarne oder mit deheinen engern bernern, es sy der affenberner, kegelberner oder klingelberner, noch deheinen andern wendekorp bruchen, noch varen oder domit vischen soll an deheinen enden, verre oder nahe, dann der model ist, den unsere herren meister und rate hünder inen habent und ouch yeder städemeister einen hat, darüber sü ouch gestricket werden söllent, oder dehein ander gestricke machen das enger sy dann die egeschriben modeln. Und sol ouch nieman deheine junge vische vohen noch veil haben von ostern untz zû sant Johans tage zû sungiehten; und wer der vorgeschriben stücke deheins verbreche, der bessert drissig schilling pfennige; derselben drissig schillinge pfennige söllent werden dem antwercke zehen schillinge pfennige und der stat fünftzehen schillinge, und den den es empfolhen wurt ze rügen fünf schillinge; und söllent ouch dieselben den es empfolhen wurt, by iren eiden, und alzit wann es notdurftig ist, doruf warnemen, und wo sü ervindent das solichs geschee, söllent sü (es) den sübenen rügen und fürbringen, und söllent ouch ire fünf schilling pfennige, die inen werden söllent, nieman varen lossen; und wo man erfindet das sü das yemant erliessent, so söllent sü darumb drissig schillinge pfennige bessern, als dick das geschieht. Und wo man ouch dieselben cleinen vische, die man nennet selen oder ungeminte vische, in der vorgeschriben zit triffet oder ervindet, sol man (sie) in das wasser schitten. Wer ouch die sint die soliche watten, garne, berner, körbe oder deheinen vischegezock enger wircketent, stricketent oder machtent denn dovor geschriben stot, der bessert ouch 30 schillinge pfennige; dieselben drissig schillinge pfennig söllent ouch geteilt, gehalten und empfolhen werden zû rügen als vorgeschriben stot; und sol man ouch solichs Gerge Schertzheim und Swarber, den vischern die der stat zolle empfohent und iren nachkommen an demselben ampte, empfelhen, noch vorbegriffener massen, ze rügen und fürzebringen, und söllent ouch sü das tûn by der pene als obgeschriben stat; und sol man ouch inen dise ordenunge geschriben geben. Unsere herren meister und rate söllent ouch den meistern an allen staden sagen und empfelhen, das sü allen den die solich garne, gezöge und körbe machent verkündent und sagent das sie deheine engere gezöge, berne, garne und körbe machent dann dovor geschriben stat; darumb man die besserunge, obe yemant solichs verbreche, nyemans varen lassen wil. Es söllent ouch deheine vogeler, noch vischer noch nyemand anders, von vastnaht untz zû sant Johans tag zû süngiehten, deheinen vogel, er sy jung oder alt, er sy gross oder cleine, usgenomen krenich, vohen noch die veil haben, er sy grüne oder gesaltzen, es sint vasant, velthünre, antvögel, brovögel, trittvögel, mûrvögel, rachelse, breitsnewelin, trossel, nunnen, smichen, merrich, gluten, zyemern oder vivitz, noch keinen derglichen, noch sust keinen kleinen vogel, wie der genant ist; wer das verbreche, dem sol man solich vogel nemen und soll dazû bessern drissig schilling pfennig, als vorgeschriben stat, und söllent es ouch alle schöffele und ratesherren und die geswornen vischer antwerckes rügen und fürbringen, als vor, und sol man ouch soliche besserunge nyeman varen lassen. Wer ouch soliche vögel koufte, der sol glich bessern die besserunge als der die verkouft, als davor geschriben stat.

### 15. Jahrhundert.

Stadtordnungen, vol. 13, fol. 195.

Also ein artickel wiset, das niemans keyn visch umb die ussern koufen solte innewendig des burgbannes, und aber ouch gehalten ist das man zwüschen Marpach bruck[1] und dem Tich[2] visch koufen möhte, do ist der herren meynung das man ordenen solte das nü hinfürme kein vischer kein visch oder vögel umb die ussern koufen solt, weder in der stat noch in dem burgbanne, an deheinen enden,

[1] Die *Marpach bruck* oder *zu Margbach* stund ungefæhr da wo die heutige *Martinsbrücke* von den Mühlen zur Schilt- und Spitzengasse führt.

[2] Beim *Tich* oder *Teuch* wurde das Illufer ausserhalb des Fischerthores genannt.

er sy dann vor zû merckt gestanden bitz die glock zehn sleht, darnoch mögent sie es wol tûn; und wer das verbreche, der bessert 10 β ꝺ, und wä ouch die zwölf geswornen oder die schöffel an vischerantwerck erfindent oder ine fürkëme das yeman solichs überfaren hette, so sollent sie solichs, by iren eiden, rügen und fürbringen den süben, die ouch solich besserung nieman erlossen sôllent, by iren eiden.

Item das dehein vischer, der burger ist, eym andern vischer der burger ist verkoufen sol sin visch oder vögel, sie syent kleyn oder gross, umb den 10ten ꝺ noch umb lon; dann wil yemans sin visch oder vögel am merckt nit verkoufen, so sol er sie eym andern vischer zû koufende geben, der sie dann selber verkoufen sol; und wer das verbrichet, der bessert 30 β ꝺ; doch sol das salmen und lëhss nit berüren.

Item von den hürlingen wegen sol beston bitz assumptio Mariæ.

Item alsdann die herren ouch herfunden habent das etlich an vischerantwerck sich ein zit vor dem jorgericht zûsammen geton habent und eins worden syent etlich artickel ufzûsetzen, die doch nit allewegen für die menige gewesen sint, und sodann etlich erber am hantwerck dowider gewesen sint, das sie sich dann gescharet haben gegen einander, do doch die herren meynent das das ein unzymelich sach sy und zû ufloüfe diene, und darumb so were ir meynung das man ordente das das scharen abesin solte und das ouch die gantze menige nit solte zû dem jorgerichte berufen werden, das sie sich nieme also vor dem jorgerichte mit einander eynigen sollent, sunder das man allein von yeder stuben solte 3 nemmen zû den meister und den achtwer, die des gerichts sint, das werdent 21 manne; und wil dann yemans beduncken etwas notdürftig sin zû ordenen, das mag und sol er fürbringen denselben 21, dann der solichs fürbrocht het hinweg gon und die 21 manne das lossen fürnemen und darüber ratslahen, und die sollent dann ir ratslahen für die rete und XXI bringen, und was die darüber erkennent, doby sol es bliben; und wer hiewider tete der sol meineidig und erlos sin und nieme gon Stroszburg kommen.

Der artickel der do wiset, wä einer lewen machet der nit irs hantwercks ist, dem sol keyner vischerantwercks helfen die lewen usbrechen oder schiff und geschirre darzû lihen, der sol abesin und nit me gehalten werden; dann obe einer lewen machte in sinen eigen wasser, dem mag ein vischer wol helfen die usbrechen umb sin gelt, wie einer dann mit ime überkommen mag, und sollent die vischer deheinen lon daruf setzen.

Item der herren meynung were ouch das man deheyn wellen me lyte in der stat noch im burgbanne, dann der verweg dodurch verlendet und verwüstet wurt, und besunder so grosse wasser koment und die wellen überschüttet werden, das nü grossen schaden an den mülen bringet, after pfingesten, by 10 β; und sollent dis alle vischer rügen und fürbringen, by iren eiden, den süben, die ouch solich besserung nieman sollen faren lossen.

Item der artickel das keyner kein fürkouf tůn sol umb frömde noch heymsche, der sol abesin, dann die herren bedunckel das er wider die mennige sy.

## 15. Jahrhundert.

Stadtordnungen, vol. 13, fol. 355.

Als in der sübener bůch gestanden ist das nit me dann vier vischer mit einander gemeyn haben sollent, und aber geschen ist das der vischer zwölf oder sechszehn sich zůsammen geton und deren ein teyl usgefaren sint uf den Ryn, ein teyl uf die Ille, ein teyl in das Westerrich und ein teyl an andere ende und die vische an solichen enden verkouft; so habent ein teyl was hie in der stat vorhendes gewesen ist verkouft, und so sie die visch alhar brochtent verkouft was ruch oder gestossen war und das glat gemeyn ingeworfen, dodurch die armen vischer nit zů koufe kondent kommen; do habent die herren gerätslaget, umb das sich der arme mit dem richen betragen möchte, das man dann ordente das nü hinnanfürme nit me dann zwen vischer hie in der stat mit einander gemeyn haben soltent; doch wä die vischer usserthalb visch kouftent, es were im Westerrich, uf dem Ryne oder anderswo, der möchtent wol me dann zwen mit einander koufen und gemeyn haben, also was vische sie also kouftent, die soltent sie teylen under die die zůgegen und by den köufen gewesen werent; und obe einer oder me under inen wol gemeyn hette, so sol man doch denselben an solichen vischen deheinen teyl geben so sie nit gegenwertig by dem kouf gewesen sint, und sie sollent ouch von solichen vischen deheine verkoufen noch inwerfen, sie hettent dann vor mit einander geteilt; und wer das verbreche, der yeglicher bessert 30 β ϑ; und sollent die zwölf geswornen und alle schöffel an vischerantwerck, wä ine fürkeme das solichs yemans überfaren hette, das, by iren eiden, den sübenen rügen und fürbringen, die ouch soliche besserunge niemans übersehen sollent.

Und möchtent zwen gemeyner wol einen knecht haben, er habe sin recht oder nit, uf das, so der eine visch veyl hette, das dann der ander nit allein füre; wers aber das ein gesellschaft selbs visch mit einander finge, die solt das nit berüren, sunder die möchtent die wol mit einander verkoufen, doch also, das sie mit deheinem lantmann visch verkoufen sollent.

---

## Fischzoll-Ordnung.

**15. Jahrhundert.**

Stadtordnungen, vol. 12, fol. 183.

Unser herren meister und rat sint überein kummen, wer die sint die über der vischer zoll (unde ist das von vischen, vogeln, watten oder andern gezogen, wie die genant sint, usgenummen weideschiffe, floschiffe und ruderböme, wie die genant sind und dozû gehörent), nû oder harnach gesetzet werdent, söllent sweren einen eit zû den heiligen der stete iren nutz ze fürdernde und iren schaden ze warnende, unde domitte denselben zoll getruwelichen ingewinnen und sammeln, und söllent ouch, by deme selben eide, jegelichen besunder under den vischern, von eime merckettage zû deme andern, ungeverlichen, by sime eide, frogen wie viel er gelöset habe, es sy uf dem vischmerckete by der metzigen, an Bubeneck[1], an sante Thomansbrucke, by dem Swederiche[2], an deme Tiche oder sus uf den wihern

[1] *Bubeneck* hiess die Stelle wo heute das alte Kaufhaus, an der Rabenbrücke, steht.

[2] By dem *Schwederiche* wurde ein Haus in der Næhe des Phynenspitals, am Staden, genannt. S. C. Schmidt, Gassen- und Hæusernamen, 2. Ausg. S. 173.

oder andern enden, do sü wissent und empfindent das semmeliche koufe umb die vorgeschriben dinge beschehen werent; und ist das by 2 ♂, by 3 ♂, by 4 ♂, by 5 ♂, by 6 ♂ untze an 5 β; von 5 β 1 ♂ unde donoch untze an 10 β; von 10 β 2 ♂ unde donoch wie sü es lösent untz an 1 lib., von deme pfunde unde darüber, noch marzal, von yedeme pfunde 4 ♂. Sü söllent ouch von iren vischen, die sü in selbes köfent oder verköfent glicher wise ouch also verzollen, by deme selben eide, ungeverlichen. Sie söllent ouch mit den fremeden vischern, die harin zů merckete farent, bestellen das sü nit hinus farent unverzollet, by deme selben eide, ungeverlichen. Sie söllent ouch, by irme eide, denselben zoll niemans und ouch in selbes über aht tage lossen ston. Unde was geltes also fellet oder das sü selbes deme zolle geben söllent, das söllent sie getruwelichen, in angesichte giener die den zoll gebent, in die bühsse stossen und ye über vierzehen tage ungeverlichen den drigen uf dem pfennigturne antwurten. Unde wo sü empfündent das einre oder me sich dowider sattent unde denselben zoll, noch vorgeschribener mossen, nit geben woltent, den oder die söllent sü ze stunt den egenanten drigen fürbringen, rügen und sagen, by deme selben eide, ungeverlichen; und söllent ouch die drige dieselben für sich besenden und hefteclichen darumb strofen; und woltent sü den drigen ouch nit gehorsam sin, so söllent die drige dieselben unsern herren meister und rat ze stunt geschriben geben für ungehorsam. Sü söllent ouch alle fritage und samstage und an andern vasttagen, so man kein fleisch genisset, den scharwechtern wider 5 β vische bestellen, unde in der vasten alle nehte wider 6 β; wer es aber das man vische also nohe gebe, das sü es neher erzügen möhtent, das söllent sü důn, by deme selben eide, ungeverlichen, unde semmeliche vische söllent nit verkumete, böse, verlegen, dote vische sin mit namen; es sol koufmansgůt sin; unde darumb sol man jn, von des zolles wegen in ze gewinnende und von des vischköfendes wegen, den scharwechtern alle jore, jn beden, 6 lib. ♂ ze lone geben, unde ist das ir jegelichem alle fronvaste 15 β. Unde wer es das sü deme nit also nochgingent unde anders detent dann also dovor geschriben stet, so sol man sü darumb hefteclichen strofen und bessern, unde dieselbe besserunge sol man jn, by deme eide, nit faren lossen.

## Verleihung des Fischermeisterthumes[1].

**1390.**

G. U. P. Lad. 86, Nr. 1.

Ich Hanneman von Schönöwe genant von Stetemberg, ein edelkneht, tůn kůnt allen den die disen brief anesehent oder hörent lesen, nů oder hie noch, daz ich anegesehen habe die genemen getruwen dienste die mir Wilhelm von Můlnheim, hern Eberlins seligen sun von Můlnheim, eins ritters zů Strazburg, dicke und vil geton het und noch in künftigen ziten vol getůn mag, und habe yme geluhen frilichen von der hant, mit kraft dis gegenwertigen briefes, zů einem rehten manlehen, yme und allen sinen lehenserben, das vischermeistertůme und das vischergerihte zů Strazburg, mit allen den rehten und gevellen, die darzů gehörent und von alter her von minen altvordern an sine altvordern broht und gehalten sint, mit den rehten und gevellen alse sü noch in disem brief geschriben stont, sie sient gesůchet oder ungesůchet, wie die funden werdent die zů disem lehen gehörent. Ich habe yme ouch geluhen die Brůsche in der stat zů Strazburg, die ouch in dis lehen gehöret, also ouch sin altvordern das selbe wasser die Brůsche genützet und genoszen hant mit vischende gesůchet und ungesůchet, also es von alter her an sů broht ist und genützet hant noch lehensreht und gewonheit. Das selbe wasser anefohet zů Margbach by dem gesselin das do zůhet zů der Spitzen[2] herabe indewendig des Rintsůtergraben, und der gegen herůber ist ein zug almende indenan der herren můle zů sant Thoman, und by des Hůffelins můle gehöret es in dis lehen und get herabe durch die brucken alle zů beiden staden untze an daz gisselin das hinter der stette ringmure inget, by dem Gůldin

[1] Die von Hanemann von Schœnau verliehene Fischgerechtigkeit erstreckte sich also von der *Marbacher-* oder heutigen *Martinsbrücke*, unterhalb des Abflusses des *Rintsuter-* oder *Gerbergrabens*, bis zum *Guldenthurm*, wo der Rheingiessen in die Ill mündete, oder bis zur heutigen *Züricher Strasse.*

[2] Die *Spitze* nannte man die Landzunge zwischen Ill und Rintsutergraben, wo nachher die *Spitzengasse* erbaut wurde.

turne do der Rinegiesse herin flůsset obwendig sant Stephans brucke; indewendig ist es almende.

Es ist ouch zů wissende das der egenant Wilhelm von Můlnheim, und wer dis lehen ynnehet einen undern vischermeister sol setzen, der yme die gevelle und die reht ynneme die do vallent oder darzů gehörent, oder er mag es selber besitzen.

Die vischere söllent ouch niergent kein gerihte anderswo sůchen noch nemen denne in eins meisters hof oder in des hof der denne das lehen ynnehet und besitzet das daz antwerke aneget oder antriffet von vischendes wegen oder dem gliche, es sie denne umbe wunden oder unfůgen oder eigen und erbe, das do fůr daz obergerihte gehöret fůr meister und rat zů Strazburg. Wenne ouch in den hof gebotten wurt, do ist das erste gebot zwene pfenninge, und mag daz fůrbas gebieten unze an sůben schillinge pfenninge; vellet ein urtel wider einen, das ist sehtzehen pfenninge; men mag ouch wetten alse vor weltlichem gerihte umbe schulde; verbůtet man hůrling zů vohende, daz ist by sůben schillinge pfenninge, und waz dirre gebot und gevelle sint, die söllent alle eime öbermeister werden der dis zů lehen het.

Ist es ouch das ein lantman sin reht oder sinen eynunge kouffen wil, daz sol er umbe einen öbermeister tůn als er denne mit yme gedingen mag; doch hette man lange zit vier pfunt pfenninge von eime lantman genommen.

Ist es ouch das ein vischer kint het der sin reht verköffet het, wenne die zů iren tagen komment, wellent sů denne vischen oder das antwercke triben, so sol ir ieglicher zehen schillinge pfenninge geben eime öbermeister; wer der ist der sin reht und sinen eynunge empfohet, der sol den ahte lůten die das gerihte in deme hoff besitzent zwene schillinge pfenninge umbe vin geben und vier pfennige zů stůle gelt.

Die vischer mögent ouch alle iore ahte erber man kiesen under in, den sol ein öbermeister den eit geben; die söllent sweren zů rehten ziten in des öbermeisters hof oder in des hof der denne dis lehen ynne het und besitzet zů gonde und zů rihtende, also es harkommen ist, dem armen alse dem richen, und eime öbermeister und dem antwercke sine rehte zů behebende alse verre sů mögent, one alle geverde.

Ist es ouch das einre sin reht verlůret, obe es die geswornen erkennent, der můsz es von nuwem uf umbe einen öbermeister kouffen, und was der gevelle und gebot sint, die söllent alle eime öbermeister werden, one die stůlepfenninge und die zwen schillinge pfenninge umbe win, die den ahten lůten zůgehörent; und herumbe so sol je ein öbermeister geben, obe sů wellent, alle jor, so daz antwercke sin gedinge het in eins öbermeisters hoff, zwene ymbis, zů herbeste einen und zů vasten einen : do sol man in zů herbeste geben, ie zweigen, drů pfunt fleisches und ieglichem ein schůssel mit krute, und ieglichem ein brot und ein halbe mosse wines, und zů vasten sol men ie zweigen geben drige heringe und ieglichem ein brot und ein halbe mosse wines und ein schůssel mit louche und ein schůssel mit kalten erweissen one oley; wil aber ieman baz gessen, der mag es kouffen umbe sin gelt. Do sůllent ouch zů iedem ymbis vier schencken sin, den sol men zů herbeste geben ieglichem zwey pfunt röwes rintfleisches und zwey brote und ein halp vierteil wines, und zů vasten iedem schencken zwene heringe und zwey brote und ein halp vierteil wines.

Dis ist des hofes und eins öbermeisters reht, was er den vischern und sů yme widerumbe tůn söllent : und wenne sů über tische gesitzent, so get ein öbermeister umbe oder einre von sinen wegen und git yme ieglicher vier pfenninge; welher ouch nit kommet zů dem ymbis, der git zwene pfenninge der sin reht het; verlůre ouch einre sin reht oder sinen einunge mit diepstal oder dem gliche mit undetten, der můsz mit eime öbermeister oder mit dem der dis lehen ynne het darumbe überkommen sol, er daz antwercke triben.

Es sol ouch nieman der in dem burgbanne sitzet daz antwercke triben, er habe denne vor sin reht umbe einen öbermeister oder umb den der denne dis lehen het und besitzet gekouffet.

Dise vorgeschriben reht und alles das von alter her hiezů gehöret und des obgenanten Wilhelm von Můlnheim altvordern von minen altvordern gehebet hant in lehenswise, das habe ich Hanneman von Schönöwe genant von Stetemberg, do obgenant, geluhen dem egenanten Wilhelm von Můlnheim zů eime rehten manlehen, und het ouch er mir darumbe gehultet und gesworen semeliche truwe und eide die ein man sime herren von sinre lehen wegen von rehteswegen billichen tůn sol; und des zů urkunde so habe ich Hanneman von Schönöwe vorgenant min ingesigel geton hencken an disen brief; und beschach dise empfengnůsse alse der egenant Wilhelm von Můlnheim die obgenant lehen von mir empfangen het, an dem nehsten fritage noch sant Mathis ahteste dez heiligen zwölfbotten, in dem jore do man zalt von gottes geburte drůzehenhundert jore und nůntzig jore. (4. Merz.)

---

## Verpachtung ettlicher Fischwasser.

### 1451.

G. U. P. Lad. 86, nº 9.

Es ist zů wissende daz wir die drye ambaht manne uf dem pfenningturne mit namen Hanns Merswin, Diebold Trachenfelsz und Conrat Riffe, von geheisse und empfelhenisse wegen meister und rätz unsern herren, verluhen habent und verlehent, ouch für uns und alle unsere nachkommen ambaht lüte, in crafft diser geschrift, dem erbern antwercke der vischer gemeinlichen in der stat Sträszburg und mit name Clemans Bethold, der meister, Illack Aeverlin, Hanns Venninger, Lux Regenolt und Hanns Leheman, die vier ratherren des antwerckes, die ouch von des gemeynen antwerckes wegen umb uns, jn namen der stat Sträszburg, gelehenet hant diese nehesten zehen jore nacheinander kommende, anzevohen und zů rechenen uf disen sant Martins tag in dem LI jor, daz vischewasser zů Küngeszhofen in der Illen und uf der Brůsche[1] mit namen, von der alten Brüschen hinuf unz an der Karthüser wasser, als es dann von alter her gelegen ist, und daz wasser dem man sprichet daz umbgonde wasser an dem Snellingen, daz Laulin Kürnagel vor zitten gehept hat und daz die fünf zů der almende an dem Snellingen uszgescheiden hant und sů daz nach dem ouch vormäls in der nehesten

[1] Es ist hier die Rede von dem Hauptarm und von den verschiedenen Armen der Breusch, die bei Kœnigshofen und der Karthause vorbeifliessen, und den zwischen Karthause und Breuscheck gelegenen Theil des Stadtbannes, der *Schnelling* genannt, begrenzten.

vergangenen lehenunge gehept, genützt und genossen hant, und nit fürbasser. Und ist dise lehenunge beschehen umb einen jerlichen zinsz, alle jore die x jore usse, umb VIII lib. VI β δ, mit namen daz halbe zů geben und zů bezalen uf die winaht und daz ander halbe uf sant Johanns tag zů singihten; und daruf so sollent wir die obgenant drye rentmeister schäffen und bestellen, durch unser herren meister und rät, daz das obgenant wasser gefryget und befridet und ein verbot daruf geselzet und gemaht, und daz den sübenzüchtern befolhen werde, und wie daz verbot gesetzet und gemaht wurt, daz do unser stat Sträszburg daz halbe werde und den vischerren daz ander halbe; und ist disz gescheen uf fritag sant Martins obent in dem LI jore (11. November.)

---

## Gesuch der Fischer um Bestimmungen über Verkauf von Fischen durch Fremde in der Stadt.

**14. Jahrhundert.**

Stadtordnungen, vol. 13, fol. 270.

Fürsichtigen, wisen, liben herren, als wir vor uwern gnoden sint gewesen uf dem pfennigturn von des zolles wegen, so ir im bestend unser hantwerck gesteygt habent umb 4 β δ, das uns ein beswerung ist, besunder gegen den von Hagenow. Die vast die verschynnen ist habent sie etlich von Zabern an sich gehengt, die öch keinen zol geben hant; sie koufen öch hie zů Straszburg uf dem merckt und in pfůglen (?) umb die fremden Westerricher visch, das wir nit tůn tören.

Darzů so sint ir, usswendig der fasten, fier oder fůnf gemeiner und habent ir knecht darzů und farend suntag und wertag, das den unsern verboten ist; und wann die unsern kommen, haben sie die visch ufkouft. Dieselben visch kement von den umbsossen oder von den unsern on das har, desselbigen zolles sint wir von in beroubt; semlichs ist nie me gewesen; uns gedenckt wan ir einer etwan zů seltzamkeit har kam, das wir in uf unser stub fûrten und im schanckten.

Sie stond alle tag obentz und morgens stetz zů merckt, und habent kein visch ander dan die sie kouft hant, do durch die unsern beswert sint und werdent am merckt, uf der weiden und am zol. Und wo ein fremder har gan Straszburg kumpt mit vischen, der gern fürderlich hinweg wer, dem koufen sie die visch ab. Sie hant zům nechsten kouft umb Luden von Freystet und umb Spenck Hensel von Offendorf.

Die von Rynow geben ouch keinen zol; sie vohen ire visch aber selber; wan die von Hagenow ire visch öch selber vingent als alle ander umbsossen uf Ryn und uf Yl, möchten wirs wol gelyden, sie stunden zů merckt wie lang sie wolten; so sie aber visch koufen und nit anders dan vischkoufer sint, und die visch die sie also koufen on das har kemen und hie verkouft würden und der zol von denselbigen vischen geben würd, do beduhte uns billich sin, das sie zol geben von den gekouften vischen, und ist ouch unser früntlich begeren an uch, wer also sin visch gekouft hat und nit selbs gefangen, das der uswendig der vasten in der wochen einen merckt feil hab.

Item als alle andere hantwerck gesatzt tag haben daz die fremden feil hant, do begeren wir daz ir unser herren den fremden vischkoufern ouch einen tag setzent uswendig der vasten und mess.

Dwil die stett fryheiten gegen einander habent, und die von Hagenow keinen zol geben und uf der weiden die zerung am zol zůseit habent, dodurch die unsern beswert und swerlich überleit sint durch dieselblichen von Hagenow, do wer unser begeren, das sie statgeld geben.

Was wir koufen zwüschen Basel und Selsz und Zaberner Steigen müssen wir, by unsern eiden, hie in der stat verkoufen, do wer unser früntlich begeren, daz wir das unser öch törfen hinweg firen alsz ander usz den stetten gelegen in disem land und öch alle burger die hie seszhaftig sint, die das ir fierend uf alle merckt und messen, esz sy wohin es wel oder war esz in eben ist, umb deszwillen daz wir armen öch mögen by uch, unsern herren, blyben und uch zů willen allzit gůtwillig mögen werden.

## Rathsbeschluss den Fischkauf betreffend.

**1460.**

Stadtordnungen, vol. 1, fol. 83.

Unser herren meister und rat und die XXI.

Als fürkommen wie die innern vischer uf dem vischmerckt umb einander visch koufent, ouch mit den Westerricher vische und karpen vil vorteyl und geverde tribent, das nu der mennyge schedelich sy, als das die mennyge nit koufes bekommen mag als sie sust wol tete, dorumb haben sie erkannt als hie nach geschriben stot:

Des ersten, als in eym artickel ir ordenunge begrifen ist das die vischer wol mögent umb unser burger innewendig disem burgbanne visch koufen, do ist das doby gesetzet worden, das sie solich visch koufen wol tůn möhtent umb unser burger die nit vischer oder vischkoufer sint.

Fürter ist erkannt, das dehein vischer deheym closter oder jeman anders visch uf dem merckt koufen sol, es sy dann das ein solicher dem er die visch koufen wolt zůgegen sy oder habe dann sinen nochboten by ime, und das ouch deheyn vischer von solichen gekoufeten vischen ime selbs nützit behalten sol; und wer solichs darüber tete, der sol bessern 30 β ₰.

Item von der Westerricher vische wegen ist erkannt, das deheyn vischer, unser burger, von pfaffenvastnaht bis ostern deheynen Westerrich oder desglich visch uf merschatz koufen oder verfürworten solt hie dissite der steygen; und welher das verbreche oder dehein vorteil oder geverde darin suchte, der sol bessern 5 β ₰ so dick das geschee.

Actum feria secunda post Reminiscere. 1460. (10. März.)

### Berathung die Fischer betreffend.

**1465.**

Stadtordnungen, vol. 1, fol. 75.

Herr Hans Hüffel, herr Wilhelm Betscholt und Heinrich Bisinger. Actum Michaelis 1465.

Uf der vischer anbringen, nochdem die herren, den das entpfolhen ist, der vischer begerung gehört haben, so hant sie gerotslaget wie hienoch geschriben stot.

Zům ersten das die vischer ussewendig der stat ringmuren visch koufen mögen eim burger umb den andern, es sigent gezogen visch in wihern oder ander visch, die von den burgern gefangen worden. Werent aber wiher innewendig der stat ringmuren, do ein biderman gezogen visch inne hat und die sammenthaft kouft wurdent von den vischern, das sol in ouch deheinen schaden bringen; aber wie die ordenunge wiset, das sie umb die ussern, die nit burger sint, dehein visch koufen sollent, doby und by allen andern artickeln in der ordenung begriffen sol es bliben, usgenommen die egemelte ändrung.

Rat und XXI haben dis erkannt feria secunda post Michaelis. Anno domini 1465. (30. September.)

---

### Gesuch der Fischer um Verbesserung irer Ordnung.

**1466.**

Stadtordnungen, vol. 1, fol. 76.

Lyeben herren! wir, das erber hantwerck der vischer, dunt uwer gnoden zewissen das wir lange zit keinen hürling in unser weyden und bennen gehept hant, deshalp das alle jore die hechde ufgefangen werdent in der zit so sü leichen süllent, und darumb so habent wir ein rotslahen deshalb geton uf uwer verbessern, und bittent uch ouch das ir solichs bestetigen wellent als hie noch geschriben stot :

Zům ersten, das hinnanfürder dehein vischer noch nieman anders, er sy frömde oder heimsch, deheinen hecht fohen sol, von sant Matthistag untz zům nontage, in unsern bennen und zilen, das ist von dem Œttersweldel[1] untz an den Pfannenstil[2], uf das das wir meiment das die hürlinge desto bass iren fürgang haben mögent; und ouch so wurt an vil enden uf Rine und Ille gehalten do ouch hürlinge werdent und iren fürgang gewinnent; und wer solichs verbreche und nit hielte, der solt bessern 30 β ₰, der stat das halbe und dem hantwerck das ander halbe, und sullent alle vischer, wo inen solichs fürkompt das das jemans überfaren habe, fürbringen dem meister vischerhandwercks und irem gerihte, by iren eiden, die ouch solicher besserunge niemans übersehen söllent und der stat iren teil antwurten, by iren eiden. 1466.

---

## Verbot des Tanzens der Fischer am Pfingstmorgen.

**1466.**

Stadtordnungen, vol. 2, fol. 66.

Gott zů lobe, der würdigen můter Marien zů eren und allen lieben heiligen zů danckberkeit hat das erber lantvolck von den dörfern, noch gůtem löbelichen harkommen, die cristenlich gůt gewonheit alle jor mit iren crützen und mit irem lobesange in den pfingesten virtagen alhar gon Stroszburg löbelich crützegenge zů tůn, zůr hohen stift und zů andern stiften; aber dogegen ist ein spöttlich, schympflich gewonheit der vischer pfifens, dantzens und springens und salmen tragens lange übersehen, das das unzimlich geschiht des morgens in solichem crützgang, mit getrenge durch das lantvolck in den gassen, als obe sie mit solichem dantzen und salmen tragen des

[1] Das *Œttersweldel* ist wohl eines der bewaldeten Wœrthel længs der linken Rheinufer und zwar oberhalb Strassburgs.

[2] Ueber den *Pfannstiel*, siehe S. 175.

lantvolcks crützgenge spottetent; semlichs nů gott ein gesmehe und der stat unere ist, und von frommen lüten dick beret, ouch an etlichen predigen gemeldet und ernstlich beret ist, und das von den reten den vischern oder andern die das tůnt unbillig gestattet werde; angesehen das doch die von Illekirch und andere dorflüte so vernünftig sint das sie erst noch imbiss anfohent zů dantzen und am morgen gott vor ougen habent und erent; das nů (das) von den vischern und adern billich ouch geschehe noch imbiss, darumb ist ein notdurft, gott zů eren, solich untzimlich dantzen, pfifen und spöttlich salmen tragen, in semlichem löbelichen crützgang, vor imbiss nit zů gestatten; und habent unser herren meister und rat und die XXI erkant, das den vischern geboten sin sol, by 5 ß ꝺ, semlich dantzen, salmen tragen oder mit pfifern after wege gon zů pfifen, in den pfingesten vor imbiss, nit me zů tůn; dann wellent sie dantzen, salmen tragen oder mit pfifern after den gassen gon pfifen, das mögent sie tůn noch imbiss.

Actum feria secunda post dominicam Trinitatis. Anno 1466. (2. Juni.)

---

## Einwendungen der Fischer gegen die den Kauf und Verkauf der Fische betreffenden Einrichtungen.

### 1469.

Stadtordnungen, vol. 1, fol. 85.

Lieben herren, also ist uns verboten worden also hienoch stot:

Item die vischer mögent uf den wihern oder zů Zabern Westenricher visch koufen, also das sy hie zwüschent und nůt neher und ouch nůt hie in der stat oder in disem burgbanne, von pfaffenfashnaht bitze ostern, keynerlege Westerricher visch sollent koufen.

Des han wir ein rotslahen geton, das uns dis besser beduncket der gantzen menge zů Stroszburg, also danne hienoch geschriben stot:

Wenne ouch die frömden keynerleye visch allhar bringent, es sy von Westerrich oder anderswo har, in vassen oder in körben, und semliche vische uf dem vischemercket zwenne dage hant feil gehapt, so mögent danne die heymschen vischer, noch den zwegen tagen und nit e, umb dieselben frömden wol samenthaftig koufen; doch so sollent soliche vische von den frömden und heymschen nût in(ge)schytten noch gehalten werden, also das von Westenricher vischen vor geschriben stot; und wer das verbreche, der bessert 30 β δ.

Item doch so beduhte uns geroten zû sin, diewile das eins über jor gebresten ist an karpen, das man zwegen gesellen gunne ein halp hundert inzûwerfen, doch uf uwer verbessern.

Lieben herren, also ist uns verboten worden, das wir innewennyg der ehter crutz umb keyne vischern keyne visch gedröwent koufen; des han wir ein rotslahen geton, das uns dis besser beduncket der menge zû Stroszburg, also danne hienoch geschriben stot:

Es sol hynnanfürme keyn vischer visch, die do uf dem wasser harbroht werdent, oder crebs oder fogel umb die üsseren koufen, weder in der stat noch in dem burgban, an keynen enden, es sy dann das ein solicher üsserer mit sinen vischen, fogeln oder crebes zû ofenem mercket geston sy bitze das die glocke zehen geslagen het; doch mag man wol koufen umbe unser burger ussewennig der ringmuren; uf dem merckete sol man keynen koufen, die glock habe dann zehen geslagen, usgenommen loichkarpen, huirelinge und spisevisch; und wer das verbreche, der bessert 10 β δ; und wo die zwölf geswornen oder die schöffel an vischerantwerck herfindent oder inen virkeme das jeman soliches überfaren habe, so sollent sy das, by iren eiden, fürderlich riegen und fürbringen den sybenen, die ouch soliche besserunge nyeman herlossen sollent, by iren eiden.

Es sollent ouch alle, sy sygent heymsch oder frömde, was doter Western- wihervisch sy uf den mercket bringent, desselben mercket verkoufen und dieselben doten visch darnoch nût me zû mercket tragen, und wie es vor geordent ist der bösen, fulen visch halben, das die keyn vischer under den gûten verkoufen sol, doby sol es blyben.

Lieben herren, do han wir ouch ein rotslahen geton, uf uwer verbessern, als danne hienoch geschriben stot, und das also ir virbas fyndent.

Wan uns beduncket ouch geroten zû sin, diewile daz hievor geschriben stot, das men keyne bösen visch under den andern verkoufen sol, ouch so sol men keynen doten Wester-wihervisch verkoufen, er syge danne vor und e besehen von den zwölf gesworen an vischerantwerck und von allen schöffeln vischerantwercks, darumb, liebe herren, so beduhte uns geroten sin, wer der were, der vische harbreht die do koufmans gůt werent, das men das lies ververkoufen, er were frömde oder heymsch.

Lieben herren, also in unsers antwerckbůch stot das nummen sollent zwen gemeynner sy an vischerantwerck, des han wir ein rotslahen geton, und beduncket uns dis geroten sin das men lies vier gemeiner sin, umb des willen das die gemeine stat zů Stroszburg dester bas gespyset wurde an vischen, danne die unsern fast besweryt werdent durch die üssern vischkeyfer.

Ist abgeslagen durch die rete und XXI secunda post Reminiscere. 1469. (27. Februar.).

---

## Verbot in den Gewässern von Kœnigshofen zu fischen.

### 1477.

Stadtordnungen, vol. 2, fol. 98.

Unser herren meister und räte sint überein komen und habent mit urteil erkant, das nyemans, wer der ist, vischen sol in dem vischwasser zů Künigeshofen, in der Illen und uf der Brüsch, mit namen von der alten Brüschen hinuf untz an der Carthüseler wasser, als das von alter har gelegen ist, und das umgonde wasser an dem Snellinge, das Lauwel Kurnagel vor ziten gehept hat und zů der almende am Snellinge usgescheiden ist, und das die stat den vischern umb einen jerlichen zins geluhen hat; und wer das darüber dete, der bessert 30 β δ, das halbe der stat und das ander halbe vischerantwercke; und hat man ouch solichs den sübenen verschriben geben und ernstlich hůte darüber gesetzt wer solichs verbreche, das man dem die egemelte besserunge nit faren lossen wil.

Actum et proclamatum vigilia corporis Christi. Anno 1477. (4. Juni.)

---

## Berathschlagung der Fischer.

**1478.**

Stadtordnungen, vol. 1, fol. 187.

Herren meister und rat.

Als uns anbroht ist von den erbern lûten den vischeren in der stat, ouch von den unseren von Grofenstaden und von sant Oswaltz der visch halb in den wassern so durch unsern burckban flieszent, deren menglich genieszen solt, also in alten vergangenen ziten geschehen ist, und nu aber dieselben wasser groszen schaden genommen haben und abegangen sint an vischen, also das menglich wol in kurtzen ziten gesehen hat und gewar worden ist uf dem vischemerckt, und nu etlich der iren geordent sint darüber anslahe zû tûn, so haben sie sich dorin underet und bedoht, daz die gezöge der wurfgarn vast schedelichen sint, das drygerleige groszer schaden darvon entspruntz: zû dem ersten, so der visch, keinen uszgenommen, in sinen leichet got, so wurt uf sinem rit der leichet, nit allein der visch, gefangen, so das ouch der leichet gantz verstoret, ufgezöwe und verweschet, das nüt virkummen kunt; an dem anderen deil, was dann virkummet von snotvischen, nasen und jenen gelichen, und sich behelfen solt in den greben und den andern enden, do man nit mit garne oder mit gezögen varen mohte, do mah aber derselben kleinen vischel keiner virkommen, sonder es wurt gefangen mit wurfgarnen; an dem dryten, so ist der schaden eben also grosz, alse die andern alle; was also nit verderbet oder gefangen wurt, das wurt aber verdriben und fliebet usser den weiden, dardurch ein jegelicher wol erkennen und gespieren mag, das die gezöge schedelich und den wassern verderblich sigen, also dann den obgenanten herren von den obgenanten vischern zû verston geben ist, und besunder die uf der Illen, derhalp das sie sagent sie hettent eim vor ziten uf unserem mercket fier oder vünf snotvisch umb einen pfennig geben, nün geben sie eim nit gern einen vir einen pfennig, und sige das die ursach, wen ir einer vor ziten sin klebegarn stelte uf ir dage also sie vischen sollen, so vinck ir einer derselben dages 70 oder 80 gûte grosse snotvisch, aber nu so vohet ir einer eines dages nit 10 oder 20 uf das allermest, und derglichen ouch andere visch so in disen wassern flieszent, harumb solchen groszen schaden, allen menglich, rich und arm, haben die herren angesehen und beduncket sie geroten sin zů ordenen, das deheyn vischer noch nyeman anders, er sy wer er wölle, nyeman usgenommen, wurfgarn, grosz oder klein, in diser stat oder burckbann werfen oder bruchen oder domit vischen sol, in deheynen weg, und wer darüber dehthe, der sol bessern 4 β δ also dicke er das übergehet, und sullent es alle vischer riegen, die do über an der Brusche gesworen habent zů riegen, ouch alle unser herren kneht, die do über solichs und desglichen gesworen habent, und sol man das nyeman varen loszen, by den eiden.

Rat und XXI haben dis rotslahen zůgeloszen feria secunda post cantate. 1478. (20. April.)

---

## Wie die Fischer am Sonntag feil haben sollen.

**1482.**

Stadtordnungen, vol. 1, fol. 166.

Dem almehtigen got zů lobe und zů eren habent unser herren meister rät und XXI mit urteil erkant, das nu hinfürme dehein vischer, vogeler oder yeman anders, er sy wer er wölle, heymsch oder frömde, dehein vogel, klein noch gross, wie die genant sint, ouch dehein wiltpreht, es sy hirtzin, reherin, swinen, hasen oder anders, ouch dehein verlin oder desglich essende spise veil haben oder verkoufen sol uf den sontag zů morgen, vor dem das die glock nün geslagen hat, weder uf dem merckt, uf stuben oder an deheinen enden, ofenlich oder heymlich; und wer harinne ungehorsam wer und hiewider koufte oder verkoufte, der sol bessern 30 β δ.

Es sol ouch dehein vischer, gremper, vogeler, houptkanne oder yeman anders solicher vogel, wiltpreht, junge verlin oder desglich essende spise, obe ime die uf ein sontag vol zů huse broht wurden, nit koufen durch sich oder yeman anders, sunder es zů rehter zit an veylen merckt lossen kommen durch den der sie verkoufen wil, by der egemelten pene; und es sollent ouch die zwölf geswornen an vischerantwerck und alle der stat kneht, wo sie befindent das yemans semmlichs verbrochen habe, solichs den siebenen uf der Pfaltzen rügen und fürbringen, die ouch solich besserunge nyemans, der die verschuldet, übersehen noch faren lossen sollent.

Actum secunda post nativitatem Mariæ. Anno 1482. (9. September.)

---

## Vorschläge der Fischer zur Verbesserung ihrer Ordnung.

### 15. Jahrhundert.

Stadtordnungen, vol. 13, fol. 337.

Also unser herren meister und rät und die XXI etliche artickel fürgenommen und erkant habent die vischer antrefen, ouch ir burger die vischer solichs gesworen haben dem also noch zů gonde, doch so habent sü begert etwas darzů ze reden vor meister und rät, wie das solichs inen zů swer wer unt nit gehalten möhten; das ist inen gegünnet, und ist dis ir meinunge, uf meister und rät verbessern, also hie noch geschriben stot. Ouch so ist ein jegelicher der darumb geredt het, by sime eide gefrogt, den er vor dem münster gesworn het, zů roten was der gantzen mennige, rich und arm, in der stat Straszburg gemein, nütze und gůt sy und wol beston mag, und darinne niemans sich selbs anzůsehen oder zů meinen in deheinen weg, one alle geverde.

Zům ersten, als unsern herren meister und rät und den XXI fürkommen ist wie die innern vischer uf dem vischemerckt umb einander vische koufent, do durch die mennige nit koufs bekommen mag, also man sust wol dete; wol mögent sü vische koufen umb unser burger innewendig des burgbannes, also das sü nit vischköifer oder vischevoher sint. Lieben herren, do ist unser meinunge, das wir gern halten wellent das kein vischer me vische koufen sol uf dem vischmerckt einer umb den andern, sü sigent clein oder gross, deheynerleye vische, usgenommen er wǫlle sų dann in sime huse essen oder uf einer stuben helfen essen; aber, liebe herren, das ist uns zů swer und mögent es ouch nit gehalten das deheiner umb den andern koufen sol, die vischköifer oder vischvoher sint, in disem burgbanne, und bitten üch, lieben herren, das ir uns wöllent gunnen vische zů koufen einer umb den andern uf der weiden und in disem burgbanne wo einer zům andern keme ungeverlich.

Ouch als unser herren erkant haben, das dehein vischer deheinem closter oder yeman anders vische uf dem vischemerckt koufen sol, es sy dann das ein solicher, dem er die vische koufen wolt, zůgegen sy oder habe dann sinen nochboten by ime, und das ouch dehein vischer von solichen gekouften vischen ützit behalten sol, und wer dowider dete sol bessern 30 β ₰ so dicke das geschee, doby wöllent das ouch lossen bliben und halten.

Ouch so habent unser herren erkant, das dehein vischer, unser burger, von pfaffen vastnacht bitz ostern dehein Westerrich oder desglich vische uf merschatz koufen oder verfürworten sol hie dissite der Steigen[1], und welher das verbreche oder dehein vorteil oder geverde daryn sůchte, der sol bessern 5 β ₰ so dicke das geschee. Lieben herren, solichs ist uns vaste zů swer, und nit wol zů liden, uf das das die von Zabern und ander die soliche vische, die abe den wyhern komment, aldo koufen mögent und die in dise stat und an ander ende gefürt werdent, ouch so dunckt uns wie es vaste wider die gantze mennige sy in der stat Straszburg; darumb, lieben herren, so bittent wir üch früntlich das ir uns wöllent gunnen soliche vische ouch zů koufen zů Zabern, und neher wöllent wir es ni begeren ze tůnde. Und was derselben vische die frömden har bringent, die sollent von denselben frömden hie in der stat wider verkouft werden, ungehindert der unseren.

Dise hie noch geschriben zwen artickel stont geschriben in dem bůche das uns unser herren meister und rät gegeben hant, ouch wir dieselben mit andern gesworn hant dowider nit ze tůnde, das wir ouch gehalten hant untzhar und fürbas halten söllent und wellent, nochdem (wir) und unsere herren das fürbas bestätigent.

Zům ersten, es sol nieman deheinen kneht über vische gewinnen zů verkoufen, es were dann sin gedingeter jorkneht oder den er zů

[1] Es ist hiemit die Zaberner Steige gemeint.

eime zile, vier wochen oder me, gedingt hette, der mit yme ginge oder füre uf die weyde und sin reht hette; were aber das einer überleit were mit doten vischen, der mag wol knehte gewinnen noch siner notdurft, die yme die vische helfent verkoufen; doch sol man soliche dote vische nit verkoufen oder veil haben, die geswornen beseher irs hantwercks habent dann die zů eime yeden mole, so er die veil haben wil, ee beschöwet und inen erloubt die veil zů haben und zů verkoufen; und wer hie wider dete, der bessert 7 β δ.

Es sol ouch kein vischer keinen fůlen, verdorbenen visch under andern gůten vischen verkoufen; wer das důt, der bessert 30 β δ.

---

## Verordnung über den Verkauf der eingesalzenen Waaren.

**15. Jahrhundert.**

Stadtordnungen, vol. 13, fol. 63.

Dis ist die ordenunge von dem gesaltzen gůt in dem koufhuse, mit namen von heringen, bückingen, rynvischen, witingen, halbvischen, blattisichin, bolchen, stockvischen und andern gesaltzen vischen, etc.

Zů dem ersten, wer der ist, er sy burger oder lantman, der heringe oder ander gesaltzen gůt, wie das genant ist, har in unser stat zů merckete bringet, das sol koufmansgůt sin, und also untzehar gewönlich gewesen ist das man von den heringen werschaft getragen het von sant Micheltstage untz ostern, do sol man hynnanfürder me nit lenger werschaft tragen danne sehs wochen und zwene tage, und sol das weren ein zit in dem jor, und ist das zwüschent sant Michels tage und dem palmetage und nit lenger, wanne das von alter har ouch also gewesen ist, und sitmols die kouflůte unser stat vaste gemitten hant das man die werschaft also lange getragen het.

Item was gůter sůsser heringe har in unser stat zů merckete kumment und die heringmenger an der zilen an dem vischemerckete oder andere grempere dieselben heringe koufent uf merschetzen, do söllent dieselben heringmenger und gremper denselben sůssen hering sunder feile haben und es den lůten dofür ze koufende geben, und keinen garsten hering an den widelin darunter mengen.

Item was garste heringe, die lidelichen sint, die vorgenanten heringmenger und gremper ouch koufent uf merschetzen, do söllent sü soliche garste heringe ouch sunder feile haben und ein zeichen dozû setzen, umb das man wisse das es garste heringe sint, und es den lûten ouch dofür zû koufende geben.

Item welher hering zû übergarste ist und doch nit fule ist, solichen hering söllent die underkoûfer, by irme eide, hie in unser stat nit koufen noch niemans hie lossen koufen noch verkoufen, das derselbe hering hie gessen werde, sunder der koufman mag solichen hering mit ime hinweg fûren.

Item was firner, fuler, böser heringe sint, die söllent die underkoûfer und die zwene des rates die dozû geordent sint, by iren eiden, ofenliche by tagezit in das wasser werfen.

Item die underkoûfer und die zwene des rates söllent ouch alle tage ussewendig der vasten, so man nit fleische genisset, und in der vasten ouch alle tage umbgon und das besehen, und wellen sü under den heringmengern und grempen bûsswürdig vindent, dieselben söllent bessern 30 β δ; dovon sol werden unsern herren meister und rat 1 lib. und den, die do umbgont 10 β, und sollent ouch, uf ire eide, harinne niemans schonen.

Item die heringmenger und die gremper die die heringe mit der zale verkoufent, die söllent keine thunne heringe die sie usser dem koufhuse herinne in ire hüser fûrent samenthaft verkoufen, bisunder sü söllent das mit der zale von der hant zû feylem merckete verkoufen hie in unser stat und niergent anderswo, und was thunnen sü als mit in heime wollent fûren, die sol man in dem koufhuse ufslahen und söllent es die underkoûfer, by iren eiden, anderwerbe besehen; und was thunnen sü samenthaft verkoufen wellent, die sollent sü in dem koufhuse verkoufen und niergent anderswo; und welle das brechent, die bessernt ouch 30 β; und ist das darumb das man wisse das der stette der zolle von beiden henden gegeben werde.

Ouch ist ze wissende, was von den heringen do vor geschriben stot, das sol man halten glicher wise und in aller der mossen: item an thunnenbolchen, item an rynvischen, item an witingen, item an bückingen, item an blattisichin, item und an allen andern gesaltzen vischen,

Item welher hande stockvische, es sigent rackvische, luphvische, jungfrowenvische oder halbwahsser vische, die har in unser stat zů merckete kumment, die söllent die underkoůfer, by iren eiden, getruwelich besehen, und was koufmansgůt ist, das söllent sü lyfern, und was nit koufmansgůt ist, soliche stockvische sol man öfenlich verburnen und nit in das wasser werfen, und zů glicher wise so sol man das an den thunnen blattisichin ouch halten, also do vorgeschriben stot.

Ouch ist ze wissende, welher hande koufmansschatz, es sy isen, stahel, zin, kupfer, bly, saltz, gesaltzen vische oder was koufmanschatz das ist (der) har in unser stat zů merckete kummet, das die underkoůfer das fürderliche und one verzog unsern burgern verkünden söllent die sie wissent die domitte umbegont und sie vor gebetten hant oder harnoch bitten werdent, by demselben eide, ungeverlichen.

Und harüber alle vorgeschriben stücke und artickele söllent die underkoůfer sweren dem getruwelich noch ze gonde und des koufhuses und irs underkoufes getruwelichen ze wartende, und wo sü anders utzit empfindent das wider den underkouf und das koufhuse were oder das unser stette an iren zöllen schedenlichen were, das söllent sü, by denselben eiden, den drigen uf dem pfennigthurne, die über der stette rente und zinse gesetzet sint, fürderlichen rügen und sagen, one alle geverde.

---

## Vorschläge der Fischer den Salmenzug betreffend.

### 15. Jahrhundert.

Stadtordnungen, vol. 28, fol. 271.

Also man untzhar in spennen gefaren ist uf den salmenzügen, do ist des erbern hantwercks meinung semlichs zů versehen, und hant gemeinlich mit den XXI mannen erkant, das nun hinfürme wer do teil wil nemen, inwendig unser zyl, an salmenzügen, die söllent alle rechte gemeiner sin uf den zügen; und wen es die gesellen zit duncket sin anzůfaren, so söllen sie die losz werfen und sich partyen uf die züg welche anfaren söllen, und sol das weren untz sant Johannstag zů sungiehten; und welcher in obgeschribener mossen teil wil nemen, der sol kummen an dem nechsten mentag vor sant Jörgentag, vor mittage, uf den zug, so sol man die losz werfen wer do anfert; und wer nit uf den obgenanten mentag vor mittage kumpt, der sol die gesellen ungeirt lossen untz man umbgefert; und welcher in obgeschribener mossen kumpt, der sol bringen garn, schiff und geschir und einen knaben domit die gesellen genügen haben; und wem nit gebürt zů faren von alter oder von jugent, der mag wol einen knecht gewinnen und demselben geben 7 β δ oder eim gefert 14 β δ, und sol knecht gewinnen die do teil haben an den zügen; wolte aber keiner faren der do teil hette an den zügen, der möchte suss einen knecht gewinnen der sin recht hette; und blybe ein gefert minner oder me über wenn die losz geworfen wurde, do sol inlegen ein gefert 14 β oder ein halb gefert 7 β; das sol in den gemeinen kosten zů stür kommen. Es sol ouch deheiner allein für kein gantz gefert teil nemen an deheinem zug, dan für sinen eigenen lyp.

Und uf uwer, unserer gnödigen herren, verbesserung ist unser meinung, wer das verbreche, der solte bessern 7 β δ.

Item und ist dis beyder partyen meynung und slyssliche bitt semlichs zů bestetigen.

---

## Verordnung den Salmenfang betreffend.

**1447.**

Stadtordnungen, vol. 12, fol. 183.

Es ist in offenem gedinge erkant und ist ouch mit der schar gewunnen von der salmenzüge wegen, wo ein geselschaft einen zug oder zwen machet, wer daran deil nymmet oder hilfet machen, git er mit syme geferte dem zehener, der do zehener wurt, so vil also in angebürt das der zug oder zwen kost het, so mag er mit syme geferte was sü vohent mit ir hant geben zů verkoufen wem sü went, sü sygent gemeiner oder nit.

Es ist in offenem gedinge erkant, das die vischköifer und alle die unser antwerck hant wol mögent ein halp geferte zů einer geselschaft legen uf salmenzuge, mit eim knehte der sin reht het, oder aber einen gewinnen der für in sin trift důt uf dem zuge; und wer darüber dete, der bessert 7 β δ.

Es ist in offenem geding erkant von der salmenzüge und enckerrůsen wegen, wanne man einen salmenzug berůfen wil zů machen, so sol man das den růsern die do enckerrůsen schiessent es verkünden, habent sů enckerrůsen uf dem zuge ligen, das sü die fürderlich dannan důgent abe dem zuge; und wer es das sü die nit dannan detent, wo danne die gesellen die den salmenzug mahtent die encker trefent und also manige stange sü über die encker slahen müstent, also manige 5 β δ süllent sü den gesellen geben für yren kosten die den zug machent; wer es aber das der encker also tief lege das man kein stange do geslahen möhte, wie man denne den encker dannen bringt, deshalp sol ouch 5 β δ daruf gon den gesellen die den encker dannen bringent, für iren kosten.

Es ist erkant in offenem gedinge von der salmenzüge wegen, wer der ist der do deil nymt an salmenzügen, der sol doby bliben; wil er aber dovon gon und het nit můt uf den zügen zů faren, so sol er denselben kosten helfen geliten der yme zů sym deil zůgebürt.

Es ist in offenem gedinge erkant der salmenzüge wegen, wer der were und varen wolt uf semmeliche neht so man nit varen sol und es wogen wolt, wil der, so mag er wol faren uf wellen salmenzug er wil do nieman gegenwertig ist; ist aber yeman do gegenwertig der zů dem zuge gehört, er syge wer er welle, yung oder alt, und yme das entwert, so sol er nit do varen; vert er aber über das were und gebot, was er danne do gewint, das sol der gesellen sin den der salmenzug zůgehört.

Es ist erkant, wenne man salmenzüge machen wil und sü berůft uf den tag und zit also man sü berůfen sol, wer do nit enkunt und die züge hilfet machen, der heim ist und darumb weis, der sol donoch kein reht me haben an den zügen deil zů nemen, und sol man yme ouch kein deil geben; wer aber yemans nit in der stat, kunt der erheim in vierzehen tagen, so mag er wol deil an den zügen nemen, ob er wil, in den ersten vierzehen tagen, also man die züge gemaht het, wer darüber dete, der bessert 7 β δ.

Es ist erkant von dem nahtfaren, wer faren wil mit salmengarn, mit stangengarne oder mit allen gezogen die unserm antwerck zů bruchen sint, uf semmeliche neht so man nit faren sol, der sol zů dem antwercksmeister gon und sol yme sagen wenne er faren wil, und sol ein geferte 7 β δ bessern und nit me; und sol ein geferte reht haben umb die 7 β δ zů faren am samstage zů naht, am sundage den tag, am sundage zů naht untz an dem mendag zů dem tagehorn; und wer aber semmeliches nit endet und nit zů dem meister ginge und yme das seite das er faren wolte, der sol bessern mit eim schiffe 4 β δ und nit me.

Es ist ouch erkant von der zehener wegen, das kein geselschaft uf salmenzügen söllent me haben denne einen zehener; was ouch die züge kostent in stangen, in gezogen, in lon, in zerunge das sol der zehener mit barem gelte bezalen und usgeben; und welle geselschaft also einen zug oder zwen machen wellent, die süllent es an dem samstage zů obent verkünden an die vier steden das sü morndes am sundage zůsammen kumment und sich vereinberent umb den zehener der do ir zehener sol sin, künnent sü eht eis werden umb den zehener; wurt es aber gezweiget, das sü zwen zehener vor in hant oder me, so söllent sü die losz werfen wer ir zehener sin sol; und wer es das got gesellen beriet uf zügen, das ir zehener in nit genůg getůn möht, so mögent sü zů dem zehener gon und mögent yme hülfe zůgeben, oder mögent sü yme aber selber helfen, do wider sol sich der zehener nit setzen, das in das ir versorgt wurt; und wer über disen artickel dete, der bessert 7 β δ. Anno domini 1447.

---

## Verordnungen den Verkauf von Salmen und Lachs betreffend.

**1469.**

Stadtordnungen, vol. 13, fol. 244.

Es ist ouch erkant, wie es des salmen und lahs verkoufens halb mit dem gewiht vormols verordent ist, doby sol es bliben, doch mit der lüterunge oder zůsatz, das man sol den vischern zůlossen die salmen, die gefangen werdent von sant Martinstag untz uf anfang des abrellen, zû verkoufen one die woge, als von alters harkommen ist, dann man dis jor wol gesehen das die egelsalmen komen sint in der zyt als der abrelle dannacht ob acht tage geweret hat, und uf den ersten tag des abrellen anfohen mit der wogen zû koufen, noch besage der ordenunge.

Item als etliche houptkannen und würte gantz salmen oder lehsse koufent und donoch andern dovon gebent wenn sie wellent, dodurch der menige nützit werden mag, do sol fürter me kein houptkanne oder würt me koufen dann ein vierteil von eim salmen oder lahsse, und sol der der den salmen snydet im, by sime eide, nit me geben; und welher das brichet, der bessert 30 β δ, es sy der würt oder houptkanne oder der der den salmen snydet; es were denn das salmen oder lehsse also vil do werent das sie zû leger do legent, so mögent sie dovon wol eim houptkanne oder würt me geben. Und sol das den ammeister uf siner stuben nit berüren; der mag lützel oder vil koufen; und sol man ouch verbunden sin im oder sinem kuchenmeister die zû geben für andere. Ouch als sich bishar gemacht hat das die salmen- oder lehssnyder dryen oder vieren ein gantz vierteil oder me von eim salmen oder lahs verkouft und mit einander gewegen hant, und dann dieselben das under sich geteilt, do doch ir keim sin recht gewicht werden konde, das sol nit me sin; dann wer do vom salmen oder lahs begert, dem sol der salmen- oder lahssnyder geben ein pfunt, zwey oder me, und das nyeman versagen allerwile er hat; und besunder wo tragende frowen dar kement und gern salmen hettent, die sollent sie vor allen dingen usrichten, by 30 β δ der stat. Desglich sol dehein vischer kein salmen noch lahs koufen, er welle in dann in sinem huse essen oder sin gesinde; ouch by 30 β δ.

Ouch söllent sie die woge recht hencken, also das das gewichtbeckin nyderer ston sol dann das ander beckin, uf das es sinen fryen usslag haben möge. Sie söllent ouch eim jeden geben sin recht gewicht; und wo ein missewegen in worheit erfunden würde, do sol der der das geton hette sin antwerck verloren haben.

Item es söllent alle die salmen oder lehsse snyden wellent, vor und ee ob sie snydent, alle puncten und artickel sweren, vor meister und rat, dem getruwelich noch zû gon; und sol keyner snyden er habe es dann vor gesworen; wer das darüber dete, der bessert 30 β δ als dicke das beschieht; und welicher das nit sweren wil, der sol kein salmen oder lehsse in zehen joren alhie in Strasburg snyden. Ouch sol man das rügen, by dem eide, den sübenzühtern, wie dann der vischer ordenunge vormols von andern stücken wiset.

Actum feria sexta post dominicam jubilate. Anno 1469. (28. April.)

## 1478.

Stadtordnungen, vol. 28, fol. 269.

Unser herren meister und rat und die ein und zwenzig haben, umb der menige gemeinen nutz und notdurft willen, erkant und geordent das man die salmen und lehsse hinfürder verkoufen sol by den pfunden und noch anzal des gewihtes, in mosse wie hienoch geschrieben stot:

Zům ersten, von dem angange des salmen veil habens untz dem meytage sol man ein pfunt salmen by sant Martin umb 10 δ geben, und by dem burnen ein pfunt vür 6 δ, und ein salmen krese by sant Martin umb 10 δ und by dem burnen umb 6 δ, und dürer nit, neher mag man sie wol geben, und den grot verköfen wie man wil, es sige mit dem pfunt oder noch dem gesieht.

Item und wenn der meigetag vergot, so sol man ein pfunt salmen by sant Martin geben vür 8 δ und by dem burnen umb 5 δ, und ein krese by sant Martin vür 7 δ und by dem burnen vür 4 δ, und den grot mag man verköfen wie vor stot.

Wer es aber sach das einer einen salmen gantz köfen wolt, der sol gantz gewegen werden, und krese und grot by dem gewicht gegeben werden, der zit noch, wie vorstot.

Desglichen sol ouch gehalten werden von den lehssen by dem gewichte, also hie noch geschriben stot:

Item von angang der lehsse untz sant Simunt und Judes tag sol man ein pfunt vür 7 δ geben by sant Martin, und by dem burnen ein pfunt vür 5 δ, und den grot, das gereige oder mylch wie sie wellent und verköfen mygent; und noch der obgenanten zit, by sant Martin ein pfunt vür 5 δ, und by dem burnen ein pfunt vür 4 δ und nit höher, neher mygent sie es wol geben; und wer sach das sie gantz lehs verköftent, die süllent sie gantz wegen und der zit noch geben, wie vor stot; und wer diser obgenanten stück eines verbrech, der sol bessern 30 β δ.

Also ouch untzhar verordent ist gewesen das keiner umsasser, die do salmen oder lehs vohent, weder salmen oder lehs har zû mercket bringen solt, sunder sie myestent sie den vischkeifern uswendig des burgbannes zû köfen geben, dardurch man vast besweret worden ist, bede, die gemeinen burger und ouch die sie gefangen hant, sol nûn fürter abe sin, und süllent alle umsasser maht haben ire salmen oder lehsse har zû merckete bringen und verköfen, der ordenunge noch des gewichtes, doch also das sie die geswornen snyden süllent, und sol man in darvor geben den lon der bitzhar geben ist.

Ouch söllent die geswornen, by iren eiden, verbunden sin den fremden zû fürderen, das sin zû snyden und zû verköfen also dem heimschen; und ob sach were das uf etliche zit die geswornen der heimschen und ouch der fremden visch snyden soltent, welcher do den ersten uf dem mercket hat, dem sol man zû dem ersten snyden einen visch und dem andern darnoch ouch einen, und darnoch der ersten partigen aber einen, ob sie in anders hettent, und also je einen umb den andern, ob man es anders begert von den heimschen oder von den fremden, und sol kein geferde harin gesûchet werden; und wo es usfündig wurde das keinerleige geferde harin gesûchet wurde, von welchem soliches geklaget wurde und sich finde an worheit, der sol bessern 30 β also dick er das verbrichet, und sol man die besserunge niemant faren lossen.

Es sol ouch nieman, er syg fremd oder heimsch, in unser stat weder salmen oder lehs verköfen denn by dem gewiht, und wer das darüber dete, der sol bessern 30 β δ.

Man sol ouch weder salmen noch lehs in unser stat niergent verköfen denn uf unserem vischmercket, und süllent in die geswornen besehen der ordenung noch, und wo sie in denn erkennent veil zû haben, do sol man in snyden, und wer darzû geeiget ist, dem sol man darvon geben, und sol der der in als snydet nit sprechen das oder dis ist verköfet oder ich wil dem höbelkannen oder andern behalten, sunder wer do salmen oder lehs köfen wil, der sol zûgeeiget sin so man in snydet oder so er in köfen wil; und wer das darüber dete, der bessert 30 β δ.

Es sol ouch weder vischer noch vischkeufer weder salmen oder lahsse niergent verköfen denn in unser stat; und wer das verbrech, der bessert 30 β ȣ, on alle geverd.

Es süllent ouch die geswornen an vischerantwerck dise vorgenanten stück verbunden sin zû riegen, wo es in vürkumt das soliches verbrochen wer, by iren eiden, den sübenzieteren; den sol man ouch dise ordenunge geschriben geben, das soliches gehalten werde.

Ret und XXI hant dis erkant nach Johann Baptiste. Anno 1478. (25. Juni.)

---

## Ordnung der Fisch und Vögel halben zwischen etlichen des Rheins Genossen, auf zwei Jahre lang, abgeschlossen.

**1449.**

Stadtordnungen, vol. 1, fol. 20.

Zû wissen, also bitzhar an vischen und vogeln uf dem Rin etwas mercklicher abgang erstanden ist und fürter erstanden sin möht, deshalp das man die vische und vogel an etlichen enden unordelich gefangen het und anders domit umbgangen dann nützlich oder bequemlich ist, darin habent nû die ersammen, fürsihtigen, wisen meister und rat der stat Stroszburg gesehen, umb gemeines nutz und fromen willen jr burger und der jren und ouch der uf dem lande, die sich der werden des Rines gebruchent, und habent also die erbern lüte von Rinowe und ir anstösser ouch, die von dannen fürbass den Rin abe bitz in des edelen, volgebornen herren jungher Ludewigs, herren zû Lichtenberg lant, uf dem Rin sitzent, und ouch derselben herschaft lüte und etliche ir nehsten anstösser beschriben gon Stroszburg zû komen zû jren erbern rotzfründen, die dozû geordent worent: nemlich her Claus Lentzel, altstettmeister, her Obrecht Schalck, her Cunrat Armbruster, her Heinrich Meiger, altammeister, und Claus Lumbart, lonherre; und also sü zûsamme kommen sint und sich von den sachen in meingerleye wege underet habent, so sint sü diser ordenunge mit einander eins worden, und habent die zůgeseit dise nehsten künftigen fünf yor, noch datum diser geschrift, gegenander zů halten, in die wise also hienoch geschriben stot :

Zů dem esten, so sol dehein vischer noch niemand anders von unser frowen Clibeltag (an), in der vasten, untz zů sant Johanstag zů sungihten mit deheiner brutwatten, steinwatten, enge louckengarn, affen, affenbernen, gewenden oder körben varen, vischen noch dehein ander gezoge bruchen domit der roge oder der yunge visch verderbet werden mag.

Es sol ouch nieman mit deheim ströifbernen an deheinen enden nit vischen, varen noch die bruchen von angondem mertzen untz sungihten.

Es sol ouch nieman von angondem mertzen untz sant Michelstag mit deheiner brutwatten, enge louckengarn noch mit deheinen andern engen garnen, domit der yunge visch verderbt werden mag, vischen, varen noch die bruchen in deheinem hote und in deheinen heden, die dann yegeliches teil in siner gebiete ussgenummen und gezeichent hant mit den besten so ungeverlich in ir gebiete sint, die sü ouch der stat Stroszburg nemlich geschriben geben sullent. Und obe der gezeichten heden einer abeginge, so sullent sü darnoch fürderlich den besten hot zeichen und den ouch also die andern gezeichten hede die egemelt zit ussverbannen halten; aber sust die andern ungezeicheten hede sullent fry sin, das man darynne mag varen, vischen als sich dann gebürt.

Es sol ouch nieman dehein lantgonde gezoge noch deheine andere garne noch gezoge, wie die genant sint, bruchen, ziehen, varen noch domit vischen in den vorgemelten gezeicheten heden, ouch von angondem mertze untz dem süngihtage, ussgenummen in den fliessen wassern und ouch in den unzeicheten heden.

Es sol ouch nieman von angondem mertze untz dem meigetage deheine fache, die in den vorgemelten gezeicheten heden stont, noch deheine kelle, die in die löcher gont, wo das ist, nit versetzen noch verstellen mit růsen, mit körben, mit wartolfen noch mit keinen dingen domit einer vische gefohen möhte, umb das die lisse und rogen nit umbgezogen werdent.

Es sol ouch nieman deheine yunge hürlinge vohen, an keinen enden, von vastnaht untz zů unser frowen tag der eren. Wer es das do die vischer und weidelüte in der herschaft von Lichtenberg lant solichem nit nochgingent und darüber in dem zil in ir weiden hürlinge vingent, so mögent die vischer von Stroszburg und ander, die die ordenunge gehalten, ouch hinabe in der Lichtenberger weide yunge hürlinge vohen; doch sol man nit gestatten das sü heruf varent in dem egenanten zil hie oben yunge hürlinge zů vohen; und wo sü das detent und ergriffen wurdent, so sol man sü behaben und pfenden für 30 β δ, aber wenne dasselbe zil usget, so mögent sü dann ouch hie obenan vohen als der stat vischer und ander, die die ordenunge haltent.

Es sol ouch nieman deheine yunge selmelinge vohen noch dehein ander kleine yunge vische vohen von vastnaht bitz süngihten.

Es sol ouch nieman deheine brůtlache zů valle verstellen, es syge mit wartolfen oder mit rûsen; es were dann das ein weideman in einer lachen karpen fünde, die mag er wol verstellen mit Rin- oder fachwartolfen oder mit einer segenen verlegen, ungeverlich.

Es sol ouch nieman keinen giessen wenden den er verstellen wil mit rûsen oder mit körben.

## So ist der Vogeler Ordnung.

Es sol dehein vogeler noch nieman anders von vastnaht untz dem süngihtage deheine kleine vogel vohen, weder mit lymeruten, noch mit garnen, noch mit hunden oder mit deheinen andern dingen, weder alt noch yunge, noch die in derselben zit gefangen nit veil haben, grin oder gesaltzen, es sygent vasant, velthüner, antvogel, brovogel, dritvogel, mürvogel, rackkelse, breitsnebel, trössel, nünnel, smychen, merrich, ziemmer, vivitz noch keinen andern derglich, wie der genant ist, usgenommen wachtelen, kesseler, spirer, glůtten, rotbeine, yunge kreigen, kreniche den man sprichet meigevogel und allerleye yunge vogel, die do zittig sint uszůnemen us den nestern, die mag man usnemen und veil haben, und sust kein ander.

Und wer der vorgeschriben stücke in der vischer- und vogelerordenunge, wels das were, eins oder me verbreche, und nit hielte und sich küntlich fünde, er wer frömde oder heimsch, in dem egemelten begriffe des Rines, der bessert, so dicke das geschehe, 30 β δ der herschaft oder der stat hinder der er gesessen ist, und sol ouch die besserunge nieman erlossen werden; und sol ouch ein yegelicher, der semmelichen bruch erfindet, by syme eide, rügen, uf das der bruch gebessert und dise ordenunge deste bas gehalten werde. Und wer in der vasten oder in solicher verbanner zit gesaltzen vogel veil hat, er sy frömde oder heimsche, dem sol man die nemen und in den spittel geben, und darezû die besserunge niemant varen lossen; und ging dise ordenunge an uf sant Margreden tag. Anno 1449. (12. Juli.)

Und sint dis die hede die yegliches teil ussgenommen hat und eigentlich zeichen und geschriben geben sol, als vor gemelt ist:

Item die von Rinowe VIII.

Item die von Otenheim V.

Item die von Schönowe IV.

Item die von Stroszburg XXIX.

Item zû dem ersten hant die von Stroszburg gezeichent das alte wasser das man nennet die Wolftrenck.

Item donoch das alte wasser in dem Lambssande.

Item donoch obenan in dem Galgenrin das gantz gesleder und löcher untz uf das Hagmesser.

Item donoch gegen der alten Gansowe über, hinder dem grien, das gantz gesleder.

Item donoch das loch obenan an Blöchils giessen.

Item donoch der grosse see in dem Ossenwerde und die löcher ussen dran und slüche.

Item donoch das loch niden in dem Ossenwerde.

Item donoch der sluch in dem Lumbartzwerde.

Item donoch die lache by der kleinen Rinbrucken.

Item donoch der slût oben an dem Ziegelofen.

Item donoch der hot der in den burnen get in sant Arbogastwerd.

Item donoch das wasser das get von dutscher herren müle herabe, von dem turn den man nennet des Tüfels turn.

Item donoch der grabe ussen an Röiffegasse, der unser herren wiher gewesen ist.

Item donoch der grabe ussen vor sant Katerinenkloster.

Item donoch das wasser das man nennet die Hargarte, ein sluch by Höckilsowe und an der syte an dem dorfe zu Keule.

Item donoch der see in dem Trübilswerde, und alle sin zûgehöre die do umb liegent.

Item donoch die lachen niden in dem Ferwerde.

Item donoch das loch in dem Owenheimer werde, dem man sprichet Bernhartzwerd.

Item donoch obenan vor dem Strümpfegiessen also er infellet niden vor dem alten hofe.

Item donoch das gesleder in Walther Bumans grien.

Item donoch was von leichwassern ist ussen vor dem krummen hamme in demselben werde.

Item donoch der alt snauwer der do dient uf die almende zů Wantzenowe, ein syte.

Item donoch die alte Zornskele in dem Blüwelswerde.

Item donoch der hot ussen an dem Fachwerde.

Item donoch die zwo Floschen.

Item donoch das loch in dem ussern Wacken.

Item dise vorgeschriben hede und löcher sint alle gezeichet zů leichwassern.

Die meisten der hier genannten Altwasser sind heute durch Eindæmmung und Verænderungen des Rheinbettes entweder verschwunden oder doch unkenntlich geworden, und die allerwenigsten dieser Namen leben selbst im Kataster noch weiter fort. Die *Wolftrenck* ist mœglicher Weise mit dem *Wolfsgiessen*, einem der das *Engelbrechter Wœrth* durchschneidenden Arme zwischen Rhein und Ruprechtsau identisch. — Der *Lambsand* ist wohl der heutige *Lamen-Sand*, oberhalb Strassburg, zwischen Altenheimer-Hof, Jægerhof, Baurengrund und dem Brunnwasser. — Wo der *Galgen-Rhein* geflossen, vermœgen wir nicht anzugeben, es sei denn dass damit der heutige *Napoleons-Rhein* gemeint sei, der in der That um den *Hackmesser-Grund* sich hinzieht und denselben von *Ober-* und *Unter-Hackmesser* trennt. — Ob und in wie ferne die *alte Gansowe* die næmliche wie die heutige *Gansau* am Krummen Rhein, zwischen Jesuiterfeld und Fasanengarten war, kœnnen wir ebenfalls nicht bestimmen. — Den *Blæchilsgiessen* kœnnte man vielleicht als eine ælteré Form von *Bläuelsgiessen* ansehen und dann in der Næhe des *Blauelswœrthes*, in der Wantzenau, bei der Illmündung in den Rhein suchen. — Das *Ossenwerd* oder Ochsenwœrth, befindet sich zwischen dem Exercierplatz oder Polygone, der Citadelle und dem Kleinen Rhein (Bras Mabile). — Der *Lumbartzwerd* oder *Lumbartswœrth* ist der Theil des Neuhofer Waldes, der zwischen *Lamensand*, *Rohrschollen*, *Hackmesser*, *Ruchau* und *Breitlach* sich befindet. — Mit dem *slut oben an dem Ziegelofen* ist wohl irgend ein Theil des *Ziegelofengiessens*, heute *Ziegelwasser* genannt, gemeint, der zwischen *Meinau* und der sogenannten *Porzellanmühle* vom *Krummen Rheine* sich trennt und in den *Rheingiessen* mündet. — *Sant Arbogastwerd* wird man auf einer der Inseln der Ill oberhalb der Stadt, beim damaligen Kloster Sankt-Arbogast (wie sie noch spæter auf dem Stadtplane Silbermanns abgebildet sind) zu suchen haben, zwischen der *Elsau* und der *Teutschen Au*. — Das *Deutschherren-Kloster* stund innerhalb der Ringmauer,

## Vogler-Ordnung.

**1489.**

Stadtordnungen, vol. 1, fol. 44.

Unsere herren meister und rat sint überein kommen und habent erkant, das dehein vogeler noch nieman anders, hinnan untz zů dem sungihttage, deheinerley clein vogel vohen sol, weder mit garnen, mit hunden, mit lymruten noch mit deheinen andern dingen, weder alt noch jung, noch die die in derselben zit gefangen werdent nit veil haben, grüne oder gesaltzen, es sient antfögele, brotfögele, drittfögel,

ungefær mitten zwischen den beiden Thürmen des *Lug'ins Land* und des *Margarethenthurms*, die Mühle wird daneben am Wasser gelegen haben, das vom *Breuscheck* herunterkommend, am *Teufelsthurm* in die Ill, vor den gedeckten Brücken einmündete und bis in die neueste Zeit den Namen des *Læwengraben* führte. — Die *Roiffegasse* befand sich am Kanal, da wo noch heute der Finckmattstaden ist. — Mit dem Graben « *ussen vor sant Katerinen-kloster* » ist wohl derjenige gemeint, der gegen die *Metzgerau* zu, zwischen dem *Katharinenthor* und dem *Gelben Eck* sich erstreckte, nicht der innere, zwischen *Metzgerthor* und *Katharinenthurm*. — *Keule*, das heutige Kehl. — *Hargarte* und *Höckilsowe* vermögen wir nicht nachzuweisen, so wenig als *Trübilswerde*. — *Ferwerde* oder *Varewert*, wie es im Allmendbuch von 1427 genannt wird, lag in der Næhe des *Beiltwert*, dem heutigen *Beilengrund*, und muss, da in besagtem Allmendbuch von den Fischern von Auenheim seinetwegen die Rede ist, unterhalb Strassburg's, diesem Dorfe gegenüber gelegen haben. — Mit dem Namen *Owenheimer-* oder *Bernhartzwerd* wurde wahrscheinlich eine der auch heute noch zahlreichen Inseln bei Auenheim bezeichnet. — Der *Strümpfegiessen vor dem alten hofe* muss, da mit dem *Alten Hofe* nur Hundsfelden (im Gegensatz zum damals entstandenen *Neuhof*) gemeint sein kann, auf dem rechten Rheinufer gewesen sein. — *Walther Bumans grien* vermögen wir nicht anzugeben. — *Wantzenowe* (Wanzenau) Dorf an der Ill nicht weit von deren Mündung in den Rhein. — Die *alte Zornskele in dem Blüwelswerde*; das *Blauelswerth* ist der Theil des Ruprechtsauer Waldes der zwischen der grossen Krümmung der Ill, vom untern *Jægerhof* an bis gegen die Wanzenau sich befindet. Die *Zornskele* wird ein dortiges, nach dem Geschlechte der Zorn benanntes Altwasser gewesen sein. — Das *Fachwerde* ist vielleicht identisch mit dem heutigen Gewand *Fachwerth* jenseits der Ruprechtsau, længs der Ill. — Die *Zwo Floschen*, nicht nachweisbar. — Mit dem *ussern Wacken* wird der von der Stadt entfernteste Theil der von Aar und Ill umflossenen, noch heute so genannten Insel gemeint sein.

murfögel, rackhelse, breytsnebel, trössel, nunnel, smychen, merrich, zyemern, vifitz noch keinen andern derglichen, wie der genant ist, ussgenommen wachteln, kesseler, spirer, gluten, rotbeyne, junge kregen, krenich, den man sprichet meygefogel, und allerley junge vogel, die do zitig sint uss den nestern zů nemen, die mag man ussnemen und veil haben und sust kein ander; und wer der vorgeschriben dinge deheins verbreche, er wer frömde oder heymsch, der bessert 30 β δ; und wer in solicher verbotener zyt gesaltzen vogel veil hat, er sy frömde oder heymsch, dem sol man die nemmen und in den spital geben und dozů die besserung nit faren lossen.

Es soll ouch nieman hynnan untz sant Adolfstag dehein velthun noch vasant vohen, weder mit garnen noch mit stecken oder andern dingen, one mit federspil; und wer das darüber tete, der bessert 30 β δ, die man ouch nieman faren lossen wil, so dick das geschee; und sol man ime darzů sin geschirre nemmen; und wer das rüget oder fürbringet, dem sol davon werden der dirteil der egemelten besserung.

Actum misericordia domini 1459. (9. Mai.)

---

## Verordnung über den Verkauf der Vögel.

**15. Jahrhundert.**

Stadtordnungen, vol. 12, fol. 218.

Unser herren meister und rat und die ein und zwentzig sint überein kommen das die vischer, vogeler und gremper dise ordenunge haltent süllent, by der penen als hie noch geschriben stot:

Item die antvogel süllent eins dumen breit von dem körper hut haben ungezogen von dem halse als sü abgesnytten werdent; desglich sol man den andern vogelen ouch tůn: nemlich brotvogel, rackhelse, smychen, merriche, dritvogel, nunnen, trosseln und derglich, den man die helse absnydet.

Item es sol ouch nyeman deheinen zamen antvogel under den wilden veil haben, umb das man wisse was wilde oder zam sy, und sol man in ouch beide fettiche abehowen und sü veil haben do man andere zam vogel veil het, umb das nyeman dodurch betrogen werde; und wer der stücke eins oder me verbreche, der bessert fünf schilling pfenninge: nemlich der stat das halb und vischerantwerck das ander halb, und süllent die schöffel und geswornen an vischerantwerck, by iren eiden, soliches rügen dem vischermeister und dem gerichte, die ouch, by iren eiden, soliche besserunge nieman faren lossen süllent.

Item es sol ouch keiner deheinen antvogel, weder clein noch gross, oder helse noch ingeweide uf dem merckt, in der stat noch in dem burgbanne koufen uf merschatz, by der vorgeschribenen pene; wer aber daz einer kuntschaft hette uf dem Rine, brehte ime da einer vogele in sin hus, die mag er wol koufen; doch süllent sü die nit in iren hüsern fürbasser verkoufen; wann aber ein solicher uf den merckt kompt oder uf dem gange ist zû merckte, so sol er solichs nit koufen.

# Verordnung

## betreffend die in die Stadt geflüchteten Landleute.

**18. Jahrhundert.**

[Stadtordnungen, vol. 13, fol. 58.

Unsere herren meister und rate sint mit rote der herren ein und zwentziger aber übereinkommen und habent ouch erteilt, das alle die so in disen criegen vom lande harin kommen sint und nit korn mit inen broht habent, daz sü und ire kint jore und tage zů essen habent, das die in disen ahte tagen von unser stat gon söllent; und het man ouch zwen erber manne darzů geordent die daruf warnemment; und welhe lantlůte darüber herine blibent, die nit jore und tag zů essen habent, oder denselben zweien so unsere herren darzů gesetzet hant widersatze gebent, zů der libe und gůt wil man das warten sin. Wemme ouch dieselben zwene unser stat, noch vorgeschribener mosse, verbietent, den sol darnach niemans, wer der ist, in unser stat, vorstetten oder burgban enthalten; wer das darüber dete, der bessert 5 lib., und wil man ouch die nieman varen lossen.

# Frauenhaus-Ordnungen.

## 15. Jahrhundert.

Stadtordnungen. vol. 21, fol. 55.

Und wann wir nůn wol empfunden habent das mit dem gůte das zů unser lieben frowen werck gehöret vast ungetruwelich umbgangen ist, wanne das werck uf disen tag noch het nůnhundert pfunt pfennige geltz in der stat und in dem lande, zwei tusent vierteil korngeltes, one winzinse und ander zinse, one die betten in dem lande, one das opfer vor unser frowen, one das gelte in allen stöcken das in dem müster funden wurt, one das gelte das von der grossen glocken gevellet, ane harnasch, waffencleit, cleider, rosz, hengeste, pferde, huszrat und ander dinge die dem wercke gegeben werdent, und one alle selgerete und anrehte (auf) vertig gůt die jme besetzet, gegeben und gemaht werdent, so beduncket uns gůt sin das der rat drie pflegere ordenen sol die zů dem werck sehent und lůgent, und sol man einen cappelon vor unser frowen (setzen) der ein priester sy, dem man unreht gůt möge darstossen, und sol einen leyen uf das huse setzen der ein schaffener sy und kein wyp noch kein kinde habe, und sol man mit briefen sich wegen den versorgen, wie sie sich halten sollent und was sü tůn sollent, und was gůtes sü lossent, das das by dem werck bliben sol. Die pflegere sollent ouch ordenen underschriber und knehte zů dem schaffener so vil als man bedarf und nit me, und was sü abgebrechen mögent von gesinde oder amtlüten die ietzo des werckes diener oder amtlůte sint oder werdent, oder die sü nit nůtze dunckent sin dem wercke und kosten ersparen, das sü das tůnt; und söllent der cappelon und schribere alle wochen wochenlich den drien pflegern oder jr zweien, obe einer nit in der stat were, verrechenen was sü die vergangen wochen jngenomen und empfangen habent von stücken von dem das ist nemlich und von weme, und sollent die namen darzů schriben, und süllent dogegen verschriben was sü die vergangen wochen uszgegeben habent und wovon und weme, (da) durch die pflegere, jr herren, wissent was alle woche jngenomen und uszgeben sy; und sol deheyn meister noch rat, deheyne pfleger dem schaffener niemer keyme erlouben sich zů wyhende oder dehein dinge an sich ze nemende davon er usz unser weltlichen gewalt geston möhte. Sy sollent ouch sich kosten erlossen mit hantgift, hochgeziten, mit botefleisch und mit andern dingen, und bysunder mit jmbissen jn dem jore. Man sol alle die briefe und bücher die zů dem wercke gehörent und die besagent über des werckes eigen und erbe oder über ir friheit, jn das gewelbe by des heiligen crůtzes altar in dem münster hinder fronaltar tůn, und sol man das besliessen mit drier hande slossen, und sol yeder pfleger einen darzů haben, und der schaffener keyne, und wanne man (derselben) usz dem gewelbe bedarf, so sullent die pflegere alle drye doby sin und sü usz dem gewelbe nemen und wider darin tůn so man ir nit me bedarf und so man fürderlichest mag, umb das das man sicher sy das des werckes eygenschaft deste bas behaben sy; und sol man abgeschriften der briefe in zweyen büchern hie usz behaben, der eins uf unser frowen husz sol sin und das ander hinder unser stat, durch das unsz ewecliche wisse was zů wercke gehöret sit doch das wercke in unszer hant stat; und wurde ein briefe abgelöset, das man den jn beyden büchern abtůn sol, und das unser rete, die danne zů ziten sint, empfindent was abegelöset wurt, das man das wider anlegen sol; und was güter hinnanfürder dem werck gefellent do briefe über sint, die sol man fürderlich abe tůn schriben in die beiden bücher, und danne die briefe in das gewelbe gehalten tůn; und sol man nieman, wie der genant ist, deheynen briefe in dem gewelbe gehalten tůn, danne die unser frowen wercke zůgehörent.

Die vorgenanten pflegere sollent ouch dehein maht noch gewalt haben dehein zinse oder gelt oder lypgedinge uf des werckes gütern zů verkoufende oder zů versetzende, in deheinen wege, danne mit wissen und willen und rehter wissenthafter urkunde meister und rates zů Straszburg, die danne zů ziten sint, und wo es darüber beschehe anders wanne dovor geschriben stot, das sol weder craft noch maht haben; sü mügent aber wol reben und ander gůter verlihen oder zů mystegedinge, und der dinge glich, on alle geverde.

Die pflegere und schaffener sollent ouch jores zwurent dem rat eine rechenunge tůn, also man bitzhar geton het, doch das man alles jnnemen und uszgeben eigentlichen verschriben sol von stücken zů stücken, und ouch by allen dingen nemlich die namen verschriben wer die jnnemen gegeben habe und von weme sü sü empfangen haben, und das uszgeben glich ouch also; und darzů sollent sü alle jore verschriben geben uf der rechenunge was zinses man jnen schuldig blibet von korn, wyn und pfennigen, und wer das schuldig blibet, und glich andere schulde ouch also; und wanne man die rechenunge tůn wil, so söllent der schaffener und sin schriber vorhin besorgen das der rechenunge zwo geschriben sient, und sol der rechenunge allewegen eine unser stat geben, durch das wir und unser nochkomen die rete wissen mögen das dem wercke allewegen und unser statt reht beschehe; und wenne man rechent, so sol man die rechenungen gegen einander haben umb das man wisse obe sů glich standent; und sol man die rechenunge uf der pfaltzen tůn und niergent anderswo; und sol ouch der rat, by jrem eide, alle jor die zwü rechenungen gegen ainander verhören: die erste rechenunge in den ahte tagen vor sant Johannstage zů süngithen, one verzog, und die andere in den ahte tagen vor wynahte, und sollent die rete, by jrem eide, das nit verziehen, in deheynen weg, und söllent ouch mit name die zwene ymbis abe sin also meister und rat essent uf unser frowen huse so man rechnete; darumb so sol man die zwo rechenungen, die man jores tůt, uf der pfaltzen und nit me uf dem huse tůn, und wanne die rechenunge beschehet, so sol man in dieselben rechenbücher eigentlichen verschriben was vorhanden ist und überbliben ist, und was man schuldig ist, und was man dem wercke schuldig bliben ist, und wer mit name, und was man von den capiteln bete empfangen het und wie vil von yeglichem besunder, und sol man das nit me anrechen, briefel schriben noch kein rechenbriefel machen, also man bitzhar geton het; und wanne das alles beschiht, so sol ein meister eine urteil setzen do der rat alleine ist, und do weder pfleger noch schaffener by sin sol, obe sü die rechenunge redelichen beduncke oder obe utzit in der rechenunge sye beduncke sin das nit redelichen ist, und sol man ouch disen artickel alleweg dem rat vorlesen so man die rechenunge tůn wil, by dem eyde nit underwegen lossen.

Die pfleger söllent sweren an den heiligen die vorgeschribenen stücke, die von jnen vorgeschriben stont, zů haltende und zů vollefürende, und sunderlich und volleclich darzû ze gonde die rechenunge ze verhören und ze tûnde was sü getruwent das dem wercke nutze und gût ist und von jnen verschriben stot in unserm heymlichen bûch, und sol jnen ouch werden das in demselben heymlichen bûch verschriben stat, dieselben artickel man ouch disen verschriben sol und ouch mit name das deheyne pfleger noch schaffener, by jren eyden, yeman deheyne pfründe lihen söllent die zû dem wercke gehörent, danne wanne ein pfründe ledig wurt, so süllent sü es für meister und rat bringen, die sollent priester daruf und zû pfründen welen nochdem die pfründen ufgesetzet sint; und sol man ouch, so der rat welet, den rat gerwe frogen und ouch, by jrem eide, frogen ob yeman utzit davon geret oder gebeten sy, und wen man danne dovon beseit der mit yeman geret habe, der sol bessern fünf pfunt pfennige, und sol man die, by dem eyde, nieman varen lossen; und wanne man also einen pfrundener erwelen wil oder einen capelon oder einen schaffener, so sol man dem rat disen artikel vorlesen und sol es ein meister, by sime eide, heissen lesen.

Die pfleger, noch nieman von jren wegen, sollent deheyne hengeste noch pferde yeman lihen zû stechen, zû turnierende und dem glich, wanne die hengeste vaste domitte geschediget und geletzet werdent.

Man sol ouch den pflegern uf unser frowen huse jr jeglichem jors geben als hie noch geschriben stot: das ist zû wynahten jeglichem under den dryen pflegern vier sweigkese, einen lebekûchen und eine hültzin bühsse mit latwerien, also das bitzhar gewonlich gewesen ist, one geverde; item zû vastnahte ein vierteil lutertranckes, ein vierteil wynes und vier kappen; item zû ostern zwey hundert eyger und zwey lembere; item zû sant Martinstage ein vierteil lutertranckes, ein vierteil wynes und vier kappen, und sol man ouch jeglichem under den pflegern alle jore drie enger tûn, und nit me, der sü under jn nemen wil. Ein schaffener, wer danne ein schaffener ist, sol in der drier pfleger huse, jn jeglichs pflegers huse geben dem gesinde zû wynahten zehen schilling pfennige; darzû sol ouch ein jeglich schaffener sweren das er deheime under den vorgenanten pflegern, noch nieman anders, wer der ist, und ouch nieman von des schaffeners wegen, deheynen pfennig der dem wercke zûgehöret nit lihen noch geben sol, und dasselbe alle schaffener also halten, by demselben jreme eyde, one geverde; und sollent ouch die pflegere und alle jre nochkomen sweren zû den heiligen das sü, noch nieman von jren wegen, von dem schaffener noch von allen sinen nochkomen die danne zû ziten sint, nit lehent noch nement, in deheynen weg, das dem wercke zûgehöret, anders danne dovor bescheiden ist, one geverde, und swer ouch der schaffener dise vorgeschriben dinge zû haltende.

### 15. Jahrhundert.

Stadtordnungen, vol. 17, fol. 67.

Die pflegere und der schaffener unser lieben frowen wercks söllent sweren alle stücke, pûncten und artickele die von jnen hie noch geschriben stont, und sint dise stücke der merenteil usser der stat bûch genommen worden.

Züm ersten, so söllent sü dem wercke getruwelich beroten und beholfen sin, und wann oder wie dicke der schaffener die pflegere zû des wercks redelicher notdurft besendet, daz sü dann gehorsam sigent und fürderlich koment, ungeverlich.

Item die pflegere noch der schaffener söllent deheine gewalt noch maht haben dehein zinse oder gelt oder lipgedinge uf des wercks gütern zû verkoufende noch zû versetzende, in deheinen weg, danne mit wissen und willen meister und rates zû Straszburg, die danne zû ziten sint, und wo es darüber beschehe anders danne davor geschriben stot, das sol dehein kraft noch maht haben; sü mögent aber wol reben und andere des wercks gûtere verlihen.

Sü söllent ouch, by jren eiden, nieman deheine pfrûnde lihen die zû dem wercke gehöret; danne wann ein pfrûnde ledig wurt, so söllent sü das vor meister und rat bringen, die söllent danne priester daruf und zû den pfrûnden welen; und sol solich wale und lihunge geschehen in aller der mossen als der artickel der stette pfrûnden halb das jnnehaltet, den die dritzehene gemaht und schöffel und amman besteliget hant.

Die pflegere söllent ouch umb den schaffener nützit lehenen noch nemen, jn deheinen weg, daz dem wercke zûgehöret

Ouch so söllent die pflegere und der schaffener alle jare dem rate zwene rechnunge tûn, als biszhar geschehen ist; und sol man alles jnnemen und uszgeben eigentlichen verschriben von stücken zû stücken, und wann man die rechenungen getûn wil, so söllent der schaffener und sin schriber vorhin besorgen das der rechenungen zwo geschriben sigent, die do glich sagent, der sol dann ein der stat bliben und werden und die ander dem werck; und soliche rechenunge sol man uf der pfaltze tûn und niergent anderswo, und sol ouch der rat, by jrem eyt, alle jare die rechenunge verhören, die erste rechenunge in den aht tagen vor sant Johannstage zû sunngihten, one verzock, und die ander in den ahte tagen vor wihennaht; und wanne die rechenunge als beschehen ist, so sol ein meister ein urteil setzen, so der rat allein ist, obe sü die rechenunge redelich bedûncke oder nit, und was die rete darinne erteilent dem sol man nochgon.

Und als die pflegere uf unser frowen husz essent so man die jorerechenunge dût und zû andern ziten, do sol man hinnanfürder den pflegern noch niemans anders, wie der genant ist, deheinerleye cost noch win in sin husz noch an deheine ende schicken, uszgenomen so man des wercks jorrechenunge dût uf der pfaltzen, so mag man wol ein brett mit coste uf des ammeisters stube schicken, ungeverlich, als das gewönlich und harkommen ist.

Als ouch der schaffener unszer frowen werckes untzehar uf stuben und anderswo ussewendig unszer lieben frowen huse geessen hat, und man jme dann abe dem huse an soliche ende cöstlich essen und win getragen hat, das sol hinnanfürder nit me sin.

Und als danne ouch dick biszhar von den stuben und von andern enden uf unsere frowen husz noch fleschen mit wine geschicket worden ist, das sol hinnanfürder ouch nit me sin; doch were es daz jemant noch einre moszen wins aldar schikte, beduhte do den schaffener oder die den das empfolen ist, daz es des werckes nutze und ere sige, so mögent sü solichen personen wol ein mosz wins schicken, so dick sich das gebüret, ungeverlich; und ist harinne nit begriffen: were es daz herren, ritter oder knehte, frowen oder jemans anders uf das münster gienge, beduhte do den schaffener oder die das ze tûnde hant des werckes nûtz und ere sin, so mögent sü solichen personen wol bescheidenlichen win und anders uf das münster schicken, ungeverlichen.

Und söllent die pflegere des wercks unszer lieben frowen, by dem egenanten jrem eyde, nit me übermessen es sy in engern, jn tagewon oder in andern sachen, nûtzit usgenommen noch hindan gesetzet, clein noch grosz, dann als vil hie noch geschriben stot, das ouch in der stette bûch begriffen ist; das ist mit namen jedem pfleger zû wihenahten vier sweigkese, ein lebekûchen, ein bühsse mit latwergen, und in jedes pflegers husz dem gesünde x β δ ze hantgift; item zûr vastnaht ein viertel wins und iiij cappen; item zû ostern cc (zweihundert) eiger und zwei lember; item zû sant Martinstage ein viertel wins und iiij cappen; item jeglichem pfleger alle jare drie enger, obe er der bedörfelich ist und die nemen vil; man sol jm aber dehein gelt dafür geben; und als die pflegere den lutertranck, der ouch jn der stett bûch geschriben stot, selbs abgebrochen habent, daby sol das ouch bliben, daz der hinnanfürder nit me sol geben werden.

Unser frowen husz sol unser stett das ungelt und den zolle geben von den winen die man von unszer frowen wercks wegen verschencket, danne das ungelt git unszer frouwen husz nit wann die lûte die den win holent es gent, und got unser frowen davon weder zû noch von; aber was sü gebruchent uf unsere frowen huse zû jrer notdurft, davon sol man keinen zolle noch ungelt geben, als das vor gewesen ist.

# Verordnung
## die Frohndienste der Burger betreffend.

**15. Jahrhundert.**

Stadtordnungen, vol. 28; fol. 201.

Als yetze die wassere, bede Brüsch, Ille und Ryn sich tegelich an irem zůgange zů diser stat mynren, also das zů besorgen ist, wo das nit versehen würde, das man sweren bresten der wasser halb haben würde, bede, an můlen ouch zůfürunge (von) wine, holtz und was man dann uf dem wasser zůr stat biszhar gefůret hat; darumb so syent unser herren meister und rat, schöffel und ammann uf hůt datum diser urteil by einander gewesen, haben mit einhelliger urteil erkant, das man solichen bresten versehen sol mit namen: so sol man den graben sant Johannsgiessen, ouch by den bedeckten brucken und an andern enden, wo das notdurft ist, ussheben und graben, das das wasser sinen louf zůr stat gewynne und haben möge, und sol menglich dartzu tagewon tůn, hohe und nyder, geistlich und weltlich, rich und arme und clöster, bede, fröwen und manneclöster, ouch fröwen, wittewen und jungfröwen die hüser haben, ouch dienstknehte, was dann opferbar ist, nochdem das ein gemeynen nutz antrift der jederman berüret; und welhen personen das nit gelegen were selbs zů tůn oder so kranck und nit dartzů geschicket werent, der sol 10 ₰ für ein tagwon für sich selbs geben, und söllent nit deste mynre die andern personen in eime husze, hofe oder gesesse jegelichs sinen tagwon tůn oder ouch 10 ₰ für ein tagwon geben, domit solich obgemelt werck volbroht werde noch notdurft; und habent schöffel und amman den reten und XXI empfolhen die sachen fürzůnemen, zů ordenen und zů bestellen mit redelichen lůten, die von kirchspel zů kirchspellen umbgon söllent, in diser stat und burgbanne solich gelt inzůnemen, ouch die lůte anzůwisen und alles das zů tůn das dartzů nütze und notdurft ist.

Actum quinta feria vigilia nativitatis beate Marie virginis.

Uf solich vorgemelt urtheil habent die rete und XXI geordent Herr Hans Elnhart, Hans Lumbart, Hans von Lutensheim, Cunrat Riffen, den lonherren, Claus Boumgarter, Cuntz Zwinger und Michel Rypel solichs zû ordenen noch dem besten; und obe sie yergent an brust hettent, solichs an die XV zû bringen. Do habent sie gerotslaget das man die stat, mit den enden dozû gehörig, in vier teylen solt und ahte redelich manne ordenen, die schriben und lesen kundent, nemlich in yedes teil zwene, und soltent dieselben ehtwe umbgon von huse zû huse, yeglich zwene in irem teil, und frâgen wie vil mannespersonen, die den tagewon getûn möhtent, darinne wonent, es syent herren, jungherren, meister oder knehte, geistlich oder weltlich, und solichs anschriben; sie söllent ouch tegelich umbgon und yegelich zwene in irem teile sovil lûtes als inen bescheiden wurt gebieten in den giessen oder an ander ende, wo es dann ye zû zyten notdurftig ist, zû gon, darinne zû arbeiten und das beste zû tûn noch anwysung der friesen so die stat darin bestellet hat, und denselben ouch gehorsam zû sin; und welher dann selbs nit arbeiten wil, der sol denen die also umbgönt für sinen tagewon 10 ẟ geben, und söllent dann die nit deste myner bestellen das sie die zale habent, und söllent eigentlich anzeigen wer gelt git, uf das sie das wissent zû verrechenen, und ouch welhe den tagewon tûn wellent, und morgen früge gön an die ende dahin sie sie bescheiden hant und besehen ob sie da syent; und welher nit keme oder obe yemans ungehorsam were und inen widersätz gebe, anzeichen und den XV geschriben geben, uf das sie den oder die wissent darumb fürzûnemen und zû rede zû setzen; sie sollent ouch von wittwen, fröwen und jungfröwen, die sunder hüsere habent, ouch fordern, so es an sie kommet, 10 ẟ für den tagewon, und solich gelt alles antwurten und verrechenen dem der dann dartzû geordent würt; und sol man damit lonen den friesen ouch den karrichern die den grunt uszfürent, und damit ouch andere dinge bestellen die dann dozû notdurftig sint, und sollent sweren solichen iren sachen ernstlich und dapferlich nochzûkomen und darinne nyemans, er sy hohe oder nider, zû schonen noch zû übersehen, in deheinen weg; und sol man ir eime darumb geben zûm tage 1 β ẟ.

Und also habent sü gedoht an viere, nemlich:

Steffan Wingersheim, Stoffelus Bruder, Claus Dossenheim und Müdehart Stocker; und als Stoffelus Bruder im rat ist, wann er dann solich egemelter sachen halp usz were, solt im an dem ratsesse deheinen schaden bringen. Und als solich ratslahen donoch wider für die rete und XXI broht ist, so habent sie das mit ir urteil besteliget.

## Gefangenwärter-Ordnung.

**15. Jahrhundert.**

Stadtordnungen, vol. 19, fol. 62.

Ein jeglich turnhůter sol sweren sine gefengnüsse und sine gefangene getruwelich und sicherlichen zů behůtend und zů besliessend und die slüssel bi ime tragen, oder aber die in solicher mossen ze besliessen und zů versicheren das sin wibe, sine kind oder gesinde noch niemans anders zů den slüsseln komen möge wanne er, und den gefangenen ze geben was man inen dann befilhet zů geben von essen und von trincken, und keinen gefangenen höher zů schetzende noch zů trengen me zů geben, und nit me ze nemen, weder ir wibe, ir kind noch gesinde danne ein reht turnmiete als es harkomen ist, das ist 4 δ von jeglichem gefangenen, ungeverlich; und sollent ouch verswigen was man werswigen sol untze uf die zit das man es sagen sol; und söllent ouch eins ammeisters warten ernstlich und teglichs, so verre sü mögent.

Die turnhůter söllent ouch alle wochen verschriben geben wie vil sü zů costen hant von der gefangen wegen, in alle wege, und welhe je des turnhůters gefangen sint gewesen mit namen, und darumb sol man jeglichem turnhůter alle jor zů lone geben 8 lib. δ, das ist zů fronfasten ir eime 2 lib. δ, und sine herberg; und sol man inen kein gewant noch fürter gelt geben dafür.

Die turnhůter söllent ouch die gefangenen die man inen bringet genouwe ersůchen, das sü nützit bi ine habent domit sü uszbrechen und usser gefengnůsz komen möhtent. Sü söllent alle tage ein mole, oder so dicke sü notdürftig beduncket, zů iren gefangenen lůgen und sü besehen und in andere kefig legen, so dicke das not ist.

# Goldschmied-Ordnung.

**1482.**

Stadtordnungen, vol. 13, fol. 322.

Menglich sol wissen das die stat Sträsburg, durch gemeynes nutzes und notdurft willen der goltsmyde und offentürer hantierunge halb, gesetzet hat jn jre stat und gebiete dise ordenunge zů halten.

Des ersten, es sol deheyn goltsmyt deheyn golt fürter verarbeiten, es halte dann ahtzehen grat fyn, by einer grēne mynner oder me ungeverlich; und wann es also ahtzehen grat haltet, so mag ein jeglich goltsmyt darusz wol machen güldin spengelin, vingerlin und ander cleynötter, wie die genant sint; und wer das krenker verwürcket dann vorgemeldet ist, der sol bessern den dirten teil der arbeit was das werck wiget, und sol man jme das werck darzů brechen; wo es dem meister oder der geswornen eym fürkompt, die sollent es ritern und rehtvertigen by yren eiden.

Der meister und zwen des gerihtz, die goltsmyde sint, sollent ouch alle vierzehen tage, und wann es sie dozwüschent not duncket, umbgän zů besehen das golt das do bereit ist zů verwürcken, und mögent das nemen uf dem werckbrett, jm schoszvelle, jn den bühssen hinder den sidenstickern und an allen andern enden warjnne es dann lit und sie es truwent zů finden, und es versuchen noch den nolen, und darjnne nyemans schonen, by jren eiden; und were es das yemans mit dem nolenstrich nit benügen wolt, so mag er es lossen beweren jn der profe, doch jn sinem costen. Erfindet sich dann das der gehalt sy ahtzehen grat, so sol er den costen liden und verloren haben und der goltsmyt ledig sin.

Es sol ouch keyn goltsmyt keyn lēnegolt ufstrichen, sunder es sol von fynem silber und fynem golde gemaht und jn dem füre ufgelossen werden, als das von alter har gewonheit gewesen ist; und wer hiewider tete, der sol bessern fünf pfunt pfennige und sol das werck verloren haben.

Es sol ouch hinfürme keyn goltsmyt keyn kupferin gesmyde vergůlden oder versilbern, keynerley uszgenommen, one allein das zů gottes dienst gebruchet wurt; doch sol er dasselbe werck zeichenen, das menglich sehen möge das es kupferin sy; und wer das verbreche, der sol bessern zehen pfunt pfennige und das antwerck verloren haben.

Ouch sol nyemans keynen rinischen güldin, ducaten oder ander güldin münssen, clein oder grosz, wie die genant sin mag, nit collerissen noch mit der goltfarwen uflossen, der an golde nit sin werschaft hette, by xxx β δ.

Und were es sache das eynichem goltsmyde, wer der were, sollich valsch güldin münssen fürkeme, die do silberin, kůpferin oder messin werent, sollent sie ein loch darjn slahen, und obe der man der sie brehte der münssen argwenig und verdehtlich were, sollichs alsdann anbringen, by jren eiden.

Was arbeit von silber oder anderm vergüldet werden sol, das sol mit keyner goltfarwen ufgelossen noch jn der hellen geferwet werden, by drü pfunt pfennigen.

Es sol deheyn goltsmyt, so von golde arbeitet, deheyn geferwerte cristall so gemaht sint glich saffyren, ametisten oder andern edelsteynen, ouch deheyn glasz das von farwen den edeln steynen glichet jn keyn golt versetzen, es sient ringe, spangen, halszbande, nützit uszgenommen, von golde gemechde, by zehen pfunt pfennigen, und sol damit das antwerck verloren haben.

Was silberin gemechde man vergülden wil, das sol man mit finem golde vergülden und sollich vergüldet werck mit deheiner collerisz oder ander farwen ferwen, sunder halten wie es von alter harkommen ist, uf dem füre uflossen oder usser dem *asustum* glügen, by fünf pfunt pfennigen; und ist das werck des goltsmydes, so sol er das werck darzů verloren haben.

Des silbers halb, sol (dies) verwürcket werden wie es von alter harkommen ist, und sol ouch versuchet werden jn dise wise: wann man es schabet, das es wiszglenzig usz dem füre gange, und die, die sollich silber versůchent sollent maht haben jn yedem gaden darjn si komment das silber, das bereit ist zů verwürcken, zů nemen uf dem werckbret, jm schoszvelle oder jn den silberin bühszen, hinder den sidenstickern oder an allen andern enden, wo sie es truwent zů fynden, und das versuchen jn forme und gestalt wie vorgeschriben stät. Und die so sollich versûchen tûnt, sollent ye zû vierzehen tagen ein mole umbgän, und dozwüschent als dick sie das notdurftig bendunckel, und darjnne nyeman schonen, by jren eiden; und wer buszwürdig funden wurt, der sol bessern den dirten teil des wercks und sol man das werck darzû brechen.

Was ein jeder goltsmyt verarbeitet, das man löten oder verswemmen musz, es sy von golde oder silber, sollich werck sol er, by sinem gesworen eide, nit von handen lossen kommen, es sy denne ee besehen worden durch den meister und die gesworen; und were sache das sie me dann die blosse notdurft darjn geton hettent, sol gebessert werden.

Was die goltsmyde würcken von kenen, schalen, schöllern, kelchen oder bechern oder das dem glichet, wann man jnen gût gebrant silber gibt oder das gelt dofür, so sollent sie nyemans deheinen abgang rechen; wer jnen aber alt geschirre gibet, so sollent sie von der marck ein halb lot für den abgang rechen und nit me, als das von alter harkommen ist.

Der meister sol hinder jme haben des gemeinen antwercks zeichen, und das verwaren jn einer beslossen laden, die sol haben zweyerley slosse, und sollent zwen goltsmyde des gerihtz yeder einen slüssel darzû haben, also das ir einer one den andern nit darüber möge; und obe jr einer usz der statt wolt oder sust ander geschöfde halb nit darby sin möhte, so sol er eym andern goltsmyde des gerihtz den slüssel geben, jne das mole zû verwesen, und sollent also mit demselben zeichen alle dinge zeichenen was die grösse hat das zû zeichen ist, und sollent daruf alle goltsmyde jr arbeit, deheinerley uszgenommen, nit von handen lossen oder geben, sollich jr arbeit sy dann durch die gesworen beseher zûvor besehen, zûgelossen und gezeichnet worden, by jren gesworen eiden; und welher goltsmyt ützit wercks von handen liesz, durch sich, sin wip, kinde oder gesinde, ee dann es besehen, zûgelossen und gezeichnet wurde, jn mossen vorstät, es were guldin oder silberin, cleyn oder grosz, der sol bessern zehen pfunt pfennige und darzû sin antwerck verloren haben. Was ouch so klein ist das es nit ist zû zeichenen, als kleyne briseringel, clein nolen und desglich, das sollent sie ouch verwaren und versorgen, das menglich domit reht beschee; und wo sollich clein werck, wellerley arbeit es were, funden würde, das nit werschaft were als vorgeschriben stät, do sol der goltsmyt, der dasselbe werck gemaht hat, sollich werck verloren haben und dazû bessern von yedem lot zehen schilling pfennige.

Es sollent ouch alle ofentürer die hie burger oder gesessen sint, welhe dann semmlich guldin oder silberin werck veil habent, verbunden sin die obgemelt ordenunge zû halten, also was sie veil habent, das semmlichs, noch besage der vorgeschriben ordenunge gemaht und werschaft sy, by den egemelten penen so uf yedes stück gesetzet sint. Und als die frömden ofentürer hie veil habent zû winahten, pfingsten, jn der messe und zû sant Adolfstag, mögent sie zû semmlichen fryen tagen ouch wol tûn, doch mit semmlicher gedinge, das sie werschaft veil habent jn form und mosze und by den penen wie die obgemelt ordenunge uszwiset.

Es sollent ouch die meister und die geswornen goltsmyde antwercks dieselben ofentürer, sie sient heymsch oder frömde, ouch besehen und ir werck, obe das not ist, versûchen, und wen sie buszwürdig finden, bessern noch besage der obgeschriben ordenunge.

Were es ouch das eym goltsmyde etwas wercks das nit werschaft und doch gebrochen were broht wurde zû bessern oder wider zû machen, das sol deheyn goltsmyt machen, doch mag er es wol koufen, also das er es fürderlich zerslahe und zerbreche jn angesiht des umb den er es koufet; wä das nit beschee und semmlich werck hinder einigem goltsmyde funden wurde das es nit zerslagen were, so sol er darumb bessern fünf pfunt pfennige und darzû das halb antwerck verloren haben, und das mag er wider koufen; wä aber einer sollichs me tete, so sol er das gantz antwerck verloren haben, und das sol man jme nit wider zû koufen geben.

Und als vormols jn der goltsmyde ordenunge begriffen ist, das sie dehein münze die genge und gebe ist, brechen oder smeltzen sollent, und aber die frömden sollichs tûnt, sie syent verre oder nohe von der stat gesessen, do ist geordent, was alter münszen sint, als alt straszburger groszen, alte blaphart, alte metzblancken oder ander alt münszen, das den heymschen goltsmyden erloubet sin sol semmlich alt münszen zû brechen und nit witer, ungeverlich.

Ouch als sich bitzhar gemaht hat, wann etwas spenne für das geriht goltsmyde antwercks kommen sint, traf das an etwas goltsmyde wercks, so woltent die die von den goltsmyden jn dem geriht sossent nit das die so von den molern do sossent darumb sprechen soltent, und desglich widerumb. Do ist geordent, was spenne also für des antwercks geriht broht werdent, es treffe an goltsmyde werck oder ander werck, so sollent sie alle die des gerihtz sint, by jren eiden, darumb sprechen noch ir besten verstentnisze; und doch die die von des antwercks wegen do sitzent deren werck es antriffet des ersten gefroget werden, und was dann das mererteil darumb wurt, doby sol es bliben.

Und als clegde kommen ist und fürbasser kommen möhte von einteil goltsmyden, die den lüten das ir versetzen, und wann sie das ir gern wider hettent, so mag es jne nit werden, do ist geordent, wer do eym goltsmyde gebe silber oder golt, verwürcket oder unverwürcket, lützel oder vil, und der goltsmyt jme sollichs, so er es fordert, vorhaltet und nit widerumb git, beclaget dann derselbe sich des von dem goltsmyde gegen dem meister des goltsmyde antwercks oder dem geriht, und erfindet sich dann semmlich clage vor jnen, so sollent sie maht haben einen sollichen darumb zů strofen der geschiht noch und jme darzů, by verlierunge des antwercks, zů gebieten jhenem sin silber oder golt fürderlich wider zů geben; und obe dann derselbe jrem gebot ungehorsam were, so sol er sin antwerck verlorn haben, und sollent darzů die meisterschaft und das geriht, wann sich sollichs also begebe, es ouch dem ammeister fürderlich verkünden, es fürter zů strofen.

Und was besserungen also gefallent, do sol das halbe der stat werden und das ander glich zů zwey geteilt und ein teil werden dem antwerck und der ander teil den personnen des gerihtz die das besehen tůnt.

Welher ouch wider die vorgeschriben puncten und artickel, einen oder me, tete und ein mole oder zwürent darumb gebessert und darüber me strofbar funden würde, also das den meister und die besehere beduhte, das semmlichs mit geverde zůginge, so sollent sie das bringen an die herren die Fünfzehen, denselben witer darumb zů strofen.

Haruf so sollent alle goltsmyde und ofentürer, was wercke sie zů diser zyt habent, das nit werschaft ist, abekommen hiezwüschent und pfingsten nehstkünftig, und das darafter yn diser stat nit me veyl oder hinder jnen haben ungebrochen; und wo sollich werck darüber hinder jr eym funden würde, oder jr eyner after unser lieben frowen tag oder liehtmesz dis gegenwertigen jors 1482 desselben wercks me mechte oder koufte, sol gebessert werden, wie vorgeschriben stot.

Es sollen ouch alle köufeler oder köufelerin und sust alle menglich zů Sträsburg dehein guldin oder silberin werck, es sient ringe, trinckgeschirre, gürtel oder anders, nützit uszgenommen, by jren eiden, nit veil haben, es sy dann vorher besehen durch den meister und das geriht goltsmydeantwercks, oder die sie darzů orden, und durch dieselben erkant das es werschaft sy; und was durch dieselben erkant wurt das es nit werschaft ist, sollent sie nit veil haben, sunder obe man es ye verkoufen wil, sollent sie es bringen den Drien uf dem pfennigturn, die sollent darumb geben das es wert ist, ungeverlich.

Ouch als die goltsmyde angeben habent, umb das nit ein jeglicher der do jr antwerck nit enkönne oder nit gelerel habe, ouch weder golt noch silber erkenne, understande jr antwerck zů koufen und zů triben, das sie dann beduhte geroten sin, welher ein goltsmyt zů Sträsburg sin wolt, der solte vorab mit siner eigen hant machen drü stück, nemlich ein kelch, ein jnsigel und ein adamant jn ein gůldin rinck versetzen, und semmlichs für den meister und das geriht bringen und lossen besehen; sy es dann werschaft, so sol jne ein meister und ein geriht ufnemen. Semmlichs lot man doby bliben, uf das ein jeder frommer man mit jr arbeit deste basz versorget werde.

Und als die goltsmyde ouch angeben habent, ein ordenunge zů setzen, wie vil kneht yeder goltsmyt haben solt und nit me, do ist geordent, nochdem ein yeder goltsmyt ein glouben und zů wercken hat, dennach mag er kneht haben.

Rete und XXI haben dis gehollen feria secunda post conversionis Pauli LXXXII. (28. Januar 1482.)

# Verordnungen
für
## Grempen und Gerümpler.

**14. Jahrhundert.**

Stadtordnungen, vol. 19, fol. 4b.

Unser herren meister und rat sint ůberein komen, daz kein altgewender, gremp oder grempin, noch nieman anders der mit in dienet, hinnanvür me keinen husrat noch ander gůt mitenander sammenthaft koufen süllent uf merschetzen, und waz alter mentel, röcke oders anders gewandes daz dem glichet die altgewender kofent umbe die koufeler und koufelerin uf merschetzen, daz sie ouch daz selbe altgewant hinnanvürme selber verkoufen und vertriben süllent, und süllent es nit vür die koufeler und koufelerin hencken zů verkoufende, als sie bitzher geton hant.

Es sol ouch kein koufeler oder koufelerin, die den lůten ir gůt umbe iren lon verkoufent, keinre hande gůt koufen noch verkoufen uf merschetzen in dirre stat noch burgbanne, und süllent ouch dieselben koufeler und koufelerin mit niemanne teil noch gemein haben an keinre hande husrat oder an anderm gůte daz dem glichet, noch nieman von iren wegen, und süllent ouch nieman durch geverde uf keinre hande gůt wisen, durch daz in oder iemanne von iren wegen keine myete oder myetewan dovon werden möhte, wanne sie süllent mengelichem ir gůt getruwelich verkoufen und iren underkouf dovon nemen, mit namen von iedem pfande 2 ₰ von dem koufer und von dem verkoufer, und nit me; waz aber under 10 ß ist, do süllent sie 1 ₰ von nemen, waz aber darüber ist, do süllent sie von nemen nach marzal, ane alle geverde, und süllent ouch keinen andern volter und geverde domit tůn noch triben, ane geverde; und süllent ouch alle dise vorgeschriben ding alle altgewender, frowen und man, und alle grempe und koufelere, frowen und man, sweren zů den heilgen zů haltende und zů vollefůrende; und süllent es ouch meister und rat rihten und rehtvertigen, uf den eit, wie es in vůrkomet und nach hörsagen; und sol man ouch hüte darüber setzen.

### 15. Jahrhundert.

Stadtordnungen, vol. 13, fol. 91.

Nuwe ordenung der altgewender uf miner herren verbesserung.

Item als untzhar gewonheit gewesen ist, das etlich der altgewender willen tůch verarbeit haben ungenetzet und ungeschoren, dodurch manicher frommer man möcht betrogen werden, do ist unser meinung und beger, das nů fürter hin kein altgewender willen tůch verarbeiten sol, es sy dann vor genetzet und geschoren, es sy welcherley willen tůch das sy, dorumb und umb des willen das dehein fromme arme mensche betrogen (werden); dann die von Kolmar, Endingen und Sletstat haben solichs als obstot angenommen und besteliget, und ist bitzhar gehalten von inen und noch hůt by tag; und welcher der ist von den altgewender der solichs als obstot verbreche oder hinder dem also soliche arbeit von willen tůch gemacht funden würde, der sol bessern zehen schilling so vil und dick als solich hinder im funden wurt, und sol solich zehen schilling geteilt werden noch miner herren erkentniss.

Item welcher altgewender frowen underrock machen wil von glenckern (?), der sol unden umb sechsthalb elen witte sin, enger sol er nit gemacht werden, welcher anders von nuwem tůch gemacht wurt, und welcher das verbrech oder hinder dem solichs funden wurde, bessert wie obstot.

Item als untzhar in gewonheit gewesen ist das die altgewender kůndenwerck gemacht und getriben haben, do were unser meynung das fürterhien kein altgewender sol mer kůndenwerck machen oder triben, sonder ein altgewender sol und mag sin eigen gůt verarbeiten und machen, us etlichem arckwon der dovon erwachsen und entspringen möcht, das ir unser herren wol verston mögen, dann in vil stetten recht und gewonheit ist: welcher altgewender soliche altgewenderhantwerck tribt und zů offen feylen merckt feyl hat, derselbe oder die selbigen sollen kein kůndenwerck triben und sich des nit gebrûchen. Ouch welch altgewender ein knecht oder knaben helt, derselbe altgewender sol der schnyder zunft koufen und mit inen dienen, als bitzhar recht und gewonheit gewesen ist.

Item es wer ouch unser meynung und beger, also zwen von dem hantwerck geordenet und gemacht sint die do rûgen sollen und uf dem gympelmerck umbgont, das man dieselben zwen rûger harzû ordent, das sie alle wûche umbgon sollen und zûr wûchen einen tag, wellen sie dann wellen; und solent ouch in die hüsser gon, und (wo) sie solich stück finden, sollent sie denselben oder dieselbigen rûgen, und sol derselb oder dieselbigen, die also gerûget werden, ouch zehen schilling verbrochen haben; und sol denselben zweyen rûgern von solichen zehen schilling etwas geben werden, uf das sie deste flissiger sint zû rûgen und ufsehen zû haben.

Item und desglichen sollent sie solichs ouch rûgen uf den merckten; und ob keiner von den rûgern do werent, so sol je einer den andern rûgen, by sinem eide, den er unsern gnedigen herren geschworen het.

Item und also in etlichen offen würtzhüssern cleynot und cleyder verkouft und heimlich vertriben wurt, dovon zû etlicher zit unrot entspringt und der den altgewender zûgemessen wurt und ouch damit minen herren der zol entpfremt wurt, wer unser meynung und beger, das dehein würt nit hinder im koufet oder verkoufen liesz one ein gesworen underkoufer.

## 1478.

Stadtordnungen, vol. 1, fol. 143.

Als für min herren die XV gewisen ist der heymschen hanfgremper begerunge irs sitzens halb under den frömden, so habent sie die alte ordenunge für sich genomen und darin funden wie dann zû ziten geordent gewesen ist: das dehein gremper noch gremperin, ir kinde oder ir gesinde, noch niemant von iren wegen, an deheinen enden veil haben sol dann an den stetten und enden die sie unser stat und dem zinsmeister vezinsent; und sollent ouch mit namen under den frömden nützit veil haben oder under inen sitzen oder ston an deheinen enden; und wie aber donoch im zwei und siebenziger jore nehstvergangen inen solichs gelibert und gegönnet ist, das die heymschen gremper wol flahs veil haben mögent under den frömden uf den freyen mercktagen, als zů pfingesten, unser frowen tagen, sant Adolfs tag und in der messe; aber sust im jore sol es inen nit gegönnet sin, do doch die XV meinent das den grempern domit dannoch me gegönnet und zůgelossen ist dann der mennige nütze und gůt sy. Wie aber dem, so lossent es die XV alle einhelleglich by solicher ordenunge bliben, und das die gremper uswendig der eigentlichen fryen mercktage an iren gelehenten hofstetten bliben sollent und nit under die frömden sitzen.

Geben feria secunda post Petronillæ. Anno 1478. (1. Juni.)

### 18. Jahrhundert.

Stadtordnungen, vol. 20, fol. 145.

Es sol deheine gremper noch gremperin, noch nieman von iren wegen, keiner hande essende ding uf merschetzen koufen in diser stat noch in dem burgbann, untze das die glocke zehen geslahen het, es sient gense, enten, hůnre, tuben, kese, eiger, butter, milch, obes, krut und andere essende ding, wie das genant ist; und nach mittage so söllent sie es nit koufen untze das die glocke vier sleht, und söllent ouch in denselben zilen keime frömden manne nochloufen der semliche essende dinge harin zů merckete bringet, wanne sie söllent bliben sitzen an den stetten die sie verzinsent, und söllent ouch in zwein mylen umb dise gegene nieman nochloufen die essende ding hartzů zů merckete bringen wellent; und welich gremper oder gremperin der vorgeschriben dinge deheins verbreche, der oder die bessert 30 β δ, als dicke das geschee.

Es sol ouch dehein unser burger, noch nieman anders der bi uns gesessen ist, keine sweigkese koufen uf merschetzen indewendig zwein mylen umb dise stat, sie sient dann vor zů veilem mercket veil gewesen; und ouch nieman eim lantman kese verkoufen noch helfen verkoufen, noch keinen lantman darüber stellen zů verkoufen; und wer das verbreche, der bessert 5 lib.

Es söllent ouch alle gremper und gremperin die vorgeschriben artigel und ordnunge halten und dowider nit důn; und geht es das obes nit an, das do über Rin hin kumpt in den secken, das mügent sie wol koufen in Flahsgesselin[1] oder an den schiffen, und anders nit, und bringet in keinen schaden.

### 15. Jahrhundert.

Stadtordnungen, vol. 13, fol. 52.

Unser herren meister und rat sint überein komen das hinnanfürder dehein gremper noch gremperin, ire kinde oder ire gesinde, noch nieman von iren wegen, deheinreleye essende spise koufen (soll) in unser stat Strosburg noch (im) burgban, noch veilsen, und niemans dehein firewort darinne tůn, weder sie noch nieman von iren wegen, die glocke habe danne vor mittage zehen geslagen, und nochdem das die glocke zwölfe gesleht söllent sie das ouch nit tůn, in der mossen also vor geschriben stat, untz das die glocke viere sleht; und sie söllent ouch in derselben zit und zilen niemant anders nützit koufen, weder in selbes oder andern lůten, on alle geverde.

Es söllent ouch alle gremper noch gremperin, noch nieman von iren wegen, nieman nützit darsetzen zů verkoufen oder zů koufen, also dick und vil geschehen ist; sie söllent ouch teglich desglich nützit hinder sich nemen noch setzen, das yemans koufen oder verkoufen wölle.

Es söllent ouch alle gremper und gremperin, ire kinde oder ir gesinde, noch nieman von iren wegen, hinnanfürder an deheinen enden veil haben danne an den stetten und enden die sie unser stat und dem zinsemeister verzinsent, und söllent ouch mit namen under den frömden nit veil haben oder under inen sitzen oder ston, an deheinen enden.

Und were der vorgeschribenen stücke deheins verbreche, der bessert unser stat 30 β ₰; daran sol dem der das rüget 40 ₰ werden; und wil man ouch darüber setzen die ernstlich darüber lůgent und warnement, die das swerent zů rügen; und wil man ouch soliche besserunge nieman varen lossen, also dick das beschiht.

Als ouch die frömden bitzhar kese, ancken, eiger und anders vor dem münster oder an andern enden in unser stat teglich veil gehabt

[1] *Flahsgesselin* die heutige Haspelgasse, *rue du Dévidoir*. S. C. Schmidt, Gassen- und Hæusernamen, 2. Ausg., S. 68.

habent, do sol hinnanfürder dehein frömder, noch nieman von sinen wegen, weder kese, eiger, ancken, kesten, biren oder ander essende ding nit lenger veil haben danne drige tage nach einander, und nach den drigen tagen mag er es wol samenthaft verkoufen, und nit anders, oder hinweg fůren; und welcher frömder lenger wä drige tage soliches veil hette, das süllent die vier die darüber swerende werdent nemen, by irem eide, und das in den spittel geben.

Es sol ouch dehein frömder, die also veil habent, kein ander messe haben danne sester, halbsester und vierling, und kein cleiner messe haben, und söllent inen ouch die heimschen kein cleiner messe lihen; und wer inen darüber cleiner messe lihe oder welcher frömder domit messe, der bessert 5 β δ, als dick das geschiht; da sol dem der das rüget der dritteil an werden.

Es söllent ouch die gremper und die gremperin, ire kinde und gesinde, noch nieman von iren wegen, hinnanfürder dehein trübel veil haben dann von dem Sockeler- untz für Gürteller-brunne abhin, danne allein die frömden; woltent sie aber ouch ein stat haben ginsitte der rynnen oder an andern enden, die mögent sie umb unsern zinsmeister lehenen; die sol man inen ouch lihen.

Es sol ouch dehein heimscher gremper, noch nieman von sinen wegen, dekemerkese veil haben anders danne in dem Fronhofe und an den stetten die gelehent sint umb den zinsmeister, als das von alter harkommen ist, by 30 β δ.

Es sol ouch dehein gremper noch gremperin, noch nieman von iren wegen, keiner hande essende ding uf merschetzen koufen in diser stat noch in dem burgban untz die glocke zehn geslagen hat, es sigent gense, enten, hůnre, tuben, kese, eiger, butter, milch, obes, krut und ander essende ding, wie das genant ist; und nach mittage süllent sie es nit koufen untz das die glocke viere sleht, und süllent ouch in denselben zilen keime frömden manne nachloufen, der semlich essende ding har zů mercket bringet, wanne sie süllent bliben an den stetten die (sie) verzinsent, und süllent ouch, in zweyen mylen umb dise gegene, nieman nachloufen die essende ding har zů merckete bringen wöllent; und wellich gremper und gremperin der vorgeschriben dinge deheins verbreche, der oder die bessert 30 β δ, also dicke das geschehe.

Es sol ouch dehein unser burger, noch nieman anders der by uns gesessen ist, keinen sweigkese koufen uf merschetzen innewendig zweyen mylen umb die stat, sie siegent dan vor zû veilem merckete veil gewesen; und sol ouch nieman eime lantmanne kese verkoufen noch helfen verkoufen, noch keinen lantman darüber stellen zû verkoufen; und wer das verbreche, der bessert fünf pfunt pfennige.

Es söllent ouch die frömden kremper alle vorgeschriben ding glicher wise halten und ouch nit anders koufen danne die heimschen, in der mosse als vor geschriben stat.

Es söllent ouch alle gremper und gremperin alle vor geschriben artickele und ordenunge halten und dowider nit tûn; und gat dis das obes nit an das über Rin harkomet in den secken; das mögent sie wol koufen in Flahsgesselin oder an den schiffen, und anders nit, und bringet in deheinen schaden.

Und die vor geschribenen puncten und artickel söllent alle gremper und gremperin die ietzent sint oder harnach sint und werdent sweren ein male für alle, und das sie ouch hinnanfürder niemant an ir antwerck entpfohent der grempery triben wil, er habe danne das ouch gesworn zû halten.

---

Dis ist der sesse von den heimschen und frömden grempern :

Item die heimschen obesgremper sitzen von dem huse zû der alten smitten[1] indewendig des brunnen untz an unser frouwen huse, zû beiden siten, obe man sin anders bedarf; und wan (man) aber kirsen veil hat, söllent die heimschen gremper sitzen harüber wider des bischofes geriht, und die frömden wider unser frouwen hus und irem stalle.

Item die heimschen gremper die do kese veile habent, söllent veil haben von sant Ulrichs brunnen[2] untz an des bischofes geriht und dargegenüber, ob man sin bedarf; und was heimscher lûte sweigkese veil haben, die söllent veil haben vor dem münster, zwüschent Gürtelerbrunnen sûlen und die frömden vor den Brediger.

[1] Ein Haus auf dem Münsterplatz (Schmidt, Hæusernamen, S. 124), wie denn alle folgenden Namen auf die Umgebung des Münsters und Gebæulichkeiten am Fronhof sich beziehen.

[2] Dieser Brunnen stund vor Sankt-Ulrichs-Kapelle neben der bischœflichen Burg.

Item die heimschen gremper die do hůnre, ancken, eiger und milch veil hant, die süllent sitzen ginsitte der rynnen wider die steinhütte, uf der einen siten after an den hanflůten und den ysengrempern; und söllent alle frömde gremper gegen inen über wider des Firnkorneshof untz an Mülnheim ort[1] veil haben, und sol kein teil under dem andern sitzen, es sigent swebesch kese oder anders.

Es söllent alle die die trübel, kötzenbiren oder sust biren und Westerrichkese und eiger uf kerchen, escherösel, one sweigkese, was frömder lůte sint, veil haben, vom Stebeler ort untz an Gürteler brunnen vor dem münster ginsitte der rynnen wider die hüser gegen einander (sitzen).

Item söllent alle heimschen gremper, die do kese veil wöllent haben und trübel, erper und hůtteber, die söllent sitzen wider die münstertůr und den glocken untz an Kurbengasse.

Item dis alles ist zů verston das nuwent die gremper anegat die uf der almende sitzent.

**Ende des 15. oder Anfang des 16. Jahrhunderts.**

Stadtordnungen, vol. 14, fol. 26.

Nochdem sich ein grosser missbruch der grempern wider alte gesetzte ordenunge ingerissen hat, und dohin kommen ist, das man schier alle notturftige essende spise umb die grempen koufen muss, das doch mengklich beschwerlich und nochteilich ist, do habent unser herren rete und XXI erkandt, das kein kremper noch gremperin, ire kinde oder gesinde, die grempery triben oder triben wöllent und tägelichs feyl habent, noch niemans von iren wegen, deheinerley essende spise, clein noch gross, genants und ungenants, nützit usgenommen, domit grempery getriben werden mag, koufen sollen in unser stat Strassburg, noch burgkbann, oder das feylsen noch niemandt dehein fůrwort darin thůn, weder sie noch niemans von iren wegen, ouch niemans der ein solchs allhar zů merckt treit entgegenloufen, sunder ein yedes ding an den merckt do es dann hin gehört

[1] Ebenfalls ein Haus am Fronhof oder in demselben (Schmidt, Hæusernamen, S. 125).

tragen oder fůren lossen, und dann dieselben nit koufen oder feylsen, weder er noch niemans von sinent wegen, die glocke habe dann vor mittag elf geslagen, und nochdem das die glock zwölf gesleht, sollent sie das ouch nit thůn, in der mossen vorgeschriben stet, untz das die glock vier gesleht; und sunderlich uf die tag so morndes ein mercktlag ist, von der zwölf mittag zit an bitz morndes uf den mercktlag das die glock elf sleht, nützit koufen noch yemans dehein fürwort oder gebot thůn, als obstat.

Dann wöllent die gremper ützit koufen selbs zů essen, das sollent und mögent sie in den vorgeschribenen ziten und zielen koufen, und nit anders.

Doch soll dis gebot die personen die mit dem handtwerck der grempern dienen und grempery selbs nit triben, noch niemandt von irent wegen, nit angon noch berüren; dann sie mögent essende spise zů einer yeglichen zit koufen als ander unser burger und den unsern die nit gremper sint erloubt ist. Doch sollent dieselben personen den grempern nützit koufen oder das yemans anders empfellen zů thůn, und sollent ouch mit deheim gremper, iren kinden noch gesinde theil oder gemein haben.

Dieselben gremper und gremperin und ouch die vischkoufer und vogeler, alle ire wiber, kinde und gesinde, die zů merck tsitzen sollent schwören einen eid liplichen zů got und den heyligen, deren ding keins thürer zů geben, und sol die ouch niemans höher oder thürer nemen, dann harnoch geschriben stot, und es ouch niemans behalten oder ützit koufen, heim tragen oder schicken, weder umb myet noch mitwons willen, sunder zů ofenem merckt tragen und legen, und die niemans versagen; dann wer es verbreche, den wil man mit recht umb den meineid an sim lib strofen.

Wo man ouch erfindet das yemans, wer der wer, und ob er joch mit den grempern oder vischern nit diente oder mit inen theil oder gemein het, dise ordenunge verbreche, der soll darumb in aller mossen als ob er ein gremper wer und geschworen het gestroft werden, und dartzů ein sundere besserunge thůn von des wegen das er nit geschworen het; dann die gremper und vogeler niemans an ir handtwerck empfohen sollent der grempery triben wil, er hab dann zůvor dise ordenunge geschworen stete und veste zů halten.

Und ist dis nemlich wie man das wiltpret und gefügel, und nit höher oder thürer, geben sol, neher mag man das wol geben.

Item der best antvogel umb 9 δ und die andern noch irem wert.

| | |
|---|---|
| Item ein brohvogel.<br>Item ein breitsnabel.<br>Item ein smye.<br>Item ein rackhals.<br>Item ein merrich. | die besten umb 7 δ und die andern umb iren wert. |
| Item ein trosselin.<br>Item ein nůnnlin.<br>Item ein murvogel.<br>Item ein drittvögelin. | yedes umb 4 δ die besten und die andern umb iren wert. |
| Item ein glut.<br>Item ein defyt. | yedes umb 4 δ. |

Item ein rotbein umb 3 δ.
Item ein vivitz umb 2 δ.
Item ein vivitz-köpplin umb 4 δ.
Item ein regenvogel umb 6 δ.
Item ein ziemer umb 3 heilbeling.
Item ein amsel umb 3 heilbeling.
Item ein sprehe umb 1 δ.
Item ein wildgans umb 14 δ.
Item den besten kappen umb 1 β δ.
Item ein alte henne umb 10 δ.
Item ein junge hürige henne umb 8 δ.
Item ein zame ente umb 8 δ.
Item ein gemöste gans umb 1 β δ.

Item das wiltpret, es sy hürtzen, hündin, rehern oder swinen, mag man geben hohe oder nahe, wie das der merckt wiset.

Es sollent ouch alle die die gense uf merschatz koufen und mösten wöllent, by iren eiden, die sie schwören sollent, solche gense mit keinen masotkůchen sunder mit gůtem gekörne mösten, ouch niemans trengen dehein genskrese zů der gans zů nemen, und die ouch nit thürer dann umb 1 β δ geben, es were dann das yemans die in federn umb sie koufte und hinweg fůren wolt; sie sollent ouch niemans solche gense heim sunder zů feylem merckt tragen und verkoufen.

Wer ouch ein gensekröse umb sie koufen wil, dem sollent sie ein gensekröse umb 3 δ geben, und nit höher, neher mögent sie es wol geben.

Desglichen sollent ouch die vogeler keinem antvogel, brehevogel, smychen, rackhals, breitsnabel, merrich, trosseln, nunnen, trittvögeln, murvögelin oder andern gefügel, wie das genant mag sin, das man gerupft feyl hat, den hals nit kürtzer absnyden dann eins gûten halben vingers lang vor des vogels libe, und ouch zwen antvögelhäls mit iren lüngelin, mägelin und läberlin nit höher dann umb 1 δ geben.

Die andern häls von andern vögeln mögent sie wol undereinander verkoufen, doch derselben dry mit iren lüngelin und läberlin, etc. nit höher dann umb 1 δ geben.

Was wiltprehtes oder gefügel ouch die vorgenanten vogeler, gremper oder gremperin, die zû dem vischmerckt gehörent, hinnanfürter uf merschatz koufen, wo oder an welchen stetten das ist, es sy verr oder nohe, oder daran sie teil oder gemein hant, das sollent sie alles in unser stat Strassburg zû offenem merckte, und mit namen uf dem vischmerckte, feyl haben und verkoufen, und niergent anderswo an keinen stetten, wo das ist, und sollent es ouch den lûten zû koufen geben, in die wiese als dovor bescheiden ist, und niemand versagen; und sollent ouch das wiltpret so sie har in unser stat bringent fürderlich zû merckte tragen, und sollent es nit lenger dann von eim sontag zû dem andern hinder inen behalten und ouch nit lenger dann dry tag zû merckt tragen und das gefügel zwei tag, und wann das gefügel uf dasselb ziele fürkompt, was inen dann überblibt, das sollent sie feyl haben by Vischerburnen [1], nydwendig des rontzes daruf der burnenswenckel rûget, und das angesieht gegen der grempen hûsser kören, uf das man sehe was frisch ist oder nit.

So soll ouch niemans, er sy vischer, vogeler, gremper, gremperin oder wer es sy, yeman deheinen der vorgenanten vögel koufen noch sie ime senden, noch schaffen gethon werden heim noch in dehein andere stette, dann ein yeglich mensche oder ein gedingt gesinde das er by ime in sinem huse, in sinem costen het sollent es selber

[1] An der Ecke des heutigen Fischmarktes gegen den heutigen Gutenbergplatz zu.

koufen und nieman anders, one geverde; und wer das verbreche, der bessert also vorgeschriben ist.

Es sollent ouch alle vogeler, gremper, gremperin und alle die vorgenanten die gefügel oder wiltpret feyl hant, es sient lantlût, frowen oder mann oder wer die sint, dasselb gefügel und yeglichs besunder nit höher geben dann vorgeschriben stot, und soll ouch dasselb gefügel niemans höher nemen dann als vorgeschriben stot; und wer das verbreche, der oder die besserent 30 β ♂ als dick das geschieht; und wil man hût darüber setzen, nemlich vier von den grempern, die allergewönlichst uf dem merckt sint, und zwölf von den voglern und vischern, die ouch alle jor, so ein nuwer rat angot, über die vorgeschriben stück vor meister und rat schwören sollent, zû hüten und warzûnemen ob yemans, wer der were, der höher gebe oder neme, oder ützit verbreche, das in diser ordenunge begriffen ist, das sie den oder die zû stunde meister und rat geschriben geben und rûgent, und wer dann also busswürdig funden wurt, der bessert 30 β ♂, dovon der stat ein pfunt und die übrigen 10 β dem der es rûget zûgehören sollent; und sol ouch der es dann rûget sin gelt, by sinem eide, niemans faren lossen.

Ouch sollent und wellent meister und rat ye zû ziten lûte darzû ordnen die warnemen uf die vor- und nochgeschriben stücke, ob die yeman überfüre, und besunder ob die obberürte rûger von den grempern, vischern und vogelern yemans darunder schonen oder semlichs verschweigen wolten, das sie es dann fürbringen; und wer a'so under denselben rûgern troffen oder funden wurt, der soll die vorgemelt besserunge der 30 β ♂ geben und dotzû umb den meineid hertiglich, wie sich wol gebûrt, gestroft werden.

Es soll und mag ouch mengklich, mann und frowen, jung und alt, niemans usgenommen, solichs rûgen und fürbringen, und soll ouch das niemans an sinen eren deheinen schaden bringen.

Wer ouch sache das yemans, wer der were, yemant der ein solichen bruche gerûget und fürbracht het smähet oder beleidiget mit worten oder wercken, anders dann mit gericht und recht, den sollent und wöllent unser herren meister und rat darumb heftiglichen strafen, und sollent ouch das niemans, by iren eiden, faren lossen.

Es sollent ouch alle gremper, gremperin, ir kinder und gesinde, noch niemans von iren wegen, hinnanfürter an deheinen enden feyl haben, dann an den stetten und enden, die sie unser stat und dem zinsmeister vezinsent; und sollent ouch mit namen under den frömden nützit feyl haben oder under inen sitzen oder ston an deheinen enden; ouch niemans ützit darsetzen zů koufen oder verkoufen, noch har widerumb ützit von yemans hinder sich empfohen das zů koufen oder verkoufen, alles by der pene 30 β δ, die man ouch den überfarenden, by den eiden, nit faren lossen soll, als dick das geschee.

Als ouch die frömbden bitzhar kese, ancken, eyger und anders vor dem münster oder an andern enden in unser stat tägelich feyl gehept hant, so soll hinnanfürder dehein frömbder, noch nieman von sinen wegen, weder kese, eyger, ancken, kesten, bieren oder andere essende ding nit lenger feyl haben dann dry tag noch einander, und noch den dryen tagen mag er das wol sammenhaft verkoufen, und nit anders, oder hinweg füren; und welcher frömbde lenger dann dry tag solichs feyl het, das sollent die rüger die darüber schwören werdent, nemen, by iren eiden, und an unser spital geben.

Die frömden, die also feyl habent, sollent kein ander mess haben dann sester, halbe sester und vierling und kein cleiner mess haben, und sollent inen ouch die heimschen kein cleiner mess lihen, und wer inen darüber cleiner mess liehe, oder welcher frömder domit messe, der bessert 5 β δ, als dick das geschee.

Es sollent ouch die gremper und gremperin, ir kinde und gesinde, noch nieman von iren wegen, hinnanfürder deheinen trůbel feyl haben vor der apothecken[1] vor dem münster, dann allein die frömden; woltent sie aber ein statt haben jensit der rynnen oder an andern enden, die mögent sie umb unsern zinsmeister lihen, und die soll man inen ouch lihen.

Die heimschen gremper, noch nieman von iren wegen, sollent deheinen kese feyl haben anders dann in dem Fronhof und an stetten die verzeichnet und gelihen sint umb den zinsmeister, als das von alter harkommen ist, by 30 β δ.

Es soll ouch dehein unser burger oder inwoner, geistlich oder weltlich, deheinen ancken, kese, eyger, hůner oder anders uf grosse merckttag mit der viele noch ouch innerthalb zweyer mylen wegs uf

[1] Die uralte Apotheke *zum Hirsch*, die noch heute an der Ecke der Kræmergasse befindlich ist.

merschatz, als wol gescheen möcht, koufen und donoch durch sin wibe, kinde oder gesinde uf cleine mercktlag wider feil haben lossen noch deheinem lantmann fürstellen oder geben zů verkoufen; dann wer das verbreche, der bessert 5 lib. ₰, so dick das geschieht.

Item die heimschen obsegremper sollent sitzent von dem huse zůr alten smitten nydewendig des burnen untz an unser frowen hus, zů beiden siten; ob man sin bedarf und wann man krosen (grossen) feyl hat, so sollent die heimschen gremper sitzen harüber wider des bischofs gericht, und die frömbden wider unser frowen hus und iren stall.

Es sollent ouch alle die do trůbel, kötzebieren oder sust bieren, eschrösel, Westerrichkäse und eyger uf karrichen, one schweickkäse, was frömbder lůt sint, feyl haben vor dem münster und der apotheken har zů beiden siten gegen einander.

Alle heimsche gremper die do kesten feyl wöllent haben und trůbel, erberen und huttelberen, die sollent sitzen under die můnsterthůr under den glocken untz an Kurbengass.

Dise sasse sint zů versten allein von den gremper die uf der almende sitzen und feyl hant.

Es sollent ouch die frömden kremper alle vorgeschriben ding glicher wise halten und ouch nit anders koufen dann die heimschen, in mossen vor geschriben stot.

Und soll ouch sust mit dem obsmerckt und der frömbden und heimschen ston und sitzen halb gehalten werden wie vorstot und bitzhar gehalten worden ist.

Es mögent wol die heimschen gremper flahs feyl haben under den frömbden uf den freyen mercktlagen, als zů pfingsten, sant Adolfs tag und in der messe, aber sust im jor soll es inen nit gegönt sin.

Welcher heimscher gremper obs feyl haben wil und ein stelle begert, dem soll der zinsmeister ein stelle lihen, acht schů lange, an den enden do es geordent ist. Doch were es das ir zwen oder mer mit einander gemein hetten, die sollent nit me dann ein stelle haben, und mag nit dest minder derselben einer, ob er ancken, kese oder hünre und dessglichen feyl haben wolt, dartzů ouch ein stelle haben an den enden die dartzů geordnet sint.

Sodann von der frömbden wegen die obs harbringen zů verkoufen, ist geordnet: wer obs harbringet zů merckt, der mag das zwen tag zůr wuchen hie feil haben, nemlich am mittwoch und am frytag, und ist dis zů verston von den obs über Rin har.

Als ouch bitzhar vil flahs und hanf durch frömbde und heimsche in büschelin für pfunde har zů merckt getragen und verkouft worden, und aber nit pfunt, sunder etlich nit me dann dry vierling gewesen sint, das soll nit me sin, und wo darüber solichs witer by yemans befunden, dem soll der flahs oder hanf oder was das ist genommen und an unsern spital gegeben, und dotzů der oder die solichs feyl gehept umb 30 ß δ gestroft und, by den eiden, niemans übersehen oder nochgelossen werden; das wiss sich mengklich zů halten.

Und die vorgeschriben puncten und artickel sollent alle gremper und gremperin, die jetzt sint oder harnoch werdent, schwören ein mal für alle, und das sie ouch hinnanfürter niemans an ir hantwerck empfohen der grempery triben wil, er habe dann das ouch geschworen zů halten.

---

## Grempen-Eid des Zolles wegen.

**15. Jahrhundert.**

Stadtordnungen, vol. 13, fol. 247.

Alle grempen und gremperin und henfer, und ouch die von iren wegen domit umbgont, süllent sweren unserm stat zoller getruwelig zů verzollen, alles das sie in stat oder in lande koufent oder alhar bringent, oder an schulden nement, wie oder in welichen weg sie es in zůschaffent, und ouch solichen zoll so von jeglichem dinge gehört, es sy lützel oder vil, dem zoller fürderlich zů geben und nit me zůsammen zů gehalten, und also ein jeglich ding der stat zů verzollen, als hienach von stück zů stücken geschriben stat:

Nemlich ein zentner spinnehanfes git 6 δ.

Item ein zentner flahs git 6 δ.

Item ein sack mit öpfel, bieren, nestbellen und welicherley obes des ist, git je der sack ein heilbeling.

Item wer ein sack mit obs sammenthaft wider verkoufet git ouch ein heilbeling.

Item ein karrich mit obes, welicher hande obes das ist, git 2 δ.

Item ein vierteil kesten git 2 δ, und wer die sammenthaft in vierteilen wider verkoufet git ouch 2 δ.

Item ein stendel mit kirsen git ye die hant ein heilbeling.

Item ein bůrde, das sint drie körbe mit kirsen, git ye die hant ein heilbeling.

Item ein karrich mit kirsen git 2 δ.

Item hundert rinderkese gebent 6 δ.

Item hundert swebesch kese ouch 6 δ.

Item hundert sweigkese gent 1 β.

Item hundert rechen gent 2 δ.

Item ein wagen mit Sufelnheim-hefen 4 δ.

Item ein karrich mit hefen 2 δ.

Item ein tusend ayer gent 3 δ und was darunder ist git nit.

Item zwanzig elen zwilich und lynyn tůch git 1 δ, und der es wider verkoufet git ouch 1 δ.

Item 5 β wert hünre gent 1 δ.

Item 5 β wert ferlin gent 1 δ.

Item 5 β wert ancken gent 1 δ.

Item 5 β wert schüsseln, deller, kar, sester und ander hůltzin geschirre gent 1 δ.

Item ein karrich mit gleser git pfuntzolle.

Item ein reff gleser git 1 δ.

Item ein korb mit trübel den man fůret git ein heilbeling.

Item ein korb mit trübel den man treit git 1 örtel.

Item ein karrich mit escherösel git 2 δ.

Item gense und tuben gent keinen zoll.

Item von krut, růben und rettich sol er ouch keinen zoll nemen.

## Verzeichniss der Grempen.

### 15. Jahrhundert.

Stadtordnungen, vol. 30, fol. 136.

Dise nochgeschriben gremper süllent feil han indewendig des burnen in dem Fronhofe, do die schûhemacher feil hant :

Ehrhardt Wenger.
Pfefferkorn.
Sophie Schöllin.
Volmar Nese und ire swester.
Koch Eilse.
Kottemans tohter.
Schöppelin.
Otteman Louwelins tohter.
Agenese von Keule.
Dumbermut Gredelin.
Eilse Bilgerin.
Smalriemen Ennelin.
Obrecht von Reinchen.
Hans von Bergheim.
Clauwes von Bergheim.
Clauwes Bewolt.

Dise nochgeschriben gremper und crûterin sitzent umb und umb :

Eilse Crutterin und ire tohter.
Mittelhus.
Katherine Saltzmuterin.
Clauwes frowe von Erbach.
Eberlin Ziegelers frowe.
Decker Ellin.
Sundin in Crutenowe.
Wernhers Katherine.
Martin Piffers frowe.
Eilse von Epfiche.
Wolffe Katherine.
Ellewibelin von Hochfelden.
Die Girin von Rotwiller.
Die Steinlerin.
Ennelin Friderichs frowe von Epfiche.
Die Gûtjorin.

Dise nochgeschriben personen mögent wol vor dem münster feil han in körbelin und nit in wannen, und süllent weder schragen noch decher vor dem münster han, es wer den in der kestenzit; und obe eine order einer kese wolt feil han hinder den lebekûcher, das mögent sie wol dûn, und also mögent ouch die gremper die indewendig des burnen feil han dûn :

Katherine Heinrich, Meiers tohter von Gengenbache.

(Andere Namen fehlen.)

## Vogler- und Grempen-Ordnung.

**15. Jahrhundert.**

Stadtordnungen, vol. 12, fol. 218.

Unsere herren meister und rat sint überein kommen das alle vogeler und gremper, die zů unser stat zů Straszburg gehörent, die do wiltprete und ander gefügel uf merschetze koufent und verkoufent, das hie noch geschriben wiltprete und gefügele menglichem der es an sü vordert, zů koufende geben (sollen) umb so vil pfennige und jeglichs noch sime werde, in dise wise als hie noch geschriben stot, und nit höher, neher mögent sü es wol geben :

Zům ersten, so söllent sü geben den besten antvogel umb 10 ₰ und die krenckesten noch irem werde.

Item ein brotvogel, ein breitsnabel, ein smiche, ein raghalse und ein merrich zů 8 ₰, alles die besten, und die krenckesten noch irem werde.

Item ein trössel, ein nünnelin, ein můrvögelin und ein dritvögelin zů 5 ₰ die besten und die krenckesten noch irem werde.

Item ein glutte und ein deind zů 4 ₰.

Item ein rotbeinlin zů 3 ₰.

Item die vivitz zů 2 ½ ₰.

Item die regenvogel zů 6 ₰.

Item die ziemern zů drie heilbelingen.

Item die sprehen zů eime pfenninge.

Item die knüllis zů eime ₰.

Item ein wild gans umb 14 ₰.

Item ein vasanthan umb 16 ₰

Item die vasanthůn umb 14 ₰.

Item ein rot velthůn umb 9 ₰.

Item ein gro velthůn umb 7 ₰.

Item ein hasen mit dem balge umb 18 ₰.

Item ein hasenfleische umb 16 ₰.

Item den besten kappen umb 1 ß ₰.

Item ein alt henne umb 10 ₰.

Item ein junge hůrig henne umb 8 ₰.

Es söllent ouch alle die do gense uf merschetze koufent, und alles ir gesinde, sweren an den heiligen deheine bereitete oder gemestete gans höher zû geben danne umb 1 β δ, und söllent ouch, bi irem eit, deheine gans minre mesten noch ziehen danne 14 tage, und söllent ouch den gensen nit anders geben zû essen danne habern; sü söllent ouch soliche gense niergent anderswo verkoufen noch schicken danne das sü sie in unser stat Straszburg verkoufen.

Item ein zame ente sol man geben umb 8 δ.

Item was wiltpretes oder gefügels ouch die vorgenanten vogelere, grempen oder grempin, die zû deme vischemercket gehörent, hinnan fürme uf merschetze koufent, wo oder an welhen stetten das ist, es sy verre oder nahe, oder darane sü teil oder gemein hant, das sollent sü alles in unser stat zû Straszburg zû offenem mercket, und mit namen uf dem vischemercket, veil haben und verkoufen, und niergent anderswo an keinen stetten wo das ist, und süllent es ouch nieman versagen und den lüten geben, als davor bescheiden ist; ouch so sûllent sü das vorgenant wiltprete, so sü es harin in unsere stat bringent, fürderlichen zû mercket tragen und süllent es nit lenger danne von eime sonnentag zû dem andern hünder ine behalten, und süllent ouch das wiltprete nit lenger zû merckete tragen danne drie tage und das gefügele zwene tage; und wenne das gefügele uf das selbe zil fürkommet, was ine danne überblibt, das süllent sü veil habent by vischerburnen, durch das man wisse was frische ist oder nit.

Es sol ouch nieman, er sye vischer, vogeler, gremper, grempin, oder wer es sye, jeman deheinen der vorgenanten vögele koufen noch sye ime senden noch schaffen geton werden heime noch an dehein ander stette, danne ein jeglich mensche oder sin gedinget gesinde, das er bi ime in sinem huse in sime costen het, süllent es selber koufen und nieman anders, one alle geverde; und wer das verbreche, der bessert, als vorbescheiden ist, 30 β δ.

Es süllent ouch alle vogeler, gremper, grempinen und alle die die die vorgenanten gefügele oder wiltprete veil hant, es syent lantlüte, frouwen oder man oder wer die sint, das selbe gefügele und ir jeglichs besunder nit höher geben danne als dovor geschriben stot, und das ouch das selbe gefügele nieman höher nemen sol dann als vor geschriben stot; und wer ir deheins höher gebe oder höher neme danne als vor geschriben stot, der oder die besserent 30 β ♂, als dicke das geschiht, und will man ouch hûte darüber setzen, mit namen viere von den grempern die allergewônlichest uf dem mercket sint, die ouch alle jore, so ein nuwer rat anegot, über die vorgeschriben stücke sweren süllent zû hütende und war zû nemen obe jeman, wer der were, der höher neme oder gebe oder üt verbreche das do vor geschriben stot, das sü den oder die ze stunt meister und rat geschriben (geben) und rügent; und wer danne also busswürdig funden wurt, der bessert 30 β ♂; der werdent 1 lib. ♂ dem rate und 10 β ♂ dem der es danne rüget, und sol ouch der es danne rüget sin gelt, bi sime eit, nit faren lossen. Ouch wöllent die obgenanten unser herren meister und rat lüte darzû ordenen, die do warnemen süllent uf die vorgenanten stücke, obe die jemant widerfüre, und besunder obe die egenanten vier rüger von den grempern jemant darinne schonen oder semlichs verswigen woltent, das sü es danne fürbringen; und welher under inen also troffen wurt, der sol die vorgenante besserung geben, und wil man ine darzû rehtvertigen und strofen herticlich umb den eit so er davon geton und gesworn het, und mögent es ouch jeglich ratherre und ouch die schöffele rügen und sagen, wo sü es sehent oder ine fürkompt.

---

## Kachler- und Grempen-Ordnung.

**1496.**

Stadtordnungen, vol. 29, fol. 153.

Uf der gemeinen kacheler hie zû Strasburg angeben und begeren, sie etlicher mossen zû versehen, domit sie deste bass bliben und sich mit iren wiben und kinden erneren möhten, so habent sich die herren den das bevolhen ist daruf mit einander underret, und wil sie beduncken das ir angeben der mennige nit wol lidelich were zû getulden.

Aber umb das sie dannoch nit gar verlossen und etlicher mossen hilf und bystandt empfinden möhtent, so werre der herren rat und gût beduncken, es in solcher gestalt zû ordenen als hienoch stat:

Nemlich, umb das die kacheler von den grempern deste myner übersetzt werden möhtent, welher gremper dann under in geschirre in der stat Strasburg feyl haben wolte, der solte der kacheler hantwerck für volle koufen, ouch mit hûten und stubenzins so vil tûn als ein ander kacheler; doch obe ir einer vor etwas umb das hantwerck geben hette, das solte im an disem koufen zû stüre komen und abgan.

Item das ouch dehein kacheler oder gremper, der nit wol zû merckt gesessen ist, me dann ein gaden uswendig siner rechten huswonung haben noch lehenen sol, und welher also ein gaden uswendig sins huses hette oder aber wol zû merckt gesessen ist, der solt sust nyergent uf der stat almenden feyl haben, dodurch die armen verhindert und ir geschirre deste myner verkoufen möhten.

Item das die armen kacheler, die (uf) dem merckte nit gesessen, ouch kein gaden zû entlehenen haben, ir geschirre zwey mole in der wochen in den Fronhof tragen möhten, nemlich uf mitwoch und den fritag, und das feyl haben vor der förder schriberstuben oder an ander gelegen enden dohin sie bescheiden werden.

Und als sie uf denselben tagen- und wochemerkten vast verhindert worden durch die karrich die krut und rûben feyl haben, das man nit wol zû inen kommen kann, do sol man nit me gestatten krut und rûben doselbs feyl zû haben, sonder dieselben wisen an den Holtzmerckt für die Schintbruck [1] und die Metzige, do man solichs yewelten feyl gehept hat.

Item das ouch das ürderne geschirre alles, so von frömden und heimschen hie verkouft wurt, in model und messe gemacht und befolhen werden sol, also das ein gemeyner becher oder ein messig geschirre nit mynder dan ein alte mosse wasser halten solt bitz in den hals ungeverlich, und das ander geschirre das merer und myner ist dan becher, das sol alles ouch gemacht werden noch antzale der alten mossen, wie vorstat; doch was under der halben mossen ist, das sol hierin nit vergriffen sin; welher aber wolte, der möhte sie wol grösser und vollicher machen über die mosse, ye nochdem sie einer truwete zû genyessen; und solt man ouch hûte darüber setzen,

[1] Die heutige *Rabenbrücke* bei der sogenannten *Alten Metzig*, dem heutigen Kunstgewerbemuseum.

also was geschirre funden würde das zů cleyn were, das solt man stracks zerbrechen, one gnade.

Item das ouch dehein murer oder ziegeler den kachelern in ir hantwerck griffen oder sich des, noch vorgemeltem mosse, gebruchen solte, er wolte es dan ouch von nuwem koufen und darumb tůn wie ein frömder; dogegen und desglichen soltent ouch die kacheler den murern und den zieglern in ir hantwerck ouch nit griffen, er koufte und tete dan darumbe wie vorgemeldet ist.

Und daruf so söllent ouch alle kacheler und grempen sich des geschirres so zů cleyn und nit noch dem messe gemaht were abekommen hie zwüschent und sant Jacobstag nehstkünftig, ungeverlich. Welher gremper ouch nit die zůnft koufen und tůn wolt als vorstat, der sol sins geschirres in der zit ouch abekomen und darafter nit me feyl haben.

Rete und XXI haben dis zůgelossen uf ein versuchen, tertia post trinitatis. Anno 1496. (31. Mai.)

---

# Hospital-Ordnungen.

## 15. Jahrhundert.

Stadtordnungen, vol. 13, fol. 66.

Man sol hinnanfürder nieman, er sie man oder wip, in den spital zû Straszburg nemen oder empfahen er enwer danne ein erber man oder ein frowe, den an irme gûte von ungelücke uf dem Rine oder anderswo misselungen und abegangen wer und nit von bosheit. Man mag ouch wol empfohen in den vorgenanten spital einen man oder ein frowe die ir gût dargeliet, also danne duncket des vorgenanten spitals meister das sie reht und des spitals nutz dûnt. Es ensol ouch hinnanfürder kein brûder oder swester, die in dem vorgenanten spital sint oder harnach darin kōment, harus erben; vellet aber einem man oder einer frowen etlicher hande gût e sie in den spital kōment, das sie doch in gewalt und in gewere nüt enhant, wenne danne das gût zû vallende kōmet, so sol es in volgen, und sol in nüt schaden an iren rehten das sie in dem spital sint.

Wenne die gesunden personen in dem spital zû Straszburg gesterbent untz an fünftzig, so mag man wol wider fünftzig ander personen nemen an der stat die do verfaren sint; aber über fünftzig personen sol man nieman enpfahen in den spital, es enwere das ein man oder ein frowe sölich gût gebent dem spital, das des spitels meister truwetet domitte des spitels nutz und gefûre zû schaffende; sölich man oder frowen mûgent sie wol empfahen über die vorgenant summe, und nit anders.

Wer ouch hinnanfürder in unsern spital zû Straszburg kōmet, die söllent deheine ir gûtere enweg geben, vermachen noch verüssern, in deheinen weg, danne alles ir gût sol demselben unserm spital werden und imer mit in darin volgen; und wele darüber under denselben ir gût enweg gebent oder verüssertent, in welhen weg das were, das sol keine kraft haben, danne derselben gût sol allessamet unserm spital werden und bliben, one alle geverde.

Also unser spital, gelegen vor unser stat zû Straszburg, ussewendig gegen unserer stette ringmure, von krieges wegen und durch unser stette notdurft willen verbrant und abegebrochen ist[1], also sint unser herren meister und rat, schöffel und amman überein kommen das wir einen andern spital, gotte zû lobe und zû eren und mengelichem zû nutz, und ouch arme siechen domitte zû versorgende, machen süllent und wellent in unser stat zû Straszburg, in dem Goltgiessen, an der stetten also hüsere doselbes gekouft und abegebrochen sint oder harnoch gekouft und abegebrochen werdent; und das derselbe unser nochgonde spital, mit allen zûgehörden, alle die reht haben sol die der erste spital, der da abegebrant ist, hette in allen weg, one alle geverde.

Es sol ouch alles das gût, wie das genant ist, liegende und varende, das unser stette zû teile worden ist von Cuntzen Müllers gûte[2], das das allessament unsers spitals eigen sin sol; und söllent ouch unsers spitals pfleger mit dem gûte tûn und lossen als mit andern desselben spitals eigen gûtern; und wolte sie jeman daran irren, dowider söllent wir den spital schirmen und hanthaben; doch so söllent sie die halbe schulde betzalen die unser stat betzalen solte von Cuntzen Müllers gûte, und was geltes sie von Cuntzen Müllers gûte gelöset hant oder lösent, das söllent sie verbuwen und in kein andern weg hinweg geben.

### 15. Jahrhundert.

Stadtordnungen, vol. 19, fol. 29b.

Der spital sol ouch, glicher wise als unser frowen wergke, hinnanfürder von allem dem daz von sinen wegen kouft oder verkouft wurt unser stette den zolle und ungelt geben, uszgenommen was die in dem spital zû jrem gebruche und notdurft bruchent, davon söllent sü nützit geben, als daz ouch vor gewesen ist.

Und als der spital biszhar eime jeglichen ammeister und den alten

[1] Anspielung auf den Abbruch des Spitals im sogenannten Rappoltsteinischen Krieg, im Jahr 1392. Siehe Kœnigshoven, ed. Hegel, S. 685.

[2] Ueber Cuntze Müller, den Altammeister von Strassburg, und die Beschlagnahme seiner güter, im Jahr, 1393 siehe Kœnigshoven, ed. Hegel, S. 785.

ammeistern allen jr eim jores geben hat ein vieremig vasz mit wins, und zů sant Martinstag jr jegelichem iiij mossen und ij cappen, und jr eime zů winahten ein lebekůchen och geben hat, do söllent die pflegere und der schaffener im spital, noch niemans von jren wegen, by jren eiden, hinnanfürder deheime ammeister noch alten ammeister noch niemans anders weder win, lebekůchen oder cappen nit geben, noch dehein enger tůn, usgenommen des spitals werglüt; das sol den pflegern und dem schaffener empfolhen sin. Und ist dis darumb, das der spital und die armen siechen darinne wonend solichs bedörfelicher und notdurftiger sint dann die den daz geben ist; so ist es och versehenlich wo erber lůt solichs hörtent, das sü dann jr gobe und almůsen deste minder aldar gebent.

Were es aber das die pflegere und den schaffener beduhte jeman der sü darumb bete ein enger ze tůnd das des spitals nůtze und ere were, daz mögent sü wol tůn, ungeverlich.

Die pflegere im spital söllent sweren an den heiligen dem spital getreuwelich beroten und beholfen ze sinde, und so dicke sü der schaffener zů des spitals redelicher notdurft besendet, das sü danne gehorsam sigent und fürderlich koment, ungeverlich; und söllent die pflegere den spital in deheinerleye weg me überniessen, durch sich noch niemans anderes von jren wegen, anders wanne hie noch geschriben stot, uf ire eid.

Zů dem ersten, so sol man eime jegelichen des spitals pflegere geben alle jar ein fůder howes und zwene enger tůn, obe er der notdurftig ist oder sü nemen wil; item zů ostern eim lamp, C (hundert) eiger und zwene rindin kese; item zů winahten ein lebekůchen, und jn jedes pflegers husz dem gesinde v β ₰ ze hantgift, und zů sant Martins tag ij cappen und j halb viertel wins und nit me; und als man jedem pfleger jores iiij viertel wins geben hat als den ammeistern, die sol man hinnanfürder ouch nit me geben.

Es sol ouch kein pfleger im spital, noch niemans anders, kein brot in des spitals pfisterie me lossen bachen, noch ouch kein brot für korn nemen, by jren eiden; und sol disz die pfründener nit angon noch berüren.

---

## Verordnung für die Pfleger im Hospital.

**1466.**

Stadtordnungen, vol. 28, fol. 284.

Die drye pflegere des grossen spitals sollent sweren an den heiligen dem spital getruwelich beroten und beholfen zů sin, und so dick sie der schaffener zů des spitals redelicher notdurft besendet, das sie dann gehorsam sient und fürderlich komment, umb in des spitals sachen getruwelich zů roten und das beste und wegeste zů tůnde und alle vor und noch geschriben stücke, puncten und artickel zů halten und zů hanthaben, so verre sie können oder mögen, ungeverlich.

Es sollent ouch des spitals pflegere und schaffener, so ye zu ziten sient, des spitals eygenschaft, zinse, gülte und gůter nit verkoufen noch dehein zinse, sie sient abelösig oder lipgeding, daruf noch uf ützit das dem spital zůgehört slahen; dann beduhte sie yemer ützit das der spital hette zů verkoufen oder gelt uf abelosunge oder lipgedinge zů des spitals notdurft ufzůnemen, so sollent sie solichs für die rete und XXI bringen und denen luter sagen sache warumb sie beduncket gůt sin das man solich eigenschaft verkoufen solle oder warzů man das gelt das man also ufneme bruchen wolt, und was dann die rete und XXI darinne erkennent, dem sol dann nochgangen werden; doch mögent sie des spitals gůter wol verlihen.

Die pflegere sollent ouch durch sich selbs, noch niemans von iren wegen, umb den schaffener nützit lehenen noch nemen, in deheynen weg, das dem spital zůgehört; so sollent sie sich ouch des sust von inen selbs nit underziehen, dann allein dem spital zů behalten und daran sin das desselben spitals nutz domit geschafet und geworben werde, by iren eyden, ungeverlich.

Sie sollent ouch, by denselben iren eyden, umb den schaffener sins eigens geltz und gůtz nützit lehenen; so sol der schaffener, by sinem eyde, inen des nit lihen.

Es sollent ouch die pflegere und schaffener desselben spitals sine zinse, gûter oder gülte oder ützit anders das dem spital zûgehört nit abekoufen oder des iren ützit dem spital zû koufen geben, weder zû eigen, zû lipgedinge oder uf abelosung, by iren eyden, alldewile sie an solichen ampten sint, unerfolget und unerkant der rete und XXI.

Es sollent ouch gemaht werden zwey slosz an das türlin des gewelbes darinne des spitals briefe liegent, und sol der schaffener einen slüssel zû dem einen slosz haben, und zû den andern slosz drye slüssel gemaht werden, yedem pfleger einer, und wann der schaffener über die briefe gän wil, soll er die pflegere besenden, also das zûm mynesten ir einer mit sinem slüssel darby sin sol, bisz das es wider zûgeslossen wurt; und was briefe also darusz genommen werdent sol man anzeychenen und die zeichenunge im gewelbe lossen; und sollent dann die pflegere und schaffener, by iren eyden, daran sin, was briefe also usz dem gewelbe genommen werdent, die wider darin gehörent, oder was nuwer briefe ye gemaht werdent, dem spital zügehörende, das die alle, so erst das sin mag, wider in das gewelbe geleyt und geantwurt werdent.

Es sollent ouch die pflegere den grossen spital in keynerley weg me überniessen, durch sich noch niemans anders von iren wegen, uf ir eide, anders wann hienoch geschriben stät:

Zûm ersten soll man eym yeglichen pfleger im spital geben alle jore ein fûder höwes und ir eim zwen enger tûn, obe er der notdurftig ist oder sie nemen wil; man soll im aber dehein gelt dofür geben; item zû ostern ein lamp, hundert eyger und zwen rinderin kese; item zû wynahten ein lebekûchen und in yedes pflegers husz dem gesinde 5 β ᵹ zû hantgift, und zû sant Martinstag zwen cappen und ein halb vierteil wins, und nit me; und als man zû ziten yedem pfleger jors vier omen wins geben hat als den ammeistern, die sol man nit me geben.

Es sol deheyn pfleger im spital, noch niemans anders, dehein brot in des spitals pfisterye me lossen bachen noch ouch kein brot für korn nemen, by iren eyden; und sol das die pfrûndener nit angon noch berüren.

Und als der spital zû ziten eym jeglichen ammeister und den alten ammeistern allen ir eym jors geben hat ein viereimig vasz mit win, und zû sant Martins tag ir jeglichem vier mossen und zwen cappen, und ir eym zû wynahten einen lebekûchen ouch geben hat, do sollent die pflegere und der schaffener im spital, noch niemans von iren wegen, by iren eyden, deheym ammeister noch altammeister noch niemans anders weder win, lebekûchen oder cappen nit geben noch deheynen enger tûn, uszgenommen des spitals werglûten; das soll den pflegern und dem schaffener empfolhen sin, und ist das darumb, das der spital und die armen siechen darin wonende solichs bedörflicher und notdurftiger sint dann die den das geben ist; so ist ouch verschenlich, wo erber lût solichs hörtent das sie danne ir gobe und almûsen deste myner aldar gebent.

Wer es aber das die pflegere und den schaffener beduhte, yeman, der sie darumb bete, einen enger zû tûn das des spitals nutze und ere were, das mögent sie wol tûn, ungeverlich.

Der spital soll ouch glicher wise als unser fröwen werck von den winen so man von des spitals wegen verschencket das ungelt und die zolle geben; aber was win sie im spital zû ir notdurft gebruchent, dovon sollent sie nützit geben, als das vormols ouch gewesen ist.

Die pflegere sollent ouch, so dick sie noturft beduncket, von dem schaffener rechenunge empfohen, und ernstlich sehen darzû haben das der schaffener sinen sachen ernstlich und dapferlich nochgange und tûge das er tûn sol; und wann sie von dem schaffener die jorrechnunge empfohen wöllent, so sollent sie dovor für den rat gän und inen solichs verkünden; so soll dann der rät inen zwen des rats zûordenen by solicher rechenunge gegenwertig zû sin; so soll ouch der schaffener bestellen vor dem ee soliche jorrechnunge beschiht, das derselben rechenungen zwo glich geschriben sient; do sol der schaffener usz der einen sin rechenunge tûn und sol der zweyer einer vom rat die andere haben und darin sehen so der schaffener rechnet, uf das man wisse das sie glich standent; und dieselbe rechenunge sollent die zwen des rats jerlich hinder den rat antworten, das die zû der stat handen komme und gehalten werde; und uf semmlicher rechenunge mögent sie wol by einander essen, und was das costet sol von des spitals wegen bezalt werden; ouch so mögent sie wol im spital, wann sie in sachen den spital und die siechen antreffent dargont, bescheidenlich zeren dodurch der spital an coste nit beswert wurt, ungeverlich.

Wer in unsern spital zû Sträsburg kommet, der soll dehein sin gûter hinweg geben, vermachen noch verüssern, in deheynen weg; dann alles sin gût soll demselben unserm spital werden und mit den personen darin volgen, und welhe darüber under denselben ir gût hinweg gebent oder verüssertent, in welhen weg das were, das sol kein kraft haben.

Des spitals schaffener sol sweren dem spital getruwe und holt zû sinde, des spitals nutz und frommen zû fürdern und sinen schaden zû warnen und zû wenden, so verre er kann oder mag.

Er sol ouch alle und yegliche des spitals zinse, gülte und schulde ernstlich und getruwelich ingewynnen oder schaffen ingewonnen werden, durch sich oder den zinszmeister, und das alles verrechenen zû gebürlichen ziten den pflegern oder wann sie des ye rechenunge an in fordern und begeren.

Was ouch dem spital geben, besetzet oder vermaht wurt oder das eym schaffener sust heymlich oder öffenlich von des spitals wegen geben oder dargestossen wurt, das alles sol er dem spital zû sinem besten nutz anlegen und bewenden und den pflegern solichs alles ouch verrechenen, by sinem eide, one geverde.

Er sol ouch des spitals gelt von der hant nit lihen niemans, er sy hohe oder nider, in deheynen weg, es gange dann den spital an, ungeverlich.

Es sol ein schaffener ouch ein sehen haben zû den siechen die ye zû ziten im spital sint; versorgen und bestellen, so er beste kan und mag, das inen noch gebürlichen dingen geschee das zymlich und billich sy, wie dann das bishar gehalten und harkommen ist, one geverde.

Der schaffener sol ouch alle artickel in der pflegere ordenunge begriffen, so verre in die berüren, getruwelich halten, hanthaben und vollziehen, alles by sinem obgeschriben eyde.

Wann es ouch ist das man eins schaffeners notdurftig ist, so sol der von den reten und XXI dozû gekosen und bestallt werden, in mossen als der schaffener in unser fröwen hus.

Rete und XXI habent dis erkant secunda vigilia annunciationis Marie. Anno 1466. (24. März.)

**1478.**

Stadtordnungen, vol. 28, fol. 283.

. . . . . . . . . . . . . . . . . . . . . . . . .

Die herren beduncket geroten sin zû ordenen des spittels halb in dise nochgeschriben wise, und zû den artickeln die vor geordent sint noch zû setzen dise nochgeschriben puncten :

Es sollent des spittels pflegere alle samstage in den spittel kommen und sollent do ein rechenunge von dem schaffener enpfohen, in gegenwertikeit des zinszmeisters, der meisterin und des kellers, von allem sinem innemen und uszgeben so er die woche geton hat, und sol ouch der schaffener den pflegern des alle woche ein register geben darinne solichs alles eigentlich geschriben ston soll, und besunder alles das die woch von visch, fleisch, ancken, kese, eigern und andern in den spittel und in die kuchin gekouft und uszgeben worden ist, von stück zû stücken, wie dann das dem schaffener verrechnet ist; und sollen die pflegere ein solich register alle samstage mit in heym tragen, und soll der schaffener desglich ouch ein register hinder ime behalten, und sol ouch der pfleger einer ir register in der hant haben und darin sehen so der schaffener usz sinem register rechnet, uf das man wisse das sie glich standent; und soll dann der schaffener die pflegere frogen ob sie der coste zû vil duncke oder obe sie ützit darzû reden wöllent; und es soll ouch die jorerechenunge usz den egemelten wochenregistern beslossen werden, so weysz man deste basz das dem spittel reht geschiht.

Es sol ouch kein schaffener me hinder ime haben dann 20 oder 30 lib. ₰ die des spittels sint, und was er me hinder ime hette, sol er yeden samstag, so die pflegere die rechenunge von im enpfohen, mit sampt den pflegern tûn in des spittels gewelbe, by sime eide, ungeverlich.

Was ouch ein schaffener dem spittel kouft, es sy holtz, stein, nagel, isen, win, fleisch, visch, kese, ancken, eyger, eszhaftige und trunckhaftige dinge oder anders, nützit überall usgenommen, das alles sol er in dem spittel behalten und in des spitels gebruch bewenden und kommen lossen und dovon nyemans nützit lossen werden, in koufes wise oder in ander wege, ungeverlich.

Es soll ouch ein yeglicher spittels schaffener, allediewile er an dem ampt ist, kein gewerbe triben ouch mit nyemans teyl noch gemeyn haben, weder durch sich oder andere, in deheynen weg. Ouch so sol die tůre die usz herr Jacob Ammelungs garten in den spittel gät beslossen sin und nit ufgeton werden dann zům jore einst, das ist uf unsers herren fronlichnamstage zů der processz, als die zů sant Niclaus mit dem würdigen sacrament dodurch gont; und wann solicher crůtzgang geschehen ist, so sol ein schaffener die tůre fürderlich wider beslissen und versorgen innewendig des spittels und nit gestatten, by sime eide, das yemans do usz oder in gange das jore usz, bisz aber (an) unsers herren fronlichnamstage, dann das von alter also harkommen ist, uszgenommen in fůres not und ouch der stat notdurftigen gescheften halp, ungeverlich.

Sodann von der meisterin und des gesindes wegen im spittel.

Do sol man ein fromme redelich fröwenpersone bestellen, die do sol meisterin im spittel sin und ein sehen haben zů den sachen und zů allem dem das zů den sachen gehört, nützit uszgenommen; und derselben meisterin sol ein schaffener, mit irem rat, dingen so vil gesinde (als nöthig) der siechen zů warten, sie zů heben und zů legen, tage und naht, als es dann ye zů ziten notdurftig ist; und under denselben gesinden soll ein öbermaget und nemmlich ein cüsterin sin, die dann aller redelichest und tögelichest dozů ist; dieselbe cüsterin sol die andern regieren und anwisen der siechen stetes zů warten, es sy zů kochen oder sust hantreichunge zů tůnde, tages und ouch nahtes umbzůgonde von siechen zů siechen, und dieselbe cüsterin mit inen ouch das beste tůn, mit solicher ordenunge, das ir arbeit under sie geteilt werde und glich umbgange, also das yeglichs wisse zů yeder zit was es tůn soll.

Und als yetz im spittel sint ein cüsterin und darzů drye megde und zwen siechenkneht und sust zwey gesinde von der brůderschaft, das sint ir acht, doby lot man das bliben, also das sie es under einander ordenen das ir zwey wachent vor mitternaht und zwey noch mitternaht; doch wann ein solicher mönsch zů solicher zit in sterbender not lege oder es sust notdurftig were, sollent sie alle einander helfen das beste tůn. Wer es ouch das sich zů etlicher zit begebe, das sie me gesindes im spittel notdurftig werent, mögent sie noch me schicken, uf das die siechen nit verwarloset, sunder deste basz rat gescheen möge, und sol man denselben lonen von dem spittel so in sust uszwendig des spittels nit gelonet wurt, nemlich ir eym züm tag und zůr naht 6 ₰ und in darzů essen und trincken geben werden vom spittel.

Were ouch das ein erber persone in dem spittel einen tagewon oder me tůn wolt, durch sich selbs oder ein ander erber person, sol man lossen gescheen und ime vom spittel essen und trincken geben.

Und ob yemans den siechen etwas in den spittel schickte oder geben wolt von der hant, es were gelt oder geltswert, das sol man den siechen lossen werden, und weder meisterin noch cüsterin noch nyemans von iren wegen oder yemand anders inen das nit nemen oder behalten oder gestatten geton werde; und obe ein persone mit solichem dinge in den spittel keme und der gewonheit des spittels nit enwissete, so sol ein meisterin oder ein cüsterin sie wisen von sieche zů siechen und daran sin das semmlichs den siechen werde, uf das den lůten deste basz liebe den siechen und dem spittel ir almůsen zů mitteylen.

Item der meisterin ordenunge.

Item der kneht und megde ordenunge der siechen zů warten.

Item die ordenunge was man siechen zů yeder zit sol essen und trincken geben.

Das lont sie alles bliben wie es geordent und ufgeschriben ist.

Unser herren meister und rat und die XXI habent dis erkant actum feria secunda post dominicam lætare. Anno 1478. (2. März.)

---

## Hospitalschreiber-Ordnung.

### 15. Jahrhundert.

Stadtordnungen, vol. 14, fol. 94.

Es sollen nun hinfürter zwen schryber im spital sin, ein ober- und ein underschryber, die gemeynlich mit dem schaffener und der schaffener mit inen unverborgenlich handeln sollen. Die sollen swören zů gott und den heyligen dem spital getruwe dienst zů thůn, sinen nutze und frommen zû fürdern und schaden zû warnen und zû wenden noch irem besten vermögen, ouch den herren pflegern und schaffener gehorsam zû sin. Der schaffener soll ouch ein besunder ufsehens uf beyde schryber haben, das durch sie dem spital nützit veruntrûwet oder abgetragen werde, und wo er solichs befûnde, den herren den pflegern fürderlichen verkünden; deszglichen und harwiderumb sollen beyde schrybere dem schaffener ouch ufsehen in mossen obstot, alles by iren eyden.

Wo inen oder ir eim ouch fürkäme oder gewar wurden das jemans dem spital verwandt, wer der were, hohe oder nyder, sich anders hielt dann er thûn solt, das sollent sie den herren pflegern oder dem schaffener, für wen dann solichs gehört, fürderlichen fürbringen und sagen, uf das dotzû gethon und noch gestalt der sachen fürter was sich ye gebüren wurdt gehandelt und des spitals schade fürkommen werde.

Die beyden schryber sollen ouch allezit in der schrybstuben getruwelich warten ob sie âlso beyde anheimsch weren; wo aber einer usz geschäften des spitals oder sunst anderer sachen halben nit anheimsch sin möcht, sol der schaffener und der ander schryber warten, doch also das zûm wenigstens je eyner daheim sy, uf das die zinsz- oder gültlût, wohar die dann kommen, gefürdert werden mögen; ouch so sollent beyde schryber, by iren eyden, on wissen und willen eins schaffeners niergents hingon noch nachts uszlygen, sunder sich allzit im spital fynden lossen.

Sie sollen ouch ein beslossen tröglin oder kensterlin haben dartzû ir yeder, die zwen schryber, und der schaffener nit, einen slüssel haben, darin ein lade das gelt so sie wuchenlichen von zinszlûten oder in andere wege empfohen (und) innemmen legen sollen; und was die beyden schryber sampthaft oder besunder empfohen, so sie das in den klütter-wuchenzedel schryben ir sunderlich gemercke dartzû machen, nemlich *la*; deszglichen, ob sie etwas uszgeben, *aber;* so dann der schaffener in abwesen beyder schryber etwas empfinge, sol er sin gemerck, so er das in den klütterzedel schrybt dartzû machen *ht*, und im uszgeben *bursz*, domit sie wissen, beyde schryber mit dem schaffener und der schaffener mit den schrybern, den wuchenzedel abzûrechenen.

Die schryber sollen ouch alle woche ein cleynen zedel, genant der klütterzedel, machen, der die gantz woche untz an den samstag weren soll, darin der schaffener und beyde schryber alles innemen und uszgeben derselbigen wochen schryben sollen; und so die schryber am samstag denselben zedel mit dem schaffener abgerechnen, sollen sie von stund an dem schaffener das gelt so sie die woche empfangen haben, innhalt desselbigen zedels, geben und antworten.

Sie sollen ouch, by iren eyden, nyemans, es sy wer der wölle, weder uf silber noch uf andere pfande, kein gelt usz der laden lyhen noch inen selbs darusz nemen, sunder das in der laden lygen lossen und dem schaffener, in mossen obstot, wochenlichen überlyfern.

Und so sie also den klütter-wochenzedel mit dem schaffener am samstag abgerechnen, sollen sie von stund an zwen zedel, ein grossen und ein cleynen, machen, alles innemen und uszgeben derselben wochen in dieselben zwen zedel schryben, die genant werden sollen die wochenzedel; darusz sol der schaffener den herren den pflegern wochenlich rechnunge thůn, und so die gescheen, den herren den pflegern den cleynen geben und den grossen in der schreybstuben behalten.

Die beyden schryber sollen alle jor dry nůwer colligenden oder zinszbůcher schryben, nemlich die eyn der früchten, genant *annone*, die ander der zinsz in der stat und die dryt der zinse uf dem lande mit sampt den cappenzinsen, und die sollent vor sant Johanstag Baptiste alle jor geschryben sin und ein yeglichs colligende mit eim besundern berment überzogen und irem tytel geschryben und mit desselbigen jors data gezeichet.

Sie sollen ouch alle jor ein neuw bůche machen, das man nennet den sextern, darin alle capitel innemens und uszgebens dem spital dienende, ordenlich und mit grosser geschryft noch einander geschryben werden; darnoch durch den oberschryber der grosz wochenzedel von item zů item, jeglichs zů sinem capitel, eygentlichen in den sextern geregistriert werden.

Und so die *extracta* der dryeen colligenden jerlichen gemacht werden und die nuwen colligenden angōn, so sollen durch den oberschryber alle extantzen von allen vergangenen joren in eim item in die colligend, yeglichs an sin ort, und vom nehsten jore ouch in eim item geschryben werden, nemlich also : *extant in antiquis apud N. tantum et anno preterito tantum.*

Was sie dann noch beschlusz irer jorrechnunge und ingeschrybener extantzien von zinsen empfohen von eim der versez schuldig were und das in den klütterzedel schryben, sollen sie also ir gemerck haben *oz*; wo aber einer kein versessen zinsz schuldig und sinen zinsz geben wolt und gebe, sollen sie aber ein gemerck haben *hø*; also mag man jors wissen was und wie vil (von) alten uszstenden und hürigen zinsen inbrocht werden.

Sie sollen ouch alle jor dry nuwe *processoria* haben; in dem eynen was am geystlichen gericht gehandelt und procediert wurt, im andern was zû Rotwil und andern uszlendigen gerichten, und im drytten was uf der pfaltzen und am stockgericht ufgangen und uszgeben werde, domit man denselben costen wisz widerumb inzûbringen.

Alle obgenanten bûcher, rechnungen, wochenzedel, etc. und des spitals prothocoll sollent allewegen unbeslossen in der schrybstuben blyben lygen, dann sunst nyemans zû der schrybstuben kein slüssel haben soll dann allein der schaffener und die beyden schrybere.

Der ober- und underpfister des spitals sollen alle korngülten empfohen, und was sie also empfohent und für gût annemen, sollent sie mit den lehenlûten in die schrybstûb gön und den schrybern sagen was und wie vil sie von eim yeden empfangen haben, das ouch die schryber oder schaffener eigentlich in die colligend ufschryben sollen.

Es soll ouch weder schaffener noch schryber dheinem gültman nützit ufschryben von sinem angeben, es sy dann ein pfister zûgegen der solichs empfangen habe, oder aber inen vor wissens gethon.

Der oberpfister soll ouch allewegen wann er gût zû malen fûrt in die schrybstûb zû den schrybern oder schaffener gon, und inen sagen was und wie vil und welcherley er zû malen geton habe, innhalt siner ordenunge, das ouch durch den schaffener oder die schrybere, wer dann zûgegen ist, uf einen sunder grossen zedel angeschryben werden soll und genant werden der malzedel; das soll dann jors in der jorrechnunge verrechent werden, was dasselbig jor zû gebruch des spitals vermalet und verbachen sy.

Es sollent ouch alle gesynde des spitals, es sy wer der wölle, on des schaffeners wissen und willen nützit von des spitals wegen by oder umb alle wercklût uf borge nemen oder von nuwen machen lossen, sunder den schaffener allewegen darumb besprechen, und wann inen dann solichs von dem schaffener zůgelossen, was sie dann by inen nemen oder machen lossen, sollen sie den schrybern angeben, die ouch solichs in ein sunder bůche ufschryben sollen, und man dann zům halben oder ganzen jor mit inen abrechnet, das des werckmans und des schrybers bůch glich lutende und yederman ein genüge beschee und nit ungerecht.

Der amptlůt halb oder gantz jorrechnunge, deszglichen der gesynde lone im spital soll in den letsten halben jorzedel, das ist cedula Thome, der soll von Thome apostoli untz sontag nach epiphanie domini weren und nit lenger, geschryben werden, und sunst alles das man zům halben oder gantzen jor des spitals wegen uszgibt.

Deszglichen soll es mit dem zedel Viti und Modesti ouch gehalten werden; der soll nit lenger weren dann untz uf den nehsten sontag noch Johannes Baptiste.

Darnoch soll man anfohen nuwe wochenzedel zů machen alle wochen, wie do vornan angezeigt ist, dann die jorrechnunge allwegen sant Johanstag zů sungichten usz und angon solle.

Alle gerichtshendel in und uszwendig der stat soll der schaffener vertreten oder einer under den zweyen schrybern, wem dann der schaffener sollichs bevilht.

Was ouch der schaffener von bevelhe der herren pflegere uslyhet, es sy gelt oder frucht, soll er in keinen wochenzedel für ein uszgabe verrechnen, sunder das in memorialbůchlin schryben, und so im dann solichs wider betzalt wurt, abgethon werden; was aber er von bevelhe der pfleger uszgeluhen hette und nit wider betzalt wurde, soll er abermols, mit wissen und willen der pflegere, dasselbig verrechnen und jn die jorrechnunge kommen lossen für ein verloren schuld; und ob ime solich uszgeluhen gelt vor siner jorrechnung nit betzalt wurd, soll er solichs in die extantz, mit wissen der herren pfleger, kommen lossen.

Und für soliche müge und arbeit so der ober- und underschryber in dem spital haben müssent, soll man inen geben, nemlich dem oberschryber 10 lib. 10 β und dem underschryber 8 lib. δ, und nit mer; und sollent ouch dieselben beyden schryber, noch sunst niemans von irent wegen, kein schenck noch trinckgelt von niemans mer nemen noch empfohen, sunder, by iren eyden, was inen von den zinsz oder wercklůten geschenckt wurt in die beslossen büchs, so sunderlich darlzû gemacht und bestelt ist, im angesicht der personen die das geben, stossen, ouch dieselben personen getruwlichen zû ermanen den spital mit solchem irem schencken oder trinckgelt, umb gots willen, zû bedencken, und das inen solche schenck nit sunder dem spital und den armen siechen zûgehör anzûzeygen.

Es sollent ouch der ober- und underschryber yeder dem spital bürgschafft geben für hundert guldin, daran der schaffner und die pfleger benûgig syent, uf das so etwas durch sie oder ir einen verwarloszt oder veruntruwet wurd, der spital sich an den burgen wider erholen möge.

---

## Berathschlagung

### über die Anstellung eines Arztes und Apothekers im Hospital.

**1500.**

Stadtordnungen, vol. 24, fol. 24.

Secunda pascha (20. April) in presentia Hr. Hans Bock, ritter, Martin Sturm, Adolf Benn und Claus Kniebs, als verordente minre herren der XV, und Hr. Ludwig Bœcklin, ritter, Hr. Florentz Rummler, und Lamprecht Sebot als pflegere des spitals. Anno 1500.

Noch verhöre doctor Michel Rats ratslage, so beduhte benante herren gût sin das man mit dem arzet reden und versûchen solt, ob er den costen im spital und den gewönlichen lone so ein stat eim artzet gibt nemen wolt und sich solcher arbeit beladen.

Item so solt man gedencken haben umb ein knecht der sich der appotekery verstunde und uf den doctor und die siechen wartet;

Item ein frow die sich des geköches anneme den siechen zû machen noch ordenunge des doctors; dieselben solten ouch iren costen in dem spital haben und besoldet werden;

Item mit des doctors rat ein apotecker zû bestellen der dem spital die cumposta und alle artzenyen umb ein zimlichen lone und gelt gebe;

Item das der doctor kein schenck noch miet nemen sol von den personen so verdocht sin in den spital zû kommen;

Item es sol ouch kein krancker ufgenommen werden one des doctors, schaffeners und meisterin wissen und willen. Es sol ouch der artzet keinen siechen tringen glistier oder andere artznye zû nemen über sinen willen.

Zûm ersten, so beduht die herren gût sin das man einen gelerten doctor (der ouch sin firmat zeigen [soll] das er doctor wer, und sust keiner angenommen werden solt) zû einem artzet in den spital bestelle; welcher artzet ouch durch unsere herren meister und rat zû eim statartzet angenommen und mit der gewönlichen besoldung belonet werden und sinen tisch oder costen in dem spittal haben soll.

Es solt ouch ein knecht der sich der apoteckery verstunde bestelt und in dem spital angenommen werden, der dem doctor in allen dingen die siechen im spital berürent, so er ime befelhen wurde gehorsam und gewärtig were und sin solt. Desglichen ein verstendige wissenhafte frow, die sich des geköches so der doctor den siechen verordnet undertziehe und anneme, ouch, durch angeben des doctors oder des knechts, den krancken frowen ire artznyen handtreichen könne, do niemant zymen wölt domit umbzûgon; und dieselben solten von eim spital besoldet und in cost gehalten werden, und sweren dise nochgeschriben ordenunge, so vil die ir jedes berüren, stete und veste zû halten und der ernstlich und getruwelich noch zû kommen.

### Des doctors eid.

Der doctor so zû einem artzet in den spital angenommen wurt, sol sweren einen eid liplich zû got und den heiligen dem spital getruwe und holt zû sin, sinen nutz zû fürdern und schaden zû warnen und wenden noch sinem besten vermögen und verstentnisz, ouch der armen siechen mit sim höchsten flysz zû warten und inen getrûwelich zû roten und zû helfen, in aller mossen und gestalt als ob er das eim richen, dovon er sunder besoldung warten were, thäte oder thûn solt, und sich ouch in dem spital zûchtiglich und erlich halten, besunder die mägde und gesinde mit unzimlichen wisen und geberden nützit bekümbern noch annemen, in deheine wege, alles by siner selen heil und seligkeit. Er sol ouch keinen siechen artzneyen den er *bona dieta* wol curiren mag, das ist mit gûter ordenunge und regiment mit essen und trincken, domit der spital nit mit unnotsamen costen beladen werde.

Welche personen aber mit solchen kranckheiten beladen, das er sie one artzeny nit curiren und doch denselben mit cleinen lichten dingen, die nit vil kosten, zů helfen were, dartzů sol er kein *composita* us der apotecke bruchen, sunder sich *simplici medicina* behelfen; wo er aber ye solichs one *composita* nit zůwege bringen möchte, so sol er doch sich der gemachten und bewerten *composita* so in der apotecken gemacht sint gebruchen und kein sunder gekôchs machen lossen; ouch kein köstliche *simplicia*, als amoniacum, manna, rebarbara und derglichen den siechen bruchen, so doch denselben mit den wolfeilen simplicibus, die eben die glichen würckungen haben, eben also wol geholfen werden mag; und was ouch der doctor in vorgeschribener mosz den siechen verordnen wurt, dem sollent der genant knecht und die frowe, jedes sinem bevelhe, noch lut des registerlins, ernstlichen nochgon, versehen und bestellen das soliches den siechen zů der zit und in die wise als das der doctor bevolhen, gehantreichet und geben werde. Es sol ouch der doctor sunderlich acht und war daruf nemen, das dieselben sinem bevelhe nochkommen, und wo er befindet, das durch jemans, wer der sy, wider dise ordnung gehandelt wurde, das sol er fürderlich dem schaffener oder den pflegern anbringen, dieselben wie sich gebüren wurt zů strofen.

Es sol ouch der doctor dem knecht oder denen die dann die wasser in dem spital distilieren werden, bericht und anzeigung geben welcher zit ein jedes, blůme oder wurtzel, kont getolben und abgebrochen werden und wie man die behalten sol das sie gůt bliben.

Were ouch sache das etliche andächtige frowen oder man den siechen begerten conservas oder sust gemeine latwerge zů machen, oder sust dem spital krůter, blůmen und wurtzeln umb gotswillen tölben und lesen wolten, und an den doctor begeren wurden sie zů berichten wie die gemacht werden oder zů welcher zit die krüter gesammelt werden sollen, die sol er früntlich und tugentlichen underwisen und sie des berichten, domit, so die siechen eins solchen bedörftig wurden, man das nit in der apotecken oder sust koufen müsse.

Were ouch sache das der doctor einer krancken personen glystier oder etwas artzny verordnen wurde, darob dieselben ein schůhen oder greûgel heten und nit nemen oder das zû brûchen gütlichen überreden lossen wolten, so sol er die, by sinem eide, noch niemans anders dotzû tringen, sunders domit ungeirret oder bekümbert lossen.

Were aber das jemans der nit mit swerer kranckheit beladen, dem wol und lichtlich zû helfen were, und doch sich nit curiren lossen wolt, uf das er deste lenger in dem spital sin mocht, und das den doctor beduncken wolt das es also mit geverden beschee, do sol er, der schaffener und die meisterin gewalt haben dieselben usz dem spital heissen zügen und sie des verwisen, ye noch gestalt der sachen und ungeverlich.

Als ouch vormols verordnet gewesen ist, das man keinen siechen in den spital nemen solt der von huse zû huse gon und das almûsen heischen möchte, das aber nit gehalten, sunder etliche ufgenommen und in den spital erkant worden die sich sunst zû beteln geschampt haben, das sol ab und nit me sin, sunder nûn hinfürter kein siech in den spital me entpfangen oder angenommen werden, es habe dann der doctor, der schaffener und (die) meisterin erkant das er des spitals notturftig und vähig sy, und sollent ouch durch niemans, wider dise ordnunge, jemans inzûnemen getrungen oder getzwungen werden, dann der spital mit denen die des notturftig sint on das beswert ist.

Desglichen sol ouch niemans usz dem spital getriben werden, die obgeschriben dry habent dann erkant das er gesund genûg und den luft erliden möge, uf das dieselben verwisene oder uszgetribene nit liehtiglich wider in swere kranckheit fallen und die bewisene gûttäte in ein tyrannye verwandelt werde, und hierin niemans dann allein got, irer selen heyl und des spitals nutz und ere ansehen und vor ougen haben.

Der doctor sol ouch von keinem siechen nützit nemen noch heischen, sunder sich mit der stat besoldung und dem costen im spital benügen lossen, ouch von sunst niemans der verdocht in den spital zû kommen oder desselben frunde; deszglichen von des spitals apotecker weder schenck noch miet nemen, in deheinen weg; doch sol dies die andern die nit des spitals apotecker oder siechen sint nützit angon und ime derselben schenck nit verboten sin, doch nit über die mosz dann wie das der artzet und apotecker ordnunge inhalt.

Er sol ouch des spitals scherer in allem sinem anligen und geschäft, den siechen rat zû thûn, beholfen und beroten sin, noch sinem besten vermögen und verstentnisz, ouch den getruwlichen underwisen wann und wie er eim jeden ader lossen, schrepfen oder sanguisugas ansetzen sol, domit das niemans durch unwissenheit versumpt oder verderbt werde. Wann ouch ime verkündet wurt in den garten zû kommen, die der malatie verdächtigen zu besichtigen, do sol er, so verre ine sunderliche und merckliche geschäfde doran nit hindern, gehorsam sin zû kommen und den überigen verordneten helfen das beste thûn, sich ouch des flissen und ernst ankeren das er uf dieselbe stunde der siechen im spital halber wol wichen möge und dieselben vorhin versehen syent.

Der doctor soll ouch des spitals apoteckerknecht in sinen geschäften uszwendig des spitals nit gebrûchen, sunder in der siechen im spital warten lossen, domit sinethalben nit verwarloszt werde.

Were ouch sache das der doctor usz der stat wolt, do er sich versehe ein tag, dry oder vier ungeverlich usz zû sin, so sol er nit usz der stat kommen, er hab dann die siechen in dem spital zûvor versehen und sy im von den pflegern erloubt.

Es sol ouch ein jeder doctor der also in den spital kompt zûm wenigsten drü jor in dem spital sin und nit macht haben vor uszgang der dryer jor urlob zû heischen; sunder so mögent im die pflegere wol urlob geben, doch sol eim jeden doctor solchs allwegen ein vierteil jors vor geseit werden.

## Des knechts ordnunge.

Der knecht so in den spital angenommen werden sol, uf den doctor zû warten so er in den spital kommen wurt die siechen zû visitieren, sol sweren liplich zû got und den heiligen dem spital getruwe und holt zû sin, sinen nutz und frommen zû fürdern und vor schaden zû warnen so vast er kan oder möge, ouch ein getruwes ufsehen zû den siechen zû haben und uf den doctor zû warten und mit ime von bett zû bett zûgon und warzûnemen was er eim jeden ordnet, das er ime dasselbe bestelle und schaffe (dasz es) gemacht und überliffert werde zû den ziten wie er dann des durch den doctor bescheiden wurt, ouch desselben nützit sinem kopf noch verändere oder *quidproquo* mache one des doctors wissen und willen.

Wurde ouch der doctor den siechen ützit verordnen in der apotecken zů machen und zů holen, so sol derselbe knecht, by sinem eide, verschaffen und bestellen, ouch (so ver in sunderliche geschäfde nit doran hindern) doby bliben und sehen und helfen das solche artzenyen ordenlichen und fürderlich gemacht werden, noch bescheid des doctors und des registerlins inhalt, ouch ein jedes geschirre mit eim sůbern bappierlin zů machen und des siechen namen, deszglichen sins betts bůchstaben doruf schriben, uf das eim yeden siechen werde das ime zůgehört und der doctor verordnet het.

Were ouch sache das ein doctor, über sin ordenunge, den siechen unnotsame köstliche artznyen bruchen wurde, die er wol mit lichten wolfeilen dingen zůwege brecht, und ine (den knecht) beduncken wolt das der spital domit beswert wurde, so sol er solichs den pflegern anbringen und warnen und, by sinem eide, nit verhälen.

Es sol ouch derselb knecht, so man den siechen essen gibt, warnemen und ufsehen daruf haben das den siechen mit essen und drincken noch des doctors geheisse gewartet werde, und wo solchs nit geschee, das dem doctor sagen und anbringen, der dann solchs witter den pflegern oder schaffener anbringen sol, uf das den armen (recht) geschee und ein jeder tůge was er thůn sol.

Er sol ouch sunderlichen flysz ankören das die krůter, blůmen und wurtzeln zů den ziten wie er das durch den doctor bescheiden wurt, colligiret und inbroht ouch süberlich und ordenlichen behalten, das die nit verderben oder zů unnütze gebrucht und (sie) verwůscht werden; ouch solche krütter oder wasser in die behältnisse so ime dotzů in dem spital gegeben werden sollen, ordenlichen stöllen und beslossen halten, das nit yederman dorüber kommen und (sie) verwůscht werden mögen. Deszglichen die wasser zů distilieren und brennen, ye noch dem er das von dem doctor underricht wurt, ouch von denen oder andern artznyen niemand nützit zů geben.

## Der kellerin ordnunge.

Die frowe so uf den doctor zů warten in den spital ufgenommen wurt, sol, by irer truwen, an eides stat, geloben und versprechen dem spital getruwe und holt zů sin, und wann der doctor zů den siechen gon wurt mit ime zů gon und getruwelich warzůnemen und ufmercken was der doctor eim jeden siechen verordnen wurt, das ime das gemacht und geben werde, wie ir dann solchs ouch durch den doctor in ein registerlin verzeichnet geben werden sol. Sie sol ouch by dem küchenschaffener zû jeder zit darob sin und befelhen ir solche kost zû bestellen und zû rechter zit zû achten, domit das die den armen siechen gegeben und nit verzogen und ein jedes des doctors rat noch bereit werde. Es sollent ouch die andern gesinde derselben frowen beroten und beholfen ouch gehorsam sin, uf das den siechen geschee was in gescheen sol.

Were ouch sache das frowenpersonen ützit an iren heimlichen enden bresten oder der doctor etliche zu glystieren befelhen wurde, do keim man nit gebürt mit umbzûgon, denselben frowen sol sie getruwelichen und fliszlichen rat thun, wie sie dann des zû jeder zit durch den doctor oder apoteckerknecht underwisen wurt.

Als dann in des doctors ordnunge vergriffen, das kein siecher in den spital genommen oder uszgetriben werden sol, der doctor, schaffener und die meisterin habent die dann zûvor siech oder gesund erkant, denselben artickel sol man dem schaffener und der meisterin in ir ordnunge schriben und sweren lossen dem und allen andern stücken, (die) sie in diser nûwen ordnunge berüren, dapferlichen nochzûkommen und volnziehen, ouch dem doctor, dem apoteckerknecht und der bestalten frowen in allen iren anligenden sachen beholfen und beroten zû sin, getruwelich und ungeverlich.

Als ouch durch fromme lût uf etliche tag sundere spise und geköches,. glich durchûsz allen siechen zû geben, gestiftet und gemacht sint, und aber dieselben den armen siechen so der doctor under siner cure het gantz wider und villicht ir gift oder todt were, so sol fürter soliche spise denselben siechen nit gegeben werden one rat oder geheisz des doctors; doch sol dis die andern siechen, die keiner artzney not sint, nit angon, sunder sollent inen solche stiftungen gehalten werden.

Es sol ouch kein gesinde oder sunst yemans, wer der were, deheinem siechen nützit geben, es sy grosz oder clein, essen oder drincken, das ime der artzet verboten het, by verlierung sins diensts; were aber das ein siech eigen gelt hett und ime begert etwas lûstigs, dotzû er ein anmût hett, zû koufen, das sol ouch nit gescheen, es sy inen dann durch den doctor erloubt, uf das sie sich domit nit selbs verkürtzen oder in grösser kranckheit bringen.

# Kleider-Ordnung.

## 14. Jahrhundert.

Stadtordnungen, vol. 21, fol. 68.

Item daz man deheinen rog noch wambesch kürtzer tragen sol danne ein vierteil einre eln obewendig der knieschiben, so sie hie in der stat gänt, doch so sie riten wellent, so mügent sie riten in reisigen wambeschen wie sie wellent, also doch, wenne sie wider in die stat koment so süllent sie wambesch und röcke tragen als da vor ist bescheiden; und sol man daz gebieten bi fünf pfunden, und süllent ez schöffel und rat rûgen und ein schöffel dem andern und ein rat dem andern.

Item daz keine frowe, were die ist, hinnanfürme sich nit me schürtzen sol mit iren brüsten, weder mit hemeden noch gebrisen, röcken noch mit keinre ander gevengnûsze, und daz ouch kein frowe sich nit me verwe oder löcke von totenhar anhencken sûlle und sunderliche das houptloch sol sin daz man ir die brüste nit gesehen müge, wenne die houptlöcher untze an die angonden ahseln sullent sin, bi v lib. pfennige.

Es soll ouch keine frowe, wer die ist, keinen rog tragen der me kostete denne xxx florin oder darunder, ouch bi v lib. Und sol ouch keine lantfrowe in dirre stat zû dem tantze oder sus keinen rog tragen der me koste danne xxx florin, und welhe ez darüber dete, welre unsere burgere die lantfrowe enthielte oder über naht, der beszert für sie ouch fünf pfunde, ez werent danne frye frowen, die sol das gebot nit angän.

Es sol ouch keine frowe keinen kürtzer mantel noch knabenmentel tragen danne ein viertel einre elen obe den knuwen angonde, lenger mügent sie sie wol tragen; welhe das brichet die beszert v lib.

Item sie duhte ouch gût sin daz nieman keinen schuch mit snebeln me trage lenger denne über einen zwerchtumen, und wer das brichet der beszert xxx β; doch also, welre riten wil, der mag füren sine stifollen wie er wil; und sol ouch kein schûchsûter weder unsern burgern noch in daz lant lenger snebel machen denne über einen twerch tumen, und welre das brichet der bessert ouch xxv β.

## Verordnung gegen unzüchtige Kleidung.

**1493.**

Stadtordnungen, vol. 2, fol. 128.

Als sich jetz begit das ettlich mannespersonen, die gotsvorht nit habent, unerbere schampere cleyder tragent, die oben tief uszgesnitten sind bisz uf die schultern, oder unden so kurtz das sie ime vornan und hinden sin schame nit bedecken mögen, mit anderer schentlicher ungestalt, das doch in erberer personen ougen lesterlich zû sehen und nit zû liden ist, darumb so habent unser herren meister und rät und die XXI erkant, das menglich sollicher cleyder in diser stat nit me tragen sol, und das ein jeglicher sol sin cleydung, es sy rock oder mantel, zûrihten zû machen das die zûm mynesten ein halb vierteil gange für sin schame und obenuf ouch bedecke noch zymlicher gebüre; und wer hiewider tete, den wil man darumb strofen ye nach gestalt der sachen, und sollichs nyemans übersehen noch faren lossen.

Actum feria sexta post Udalrici, anno 1493. (5. Juli.)

Proclamatum eodem die uf der pfaltzen.

# Kloster-Ordnungen.

## Verbot Klostergüter zu verkaufen.

**1367.**

Stadtordnungen, vol. 29, fol. 1.

Unser herren etc. Daz denhein closter under den frövwen clöstern, die by uns gelegen sind, denheinen kouf, ez sient stände koufe, precarien oder lipgedinge von irre clöster wegen tůn, noch verköfen noch kein gůt nieman zů einem erbe lihen, ez sient ligende gůter, hüser oder höfe, ān willen und wiszende der pfleger, die jeglichem closter under in zů pflegern geben sint oder geben werdent von meister und rat zů Strazburg; doch wo es geschehen were vor dirre satzunge, daz sol in sinen kreften bliben. Wol mag ein jeglich capitel derselben clöster einem ganzen capitel ein gůt verlihen ɪx jar und nit me on irre pflegere willen. Also wurdent die closterfröwen in irem capitel umbe söliche lihunge stöszig und daz sie ir nit einhellekliche überein koment, so süllent sie ez iren pflegern vürbringen, und waz die danne damit tůnt, daz sol einen vürgang haben.

Feria quarta ante Valentini 1367. (10. Februar.)

## Verordnung betreffend die Mitgift von Witwen und Jungfrauen die sich dem Klosterleben widmen.

**1471.**

Stadtordnungen, vol. 28, fol. 104.

Hans Sturm, Reinbolt Museler, Marx Kerling, Steffan Wingersheim, Claus Renner.

Als jungfröwen und witwen bishar grosz giften und gaben hinweg geben habent, ouch etliche mit allem irem gût in clôster gangen sint und iren erben, die inen etwan vast nohe gewant gewesen sint, ir gût enpfürt, ouch clôstere etwan richer lûte kinde an sich gezogen und in ir clôster broht habent, do versehelich ist das sie darinne me angesehen habent ir gût dann die persone, dodurch die nehsten erben enterbt worden sint, des für die rete und XXI clegde kommen ist so vil das sie solichs fürbasz den XV, me dann einst, enpfolhen habent zû bedencken; daruf und ouch nochdem dodurch der stat an irem dienst hengst und pferde ziehen swerlich abgangen ist und fürter abegän mag, umb das dann solichs mit zymmlichen mittel versehen werde, und sie ouch basz werde versorget, so ist gerotslaget dem nochzûgon als hienoch geschriben stot, und solich rotslage broht für unser herren meister und rat, schöffel und ammann: die haben nu erkant das man alle jungfröwen und witwen die eigen gût habent, hengst, pferde oder halbe pferde, der stett von irem gût ziehent, fürbasz vögten sol mit redelichen mannespersonen, iren gebornen fründen, die nit ir erben sint; und obe es were das under solichen iren fründen nyemans were der dozû were geschicket, so sollent meister und rät inen vögte geben usz den reten oder XXI, domitte sie versorget sint; und sollent dann dieselben vögte sweren solichen jungfröwen oder fröwen das beste und vegeste zû tûnde, so ferre sie könnent oder mögent, getruwelich und ungeverlich, alles noch besage der ordenunge von vögten in der stat bûch begriffen; und sollent dieselben jungfröwen und witwen nit maht haben irs gûts ützit hinweg zû geben, zû versetzen oder zû verkoufen one ir vögte, die inen also geben werdent, und ir nehsten fründe wissen und willen, und daruf sollent ouch ir briefe über eigen und erbe sagende, mit irs vögts wissen und willen, an ein gemeyn hant geleit werden; und obe inen ützit abgeloset wurde, so soll semmlich gelt widerumb angeleit und bewant werden an andere zinse und eigen, doch das sie die nûtze von iren gütern, zinsen und gülten bruchen mögent und domit tûn und lossen noch irem willen.

Und were das eine soliche jungfröwe oder witwe darüber des iren ützit hinweg gebe oder ützit versetzete oder verkoufte, es were uf widerlosung oder zû eigen, oder sich sust ützit verschribe oder verbinde one irs vogts wissen und willen, das alles sol kein kraft noch maht haben und sie und ir erben nit binden, in deheinen weg; was schulden sie ouch machent one irs vogts wissen und willen, dofür sol man nützit geben.

Were ouch das einer jungfröwe oder witwe an liebesnarunge abeginge und sie meynte das ir ein vogt darinne zû hert were, das mag sie bringen an die rete und XXI, und nochdeme die dieselbe persone und ouch den vogt gegeneinander verhörent, was sie dann darinne erkennent, dem sol dann nochgangen werden.

Es sol ouch dehein vogt umb dehein persone deren vogt er ist des iren nützit koufen zû eigen oder ablosunge oder sust an sich ziehen durch sich oder yeman anders, dodurch es ime oder den sinen werden möhte, by sinem eide.

Were aber das ein jungfröwe oder witwe begerte in ein closter zû kommen, dem almehtigen got in eim geistlichen leben zû dienen, das sol man lossen gescheen und ir ir gût, ligendes und farendes, lossen volgen in das closter, zû nyessen iren lebetagen, doch das die briefe über eige und erbe sagende blibent ligen in gemeyner hant, und das von irem gût der stat hengste und pferde gezogen werdent, noch besage der ordenunge; und wann ein solich persone von tode abegät, so sol von irem gût dem closter werden so vil als noch irem alten harkommen gewönlich umb ein pfründe geben worden ist, doch nit über 100 lib. δ, und sol das überige gût alles, es sy ligendes oder farendes, iren erben haruszer werden und fallen; und daruf sol ouch ein vogt, wann ein solich persone in ein closter kompt, verschriben alles das das ein solich persone in das closter bringet, ligendes und farendes, das man harnoch, so das zû falle kompt, wissen möge was das alles gewesen sy, das den erben werde das inen zûgehört.

Und ob es were das ein jungfröwe oder fröwe ir burgreht ufgebe und hinweg züge und donoch, über kurtz oder lange, in der clöster eins in diser stat oder burgbanne gelegen keme, so sol es gehalten werden mit irem gût, dem closter zû werden und den erben zû fallen, wie dovor stät, glicher wise als obe sie hie in der stat burgerin oder seshaft gewesen were, und sol sie das ufgeben irs burgrehten daran nit schirmen.

Demnoch habent die rete und XXI erkant, das man drie redelich mann ordenen sol, die solich jungfröwen und witwen für sich besenden sollent und ouch die mannspersonen so sie beduncket touglich zû vögten sin, und dieselben vögte donoch heissen für die rete gon und sweren noch besage der ordenunge; und wolt inen des jeman ungehorsam sin, so sollent sie denselben lossen gebieten für die rete, was dann die umb solich ungehorsamkeit erkennent, dem sol dann ouch nochgangen werden; und daruf sint geordent herr Jacob Ammelung, Peter Rebstock und Marx Kerling; also wann sich etwan mahte das sie nit alle drie deshalp by einander sin möhtent, so sollent doch die überigen zwen das beste tûn, domit die sache nit stille stonde sonder gefertiget werde als sich gebürt.

Actum feria tertia ante beati Jacobi, apostoli. Anno 1471. (23. Juli.)

Unser herren meister und rete und die XXI habent dis rotslagen gehört und erkant für die schœffel.

Actum feria sexta vigilia beatorum Petri et Pauli, apostolorum. Anno 1471. (28. Juni.)

Die schœffel habent erkant deme rotslahe nochzûgon und den reten und XXI empfolhen zûm tagen.

Actum feria quinta post Margarete 1471. (18. Juli.)

---

## Verbot die Klöster zu besuchen.

### 1480.

Stadtordnungen, vol. 2, fol. 105.

Dem allmechtigen got, siner wûrdigen mûter Marien und allen lieben heiligen zû lobe und zû eren habent unser herren meister und rät geordent, das fürbas keyn mannesnam in dehein frowencloster, in unser stat oder burgbanne gelegen, gän sol one urlop eines stettmeisters, der dann rihtet, oder eines ammeisters; und welich mannesperson darüber in ein frowencloster ginge oder wie er darin keme, und das meister und rat fürkompt, ist er der stat gewant, so sol er der stat bessern 5 lib, ₰; ist er aber geistlich oder unserm gnedigen von Strässburg gewant, so sol man zû frischer getat ine in siner gnaden kercker tûn leigen, darumb doselbs zû bessern und zû strofen, uf das sich ander daran stossen solich gross frevelsünde in geistlichen frowenclöstern nit me ze triben.

Wer ouch so frevel oder so verrucht were, das er in ein closter stige oder in der closter inner garten oder muren, es sy zů eym tach oder zů der tůren in oder wie er mit frevel darin kompt, ist er der stat gewant, so sol er der stat bessern 20 lib. δ, ist er aber geistlich oder unserm herren von Strässburg gewant, so sol er ouch in den kercker geantwort werden, in unsers gnedigen herren von Strässburg strof.

Wer aber von mannesnamen an eym frowencloster venster geschen wurde, der bessert 2 lib. δ.

Desglich wo ein frowenperson in manncloster geet, spontzerye darinne zů triben, die sol ouch bessern 2 lib. δ so dick das geschee; und welhe frowe des gelts nit bar zů geben hette, die sol man stracks in den turn leigen, und mit wasser und brot darinne gehalten werden, in nochgemelter mossen, so lange bitz das der stat die 2 lib. δ geben werden von den iren; were aber das sie armůt halb gantz nit hette, so sollen die rete erkennen wie man sie fürbas sol strofen, es sy in das halsisen zů stellen oder die stat zů verbieten. Wä ouch ein weltlich mann so arm were das er solich obgemelt geltbesserunge nit hette bar zů geben, den sol man in den turn leigen und darinne nit anders geben zů essen und zů trincken dann brot und wasser, so lange untz uf der rete und XXI erkenntnisse; und welicher turnhůter ime darüber anders zů essen und zů trincken gebe, in welichen weg das were, der sol als ein meyneidiger des turns und aller ander ampt entsetzt werden.

Doch so sint harinne usgenommen derselben closter pflegere und schaffener; die mögent wol durch nutz oder notdurft der clöstere in die clöstere gän darinne sie dann pflegere oder schaffner sint, und ouch der clöstere wercklůt, der sie zů iren wercken bedörfen, und ouch ein vater zů sinem kinde, und ein brůder zů siner swester.

Doch were das einer oder me mit einer closterfrowen zů tůn hette oder gewynne in spontzierens wise, der oder die bessern ouch 5 lib. δ.

Wer ouch das der geteter einer oder me, er were hohe oder nyder, der dis verbreche, entpflühe, dem oder den sol man nyemer keyn geleit noch trostunge geben, er habe es dann vor abgetragen, daran meister und rat und die XXI benüget, mit ewiger verbüntnisse, noch irem erkennen.

Und sol dise ordenunge gegen den gesten oder den die nit burger sint gehalten werden glicher wise als gegen den burgern.

Es sollent ouch die ratsboten, die ammeistersknecht, die turnhüter, der dryerknecht ouch der sübenerknecht, by iren eiden, verbunden sin, one verzogk semmlichs, wer es verbreche, zů rügen den reten; die sollent es dann, by iren eiden, in gemelter mossen bessern und schaffen gebessert werden unverzögelich; und wo sie das ouch nit teten, so sollent es die XV, by iren eiden, als ein bruch fürderlich rehtvertigen, uf das es nit ungestrafet blibe. Ouch so sol den knechten von der besserunge so gegeben wurt noch iren rügen werden 5 ß ₰ von jeder personen die gerüget wurt, nemlich dem oder den die es rügent.

Dis gebot ist durch her Friderich Bock, ritter, den stettmeister und Marx Kerling uf der pfaltzen gescheen, sabato post Dionisii. Anno 1480. (14. Oktober.)

# Knecht-Ordnung.

**1465.**

**Stadtordnungen, vol. 2, fol. 58.**

Es sollent alle dienstknechte, sü syent reisig oder antwerck knechte, und alle die nit burger zů Strassburg sint, nachtes in unser stat nit after wege gon, zů summerzit, nemlich von ostern untz sant Michels tag, nochdem und die glocke zehen geslagen hat, und zů winterzit von sant Michels tag untz ostern, so die glocke nün geslagen hat, es were dann das eyner in syner herschaft oder meisterschaft dienst oder botschaft ginge, und der sol haben ein bůrnen licht in siner hant, als ein fackel, ein schoup oder kertzlicht, und wer anders after wege funden würde, der bessert drissig schilling pfennige, und wer des geltz nit hat, der sol vier wochen dofür im thurne ligen, und dem nit anders geben werden dann wasser und brot.

Es sollent ouch alle dienstknechte und ander, die nit burger zů Strassburg sint, hynnan fürter, nemlich zů summer von ostern untz sant Michels tag, noch zehenen und zů winterzit, von sant Michels tag untz ostern, noch nünen in keins würtes huss noch andern gelehenten hüsern, tafernen oder garten nit zeren noch zůsammen kommen after der obgenanten zit, und wer das verbreche, der bessert drissig schilling pfennige.

Es söllent ouch alle würte und die solich hüser habent nit verhangen noch gestatten das solichs geschee, und welicher das verhengette oder sich widerte ammeisters knechte, heymlich hůte oder scharwaht in zů lossen, solichs zů erfaren oder zů sůchen, der bessert fünf pfunt; doch get dis nit an herren, ritter, knechte, kouflůte, bilgerin, das erlich, redelich lůt sin.

Es söllent ouch hynnan fürter me dehein antwerck meister noch knechte sich zůsammen verbinden, vereynen noch verheften, noch dhein büntnisse machen, noch dheinerley gebot noch verbot under inen me haben, one urlop und erloubung meister und ratz.

Und daruf söllent hynnan fürter alle dienende knecht, sü dienent rittern, knechten oder bürgern, über die man zů gebieten hat, und ouch alle antwerck knechte so in diser stat dienent, globen und sweren meister und rat gehorsam zů sin, ire nutz und ere zů fürdern und zû werben, iren schaden zû warnen und zû wenden noch irem besten vermögen, getrûwelich und one alle geverde, als lang sü in diser stat dienen und wonen sint. Und were es sache das sü in derselben zit mit gemeyner stat oder meister und rat, iren burgern oder den iren ützit zû schaffen oder sü ützit anzûsprechen hettent oder gewönnent, umb sachen die sich in der zit machtent wile sü in unser stat wonhaftig und dienende gewesen werent, das sü darumb recht geben und nemen söllent und wellent vor meister und rat oder do sü das hinwisent, und niergent anderswo, und was inen doselbs gesprochen und erkant wurt, sol sü wol benügen und das halten und volleziehen, ungeverlich.

Es söllent ouch alle antwerck knechte und ander dienende knechte, wer die sint, hynnan fürter keyn trinckstûbe oder gedingete hüser, garten noch keyn gemein gesellschaft me haben darinne sü zûsamen gont, es sy zeren oder sust, in keynen weg, ungeverlich.

Es söllent ouch die antwerck knechte hynnan fürter den meistern irs antwercks keynen knecht verbieten, umb keynerley sache, noch keynen knecht me vertrincken, dann hat eyn knecht mit eynem synem meister oder meisterschaft oder andern knechten ützit zû tûn oder zû schaffen oder sü ützit anzûsprechen, das sol er ustragen vor der meisterschaft sins antwercks und niergent anderswo, und halten was von den erkant wurt; es were dann das es soliche sachen werent, das die meisterschaft dieselbe sache furer wisent für rat oder gericht in unser stat oder in gezoges wise für sü gezogen wurt; do sol es dann zû ustrag kommen und mit recht usgetragen werden, und söllent ouch beide teil vollefüren was do gesprochen wurt; und sol ouch ein jeglicher meister der also knechte empfohet soliche knechte zû eyns jeglichen antwercks meister bringen, in den nehsten acht tagen so er in empfangen hat, und sol dann des antwercks meister eynen usser irem gericht zû im nemen und solichen eidt von dem knecht empfohen, und sol ouch jeglichs antwerck ein bûchelin hinder sich haben do sü soliche knechte die also gesworn hant inschribent; und welicher meister darüber eynen knecht also hielte oder satzte und zû arbeiten ufneme, der sol noch den aht tagen alle tage (in) fünf schilling pfennige verfallen sin.

Sie mögent ouch uf yeden nehsten sonnentag noch jeglicher fronvasten gebot haben von irer kertzen wegen, doch söllent sü solich gebot nit haben, sü habent dann das vor eynem zunftmeister verkündet; der sol dann eynen oder zwen des antwercks daran dieselben knecht dienent, und die do meister sint, darzů ordenen und schicken doby zů sin.

Es söllent ouch die antwerck knechte ir lychenbegengnisse tůn uf firtag und nit uf wercktage.

Es sol ouch hynnan fürter kein antwerck knecht ouch ander dienende knechte kein swert noch kein langmesser noch keinen tegen, weder kurtz noch lang, ouch dhein ander gewere, sonder in diser stat und in disem burgbanne, nit anders dann sleht brotmesser oder gewönlich scheydemesser, do eyns mit dem hefte und mit der lomelle nit über eyner spannen lang sy, tragen, weder by tag noch by nacht, weder zů pfingsten oder in der messen, noch zů deheinen andern ziten; und welicher knecht das darüber dete, der sol bessern zehen schilling pfennige, und wer die nit hat zů geben und das zů got und den heiligen sweret, der sol von der stat sin, eyn halb jore, ein myle, und sol weder meister, ammeister noch nyemans maht haben ime harin zů erlouben. Doch were das eyner ungeverlich uf das lant wolt gon, der mag sin gewere wol tragen also, wann er herheim kompt, das er dann solich gewer fürderlich wider hynlege, ungerverlich, by derselben penen.

Es söllent ouch nit über drije dienstknechte noch antwerckknechte dhein glich kůgelhůt, röcke, hosen noch ander zeichen mit einander tragen, ungeverlich.

Und welicher knecht sich wider die vorgeschriben stück, puncten und artickele satzte und dem nit nochgon wolte, den söllent alle ander meister nit ufnemen zů knechte oder sü weder husen noch hofen, als ferre inen das verkündet wurt; und welicher meister das verbreche, der bessert vier guldin.

Was ouch besserunge der vorgeschriben stücke und puncten halb vallent, sollent halbs unser stat werden und vallen und das ander halb dem antwerck.

Es söllent ouch hynnan fürter me dhein stette in diser ordenunge begriffen dise vorgenanten puncten und artickele nit abelossen noch ändern, in dheinen weg, one der andern stette wissen, ungeverlich.

Anno 1465 dominica ante Sixti (4. August) wart dise obgeschriben knecht ordenunge uf dem lettener geboten, und ouch allen antwercken geschriben geben nnd etlichen stetten verkündet.

# Kornkäufer-Ordnung.

**15. Jahrhundert.**

Stadtordnungen, vol. 13, fol. 70.

Unser herren meister und rat sint ouch überein kommen das die kornkoufer wol mögent ire kornhüser mengelichem lihen, er sie burger oder lantman, uszgenommen unsern ingesessen burgern; doch also, was kornes oder getregedes hinder sie geschüttet wurt, das sullent sie noch nieman anders verkoufen, es sie danne ee vier gantze wůchen hinder in gelegen.

Es sol ouch dehein kornkoufer uf das korn das man also hinder in schütten wil oder hinder in geschüttet wurt, von sinen oder von nieman anders wegen, dehein gelt lihen noch schafen geluhen werden, und sol es ouch nit koufen ime selber noch nieman anders, er noch nieman von sinen wegen.

Wer ouch von unsern burgern zů eime kornkoufer kommet und in froget obe sin leheman den er ime denne nennet dehein korn hinder ime habe, hette er danne sines kornes hinder ime, das sol er unszme burger, by sime eide, sagen.

Was kornes ouch harin zů merckete broht wurt, es sie über lant oder uf dem wasser, in secken, das das nieman höher steigen sol wanne man erstes koufes kouft het; und sol ouch kein unser burger, ouch nieman der in unser stette burgban sitzet uf kein korn lihen, und sol ouch nieman dem andern sin korn verkoufen, der verkoufer oder sin gedinget gesinde, das sin můsz und sin brot isset, sy dann zůgegen. Was kornes man ouch in secken uf dem wasser har bringet zů merckete, als do vorgeschriben stat, das sol man ouch alles uf den Holwig tragen zů ofenem merckete, und sol es nit in die hůser setzen.

Es sol ouch kein kornkoufer, es sie frowe oder man, noch nieman von iren wegen, keinre hande korn noch habern in selber koufen noch verkoufen uf merschetzen, noch mit nieman teil oder gemein daran haben, in keinen weg, uszgenommen die zůr wannen verkoufen, die sol diser artickel nit angon, und ist in ouch gegunnet das sie wol jedermanne mögent korn helfen koufen und verkoufen, doch also das sie nieman daruf wisen süllent das er sin korn hohe oder nohe gebe oder das er es zů einre zit vürbasz (eher) verkoufe danne zů der andern; doch sol dis unser ingessen burger nit angon; und wer anders dete danne do vor geschriben stot, der bessert 10 lib.; und sol man ouch hůte darüber setzen, viere von den brotbeckern und viere von den kornkoufern, und süllent es ouch meister und rat rügen, rihten und reht vertragen wie es in vorkommet und noch hörsagen.

Wer ouch ful korn oder wibelessig korn under gůt korn schüttet und es menckelt, oder das ful korn under das wibelessig korn sunder schüttete und es doch mit einander verkoufet in eime sacke, dem sol man griffen an sinen lip und an sin gůt; und ensol sich ouch der nit entschuldigen das er spreche sin wip oder sin gesinde hette es geton one sine wissende, wannde er sol sin kornhus also bewarn das er nit ze schaden komme.

Es ensol ouch dehein kornkoufer noch brotbecker noch nieman anders deheinen sack enbinden vor prime; wer das brichet, der git 30 β ₰.

---

## Verbot des Aufkaufens von Korn.

**1446.**

Stadtordnungen, vol. 1, fol. 6.

Als untzhar bescheen ist das die kornkoufer weissen, rocken, gerste, habern und ander getregde so man uf den merckt gefürt haben wolte, inen selbs verfangen, gekouft und in ire hüsere gestalt und das darnach wider verkouft habent, do sie doch underkoufere über solichs sient und jederman das sine selbs verkouft gelassen haben soltent, do sollent alle kornkoufere und kornkouferin sweren solichs nit me ze tůnde; dann sie sollent ein jeglichen sin getregde, es sye weissen, rocken, gerste, habern, bonen, erbbeissen, linsen magesot, senf, nusse und alle andere getregde, nützit usgenommen, lassen zů merckete fůren zů verkoufen und slehtlich ir messegelt davon nemen, und sollent ouch niemand, der getregde harin zû merckete bringt, keinen merckt machen, weder hohe noch nohe, sunder sie mit iren koufen uf dem merckete selbs lassen umbgon, und darin nit reden noch anewisung denen geben wie man sich darinne halten sol.

Sie sollent ouch niemand roten sin korn oder getregde in ire hüsere oder hinder sie gehalten, ze stellen oder ufzeschütten, uf das sie inen in iren hüsern me lösen woltent dann uf dem merckete. Wer es ouch das deheinreleye getregde hinder gesetzt oder geschüttet wurde, oder sust von jemand bevolhen sin getregde zû verkoufen, so sollent sie jeglich getregde in einre schüsseln ze merckete tragen und zougen, als das von alter har kommen ist.

Sie sollent ouch niemand deheinreley getregde koufen noch verfürworten, es sye dann der koufer oder sin gewisser nachbote zûgegen; und sollent ouch alle die sich des messens, des sesters und underkoufes begont, dis verbunden sin ze halten in diser stat und burgbann; doch sol dis die andern die sich des nit begont nit anegon, dann sie mögent koufen oder verkoufen als andere unsere burgere.

Sie sollent ouch, by iren eiden, noch niemand von iren wegen, kein korn noch getregde messen, er habe dann vor und ee die messeworzeichen von den ungeltern die darzû gehörent, nemlich von jedem vierteil sin worzeichen; und sol ouch ein jeglicher kornkoufer die messeworzeigen am selben tage so er das korn oder getregde gemisset, oder am nehsten tage darnach, one verzogk, den ungeltern an das ungelt bringen; doch so mögent sie den brotbeckern, die alhie gesessen sint, wol weissen und rocken messen one worzeichen, dann sie allewegen an dem ungelt den zolle zû dem malegelt geben müssent.

Was kornes oder getregdes ouch ze merckete harkommet und das man das insetzen wolt, do sollent die kornkoufere, by iren eiden, kein korn noch getregde hinder sich lossen setzen, sie habent dann vor und ee von den ungeltern die insatzzeichen die darzû gehörent; und was kornes oder getregdes sie also verkoufent, das hinder sie gesetzt wurt, da sollent sie die worzeichen by der tagezit oder am nehsten tage darnach, und nit lenger, den ungeltern wider an das ungelt bringen, usgenomen den brotbeckern, den sollent sie die insatzzeichen zû dem korn geben, uf das sich die ungelter wissent darnach ze rihten.

Es sol ouch kein kornkoufer keiner hande getregde koufen das hinder in gesetzt oder geschüttet wurt, der verkoufer oder sin gewisser nachbote sye dann ze gegene.

Wer ouch der were der fůl korn oder wibelesig korn under gůt korn schüttet und es also under einander menckelt, oder das fůlkorn und das wibelesig korn sunder schüttet und es darnach mit einander verkoufet in eim sack, den sol man an libe und gůt strofen, der geschihte nach, und ensol sich der ouch nit entschuldigen, das er spreche sin wib oder sin kinde hette es geton one sinen wissen, wann er sol sin korn und kornhus also versorgen das im kein schade davon komme.

Es ensol ouch kein kornkoufer, es sient frowen oder manne, noch niemand von iren wegen, kein korn oder ander getregde messen oder underkouf damit triben, er habe dann vor und ee gesworen dise vor und nachgeschriben ordenung; und wer das darüber tete, es werent frowen oder manne, der korn oder getregde misse oder underkouf domit tribe ee er soliche ordenunge gesworn hette, der bessert zehen pfunt pfenninge, und der so vil geltes nit enhette, zů des libe sol man das rihten; und sol ouch das gerihte kornkoufer-antwerks keinen an ir antwerck empfahen, er habe dann vor und ee dise ordenunge gesworen, und sol ouch je ein gerihte dem andern das in den eid geben.

Und sollent ouch der kornlůte büttel sweren, vor irem gerihte ze rügen und fürzebringen den ungeltern alle die das antwerck der kornkoufer tribent und die nit mit inen dienent, und ouch die fürzebringen die nit gesworn hant, ouch die das ungelt nit gebent.

Was kornes oder getregdes in den clöstern verkouft wurt, als vor stat, das sol niemand messen dann ein gesworner kornkoufer, sidt doch die kornkoufere ein antwerck sint den solchs zůgehört und sie die geswornen messer darüber hant mit inen dienen, so geschiht ouch der stat an iren zollen das ir bescheen sol; doch was getregdes sie selbs essen wellent in jedem closter, das mögent sie selbs wol messen one worzeichen.

Es sol ouch niemand in diser stat noch burgbann noch in der halben mylen niemand der korn oder getregde alhar zů mercket fůren wil, es sy uf wägen, karrichen oder in schiffen, hingegen loufen, riten oder gon, soliche früchte underston abezůkoufen noch deheinre hande fürwort mit inen tůn das sich zů koufe triffet, sunder man sol mennglichen mit siner frucht und getregde uf den veilen merckt lossen faren und niergent aderswo hin; wer das verbreche, der bessert fünf pfunt pfennige, als dick das geschiht.

Was getregdes man ouch in secken uf dem wasser harbringet zů merckete, das sol man alles uf den Hollewig tragen oder fůren zů offenem merckete; wer das verbreche, bessert 30 β δ, als dicke das beschee.

Und wer also korn oder getregde uf dem merckete koufet, der sol dem zoller die worzeichen davon geben ee es von dem merckete kommet; wer das brichet, den sol man darumb strofen der geschihte noch.

Es sol ouch niemand deheinerley getregde uf dem merckete höher koufen dann man im es bütet; und was getregde uf dem merckete uf einen tag gekouft wurt, dieselbe getregde sol niemand desselben tages uf demselben merckete wider verkoufen uf merschatz, durch das kein ufslag deshalb entstande.

Es sol ouch nieman dehein getregde uf den mercket schicken und es selbs oder durch sin nachboten wider koufen; wer das brichet, den sol man strofen der geschihte noch; und ist das darumb, das wol bescheen ist, das einer sin eigen korn höher nam dann des merckete louf war, dadurch er sin korn uf sinem kornhuse, oder wo er es dann hette, deste dürer verkoufen möhte, das alles wider die mennige war.

Es sollent ouch alle kornkoufer und kornkouferin, die sich des messens und underkoufs begont, by iren eiden, fůrbringen und sagen den ungeltern wo und von wem sie erfindent das soliche stücke ir je eins oder me in diser ordenunge begriffen überfaren und nit gehalten wurt.

Wann und welhe zit ouch den ungeltern solichs fůrkompt, ir eim oder me, so söllent sie by der tagezit oder am andern tage darnach ungeverlich gon für meister und rat, und inen solichen brůch verkinden und sagen; die sollent dann soliche personen strofen und bessern der geschihte nach; verswigent aber die ungelter solichs, nachdem inen das verkündet oder geseit wurt, wann das den fünfzehen fůrkompt, so söllent sie die ungelter fůr hant nemen als sich das gebůrt.

Diser ordenunge sind drige glich : eine hinder der stat, die andere ist den ungeltern bevolhen, die dirte ist den kornkoufern worden.

Actum sabato ante Valentini, episcopi. Anno 1446. (12. Februar.)

# Kræmer-Ordnung.

**1470.**

Stadtordnungen, vol. 2, fol. 73.

Nochdem die strengen, fürsichtigen, wisen meister und rat, unser lieben herren, den kremern bevolhen habent ein rotslagen ze tůnde und ordenung zů machen das dehein falsch mit spetzerige und gestossener wurtzen getriben werde in diser stat Strasburg, so habent die kremer dis rotslagen und ordenung gesetzt also harnoch volget, uf verbesserung unser herren vorgenant; und wir bittent sie doran zů synde das es in andern stetten hie by gelegen ouch also gehalten werde, oder wir möchten vor inen nützit verkoufen:

Zům ersten sol man under den kremern alle jor VI erber manne kiesen, vier zům grossen Spiegel und zwene zům cleinen Spiegel[1], die söllent das jor, by iren eiden, der ordenung nochgon.

Item zwen oder drye von denselben söllent gon, als dicke sie not beduncket sin, von gaden zů gaden, frömbden und heymschen, und ire wurtz besehen, und was sie argwenig beduncket strafen also harnoch volget.

Item man sol alle koufmanschaft das in kremerige gehört jeglich stück geben dofür es an im selbs ist; wer das nit endete, der sol das bessern noch herkentnisz der obgemelten personen, die darüber gesetzt sint; und was besserung gefellet von aller stůck wegen in diser ordenung begriffen, sol halber der stat vallen, das ander in der kremer hantwergsbůchse.

Item es söllent ouch alle der kremer underkoůfer sweren, was inen also valsches oder böses gůtes fürkompt oder gewar werdent, das

[1] Die Zunft der Kræmer versammelte sich auf der Zunftstube zum *Spiegel*. Der *grosse* Spiegel befand sich in der Schmidt- oder Schlossergasse, der *kleine* oder *junge* Spiegel an der Ecke der Freiburgergasse und Langen Strasse. (Siehe Schmidt, Gassen- und Häusernamen, S. 134, 157.)

söllent sie den meistern und dem gericht fürbringen, es sy wurtz oder ander pfenningwert die zů kremerige gehört.

Item es sol ouch kein frömder in diser stat kein gestossen wurtz veil haben, sie sy denne gemacht noch der nochgeschriben ordenung; were aber das sie jemant veil hette, die do nit noch der ordenung were, den sol man heissen inlegen; wolte er das nit tůn, so sol man es im nemen und sol sie meister und rat antwurten; ist aber die wurtz noch der ordenung gemacht, so mag sie ein jeglicher frömder wol drye tage veil haben, als verre das er globe, als wol als die heimschen, das die wurtz sy noch der ordenung.

Item wer es das jemant wilden saferon oder sandryen holtz oder stoup oder gebrant brot oder ryss oder anders das valsch ist in die wurtz dete, wo sich das vynde in diser stat oder burgbanne, der sol das bessern noch herkentniss deren die dorüber gesetzt sint, und sol man die wurtz verbůrnen.

Item es sol ouch dehein kremer dehein schiessenwoge haben; so dicke sich das hervyndet das ir deheiner soliche wogen hünder im hette oder sich der gebruchte, so dick sol er 30 ß δ bessern; und söllent die halben der stat werden und die halben dem antwerg, und söllent ouch die sechs, by iren eiden, daruf warnemen und darnoch stellen, so dick sie ervyndent das deheinre das verbreche, das sie das strofen und die besserung niemans varen lossen.

Item es söllent ouch alle kremer ir gewicht, alle jor, dem hůter fürbringen, das er es seige, und söllent ouch dehein ander gewicht hünder inen haben domit koufen oder verkoufen, geben oder nemen, dann mit geseyetem gewichte; und wer das darüber verbreche, der bessert 30 ß δ, und sol die besserung als vor (getheilt werden); würde aber kuntlich erfunden das jeman under inen missewegen hette und jemant were dem mynder worden were dann sin reht, das söllent die sechs meister und rat fürbringen, und söllent meister und rat das strafen noch dem die geschieht ist.

Doch wer jemant der valsch wurtz oder spetzerige wahr oder derglich hie hette oder harbrechte, das sol gehalten werden als valsch gůt, uf das nyemant domit beschissen oder betrogen werde.

So ist dis die ordenung wie man die wurtz machen sol, und söllent alle kremer und kremerin das globen zů halten und die stücke darin zů tůn die hienoch geschriben stont, als verre man sie haben mag, und bitten ouch unsere herren das sie daran sigent das es in andern stetten hie umb gelegen ouch also gehalten werde.

Item zû eim pfund sûsser wurtzen 13 lot zymmen und 6 lot wihsses ingebers, 4 lot negel und 3 lot beriskörner und 2 lot langen pfeffer und 2 lot nusse und 1 lot galgen und 4 lot saferon von ort, oder dustkan 5 1/2 lot oder belgir 6 lot.

Item zû eim pfund spisewurtz 10 lot pfeffer und 8 lot ingeber und 4 lot negel und 8 lot zymmen und 2 lot nuss und 4 lot saferon von ort, oder dustkan 5 1/2 lot oder belgir 6 lot.

Item und sol man machen die ungeferwete wurtz in aller mossen one den saferon als die geferwete.

Item zû der kremerwurtz die sûsse 18 lot meckin, 6 lot zymmen und 3 lot ingeber und 4 lot nusse und 1 lot negel und 2 lot saferon von ort, oder dustkan 3 lot oder belgir 3 lot.

Item zû der kremer spisewurtz 1 lib. pfeffers und 14 lot meckin und 2 lot nuss und 2 lot saferon von ort, oder dustkan 3 lot oder belgir 3 lot.

Obe aber ein kremer muscatblûte, cabôbel, cardamûmel oder desglichen zû den vorgenanten stücken in sin wurtz tûn wolte, umb das die wurtz besser wurde und er sin kuntlûte deste bas versorgen möchte, das mag er wol tûn, doch also das der vorgenanten stücke jetzliches nit mynner darinne sige dann wie vor stet.

Item es sol ouch nyeman kein wurtz, domit klaret oder lutertrangk gemacht worden, ist under die vorgenant wurtz nit stossen, umb kein sache.

Item es sol ouch hynnan fürder nyemand deheine wurtz me netzen in dem burgbanne, also das man zû Basel und in mee stetten das ouch also halte, wann durch das netzen manig mensch ist betrogen worden; und wer das verbrichet, der sol das bessern noch herkentniss deren die darüber gesetzet sint.

Item und sol nyeman keynen meckin verkoufen für wihssen ingeber, und sol jeglichs verkoufen also es ist.

Item zû wissen das man vil beschisses mit gantzem saferon tribet, wanne man darûnder thût zynnober und wilden saferon und wihs safronblûmen, die sie rot verwent, und gederret fleisch und boumöle und zucker und sust manycherleye; wo sich das finde, der sol das bessern noch herkentniss deren die darüber gesetzt sint.

Item man soll ouch den saferon verkoufen und stossen jeglichen besunder und geben ort für ort, und dustkan und belgir ouch für das er ist, und sol nyeman nit anders darunder müschen; wer das darüber dete, der sol das bessern noch herkentniss der die darüber gesetzt sint.

Item man sol die magewurtz oder trasye machen von ytelin zucker und von gůter sůsser wurtz one meckin und one ammelung und anders das valsch ist.

Item confecte, es sy welicherley es wölle, das sol man machen von ytelin zucker one ammelung und one anders das nit zucker ist.

Rete und XXI habent erkant dis zů halten also das es drien empfolhen sin sol und dis den stetten hierumb verkünden. Sexta post Exaudi 1470. (8. Juni.)

# Küfer-Ordnung.

**1395.**

G. U. P. Lad. 12, Nr. 4.

In gottes namen amen. Allen den sie kunt die disen brief anesehent oder gehörent lesen, das meister und rate zů Strazburg vür kam, zů den ziten do Reinbolt Wetzel meister was, das das antwerg die kůfere etwas gespennig under einander warent von briefe wegen die sie hattent, die zů irme gemeinen antwercke gehörtent: das ein teil meinde daz sie etliche ire briefe halten woltent; so meinde der ander teil man solte an ireme antwercke die andern briefe halten. Und umbe daz sogetane gespenne versehen würdent und kein zertrennen noch unrede under eime solchen antwercke uferstünde, so ertheiletent meister und rat zů Strazburg mit rehtem urteil daz her Claus Berman, der ammanmeister, und die andern alten ammanmeister die kůfermeister soltent für sich besenden und ynen heiszen geben alle die briefe, wie die genant werent, die sie über ir antwerck hettent; und soltent her Claus Berman und die andern alten ammanmeistere die briefe verhören lesen und darnach ordenen und machen usz allen iren briefen in einen brief was die kůfere und ir antwerg gemeinliche hinnan fürder halten soltent und in notdurftig were zů haltende. Also ist zů wiszende, nach deme daz meister und rat die urteil gabent und erteiletent in die wise also vorgeschriben stat, das wir Claus Berman, der ammanmeister, Heinrich Lymer, Cůnrat Armbroster, Heinrich Kranich und Wilhelm Metziger, altammeistere zů Strazburg, habent die vorgenanten kůfere für uns besant, und datent sie ire briefe für uns bringen, die sie ouch brahtent: der briefe was etwie vil, und verhörtent die briefe vor uns lesen, und also wir die verhörtent und ouch ire reht empfunden die sie gar lange bitze har gehalten hettent, so habent wir in alle ire briefe in einen brief gezogen und geordent, umbe daz das es hinnan fürder bi dem briefe und dem rehte soll bliben und nit me darzů geleit soll werden, und ouch darumb daz sie under einander desto früntlicher und fridelicher geleben mügen. Wande wir ietze uf dise zit die kůfere den man sprach huszgenoszen und die kůfere den man sprach gantener gůtlich und liepliche mit einander gerihtet und geslihtet hant: also daz die kůfere die huszgenoszen warent, die kůfere die da gantener warent zů in an ir antwerg genomen hant und in ir stubereht und alle andere ire rehte, die sie under einander haltent, gegeben und gegünnet hant, in sogetaner wise, das hinnan fürder kein gantener me sin soll, denne wer hinnanthin in der stat zů Strazburg ein kůfere wil werden und sin, der soll es koufen und halten wie hie nach geschriben stat:

Zům ersten, wer do in der stat zů Strazburg ein kůfer werden wil und sinen einung von unwen uf wil haben und gewinnen, der soll dem gemeinen antwercke der kůfer drü pfunt pfennige geben für alle stücke und vorderungen, und soll darzů haben sinen gantzen harnesch, und den soll er ouch haben ee das man ime sine reht setzet, und soll domitte haben sin antwerg und stubereht.

Welher kůfer ouch ietze des antwerckes reht het oder hernach gewinnet, lat der ein sun, der an sins vatters stat an sin antwerg tretten wil, der soll geben fünf schilling pfennige umbe sin stubereht und nit me; lat er aber ein dohter, nimmet die ein man der ein kůfer ist oder wil sin und an kůferantwerg tretten wil, der soll ein pfunt pfennige zů stüre haben an deme daz er das kůferantwerg koufen wil. Man sol keime unelichen kinde sin reht setzen anders denne es sin reht gewinnen soll von unwen uf.

Das denne das vorgenant antwerg der kůfer under einander deste frintlicher und deste fridelicher uf irren stuben und anderswo lebent, und deste bas by einander bliben mögent, so ist geordenet, daz die menige des antwerckes der kůfer alle jar under in ein meister kiesen und setzen sollent; dem sol man jares nit me geben von des antwerckes gůte denne zů sante Martinstage ein cappen und ein halb viertel wines, und soll darzů haben den scheidewin von den knehten und die büntnüsze pfennige und anders nit. Sü sollent ouch haben achte manne, die ir gerihte besitzent und zwene schaffener; und soll der eine schaffener sin von den echtewen des gerihtes, und der ander schaffaner soll sin ein uszwendiger des gerihtes, und sullent die achte manne sweren an den heiligen zů rihtende über die stücke die in disem briefe geschriben stont, und ouch gliche zů rihtende und ze tůnde dem armen als dem richen, nieman zů liebe noch zů leide, weder durch miete oder durch mietewon.

Des selben gliche süllent die schaffener ouch sweren das gelt das von gerihte gefellet zů vordernde und in zů gewinnende von dem richen als von dem armen, von eime also von dem andern.

Und süllent die schaffener der beszerungen allewegent zwo gliche geschrift haben, umb daz irme antwercke glich beschehe. Man soll ouch den selben echtewen und den zwen schaffenern jeglichen jares nit me geben denne ein halb vierteil wines und ein cappen. Wanne ouch die echtewe des gerihtes abegant, so süllent sie echtewe andere an ire stat kiesen und zwene schaffener, als vorgeschriben stat; und wer also gekosen wurt, der soll sich sin nit widern, wanne er sol gehorsam sin; und welhe also gekosen und gemaht werdent, die sollent nach dem jare darnoch in den nehesten zwein jaren weder zů meistern, zů echtewen noch schaffenern gekoset oder erwelet werden, in deheinen weg, ane geverde. Der meister und die gesworne süllent ouch zůr wochen nit me denne vier gerihte haben, minre mögent sie wol haben.

Item der kůfere reht:

Wer nidewendig der nuwen brucke[1] köfet bödeme, tugen, reife oder band, oder das zů dem kůferantwercke gehöret, der bessert fünf schillinge pfenninge; ouch soll nieman deheine werunge nemen mit deheinen bödemen, anders denne fünfe für viere vierstückige böedeme, und wer das verbrichet, der bessert zehen schillinge pfenninge für den miszekouf und zehen schillinge für die werunge. Es soll nieman dehein verkosen tuge nemen anders denne zwo für eine, und wer das verbrichet, der bessert fünf schillinge pfenninge. Es soll ouch dehein kůfer deheine tuge noch bödeme in das lant verkoufen; wer das breche, der bessert von iedem wagen ein schilling pfenninge, und von iedem hundert bödeme fůnf schillinge pfenninge. Wer ouch tugen küset, überkommet der mit dem waltmanne, so ist er nieman nit schuldig. Es soll ouch dehein kůfer keime lantmanne me zů koufende geben denne drützehen fůderige bödeme; wer das brichet, der

[1] Die *Neue Brücke* ist die heutige Magdalenenbrücke. (Schmidt, op. cit. S. 51.)

bessert fünf schillinge pfenninge. Man soll ouch keime der do bödeme leit me geben denne von eime hundert bödeme sehs pfenninge, und soll der bödemeleger keinen boden nemen von dem waltmann, der kůfer sie denne gewert. Es soll ouch nieman keime waltmanne kein bödeme noch tugen verkoufen, der waltman sie denne zůgegen; und wer das brichet, der bessert von iedem wagen tugen fünf schillinge, und von eime hundert bödeme zehen schillinge pfenninge. Es soll ouch nieman keime waltmanne kein gelt uf bödeme oder uf tugen lihen die man ufschrencket, und wer das brichet, der bessert ein pfunt pfenninge; und soll man tugen und bödeme kiesen als es von alter harkommen ist. Es soll ouch kein kůfer keinen bodem, tuge, reife noch bant verkoufen an dem Saltzhove, noch anderswo, wenne in sime zinse; wer das brichet, bessert fünf schillinge pfenninge. Man soll halbfůderige tugen kiesen also fůderige tugen, und was lang gnug und verkosen ist, das soll man nemen zwo für eine, und was zů kurtz ist, das soll man nemen also die spinder erkennent, und was zů kurtz ist soll man zů vierlingen machen; und wer das nit endete, der bessert von iedem hundert tugen ein schilling pfenninge und von ieder zarge ein schilling; und soll man die zargen zerfellen, und soll man den halbfůdrigen reif merer machen und nit minner. Es soll ouch dehein burger von Strazburg in der stat zu Strazburg noch in dem bistůme dehein tugen, bödeme noch ander gezüg der zů kůferantwerg gehört uf mereschetzen koufen, es were dann daz ein burger ungeverlich zů sime gewehsse sogetan gezüg koufete, den er zů sime gewehsse bruchte und anders nit. Und süllent ouch dieselben soliche vasze machen mit sogetanen kůfern, die unser antwerg habent, uszgenomen tennin werg, das mag yederman koufen, als das von alter her kommen ist. Man soll grosze vasz machen, und was witer ist denne der fůderig reif, es sie alt oder nuwe, der soll gen von ieder zargen sehs pfenninge; und wer das nit endete, der bessert von ieder zargen fünf schillinge e man den buchreif ansleht. Welher kůfer vasze verkoufet, die er gehebe weren soll, haltet sie der der sie koufet reht als mügelich ist, was der von den vaszen zů lone git zů stopfende und gehebe zů machende untz sante Martins naht, daz ist ime der kůfer schuldig wieder zů gebende und nit me; und wenne daz vasz abe dem ligeringe kommet, daz der afterbodem kommet da der vorder ist, donoch ist man keine werunge me schuldig. Er soll ouch solchen bresten als er denne an den vaszen het vor sante Martins naht künden deme umbe den er die vasze kouft het und eim kůfermeister, und soll ouch der kleger den bresten küntlich machen. Were es ouch daz ieman dehein gerihte darumbe haben wolte, das soll er haben vor den kůfermeistern und vor den kůfer die darzů gehörent, wie es von alter her kommen ist.

Dis sint die rehte die die kůfere hant uf dem hove zů Hagenowe:

Zům ersten. Es soll dehein kůfer an dem mitwoche nützit koufen zů Hagenowe, bi fünf shillingen pfenningen (besserung). Es soll kein kůfer kein gelt uf dem ladehove zů Hagenowe laszen ligen, uffe daz ime ieman deheine tugen noch bödeme noch anders daz das antwerg anegange ut damitte koufe, bi fünf schillingen von iedem wagen. Es soll ouch nieman deheime lantmanne nützit koufen, tugen noch bödeme, er sie denne zůgegen, oder er bessert fünf schillinge; ouch soll kein kůfer an dehein schif loufen noch gan reife zů koufende, noch soll sü ussewendig koufen, die reife sint denne e me denne halber an dem lande die er koufen wil, oder er bessert von ieder wellen zwene pfenninge; und soll auch nieman deheine werunge nemen anders denne zů Hagenowe in der stat oder uf dem ladehove zů Hagenowe oder zů Strazburg, als es von alter her ist kommen, bi fünf schillingen. Es mag ouch iegelich sin kneht wol dar sckicken, also das der kneht kein kouf machen soll so unszere kůfere zůgegen sint, bi fünf schillingen. Es soll dehein kůfer keime waltmann nützit gehalten das unser antwerg anegat und anehöret, und soll man ime ouch nützit verkoufen er sie denne zůgegen, bi fünf schillingen pfenningen.

Dis ist das reht das die meister hant gegen den lerknehten und andern iren knehten: es soll deheinre deheinen lerkneht dingen minre denne sehs jare, und soll der kneht dem meister geben sehs vierteil kornes in den ersten drigen jaren, alle jar zwen vierteil; und soll der lerkneht ouch bürgen geben vür vier pfunt strasburger pfenninge vür enweg loufen von dem meister; und süllent der bürgen zwene sin und nit miner, und süllent mannes namen sin; und wer das verbrichet von der lerknehten wegen, der bessert von iedem jare fünf schillinge pfenninge und ist der lidig und die burgen. Wer ouch eime lerkneht urlop git, der git fünf schillinge als von eime loneknehte und nit me. Welre lerkneht bürgen git, die bürgen süllent den meister nit besagen von des lerknehtes wegen, obe er unreht gedienet habe und soll ir rügen nit gelten. Es soll nieman deheine lerkneht würcken, er si denne mit den schaffenern überein kommen umbe die drige schillinge. Es soll ouch nieman sine lerkneht dem andern lihen umbe sin werg, der kneht habe denne me denne halber geleret, bi fünf schillingen. Weler kůfer einen lerkneht dinget, der soll keinen lerkneht zu bürgen nemen;. wer das breche, der bessert driszig schillinge, und ist der kneht lidig und die bůrgen. Wer sich in lere verdinget und von sime meister loufet e .er geleret, wenne der meister sine burgen manet, gent sie imme danne den kneht nit wider in vierzehen tagen, so mag der meister maht han die bürgen anezůgriffende vür vier pfunt pfenninge und vür sehs vierteil kornes mit welle gerithe er denne wil, und soll der kneht ouch keinen dienst getůn an unsmere antwerke, er sie denne mit dem meister überein kommen umb die jaraht die er dem meister gelobet het und ime nit gehalten het. Welre meister stirbet und ein lerkneht het, ist es sache daz er abegat in den ersten drien jaren, den möhte man wol dingen, obe es unszer erber lůte erkantent. Es soll ouch keinre kein lerkneht dingen in sinen lerejaren, er habe denne sine lerejare me denne halb lernet. Es soll kein kůfer keinen kneht dingen der ein elich wip hat, bi fünf schilling pfenninge. Welre kneht von sime meister gat und sine scheidewin nit git und darüber anderswo wircket, der beszert fünf schillinge, wil er ehte me dienen. Welre ouch den kneht .dinget und wuste das er den scheidewin nit geben hette, der beszert ouch fünf schillinge. Es soll nieman deheinen umbe sinen kneht reden noch dingen, noch nieman von sinen wegen, der kneht habe denne den scheidewin geben; wer das brichet beszert fünf schillinge. Es soll ouch dehein kůfer sime knehte jehen noch louken von sin dienstes wegen; ist aber das der kneht dehein breste an den meister hat und das küntlich machet mit biderben lůten, erkennent denne die meistere und die echtewen unsers gerihtes oder das merer teil under in, nach der kuntschaft, das der lidig solle sin, so soll der kneht ledig sin.

Item wer uf irre stube den andern schiltet diep oder bösewiht, klaget es der vor irme gerihte der gescholten ist und mag es in der nit erzügen der in do gescholten het, so beszert er ein pfunt pfenninge. Item welher den andern sleht uf der stube, der bessert zehen schillinge, und git der nit der sich weret. Wer ein meszer zucket uf der stuben, der beszert zehen schillinge. Es soll ouch nieman den andern heiszen lieger uf der stuben, bi eime schillinge. Würfet ouch einre zu dem andern, es sie mit krusen oder andern dingen, so beszert der den wurf geton het fünf schillinge, er treffe oder treffe nit. Es soll ouch nieman bi naht uf der stube zů unziten kein gewalt noch umbescheidenheit tůn, werder mit holtz bürnende oder tůren uf zů tretende oder den dingen glich; wer daz verbrichet, der beszert zehen schillinge. Wer ouch sin stubezins oder sin stubegelt nit git uf das zil als es im geboten wurt zů gebende, dem mag man werg verbieten und ouch deme der ime hilfet, und verbrechent sie es darüber, es sie der dem der zins geboten ist zů gebende oder der der ime hilfet, deweders das verbrichet, der beszert ein schilling also dicke sie das tůnt. Welre ouch uf der stuben umbescheiden ist, den mag der meister oder der echtewen einre, so der meister nit zůgegen ist, gebieten zů swigende, zům ersten male bi sehs pfenninge, darnach bi eime schillinge, und darnach ie fürbas untz an fünf schillinge.

Weme do sin reht mit gerithe, urteil und reht genommen wurt, der soll niemer slag getůn in dem burgbanne, er sie denne e mit den schuldnern, mit dem burggraven und mit dem antwercke überkommen.

Es soll kein kůfer bi nahte, bi lichte oder bi füre wircken von dem krumben mittewochen untz sante Michelstage, bi fünf schillingen. Es soll deheinre dem andern den macher abenemen; wer das dete und er das bessernde würde mit gerithe, der beszert fünf schillinge, und soll man ime denne niemer slag getůn er habe in denne bezalet. Es soll ouch kein kůfer dem andern teil versagen, do der der den teil vordert den kouf siht oder höret machen, bi fünf schillingen.

Wenne einer kommet und sprichet man habe im gemůte geben, daz soll er fürbringen mit zwein kůfern, als es reht ist, bi vierdehalb schillingen.

Wer sich ouch eins rehten erbört und von den heiligen mit zwein kůfern getriben wurt, dem soll niemer deheiner me sins rehten helfen vor unserme antwercke, und beszert vierdehalb schillinge von der beredung wegen und der bühssen fünf schillinge.

Wer eime sin hus, kammer oder kneht unddcringet, der beszert fünf schillinge. Es soll ouch keinre dem andern über sin werg gon, sinen wergman abedingen, es sy denne des meisters wille, es were denne gedinge die vor geschehen ist, die mag er wol heischen, und soll ime daz nit schaden; wer daz brichet, der beszert fünf schillinge

Wer eime sin werg letzet, ein kůfer dem andern, der beszert fünf schillinge. Wo ein kůfer den andern beklaget an ein ander gerihte umbe so getane stücke das daz antwerg anegat, der beszert fünf schillinge. Welher růger ist, der soll nieman růgen er sehe es und höre es denne, und soll ouch nieman růgen nach hörsagen, und soll ouch sagen uf welen tag; und wen man darumbe zů rede setzet, der soll nit dafür sweren, und der vorgenant růger soll darüber gesworen han. Wer kein růger ist und ein růget, so soll der meister in twingen daz er ginen zů rede setze den er gerůget het; und obe er das nit enhielte, so soll derselbe růger, der ginen gerůget het, in sinen fůszstapfen treten; ist es aber daz giner ledig wurt den er gerůget het, soll aber derselbe der in gerůget het in sinen fuszstapfen treten, bi fünf schillingen.

Welre eins rede tut uf der stuben oder in des burggraven hofe, der soll des andern rede nit tůn, und sumet in der fůrspreche, so mag er wol ein andern nemen.

Wenne ein kůfer den andern bereden wil, ist es daz das merre do ist, so soll man hören; ist es aber nit, so soll man es ime achte tage tagen und soll der warheit dar gebieten, ye das gebot bi eime schillinge.

Wenne eime leide geschiht und man ime schenket, soll man ime nit me schencken als ein morgenurten und ein imbis.

So man harnesch beschowet, so soll man des antwercks gelt nit verzehren, wenne von der beszerunge die von des harnesches wegen gefellet mögen sie wol zeren.

Welhe zwene einen gezog ziehent us des burggrafen hof uf die pfaltze, do soll der meister in das reht verbieten beden, und süllent bede můszig gan untze das gezog wurt usgetragen; es sie denne daz es der ammanmeister erloube.

Unsere kůfere süllent nit wetten und lonen von unszer frowen tag der eren untze sant Martins tage. An dem mentage nach sant Martins naht, unserme jargeriht, so soll man geben fünf schillinge pfenninge, und nit me, dem antwercke, den die denne da sint, und so wir ein nuwen ratherren hant, ouch fünf schillinge. Item so man jares vor dem münster sweret ouch fünf schillinge. Item an unsers herren fronlichams tage fünf schillinge. Item so man von der stette wegen vor dem münster ist ouch fünf schillinge. Item wenne unser erber lüte gewaffent uf dem Roszemerkete sint von eins hones wegen, für die soll man ein mal bezalen und nit me. Und wenne man ein reise vert, so soll man bezalen für die die man uszschicket ouch ein mal und nit me. Und wenne sie von der reise harwider heim komment, so soll man den tag vür sie bezalen. Den vieren die man jares uf den thurn kůset, den soll man geben sehs pfenninge. Ist das man zeret uf der stuben und wenne man die gezelte uf slaht, so soll man geben ein vierteil wines, und nit me, von iedem gezelte.

Das ist das reht das die kůfere zu Strazburg gegen den bechern zu Strazburg hant:

Zum ersten, an dem mentage vor der vastnacht so süllent sü gen zwentzig pfenninge für bretstellen, zu eime urkunde das sü zů uns gehörent und wir zů in, und unszer kůfere in teil süllent gen, und in ouch süllent teil gen an den museln, das zu dem wercke gehöret. Und soll sü unszer meister fragen allesament, uf iren eit, an dem vorgenanten mentage, obe sie keinen eynung habent; hant sü einen, so soll er gen ein omen wines mittelwin, one ein gelt, das höheste, und ein halben sweigkese und ein sester voll haselnusze, und ein achtheil glůte, und ein schilling pfenninge vür schappel und ein schilling vür brot; und ist es das sü nuwent ein halben einung hant, so soll er halb so vil geben als da vor geschrieben stat.

Umbe alle der vorgeschriben stücke soll allewege eime jeglichen der vorgenanten kůfere, obe einre an den andern zů klagende hette, sine klegede vor meister und rate behalten sin, one alle geverde. Ouch ist zů wiszende das eime jeglichen burggraven alle sine rehte behalten sollent sin, als sie von alten ziten gewesen sint.

Und also wir die vorgenanten Claus Berman, der ammanmeister, und andern alten ammanmeistere nach der obegeschriben urteil, von der geheisze und empfehlnisze wegen meister und rates, nach obgeschriebener wise, den kůfern und irem antwercke alle ihre briefe und rehte in einen brief gezugent und geordentent, als vor bescheiden ist, sa hant wir doch den brief den wir also geordent hant wider getragen vür meister und rat zu Straszburg, do Johans Sturm von Sturmecke meister was, und in den getan lesen, zu besehende und zu verhorende obe dehein breste darinne were. Und nachdeme daz meister und rat den brief also verhortent, so sint die vorgenanten meister und rat mit rehtem urteil überein kommen und hant es ouch erteilt, daz dieser brief also er von worte zů worte davor geschriben stat stete und kreftig soll sin und bliben, und die andern briefe alle keine kraft me söllent haben, wenne sie tot und abe sin söllent, alle geverde und argeliste harinne uszgesloszen. Und sider wir Bertholt Zorn, ritter, der elter, Oertelin Mansze, Reinbolt Wetzel, Johans Sturm von Sturmeck, die vier meistere, Claus Berman, der ammanmeister, Heinrich Lymer, Cunrat Armbroster, Heinrich Kranich, Wilhelm Metziger, altammeistere, Peter Sünner, Johans Meszerer und Johans Betscholt, burgere und schöffele zu Strazburg, hiebi warent und sahent und hortent daz die vorgenanten meister und rat erteiltent in alle wise also davor geschrieben stat, wande ouch wir, die egenanten vier meistere, Claus Berman, der ammanmeister, Heinrich Lymer, Heinrich Kranich, Peter Sünner, Johans Meszerer und Johans Betscholt dozůmale in dem rate warent, so hant wir zů einem waren urkůnde, durch bette willen der obgenanten kůfere, unsere ingesigele an diesen brief gehencket, der gebenwart an der nehesten mittewochen nach sant Tomanstage (22. December), des heiligen zwölfboten, des jares do man zalte von Gottes geburte drützehenhundert jar und nüntzig und fünf jare.

# Kürschner-Ordnung.

**1368.**

Stadtordnungen, vol. 13, fol. 93.

Wir Eberlin von Mülnhein, ein ritter, zwölfer meister und der kürsener zů Straszburg obermeister, Johans von Mülnheim, Erhart von Kagenecke, Burckhart von Mülnheim, Cůne von Kagenecke, ritter, derselbe Cůne vöget sins vettern kinden, Cůntze Pfaffenlapp, Götze Völtsche, Bürckelin von Mülnheim, Henselin Gürteler, Berthold Mansze, sines vettern kinde vöget, Hensel in Cleinschilt und Jeckel in Kölbelin, sins brůder kinde vöget, die zwölfer gemeinlich derselben kürsener zů Straszburg, tůn kunt allen den die disen brief sehent oder hörent lesen, das wir elleclich überein kommen sint für uns und unsere nachkummen aller der dinge so an disem brief geschriben stat, und globen das ouch stete zu haltende und nicht darwider zů tůnde, als es hie bescheiden ist, one alle geverde: zů dem ersten, weller under uns den vorgenanten zwölfer abe gat, das denne der elteste knabe der sin kint ist und leige ist, das rehte haben und erben sol glicher wise als der der do vervaren ist; wer aber das der der do verwaren ist nit knaben hette gelassen, so sol dasselbe reht an den elsten brůder vallen, ob er einen het der leige ist; het er aber keinen brůder der leige ist, so sol es an den nehsten vallen den er lat von sime vatter, der do leige ist. Und sint dis die reht die die zwölfer hant: zu dem ersten, wanne ein meister von den zwölfern abe get, wo denne das meren teil under den zwölfern einen nemmet, deme sol mens umb sehtzig pfunt straszburger pfennige und nicht höher geben; wer aber das keinre under den zwölfer als vil drůmme wolte geben, weller denne under in allermeiste drůmme wolle geben unter sehtzig pfunden, dem sol mens geben; welre ouch meister ist under den zwölfern, der mag einen undermeister und er den kürsener setzen welen er wil, one mengliches widerreden, wanne es unter der zwölfer eigen und erbe ist; wir ensullent ouch kein ymbis eszen, iedem manne under den zwölfern möge denne werden fünfzehen schilling der vorgenanten pfennigen; ouch ist reht, welre zwölfre ein dienste git, der sol geben vier gerihte, ie das gerihte selbeander als erlich das er truwe, das er iht anderwerbe den dienst werde geben, und sol men nuwen die zwölfere drumme frogen, uf iren eit, obe der dienst reht si oder nicht, wemme das mere teil sprichet under den zwölfern darumb sol das fürgang haben. Es ist ouch beret das men ie dem zwölfere senden sol heim in sin husz, ee men eszen gat, einen gůten kappen und des besten vins der do veil ist zu dem zapfen ein halp vierteil; es ist beret in welles meisters husz men den dienst het, do sol men usz dem selben husz nützit tragen von spisen, es sie den sin wille; es ist ouch beret, wanne die zwölfere den dienst nicht nemen wolten, so sol men iedem der zwölfer zehen schillinge der vorgenanten pfennigen geben, und nůt minre, für den dienst. Ist ouch das men den dienst git, so sol men dem undermeister under den kürsenern heim senden einen gůten kappen und ein halb viertel wines, ouch des besten, und den zwey bütteln ir ieglichem ein halp vürteil wines, ouch des besten, und einen kappen; und wenne man den ymbis ysset, so sol der undermeister under den kürsener einen zů ime nemen und denne alle die kürsener die do pfennige gent, da sol ieder kürsener einen mit ime bringen der do burger si, dem sol men geben zů essende, iedem kürsener und sime burger halp als vil also den zwölferen, ime und sinem gesellen, vin und brot sol men in genůg geben.

Es ist ouch beret, das der zwölfer meister alle iare die zinse sammenen sol als vil alse denn den zwölferen werden sol, und sol sie under sie teilen, one alle geverde; und das dis stete sig, so hant wir die zwölfer alle die vorgenanten unsz jngesigel zů urkůnde gehenket an disen brief.

Es ist ouch zů wissende, welre under den kürsener sin reht enpfohen wil, der můsz sweren vor allen dingen dem öbermeister und den zwölferen ir reht zů hebende und ouch dem antwercke, also verre er mag; den eit sol er vor dem undermeister tůn; und wer ein grosz reht entphohet der git xv β δ eime öbermeister und git xvı untz in die büsze; für die selben xvı untz δ sol er einen bürgen gen, den sol ein undermeister anschriben sü bede, wer es das er abe ginge oder enweg life oder züge oder stürbe das die xvi untz ∂ nût verlorn würdent, wenne wůrdent sü verlorn, der undermeister und daz antwerck můstent sü den zwölferen wider gen und den vollen do von tůn so men den ymbesz esse. Wer ouch ein klein reht enpfohet, der git v β ∂ eim öbermeister und iiij untze pfennige in die büsze; die sol ein undermeister ouch anschriben, das sü den zwölfern behalten sint, so men den ymbis isset das men si teilt in aller vorgeschriben wisze under die zwölfer.

Es sol ouch ein iegelich öbermeister ein undermeister setzen, der ime und dem antwercke der nůtzeste und der beste si; der sol ouch eime öbermeister sweren ime und den zwölfern ir reht zů behebende und dem antwerck, also es von alter har kommen ist, also verre er mag, und ouch reht gerihte zů habende; und velr also zů meister erkosen würt, der sol ouch dobi bliben sin lebetagen, es were denne das er es mit ungeteten verlür oder vor krangheit sines libes nût me getůn möhte.

# Verordnung

## für die Laienbrüder zum Rebstock und im Rosengarten.

**1472.**

**Stadtordnungen, vol. 28, fol. 230.**

Als unser herren meister und rät und die XXI der leyenbrüder halb so in zweyen hüsern, nemlich im Rosengarten[1] und zum Rebestock[2] gewesen sint, umb merckliche ursach willen in ein husz zusamen zu kommen verwilliget haben, nemlich in das husz zum Rebestock, und umb deswillen daz sie do deste fridelicher und in besserer eynigkeit darin by einander bliben mögent, so ist geordent daz sie sich halten sollent in mossen hienoch geschriben stät:

Des ersten, so sollent sie halten die dirte regel sant Francissen und darzu ouch dise nochgeschriben ordenunge, so inen zů ziten durch einen regelmeister, mit bestätigunge und bewilligunge ires pflegers, von der stat Straszburg wegen gegeben ist, nemlich das sie gottes dienst sollent ernstlich und andehtiglich volbringen innewendig und uszwendig des huses; in dem huse sollent sie zů metten einhelliglich ufston und ihr zyt beten noch inhalt ir regel, und sol nyeman hie (von) uszgenommen sin, danne die die redeliche sache, mit wissen des meisters, entschuldiget; wer aber dise dinge frevelich überginge, der sol desselben tages sins wines beroubet sin.

Item sie sollent in dem tage einhelliglich erberlich mit einander zů kirchen gän, wohin sie meynent und gnäde hant, noch ordenunge irs meisters, oder do sie löbelich alte gewonheit hin tribet oder füret; und sol sich keyner scheiden von dem andern, es sy in dem

[1] Das Haus zum *Rosengarten* befand sich im *Mülegesselin*, heute *Müllergæsschen* (C. Schmidt, op. cit., S. 120.)

[2] Das Haus zum *Rebstock* befand sich in der *Leimengasse* (C. Schmidt, op. cit., S. 115.)

huse oder usz dem huse oder in den kirchen, dann mit wissen und erlouben des meisters des huses; wer hiewider tete, der sol desselben tages beroubet sin aller liplichen spise und trunckes, und sol niessen allein mûsz und brot und wasser.

Item so sie sint by erbern frommen cristenlûten, so sollent sie ir getruwelich warten und ine ein gût bispil vortragen, und sie zû bihte und zû geweren ruwen ermanen, und was inen dovon durch gotteswillen wurt geben, das sollent sie mit gantzen truwen antworten irem meister, zu einem gemeinen nutz des huses und der brüder; desglich wann sie ferte tûnt zû den heiligen, so sollent sie usz- und ingon mit wissen und erlouben des meisters, und was inen solicher ferte halb wurt gegeben, das sollent sie ouch mit truwen geben dem meister des huses und inen insunders nützit behalten; dann es soll ir keiner kein eigenschaft in dem huse besitzen oder haben, sunder es sol ein brüderliches gönnen sin was ein yeglicher bruchet zû siner notdurft, mit wissen und gönnen des meisters des huses; wer das nit hielte, den sol man halten als einen der der gemeinde das ir vorbehaltet und ungetruwelich underzihet, und sol von den brüdern gescheiden werden als ein untruwer, und sol man ine dem visitator und dem pfleger rügen.

Item sie sollent ouch ir biht tûn zû den Barfüssen und das heilige sacrament doselbs empfohen, nochdem als die regel wiset und ir bebstlich friheit, uszgenommen uf das österlich hochzit, so sollent sie tûn noch inhalt der regel; wer aber hiewider tete, der sol drye tage sins wins beroubet sin.

Item es sol yeder bruder, so es an ine kompt, sin woche halten in der kuchen und den brüdern das ir kochen und bereiten, und wer es sache das einer das nit vermohte oder konde, so sol er einen andern bitten ein sollichs zû tunde, das die brûder versorget sint.

Item der meister des huses sol ouch die dinge zû rehten ziten harusz geben die zo der kûchen gehörent, und den brüdern das ire lossen zû liebe werden, und die dinge mit irem willen koufen und uszgeben noch notdurft des gemeinen mannes, und das ire getruwlich bewaren und behalten.

Item obe allen dingen fride und swigen halten obe dem tisch, und unnütze worte vermiden und was zû unfriden oder zû irrungen mag gedienen gentzlich lossen fallen, und gott lob und dank sagen umb alles gut, und für die mit allem flisse und ernst getruwelich bitten, die inen das almusen geben hant.

Item es sol ouch ein yeglicher der by erbern lûten gessen hat, sich fürderlich wieder in das bruderhusz machen und do etwas angrifen und tûn, das dann in dem huse notdurftig ist.

So ist dann fürbasz ouch geordent, das ein yeder pfleger so inen von meister und rät geben wurt, inen zwen meister geben und setzen sol, nemlich ein öbermeister und ein undermeister. Do sol dem öbermeister das regiment des huses empfolhen sin und ime der undermeister und die andern brüder gehorsam sin in allen zimlichen billigen dingen; und wann der öbermeister nit heim ist, so sol das regiment an dem undermeister ston, und die brüder dem undermeister gehorsam sin, wie vorbegriffen ist. Doch sollent bede meister, nemlich öbermeister und undermeister, slüssel haben zum kelre, zur spise- und zû gastkammern; aber der undermeister soll sich keins regiments im huse annemen, weder mit den slüsseln noch sust, dann allein im abewesen des öbermeisters, oder das es ime von dem öbermeister sonderlich empfolhen würde.

Ouch wann man abelûte rihten wil und sie darzû besant werden, so sollent sie zû solichen lûten gon und inen das beste tûn mit tröstlichen ermanungen und guten gebeten und (das) crütz vortragen wie das harkummen ist. Ouch als den brüdern bishar geben ist eins siechen zû wartende tage und naht sehs pfenninge; item von einer liche zû tragen eim bruder sehs pfenninge, oder so es nohe ist vier pfenninge, und so ein mönsch gantz arm ist, so tûnt sie es umb gotswillen; item von den ferten von der mylen vier pfenninge, sol fürter doby bliben, also das sie verbunden sin sollen semlichs umb solichen lone zû tûn, und domitte das sie die lûte nit sumen sundern fürdern sollent so sie best mögent; sie sollent ouch nieman höher schatzen oder trengen inen me zû geben, einer tûge es dann von freyem willen gern; aber sie mögen wol myner nemen. Und was inen also wurt oder zuriset, das sollent sie dem öbermeister getruwelich antworten; und so soll dann der öbermeister mit solichem gelt das husz uszrihten mit coste und andern dingen, und wuchenlich den brüdern rechenunge tûn was er die woche ingenommen und uszgeben hat; und were dann ûtzit vorstandes do, sol (es) der meister, in angesiht der brüder in die bühsse stossen; were aber nochzugk, (den) sol man usz der bůhssen bezalen. Desglichen sol der undermeister ouch rechenunge tůn, so er die sachen in abewesen des öbermeisters verwaltet. Ouch sol der öbermeister dem pfleger jerlich ein rechenunge tůn, uf das der pfleger ouch wissen möge wie es umb das husz gestalt habe.

Es sol ouch dehein meister keine bruder in das husz enpfohen oder keime bruder der darinne were urlop geben one irs pflegers wissen und willen.

Es sol der brůder deheiner usz dem huse gän one erloubunge des meisters, und so der meister ime erloubt, so soll er nit anders tůn dann das darumb er erloubunge nimet, ungeverlich; und wo dem meister oder den andern brůdern fürkäme, das ein sollicher bruder ůtzit anderes fürneme, oder sie sonst ůtzit von einander gewar würden, das argwenig und unredelich were, so sollent sie, welhem semliches fürkompt, das dem pfleger fůrbringen, das darzů geton werde als sich gebürt.

Alle vorgeschriben stück, puncten und artickel hant die brüder so yetz im huse sint glopt und versprochen, by ir truwen an eides stat und in kraft der heiligen gehorsamkeit, stete und feste zů halten, und was brůder hienoch empfangen werdent, sollent desglichen vor eim pflegere ouch glopen zů tůn und zů vollziehen alles ungeverlich.

Actum feria secunda post Anthoni, anno 1472. (20 Januar.)

# Markt-Ordnungen.

## Verordnung den Markt vor dem Barfüsserkloster betreffend.

**1427.**

Stadtordnungen, vol. 20, fol. 158.

Als untze har des morgens frůge, vor tagezit umb Barfůssen betteglocken und dovor, ein mercket vor den Barfůssen und aller hande doselbst veil gewesen ist, do ist unsern herren meister und rat fürkommen wie das das ein schedelicher argweniger mercket sye, und das vil unferriger dinges doselbs verkouft werde, darumb sint unser herren meister und rate übereinkommen das man hinanfürder vor tagezit nütz doselbs veil haben sol; dann wil man ützit doselbs veil haben oder verkoufen, das sol man nit tůn man habe danne ee münsterprime angehaben ze lůten; und wer ützit vor münsterprime doselbs veil hat und das davor zů merckete trüge, dem wil man das tůn nemen, und wil man in ouch darzů herteclichen strafen, und ernstliche hůte daruf setzen das das fürbroht und gebessert werde.

Actum die dominica post conversionis sancti Pauli. Anno 1427. (26. Januar.)

---

## Markt-Ordnung.

**15. Jahrhundert.**

Stadtordnungen, vol. 2, fol. 45.

Von des mercktes wegen der do gehalten wurt am sonnetag und gebannen virtagen im Fronhofe by der steinhütten, den man nennet den gimpelmerckt, oder sust an anderwenden, das doch an solichen tagen ein unzymlich ding ist, do haben unser herren meister und rät und die XXI erkant das solich gimpelmerckt an den sonnetagen und gebannen virtagen fürbas nit me sin noch gehalten werden sol; und wer das breche und darüber an den enden uf solich tage kouft oder verkouft oder veyl hette, der bessert 30 β ծ, die man nieman faren lossen wil.

Unser herren meister und rät und die XXI habent ouch erkant von des mercktes wegen hinder den Barfůssen, der morgens früge vor tage gehalten wurt, das hinanfürder uf solichem merckt nieman verkoufen noch koufen soll, man habe dann vorhin prime angezogen, umb das (das) verstolen gůt und desglich so darkompt den lůten zů ougen kommen möge; und wer darüber und vor der prime do verkoufte oder koufte der bessert 30 β ծ.

Unsern herren meister und rät ist ouch fürkommen das man der gůten lůte[1] cleyder und hussrät, so die gesterben, vor den Barfüssen und uf solichen merckten veyl habe und verkoufe. Do habent unser herren meister und rät und die XXI erkant das solichs fürbas nieman tůn sol; und wer darüber soliche cleyder oder hussrät so von den gůten lůten darkomment, als vorstät, me uf solich merckt trüge zů verkoufen, der bessert 30 β ծ; und man wil ernstlich hůt daruf haben und erfaren, und die besserung nieman faren lossen, und darzů solich cleyder und hussrät nemen und verbůrnen.

---

## Fischmarkt-Ordnung.

### 1469.

Stadtordnungen, vol. 1, fol. 84.

Uf den ersten puncten der westerricher vische halb, were der herren meinunge, wann die frömden vische alhar bringent von Westerrich oder anderswohar, in vassen oder in körben, und semmliche vische die lebendig sint zwen gantze tage, das sint vier merckt, nemlich zwen morgen- und zwen obenmerckt, zů offen merckt veyl gehept habent, das dann die heimschen vischer die donoch, und nit

[1] Die Aussætzigen.

ee, mögent umb dieselben frömden wol sammenhaft koufen und wider verkoufen.

Und es möthent ouch zwen gemeiner wol ein halb hundert karpen ein gantz vaste, und nit me, ungeverlich inschůtten; und sollen dieselben zwen gemeiner, noch niemans von iren wegen, solich karpen, die sie also inwerfent, nit verkoufen deheim vischkoufer und ouch niergend anderswo, dann hie in der stat zů offenem veilem merckt, uf das man das gantz jor us deste bessern kouf von karpen haben möhte. Und wer der vorgemelten stücke deheins verbreche, der solle bessern 30 β δ.

Uf den andern artickel war der herren meinunge, das der also gesetzt würde: es sol hinanfürme kein vischer dehein visch, die do uf dem wasser harbroht werden, oder krebs oder vogel umb die ussern koufen noch verfürworten, weder in der stat noch in dem burgbanne, an keinen enden, es sy dann das ein solicher usserer mit sinen vischen, vogeln oder krebsen vor zů offenem merckt gestanden sy bitz das die glock zehen geslagen hat, so mögent sie sie noch den zehenen wol koufen, doch nit uf dem vischmerckt. Aber sie mögent wol koufen umb unser burger uswendig der ringmůren; sie mögent ouch uf dem vischmerckt koufen leychkarpen, hürlinge und spisevisch; und wer der vorgeschriben stück deheins verbreche, der bessert 30 β δ.

Und wo ouch die XII gesworn oder die schöffel an vischerantwerck erfinden oder inen fürkeme das yeman solichs überfaren habe, so sollen sie das, by iren eiden, rügen und fürbringen den sübenen, die ouch solich besserunge nieman herlossen sollen, by iren eiden.

Von der doten vische wegen were der herren meinunge, wann am obent visch kommen, das dann ir deheine die doten visch lenger veyl haben sollen dann morndes den tag den morgen- und den obentmerckt, als doch das sie, die beden merckte, von den schöffeln besehen werden sollen, und sollent ouch die geswornen und die schöffel welhe dann dozů berůfen werdent des gehorsam sin, by iren eiden. Und welhe visch sie dann dieselben zwen merckt nit verkoufen, die sollent sie donoch nit me veyl haben. Was vische ouch die geswornen und schöffel usleigent das sie nit gůt sient, den sollen sie den swantz abehowen, uf das die nit wider under die andern vische gemüschet oder sust geverde domit getriben werden möge. Und wie es vor geordent ist der bösen, fûlen visch halb, das die kein vischer under den gûten verkoufen sol, doby sol es ouch bliben; und wer das verbreche, der sol bessern 5 lib. δ.

Uf den vierden puncten, darinne sie begerent das ir vier möhtent mit einander gemein haben, do ist der herren meinunge das es bliben sol by dem, das nuwent zwen mit einander sollent gemein haben, wie es vor geordent ist.

---

## Wochenmarkt-Ordnung.

**1491.**

Stadtordnungen, vol. 28, fol. 207 *b*.

Umb das der wochenmerckte dem gemeinen mann in der stat Strasburg deste fruchtbarer und der geverlich fürkouf zûm teil abgestellet werde, so habent unser herren meister und rat und die XXI erkant es zû halten in mossen nochvolget:

Nemlich sol man allen kornkoufern bevelhen, wo sie sehent oder vernement das jeman frömdes understünde früchte ufszûkoufen und die hie in der stat wider ufzûschütten, daran zû mereschetzen, das sie denselben sagen und zû verstän geben söllent das man inen solichs nit gestattet, sonder was sie hie uf dem feylen merckten oder sust koufen und das stracks hinweg fûren wöllent, das werde inen vergönnet und nit wider.

Man sol ouch den kornkoufern bevelhen, wo sie erfinden oder erfaren das jeman in der stat, es sient stiften, clöstere oder jeman anders, ir früchten sampthaft verkoufen wöllent, das sie solichs dem kornmeister verkünden, obe die stat gelieben wolt des ützit zû koufen nochvolgenden bruste oder mangel zû fürkommen, und was die stat nit koufen wil, das sol sinen fryen kouf haben, doch das solichs stracks hinweg gefüret und nit wider ufgeschüttet werde uf merschätzen.

Unser herren meister und rat und die XXI habent erkant es sol ouch dehein burger oder hindersahs in der stat Strasburg, der so vil wines hinder im hat das er ungeverlich ein jor oder anderhalbes mit den sinen zû tegelichem gebruche genügen haben mag, deheinen win uf feylem merckte in der stat hinder sich koufen uf merschatz, by 5 lib. ₰; sonder wil jeman darüber win uf fürkouf oder merschatz koufen, der sol und mag das tûn uswendig der stat in dem lande wo er sin truwet zû geniessen.

Es sol ouch dehein burger oder hindersahs in der stat, der weder hengst noch pferde hat oder zühet, deheinen habern in diser stat koufen uf merschatze wider zu verkoufen, by 5 lib. ₰; welher aber hengste oder pferde hat oder zühet, der sol und mag uf einem jeden mercktage koufen bitz an zehen vierteil habern, und nit me, by der egemelten pene; und wie es vormols von der kornkoufer wegen geordent ist, die habern an iren bencken feyl habent, doby sol es ouch bliben; was aber einer im lande kouft und har in die stat bringet, das sol im nit gewert werden; und sol man das uf allen stuben der mennige verkünden, sich des wissen zû halten.

Actum uf mitwoch noch sant Martinstage, episcopi, Anno 1491. (16. November).

---

## Berathschlagung den Wochenmarkt betreffend.

**1491.**

Stadtordnungen, vol. 28, fol. 207.

Als etlich herren, denen bevolhen ist ein bedenken zû haben wie der wochenmerckt dem gemeinen mann in der stat deste fruchtbarer und der geverlich fürkouf zûm teil abegestelt werde, etc., darüber gesessen sint, so habent sie ir ratslahen getan, in mossen wie nochvolget:

Nemlich als etlich frömde fürbasser frucht hie koufen und uf gelehente hüsser und casten schütten, doran zû merschetzen, do were ir meinung das man mit den kornkoufern daran sin und bestellen solt, wo sie vermerckten das jeman frömdes in solicher gestalt früchte understünde zû koufen und ufzûschütten, das sie inen sagen und zû verstän geben solten das inen solichs von unsern herren meister und rat nit gestattet werden wolt, sonder was sie uf feylem merckt oder sust kouften und stracks hinweg fürten das werde inen vergönnet und nit witer.

Item den kornkoufern ouch zů bevelhen, wo sie vermerckten das stiften oder clöster oder jeman anders understünden etliche summen früchte sampthaft zů verkoufen, das sie solichs den herren anbrochten und verkündten, obe inen gelieben wolte der gemeinen stat soliche früchte zů koufen, nochvolgenden bruste zů fürkommen; was aber der stat nit geliebte zů koufen, das solt sin fryen kouf haben, doch also das solichs stracks hinweg gefürt und nit ufgeschüttet werden soll uf merschatze.

Item als dann mit winen geverlicher fürkouf getriben wurt von etlichen die ir kelre vol wines habent und dem gemeinen mann ein höhern slag machen, so were ir meinung das fürbas dehein burger der so vil wines hinder im hette das er ungeverlich ein jor oder anderhalbs mit den sinen zů tegelichem gebrůche genügen haben möhte, deheinen win uf den feylen merckten hinder sich koufen solte uf merschazte; sonder wolt jemans darüber win uf merschatz oder fürkouf koufen, der solt und möht das tůn uswendig der stat in dem lande wo er sin truwet zu geniessen.

Item des habern ufkoufens halb, do were ir meinung das fürter niemans der weder hengst noch pferde hat oder zühet, keinen habern in diser stat koufen solt wider zů verkoufen; welher aber hengst oder pferde hinder im hat oder zühet, der solt oder möht uf einem mercktag koufen bitz an zehen vierteil habern, und nit me, und wie von den kornkoufern geordent ist, die habern an iren bencken feyl baben, doby solt es bliben. Was aber ein jeder im lande kouft und har in die stat brehte, das solt inen nit gewert werden.

Un diese meinung solt nit offenlich usgerůffet werden, sonder ein jeder ratsher solt es den sinen uf den stuben verkünden, sich des wissen zů halten, umb das dem feylen merckte mit zůfüren deste minner irrunge begegenen möhte.

Rete und XXI habent dis gehellen und erkant den antwercken geschriben zu geben, dem nochzůgän, by 5 lib ծ.

## Kornmarkt-Ordnung.

**15. Jahrhundert.**

Stadtordnungen, vol. 24, fol. 47.

Von des kornmerckts wegen habent die herren geratslaget: als vormols erkant ist, wer korn koufet und us der stat fůren wil, das der sweren soll in mossen dieselbe urteil wiset, und aber die ungelter solichs gemiltert und allein die truwe genommen haben, do beduhte sie das man den ungeltern sagen solt das sie den eid von den lůten nemen noch besage der urteil.

Item mit unserm gnädigen herren von Strasburg zů reden, das siner gnaden rete und der stat ratsfrůnde zůsammen kement und sich mit einander underretent wie zů versehen were das dehein korn us dem bistům gefürt, deste mynner türunge an korn wurde und ee einen deste grössern zolle daruf satzte.

Item das dehein burger deheinen mercktag über zehen vierteil rocken oder weissen koufen solt.

Item das lůt geordent wurdent uf den merckt zů lůgen obe yeman frömdes uf dem merckt korn überkoufen wolt, domit die brotbecker nit kornkouf haben kondent, das dann dieselben daran sient das den brotbeckern korn werde zů koufen, uf das kein mangel an brot werde.

Item des haberkoufens halb, habent sie das gebot das zů ziten usgangen ist gehört, und beduhte sie das es wol geordent sy und lossent es doby bliben, mit dem zůsatz das deheiner der hengste oder pferde zůhet uf ein pferd me koufen sol dann 50 vierteil habern.

---

Unser herren meister und rät und die XXI habent erkant und geordent, was korns, welherley getregde es sy, fürter uf dem merckt verkouft wurt, das solich korn nit abe dem merckt gelossen werden sol es sy denne vorhin durch einen gesworenen kornkoufer gemessen, umb das menglich domit reht beschee; und wer das darüber tete, der sol bessern von jedem vierteil 30 β δ.

Ouch sol dehein frouwepersone kein korn me messen, weder uf hüsern, spichern noch uf dem merckt, als das von alter har kommen ist, usgenommen allein nusse, die mögent die frouwen wol messen. Doch sollent die frouwen nit destemynner verbunden sin die ordenunge zů sweren, und alle ander puncten und artickel so darin geschriben stont zů halten und zů vollziehen, by den penen so dieselbe ordenunge inhaltet.

Die ungelter sollent die kornkoufer, manne und frouwen, jerlich, so ein nuwer rat gesetzt wurt, zůsammen besenden und inen die ordenunge tůn vorlesen und sie ermanen, by iren eiden die sie gesworen haben, solich ordenunge zů halten und zü vollziehen.

---

## Verbot an die Kornkäufer mit iren Wägen und Karren die Strassen zu sperren.

**1493.**

Stadtordnungen, vol. 1, fol. 209.

Als die kornkoufer vil geschirre von grossen und cleinen wagen und karchen stetes vor iren hüsern und am kornmerckt habent stän, und domit die strossen und wege verschlagen, darus etwan nachts, so not usging, schaden entstehen möhte, so habent unser herren meister und rat und die XXI erkant das ein jeder kornkoufer, der pferde het und sich der füre began wil, nit me dann ein geschirre vor sinem huse oder am kornmerckt sol haben stän, welhes im je allerbest geschicket oder gelegen ist zů bruchen, und sol die andern geschirre in schüren oder etwo uf witen platzen haben stän, do es nieman irren oder schaden bringen möge; es were dann ungeverlich über nacht, so ir einer obendts spete harheim keme oder morgents früge über velt faren wolt; dann welher das niet hielte, so dick sol er bessern 10 β δ, die die sübenzüchter nieman faren lossen sollent.

Actum uf montag noch Francisci. Anno 1493. (7. October.)

---

## Milchmarkt-Ordnung.

**1426.**

Stadtordnungen, vol. 2, fol. 52.

Als bitzhar in dem vischemercket, von dem ort do man das wiltbret veil hat untz für Kremergasse, vast enge gewesen ist von den personen die doselbs milch, kese und allerley ander dinge veil gehabt, und dodurch das erber antwerck die vischer an dem vischemercket, den sie der stat Strasburg jors verzinsen, gar dicke geirret und (im) schaden zůgefüget worden, ouch domit menglich zů fuss und zů ross doselbs geirret, das dicke nieman weder hünder sich noch für sich nit hat mögen kommen, darumb so sint unser herren meister und rat und XXI überein kommen und habent erkant, das nieman, weder frowen- noch mannespersonen, weder alt noch jung, hinnanfürder deheinerley ding, wie das genant ist, veil haben sol uf der siten von dem vischmercketort do man das wiltbret veil hat bis zů dem würtzhus zůr Wannen; und wer das darüber dete, der bessert der stat, so dicke das geschee 5 β ₰, die ouch die sübenzüchter nieman faren lossen sollen, sonder mit iren knechten bestellen das solichs von den die das verbrechent gerüget und nieman übersehen werde.

Actum feria secunda ante Arbogasti. Anno 1462. (19. Juli).

---

## Milchmarkt, Kraut- und Rübenmarktordnung.

**1498.**

Stadtordnungen, vol. 3, fol. 5.

Als bitzhar der milchmarckte neben dem vischemerckt unordenlich gehalten und verwüstet worden ist mit krut, růben, zybeln und anderm so man doselbs feyl gehebt hat, das doch unbillich bescheen ist, darumb so habent unser herren meister und rat und die XXI erkandt es fürter zů halten wie harnoch geschriben stät:

Nemlich das fürter dehein gartner oder jemandt anders me an dem vischmerckt feyl haben soll dann was ein jeglichs in einer zeynen zů siner milch ungeverlich getragen mag, und söllent ouch fürter mit keinem rückorbe am vischmarckt feyl haben, weder krut, rûben, zybeln oder anders, nützit usgenommen, sonder sie söllent dasselbe im Fronhofe verkoufen, by dem fordern gericht, uf dem platze den man von nuwen geesterichet hat.

Desglich söllent die grempen das ouch nit me feyl haben, weder vor der metzigen noch an dem vischmerckt; dann welhe grempen mit huse am vischmerckt sitzen, die sollent in iren hüsern feyl haben; die überigen mögent ouch in dem Fronhof feyl haben, uf dem egenanten platze, by den gartnern.

Es sol ouch fürter niemans kein stelle verslagen vor dem ee man des morgens das gross Ave Maria im münster gelütet hat; und welhes dann ein statt versehen oder verslagen wil, das sol sin krut oder ander getregede aldo by im haben und nit erst noch dem verslagen heime gän das holen oder darnoch schicken.

Es sol ouch dehein jedes nit me dann ein statt haben, die nit witer sy dann das eins ein rückorb oder ein zeyne oder ungeverlich ein benne für sich legen oder gestellen mag, und söllent ouch ein gerumete stross offen lassen, das man us dem Seylergesselin[1] haruf und abe unser frowen hus in das münster und wider darus kommen, und zwen ungeverlich nebent einander gän mögent.

Die gartener söllent ouch ir rûben, krut und zybeln abeladen und nit abe den karrichen und wagenen uf demselben platze verkoufen, umb das sie den platz domit nit verslagen und ander lûte an irem sitze irren oder hindern mögent; dann wer sin krut, rûben oder zybeln uf karrichen oder wagen feyl haben wil, der sol domit halten nydewendig des geesterichten platzes wider sant Ulrichs brunnen zû, oder mag das füren uf den krutmerckt oder für die Schintbruck, wo im das geliept; und welher der stück eins oder me verbreche, der sol bessern 5 β δ, so dick das beschee, die ouch die sübenzüchtere nieman übersehen söllent, und sol den knechten die das rûgen der vierde pfennig werden und zûgehören.

Actum sabato vigilia Nicolai. Anno 1495. (5. December.)

Item dis ist den gartnern geschriben geben.

Item den sübenzüchtern in ir bûche geschriben.

[1] Das *Seilergesselin* ist die heutige *Seilergasse* zwischen Ferkelmarkt und Schlossgasse.

# Maurer-Ordnung.

**1438.**

G. U. P. Lad. 15, nº 7.

Wir Obreht Schalck, der ammanmeister, Claus Melbrü, Claus Schanlit, Jocop von Geispoltzheim, Adam Riffe, Johannes Staheler, Hug Dohssenheim, Cůnrat Armbroster und Lienhart Trachenfeils, altammanmeister zů Strosburg, tůnt kunt allen den die disen brief anesehent oder hörent lesen, das für uns komen sint die erber meisterschaft des antwerg der murere zů Strosburg, mit namen meister Friderich Bösch, zů disen zyten des rates zů Strosburg, meister Hans von Eckboltzheim des selben antwergs meister, Hans von Bergheim, genant Ammanmeister, unserer stat wergkman, Cůntz Wilde, Peter, estericher, von des gemeinen antwergs der murere und iren wegen, und liessent uns einen briefe hören mit hern Obrechts Schalckes, des ammeisters und der alten ammeistere zů der zyt insigeln versigelt, des datum stunt uf den nehsten donerstag vor der heiligen apostolen sant Philippus und sant Jacobes tag, in dem jore do man zalte von Christi geburt dusend vierhundert drissig und zwei jore, darinne etliche puncten und artickele geschriben stundent, wisende wie sü lůte an das antwerg emphohen, ouch wie sü sich an jrem geriht halten und wie sü kneht ufnemen und setzen soltent, und sprochent domit : als die herren die drytzehen ein andere ordenung gemaht hettent, wie die antwergk lůte zů jnen empfohen soltent, und ouch schöffel und amman die bestetiget hettent, die selbe ordenunge begertent sie das wir jnen die gundent ouch in den brief ze setzen und die alte harus ze tůnde, und das sust die andern stücke alle do by blybent, als die danne jn dem alten briefe begriffen werent, und doch jn einen nuwen brief verschriben wurdent, und botent uns also flissetlich das wir jnen den versigelen woltent, danne jnen und irem antwergke ein notdurft were uf das das by der ordenunge blibe und nit dowider geton wurde; und ist dis die nuwe ordenunge wie sü lûte an jr antwercke empfohen sollent, mit den andern stücken die jn dem alten briefe geschriben stundent, mit namen des ersten: wer ire antwergk und eynung koufen wil, wer der sy, der sol vor und ee geben dem antwergk drû pfunt straszburger pfennige und nit me, noch inhalt der nuwen ordenunge so meister und rat, schöffel und amman erkant habent, als vorgeschrieben stot, und sol burger sin und sinen eigenen harnsch haben der nyemans anders sy, und sol ouch das beheben, by sinem eide; welle ouch an dem antwergk kinde habent oder die under dem antwergk geboren sint, es synd knaben oder dohtere, die jrs vaters reht an dem antwergk haben wöllent, do der knabe das antwergk selber haben und triben will, oder die dohter einen man hette der das antwergk triben will, das selbe kind sol geben fünf schilling strasburger pfennige umb syns vater reht und nit me, und sol burger (sin) und synen eigenen harnasch haben, also vor bescheiden ist. Item es sol ouch dehein meister jres antwergkes me dann einen lerkneht und einen lonkneht haben, nach altem harkommen jrs antwergks. Item sü söllent ouch alle jor setzen und ordenen nûne erbere manne und einen meister jrs antwergks, die sü truwent die dem antwergk aller nûtzest und beste sint, und die söllent von des antwergks wegen zû geriht sitzen und die sachen so das antwergk oder die lûte des selben antwergks berûren, noch dem und für sü komment, rihten von des antwergks wegen; und söllent ouch die selben nûne manne und der meister alle jor sweren vor dem ammeister der danne zû ziten ist, recht gerichte zû halten, glich dem armen als dem richen und einem als dem andern, one alle miete, geverde und argeliste, und des antwergks nutz und notdurft ze tûn und ze werbende, so verre sü können oder mögent. Item es sol ouch deheynre an dem vorgenanten antwergk hynnanfürter deheynen kneht verkoufen noch koufen einre umb den andern, danne were das dete, der sol dem antwergk bessern fünf schilling pfennige, der jn kouft und der jn verkouft, und sol ouch der jn verkouft keinen andern an sin stat dingen so lange er by jm gewesen sin solte, und mögent ouch der meister und die nûne manne die besserunge gebieten ze halten; were ouch sache das deheinre ires antwergkes vellig und bessern wurde vor den nûn mannen, der sol dem antwergk bessern fünf schilling strasburger pfennige, und mögent ouch der meistere und die nûne manne die danne ze gericht sitzent dem selben der do bessern wurt die fünf schilling pfennige gebieten ze geben by andern fünf schillingen; und were es das der der (in) die besserunge verfallen were uf des meisters und des antwergks nûne manne gebote nit geben wolte und darinne ungehorsam were, so mögent sie dem selben der also ungehorsam were das antwergk verbieten untz an die zit das er die besserunge getût und jren geboten gehorsam wurt, on alle geverde; und was also von besserunge gevellet, das sol jn des antwergks gemeyne bûhsse vallen, und söllent und mögent ouch der meister und die nûne manne des antwergkes, die danne zû zyten sint, als dicke es notdurftig wurt, usz der selben bûhssen gelt nemen, lützel oder vil, one geverde, und das jn des antwergks und jn der lûte desselben gemeynen nutze bewenden und keren, one mengliches widerrede; ouch söllent die meister und die nûne manne, wenne das jor uszkompt, an jre stat welen und setzen die sü danne truwent dem antwergke und den lûten aller nûtzest und wegest sin, by den vorgenanten jren eiden, und söllent ouch die welen und an jre stat setzen in den nehsten aht tagen als das jor uszkommet, on alle geverde. Als nun wir Obrecht Schalcke, der ammeister, und die alten ammeistere do vorgenant dis alles vor uns verhörtent, besunder das sü kein anderunge an den alten briefen gethon, sunder alle stücke und puncten so darinne geschriben stundent doby habent lossen bliben, uszgenommen das stücke wie sü antwergkelüte zû jnen empfohen söllent, noch dem und die dritzehen das geordent und schöffel und amman das besteliget hant, als danne do vor geschriben stot, darumb so habent wir einhelleclich erkant und jnen die nuwe ordenung wie sü lûte an jr antwergk emphohen söllent gönnet und erloubent jn denn (die) andern stücken die jn dem alten briefe geschriben stundent jn einen nuwen brief ze setzen und die ze rechfertigen unde ze hanthaben jn aller der mosse und forme als die do vor geschrieben stont, on alle geverde, doch unschedelich der stat Strosburg an jren fryheiten, harkommen und gewonheiten, und haben ouch des zû urkûnde unser jeglicher besunder sin jngesigel lossen hencken an disen brief, der geben ist uf den nehsten donrstag vor unser lieben frowen tag der liehtmesse, genant zû latin purificatio, jn dem jor do man zalte noch der geburt Christi tusend vierhundert drissig und acht jore. (30. Januar.)

# Mess-Ordnungen.

## Ausrufen der freien Messe.

### 1415.

Stadtordnungen, vol. 29, fol. 14.

Wir Claus Ottfriderich, der meister und der rat zů Stroszburg, entbietent Peter Brucker, unserm burger, waz wir gůtes vermogent. Wir schickent dir eine abegeschrift von unser messen, die wir von unserme gnedigen herre dem rōmschen kůnige erworben habent, und empfelhent dir mit ernste, daz du dieselbe messe, noch innehalt der abegeschrift, uszrufen wellest von hallen zů hallen, und wo du getruwest daz es nůtze und gůt sye; und ist es notdurftig, so tů den brief abeschriben und slahe die abegeschriften uf umb und umb, do es dich danne nützlich beduncket sin, und tů hündenan an die brife schriben, daz die messe fry sol sin und zollfry gehalten werden.

Datum die dominica quo in ecclesia cantabatur judica. Anno 1415. (17. März.)

## Verordnungen die Messe betreffend.

### 1441.

Stadtordnungen, vol. 2, fol. 21.

Menglich soll wissen, das die messe und jarmark so unsere burgere jerlich in unser stat Straszburg habent uf hüt mentag angangen ist, und die will man ouch halten mit allen puncten und artickeln alsdann die von der messe ůfgesatzt sint. Und soll ouch in derselben messe, weder frömde noch heymische, nyemand deheinen underkouf triben, er habe dann vor und ee vor den fünfen so über die messe gesetzt sint gesworen alle die puncten und artickele, die von den underkoufern geschriben stont zů halten, uf das der stat Straszburg beschee das ir bescheen solle.

Es sol ouch menglich in unser stat Straszburg diese messe für sins herren schulde getröst sin, er habe dann mit munde oder hant dafür globt und versprochen zů bezalen.

Man hat ouch ein hus bestellet das man nennet den Heissen Stein[1], das soll sin uf der schnider stube, darinne man spilen mag; da ist mit knehten bestellet und geordent das glich redelich spil da gange, und man ouch die messe usse nyergent anderwo kein spil halten dann in demselben huse des Heissen Steines; doch mag man in garten oder sust an andern enden wol walen, im brette spilen, karten und schochzabels und sust kein ander spil tůn, es seye lüstels, bœckels oder anders; dann wer in den vier wuchen diser messe anders spilete, dann in die mossen als devor bescheiden ist, oder deheinreleye spil hielte, liehter dar gebe oder würfel, es were in hüsern, in garten oder in trinckstuben, by tage oder by naht, der bessert 5 lib. δ; und ist ouch solichs den fünfen so über die messe gesetzt sint empfolhen; die ouch hůte darüber setzen sollent, wo das verbrochen wurde, daz sie das strafen und die besserung nyemand varen lossen söllent.

Actum et publicatum dominica post festum beati Udalrici. Anno 1441. (9. Juli.)

## 1470.

Stadtordnungen, vol. 2, fol. 80.

Als dise straszburger messe bitzhar aht tage vor sungiehten und aht tage donoch gewesen ist, do haben wir meister und rat, etlicher ursachen halp so uns dotzů bewegent, gesetzet und geordent das dise messe hynnanfürter alle jor uf sant Johanstag zů sungiehten angefangen und ingelůtet werden soll und gehalten vierzehn tage noch demselben sant Johanstag; donoch wisse sich menglich zů rihten.

Actum sabato post Petri et Pauli. Anno 1470. (3. Juli.)

[1] Das *hus zum Heissen Stein* scheint hier nicht eigentlich ein *Haus* bezeichnen zu sollen, sondern eher ein bestimmtes *Spiellokal* innerhalb der Schneiderstube, welche ursprünglich in der Langen Strasse, im XV. Jahrhundert, am nördlichen Ende der Münstergasse sich befand.

# Metzger-Ordnungen.

## 14. Jahrhundert.

Stadtordnungen, vol. 19, fol. 5.

Unsere herren meister und rat sint überein komen, daz alle die metzigere, die zů unsere stette zů Strazburg gehörent, sweren süllent zů den heilgen, daz sie alles daz vihe, daz sie nů ze male hant oder harnach gewunnent oder wo sie es koufent, es si verre oder nahe, do sie oder ieman von iren wegen teil oder gemeine an habent, in unser stat zů Strazburg verhouwen süllent, und verkoufen zů der wogen, ane alle geverde, noch nieman von iren wegen, und velr daz under in verbreche, den sullent sie meister und rate rügen und vürbringen, bi dem vorgenanten irme eide, wie es in vürkomet und nach hörsagen, und sullent es ouch meister und rat rihten und rehtvertigen ůf den eid und nach hörsagen, und darumbe ist in erloubet ein pfunt rintfleisches umbe 2 pfennige zů gebende, hinans untze unser frouwe dag der eren. Also were es daz sie sich do zwischent nut alse redelich hieltent, so mögent es meister und rat wider abelaszen; und velr metziger ir zunft het oder hinan vürme von in empfinge, der oder die sullent ouch dise vorgeschriben ding sweren zů haltende, und velr es ouch nüt swüre oder gesworen hette, den oder die sullent sie ouch meister und rate rügen und vürbringen, bi dem vorgenanten irme eide.

Doch sol ir iegelichem ir reht behalten sin umbe einen pfor oder umbe ein milchgeinde rint in die dörfer ze lihende, als (in) unser stette buch stat.

Doch sol diz gebot nůt angan pfore und milchgeinde rinder, als (in) unser stette buch stat, und zöcken ohsen.

---

Unsere herren meister und rat sint überein komen, waz vleisches die metziger hinan vürme verhouwent, daz von rindern und von pfören komet, daz sie da ein pfunt umbe 3 helbelinge geben sullent, und nůt höher, und sullent ouch daz selbe vleisch uf sundern bencken verhouwen. Waz vleisches sie ouch verhouwent, daz von ohsen, von styeren, von kelbern oder von hemmeln komet, des mögent sie ein pfunt umbe 2 pfennige geben, und nůt höher, und sullent ouch daz selbe vleisch, des sie ein pfunt umbe 2 pfennige gebent, uf sundern bencken verhouwen und verkoufen, und uf den bencken do sie daz vleisch ufe verkoufent, des sie ein pfunt umbe 3 helbeling gebent, und sullent ouch nieman zweyer hande vleisch zů koufende geben vür einer hande; und umbe daz swinin vleisch, scheffin vleisch, bok vleisch und geiszin vleisch, daz sullent sie verkoufen alz sie untze har getan hant, ane geverde; und in welr maszen sie ouch daz vorgeschriben vleisch uf die bencke legent vür die lůte, in derselben maszen sullent sie es oůch verhouwen und verkoufen, und nůt uz dem wasser, und sullent danach kein unslit davon nemen; und ist ouch gegünnet daz sie mögent würste machen, obe sie wellent, also doch daz die darme swinin sint und nůt rindin, und daz sie ouch dieselben würste under den bencken vor den lůten machent und nůt in den hüsern; und velr metziger der vorgeschriben dinge deheins verbreche, der bessert 30 ß als dicke er daz tete, und sullent es ouch unsere herren meister und rat rügen, rihten und rehtvertigen uf den eid, wie es in vürkomet und nach hörsagen, und sullent ouch dise vorgeschriben ding weren und stete bliben, hinnan untz sant Michels tag nu ze nehste.

## 1435.

Stadtordnungen, vol. 24, fol. 2.

Dis ist das lest ratslagen so dise herren her Burckart von Mülnheim, her Claus Lentzel, her Hans Staheler, her Albrecht Schalck, altammeister, und Diebold Blyweger noch empfehlnisse unser herren rät und ein und zwentzig über der metziger ordenunge geton hant, feria sexta ante dominicam Cantate 1435. (13. Mai.)

Es sol dehein metziger, noch nyeman von iren wegen, deheiner hande fleisch me gesaltzen anders dann das yeglicher under inen, one alle geverde, in sime huse und mit sime gesinde essen wil, usgenomen swinin fleisch, und kein ander fleisch, das mögent sie saltzen, und welher das brichet, der bessert 5 ß δ, als dicke er das bricht; doch were ob inen etwas fleisches überblibe ime summer, das sie vor zů veilem mercket ligende gehept haben und das nit verkoufen mögent, das mögent sie wol saltzen, und söllent doch das darnoch nit höher geben dann ein pfunt umb 2 ₰, und söllent ouch kein ander fleisch saltzen dann das inen also uf veilem merckt überbliben were, und söllent es ouch nit wider verkoufen dann so es wider trucken wurt; were ouch sache das ein rint oder ander vihe bresthaft würde und nit zů dem schinthuse komen möhte, das mag er ouch wol saltzen, one alle geverde, doch nit anders dann uswendig der stat, und sol doch solich fleisch under der metzigen nit verkoufet werden, by der vorgeschriben pene der 5 β.

Es sol ouch dehein metziger deheiner hande fleisch geben eim andern metziger, weder zů koufen noch sust, anders dann als vil als er, one alle geverde, in sime huse essen wil, und welher das brichet, der bessert 30 β ₰, als dick er das důt.

Es sol ouch dehein metziger nyeman helfen fleisch koufen in deheinen weg, und welher das brichet, der bessert 30 β ₰.

Die metziger söllent ouch die gebot under inen ablossen als sie etwan gemaht hettent; welher zů eim gast kommet der vihe harbroht oder bringet daz der gast, donoch so der este darumb geret hette, des vihes nieman getörste fürbas geben zů koufen, und das ouch kein ander zů demselben vihe getörste keinen, dann menglich mag nů das vihe koufen, lützel oder vil, wie doch das es ein ander metziger vor gefeilset hette, wann es sol ein fry mercket darumb sin.

Wer ouch ein husgenosse ist an dem antwerck, koufet der ein hufen vihes, vil oder wenig, keme do ein ander husgenosse und heischet im teil daran, so sol er es ime geben, koment zwene, drie oder viere und heischent im teil, er sol es inen ouch verbunden sin zů geben, doch mit underscheide: der den kouf also geton hat, dem blibet das halb vorab, ob er wil, und darnoch den überigen yeglichem noch margzal; es söllent aber nit me dann zwene die zů banck howent mit einander gemein haben, es werent dann gebrüder oder vater und kint, die in eim costen und in eim huse sint.

Welher metziger, unser burger, zů den metzigern komen wil und iren eynung und husgnossendum empfohen, den sollent die metziger under ir antwerck empfohen und zů inen nemen, wann er die eynung koufen wil, umb zwey pfunt pfennig, und söllent ouch alle metziger, die in unser stat gesessen sint zû iren bencken und irer einung empfohen, by hundert marck silbers; und mögent ouch die, die also zû inen komment, als wol fleisch howen als sie, und sollent ouch dieselben alle ir reht haben an dem schinthus und sust und die gebot halten, die ouch die andern metziger haltent, als in user statt bûch stot.

Es söllent ouch alle unsere burger und hindersassen, metziger oder andere, nieman usgenomen, die do vihe koufent und ziehent uf merschetze in disem bistum, das do nit zuhtvihe ist, nyrgent anderswohin verkoufen dann hie zû der wogen (zu) verhowen, und wer das verbreche, der bessert 10 ß, als dicke das geschee; was aber zuhtvihe ist das sust die burger haltent und ziehent und das dorin komet, oder ob die burger vihe umb zins verluhen hettent, das sol dis nit angon.

Welher metziger ouch vihe ziehet in disem bistum, der sol es hie zû banck verhowen; welher es aber nit zû banck verhiewe, der sol es doch eim zû koufen geben, der es hie zû banck verhowet, doch mit disem underscheide, wers sache das eim ein vihe bresthaft würde und nit zü dem schinthuse komen möhte, dem mag wol erloubet sin solich vihe zû verkoufen; were ouch das eim brest in einen hufen vihs keme und das (er) hie zû bancke nit vertriben möhte, das fleisch so unwert were, so mögent die fünfe, die man jerlich dotzû anwiset, als in eim andern artickel hienoch davon geschriben stot, wol maht haben eim solichen zû erlouben sin vihe zû verkoufen, doch söllent es dieselben fünfe oder der merer teil under inen uf iren eid erkennen ob es zû der zit not sy oder nit.

Wer es ouch das eim ein hufe vihes läufig wurde und er das vih suchen müsste, ob ime do sin kneht und gesinde solich vihe verkoufete uf der strossen, das sol ime an der besserung keinen schaden bringen; was vihes er aber wider zû lande bringet, mag er das hie nit vertriben, so mögent aber die vorgemelten fünfe im erlouben solich vihe zû verkoufen in vorgeschriebener mosse. Wers ouch ob einer under den metzigern füre in Swaben, in Westerich, in Oberland oder andere ende und do vihe koufete, ob ime do uf der strossen eine milch gebende kû oder ein rint oder zwey ungeverlich oder eins breshaft würde, oder ein ritpforr, das mag er ouch verkoufen;

wers ouch ob einer hett vihe stonde uf dem lande, hinder eim geburen, das zuhtvihe were, ob do er oder der gebure verkoufte ein kû oder ein kalb ungeverlich, sol im an der besserung keinen schaden bringen; wers ouch ob einer us eim schopfen, oder der es sust herbrehte, verkoufete zuhtvihe, schofe, lember oder jerige hemmel, sol im ouch keinen schaden bringen. Wers ouch das sich einer etwan überkoufet hette und eim koufman oder andern schuldig were, und die wolten bezalt sin, und er dann solich vihe hie nit by der wogen vertriben möhte, und der villiht zwene tage müste ston ob ein rind oder ander vihe er verkoufete, so mögent aber die obgeschriben fünfe, uf ire eide, erkennen ob solichs not sy eim solichen zû erlouben zû verkoufen als vor underscheiden ist, und nit anders.

Wer ouch ob sust deheinem burger der vihe züge, als in dem vordern artickel stot, vihe zûgonde wurde, und er das wolte tûn hie zû bancke verhowen und im das die obgemelten fünfe besehent und erloubeten, söllent ime die metziger gönnen und dehein verbot oder gesetzde dowider tûn, domit der burger doran gehindert werden möhte, und der burger mag mit eim metziger übereinkommen umb den metzlichen lon, noch der fünf erkennen.

Wann ouch ein frömde man vihe alhar zû mercket bringet und es der metziger koufet oder ein burger, so sol er es den metziger oder burger drie tage weren, und ist daz in den drie tagen utzit argwenig wurt oder ein rint, zwey oder drie stürbe, oder ander vihe, das got dem koufman ab; beduhte in ouch uf der weyde utzit argwenig under dem vihe, so sol er zû dem underkoufer gon der dann den kouf gemaht hat und dem verkünden das das vihe argwenig sy, und wann er im solichs verkündet in den drien tagen, so het er fürbass werschaft aht tage, und wurde in den aht tagen das vihe fürbass bresthaft, sol er in des vihs noch vierzehn tag weren, und wann die vergangen sint, ist es dann aber nit gereht, so git er ime das vihe miteinander wider, wann kein metziger dehein argwenig noch bresthaft vihe koufen sol, wann allein das gesunt und gereht ist.

Man sol ouch kein vihe, wo das harkomt, nit slahen es sy dann vor besehen von den obgemelten fünfen, und so man das vihe gesleht, söllent es die fünf oder der merteil under inen aber besehen an dem fleisch, und welich metziger sich des widerte, der bessert von yeglichem houpt vihes 30 β δ, als dick das geschee; und wann das vihe also besehen wurt, ist es dann argwenig, sol man es drie tage lossen ston und dann ander mole besehen, und nit slahen es sy dann gereht; hette ouch einer bresthaft vihe mit ufsatz kouft, der bessert 30 β, und sol man das fleisch in den spital geben; wann man ouch bresten erfindet im lande am dorfvihe, so sol kein metziger oder ir gesinde darunder koufen, und wer das breche, der lidet die vorgenant pene.

Es söllent ouch alle metziger und die zů inen koment howen welher hande fleisch sie wöllent, und sol sie nieman doran irren; sie mögent ouch wol würste machen, doch das sie das fleisch vorhin söllent lossen besehen ob es schöne und gereht sy, und wann es gehacket wurt, so sol man es lossen besehen; ist es dann gereht, so erloubent im die fünf oder der merteil under in das zů würsten zů machen; und welher das verbreche, der bessert 5 β als dick das geschee. Es sol ouch sust nieman würste zů merckete veil haben, das fleisch sy dann vor besehen worden, glich als den metzigern, als davor geschriben stot.

Die swinin metziger sollent ouch geben swinin fleisch zů broten und zů sieden ein pfunt umb 2 δ, das man durch die swarte howet, und allerhande swinin fleisch, das man zů bancke howet, ouch also, und söllent geben die köpfe und die füsse ein pfunt umb einen pfennig und nit höher; was aber specks man saltzen wil oder spint, das mag aber einer geben nochdem er mercket hat; es sol ouch nieman keine köpf oder füsse zů gebrotenem fleisch zů nemen gebunden sin.

Es sol ouch kein metziger, noch nieman von sinen wegen, ab deheime fleisch unslit sniden noch tůn, dann alleine die nieren und die griff und nit me; dann wie sie das fleisch zů merckete legent, davon söllent sie nützit tůn und das also den lüten geben; und wer das brichet, der bessert 30 β, als dick das geschiht.

Es sol ouch dehein metziger, ire kinde, knehte und gesinde, die von iren wegen zů bancke stont und fleisch verhowent, hynanfürder nit zweyer hande rintfleisch uf einem bancke verhowen, wegen noch nieman zů koufen geben, wann sie söllent slehtyklich einer hande fleisch uf eim banck ligende haben und das den lüten zů koufen geben und yeglichs als es dann ist, und söllent ouch das hemmelin fleisch nit verwessern noch sletyklich süfern; und wer der stücke deheins verbreche, der bessert 30 β.

Es sollent ouch alle metziger, junge und alt und mit namen alle die von iren wegen zů bancke stont, sweren zů den heiligen über missewegen und menglich das reht zů geben und über röubig und verstolen vihe, und sol ir einer den andern doran rügen, wie es ime fürkomet; und welher buswürdig funden wurt, der sol bessern zwene monat von der stat und 2 ß δ; were aber das er es donoch zů dem andern mole verbreche, so sol er das antwerck donoch niemer me getriben.

Wann ouch die vorgenanten fünfe, zů winter zit so man verher hartribet, sehent bresten am fleisch oder künftige bresten doran vörichtent, so söllent sie gebieten allen den die do verher hant, das sie die halben verhowent und die andern halben mögent sie ine erlouben zů saltzen; und wer das anders tete der bessert 30 β.

Ouch söllent die metziger under inen halten das ir keiner, er sy rich oder arm, in sime huse weder rint noch hemmel slahen noch abstechen sol; welher das under inen verbreche, der sol das antwerck niemer me getriben, und wo die fünfe oder die geswornen das fleisch vindent, das söllent sie in die Brüsch werfen.

Welher ouch under den metzigern lunge, leber, rickel, borsten, füsse, köpfe, spint, kröse, kalbsfüsse oder würste zů fleisch gebe, der bessert 1 β δ und vier wochen von der stat, und sol man ouch das halten für missewegen.

Es söllent ouch die brüger alle jor sweren an den heiligen, den metzigern und ouch den obgenanten fünfen zů verkünden und zů sagen welhes swin pfinnig usgefallen ist uf der zungen, und sol ouch kein metziger dehein solich pfinnig swin, by sinem eide, under die metzige tragen, und söllent ouch solichs was inen für pfinnig us dem brügehuse gegeben wurt, es sy fleisch oder speck, nit under die rehte metzige tragen und es uswendig der metzige uf dem bůhel verkoufen und do zů saltzen bereiten oder zů smaltz, by 30 β δ, die metziger söllent sich ouch mit můtern fleisch halten glicher wise als von dem pfinnigen dovor unterscheiden ist; welhes aber versniten ist, das halten wir nit für můtern fleisch.

Was gesaltzens swinis fleischs ouch harkomet, das sol kein metziger howen es sy dann vor besehen von den fünfen; wer das brichet, der bessert 30 β δ so dick er das tůt.

Welher metziger zwey, drie, vier oder fünf rinder sleht, der sol alle tage, oder ime tage so dick das notdurft ist, eins harus tragen und hinder sich hencken, nit mynre, me mag er wol harus tragen, doch einerley fleisch von eim rinde, und sol ouch dasselbe fleisch den lüten zů koufen geben, wer es an in fordert, und wann er es also verkoufet, so sol er das andere donoch ouch harus tragen und ouch also verkoufen, und was er also verkoufet, das sol er fürderlich hinweg schicken und nit hinder im lossen hangen, nit das er sich domit geschirmen möhte das er spreche, es hörte den oder den zů; liessent sie aber darüber utzit do hangen, wer das an sie begert dem söllent sie das nit versagen; welher ouch vier swin brüget, der sol zwey hinder sich hencken, nit mynre, me mag er wol hinder sich hencken, und das den lüten zů koufen geben, als vorgeschriben stot; welher ouch kälber abstichet über vier, der sol drü hinder sich hencken und das den lüten ouch also zů koufen geben; welher ouch hemmel oder schofe abstichet, ouch über viere, der sol drie hinder sich hencken; steche er aber vier ab, so sol er zwei hinder sich hencken, darunder und dorüber noch margtzal, und das ouch den lüten zů koufen geben als vor stot, und yeglichs umb sin gelt geben als bishar gewonlich gewesen ist; und sol ouch ir yeglicher zů jeder zit harus tragen so vil man bedarf und der hinder sich hat, und des nutzit mit geverden verhalten; und wer das verbreche, der bessert 10 ß δ, als dick das geschee; doch ist inen gegönnet: wann es were das fleisch so unwert do zů leger lit und stinckent uf dem bancke wurde, das einer es nit verkoufen möhte, oder zů winter zit so es gefrüre, das dann einer harus tragen mag so vil als er truvet zů verkoufen.

Welher metziger ouch der vorgeschrieben stücke deheins verbreche und ime die metziger meister oder die fünfe sin fleisch uf sime bancke dofür verbütent, und er sin fleisch ohne urlop danne tete, der bessert ein pfund δ und vier wochen von der stat.

Welher metziger ouch veisset fleisch oder unslit in ander mager fleisch stiesse, der bessert ein pfund δ und vier wochen von der stat, und sol man das rügen und rehtfertigen noch hörsagen.

Und umb das die metziger alle und yegliche puncten und artickel dovon begrifen deste bass gehalten und doby bliben mögent, so wil man inen gönnen und erlouben das sie jerlich, von ostern untz zů sant Johanns tag zů sungihten vier pfunt rintfleisch umb 7 δ geben mögent, darüber und darunder noch margtzal, doch nit anders dann das veisset und gůt ist, und inen das von den obgemelten fünfen oder dem merteil vor besehen und erloubet sy, one geverde.

Man sol ouch drie erber man, die an metziger antwerck nit gehörent, ordenen, es sy von den reten, ein und zwanziger oder schöffeln, und zwene darzů von metziger antwercks, das ir fünfe sint, die söllent alle jor sweren vor dem rot das sie alle tage teglich, zům mynsten ein mol oder zwier oder so dick das not sy, durch die beden metzigen und das schinthus gangent und lugent und warnement und hütent über alle vorgeschriben dinge, das die gehalten und vollezogen werdent, und mit namen das vihe besehent so man das alhar bringet zů koufe oder uss den öwen und stellen, das man slahen wil und uf das schinthus füret; und wann es geslagen wurt, söllent sie das fleisch ouch besehen das es gesunt und gereht sy, was zů banck und zů kouf gehöret; und was ungesunt und böse funden wurt, das söllent sie, by iren eiden, in die Brüsch tůn werfen und darin nieman schonen noch ansehen. Wo ouch einer oder me under den fünfen, welher es were, darzů nit komen möhte, so söllent doch die andern, ir syent drie, vier oder zwene, den sachen zů einer yeglichen zit nochgon, als vorgeschriben stot; wurden aber dieselben in deheim stück nit eins, so söllent sie die andern fürderlich zů inen besenden, und was das urteil wurt, das sol fürgang haben; es sollent aber die zwene metziger under den fünfen allein nützit erlouben noch tůn, der andern drie oder zwene zům mynsten syent dann by inen. Was besserungen ouch by allen puncten und artickeln die vorgeschriben stont zů falle koment, die über 10 β sint, die söllent unser stat halb werden und dem antwerck das ander halb; was aber 10 β oder darunder ist, sol dem antwerck alleine zůgehören. Es söllent ouch die vorgeschrieben fünf eine büsse haben, darin sie tůn söllent alle besserunge die der stat zůgehörent, und söllent ouch eim yeglichen der zů besserung komet, by 30 β δ, gebieten die besserung in dem tage zů geben, und welher das in dem tage nit tete, der sol (in) die 30 β δ darzů verfallen sin.

Wer ouch das den obgenanten fünfen dorinne yeman ungehorsam were, den söllent sie fürderlich dem rot geschriben geben, und dorin nieman übersehen, das die dorumb gestrofet und gehorsam gemaht werden; und sol ouch ein yeglicher stettmeister und ein ammeister, die dann zû zit sint, es zû stunt, so in das fürbroht wurt, vor dem rot hören und das nit verziehen mit deheinen geverden, und welher der aber darüber dete, er wer meister oder ammeister, der sol bessern die pene die der metzȋger der also gerüget wurt liden solt.

Es söllent ouch des antwercks meister, die geswornen und die zoller und underkoufer an irem antwerck jerlich sweren vor den obgemelten fünfen die vorgeschriben ordenunge und alle stück zû hüten und warzûnemen, und wo sie befindent das yeman dowider geton oder verbrochen hette, das sie den rügent und fürbringent den obgenanten fünfen; darzû mögent es alle rotherren und schöffel ouch rügen und fürbringen wo sie es sehent oder erfindent; und wer derselben deheinen, es werent die obgemelten fünfe oder yeman anders, der solichs gerüget oder fürbroht hett, dorumb leidigete oder smehte mit worten oder wercken, in welhen weg das were, die sol meister und rot strofen noch der geschiht die dann ergangen were, by dem eid. Ouch söllent und mögent die metziger under inen nit deste mynre gerihte halten und haben, als irs antwercks gewonheit und harkommen ist.

Es söllent ouch die drie von den obgemelten fünfen, die meister und rot von inen, die die ein und zwenziger oder die schöffel harzû ordent als vorstot, die hochmeister sin und dasselb ampt ouch usrihten, und man sol jerlich dieselben drie besetzen und ouch endern, in der mosse als das drier ampt uf dem pfennigturn, und ir yeglichem under den fünf sol man zum jor für sinen kunten, müge und arbeit geben 5 pfund ₰.

---

## Fleisch-Taxe.

### 1469.

Stadtordnungen, vol. 1, fol. 94.

Herr Claus Baumgartner, Hanns Brant genant Spirer und Heinrich Bissinger (feria quarta post Dionysii 1469). [11. October.]

Die herren haben, nach entpfelhe unser herren rete und XXI, von der metziger anbringen wegen, sich in rotslahens wise underret also :

Zům ersten, so were eines teiles meynunge, das man das hemmelfleisch durch das jor gebe ein pfunt umb 2 pfennig, und das schoffleisch, das gůt an das messer wer, ein pfunt umb 1 pfennig, ouch durch das jor, und das kalpfleisch, von ostern untz sant Gallentag, ein pfunt umb drie heilbelinge, und von sant Gallentag untz vastnacht ein pfunt umb 2 pfennig; item die haubtbroten von geheileten swinen oder von gůten brotbecker swinen, durch das jor, ein pfunt umb 2 pfennig, und das überig swininfleisch, zů sieden, durch das jor, ein pfunt umb 3 heilbelinge, desglichen von geheileten ebern, moren oder lienen allen je ein pfunt ouch zů 3 heilbelingen, durch das jor.

So ist des andern teils meynunge, das man es liesse geben wie es vor alten ziten geordent und geben ist: nemlich ein pfunt kalpfleisch umb 2 pfennig, item swininfleisch zů broten ein pfunt umb 2 pfennig; doch söllent sie nieman swinige siedefleisch geben, er wolle es dann gern nemen; und sol man alles swinige siedefleisch nit höher geben dann ein pfunt umb 3 heilbelinge, neher mögent sie es wol geben; item ein pfunt hemmelfleisch umb 2 pfennig; item ein pfunt schoffleisch, das gůt an das messer ist, umb 1 pfennig, wie die alte ordenunge vormals gewesen ist, mit allen andern puncten und artickeln, das das doby blibe und dem nochgangen werde mit sweren, rügen und bessern, als dann die alte ordenunge gar aigentlich wiset.

Item, wie wol den herren von des unslitz wegen nit entpfolhen ist, so haben sie doch in irem underreden gemeinet das es notdurft were zů ordnen das das unslit nit mit grosser summen verkouft wurde, von der stat hinweg zů füren, deshalp das dadurch ufslag und türunge des unslitz entstot, daz der mennige schedelich ist.

Ist erkant es losen zů bliben by der alten ordenunge.

Sabato post omnium sanctorum 1469. (4. November.)

---

## Metzger-Ordnungen.

### 1483.

Stadtordnungen, vol. 1, fol. 170.

Unser herren meister und rat habent erkant dise nochgeschriben ordenung künftiglich zů halten, nemlich: zům ersten, welher metziger gůt gemeste rinder hat, die von sant Gallentag ungeverlich über winter uf dem miste gestanden sint, der mag die verhowen zwüschent ostern und sant Jacobstag, und geben vier pfunt umb sieben pfennig, darüber und darunder, nach margzale, und sol das niemans versagen; doch das es besehen werde als harnoch geschriben stät; aber was sust von andern rindern ist, das sol harin nit vergriffen sin, sonder was grase rinder, pforen, oder küge sie hegent, sie sint wie veiste sie wollent, die sollent by dem alten harkommen blyben, und ein pfunt umb drie heilbeling geben werden.

Es sol ouch dehein metziger zweyer hande rinder einsmols uf einem banck howen, sonder eins noch dem andern howen.

Und welher nu hinfürme also rintfleisch howen wil, der sol das sinem zunftmeister zů halbvasten sagen, und sol dannoch dehein metziger dehein rintfleisch under die metzige tragen oder verhowen, es sy dann vor von drien gesworn metziger antwercks, noch besage ir ordenunge, besehen und erkant obe das gůt gemeste rinder sint oder nit, und welher also rintfleisch howen wil, der sol von ostern bitz sant Jacobstag sin banck nit one rintfleisch lossen, ungeverlich wie obgeschriben stät. Ouch so sollent alle metziger fürter in der egenanten zit dehein rint das sie slahent uf dem schinthuse noch under der metzigen teylen, in deheinen weg, sonder ein jeder sol sin geslagen rinder gantz uf sinen banck tragen und doselbs verkoufen; und wer das verbreche, der bessert von jedem teyl 30 β δ.

Und welher zuseit also rintfleisch zů howen und das nit tete, der sol das gantz jore us kein rintfleisch howen; welher ouch der obgeschriben stück eins oder me verbreche, derselbe sol von jedem stück oder artickel bessern 30 β δ, so dick das beschehe; aber sust, noch sant Jacobstag bitz vastnacht, mag ein jeglicher howen was er wil, noch besage der alten ordenunge, doch das ir deheiner durch das gantz jor dehein lampfleisch by rintfleisch verhowen oder verkoufen sol, by der egemelten pene.

Item was personen die metziger fürter bessern, die besserunge sy lützel oder vil, so sol der statt an solicher besserunge der dirteil werden und zůgehoren, und solich gelt in ein büchs gestossen und alle fronvast uf den pfennigturn geantwort werden.

Item als die alte ordenunge wiset, das die metziger sollent hemmelnfleisch uf den nonetag und donoch ungeverlich howen, und aber der nonetag nit glich fallet, und etwan so früge im jore kompt, das die hemmel noch nit zit oder gût zû howen sint, do ist geordent, das solich zile gesetzet sin sol uf sant Urbanstag, das ist ein namhaftig zile, dans nit verrucket wurt, und kompt zû solicher zit, das die hemmel wol zû stechen und zû howen sint.

Item es sollent ouch die geswornen des nuwen und alten gerichts metziger hantwercks, sampt und sonder, schuldig und verbunden sin was inen fürkompt, sie sehen oder befinden das wider einiche puncten oder artickel hie vorgeschriben getan were oder wurde, solichs, by iren geschworn eiden, fürderlich zû rügen und der meisterschaft fürzûbringen, die dann ouch solichs, by iren eiden, uf stundt fürnemen und strofen sollent, noch besage der ordenunge, und das nieman faren lossen.

Rete und XXI habent dis erkant secunda post Dionysii, anno 1483. (13. October.)

### 15. Jahrhundert.

Stadtordnungen, vol. 1, fol. 29.

Es ensol ouch dehein metziger, ire kinde, knehte und gesinde, die von iren wegen zû bancke stont und fleisch verhöwent und verkoufent, hinnenfürder nüt me zweiger hande rintfleisch ûf einer bancke verhowen, wegen noch nieman zû koufende geben, wenne sie sullent sleteklich einhande fleisch ûf eime bancke liegende han und den luten zû koufende geben, und söllent ouch das hemmelin fleisch nüt anders verwessern, wenne sie es sleteklich süferent, one geverde; und velr under in das verbreche und nüt enthielte, in die wise als do vor ist bescheiden, der sol 30 β δ bessern, und sûllent die halben dem rate werden und die andern halben dem antwercke; und söllent ouch die gesworen des selben antwerckes alle tage, zûm minsten zwürent, die danne in der stat sint, durch die bencke gon ungeverlich, und söllent darüber hüten und warnemen das die vor- und nachgeschriben ding, und ouch darzû die andern stücke und artickeln, die ouch verschriben geben sint, von meister und ratz wegen gehalten und vollefûret werden. Und sol ouch zû denselben ziten, so die gesworen also durch die metzige gont und hüten wellent, niemans klopfen noch kein ander wortzeigen geben, datz (sie) do sint, domitte ir keinre möhte gewarnet werden danne by den vorgenanten penen; und welen die vorgenanten geswornen bůszwürdig findent, den oder die söllent sie meister und rat unverzögenlich verkünden und geschriben geben, by dem vorgenanten irme eide, und darumb ist in gegünnet, das sie wol mögent ein pfunt rintfleischs umb drie helbelinge geben, und das swinin, kelberins, hemelins, geyssins, schoffins, bockfleisch ouch als es sich gebürt nach margzal, und sullent ouch die vorgenanten geswornen alle dise vorgeschriben ding, by dem eide, meister und rat rügen und vürbringen, wo sie es bůszwürdig sehent oder für die worheit befindent, und sol man ouch allewegent also halten und nüt anders.

Es söllent ouch alle metziger, jung und alt, und mit namen alle die die von iren wegen zů bancke stont, sweren zu den heilgen über missewegen und mengelichen das reht zů gebende, und (nicht) überröbig und verstolen vihe, und sol ir einre den andern daran rügen, wie es ime fürkommet, und velre danne daran bůszwürdig wurt, der sol besseren zwene monate von der stat und zwen pfunt pfennig geben; were aber das er es do noch zům andern mole verbreche, so sol er das antwerg darnoch niemer me getrieben.

Welher metziger ouch ein mager rint, ein mager kalb, ein zickin, einen magern hammel, ein schof oder ein mager swin uftrüge under die bencke, one der zwier meistere oder der geswornen urlop, wer das důt, der bessert 30 β, als dicke er das důt, und sol man ime das fleisch in die Brusche werfen; nimmet man ime aber das fleisch uf dem schinthuse, so sol mans ime in die Brusch werfen, und sol der 30 β entladen sin.

Wenne ouch die vorgenanten metziger meister und die geswornen zů winterzit, so man verher her tribet, sehent bresten an fleisch oder künftige bresten daran fürchtent, so söllent sie gebieten allen den die do verher hant, das sie die halben verhowent, und die andern halben mögent sie in erlöben zu saltzende; und wer anders důt, der bessert 30 β δ.

Ouch sullent die metziger under in halten, das ir keinre, er sy rich oder arm, in sime huse weder rint noch hemmele slahen noch abestechen sol; welre das under in verbrichet, der sol das antwerg niemer me getriben, und wo die meister und die geswornen das fleisch vindent, das sullent sie in die Brusche werfen.

Welre ouch under den metzigern lunge, leber, rickeln, borsen, füsse, köpfe, spint, kröse, kalbesfüsse oder wurste zû fleische gebe, der bessert ein pfunt pfennige und vier wuchen von der stat, und sol man ouch das haben für missewegen.

Welre ouch under in howet pfinnig oder müterin fleisch, wo das die zwene meister oder geswornen befindent, der bessert ein pfunt und vier wuchen von der stat, one gnade.

Es sol ouch kein metziger, noch nieman von sinen wegen, kein unslit uf merschetzen koufen, er wolle es denne hie in dirre stat zû der wogen verkoufen, one geverde; und welre daz verbrichet, der bessert 30 β δ, als dicke er das dût.

Was gesaltzens swinis fleisches ouch har kommet, das sol kein metziger howen noch verkoufen, es sye danne vor besehen von zweyn oder drien geswornen; wer das brichet, der bessert 30 β, als dicke er das dût.

Was swinis oder kalbfleisches sie ouch slahent oder abestechent, das sullent sie hinder sich hencken under die metzige, und mögent in das die metziger meister wol erlöben nahtes inzûtragende, also doch das sie es an dem andern morgen gar mitenander wider usztragend, und es den lûten gebent zû koufende und es in ouch nût versagent; und welre das verbrichet, der bessert 10 β δ, als dicke er das dût.

Was kalbfleisches ouch die metziger verkoufent, das sullent sie fürderlich enweg schicken und sullent es nût hinder in lossen hangen; wer aber das kalbfleisch hinder in hinge, da sullent sie den lüten ze koufende geben, der es an sie vordert, und sullent sich nût domitte schirmen, das sie möchtent sprechen es were verkouft; und velre das nût enthaltet, der bessert 10 β δ, als dicke er das dût.

Was besserungen ouch gefallent, die dem rate zûgehörent, das sullent die metziger meister noch die geswornen nieman varen lossen, by irme eide, und wenn ouch besserunge vür die stat von in erteilt wurt, do sullent sie keinen pfennig vürnemen.

Welre metziger ouch der vorgeschriben stücke und artickele deheinen verbreche, und ime die zwene meister sin fleisch uf sime bancke dovür verbûtent, und er darüber sin fleisch one urlop dannen dete, der bessert ein pfunt pfennige und vier wuchen von der stat.

Die metziger meister und geswornen söllent ouch, by irme eide den sie harumb swörent, alle tage tegelich durch die metzige gon und sullent hüten und warnemen bede vornan und ouch hinder den metzigen, das alle die ding, die do vorgeschriben stont, gehalten und vollefüret werdent, und wo sie das nüt deten, so söllent sie meister und rat darumb strofen, als sich das gebürt, und söllent ouch das die hochmeister dem meister und rat fürbringen, by irme eide.

Welher metziger ouch veisset fleisch oder unslit in ander mager fleisch stiesse, der bessert ein pfunt pfennige und vier wuchen von der stat, und sol man ouch das rügen nach hörsagen, als vor stat.

Es söllent ouch die zwene hochmeister, die man inen geben wurt, vor dem rate, als das vor alters gewesen ist, by irme eide, zů allen vier teil jores, gerihte machen, und söllent alle metziger vür sich bescheiden, und söllent dis buch und alle die stücke, die von iren wegen verschriben stont, tůn vorlesen und darumbe zů rede setzen, und welicher danne bůszwürdig wurt, den söllent sie meister und rat verschriben geben, und der sol es bessern alz an disem buche geschriben stot, und söllent die metzigere do zwůschent nüt deste mynre gerihte haben, als sie untzhar geton hant, und waz unser stette von besserunge zůgehöret, söllent sie, by iren eiden, nieman varen lossen, danne sie söllent daz den fünfen antworten, die darüber gesetzet sint.

Was fleisches die metziger slahent oder abestechent und under die bencke hinder sich henckent, oder aber zů bancke verhowent, welre hande fleisches das ist, das sie das den lůten und mengelichem, der es an sie fordert, zü kouffende geben söllent, und söllent ouch das nieman versagen; und welich metziger das verbreche und nüt enhielte, der bessert 30 β δ, als dicke er das dete.

Es söllent ouch alle metziger, ire kint, die zů iren tagen sint kommen, und ir gesinde, die von iren wegen zů bancke stont, sweren zů den heilgen, das sie hinnanfürderme kein pfinnig noch müterin fleisch veil habent, verhöwent noch niemant zů koufende gebent under den rehten metzigen und bencken, wanne sie söllent es veil haben vor der metzigen do man das bockfleisch veil het, durch das erber lůte wissent was fleisch sie koufent; und welch metziger das nüt enhielte oder sich aber bürge die vorgeschriben ding zů swerende, das söllent meister und rat zů ime rihten als einen meineit, und sol ouch ir einre under in den andern rügen, by dem eide; und sol ouch dis alle jor ein rat dem andern in den eid geben.

Und alle die ding, die von der metziger wegen do vor geschriben stont, das sullent alle geswornen von dem antwercke, by iren eiden, rügen und vürbringen meister und rate oder den sieben, wo sie es sehent oder für die worheit befindent, und mögent es alle die im rat sint und alle schöffele ouch rügen und fürbringen; und wanne die hochmeister jores vor dem rate swerent, so söllent die geswornen des antwerckes alle jore mit inen vor dem rate sweren, alles daz zů halten, zů rügen, fürzebringen und zů bessern, als danne dovor geschriben stat, ungeverlich, umb daz der menige, bede rich und arm, glich und reht darinne beschehe.

## 15. Jahrhundert.

Stadtordnungen, vol. 13, fol. 191.

Unser herren meister und rat und die XXI habent erkant dise ordenunge zů halten: zům ersten das hie zwüschent und sant Jacobstag nehstkünftig, und donoch alle jore von ostern bitz sant Jacobstag, welher metziger gůt gemeste rinder hat, die von sant Gallentag ungeverlich über winter uf dem mist gestanden sint, howen und geben sol ein pfunt umb zwen pfennige, und sollent das nyemans versagen; und was sust von andern oder gemeynen rindern ist sol harin nit vergriffen sin, sunder ein pfunt umb drye helbelinge geben werden. Es sol ouch dehein metziger zweyer hande rinder eins moles uf einem banck howen, sunder eins noch dem andern, yeglichs uf sinen pfennig und keyns under dem andern howen; und was grase rinder, pforen oder küge sie howent, sollent sie ein pfunt umb drye helbelinge geben, es sy wie veysset es wölle; und sollent der meister und zwen der geswornen solich rintfleisch, by iren eiden, besehen und erkennen obe es gůt gehalten, wol gemestet und von ohssen sy, so sollent sie lossen geben ein pfunt umb zwen pfennige, und was nit solichs fleische ist, sollent sie ein pfunt fleisches heissen geben umb dry helbelinge.

Und welher nů hinfürme also rintfleisch howen wil, der sol das sinem zunftmeister zů halbvasten sagen, und ouch keyn rintfleisch under die metzige tragen oder werhowen, es sy dann von den gemelten dryen besehen, und erkant wie sie es geben sollent. Und welher also rintfleisch howen wil, der sol von ostern bis sant Jacobstag sin banck nit one rintfleisch lossen, ungeverlich, ouch keinerley ander fleisch zû oder by dem rintfleisch howen, oder mit yemans der das howet teil oder gemeyn haben; und welicher also rintfleisch howen wil und das nit tete, der sol das gantz jore kein rintfleisch howen; aber noch sant Jacobstag bitz vastnaht mag ein jeglicher howen was er wil, das mit der wogen verkouft wurt, noch besage der alten ordenunge.

Und welicher dise ordenunge verbreche an eim stücke oder me, der sol bessern 30 β ₰ so dick das geschee. Und sol menglich metziger antwercks, er tribe das antwercke oder nit, er sy meister oder kneht, und ouch sust aller menglich zû Straszburg, er sy rich oder arm, nyemann usgenommen, by sinem eide, fürderlich dem sübener schriber verkünden und sagen alle oder jeglich metziger oder kneht oder ir gesinde, die dann dise ordenunge verbrechen oder nit halten, es sy an eim stücke oder me, so dicke das geschiht; und (soll) ouch der sübener schriber, by sinem eide, one verzog anschriben den oder die so also beseit werden, und ouch den der es je zûerst beseit. So sol dann ein jeglicher verbrecher bessern solich 30 β ₰, die die süben, by iren eiden, nyeman faren lossen sollen, sunder als ein verfallen gelt, one verzog, inbringen und geben, nemlich der stat ein vierden teil, item dem gemeinen antwerck der metziger ein vierden teil, item den drien besehern ein vierden teil und je dem ersten sager oder fürbringer ein vierden teil; und darzû wie der metziger ordenunge, so sie vormols von der stat wegen hant, wiset die penen zû halten, doby sol es ouch bliben.

Item was personen die metziger fürter besserent, die besserunge sy lützel oder vil, so sol der stat an solicher besserunge der dirteil zûgehören.

Item als die alte ordenunge wiset, das die metziger sollent hemmelin fleisch uf den nontag und donoch ungeverlich howen, und aber der nontag nit glich fallet und etwan so früge im jore kompt das die hemmel noch nit zyt oder gût zû howen syent, do habent die herren geordent und gerotslaget das solich zyle gesetzt wurde uf sant Urbanstag, das sy ein namhaftig zyl, das nit verrucket werde und komme zû solicher zyt das die hemmel wol zû stechen und zû howen syent.

### 15. Jahrhundert.

Stadtordnungen, vol. 13, fol. 328.

Es sol dehein metziger, noch niemans von sinen wegen, dehein borbeleht schof oder hammel abestechen oder howen, weder in iren hüsern, uf dem schinthuse noch an deheinen andern enden, weder in stat noch in lande, und wer das verbreche, der bessert von yedem schof oder hammel 5 β ₰.; und wo einer solich schof oder hemmel uf dem schinthuse absteche, der bessert ouch die gemelt besserunge, und sol man dem das fleisch in die Brüsch werfen. Doch so mögent sie semmliche bresthaftige schofe und hemmel lebendig wol ins lant triben und verkoufen; dann man sol inen ouch semmlich vihe, so sie es harbringent oder hie koufent, allewegen besehen, als es dann von alter harkommen ist.

Sie sollent ouch solicher borbelehten schofe keyns hie uf owen zu weyden triben, und welher darüber tete, so balde es dann dem meister fürkompt, so sol er mit den geswornen fürderlich die schof besehen, und ist das er soliche bresthaftige schofe eins oder me do hat gon, so sol er bessern 30 β ₰ und sol darzů solich vihe by der tagezyt abe der owen und us der stat gebiete triben; tete er das nit, als mannigen tag er dann darüber soliche bresthaftige schofe uf der owen liess gan, als dick sol er bessern 30 β ₰; und sollent ouch alle die zů banck stont solichs fürderlich rügen und fürbringen dem antwercks meister, by iren eiden, noch hörsagen oder wie es inen fürkompt.

### 15. Jahrhundert.

Stadtordnungen, vol. 14, fol. 72.

Als in kurtz vergangenen joren allerley ordenungen den metzigern geben und gemaht worden sint, domit man vermeint hat das die mennige deste bessern fleischkouf überkommen haben solte, und aber dieselben ordenungen bitzhar nit so völlig gehalten, ouch nit glich under inen verstanden worden sint, deshalben sie etwas spennig under einander und darumb zů entscheidung kommen sint für die herren die XV, die dann etlich dartzů verordent; die haben die ordenungen, alt und nuwe, für handen genommen, ouch ir ernstlich erfaren darumb gehapt, und nach allem handel so beduhte sie nutze und gut sin es fürter zu halten als nochgeschriben stät.

Unser herren meister und rat und die XXI haben erkant es fürter zů halten wie hienoch geschriben stät:

Nemlich welher metziger owen oder matten hat domit er sin rinder geweiden und metzichen mag und gůte gemeste rinder hat, die von sant Gallentag ungeverlich über winter uf dem miste gestanden sint, der mag die verhowen zwüschent ostern und sant Jacobstag, und geben vier pfunt umb 7 pfennige, darüber und darunder noch margtzal, und sol das niemans versagen, doch das es zuvor besehen vorden, als harnoch geschriben stät. Aber was sust von andern rindern ist, das sol harin nit vergriffen sin, sonder was grase rinder, pforren oder küge sie hegent, sie syen wie veyssete sie wöllent, die sollent by dem alten harkommen bliben und ein pfunt umb drie heybling geben werden.

Es sol ouch dehein metziger zweyer hande rinder eins mols uf einem banck verhowen, sondern eins noch dem andern, jeglichs uf sinen pfennig, und keins under dem andern howen oder verkoufen.

Und welher metziger also rintfleisch uf das höher gelt verhowen wil, der sol von ostern an bitz sant Jacobstag sin banck nie one rintfleisch lossen deheinen fleischtag, ungeverlich, ouch kein fleisch under die metzige lossen tragen oder verhowen, es sy dann zuvor von dryen geswornen metziger hantwercks, noch besage ir ordenung, besehen und erkant ob das gůt gemeste rinder syent oder nit; sie sollent ouch fürter in der egenanten zit dehein rint, das sie slahent, uf dem schinthuse noch under der metzigen teylen, in deheynem weg, sonder ein jeder sol sin geschlagen rinder gantz uf sinen banck tragen und doselbs verkoufen; und wer das verbreche, der bessert von jedem teil 30 ß ₰.

Die überigen metziger, die das clein vihe howent, die mögent howen von cleinem vihe was sie wollent, doch so sollent sie nit me dann zweyerlei clein vihe uf ein gelt zů mole by einander uf einem banck verhowen und feyle haben und nit witer, usgenommen das lampfleisch mögent sie wol doby feyl haben, ungeverlichen.

Doch umb willen das deste me rintfleisch verhowen und die mennige deste bessern kouf finden möge, welher metziger dann nit so vil owen oder matten hat das er rintvihe erziehen mögt, sonder sich doch fryen koufs behelfen wil oder müss und doch gern rintfleisch howen wolt zů ziten so er das überkommen möhte, dem sol man vergunnen und gestatten rintfleisch zů howen wann und wie dick er das haben und überkommen möge; und ob ir etlich sodann werent das ir einer nit möht ein rint verhowen, so mögent ir zwen zusammen spannen und ein rind mit einander teylen, und jeder sin teyl an sinem banck verhowen, und wann er das verhowen hat, so mag er dann wider clein vihe howen und feyl haben, wie vorgemelt ist.

Und welher clein-metziger also noch vorgemelter mossen ouch rintfleisch howen wil, der sol sich dotzů rihten und verbunden sin von ostern an bitz sant Jacobstag alle woche zům wenigsten ein gantz oder zwon halbe rinder an sinem bancke zu verhowen und feyle zů haben, ungeverlich.

Welher metziger ouch gůte gemeste rinder uswendig der stat kouft und die harbringet zů vermetzigen, welhes rind dann so gůt ist das es ungeverlichen by 60 oder 70 pfunt unslitz oder gryeben hat und darüber, und das von den geswornen besehen und zůgelossen wurt, der mag die ouch verhowen uf das höher gelt, wie vorgemeldet ist.

Es sollent ouch alle rinder- und clein-metziger, die noch vorgemelter mossen rintfleisch howen sollent oder wöllent, es sy uf das höher oder mynder gelt, solichs irem zunftmeister zů halpvasten ungeverlich sagen und verkünden, und die sollent dann alle ufgezeichent und verschriben werden, uf das man wissen könne sie, noch besage diser ordenunge, zů rechtfertigen oder zu strofen wie sich gebürt.

Und welher also zůseit rintfleisch zů howen und sich von ostern an bitz sant Jacobstag nit haltet noch besage diser ordenung, der sol donoch das gantz jor us kein rintfleisch me howen, by 30 β δ, so dick er das verbreche.

Und welher metziger, noch egemelter mossen, zůseit rintfleisch zů howen, es sy uf das höher oder mynder gelt, der mag wol zů sinem rintfleisch von cleinem vihe alle woche, doch nit me dann eynerley, verhowen die woche us, und die ander woche aber derselben leye, ob er wil, oder einer anderley und nit zweyer- oder dryerleye eins mols, umb das sich einer by dem andern dester bass erneren möge; und sol doch kein lampfleisch by rintfleisch verhowen werden, by der egemelten pene.

Es sollent ouch alle metziger, ir sune und kneht, die zů banck stont und feyl haben wollent, es sy welherley fleisch das wolle, by iren geswornen eiden, schuldig und verbunden sin menglichem, er sy rich oder arm, uf sin begere fleisch zů koufen zů geben, welherley er wil und begert, das ir einer vor ime zů banck lygen hat, noch mögelichen dingen, und im das nit zů versagen, weder wenig noch vil; und besonder welhes mönsch eins plapharts wert oder darüber koufen oder nemen wil, dem sol er schuldig und verbunden sin solich stück fleisch, das vor im zů bancke lyt und angezeigt wurt, gantz oder zům teyl, abezůwegen und zů verkoufen one alle widerrede und geverde.

Sie sollent ouch nieman tringen zweyerley fleisch zůmol von in zů nemen, sonder wann ein mönsch spricht: ich wil allein das haben, so sollent sie alsdann verbunden sin im solich fleisch zů geben und ungekouft nit lossen von in gon und ouch domit geverlich nyeman ufhalten, sonder ein jedes usrihten welhes in am ersten das fordert und begert; wer das verbrichet, der sol bessern 30 β δ, so dick das geschieht, und sol dotzů derselbe der das geton het, mit siner hant in vier wochen kein fleisch me zů banck howen oder verkoufen, in deheinen weg, ouch by der pene 30 β δ, so dick das geschee.

Sie sollent sich ouch halten mit den köpfen, krösen, zungen, gehencken, füssen und andern dingen noch besage der alten ordenung, wie sie das binder inen verschriben haben, by den penen doby gemeldet.

Item als die alt ordenung wiset, das die metziger sollent hemmeln fleisch uf den nonetag und donoch ungeverlich howen, und aber der nonetag dem jor noch nit glich gefallet, sondern etwan so früge kompt das die hemmel noch (nit) zit oder gůt zů howen sint, so ist geordent, das soliche zile gesetzt sin sol uf sant Urbanstag, das ist ein namhaftig zile, das nit verruckt wurt und kompt in solicher zit das die hemmel wol zů stechen oder zů howen sint.

Und was personen die metziger fürbass strofen und bessern werden, der besserunge sy lützel oder vil, so soll der statt an solicher besserunge der dirte teil werden und zůgehören, und solich gelt in ein bůchs gestossen und alle fronvasten uf den pfennigturn geantwortet werden.

Und uf das fürbasshin diser nuwen ordenung mit sampt allen andern artickeln der alten ordenung, so die metziger hinder inen in irem buch geschriben habent, deste ufrechter nochkomen, ouch gestrofet werde was zů strofen sy und sich gebürt, so sollent nu fürter alle jor, wann die zwen hohemeister, noch alter gewonheit, gesetzt und geordent werden, die 24 gesworen des alten und nuwen gerihts metziger hantwercks für meister und rat besandt werden und aldo, mit sampt den hohmeistern, sweren alles das zů halten, zů rügen, fürzůbringen und zů strofen und zů bessern, wie sich das noch inhalt diser nuwen und der vorgonden alten ordenunge zimpt und gebürt, umb das mennige, beide rich und arm, glich und reht darin beschee.

Und wann solichs bescheen ist, so sollent die zwen hohmeistere und die 24 gesworen alle andere metziger, ire süne und kneht, die das hantwerck mit ir hant tryben und fleisch zů banck verhowen wellent, für sich uf ir stuben besenden und die alle mit iren namen ufschriben und denen alle artickel in irs hantwerckbuch geschriben, fleischhowen berüren, sie syent nuwe oder alt, tůn vorlesen und (sie lassen) sweren zů got und den heiligen den ufrehtlich nochzůkomen, by den penen darůf gesetzt, und ouch ye einer den andern zů rügen und fürzůbringen den gesworen, wo dowider getan wurde, one alle geverde.

Es sollent ouch die 24 gesworen metziger antwercks ernstlich daran sin, schaffen und bestellen das zům mynsten ir drie oder vier alle fleischtage ein mole oder zwürent durch die metzige, an alle bencke und ouch uswendig umb in die keylere gangent, sehent und lůgent das alle dinge gehalten und voltzogen werdent, wie das die artickel irer ordenung uswisent; sie sollent ouch in irem umbgang nyemans clopfen noch dehein ander wortzeichen verkünden, domit sie gewarnet werden mögen, one alle geverde; und wo sie befindent oder inen von jeman anders geclaget oder fürbroht wurt das einer oder me wider solich artickel getan hette oder getan haben solt, das sollent sie, by irem eid, dem schriber an irem hantwerck sagen und das eigentlich lossen ufzeichen wie und wer dowider getan, und ouch wer das gesehen oder geclaget habe, und sollent dann daran sin, das solichs gerehtfertiget und gestrofet werde wie sich gebürt.

Es sollent ouch die zwen hohmeister alle vierteil jors uf der metziger stube gon und mit sampt den 24 gesworen geriht halten, und alle die die bůsswürdig sint und gerüget werden für sich lossen besenden, rehtvertigen und strofen, noch irs buchs besage, und ouch die besserungen, so uf sie erkant werden, nyeman faren lossen oder schencken, by iren eiden, one alle geverde.

Sust mögent die metziger nit deste mynder im jor, wann und wie dick sie wellent, an irem hantwerck ouch geriht halten, fürnemen, handeln und strofen, noch irs hantwercks reht und harkommen, wie sie bitzhar getan haben, und was unser stat von besserung zûgehört solichs uf den pfennigturn antwurten wie sich gebürt.

### 15. Jahrhundert.

Stadtordnungen, vol. 13, fol. 344.

Es sol kein metziger, noch nieman von iren wegen, deheiner hande fleisch saltzen anders dann das jeglicher under inen, one alle geverde, in sinem huse und mit sinem gesinde essen wil, usgenommen swynin fleisch, und kein ander fleisch, das mögent sie saltzen; und welher das brichet, der bessert fünf pfunt als dick er das brichet. Doch were obe inen etwas fleisches überblibe im summer, das sie zû veylem merckt ligende gehept habent und das nit verkoufen mögent, das mögent sie wol saltzen, und sollent das darnoch nit höher geben dann ein pfunt umb 2 ₰, und sollent ouch kein ander fleisch saltzen dann das inen also zû veilem merckte überbliben were, und sollent es ouch nit wider verkoufen, dann so es wider trucken wurt. Wer es ouch sache das ein rint oder ander vihe bresthaft wurde und zû dem schinthuse nit kommen möhte, das mag er auch wol saltzen one alle geverde, doch nit anders als uswendig der stat, und sol doch solich fleisch under der metzigen nit verkoufet werden, by der vorgeschriben pene 5 pfunt ₰.

Es sollent ouch alle unser burger und hindersassen, metziger oder andere, nieman usgenommen, die do vihe koufent oder ziehent uf merschetzen in disem bystüm, das nit zuhtfihe ist, nyergent anderswo hin verkoufen dann hie zû der wogen zû verhöwen; und wer das verbreche, der bessert 10 β ₰ als dick das geschee; was aber zuhtfihe ist das sust die burgere habent und ziehent, und was davon kompt, oder obe die burger vihe umb zinse verliehen hettent, das sol dis nit angon.

Es sol deheyn metziger, noch nyemans von sinen wegen, dehein borpeleht schof oder hammel abestechen oder höwen, weder in iren hüsern, uf dem schinthuse noch an deheynen andern enden, weder in stat noch in lande; und wer das verbreche, der bessert von jedem schof oder hammel fünf schilling pfennige; und wo einer solich schof oder hemmel uf dem schinthuse abesteche, der bessert ouch die egemelt besserunge, und sol man darzů des fleisch in die Brüsch werfen. Doch so mögent sie semmliche bresthaftige schofe und hemmel lebendig wol ins lant triben und verkoufen; dann man sol inen ouch semmlich vihe, so sie es harbringent oder hie koufent, allewege besehen, als es dann von alter herkommen ist.

Sie sollent ouch solicher borpelehten schofe keyns hie uf die owen zů weiden triben, und welher es darüber tete, so balde es dann dem meister fürkompt, so sol er mit den gesworne n fürderlich die schof besehen, und ist es dann, das er soliche bresthaftige schofe eins oder me do hat gon, so sol er bessern 30 β δ, und sol darzů solich bresthaftig vihe by der tagezyt abe der öwen und us der stat gebiete triben; tete er das nit, als mannigen tag er dann darüber soliche bresthaftige schofe uf der owen liess gän, als dick sol er bessern 30 β δ; und sollent ouch alle die, die zů banck stont solichs fürderlich rügen und fürbringen den antwercks meister, by iren eiden, noch hörsagen oder wie es inen fürkompt.

Wann ouch ein frömde man vihe allhar zů merckete bringet und es der metziger koufet oder ein burger, so sol er es dem metziger oder dem burger drige tage weren, und ist es das in den dryen tagen ützit argwenig wurt oder ein rint, zwey oder drü stürbe, oder ander vihe, das get dem koufman abe. Beduhte ine ouch uf der weide utzit argwenig under dem vihe, so sol er zů dem underkoufer gon, der dann den kouf gemaht het, und dem verkünden das das vihe argwenig sy, und wann er ime solichs verkündet in den dryen tagen, so het er fürbass werschaft aht tage, und würde in den aht tagen das vihe fürbass bresthaftig, sol er ine des vihes noch vierzehen tage weren, und wann die vergangen sint, ist es dann aber nit gereht, so git er in das vihe miteinander wider; wann dehein metziger dehein argwenig noch bresthaft vihe koufen sol, dann allein das gesunt und reht ist.

Die swinin metziger sollent ouch geben swinin fleisch zů broten und zů syeden ein pfunt umb 2 δ, das man durch die swart höwet, und aller hande swynin fleisch, das man zů banck höwet ouch also; und sollent geben die köpfe und die füsse ein pfunt um 1 δ und nit höher; was man aber speck saltzen wil oder spint, das mag einer geben nochdeme er merckt hat. Es sol ouch nyeman dehein köpfe oder füsse zû gebroten fleisch zû nemen verbunden sin. Wie man ouch die swynin broten von dem speck nimpt, als sol man sie den lüten geben und fürer mit keym messer beschaben oder darabe snyden; und wer das verbreche, der bessert 30 ß ♂.

Welicher metziger ouch ein mager rint, ein mager kalp, ein zickin, ein magern hammel oder schof oder ein mager swin uftrüge under die bencke one der geswornen oder der merer teil urlop, wer das tete, der bessert 30 ß ♂, also dick er das tût; wurde ouch das fleisch ergriffen, so sol man ime das fleisch in die Brüsch werfen.

Wers ouch das einer kouft hette einen hufen rinder, und eins veisset wurde und das ander mager blibe, erkanten do die geswornen oder der merer teil das er 4 pfund umb süben helbelinge geben möhte, das mager wol verhöwen uf eym banck, und sollent doch die solich koufe tûnt mit ufsatz keyn magers koufen das sie zû den veisseten verhöwen wöllent, oder keyn veissetes zû keym magern; wer das verbreche, der bessert 30 ß ♂; und sollent das alle alt und nuwe geswornen rûgen; was inen ouch erkant wurt 1 pfund um 3 helbelinge zû geben, das sollent sie uf eym sundern banck höwen, by der vorgeschriben pene, und nit uf dem banck do er 4 pfund umb 7 git.

Ouch sollent die metziger under inen halten das ir keyner, er sy rich oder arm, in sime huse weder rint noch hemmel slahen noch abestechen sol; welher das under inen verbrichet, der sol das antwerck nyemer me getriben; und wo die den das enpfolhen ist das fleisch findent, das sollent sie in die Brüsch werfen.

Es sollent ouch die brüger alle jore sweren an den heiligen, den metzigern und besunder den geswornen zû verkünden und zû sagen welich swine pfynnig usgefallen ist uf der zungen; und sol ouch keyn metziger dehein solich pfynnig swin, by syme eide, under die metzige tragen, und sollent ouch solichs was inen für pfynnig usse dem brügehuse geben wurt, es sy fleisch oder speck, nit under die rehte metzig tragen und es ussewendig der metzigen uf dem bûhel verkoufen, by 30 ß ♂.

Die metziger sollent sich ouch mit dem mûtern fleisch halten glicher wise als von dem pfynnigen dovor underscheiden ist; welhes aber versnytten ist, das halten wir nit für mûter fleisch.

# Verordnung

## die Missethäter betreffend.

### 15. Jahrhundert.

Stadtordnungen, vol. 28, fol. 206.

Item das ein jeglicher, wer der were, in stat oder in lande, wä der befünde das einer oder me, wer die werent, die oder der in willen werent oder understündent jemans in diser stat oder in disem burgbanne, er wer frömde oder heymsch, von nyde oder hasz oder umb sins gůts willen, one reht, zů vohen, zů töten oder hinweg zů füren, als das kürtzlich me dann einst gescheen ist, das dann dieselben oder derselbe wer das gewar würde oder befünde fürderlich nochvolgen sollent und ir bestes darzů tůn, noch allem irem vermögen, wie sie den oder dieselben zů der stat handen bringen mögen; wer ouch also einen oder me zů der stat handen brehte der solich getat geton hette, dem oder denselben sol man geben 50 güldin, obe es einyge persone were, werent ir aber me die die geschiht geton hettent und zů der stat handen broht, so sol man den die sie also zů der stat handen broht haben von yeglichem 30 güldin geben die an der getat schuldig sint; doch so sol dis diejhenen nit berüren die in gehem zorn, one ufsatz, sich mit einander zweyen und einer den andern wundet oder tötet, sunder allein diejhenen die solichs also heymlich, böslich und mörtlich understont zů tůnde oder tůnt; und wer des also underriht were das jemans, wer der were, solich vorgemelt übeltat getan hette mit ufsatz one sunder bewegenisze des zorns, zů derselben zit möhte er denselben übelteter nit zů der stat handen lebendig bringen, wann er ine dann von dem leben zů dem tode brehte, so solte ime 30 güldin werden, doch das es in dem ersten nochilen geschee, ungeverlich.

Item umb das ein jeglicher deste geneigter sy dise bösen geschihten helfen zû strofen und zû frischer getat nochzûilen, das er nit möhte sprechen: wer wil mir eben so kurtz eigentlich uf stutz sagen wie die dinge zûgangen sint, obe es in eim zorn oder sust mit solichem mörtlichen ufsatz gescheen were, solte ich dann also nochilen und yemans underston zû der stat handen zû bringen und nit eigentlich underricht sin obe er solicher bösen geschiht schuldig were oder obe er sust, one allen ufsatz, in sime zorn jemans beschediget hette; solte einer dann einen also zû der stat handen bringen, und solte man dann dem artickel in der stat buch noch rihten, der do wiset: wer einen tötet, dem sol man sin houbt abeslahen, der einen wundet, dem sol man sin hant abehouwen, möhte mannigem frommen manne zû swere werden, das den reten und der mennyge selber leit were; nochdem und dann untzhar soliche dinge nit so strenglich gehalten oder fürgenommen sint, aller hande ursachen halb, dodurch ein mensche beweget werden möhte solichs zû tûnde, das villicht etwas gestalt haben möhte und doch sust gar ein frommer mann were und ime vor der geschiht oder noch der geschiht von gantzen hertzen leit were das er solichs tûn solte oder geton hette, wurde domit versehen das die artickel in dem bûche bliben wie von alter harkommen ist, doch also, obe einer in solicher mosse erilet würde und zû der stat handen broht von etlichen die do meintent gelt dovon zu erobern, als obe er der mörtlichen bösen geschiht schuldig were, als sie das vermerckt hettent und doch nit were, sunder in eim gehen zorn one ufsatz gescheen, wie vorstät, das dann die rete gewalt haben sollen denselben zû strofen noch gnaden und gestalt der sachen und nit den artickeln noch; wer aber die oder ander frevel tete und nit also ilens in solicher mossen gefangen wurde, sol den artickeln nochgangen werden wie von alter harkommen ist.

Nü möhte man sorge haben die stat würde also beswert mit solichem gelt uszûgeben, der sorgen ist nit not; es hat maht wann man diser sachen gewar wurde und das geoffenbart wurde in diser stat und uszwendig als uf der Rinbrucken, Keule, Illkirch, Grofenstaden, Illewickersheim, Schiltingheim und wo es not were, dise böse sachen solten in mannigen ewigen joren nyemme gescheen, dann ein jeglicher gedehte: so die sachen also bestellet sint, so kondest du nyemme hinweg kommen.

Item das ein jeglicher burger schuldig sy, by sinem eide, so verre er solich böse geschiht gewar werde, nochzůvolgen und sin bestes zů tůn, so verre er truwe zů schaffen, das soliche geteter, die soliche bösen sachen, wie vorgemelt ist, gehandelt hettent, zů der stat handen broht werden; so verre und einer oder me eim nit in solicher mossen gewant syent das ime soliches nit gezymet, das ist dofür gůt, das eim jeglichen der solicher bösen geschiht nochvolgen ist dester mynner verwisen werden mag als obe er das des gelts halben geton hette, diewile er es doch by sinem eide verbunden ist; und obe es der burger kneht ouch in solicher mossen bevolhen wurde were ouch gůt, diewile sie doch ouch gesworen haben.

# Müller-Ordnungen.

**1482.**

Stadtordnungen, vol. 13, fol. 167.

Unser herren meister und rat habent mit rate der herren einundzwentzig erteilt, das alle müller, müllerin, triber, karricher und ander ir gesinde sweren söllent zů den heiligen das sie kein getregede uf die trymeye schüttent noch malent, sie wissent dann vor das die wortzeichen dovon geben syent das es gewegen und verungeltet sy.

Were es ouch das müller oder müllerin in einer mülen abginge und ein ander müller oder müllerin an ir stat in die müle komme, die söllent es ouch zů stunt sweren zu halten, in alle die wise als devor bescheiden ist, und söllent ouch daz vor und ee tůn ee daz sie dheiner hande getregede malent.

Wenn sich ouch ein gesinde verendert in einer mülen, es sient kinde, knecht oder megede, so söllent die müllermeister in jeglicher mülen zů stunt solich gesinde zů dem meister der vieren, die dann über die mülen gesatzt sint, füren an dem nehste tage dornoch als das gesinde zů im kommen ist, und vor dem sweren alle puncten und artickele zů halten so dann von den mülen geschriben stont.

Es söllent ouch alle müller, müllerin, ire kinde, knechte noch gesinde, noch nyeman von iren wegen von eime vierteil korns, es sy weissen, rogken oder ander getregede, das man malen wil, me nemen dann einen gestrichenen vierling, welher hande getregede es dann ist, und söllent ouch einen vierling und die streiche stetes by einander haben, durch das jederman, der korn zůr mülen tůt, sehe das der müller nit me dann einen gestrichenen vierling nemen sol von jedem vierteil.

Und wann nu ouch die müller und ire knechte der wogen halp hynnanfürter me arbeit haben müssen dann vor, darumb so sol man eim jeglichen müllermeister hynnanfürter für solich arbeit geben, nemlich von jedem vierteil einen heilbeling für alle sachen, und dem knecht nüt verbunden sin zů geben, dann ein jeglicher müllermeister sol sin knecht dingen, hohe oder nieder, wie er mag, doch also daz er schaffe und bestelle das menglich der volle besche, und söllent ouch darüber, sie noch nieman von iren wegen, nit me nemen, heischen noch fordern von dheinem burger zů Strasburg, weder myete, myetewon, dringgelt oder anders; und söllent ouch alle müller, müllerin, ir kinde, knecht und gesinde das also sweren zů halten; und wer inen me gebe dann nochdem und dovor underscheiden ist, der bessert für jeden pfenning fünf schilling pfenninge, und soll daz halb der stat werden und daz ander halb den vieren; und wöllent ouch unser herren meister und rat die so me genommen hetten umb die meineyde swerlich und herticlich strafen.

Es söllent ouch alle müller, müllerin, ir kinde und alle ire gesinde sweren an den heiligen, allen burgern zů Strasburg vor den lantlüten zů malen, und den lantlüten nützit zů malen dwile die burger zů Strasburg zů malen habent. Es söllent ouch alle zůfürer keim lantman nützit zů der müle füren, sie wissent dann, daz kein burger nützit zů der mülen zů füren noch zů malen habe.

Es söllent ouch alle müller die zů unser stat gehörent den reif gehebe machen das nüt darus gerisen möge; und sol man machen ein messe wie wite es sin sol zwüschent der zargen und dem stein; und jeglicher müller (soll) ein messe by im haben in der mülen, und sollent die viere ouch ein messe hinder inen haben, und soll der bodem ouch ston von dem reyfe noch einem messe so die herren, die diese ordenunge gemacht hant, den vieren geben habent; do ouch jeglicher müller eins in siner mülen haben sol und die viere ouch eins.

Der bodem in jeder mülen sol ouch breiter gemacht werden dann der loufer, umb das der reif deste bas daruf geston möge; und soll man ouch den reyfe bestrichen mit eim teige, das der gehebe werde, daz nützit darus gerisen möge; und sol ouch zwüschent der zargen und dem steine eins wagens zöm wite sin und nit witer, und sol ouch der bodem ein zwerch finger über den reyf gon.

Die müller söllent ouch die mülen reinen mit eym vierling rocken und dann das füllen zů dem allerglichsten und besten. Und umb daz das alle ding so von den müllern und müllerin hievor und hienach geschriben stont deste fürbasser gehalten und dem nochgangen werde, so soll man vier erber manne darüber setzen und kiesen, nemlich einen von den brotbeckern und einen von den müllern und sust zwene andere; und dieselben viere söllent sweren zů den heiligen alle woche zům mynsten ein mole, und wie dicke sie daz notturftig beduncket sin, in alle mülen zů gonde, die dann zů der stat gehörent, und besehen ob ützit an den mülen oder andern stücken so darzů gehörent bresten sy; und welhen müller oder müllerin sie dann busswürdig findent und dieselben viere oder der mereteil under inen erkennent das er doran überfaren habe, der bessert zehen schilling pfenninge, und söllent fünf schilling pfenninge an das ungelt fallen und das überige denselben vieren werden, und ouch die nyeman faren lossen.

Were es ouch das dhein müller oder die sinen jemans misse mülent oder mit sinem korn und mele anders dete dann billich were, der mag solichs denselben vieren fürbringen und klagen; was dann die viere oder der merenteil under inen darumb erkennent das der müller bessern sol, do by sol es bliben one widerrede, und soll sich domit nit schirmen das er sprechen moehte er hette davon nützit gewisset; dann wiewol solichs durch des müllers gesinde oder die sinen gescheen were, so soll doch der müller die besserung für sie tůn, und bedueht dann den müller das solicher brust darumb er gebessert worden wer des knechtes oder gesindes schult were, so soll im sin recht an solich gesinde vor irem hantwerck behalten sin; und was besserunge als fallent, do soll daz halbe der stat werden an daz ungelt und daz ander halbe den vieren,

Die müller und ir knechte söllent ouch jederman sin korn und gewerde was sie dann zů der mülen holen wellent, ir secke mit der gewerde abe den hüsern tragen und nit die stege herabe kötschen noch werfen, als sie vormols geton hant, doch also daz in eim jeglichen huse jemans mit im gange der im helfe das er mit den secken uf komme oder (sie) an die nehste stege bringe, die er dann haben mag.

Ein jeglicher müller oder müllerin söllent ouch einen sundern trog in dem wogehuse, daz ime dann gelegen ist, haben, und sin mel darin tůn und beslissen und den slüssel zů ime nemen, uf daz, obe jeman an sime mele bresten und an dem gewihte nit den vollen hette, den sol der müller oder müllerin zů stunt erfüllen und ursessen als mit gůter gewerden, als inen bevolhen gewesen ist, one geverde.

Und welicher müller oder müllerin das nit endetent, der oder die besserent von jedem sacke 5 β δ; und söllent ouch die woger das richten und rechtvertigen und soliches nieman übersehen.

Wenne ouch die müller oder müllerin hinnanfürderme jemant malent der breste hett an sime mel und ime der bresten erfollet wurt mit der woge, so soll derselbe dem sin mel erfollet ist, daz mel oder korn behaben und sol es dem müller nit wider geben, noch nieman von sinen wegen. Und wer das dete, der bessert 30 β δ; und welher müller oder müllerin daz ouch wider neme, der oder die besserent ouch 30 β δ.

Es söllent ouch alle müller, müllerin, ire knechte und triber keinem lantmann keinerlei getregede zû der mülen füren, sie habent dann vor den des solich getregede ist an das ungelt gefüret, und söllent die ungelter von dem den glouben nemen das solich getregede sin sy, oder aber daz er sage was es sy, uf das daz der stat ir zolle nit entfüret werde.

Es sol ouch nyeman keiner hande getregede noch korn zû der mülen schicken ungewogen; wer das tût der bessert von jedem sack mit korn fünf schilling pfenninge, als dicke er das dete; und söllent es ouch die so über die woge gesetzt sint, by irem eid, den vieren fürbringen an dem nehsten tage dornoch so es inen fürkomt.

Es söllent ouch alle müller und müllerin so zû unser stat Strasburg gehörent und alles ir gesinde sweren zû den heiligen, alle die dinge die do von inen geschriben stont zû halten und zû vollezichen gegen menglich, und ouch schaffen und bestellen das jederman sin gewerde trucken heym komme, so verre sie könnent oder mögent, by dem eide, one geverde; und söllent ouch menglichem sin gewerde wyderumb antworten unvermenckelt, in solicher mosse und von solicher gûten gewerden als es inen geantwortet ist.

Unser herren meister und rat haben erkant dise nochgeschriben stücke zû halten:

Zum ersten, als alle menglich den müllern von jedem vierteil einen heilbeling git für ir arbeit, ir gût uf die woge und von der mülen aber daruf und darabe und werschaft zû tûn, so ist der herren meinunge: wellent die brotbecker die müller lossen ir gût malen und inen das getruwen als ander huslüte, so söllent sie den müllern von jedem vierteil einen heilbeling geben und ouch den multzer als ander huslüte, als das zům ersten mit den schöffeln und darnoch mit dem rat erteilt und erkant ist. Welicher brotbecker aber sin gůt selber malen wil oder mit sinem gesinde, der soll dem müller geben von vier vierteln einen pfenning, und darf ime der müller keine werschaft tůn; doch söllent alle müller, müllerin, ir kinde die zů iren tagen kommen sint, ir triber, karricher und ander gesinde, by iren eiden, allzit daruf ernstlich lůgen und warnemen das dehein brotbecker me weyszen zůr müle tůge dann er weyszen-wortzeichen hat, oder weiszen tůge malen den er an der ungeltkisten für rocken verzollet und verungeltet hat, oder me in eym sack hat dann sehs sester; und wä sie ein solichs befindent oder inen sust fürkeme das die brotbecker darinne ützit geverde oder vorteil suchtent, so sollent sie das fürbringen, by iren eiden, den süben uf dem pfennigturn, die über die zolle rihtent; und so bessert dann der der also bůsswürdig funden wurde von jedem sack 10 β δ, so dick das geschiht.

Ouch bedörfent die müller deheym brotbecker werschaft tůn von symmeln und hochkernen oder von genetzetem gůt, ungeverlich.

Und als sich die brotbecker beklaget habent, das es inen gar swere und köstlich sy das sie ir gůt nit süfern und rütern söllent in der mülen, dann wann sie gůt koufent uf andern hüsern, das wil inen dann nieman gestatten zů rütern, so müssent sie es dann verlonen heym zů füren das sie es gerütern; dogegen aber die vier meinent, wann die brotbecker ir gůt in der mülen rüterent und ander lüte ouch gůt in der mülen habent, das dann den andern lüten ir gůt beschissen würde und ouch mit der ussrüteret geverde mochte getriben werden; daruf ist der herren meinung, das die brotbecker ir gůt wol in der mülen rütern mögent, also und zů der zit so dhein huslüte ir gůt in der mülen habent, und sol ouch bestellet werden von müllern und brotbecken daz ein jeglicher sin ussrüteret mit im heim tragen oder füren sol, und wo das nit geschicht und es den vieren fürkompt, die sollent das strafen und bessern noch irer erkentnisse.

Es söllent ouch alle müller und müllerin, so zů unser stat Strasburg gehörent, mit dheinem andern loufer malen dann mit dem gestein von Steinbach, und welicher müller oder müllerin das verbreche und mit eym andern loufer müle dann mit dem gesteine von Steinbach, der oder die bessert ir jeglichs fünf pfunt pfenninge, nochdem meister und rat das erkant habent zů tůn und in irem register geschriben stot, und söllent ouch die viere so über dise ordenunge gesetzet sint solich besserunge, by iren eiden, nieman faren lossen.

---

Ouch sol dhein müller noch müllerin, noch nieman von iren wegen, kein gelt me nemen für den multzer, sonder von jedem vierteil gůts, welicherley frucht es sy, den multzer nemen als von alter har gewönlich gewesen und billich ist, umb daz der stat ir zolle ouch werde von dem multzerkorn, so es verkouft würt.

Die vier mülmeister, die über dise ordenunge gesetzet sint und inen von meister und rat entpfolen ist, söllent schaffen und bestellen das alle und jegliche stücke und artickele so in disem bůch vor und noch geschriben stont getruwelich gehalten und vollezogen werden, one geverde, und söllent ouch macht haben alle die zů strafen, zů rechtvertigen und zů bessern die do inen fürbrocht, gerüget und busswürdig funden werdent, und solich besserunge nieman faren lossen, by dem eide so sie darumb gesworen und geton hant, ungeverlich.

Ouch so mögent die mülemeister nemen der ratsboten einen, welchen sie gern habent, der sol inen gehorsam sin sie zůsamen zů besenden und ouch den lüten die vor inen zů schaffende habent darzů gebieten, und demselben ratsboten einen glichen teil zů geben so vil als ir eym von den besserungen so vor inen gefallen.

---

Dis sint die mülen zů Straszburg jn der stat und burgbann :
Spitalmüle die man nennet der Herren müle.
Unser frowen müle die man nennet Adolfs müle.
Des Sturms müle zů Sturmeck am Tiche.
Her Johanns Zorns müle die man nennet Vier Ræder.
Wentzels müle obewendig Hr. Johanns Zorns müle.
Der Herren müle zů sanct Thoman.
Der stette müle ussewendig den Tütschen Herren.
Cůnrat Armbrusters müle by der Gerwermüle.
Der Tütschen Herren müle obwendig der Gerwermüle.
Der Lentzel müle am Snellinge[1].

[1] Ueber die Lage aller dieser Mühlen, siehe Silbermann, *Lokalgeschichte*, S. 141, 155, 156, 157, 184.

## 1452.

Stadtordnungen, vol. 13, fol. 169b.

Zû wissen, als die meisterschaft des antwercks der brotbecker und die müller von diser nochgemelten stücke wegen etwas spenne mit einander gehebt habent, und deshalb beider site kommen sint für unser herren meister und rat und die ein und zwentzig, die habent nû ire erbern boten, nemlich Reimbolt Museler und Hans Melbrü dozû geordent zû besehen obe sie die spenne vertragen köndent; demnoch so habent dieselben erbern boten zwüschent beiden parten, noch verhörunge der sache, gütlich geret und sie, mit ire beiderteil wissen und willen, übertragen in der wise als hienoch geschriben stot:

Zûm esten, das die müller haben söllent einen roten bodem und einen wissen loufer von Steinbach.

Item wenn der stein ist in der dicke als der stat model wiset, so sol man abetziehen.

Item so sol man die zargen mit eim malslosse besliessen.

Item so sol man die müle mit bollemele füllen.

Item so söllent die müller den brotbeckern in achtzehen seck drye hochkernen malen, nemlich je von sehssen einen, und nit me, weder umb lone noch vergebens, by iren eiden.

Item von des reinkornes wegen, das söllent die brotbecker lossen wie das in dem büchel geschriben stot, also das die müller dhein büntnisse dowider machen söllent.

Und als nû dis donoch für die rete und ein und zwentzig brocht ist, do ist erkant das solichs doby bliben sol.

Actum feria quarta vigilia beati Andreæ, apostoli. Anno 1452. (29. November.)

## 15. Jahrhundert.

Stadtordnungen, vol. 13, fol. 124b.

Unser herren meister und rat und die ein und zwentzig sint über-ein kommen und hant ouch erteilt, das alle müllermeistere und ir knehte yetzunt vor meister und rat sweren süllent zû gotte und den heiligen, das sü keinem brotbecken, grieszman noch nyemand anders hynnan fürder keine kligen me malen süllent; sie mögen aber wol malen von je sehs ſierteil weissen einen hochkernen oder ein schrot, do jeglicher hochkernen oder schrot süben sester tůn sol, und nit me, als daz von alter harkommen ist; doch were daz breste an malen were, daz den brotbeckern ir hochkernen etlich zyt nit gemalen werden möhtent, das mögent die müller den brotbeckern wol fürslahen und inen darnoch den hochkernen malen, als vor bescheiden ist. Und welher müller, er sy meister oder kneht, das verbreche, den wil man umb den eit den er darumbe geton hat strafen als sich gebürt; und sol ouch kein müllermeister, by dem vorgenanten sinem eide, deheinen müllerkneht über aht tage halten, er habe dann die vorgeschriben dinge vor meister und rat oder vor dem ammeister ouch gesworen stete zů halten. Welher brotbecker oder grieszman ime ouch kligen tete malen anders dann vor geschriben stat, do bessert jeglicher von jedem sacke voll kligen 5 β δ, so dicke das geschee.

Es sol ouch dehein unser burger, noch nyemand anders der uns zůversprochen stot, hynnanfürder nyergent anderswo malen noch tůn malen dann in unser stat oder burgbanne oder uf den mülen die zů unser stat gehören; und welher das verbreche, der bessert von jedem ſierteil 5 β δ, so dicke das geschiht. Es sol ouch nyeman keine kligen me von dem lande harin füren zů verkoufen noch tůn zů malen, anders danne do vor geschriben stat, ouch by der obgemelten besserunge.

---

## Mühlmeister-Ordnung.

### 15. Jahrhundert.

Stadtordnungen, vol. 13, fol. 216.

Meister Linser, der mülenmeister, oder wer an sin statt kompt, soll sweren alle monat oder so dick ine das notdurftig beduncket uf der stat mülen zů gän, sie syent verlühen oder nit, und do ernstlich lůgen und warnemen das ein yglicher dem dann solich müle gelühen ist tůge das er tůn sol, in mossen ime dann die müle gelůhen ist.

Und obe es were das etwas daran notdurftig were zů machen, das der stat gebürte zů machen, soll er bringen für die drie uf dem pfennigturn und den lonherren, und mit deren rät fürderlich bestellen das es gemaht werde. Desselben glichen, wers das ützit darinne notdurftig were zû machen, das dem müller oder dem gebürte zû machen der die müle gelehent hette, soll er ouch mit dem oder denselben daran sin und schaffen das er solichs fürderlich mache, das nit schaden dovon entstande.

Er sol ouch zu solichen zyten und wenn das notdurftig ist alle abelosz, tich und wur, wä die sint uf der Brusch, und ouch die köpfe, grunt oder grien an spital müle und das ingewahssen mosse oder rore, das in unser statgraben nidewendig der aht redern wahsset, besehen mit meister Grasecken, und obe ützit daran notdurftig were zû machen, soll er für die drie uf dem pfennigturn und den lonherren bringen, und mit deren rät fürderlich bestellen das solichs was dann daran notdurftig zû machen ist, fürderlich gemaht werde (von) wem dann solichs zûgebürt zû machen.

Und wä derselhe mülemeister sehe, erfunde oder gewar wurde das einer der also ein müle gelehent hette, nit tete als er tûn solt, oder das ir einer ützit nuwerung fûrneme, es were etwas zû buwen oder anders, dodurch der stat Strasburg schade oder brust kommen möhte, solichs sol der mülemeister fürderlich fürbringen den drien uf dem pfennigturn, das darzû geton werde das solichs in zyt wersehen werde, das dehein fürer brust davon komme. Und darumb und umb solichen dienst soll man eym mülemeister geben jors zwey pfunt pfennige, das ist alle fronvast 10 β δ; und soll dehein myet noch myetewon nemen von allen denen die das berüren mag, in deheinen weg.

---

## Wäger-Ordnung.

### 15. Jahrhundert.

Stadtordnungen, vol. 13, fol. 166.

Die vier wegere, die in die vier wogehüsere geordent sint, sollent können schriben und lesen, und sollent sweren zû den heiligen yeglicher siner wogen getrüwelich und ernstlich zû hüten und der lûte zû warten tegelich, von einer thorglocken untz zû der andern, mit ir selbs lieben, ungeverlich, und ouch menglichem mit sinen secken fürderlich uf und abe helfen; und sollent ouch verschriben was oder wie vil gewerden yedermans ist, und besunder welher müller die hinder ime hat; und sollent menglich das beste domit tůn, so verre sie könnent oder mögent, das yederman das sin werde; und darumb soll man inen geben zů lone, nemlich dem woger zů sant Thoman und dem woger under Wagener ir yeglichem zům jore 8 lib. ♂, dem woger by den Ruwern zům jore 5 lib. ♂, und dem woger am Tichturn zům jore 4 lib. ♂ von der stette wegen, und nit me; und sollent ouch darumb von niemans, wer der ist, me nemen, heischen noch fordern, sie noch niemans von iren wegen, es sy miete oder mietewon, und sollent ouch, by iren eiden, niemant nützit wegen, sie habent dann vor wortzeichen empfangen, das sie wissent das es verungeltet sy.

Item die vier ungelter sollent under inen ordenen das sie alle wochen zwürent die wortzeichen by jedem weger holent, nemlich am samstag und an dem mittwoch; und sollent dann die zalen, umb das sie wissen mögent das der stat glichs beschee.

Wie ouch den wegern fürkeme oder es selber emphundent das dehein müller oder die iren das gekürne nit uf die woge fürtent, gemalen oder ungemalen, oder das sie den lüten nit reht mit ir gewerde umbgingent, es were mit missemalen oder mit gewerde verändern, in welhen weg das were, das sollent die weger den vieren rügen und fürbringen by irem eide. Was ouch von den müllern geschriben stät das sie tůn sollent und es die müller nit entetent, wä das die wegere empfindent, das sollent sie ouch den vieren fürbringen, wann es inen ee fürkompt dann andern.

Man sol ouch in yedem wogehuse einen langen trock machen und den und(er)slahen, das yeder müller sinen sundern beschlüssigen casten habe und sinen eigen slüssel darzů, (darin) ir yeglicher sin mele inne haben sol, uf das, obe yeman an siem mele bresten und an dem gewihte nit den vollen hette, das er ime dann sinen bresten zů stunt erfülle und gebe. Und welher müller oder müllerin das nit entetent, der oder die besserent von yedem sack 5 β ♂.

Es sol ouch niemans, wer der ist, me korne in einen sack tůn, das er malen wil, dann sehs sehster, das ist ein vierteil.

Es sollent ouch alle die brotbecker und andere, nieman usgenommen, die do korn oder ander getregede zür müle wollent schicken zů malen, von yedem vierteil einen helbeling geben zů wegegelt zů solichem malgelt das man untzbar an der ungeltkisten geben hat, und sollent die ungelter die helbeling, die also zů wegegelt geben werden, in ein sunder bühsse stossen und sammeln, uf das, wann ein jore umbkompt, man dann wissen möge wie vil korns gemalen sy und wie die stat an der wogen gestande.

Man sol ouch zů yeder wogen einen stein machen der ein vierteil gemeines rocken wiget ungeverlich, und dann einen stein der einen vierling rocken wiget; denselben stein soll man zů dem mele legen das man von der müle wiget für den multzer; darzů so sol man ouch einen stein machen der ein ahteil rocken wiget und andere cleine gewihte, so vil man dann der notdurftig ist.

Es sol ouch nieman keiner hande korn noch andere getregede zů der müle schicken ungewegen; wer das tůt der bessert von yedem sack mit korn 5 β δ, als dick er das tete; und sollent es ouch die so über die woge gesetzet sint, by iren eiden, meister und rat rügen und fürbringen an dem nehsten tage darnoch so es ine fürkompt.

Es sollent ouch die weger den brotbecken ir korn, weyssen und rocken das sie zů der müle füren wegen, yeden sack sunderlich, und ernstlich daruf lůgen und warnemen das ir deheiner me weyssen zůr mülen tůge dann er weyssen-wortzeichen habe, oder weyssen tůge malen den er an der ungeltkisten für rocken verzollet und vermalegeltet hat, oder me dann sehs sester hat in eim sack; und wo die weger ein solichs befindent oder inen sust fürkeme, das sie darinne ützit geverde oder forteil sůchtent, so sollent sie das fürbringen den süben uf dem pfennigturn die über die zölle rihtent, und so bessert dann der als bůsswürdig funden wurt von yedem sack 10 β δ, so dicke das geschee.

## 1484.

Stadtordnungen, vol. 13, fol. 196b.

Unser herren meister und rat und die XXI habent erkant das alle müller und müllerin und ire knecht sweren söllent zů den heiligen keynem brotbecken deheinerley clygen zů malen oder sie selbs lossen malen, weder umb lone noch vergebens, in deheinen weg, sonder allein von achtzehen fierteil weissen drie hochkernen, oder ye von sehs fierteil einen, als das von alter harkomen ist, doch das in eym yeden sack nit me dann sehs sester voll sin söllent, und nit me.

Es sol ouch dehein brotbecker in unser stat deheinerley clygen uswendig der stat Strasburg ime tůn oder lassen malen, in deheinen weg; dann welher brotbecker hiewider tete oder understünde zů malen das man nit malen sol, der bessert von yedem sack 30 β δ, so dick das beschee.

Und söllent ouch haruf alle müller, ir wibe, kynde und gesinde solichs, by iren eiden, verbunden sin zů rügen den mülenbesehern, die dann solich besserunge, ouch by iren eiden, inbringen und nyemans faren lossen söllent. Es söllent ouch die mülenbeseher, by iren eiden, verbunden sin selbs in die mülen zů gän, so dick sie not beduncket, und harin ein ernstlich ufsehen haben, das dehein geverde domit getriben werde.

Actum secunda post Michaelis. Anno 1484. (4. October.)

# Verordnungen

## gegen Entweihung des Münsters.

### 1468.

Stadtordnungen, vol. 2, fol. 69b.

Dem almechtigen gott und siner würdigen můter Marien zů eren, in der namen das löbelich zierlich münster gebuwen ist, so habent unser herren meister und rat und die XXI mit urteil erkant, das alle fürsprechen sweren söllent liplich zů got und den heiligen dhein tage noch stunde zů leisten noch zů leigende in unser frowen münster in dem crützgange, in den capellen noch in den lichhöfen, und ouch nyemans rede verhören, in deheinen weg, in denselben begriffen; dann wil ir dheiner jemans rede verhören oder wil tage iergent hin leigen oder leisten, daz sol er usewendig den vorgenanten stetten tůn; und besunder so söllent sie solich rede verhören und tage leisten, leigen und ziehen, so verre sie daz jemer getůn könnent oder mögent, under die pfaltze und uf die pfaltze, oder wo si getruwent das es nütze und erlich sy; und wil man ouch die pfaltze daruf offen lossen und tages mit knechten bestellen, das die hütent das dhein unfůge daruf geschee.

Es söllent ouch alle ander lüte dhein tage, stunde oder gespreche in dem münster an den vorgenanten enden haben noch halten; und wer das verbrichet, der bessert 10 β ₰ als dicke er daz důt. Doch sol dis den stetmeister und den ammeister nit berüren; die mögent lüte verhören und usrichten als von alter harkommen ist.

Zů glicher wise so sol dhein man, geistlich oder weltlich, mit dheiner frowen noch dhein frowe mit dheinem man gespreche oder gestende in spuntzirens oder kuppelens wise oder in so getoner wise in dem münster und dem vorgenanten begriffe halten; und welhe das darüber detent, es sy frowe oder man, die und der die das důnt, söllent jeglichs 10 β ₰ bessern als dicke sie des gerüget werdent von unsern rügern, die wir darüber setzent; dann man ernstlich hůte darüber setzen sol und wil; und besunder so söllent die zwene münsterknechte und ander der stette knechte darüber sweren zů hüten und warzůnemen, und es zů stunde so sie es befindent, so sie jemer fürderlichest mögent, es meister und rat strengelich und vestlich richten und rechtvertigen, uf den eit, wie es inen fürkompt und noch hõresagen. Und sol ouch nyemand in dem münster koufen noch verkoufen, und wil man dis den sübenen entpfelhen, und was besserungen dovon gefallent, dovon wil man den die dis also rügent den vierden pfennig geben.

Es sol ouch hynnanfürder nyemans in dem münster in dheinere gesellschaft wise me uf noch abe, wider noch für gon spatzieren und schouwelieren, es sy zů vesper oder andern ziten, als untzhar gescheen ist; dann dodurch erber lůte an irem gebete und gotzdienst vast gehündert und geergert werdent, do doch das münster und andere gotshüsere in gottes ere gesůchet und gehalten werden söllent; wer das verbreche, der bessert 5 β δ; und wil man ouch war daruf nemen und das den sübenen geschriben geben, das solich besserunge nyeman übersehen sol werden.

Man sol ouch hynnan fürder dhein werglüte, weder murer, zymberlüte noch ander tagener in dem münster nit dingen, noch dhein überkommen mit inen tůn von dheins gebuwes noch werckes wegen, weder früge in dem münster noch zů vesperzit, als untzhar gescheen ist; und söllent ouch soliche werglůte, es syent murer, zymberlüte oder ander tagener, sich hynfürder me nit in dem münster sammeln, noch solich gespreche darinne haben, noch dhein gedinge darinne machen; und wer das verbreche, der bessert 5 β δ. Und wil man ouch daruf warnemen und solichs den sübenen geschriben geben, daz die soliche besserunge nyeman faren lossent.

Wer ouch solicher werglůte bedarf, der sol und mag under die pfaltze gon, do söllent die werglůte zů stunt noch der ersten messen hin gon und solicher gedinge und irs wercks do warten; und wer das verbreche, der bessert ouch 5 β δ; und wil man ouch war daruf tůn nemen und das den sübenen geschriben geben, die do solich besserunge nyeman faren lossen söllent. Und wer so arm were daz er solich besserunge nit hette zů geben, den wil man in den turn legen und nit anders dann wasser und brot geben. Und were es daz die süben die vorgenanten stücke, so inen die fürbrocht würdent, nit strofetent, das doch unbillich were, so söllent die fünfzehen die süben umb solich übersehen strofen als sich dann der geschicht noch gebůrt.

## 1470.

Stadtordnungen, vol. 28, fol. 357.

Erhart Stange, Hans Spirer, Bechtolt Offenburg und Hans Schedeler, quarta ante Bartholomæi 1470. (22. August.)

Die herren den entpfolhen ist zů rotslahen des swerens und spatzierganges und gespreches halp im münster, haben voran die alten ordenungen verhöret, sich dovon und von den sachen underret und daruf gerotslaget zů ordenen wie hienoch geschriben stot :

Nemlich, wer do sweret by den glidern gotts oder unsers herren Jesu Christi oder eim heiligen flůchet, der sol, by sinem eide, von jeglichem swure bessern 6 δ und die fürderlich by dem tag oder am andern tage nehst donoch geben oder schicken in die büsse an das ungelt die dohin gesetzet werden sol; und wann einer die 6 δ gibet, so sol man inen an dem ungelt in ein sonder büchel schriben uf welichen tag er die geben hab.

Welicher schöffel ouch solichen swůr höret, der sol, by sinem eide, semlich swüre an das ungelt fürderlich verkünden, nemlich wer der swerer sy und was er gesworen habe und wie dick er gesworen habe.

Were ouch das einer der also sweret die 6 δ by demselben tage oder an dem andern tage nehst donoch by der tagezit nit selber gebe oder schickte, so sol er an dem dirten tage (in) 1 β δ verfallen sin, und würde er an das ungelt gerüget ee er den schilling pfenninge gebe, so sol man inen an dem vierden tage oder donoch fürderlich geschriben geben den herren den XV, die oder die sie von inen dozů ordent, süllent im dann fürbas besserung erkennen, also das die mynnest besserunge nit sy under 5 β δ.

Were ouch das einer armůt halp solich gelt nit zů geben hette, so sol man inen, zů sůmmerzit so die mucken gern böse blůt sugent, barbein und barhoubt in das halsisen stellen einen gantzen tag oder einen halben, je darnoch der swüre vil sint; were es aber winterzit, so sol man inen swemmen in der Brüsch, das ime die kelte sin böse hitz des swerens etwas verlösche.

Were ouch das jeman so vil übeler swüre frevelich dete das es fürbas libes oder glide strof notdurft were, die sol man wisen für das hochgeriht, nemlich unser herren meister und rat, die söllent dann semlicher strof nieman erlossen, by iren eyden, uf das die můtwillige, swere, übeldetige dotsünde des snöden swerens gestrofet werde.

Rete und XXI habent dis abgeslagen, sabato post Bartholomæi 1470.

Sodann des spatzierganges und des gespreches halp so bitzhar im münster gescheen, über das es vormols verboten ist, do beduncket die herren geroten sin das man es anderwerbe verbieten sol und die besserunge deste lihter machen, uf das (die) deste ee genommen und nyeman übersehen würde, in mossen hienoch stot geschriben.

Es sol hynnanfürder nyeman me, weder edel noch unedel, weder rich noch arm, in dem münster uf und ab gon spatzieren oder schouwelieren so man messe darin machet oder zů den ziten so man darinne gottsdienst důt, singet oder liset oder brediget; dann alle die die messe hörent oder anders gottsdienstes halp darin kůmment, die süllent sich darinne deheins spatzierganges noch deheins sonder hufens, gestendes noch gemeinen gespreches annemen, sonder sich in irem stande stille halten und erzöigen, als ein jeglich cristenmensch in der heiligen kirchen, gott zů lob und siner würdigen můter Marien zů eren, tůn sol.

Wo aber jemans so frevel were und drü oder vier mol noheinander uf- und abginge spatziren, allein oder selpander oder selpdirt oder me, so die priester im münster gott dienen, singen oder lesen, der oder die jeglicher sol bessern 2 β ♂ so manigen gang er über vier mol also got uf oder abe; doch welicher erber mann ungeverlich got in andaht uf und abe sin gebet zů tůn, den sol man nit rügen noch fürnemen.

Die murer und die zimberlůte süllent ouch in dem münster kein gespreche me haben ouch kein gedinge darinne machen, by der egemelten besserunge; doch mügent sie gon in den crützgang oder uf die grete oder uf die steinhütte oder für das münster under den schopf do man hefen veil hat, und aldo ir gedinge tůn oder reden noch ir notdurft.

Desglich süllent alle fürsprechen, voigte, rihtere, boten noch ander gerihtlûte im münster ouch nit haben dehein gespreche die an die geriht und nit in das münster gehören, ouch by der egemelten pene, sonder mit den lûten usz dem münster an die egemelten ende oder anderswo hingon aldo der gotsdienst nit geirret werde, by der egerürten pene, nemlich 2 β δ, die ouch die sübenzihter, so es inen gerüget wurt, nieman faren lossen süllent, by iren eiden; und süllent es nemlich, by iren eiden, rügen die münsterknehte und alle der stette kneht, nemlich die rotsboten, die ammeisterkneht, die turnhûter und die sübenerkneht, und sol den die es rügen der vierde pfenning werden von der besserunge.

Ouch als etlich lihtvertige frowen bitzhar in dem münster uf die staffeln für die altar gesessen sint, dem altar und dem gottsdienst den rücken gekeret und die lûte angeschouwet haben als ob sie gottsdienst nit ahteten, sunder uf dem gimpelmercket sessent umb sich zû sehen welicher kouf in der liebest were, das doch in dem löbelichen münster an den gewihten enden unbillich und nit zû liden ist: darumb ist ouch geordent, welich lihtvertige frow semlichs me dete, uf die sol man warten so sie usz dem münster got und ir ein sleiger oder mantel nemen zû pfande für die besserung die die süben uf sie erkennen söllen, also das die mynnest besserung nit sy under 2 β δ, ouch zû teilen als vor gemeldet ist.

Wo ouch die süben solichs so in gerüget wurt nit fürderlich bessern, so süllent die herren die XV die süben fürnemen und strofen.

Der stettmeister und die ammeister mögen in irem gewönlichen stande oder in dem nuwen stûl im münster verhören und uszrihten was sie je zû ziten notdurft beduncket, und die andern herren oder wen sie wellent zû inen besenden, es sy in das münster oder uf die steinhütte oder anderswohin, nochdem sich dann je zû ziten gebürt, ordenunge halp.

Die rete und XXI habent dis ouch gehört und kümberlich zûgelossen.

## 1488.

Stadtordnungen, vol. 2, fol. 107b.

Unser herren meister und rät und die ein und zwentzige haben erkant das hynnanfürder nyeman me, weder edel noch unedel, weder rich noch arm, in dem münster uf- und abegän soll spatzieren zů den ziten so man darinne gotsdienst tůt, singet oder liset oder brediget.

Alle die ouch uf die zit so man messe machet oder ander gotsdienst tůt in das münster koment, die sollent sich darinne deheyns spatzierganges noch deheyns sundern huffengestendes noch gemeynen gespreches annemen, sunder sich in irem stande, in- oder uszgange andehtlich halten und erzöigen, als ein jeglicher cristenmönsch in der heiligen kirchen, got zů lobe und siner wirdigen můter Marien zů eren, billich tůn sol.

Wo aber yeman so frevel were und drü oder vier mole nocheinander uf- unb abginge spatzieren, selbander oder selbdirt oder me, in der obgemelten zit so die priester im münster got dienen, singen oder lesen, der oder die jeglicher soll bessern 1 ß ₰ so manigen gang sie über vier mole also gont uf oder abe. Wo aber ein fromm man allein get und mit nyeman keyn gestende oder geschwetz hat, sunder in sinem gebet und siner andaht stille swigen(d) get, wie dick er uf- oder abeget, das soll man lossen gescheen.

Die lonherren, die murer und die zymberlůt sollen ouch in dem münster keyn gespreche nit haben, ouch keyn gedinge darinne machen, by der egemelten besserunge; doch mögent sie gän in den crutzgang oder uf die grete oder uf die steynhütte oder für das münster under den schopf do man hefen veil hat, und aldo ir gedinge tůn oder reden noch ir notdurft.

Desglichen sollen alle fürsprechen und rihtersboten, noch ander gerihtzlůte, im münster ouch nit haben dehein gespreche oder rede die an die geriht und nit in das münster gehörent, ouch by der egemelten pene, sunder usz dem münster an die egenanten enden oder anderswohin gän, aldo der gotsdienst nit geirret werde, by der egerürten pene, nemlich 1 ß ₰.

Sollich obgemelte besserunge sollent die sübenzühter, by iren eiden, so es inen gerüget wurt, nyeman faren lossen, es sient manne- oder frowenpersonen; und sollent es nemlich, by iren eiden, rügen die münsterknehte und alle der statt knehte, mit namen die ratsboten, die ammeisterknehte, die turnhüter und der sübener knehte; und soll den die es rügen der dirt pfenning werden von der besserunge, und das überige zweyteil unser fröwen werck und der statt, jedem teil das halb.

Ouch als etlich lihtvertige fröwen bitzhar in dem münster uf die staffeln für die altar gesessen sint, dem altar und dem gotsdienst den rücken gekert und die lûte angesehen haben als ob sie gottes dienst nit ahteten oder uf dem gümpelmerckt sehssent umb sich zû schöwen wellicher kouf inen der liebst were, was doch in dem löbelichen münster an den gewiheten enden unbillich und nit zû liden ist, darumb ist ouch geordent, wellich sollich lihtvertige fröwe semmlichs me tete, uf die soll man warten so sie usz dem munster get, sie fragen wie sie heisze und iren namen geschriben geben den sübenen, besserunge uf sie zû erkennen, als das die besserunge nit sy under 1 β δ, ouch zû teilen als vorgemeldet ist. Wo ouch die süben sollichs so inen gerüget wurt nit fürderlich bessern, so sollent die herren die XV darumb die süben fürnemen und strofen.

Der stettmeister und der ammeister und die andern herren mögent in irem gewönlichen stande oder in dem nuwen stûl in dem münster ston, messe oder ander gotsdienst sehen und hören, also das sie mit irem gespreche die priester so die messe lesent nit irren, sunder wann man messe machet, hat dann ein ammeister mit den herren oder andern personen etwas ernstlich zû reden oder zû verhören, das er dann sollichs mit inen tuge uf der steinhütten oder an eym andern ende, do messe oder gotsdienst nit geirret werde von ime oder den knehten oder andern umbstendern, die sich ouch aldann, so man messe machet, stille halten sollent.

Proclamatum quarta post Petri ad vincula, anno 1485 (3. August), in præsentia Herren Hanns Sturm von Sturmeck und Andreas Happmacher.

# Münzer- und Wechsler-Ordnung.

**15. Jahrhundert.**

Stadtordnungen, vol. 21, fol. 112.

Die münsser und wehseler die zů bancke sitzent, sollent sich ouch flissen, daz sie mengelich gůt gelt gebent wer by inen wehselet.

Was guldin ouch hinder die münsser und wehseler komment, in wessels wise, in welichen weg das ist, die guldin sollent sie gehorsam sin harwider usz zů geben den ersten personen, ungeverlich, die sie an sie vordern.

Es sol ouch mengelich einen Rinischen guldin für xj β geben und nemen one den münsser, die mögent einen guldin wol für fünf und zehen schillinge nemen, und doch nit höher harusz geben dann für xj β, bisz uf die zit daz man sich von dem stücke fürbasser underredet. Wer das verbrichet, der bessert fünf pfunt pfenning.

Es sollent alle münsser, wehseler, goltsmide noch alles ire gesinde, noch nieman von iren wegen, und alle der statt burgere, hindersesse, noch nieman der der stett gewant ist, deheinrelei silber, daz er in disem bistum koufet, oder in welichen weg er es zů sinen handen bringet, es sy gebrant silber, geflecket geschirre, bruchsilber, es komme von münssen oder von cleinoten, in welher gestalt es [silber ist, one alle geverde und argeliste nit usz der stat Sträszburg füren noch schicken durch in, sin gesinde noch durch nieman anders. Wann wer also silber het, der sol es Clein Hanns, unserm münssemeister geben zů koufen; kann er aber nit (mit) ime überkommen, so mag er ime heissen pfenninge darusz machen, also das er davon gebe sinen slegesatz, den machelon, und das die pfenninge ir gewihte und korn haben und nit von handen komment, der hůter habe sie dann ufgesetzet und versůchet obe sie sient gereht am korn und am gewihte, als vor stot.

Es mögent ouch alle münsser und wehseler ir silber selber bůrnen oder es lossen den hůter bůrnen uf der münsse, also von weme das gebrant würde, daz er das nit lasse von sinen handen kommen es sy dann gezeichent. Zü glicher wise, brante unser münsemeister yeman dehein silber, daz er gehalten wolle oder eime goltsmide geben zů koufen, sol ouch gezeichent werden; und wer ime also lot silber bůrnen, der disen artickel nit gesworen hett, der sol geloben daz gebrant silber nit usz der stat lassen zů kommen. Es sol ouch dehein silber niergent anders gebrant werden dann uf der münsse, als vor stot, oder durch unsern münssemeister in dem münssehofe; und wer hie wider dete und dis verbreche, dem sol man das silber nemen, und bessert darzů xx marck silbers, und der es versworen het, den sol meister und rät darzů umb den meineit strofen, als sich das gebüret.

Es sol ouch dehein goltsmid nieman dehein silber oder bruchsilber verbürnen, er wölle es dann by dem goltsmid lossen, das er es ime zů geschirre verwürcke, und sol es ouch der goltsmid dannoch nit von handen geben, er habe es ee zů redelichem geschirre verwürcket; und sollent das alle goltsmid sweren zů halten.

Was silbers ouch in disem bistům gekoufet wurt, das sol dehein unser burger, er sy ingesessen burger oder ussegesessen, noch dehein der under unserm stabe sitzet, oder yeman von sinen wegen, schicken usz dem bistům oder das schaffen geton werden, dann man sol das halten alz in dem vordern artickel geschriben stot.

Wo aber yeman ussewendig des bistůms silber koufte, es were zů Cölne, zů Franckenfort oder anderswo, das silber mögent sie fůren wor sie wöllent, one geverde; und sollent alle münsser, goltsmide, underkoufer und koufelerin, die damit umbgont, und alle die über die münsse gesetzet sint sweren daz vorgeschrieben stücke zu halten; und wer das brichet, der bessert den meineit, und der es nit gesworen het xx marck, und wurt das silber ergriffen, daz sol man nemen.

Brehte aber ein frömde man silber ussewendig des bisthůms har in dise stat zů verkoufen, und beduhte in wie er daz silber nit wol noch sime willen verkoufen möhte, der mag das silber wol wider hinweg füren ob er wil, one geverde.

Es soll ouch dehein unser ingesessen oder uszgesessen burger, oder deheiner der under unserm stabe sitzet, noch nieman von sinen wegen, yeman usz disem bistům engegen gon, riten oder varen, daz er ime sin silber abkoufe, in deheinen weg, one geverde, durch daz das silber dem stock zû Sträszburg empfüret werde.

Es sol ouch nieman dehein silber usz disem bistûm füren, es sy gebrant silber oder geflecket geschirre, wie das genant ist; der dehein silber harbringet und der silber harbrehte, der sol dannoch kein anders hinweg füren, dann allein daz er also harbräht hett; und wer das verbrichet, dem sol man das silber gerwe nemen und zû sinem libe und gût rehten und rehtvertigen, uf den eit. Disz sollent alle münsser, wehseler, goltsmide, underkoufer und koufelerin sweren zû halten, und darzû, wo sie beduncket an yeman der gebrant silber oder verwürcket silber in geschirre koufen wil und es hinweg schicken wolte, daz sie es dem nit zû koufende gebent noch nieman von sinen wegen; und gät disz nit an nuwe geschirre, dasz goltsmide machent, one geverde.

Ein jegelich goltsmid, der zû gaden sitzet, mag ouch wol gebrant silber oder bruchsilber koufen so vil als er in sime gaden verbruchen und verwürcken wil, und nit me, und sol ouch ir jegelicher nit me koufen silbers noch bruchsilbers dann so vil er mit sime gesinde verwürcken wil; und sol ouch ir deheiner dem andern silber koufen, dann yedermann soll ime selber silber koufen; und sollent das die goltsmide sweren.

Es sol kein münsser noch wehseler, goltsmid, cremer, gewantman, noch nieman anders, deheinen grossen pfenning noch deheine ander münsse, die hie genge und gebe sint, verbürnen noch zerbrechen noch enweg schicken, dasz sie gebrant werdent, noch die sweren von den lihten erlesen; und wer das brichet, der bessert lib und gût.

Es sol ouch kein münsser noch wehseler noch nieman anders mit keime münssemeister, der da mûnsset, weder teil noch gemeine haben, noch darzû raten, stüren oder helfen in deheinen weg, one alle geverde; wer das verbrichet, der bessert fünfzig marck als dicke er das dete, und sollent die münsser und wehseler das sweren also zû halten; und welher münsser das verbreche, der bessert den meineit und nit fünfzig marcke; wer aber das stücke nit versworen het, der sol die fünfzig marcke bessern, als da vor underscheiden ist.

Es sol ouch dehein münsser noch wehseler noch nieman anders, wer der ist, uszgenommen die goltsmide in iren gaden, da man es gesehen mag, deheine esse haben an deheinem ende, weder innewendig oder ussewendig der stat; und sollent die münsser, wehseler und goltsmide sweren dis also zů halten und es ouch zů rügen nach höresagen; und verbrichet es ein münsser oder goltsmid, der sol einen meineit bessern; verbreche es aber yeman anders, der es nit gesworen hette, der bessert xx marck silbers, uszgenommen die gemeine esse uf der münsse.

Wer aber obe yeman, wer der were, es wer test, esch oder anders zů bůrnen und zů lutern hette, das er uf der münsse noch in den obgadenen nit gebůrnen möhte, der oder die sollent solichs an die obgemelten drye bringen; beduncket dann die drye, das sie solichs an den obgenanten enden nit gebůrnen mögent, so mögent sie inen wol erlouben das zů bůrnen an den enden daz nieman kein schaden geschehen möge, und doch also, das dieselben personen nit me bůrnent dann inen zů der zit erloubet sy.

Es sollent alle münsser, wehseler, die zů bancke sitzent, und alle goltsmide behalten alles argwenig golt oder silber, das inen zů bancke kommet, da sie beduncket das es roůbig oder gestolen sy, zerknütschet oder wie sie das argwenig duncket, und sollent solich argwenig golt oder silber antwurten und geben an unser lieben frowen werck und dem spital, jegelichem das halbe, einer brechte dann kuntschäft daz das golt oder silber rehtfertig were; keme aber yeman in joresfriste dez das silber oder golt were und das kundlich mahte, dem sol man es lassen volgen.

Was ouch besserungen von golte und von silber von allen vorgeschriben stücken vallent, da sol das halbe unser stat werden und das ander halbe in viere geteilet werden: nemlich ein teil dem münssemeister uf der münsse, daz ander teil dem huszgenossen, daz dritteil an goltsmideantwercke und das vierde teil dem oder den die das fürbringent und růgent.

Es sollent ouch die münsser und wehseler keinen empfohen zů huszgenossen oder lossen wehseln an der münsse, er habe dann vor und ee alle stücke gesworen die do vorgeschriben stont, die münsser antreffende.

Desglichen sollent die goltsmide ouch keinen an ir antwerck empfohen oder an irem hantwercke halten, er habe dann vor un ee alle stücke gesworen die do vorgeschriben stont und goltsmide antreffende.

Es sollent ouch die obgemelten drye, nemlich der hûter, unser stett münssemeister und der von den goltsmiden alle XIV tage ein male, nemlich uf ein samstag, zûsammen kommen, so es XII sleht, in der stett münssehof, und da warten untz vesper ob yeman keme und begerte sin silber zû zeichen, das sie das besehent ob es vin silber sy, domit ein koufmann den andern geweren möge und des zeichens würdig sy, das sollent sie zeichenen und kein anders, und das ouch solich silber hie gebrant sy; keme ouch in den XIV tagen, welhe zit daz were, yeman zû dem hûter oder münssemeister und begeret sin silber zû besehen und zû zeichen, daz sollent sie in vorgeschribener masse ouch tûn und gehorsam sin; und darumb sol man denselben dreyer eim geben zûm jor ein pfunt pfennige, zû winnahten das halbe und zû sant Johanns tag zû sungithen daz ander halbe.

# Ordnungen

für

# Nachrichter, Wasenmeister, Todtenträger und Todtengräber.

## Nachrichter-Bestallung.

**1487.**

Stadtordnungen, vol. 28, fol. 383.

Item als Niclaus der nochrichter abgestanden und gefroget ist was das spil zů pfingsten jors tůge, do het er geseit es habe im etwan ein 40 gulden geton, so habe er dogegen ouch müssen costen haben mit knehten, doch sient ime etwan über allen costen so er deshalb gehept habe zehen gulden vorgestanden.

Er hat ouch geseit das spil am thorehuse sy zů summerzit besser dann im winter, deshalb das vil frömde kneht usz Swoben und andern landen harkomment, als in der erne und in der messe; dann was geltz dieselben gesellen gewinnen, das verspilen sie donoch hie; und tůge semlichs durchs jor, ein woche in die andere, 5 β δ.

Item das gelt so er von den gemeynen frowen in ofenen hüsern zůr wochen gehept, habe im zůr wochen geton 23 δ, etwan ein woche me, doch tůge es gewonlich zůr wochen 20 δ.

Item so habe er ein jor sehs gulden gehept von den keffichen zů vegen.

Er hat ouch geseit wann er in miner herren stetten, als zů Ettenheim oder andern enden gerihtet ha, beso habe man ime alwegen ein pfert geschicket und ine hinweg und ouch wider har geleitet, und ime von einer personen geben zů rihten 30 β δ.

Item er het ouch geseit, wen min herren hie in der stat strofen, der by dem leben blibe, als so man einen ins halsisen stellet, die oren absnidet, mit růten uszhouwet oder ander derglich strofen anthůt, do sy im von minen herren wegen gelonet und von einer personen geben 3 β δ.

Als Andres Hebeisen von Froidenstein der nochrihter bestellet ist, so ist im geseit was dann Niclaus vor gehept hat vom spil, von den gemeinen frowen und anders so dann hie vor gemeldet ist, und ist doruf witer mit im abgeret und beslossen uf dise meynunge also: wann er uszwendig der stat in miner herren stetten oder dörfern rihtet, das min herren oder die iren angät und sie von solichen personen lonen sollent, do soll man im nit me verbunden sin zů geben dann 10 β und sin zerunge; man hat vor geben 30 β δ von eim zů rihten.

Item begebe sich ouch das im jemans selber den todt andete, es were man oder frowe, junge oder alt, wie das beschee, do sollent im min herren von einer solichen personen geben usz den hüsern zů ziehen, in vasz zů slahen und hinweg zů schaffen 5 β δ und nit me, und sollent min herren das vasz bezalen, wä anders ein solich persone nit so vil gůts het oder verläst das semlichs von irem gůt uszůrihten ist; man hat vor von einer personen geben 10 β und die stat nit deste mynner das vasz bezalt.

Item im sint die 4 β δ wochengeltz wider zůgeseit.

Actum vigilia Adelfi 1487. (28. August.)

---

## Nachrichter-Ordnung.

### 16. Jahrhundert.

Stadtordnungen, vol. 28, fol. 384.

Der nochrichter soll ouch verbunden sin, wo ime fromme, ersame lüte in den strossen und gassen begegenen denen sol er harabe in den wegk entwichen und sie lossen ob ime hingän, als sich gebürt. Er sol sich ouch uf den mercktagen bescheidenlich halten und fromme lüte nit abtringen, ouch nützit von esshaften dingen beknätzen oder anrüren, er habe es dann gemarckt und wollen betzalen.

Wo er ouch in kirchen gät gotsdienst zů hören und zů volbringen, do sol er sich an ein sunder ort stellen und sich nit vornan oder mitten in die kirch under ersame lûte machen, uf das nyemant kein unwillen abe ime empfohen möge.

Er sol ouch die burgere und frommen lûte uf iren stuben und geselschaften gantz unbekümbert lossen und nit zû inen gän essen oder trincken, in keinen wegk, uf das im nützit widerwertigs begegenen (mag).

Und als unser herren jetzt den nochrichter umb ein wochenlichen sold bestellet habent, nemlich umb ein gulden für alle forderung, sol er fürter alles spils und des frowen pfennings müssig stän und des nützit empfohen oder innemen, in keinen wegk, und ouch schuldig sin zû richten in der stat Strasburg und ouch uszwendig in iren herrlicheiten und gebieten, wo er das von der stat Strasburg wegen geheissen und im empfolhen wurt, und darumb kein sondern lone nemen noch empfohen, dann er soll sich lossen benügen mit sinem obgemelten wochenlichen sold; doch wo er usserthalben der stat Strasburg burgbannes richten wurdt, do soll man ine usz und in geleyten und verzeren one sinen costen.

Er soll ouch sust alle cleine penen und strofen die eim nochrichter zûstänt in dem egemelten wöchenlichen solde tûn und vollbringen und darumb kein sondern lone von der stat fordern oder nemen, in deheinen weg.

Doch als bitzhar schultheis und vogt, im namen unsers gnedigen herren von Strasburg, wann man über das blût gerichtet hat, dem nochrichter recht und den lon uszgerichtet habent, doby soll es fürter bliben, und wann der nochrichter sinen lone also von inen empfangen hat, so soll er das gelt von stunde an den armen weisen überantworten und des nützit behalten, by sinem geswornen eyde, umb das im sin gotsrecht dodurch nit abgestellet werde und doch by altem harkommen blibe.

Item Swartzhans von Costentz hat dise ordenunge gesworen uf montag vor sant Kathrinen tag. Anno 1500. (23. November.)

Item Paulus von Lichtenowe hat dise ordenunge gesworen uf mitwoch vor Simonis et Jude, anno 1505 (22. October), vor Claus Werlin und Hans Swenden.

Item Hans Erstheim hat dise ordenunge gesworen uf montag noch vincula Petri, anno 1506 (3. August), vor Claus Werlin und Hans Swenden.

## Nachrichter, Wasenmeister, Todtenträger und Todtengräber.

### 15. Jahrhundert.

Stadtordnungen, vol. 21, fol. 204.

Item Peter Vorwurf, Diebolt Geiler und Berchtold Spitzysen, die nahtrieter, wellent nemen von eim turne unden an zů vegende und zů růmende 3 β δ, dovon nement und hettent bitzhar genommen Heintzeman Halersch, Cleinhensz von Greszwiller und Rulman von Hagenau 6 β δ.

Item so wellent Peter Vorwurf und sin gesellen von eim kôfigen zů rûmende nemen 1 β δ, dovon hant Heintzeman Halersch und sine gesellen bitzhar genommen und nement es noch 2 β und nit miner.

Item so wellent Peter Vorwurf und sin gesellen von eim zuber den gefangenen uszůtůgende nemen 3 β, dovon hant Heintzeman Halersch und sine gesellen bitzhar 6 oder 8 δ genommen.

Item so nement sie in dem alten lichhofe, by den brotkarrichen zům münster, von eim steine und sargke abezůhebende und das grab zů bereitende 5 β oder 6 β, und nit minre; devon wellent Peter Vorwurf und sin gesellen nemen 3 β.

Desglich nement sie (von) der phaffen lichhof zům münster by sant Johans capelle 6 β oder 7 β, do wellent Peter und sine gesellen ouch nemen 3 β.

Desglich nement sie in dem krützegange von den thumherren oder andern herrschaftlichen 10 β oder 8 β, und nit miner; dovon wellent Peter Vorwurf und sine gesellen nemen 4 β.

Desglich nement sie von den lichen in sant Andres capelle, in sant Kathrinen capelle, vor unser frowen und in sant Johans capelle nit under 12 β; dovon wellent Peter und sine gesellen nemmen 6 β.

Item von einer lichen in dem nuwen lichhofe zům münster, do nement si von eim grabe do die tilen ufligend 3 β, und nit miner; dovon wellent Peter und sine gesellen $1^1/_2$ β nemen.

Item in sant Andres nement sie glich alse zům münster; do wellent Peter und sine gesellen ouch das halb nemen.

Item in sant Martin alse zů dem münster, uszgenommen von einer alten lichen die zû iren tagen ist kommen, dovon gent sie 1 ß δ: dem wergkmeyster 10 δ und dem sigersten 2 δ.

Item in dem kirchspel sant Thoman nement sie glich als zûm münster; doch was sie lichen haben in der kirchen und dem krützegange dovon gent sie, durch die banck, dem cüster (von) sant Thoman das halbe, und was lichen sie in dem lichhofe habent dovon gent sie dem sigersten das halb; do wellent Peter und sine gesellen denne das halbe nemen an dem das Heintzeman und sinen gesellen noch danne übrig blibet.

Item zû glicher wise nement sie zûm alten sant Peter und gebent ouch so vil von in als sant Thoman.

Item zû sant Niclausz ouch also.

Item zû unser frowen brüdern, do nement sie von eim grabe mit eim steine in der kirchen 6 ß, und uszwendig der kirchen 4 ß, und sust von eim ungedeckelen grabe 3 ß; do wellent Peter und sine gesellen ouch das halbe von jeglichem nemen und gent nieman nützit dovon.

Item zû den Barfûssen nement sie in der kirchen zû 8 ß, zû 10 ß und von etlichen zû 18 ß und zû pfunden, und uszwendig der kirchen nit under 4 ß; do wellent Peter und sine gesellen das halb nemen und gent ouch nieman nützit dovon.

Zû glicher wise nement sie (zû) sant Claren uf dem Rossemerckete, sant Claren uf dem Werde und zû den Ruwerin von jedem grabe in der kirchen 4 ß, und von yeder closterfrowen 3 ß; do wellent Peter und sine gesellen ouch das halb nemen.

Item von eim ahtetegigen kinde 1 ß; dovon wellent Peter und sine gesellen 8 δ nemen.

Item von eim zwey oder drüjerigen kinde 18 δ; dovon wellent Peter und sine gesellen 1 ß nemen.

Item von eim kinde das ein stein het 2 ß; dovon wellent Peter und sine gesellen 18 δ nemen.

## Todtengräber-Ordnung.

### 15. Jahrhundert.

Stadtordnungen, vol. 13, fol. 75.

Dis sint die stücke die ein jegelicher greber halten soll: zům ersten von einem grab do kein sarge obe ist, so soll er nemen 3 β ₰; item von eime nuwe gebornen kinde 1 β, untze das es jerig wurt, und darnoch bitz an die vier jor; item von eime vier jerigen kint bitze es ahte jore alt wurt soll er nemen 16 ₰ oder ein untze ₰; item von ahte joren bitz an die zehen jor 2 β ₰; item von zehen joren oder von dem als man eins von ersten bewaret, soll er nemen 3 β ₰; item unde dannethin von eime jeglichen das älter ist soll er nemen ouch 3 β; item von eime kint, das vier jore alt ist, das er leit under einen stein, soll er nemen 2 β; item obe eins oder zwei in einem grab legent, die unverweret werent, mit den einre arbeit můste haben usz- und jnnzůhabend, do mag er me lons von nemen; wolte er aber zů strenge sin, soll es ston an dem werck das ime reht geschehe und ouch den lüten; item obe ein grab gefroren wer in dem winter, das er müste fůren oder arbeit müste haben, do mag er ouch me lones nemen; wolt er aber zů strenge sin, so soll es an dem werck ston das ime und ouch den lüten darinne reht geschehe; item obe ein sarck als gros were das als vil arbeit darzů gehorte, do mag er ouch me lons von nemen, wolt er aber damit zů strenge sin, so soll es ouch an dem werck ston das ime und ouch den lüten reht geschehe; item ein jegliche grab soll sin sehs schueh tief und nit münder. Dise vorgeschriben stück und artickele soll ein jeglicher greber sweren stete zů halten, und was ime also wurt zů lone, das soll er unverzögenlich halber geben dem werck, bi demselben eit.

# Oelmüller-Ordnung.

**15. Jahrhundert.**

G. U. P. Lad. 11, nº 18.

Unser herren meister und rat und die XXI habent erkant das die olüte einen erbern gesellen zů eime underköifer an irem antwerck orden und kiesen söllent, derselbe sol ouch mit den zwon der stat underköifern vor meister und rat sweren: wer ole alhie begert zů koufen, das do eim jeglichen gůt werung geschee und die ole gantz unvermengt ole sy, jegliches noch sinem werde: nussole für ein gůt nussole, magsotole ouch rein und gůt, und hanfsotole ouch gerecht und gůt, jeglichs in sinem wesen. Man sol ouch die tonnen synnen und sol kein minner halten dann dirthalb omen, und welch tonne me haltet danne dirte halb omen, do sol der synner das me uf die tonne rissen und zeichen; man sol ouch keyn tonne füllen, sü sy dann vor gesynnet und mit der stat zeichen gezeichent, und sol ouch jedes ole sin sonder zeichen han, nemlich das nussole mit der stat schilt und mit dem N, und magesotole mit demselben schilt und dem M, und das hanfsotole ouch mit dem schilt und dem H; und wellicher der stück eines verbrichet, der sol bessern, so dick das geschee, xxx β δ; nemlich der stat 1 lib. δ und dem antwerck der olüte x β δ, und söllent ouch meister und gericht desselben antwercks sollich besserunge, wer die verbrichet, nieman faren lossen, sonder ir jeglicher sol das fürderlich rügen, by iren eiden, so balde es inen fürkompt; und sol doch der olüte underköifer kein ole sammenthaft verkoufen, es sy dan mit wissen und willen der stat underköifere den sollichs vormals allein entpfolhen was, oder derselben eim, uf das man wisse das der stat ir zoll davon werde, und sol im der halbe underkouf werden, und den andern zwein underköifern der ander halb über das das der stat zůgehört, als das harkommen ist; und hant ouch meister und rat harin behalten sollichs zů andern, zů minnern oder zů meren wann und wie dick sie das nutz oder notdurft beduncket.

Es sol ouch nieman kein ole machen oder veyl haben der es by dem pfunde verkoufen wil, er diene dann mit dem antwerck der olüte.

Es mag ein jeglicher burger zů Strasburg ole machen oder tůn machen so vil er wil, und wil er desselben oles ützit verkoufen, so sol er das nit under eym eymer verkoufen und sol ouch domit bestellen das der stat ir zolle davon geben werde; und wer das verbreche der sol es bessern, und semelich ole das man mit dem eymer usmisset sol niergent anders gemessen werden dann im koufhus.

Were es ouch das dehein olman nusse oder magsot oder desglichen uf dem merckt kouft, und ein anderer des antwercks zůgegen were und an demselben kouf teylunge begerte, so sol im der der do koufet theil daran geben und lossen werden.

Die olüte söllent ouch nieman kein ole lihen, es were dann das ein herschaft sollichs selbs an die olüte begerte, der mögent sie wol lihen, und sol inen das nit schaden.

Die olüte mögent hinnanfürter yederman ir messe und sester wol lihen, und das sol inen keinen schaden bringen.

Wan man ouch jors umb die lichtmesse die olmess seiget, do ist der herren meinunge, dass meister und rat einen uss dem rat sollent darzů geben zů eim gesworn seiger, und die olüte sollent vier von inen dargeben, und die sollent seygen das drü pfunt tůnt ein alte mosse, und derselben pfunt söllent XXVI ein eimer sin.

Ein yeglich olman der oley machen wil, der mag haben als vil stempfe er wil, die mit dem wasser stampfen oder mit den füssen oder wie er im eben ist.

Es mag ouch ein jeglicher olman der das antwerck hat gemeyner haben mit wem sie wellent, die nít des antwercks sint, also das dieselben mit den sie gemein hant und die nit des antwercks sint weder oley verkoufen noch ussmessent; doch mögent sie wol in gantzen tonnen ole koufen oder verkoufen als sust ander lüte; aber die die des antwercks sint und mit jeman gemein hant die nit des antwercks sint, mögent wol das gemeyn ole verkoufen mit pfunden, eymern, pfenwerten, glicher wise als ouch ir eigen ole das nit gemein were.

Die olüte mögent nemen den alten lone als das harkomen ist, und sollent die kuchen des oder der sin der das ole ist.

Die olüte söllent ouch nit me nemen dann von einer tonnen nussoleys VIII ß und von einer thonnen magsot söllent sie nemen XII ß und nit me, myner mögent sie von den beyden wol nemen, und sollent die kuchen des sin der die tonnen tůt machen.

Als bitzhar die olüte zůsammen sint gangen und das ole gesetzet hant wie man das geben solte, das sol hynnanfürter nit me sin, dann jeglicher sol es geben noch dem als die nuss gelten und es gerechnet und geordent ist, als das harnoch geschriben stät :

Item ein vierteil nuss mit dem costen für VI ß, důt ein pfunt oleys IV δ.

Item umb VII ß tůt V δ und stät VI δ vor.

Item umb VIII ß tůt ein pfunt oleys VI δ und stät 1 ß für.

Item umb IX ß tůt ein pfunt oleys VI δ und gät glich uf.

Item umb X ß tůt ein pfunt VII δ und stät VI vor.

Item umb XI ß tůt ein pfunt VIII δ und stät 1 ß vor.

Item umb XII ß tůt ein pfunt VIII δ und gät glich uf.

Item umb XIII ß tůt ein pfunt IX δ und stät VI δ vor.

Item umb XIV ß tůt ein pfunt X δ und stät 1 ß vor.

Item XV ß tůt ein pfunt oleys X δ und gät glich uf.

Dis ist zů verston das uf jedes vierteil nuss gerechent ist II ß δ für allen costen : darumb so ein vierteil nuss gültet IV ß, so ist es gerechent für VI ß und über sich und under sich nach marzal.

Item als das nussoley geschlagen ist und gesetzet als vor stät, wie man do das nussole geben sol noch dem gelt, also sol das magesotole ein pfunt einen pfenniges neher geben werden ; wan ouch die nuss uf oder abe slahen, so dick sollent die olüte mit dem ole und mit dem gelt ouch uf und abe slahen als vorstät, und wo sollichs nit beschee, das wellent meister und rat strofen.

Item es söllent ouch alle olüte geben magesotole für magesotoley, nussole für nussoley, es sy in tonnen, eymern oder in pfunden, und das oley als es dann in ime selbs ist, und keins under das ander müschen das sie für esseole verkoufent.

Item wer der ist der ole verkoufen wil, der sol VII eymer für ein tonne geben, und das sol werschaft sin ; wil aber jeman ein tonne koufen oder verkoufen als sie lit ungemessen, das mag er wol tůn.

Item das alle olüte, die nůntzemol meister sint, sollent sweren alle artickel die notdurft sin zů halten und inen in geschrift geben sint, und sonder den artickel das sie einer jeglichen personen sin ole machen sollent als ob es ir eigen gůt were, und deheinen an ir antwerck empfohen er habe dann diesen und alle ander artickel gesworn zů halten ungeverlich.

Item vii eymer oley tůnt LX alter mossen und ii lib., so tůt und sol tůn ein tonne LX alter mossen.

Zů wissende das ein vierteil nuss tůt ii sester kernen gehufet, do söllent us eim sester kernen werden iii alte mossen oleys, das ist viiii lib., das were von eim vierteil nusse vi alte mossen, tetent xviii lib. oleys, das were von x vierteil nussen ein tonn oleys, das were von einer tonnen oleys vi β vii δ; so wurt us eim vierteil magesot xii alter mossen, das were xxxvii lib. oleys, das were us v vierteil magesot ein tonne oleys.

Unser herren meister und rat und die XXI habent durch ire erber boten, nemlich Sifrit Bietenheim und Ulrich Bürer, uf der olüte anbringen, lossen ratslagen dem noch zů gon wie hienoch geschriben stät: nemlich als die alte ordenunge wiset wie man uf ein viertel nuss mag slahen ii β δ, so sol man zů allen ziten besehen was der magesot giltet und dann uf ein vierteil slahen iiii β δ, und dann das pfunt geben noch dem der magesot giltet, dem uf und abslag noch, wie es dann von dem nussole geschriben stät.

Als zů ziten geordent ist wie die olüte das ole geben söllent, nemlich ein vierteil nuss mit dem costen für vi β δ, das důt 1 lib. oleys iiii und darnoch fürbas wie die nuss je geltent. Nochdem dann dieselbe ordenunge wiset, do habent unser herren meister und rat und die XXI erkant, das den brotbesehern die jetzt sint oder hienoch gesetzet werdent, entpfolhen sin sol, by iren eyden, alle woche, und so dick si dozwischent notdurft beduncket, ir eigentlich sehen und erfaren haben was die nuss uf dem merckt geltent, das dann das ole auch also geben werde wie sich dann dem ufslage oder dem abeslage noch gebürt, umb deswillen das die olelüte der egenannten ordenunge fürbas nochgangen, und wo die brotbeseher sampt oder sonder, ir einer oder me, erfinden das das jeman unter den olüten verbreche, das söllent sie den reten uf den nechsten tag donoch als man rat hat fürderlich fürbringen, und söllen ouch die rete solichen bruch strofen als sich dann gebürt.

## Berathung der Oelmüller.

**1477.**

Stadtordnungen, vol. 13, fol. 50.

Item uf sant Mathistag im 1477 jor (24. Februar) sint die ollûte by einander gewesen und hant do fürgenommen und ein ratslagen geton ires verkoufens halp: also dann etliche under inen sich bitzhar beclagt hant wie das sie ir ole nit künnent und mügent vertriben und verkoufen als etliche der andern under inen, dodurch danne die armen gesellen also bitzhar gehyndert sint worden an irem verkoufen; und kumpt ein solichs dahar daz etliche der ollûte sin kundschaft witer hat und merer kunden hat dann die andern. Nû solichs abzulegen und daz es hinfüro nit me geschee, so hant sie alle gemeynlich einhelleclich mit gemeyner urtel erkant, das keyn olman, er sy rich oder arm, soll ol verkoufen in thunnen, weder wenig noch vil; besunder ir underkoufer mit sampt der stat underkoufern, die ouch solichs gesworen hant, süllent inen ir ol in thunnen verkoufen, und also in die wise, daz man an eym ende soll anvohen und also von eim zûm andern, noch ordenung also es ouch bitzhar ein gût gewonheit ist gewesen; und ist solichs ouch darumb das der stat ouch deste fürbasser ir zölle werden, und ouch umb deszwillen das der arme sich ouch müge begon und belyben by dem richen. Wer es ouch sach das do ein koufherre mit dem underkoufer keme zû eim olman, ouch der ordenunge noch, und begerte do umb den olman ol zû koufen, und wolte derselbe olman sin ol nit geben noch billichen dingen und umb ein glichen pfennig, nochdem also uf die selbe zit nusz und magsot gültet, so soll macht haben der underkoufer mit sampt dem koufherren zû eim andern zû gon, noch der ordenunge, und umb in koufen ob er möge. Und das solichs gehalten werde, bitten wir, die ollûte gemeynlichen, unsere gnedigen herren meister und rat es zû bestetigen und ein ordenunge, noch dem anbringen, noch notdurft darüber zû geben.

# Pflaster und Kehricht.

## Pflastermeister-Ordnung.

**15. Jahrhundert.**

Stadtordnungen, vol. 19, fol. 71.

Item meister Claus, estericher, soll sweren an den heiligen getruwelich zů dem esterich ze lugen und die kneht anezewisend ze arbeitende und allezit by inen ze sinde, es sy vor imbis oder noch imbis, so man arbeiten soll. Und welher kneht ze spote an sin arbeit got, dem soll man den tag kein lon geben; und soll kein kneht dingen noch urlob geben one wissen und willen sins öbern lonmeisters, und soll demselben lonmeister in allen sachen gehorsam und gewärtig sin wozů er sin danne zů dem werk dem esterich bedörfelich ist, one widerrede und geverde; er soll ouch der stette geschirre getruwlich bewaren und gehalten tůn und kein geschirre hinweg lihen, er habe danne gůt pfant dafür das semlich geschirre widerumb komme.

Es soll ouch nieman kein wercke uszwendig machen ungefroget des der über den esterich gesetzt wurt, und soll semlich kneht nemen zů arbeitend die der stelle nützelich sint und kein knaben me haben; und diewile nu derselbe meister Claus vormols bekimberter gewesen ist danne hinnanfürder, deshalb das er allewegen můste die esterichstein usser den grůben alhar schaffen, so soll man im geben im sommer alle tag 18 δ und in dem winter zům tag 14 δ, so es wercketage sint, und nit me, und soll er ouch nit me vordern noch heischen, weder an meister und rat noch niemans anders von der stett wegen.

## Verordnung den Kehricht betreffend.

**15. Jahrhundert.**

Stadtordnungen, vol. 28, fol. 246.

Item der dryer drye kneht, ouch die drye turnhûter und der sübener zwene kneht sollent sweren liplich zû got und den heilgen, das sü tegelicher, so by tag, so by naht, ernstlich lûgent und warnement wo veget in die gassen geschüt ist oder wurt und die man nit in dryen tagen, so man in das geboten hat, uf Metzigerouwe oder in das Bruch oder an ander ende, do die pfele hingesetzet sint, zû den pfelen schüttet, oder obe yeman veget ungeboten uf die ouwe und nit zû den pfelen schüttet, das sü do semliche personen die das geton hant ze stunt rügent den dryen uf dem pfenningturne, und wen sü bûszwürdig vindent, der soll bessern 10 β δ, der sollent 5 β der stat werden und die andern 5 β dem der es dann gerüget hat; und soll man darzû denselben gebieten soliche veget, in sime costen by der tagezyt, dannan ze fûren, by derselben pene, und sollent ouch die drye semlich gelte nyeman faren lossen; wo auch dieselben kneht grunt oder gerere von dechern in den gassen vindent, das sollent sü fürderlichen heissen und inen gebieten semliches dannen ze fûrende in dryen tagen, by der vorgenanten pene; und wer das nit dete, der soll ouch bessern 10 β δ; do sollent der stat ouch 5 β werden und 5 β dem der es gerüget hat; wo sü ouch mist sehent ligen an der stat ringmuren oder anderswo innewendig der stat do er nit ligen soll, da sollent sü gebieten semlichen miste hinweg zû fûrende in achte tagen; wer dass nit dete, der soll bessern als vor geschriben stot. Dieselben knehte sollent ouch bede, tag und nacht, schlieszlich und ernstlich warnemen und lûgen wo yeman veget, stein, grunt, gerere oder allen andern wûst, der zû grunde vellet, in die Brusche oder allenthalben in der stette graben schüttet oder würfet, das sollent sü uf stunt den dryen rügen; und wer semlichs nit tû, der soll bessern 1 lib. β, und was besserungen also gevallent, die sollent die drye, by iren eiden, nieman faren lossen, und soll das halbe gelt der stat werden und das überige dem der es dann rüget.

Die vorgenanten der dryer kneht, die drye turnhûter und ouch der sübener zwene knehte sollent ouch ernstlichen und flissеclichen lûgen und warnemen das nieman die almende und gassen die zûm wasser zû gont uf dem holzmercket verlege noch verslahe, und wen sü bûszwürdig vindent, den sollent sü ze stunt den dryen uf dem pfenningturne sagen und fürbringen, und soll dann derselbe bessern der stat 30 β ₰, und an solicher besserunge soll dem der das fürbringet 5 β ₰ werden.

Und wer es das jeman, es werent frouwen oder man, wie die genant sint, nyeman uszgenommen, die obgenanten knehte umb solich fürbringen smehte, schuldigete, flûchte oder schülte, solichs sollent sü den dryen uf dem pfenningturne fürbringen und sagen, nieman zû liebe noch zû leide, uf ir eide; über solich fürbringen und sagen sollent die drye uf dem pfenningturne kein kuntschäft noch worheit nit hören, es were dann das sü beduhte das die sache ettewas argwenig und nit lutter were, so mögent sü wol ir erfaren nach den sachen und dem fürbringen haben; und welhe personen also bûszwürdig funden werdent, die sollent umb soliche gesmehede die sü den knehten oder in eyme insunders oder welher personen solich fürbringen empfolhen ist geton hant, bessern der stat 30 β ₰, und nit mynder, oder sollent aber in dem turne dofür ligen drye gantz monat, und soll man in die drye monat usz nit anders dann wasser und brot geben, und wann die drye monat usz sint so sollent sü sweren an den heiligen ein urfehde von der sachen und gefengeniss wegen, und darzû nyemer me wider die stat Sträsburg noch die iren zû tun, in deheynen weg; und sollent ouch die drye solichem also nochgon und nieman darinne ansehen, uf ir eide.

Und umb deswillen das den dryen uf dem pfenningturne vil ordenunge befolhen ist zû hanthaben, besunder dise ordenunge und sust aller wercklûte, des zinszmeisters und andere ordenungen, so ist der herren meynunge und bedunket sü ouch geräten, welicher der were der sich mit der dryer urteil nit wolte lassen benügen und meinte das er ein besser urteil vor meister und rät gehaben möhte, es wer in diser oder ander ordenunge, darumb sü geurteilt hettent, derselbe mag wol einen gezog von in nemen für unser herren meister und rät, doch also das er das gezoggelt, das ist 30 ß δ, vorhin und e solicher gezog gehört wurt, gebe.

Und uf das die obgenanten drye uf dem pfenningturne in der und in andern der stat sachen, so in dann befolhen ist, dester gewilliger und ernsthaftiger sient, so ist ouch der herren meynung das man inen zům gantzen jore 2 lib. δ an ir zerunge ze stůr geben soll, das ist alle rechenunge 1 lib., dann sü sust müstent für die kneht ir eigen gelt geben zů verzeren.

---

## Verordnung das Strassenpflaster und den Gassenkehricht betreffend.

**15. Jahrhundert.**

Stadtordnungen, vol. 19, fol. 68.

### Esterich und der horp.

Von des esterichs und des horps wegen, do ist der herren meynunge das man einen erbern, redelichen man, der schriben und lesen kann, über den esterich und den horp ordenen und machen soll, der lonmeister von der stette wegen darüber sy; und derselbe soll gewelet werden in mossen als von andern standen ambahten geschriben stot, und soll sweren alle stücke, puncten und artikel die hienoch begriffen sint den getruwelich, flisseclich und ernstlich nochzegonde, zům besten, noch nutze und notdurft der stette.

Des ersten soll er besorgen und bestellen das geesterichet werde zů rebten ziten und (wann) gůt wetter ist ze arbeitend, und anders nit, und ouch an solichen enden do es danne je das nützest und notdürftigest ist, by sime eit ungeverlich; und soll tegelichs zům mynsten ein mole, und so dicke es in nothdurftig bedunket sin, ungeverlich an die ende gon do man esterichet und zů den kneht lůgen und ouch alle tage den knehten selbs lonen, so er in der stat oder in dem burgbanne ist und das libs halb getun mag, one geverde, uf das er wissen möge was kneht er habe und obe sü der stat uf dem wercke nütze sigent oder nit.

Ouch soll hinnanfürder ein ziegelmeister die esterichstein usser den gruben harin schaffen und vertigen, diewile er derselben stein me bedarf an die ziegelöfen wanne uf den esterich, umb des willen das solichs mit eime costen zugange und so semlich schiffe mit steinen die zům esteriche gehörent alhar broht werdent; so soll danne der obgenant lonmeister, und nit meister Claus der estericher, dem ziegelmeister geben und uszrichten als vil die schiffe mit stein untzehar an den lande gekostet habent; und wann oder wie dicke schiffe mit stein die zům esterich gehörent also an den land in dirre stat komment, so soll derselbe lonmeister ze stůnd fürderlichen schaffen und bestellen das die stein gefürt und geleit werdent uf das nehest an die ende do man danne der uf dieselbe zit zům esterich bedörffenlich ist und do sü danne ze mole arbeitend.

Derselbe lonmeister soll ouch den horp tůn uszfüren allenthalben in der stat so das notdürftig ist und zit und wetter het, und kneht und karrich dozů gewinnen, die danne vermüglich und gůt dozů sint, und soll keinen eigenen karrich an den esterich noch an den horb haben gon dem die stat lone, by sime eit ungeverlich; er soll ouch schaffen und bestellen das die kneht arbeitent und iren tagewon tůgent, in semlicher mosse das der stat geschee das ir gescheen soll, als das billich ist, und soll den knehten noch vorbegriffener mossen, alle tage, so er in der stat oder dem burgbanne ist und das sins libs halb getůn mag, selbs lonen und danne den drien uf dem pfenningethurne alle wochen rechenunge darumb tůn.

Und als dicke biszhar mit den karrichen uf den horp gefaren ist, so es nit not gewesen ist, und ouch die karrich uf den esterich gefaren sint manigmole so es ouch wol underwegen were bliben, deshalb doch grosser cost ufgangen ist, das soll hinnanfürder nit me sin; danne jedes werk soll zů den ziten noch obgeschribener mossen gearbeitet werden, so es zit und wetter het, und anders nit; damit so wurt ouch ein erber coste an gelt und anderm ersparet, als das wol zů verstond ist; danne so man jo das wercke für handen nimpt so es sine zit het und wetter ist, so gont vil karrich abe der man minder bedarf wann vormols.

Man soll ouch den estrichern noch den kneht uf dem horp hinnanfürder dehein nuwe tischelachen, hantzweheln, fleschen, krusen noch solich ding von der stette wegen koufen noch bezaln, noch ir deheime dehein saltz geben, in deheinen weg, als dann die LXXXIV geordent hant.

Als danne meister Claus, der estericher, biszhar die esterichstein usser den grůben alhar geschaffet het, daruf vil costens gangen ist in zerunge, fůrung und mit tagelönen, das soll hinanfürder ouch nit me sin; dann der ziegelmeister soll das tůn, als vorstoht, und soll man dem ziegelmeister darumb dehein lon fürbasser geben, wanne er on das in die grůben faren můsz noch solichen steinen darusz man uf den ziegelöfen kalck bürnet, und man ouch besunder solicher stein an die ziegelöfen me bedarf wann uf den esterich.

Und darumb so soll man demselben lonmeister geben alle jor 5 lib. ₰, das ist alle fronfasten 1 lib. 5 ß ₰, und nit me.

# Salz-Ordnungen.

## 1407.

Stadtordnungen, vol. 29, fol. 8.

Sub anno domini millesimo quadringentesimo septimo, feria quinta proxima ante festum palmarum (17. Mærz.) sub domino Reimboldo Hüffelin, milite magistro civium, et domino Johanne Heilman, magistro scabinorum, sint meister und rat, schöffen und amman dirre nochgeschriben ordenunge von saltz und jsens wegen überein kummen:

Zům ersten, wer schibesaltz harbringet und daz hie verkouft, do sol der oder die, die dieselben schiben koufent, von yeder schiben saltzes 1 β δ zů zolle geben, und der der sü harbringet und sü hie verkouft der sol vi δ zů zolle geben, und sol der der die schiben verkouft und der der sü kouft von yeder schiben einen helbeling zů underkoufe geben, und nit me, und einen helbeling Clausen von Berse, und sol Claus von Berse dieselben heilbelinge empfohen, sammenen und sunder důn, darumb wenne hundert schiben saltzes verkouft werdent, daz men denne von denselben heilbelingen ein untze pfennige an des bischoves zol gebe, also von alter har kummen ist, und was ime überiges ist, das ist unser stette.

Item welre unser undersosse oder burger saltz also hinder sich kouft, wenne der daz selbe saltz widerumb verkoufen wil, (sol) er von sinre hant dheinen zol geben von dem saltze daz er vor unser stette verzolt het, und sol der der das saltz um jn kouft 1 β vi δ zol geben.

Item wer schibesaltz also kouft, der sol von keinre schiben saltzes me geben zů tragende dann ji δ, sü gehöre joch wie verre sü welle in dirre stat; werent aber dieselben zwen pfennige den knehten in dem koufhuse nit gefügliche zů verdienende, so mag die person der daz saltz zůgehört mit andern knehten, karrichen oder wagen jr saltz heim rihten, wie ir daz gefüglichest were, und süllent daz die knehte die in dem koufhuse wonent niemane weren, by dem eide.

Item wer flemsch oder marselsaltz[1] har bringet und es hie verkoufet, daz süllent der verkoufer und der koufer verzollen jn aller der moszen also men es verzolte ob meister und rat saltz zû jren handen noment, und sol man ouch den saltzmûtern ir mûtegelt geben von allem dem saltze daz sü mûtent, asz untze har gewönlich gewesen ist; was saltzes aber die saltzmûter nit mit der hant mûtent und arbeitent, do sol man in kein mûtegelt vor geben.

Item was saltzes oder jsens harbroht wurt und hie verkouft wurt, daz sol man von der niderlegunge oder von dem vürfüren verzollen, glicher wise als men det ob meister und rat saltz und jsen zû iren handen noment.

Es mag ouch mengelich jsen koufen und verkoufen, doch sol der koufer von eim pfunde jsen nit me denne v δ zû zolle geben, und sol der verkoufer den zol geben von 1 lib. jsens den er gape e meister und rat sü... undernomet.

---

## Salzhaus-Ordnung.

**18. Jahrhundert.**

Stadtordnungen, vol. 13, fol. 233.

Dis ist die ordenung unsers saltzhuses als hernach geschriben stat:

Item des ersten ist ze wissen daz wir drye von unsern reten zû unserm saltzmeister geordent und gesetzt hand, der in dem saltzhusz gesessen ist, mit denselben dryen unser reten der saltzmeister alle unsers saltzhuses notdurft verhandlen soll.

Item wenn unser saltzmeister umb die geste saltz koufet, es sye in vassen oder in kleinen schiben, das wirt kouft by einem messe, tût vier sester, dasselb mess ist by uns genempt ein stück oder ein achteil; by demselben messe wirt es widerumb verkouft.

Item wie und von wem das saltz kouft wirt, das schribet man in dry bûcher, do hand die drye saltzherren eins, unser saltzmeister eins und der saltzschriber eins, und stond die drü bûcher glich.

[1] *Marselsaltz* ist solches das aus den Lothringer Salinen bei *Marsal*, *Dieuze*, *Vic* u. s. w. nach dem Elsass gebracht wurde.

Item wir koufen die groszen schiben nit by dem messe als das ander saltz in den vassen, sunder also gantz by den schiben und verkoufen das ouch thürer dann das ander saltz.

Item so das saltz kouft wirt in vassen, das brichet der saltzknecht der unsers saltzhuses wartet fürderlichen uf und wirfet das ze hufen, yeglichem gaste sin vass sunderlich.

Item welher hufen saltzes der eltest und in einem kasten gemessen ist, dasselb saltz wirt des ersten uszgemessen ze verkoufende.

Item was groszer schiben saltzes kouft wirt, das lasset man in den schiben ston untz uf die zyt daz man es ufbrechen soll und auskoufen, dann ze mal das eltist ist; und wenn man es ufbricht, so musz man es für sich messen zů verkoufen, anders es brechte schaden und neme abe; davon git man von ye zweyen schiben, so man die messen wil, 15 δ, das ist 4 δ dem saltzknecht und 11 δ den můttern, das ist deren die by dem messen sint.

Item und wenn umb die geste saltz kouft wirt, es sy in vassen oder in schiben, so würt überslahen by einer billige wie vil des saltzes sye, by dem vorgenannten unserem messe, dem stück oder achteil, das vier sester tůt, und git dann unser saltzmeister dem gaste so vil gelts daruf daz er gedenckt und weisz dem gast schuldig sin und der nützit fürhabe, wann wir dem gast gewisser sint im das überig herusz ze geben, denn der gaste uns sye wider ze geben des im ze vil worden were.

Item und wann man solich saltz gar nochgemessen hat, also das noch dem ein wenig da ist, so nympt man von dem selben saltz also mennig zehen stück gemessen sint, also mennigen vierling, und das tůt man in ein vasz so im saltzhusz stät, und das heiszet fůrsaltz, und das ist der stat und ist alles gewynn; und was dann überig und nit ein sester ist noch getůn mag, wie vil virling das denn werden, das ist des saltzmeisters, und das bezalt er dem gast in dem kouf nach anzal als er denn das saltz kouft hat. Das obgenant saltz müssent zwen můtter mit einer strichen abstrichen und zwen můtter gebent in saltz zů mit den schuflen, und das mess můsz man hufen in dem messe, umb das uns und ouch dem gast geschee das recht sye.

Item wir hand zwölf můtter mit dem saltzschriber, die zů unserm saltzhuse gehörent und geschworn hant, und wenn notdurftig wirt saltz zû messen, und sunderlich so saltz in vassen kouft wirt und uf wegenen kompt, so gebietet unser saltzmeister oder der saltzschriber oder tût in gebieten als mengen er bedarf; doch so müssent der mûttern zûm mynsten vier sin das saltz ze messende; die sollent ouch ye ze zyten zû dem saltzhuse lûgen und sehen ob der schriber ir notdurftig wurde sin im ze helfen so die wuchenmerckt sint.

Item denselben mûttern, die zû dem saltz komment und das messent, geben wir von yedem stück 1 δ ze messende; an demselben messgelt hand die andern mûtter die nit do sint nützit; so gend die geste den mûttern von yedem vass das er brocht und verkouft hat, sie syen grosz oder klein, 3 δ, und von zweyen schiben 3 δ git ouch der gast; dasselb gelt ist den mûttern allen gemeyn und legent das in ein büchsen und teilent das alle fronvasten.

Item wer saltz kouft in unserm saltzhus und das wider verkouft, als die gremper, der git von yedem stück, das ist in zweyen secken, nemlich zwen sester in einem sack, von jedem sack 1 δ messgelt; welher aber saltz kouft das er nit verkoufen sunder in sinem husz essen wil, der git ouch von einem sack darin zwen sester sint 1 δ von einem sester, und von einem halben sester ouch 1 δ messgelt; dasselb messgelt wirt ouch in die obgenant büchsen gestossen, den mûttern allen gemeyn; und müssent ouch alle geistlich und weltlich personen das messgelt geben von yedem sack als obstat; und die frömden uf dem land gend 2 δ von einem sack darin zwen sester sint, und sust von einem sestersack 1 δ und von dem halben sester ouch einen δ.

Item man git usser unserem saltzhuse nyemant kein saltz zu koufende, die mûtter habent es denn vor gemessen in die secke die darzû gemacht sint, nemlich zû halben sestern, zû sestern und zû zweyen sestern, und die messent, ye so das not tût, zehen, zwölf oder vierzehn stück einsmals; und das mögent tûn drye oder vier, welche der schriber darzû berufen wil.

Item wenn die mûtter messen wellent, so gand sy für den hufen saltzes den sie messen wellent, und zerhackent aber vorhin den hufen saltzes mit howen und zerstossent das mit stösseln, umb das kein knolle gantz darin blibe, ee sie anfahent messen; und wenn das gescheen ist, so stellet man eynen sester für den hufen oder den halben sester, und der do misset nympt das mess zwüschen die bein, und gebent im zwen müller mit schuflen, zů yeder syten einer, saltz zů dem messe und das strichet denn der do misset mit dem stricher oben abe und schüttet ye das messe in sinen sack, und die seck můsz der saltzknecht oder sin husfrowe ufheben und dannen tragen dahin der schriber wil, an yegliches end und statt im saltzhusz.

Item man git ouch nyeman in unserm saltzhusz under einem vierling saltzes, sunder ein sester, zwen sester und ein halb sester und darüber so vil er wil; und was er under einem halben sester koufen wil, das můsz er by den grempern koufen. Die gremper koufen kein saltz in unserm saltzhusz dann das gemein saltz so wir in den vassen verkoufen, und wie wir das uszmessen und verkoufen, darnach gebent sie das ouch also.

Item die můtter müssent alle jahre vechten alles saltzgeschirre, es sye unser oder der grempen, es sye grosz oder klein; und geben wir inen von dem groszen messe, das genant ist ein stücke oder ein achtteil, 4 β, von dem halben stück, das zwen sester tůt, 2 β und von dem sester 1 β, von dem halben sester 8 δ; ze glicher wise gebent die gremper von irem geschirr von einem vierling 4 δ und von dem andern geschirr das minder ist nach margzal; ouch besehent die můtter alle fronvast der grempern saltzgeschirr ob das gevecht sye oder nit.

Item die gremper die saltz veil hand, die getörent nyeman kein saltz ze koufend geben denn under einem halben sester saltzes und darunder untz an eins pfennings wert, als denn ein arm mensch ze bezalende mag han.

Item wer in unser stat gesessen ist, der soll noch getar kein saltz an dheinen stetten koufen denn in unserm saltzhuse oder umb die gremper by uns der under einem halben sester saltzes koufen wil; wer darüber saltz uszwendig unser stat kouft, der můsz uns ein marg silbers geben, und ist daran kein gnad; und ob es einem geschenckt were, das mag in nit gehelfen noch entschuldigen, in dhein wise.

Item unser saltzmeister můsz alle halbe jare rechnung geben den dryen saltzherren so wir über das saltzhuse gesetzt, und den wir, zů gewynn und zů verlust, unsern vollen gewalt geben hand umb alles das saltz so kouft oder verkouft ist, und het mit nyemant anderm nützit darumb ze schaffende. Er soll noch getar ouch nyemant kein saltz borgen noch usz unserm saltzhusz lassen kommen, es sy denn vorhin im saltzhusz bezalt.

Es kompt ouch etwen daz der saltzmeister saltz kouft umb die geste und inen vor uszbehept daz sie den pfuntzolle müssen geben von dem saltz das sie verkoufen, das ist von einem pfunt 4 δ; etwen schenckt er inen den zoll gantz oder halber, ye darnach er des koufs mit inen eyns wirt.

Item und umb den kumber so drye saltzherren von des saltzhuses wegen hand, geben wir yeglichem zů wihennachten ein stück saltzes, tůt vier sester zům jore.

Item so git man dem saltzmeister jarlon.

Item aber geben wir dem saltzmeister 5 lib. für zwen imbis oder zwen male alle halb jar, eynest so man rechnet, tůt 2 $1/2$ lib., und da essent by im die drye saltzherren und wen er gern by im hat, und ouch der saltzschriber und der saltzknecht.

Item dem schriber git man jarlon.

Item dem saltzknecht jarlon 3 lib., tůt ein halb jor 30 β so man rechnet, und darzů etlich stück me so hernach standen.

Item es darf ouch nyemant by uns kein klofter holtz, so in schiffen kompt, füren umb lon denn unser saltzknecht, denn er ouch teglich des warten und desshalb mit gesinde und rossen costen haben műsz.

---

## Salzschreiber- und Salzknecht-Ordnung

### 15. Jahrhundert.

Stadtordnungen, vol. 13, fol. 232.

Dis ist des saltzschribers underwisung wie er mit den gesten umb das saltz rechnen und was er inen abziehen soll, das den müttern und dem saltzknecht zůgehört.

Item wann saltzwegen kommen die der saltzmeister kouft hat, so soll der knecht do sin mit sinem gesinde, und soll die wegen entladen und die vasz brechen zů einem hufen und das saltz ufwerfen; dovon gehört im 1 β von jedem wagen und 6 δ zů vertrincken, umb das er die geste fürdere; das gebürt dem gast ze geben.

Were aber sach daz ein gast keme mit einem wagen, der do hette ein wägelin, dovon gehört dem knecht nit me dann 1 β, und der do füret zwen fasz 4 rappen und von einem vasz 2 rappen; git ouch der gast.

Item so git ein yedes vasz, es sye grosz oder klein, 3 δ und den müttern ouch 3 δ brechgelt; git ouch der gast.

Item von den kleinen schibling git man dem knecht von einer 1 δ und den müttern von zweyen 1 δ brechgelt.

Item dis obgeschriben gelt geben die geste, und zühet man inen das ab so man sie bezalt.

Item wann aber grosz schiben in einem schiff kommen, die der saltzmeister kouft hat, so geben myn herren von yeder schiben 6 δ harin in das husz zû füren dem knecht, und von derselben schiben einer 2 δ brechgelt, und den müttern von zwen schiben 3 δ.

Item wann aber grosz schiben uf wagenen oder uf karren für das husz kommen, die soll der knecht entladen und die in das tûn walen; dovon gehört dem knecht von yeder schiben 4 δ.

Item wann aber myn herren ruch saltz oder galbensaltz koufent in vaszen, so in schiffen komment, und das by dem mesz, wie vor stat, kouft wirt, do git ein rörlin, stüppich oder ein Bolzener vasz 3 δ dem knecht harin ze füren in das husz; sint sie aber halbfûderig, so gehören dem knecht von yedem vasz 18 δ; dasselb gelt den gast berürt und nit myn herren, es were dann daz der gast das angedinget und vorbehept hette.

Item so gehört dem schriber von dem saltz so in schiffen kompt ye von hundert stücken 4 β; das triffet sich den vaszen noch so halbfûderig sint von ye dryen vaszen oder von syben vaszen 2 β als von den wagenen; das git ouch der gast.

## Nota.

Item so man rechenen wil, so soll man rechenen so manig stück hie in der stat allein gemessen und verkouft wirt, für ye hundert stück 3 β 2 δ, das tût 6 β 4 δ zwifaltig ze rechenen in und wider usz; das gehört dem saltzknecht.

Item aber so gehört dem knecht 3 lib. jarlon, als vorstat.

Item von den groszen schiben, so mannig hundert stück verkouft ist, soll man nit me den eynest rechenen; davon gehört 3 β 2 ₰ ouch dem knecht.

Item aber so gehört zů verrechenen, so menig schiben ufgemessen sint, für zwen schiben 15 ₰; do gehören 4 ₰ dem knecht und 11 ₰ den můttern.

Item alles das saltz so hie in der stat gemessen und verkouft wirt gehört zů verrechenen von ye hundert stücken 8 β 4 ₰, das ist von eim stück 1 ₰, tůt zwifaltig 16 β 8 ₰ meszgelt, das den můttern geben ist in und usz ze messen.

### Des saltzschribers eid.

Item ein saltzschriber schweret alles und yeglichs saltz so im durch den saltzmeister ze verkoufen empfolhen und angeben wirt, umb den pfennig und yeglichs in sinem wert angeschlagen ist, getruwlich und ufrechtlich ze verkoufen, und nit neher noch thürer, und einem yeden ze geben das so im mesze git, ungeverlich; ouch das gelt so er zů zyten löset getruwelich zů verwaren und in dem werde er das empfoht einem saltzmeister zů überantworten, und darumb alle wuchen wüchenlichen rechnung ze geben, und sunderlich von solichem gelt gantz nyemant nützit ze lihen; und was er sehe oder merckte an saltz oder an saltzmůttern brust oder wandelbar sin, das einem saltzmeister ye zů zyten ze rügen und anzebringen; ouch das saltzhuse teglichs, so man pflegt saltz zů verkoufen, vor und nach essens, zů rechter zyt uf und zů ze tůnde, nemlich des summerzyts morgens so es syben schlaht und wider zů besliessen so es zehen schlaht, und nach ymbiss uf ze tůnd so es zwölf schlaht und obends ze besliessen so es fünfe slaht; und zů winterzyt des morgens uf ze tůnd so es achte schlaht und zů ze tůnde so es eynlife schlaht, und noch essens uf ze tůnde so es eins schlaht, und uf den obend zů ze tůnde so es fünf schlaht; und in dem allem der stat nutz und frommen ze werben und iren schaden ze wenden, getruwelichen und ungeverlichen.

### Des saltzknechts eid.

Item der knecht im saltzhuse soll schweren einem saltzmeister und einem saltzschriber gehorsam (zů) sin, der stat und des saltzhuses nutze ze fürdern und iren schaden ze wenden so verre er kann oder mag; und sehe er yemant minen herren untruwe tůn im saltzhuse, das ze stund dem saltzmeister rügen und fürbringen. Ouch obe füre uszgienge, davor gott sye, oder wasser oder ander not, ze stund in das saltzhusz loufen und da tůn das im empfolhen wirt noch sinem besten vermögen, one geverde. Und so bald ein knecht in das saltz kompt und ufgenommen wirt, soll man in ze stund in eid nemen.

Item er soll ouch keinen ungefechten karren füren, ouch von nyemant kein myet nemen, umb daz er inen dester ee holtz solle füren; ouch keinen knecht bestellen noch dingen on wissen und willen eins saltzmeisters; und so er einen knecht bestellt hat, den alsdenn und uf stunt zů einem saltzmeister bringen, daz er ouch in eid genommen werde.

---

## Verordnung über den Ankauf des Salzes durch die Stadt.

**15. Jahrhundert.**

Stadtordnungen, vol. 13, fol. 226.

Peter Rebstock, Bechtold Offenburg, Conrat Armbroster und Sifrit Bietenheim.

Als etlich herren vormols des saltzes halb geton habent ein ratslahen, das dann unser herren meister und rat und die XXI bestetiget und donoch denselben herren bevolhen habent fürter zů ratslahen, wie und wem bevolhen werden solt semmlich saltz der stat zů koufen, so habent sie sich dovon mit einander underret, und beduhte sie geroten sin das semmlichs eym hůszherren bevolhen werden solt, der das sins ampts halb wol getůn möhte ouch stat habe semmlich saltz in das koufhusz zů stellen, do es wol und trucken stande, und were doruf ir meynunge, wann einer harkeme mit saltz und begerte das sammenthafts koufes zů verkoufen, er hette es uf dem merckt ufgeton und veil gehept oder nit, und das geben wolt umb einen zymlichen pfenning darumb es der stat zů nemen were, und dem solichs von den knehten die das saltz můttent verkündet würde, er dann dasselbe saltz der stat koufen, in vasz slahen und versorgen soll, der stat zů nutz zů behalten. Und wann er also saltz koufet, so soll er eigentlich anschriben wie vil er saltzes koufet und was es costet habe.

Dogegen zů winterzyt oder sust durch das jore, wann sich das begebe, das nit gůt zůfürunge an saltz were und das ufslag an saltz würde, höher dann zyemlich und billich, und ime solichs von den knehten die das saltz můttent verkündet wurde, so soll er von der stat wegen ein vasz, zwey oder drü mit saltz an den merkt tůn füren und eins pfenninges oder zweyer neher geben dann es die andern gebent, sie sient frömde oder heymsch, uf das allwent ein gůter gemeyner merckt und keyn brest an saltz sin werde; und wann er also saltz verkoufet, so soll er aber eigentlich anschriben wie vil er saltzes verkouft und was er darabe erlöset habe, und darzů ouch jerlich dovon rechenunge tůn, uf das man wissen möge wie die stat an dem saltz bestande, nochzugk oder vorstant habe; ouch soll man eym huszherren geben fünfzig pfunt pfennige, die er hinder ime haben soll uf solich saltzkoufen zů warten.

So sollent die knehte die das saltz můttent sweren, wann yemans also harkommet mit saltz, das er sammenhaft verkoufen wil, das sie dann solichs fürderlich zů wissen tůn sollent dem huszherren, das (er) das in der stette namen möge koufen. Desglichen obe einer hie saltz veil gehept hette, einen tag oder zwey, und das überige sammenhaft verkoufen wolt, so sollent sie ouch, welher das empfindet, one verzogk dem huszherren zů wissen tůn; und wann ein solich überbliben saltz von der stette wegen kouft wurde, begerten dann ein burger oder me zů sim gebruche in sim husz ein sester saltz oder drie ungeverlich, die soll man inen lossen werden in dem kouf als es zů der stat banden kouft wurt, ungeverlich.

Sie sollent ouch dem koufhuszherren gehorsam und getrůwelich beroten und beholfen sin in den dingen die das saltz antrefen, das solichs ufreht und redelich, noch der stat und der mennige nutz und frommen zůgange und gehandelt werde.

Es sollent die saltzmůtter nyemans kein saltz můtten, er sy frömde oder heymsch, er habe dann vor gelobet das er solich saltz uszwendig des bistůms kouft und nit under wegen uf merschatz angenommen und kouft habe, wie dann der artickel dovon uszwiset.

Es sollent ouch die saltzmůtter fürter nit me nemen von frömden oder heymschen, die ir saltz hie zů merckte verkoufen wellent, dann ir gewönlich můttegelt, nemlich von jedem sester saltz ein pfennig und von einem halben sester oder eim vierling ein örtel, es were dann ungeverlich ein morgenůrten obe inen die ein koufman gern geben wil, und sust dehein saltzschenck oder myete, wenig noch vil, in deheinen weg.

Doch wann die saltzmůtter eim koufman, frömde oder heymsche, ir saltzgeschirre helfen entladen oder wider ufladen oder in vasz slahen, umb solich ir arbeit mögent sie ein zimlichen lone nemen, ungeverlich.

Es sollent ouch die saltzmůtter, by iren eiden, schuldig und verbunden sin alle mercktage des merckts getrůwelich zů warten, und winterzit am merckte sin des morgens so es aht sleht, und summerzit wann die glock süben sleht, und doselbs bliben und warten bitz die glock eilf geslagen hat, und noch dem imbs wann es zwölf oder eins sleht ungeverlich der zit noch, und aber do warten so lang das notturftig ist, uf das irenthalb niemans gesumet werde saltz zů koufen oder zů verkoufen.

Es sollent ouch dieselben saltzmůtter fürter nyemans sin gelt innemen oder empfohen, by iren eiden, sonder ein jeder verkoufer oder sin nochbot sollent solich gelt selbs empfohen und sie nit.

---

## Verordnung über den Verkauf des Salzes.

**15. Jahrhundert.**

Stadtordnungen, vol. 13, fol. 228.

Als etlich zit biszhar mit dem saltz vil merschatzes beschehen ist, also, so zů etlicher zit ein geschirre mit saltz oder me harkommen ist, das dann etlich das sammenthaft hinder sich kouft und es donoch ufgeton und geben haben wie sie woltent, und domit also ein türunge am saltz gemaht; solichs zů versehen und umb das menglich fürter dester bessern kouf am saltz bekommen möge, so habent die rete und XXI erkant und geordent, wer do fürbas saltz har zů merckt bringet, der soll es uftůn und zwen tage uf offenem merckt veyl han; und wann er das also zwen tage veil gehept hat, so mag darnoch yeder das überige saltz wol sammenthafts koufes umb ine koufen, und nit ec.

Were aber das einer also mit saltz harkeme und das ufstete und vor verschynunge der zweyer tage wider zůslüge, so soll aber nyeman solich saltz sammenthafts koufs umb ine koufen, er habe es dann wider ufgeton und ander zwen tage, durch sich oder sinen mahtboten, zů ofenem merckt veil gehept.

Es soll ouch nyemans kein saltz koufen uf merschatz hie zů verkoufen, dann uf dem sode, und sust an deheinen enden zwüschent dem sode und der stat, by 5 lib. ₰, die man ouch nyeman faren lassen soll. Und besonder soll nyemans schirmen die gewere obe einer sprechen wolt: der koufman wolt anderswo mit dem saltz hin gefaren sin, und er hette ine harbroht; dann ein yeglicher soll sin saltz uf dem sode koufen und es durch sich selbs oder sinen mahtboten hie zů ofenem merckt zwen tage veil haben, und donoch mag man erst das sammenthaft umb ine koufen, by der egenanten pene, es würde im dann bevolhen von unser herren wegen; aber uf dem sode zů koufen ist menglich erloubet zů tun zů sinem besten. Doch mögent die grempen, die das saltz zů pfennwerten verkoufent, ein vierteil zůmol koufen, und wann sie das verkouft hant, so mögent sie dann aber(mals) ein vierteil koufen, by der egemelten pene.

So soll ouch ein jeder saltzmůtter das saltz erberlich můtten, mit und in die vier ort, noch erber alter gewonheit; wer das nit tete und sich kuntlich erfunde, der bessert 5 β ₰, so dick das beschehe.

Es soll ouch dehein můtter můtten usserthalb des mercktes deheinerley saltz, es sy dann vor zwen gantz tage veil gewesen, wie vorstät; und wer das darüber tete, der soll bessern 30 β ₰ und darzů dehein saltzmůtter me sin, sunder dasselbe sin ampt verloren haben.

Ouch als die herren underrihtet sint, wann etwan die frömden saltz harbroht habent, das dann die heymschen zů inen gangen sint und sie underrihtet ir saltz zům türsten zů geben, umb das sie ir saltz ouch deste türer verkoufen möhtent, solichs sollent die heymschen nit me tůn, und wä ir einer solichs tetet oder mit den frömden eynich gedinge mahte das saltz uf den oder den pfennig zů geben, und das sich kuntlich erfunde, der soll bessern 10 lib. ₰, so dick das beschehe.

Wie ouch die frömden das saltz ufstůn und gebent, also sollent die heymschen ir saltze, das ufgeton ist oder wurt, ouch geben; und welhes vasz oder geschirre ein heymscher ufgeton hat oder uftût, das soll er uf denselben pfenning gantz usz verkoufen und nit höher geben, by 30 β ₰; näher mag er es wol geben.

Ouch als die heymschen biszhar etwie vil vasz mit saltz uf dem merckt hant gehept ligen, domit die frömden etwan gewendet werden das sie mit irem saltz nit har gefaren sint, do ist geordent das dehein burger dehein vasz mit saltz uf dem merckt soll lossen ligen über vierzehen tage. Er sol ouch von solichem saltz alle mercktage uftûn und verkoufen uf den pfenning als die frömden gebent, ouch by 30 β ₰.

Und wä die saltzmûtter erfundent das yemans wider die vorgeschriben artickel einen oder me tete, das sollent sie, by iren eiden, fürbringen den sübenen uf der pfaltzen, die ouch die besserunge nyemans faren lossen sollent; und alsdann dem fürbringer der vierde pfenning der besserunge werden.

# Scharwächter-Ordnung.

**1477.**

Stadtordnungen, vol. 13, fol. 48.

Von der scharwahter wegen und der heimlichen hûte.

Als biszhar die hûte der scharwahter nit also besorgt gewesen ist als billich geschehen were, besunder deshalp das einre fire den andern gangen ist, do der der do gangen sin sollte gar vil besser und geschickter gewesen wer wann ginre der do fire in gienge, do soll hynnanfürder ein jeglicher an den die hûte kompt selbs gon, und soll die hûte an keim überhüpfet noch fürgangen werden; welher aber selbs nit gon enmag sins libes halp oder im sust nit gelegen ist zû gonde, derselbe soll zû sim antwerksmeister gon und dem sagen sin gelegenheit; so soll dann derselbe meister im gönnen und erlouben einen andern an sin statt zû gewynnen die hûte fire in ze tûnde, also das derselbe den er gewynnet denselben sinen antwerksmeister, by sime eide, beduncke das die hûte wol mit ime besorget sy; und ist das darumb, das die hûte hynnanfürme mit redelichen lûten besorgt und bestalt wurt wann biszhar geschehen ist; und soll ouch niemans, wie der genant ist, keinen gewalt noch macht haben jemans dere hûte und scharwahte zû erlossen wann als vorstot, umb deswillen das die hûte alle nacht ir ganze zale habe als das notdürftig ist; und usser derselben ganzen hûte der scharwahte, dere ouch alle nachte, one einen, drissig sin soll mit dem ratherren und dem schöffel, soll des ammeisters knehte, an dem die hûte ist und sie teilet, vorusz nemen an die heimliche hût so vil in zû jeder zyt bedünket notdurftig sin, die dann die nützigsten und besten sint, by dem eide, und die überigen teilen in drye hûten, und den ir houptlüte zûgeben, als dann das gewonliche und harkommen ist.

Wer es aber daz zû etlichen zyten, als zû vastnacht, pfingesten, sant Adolfstag oder andern zyten, ob sich das gebüren würt, das man der heimlichen hûte über ehte bedörfte, so sollent des ammeisters knecht zû den antwerckmeistern gon und sie früntlich bitten, umb der stette willen, inen vier oder sehs gûter gesellen zû lihen, die heimliche hûte helfen ze tûnde; das ouch die antwercksmeister in dem besten tûn sollent; und wen dieselbe meisterschaft solichs heisset tûn, der soll des gehorhsam sin; doch so sollent sich die ammeisters-kneht flissen das sie dehein antwercke darinne fire das andere beswerent und sie gliche und glimpfeliche haltent, so beste sie könnent oder mögent, ungeverlich uf ir eide.

Es soll ouch des ammeisters kneht alle nacht Hochfelden, oder wer an demselben ampt in der scharwähter huse ist, sagen wie vil mit der heimlichen hûte gon wollent, das man in so vil koste als in gebürt gehalte und ir ouch warte, uf das wann sie ire hûte geton hant, das dann sie und des ammeisters knehte ze zeren vindent; und welhe also mit der heimlichen hûte gont, denselben noch den ammeisters-knehten soll man kein gelt geben in deheinen weg, und also wurt der coste der biszhar uf die heimliche hût gegangen ist erspart, und würt doch die hûte basz bestellet wann biszhar beschehen ist, und wie ratherren und die schöffel mit der hût bitzhar gehalten worden sint doby lossent die herren das bliben.

Wer es ouch das jemans, wer der wer, an dem dann die hûte ist, uf die zyt als er gon soll hinnanfürder nit gienge oder einen andern an siner statt hette der für in gienge, in der mossen als dann davor geschriben stot, der soll bessern 3 β δ; do sollent dem antwerck 2 β δ werden und der überige schilling den ammeistersknehten; und soll ouch das antwerck, das gerichte oder die meisterschaft soliche besserunge, by den eiden die sie der stat oder dem antwerck gesworn hant, niemans faren lossen; und soll ouch des antwercksmeister oder meisterschaft den ammeistersknehten, in den nechsten aht tagen nochdem als in das fürbroht ist, den schilling pfennig geben, by iren eiden die sie geton hant, als vor geschriben stot; und sollent ouch die ammeisterskneht iren schilling pfennig niemans schenken noch wieder geben, sie noch niemant von iren wegen, by den eiden die sie meister und rat zû Straszburg gesworen hant, one alle geverde.

Als biszhar die antwerck etliche personnen zû inen empfangen habent und sie der hûte fry gelossen, das soll nit me sin; es wer dann das einer so alt wer oder so unvermögenlich sins libs, das er das nit getûn möhte, und ouch domit so arm wer das er nit zû lonen hett solichs für in zû tunde, der soll der hûte erlossen sin; wer ouch biszhar der hůte ist erlossen gewesen, das soll ouch abe und nit me sin; und sollent dis alle antwercksmeister und gerihte halten, by iren eiden, das solichs nyeman übersehen noch erlossen werde.

Ein jeglicher scharwahter der sin naht zůr hůt důt, soll die naht stetes anhaben und tragen ein pantzer, ein kragen, ein iserin houbtgedeckete und zwen iserin hentschů und sin hantgewer, ouch ein lang messer oder ein swert, als das von alter harkommen ist; und wer das nit hat uf die naht umb und an als er die hůt tůn soll, der sol bessern, so dick das geschee, 3 β ₰, nemlich sinem antwerck 2 β und 1 β den ammeisterknehten, die ouch das, by iren eiden, nyeman übersehen noch faren lossen sollen. Dies haben die rete und XXI erkant uf Simon und Jude obent anno 1477 (28. October); ouch soll die meisterschaft einer jeglichen antwercksstube solichs bestellen durch iren büttel, allewegen eim jeglichen der die hůte tůn soll ernstlich zů verkünden, sich vor schaden wissen zů hüten.

# Schiffleut-Ordnungen.

**14. Jahrhundert.**

G. U. P. Lad. 10, Nr. 1.

Dis ist der einung den unser herren den schiflüten gegeben hant: wer untzher nit ein schifman ist gewesen und nit mit in gedient het, und nů ir antwerk wil triben, der soll in 30 sol geben in ir bühse.

Es soll ouch kein unser burger, der in unserem burgbanne gesessen ist, gůt umbe lon füren, er habe danne den einung und diene mit den schiflůten; es were denne das einem burger an sim schif breste zwei fůder oder vier, die mag er wol füren mit sinem gůte den Ryn zů tal, oder andere last dem glich, one geverde.

Es sol ouch kein schifman me schife vertigen die gůt umbe lon fürent denne zwei; doch mag ein iegelich schifman sines gůtes füren wie vil er wil. Wer dirre dinge deheins breche, der bessert vier pfunt; der werdent zwei dem ungelte und zwei den schiflůten in ir bühse.

**1481.**

Stadtordnungen, vol. 1, fol. 38.

Zů wissen, als aber etwas irrung unter der erbern geselschaft des antwerckes der schifflůte gewesen ist, von etlichen artickel wegen so in irem bůch geschriben stont, do sint nů, durch ir bett willen, der rete erber boten, nemlich her Ulrich Bock, Peter Bocks seligen sün, altstettmeister, her Conrat Armbruster altammeister, Hans Renner der junge und Claus Duntzenheim zů den sachen geschickt worden, und habent dieselben erber boten, mit hülfe, wissen und willen etwie vil der gemeinen geselschaft von allen stuben irs antwercks, nemlich by den hundert personen, die doby warent, über solich artickel gerotslaget, und hant die, durch gemeines nutzes und umb des besten willen, etwas geändert und geordent, als hie noch geschriben stot:

Zům ersten, als in irs antwerckes bůch stot, wer win anders dinget oder füret dann des antwercks reht ist und das bůch us wiset, do ist geordent, als manig fůder wins einer anders füret dann das bůch sat, der soll von yedem fůder wins 1 β ₰ geben; were aber das einer fürdinget oder ussewendig des burgbannes dinget, der soll geben von eime fůder wines 2 β ₰, und soll man einen der solich win füret hie eidigen, und ein solicher der semlich win anders gedinget hat, soll ouch die besserunge hie am land lossen und nit umbveren, er habe dann die egemelt besserunge vor geben oder den vertigern darumb genüge geton.

Ouch als im bůch stot das man zentnergůt oder smelset oder getregede nit anders füren soll dann ein zentner für 28 ₰, und wer das nit dete und das neher fürte dann für 28 ₰, der solte bessern 1 lib. ₰, solichs ist ouch geändert und geordent also: wer der ist der zentnergůt neher und anders fürt dann vor stot, der soll nů hinfürter von jedem zentner bessern 1 ₰, und soll ouch ein solicher darumb geeidiget werden und semlich besserunge hie am lande lossen ee er umbvert, in mossen vor stot.

Ouch als im bůch stot das von aller gedinge des windingens wegen der winter angon soll zů sant Michelstag und der summer zů ostern, solichs ist ouch geändert und geordent, also das der winter uf sant Michelstag und der summer uf sant Mathistag angon soll.

Als nochdem sie donoch solich änderung und ordenunge der egemelten artickel für unser herren meister und rat broht habent, und die vor inen und den XXI geton lesen, ouch die obgenanten ir erbern boten darumb lossen verhören, und sie daruf gebeten inen solichs mit ir urteil zů bestetigen, doch der stat Strasburg ir friheit und reht darinne vorbehalten, so hant die rete und XXI mit ir urteil darin gehollen; doch wann meister und rat wellent, es sy über kurtz oder lang, so mögent sie solichs ändern, mynnern oder meren, wie sie dann je zů ziten nutz oder notdurft beduncket; und wart ouch erkant das man dis in der stat bůch und in des antwerckes bůch schriben solt; und geschah diese urteil under her Reinbold Jungzorn, dem stettmeister, und her Heinrich Meiger, dem ammeister, uf samstag sant Veltins obent, anno domini 1451. (13. Februar.)

## Verbesserung etlicher Artikel der Schiffleut-Ordnung.

**1480.**

G. U. P. Lad. 10, Nr. 1.

Als das erber antwerck der schifflûte by uns etlich irrunge von etlichen artickel wegen in irem bûch geschriben bishare gehept haben, darumb sie nû von allen iren stuben und gesellescha(f)ten die iren dartzû geschicket und geordent habent, die nû über etlich artickel gerotslaget hant, und die geordent und gesetzet in der masse als hie noch geschriben stot, und die donoch für uns meister und rat und die XXI broht, die also luten und anevohen: item als in dem bûche ein artickel stot von des verdingens wegen, das ist wer wine anders dinget oder füret dann in dem bûch stot, das der von ye fünf fûder wins 1 lib. ₰ bessern soll, do meinent die boten, das das zû vil sy, und ist das rotslahen also, das wer der ist der hinfürme wine hie in der stat anders dinget dann ime bûche stot, der soll von yedem fûder wins 1 β ₰ bessern; were es aber das einer fürdingete, der oder die süllent von yedem fûder wins 2 β ₰ bessern, und soll man die die soliche wine fûrent hie eidigen, und süllent ouch soliche besserunge hie am lande lossen und nit umbveren, sie habent dann soliche besserunge geben oder den gefertigern ein genügen darfür geton.

Also ouch in dem bûch stot das man ein zentner gûts, hanf, getregde oder smelset nit anders füren soll dann ein zentner für 28 ₰, und wer das neher füret, der soll 1 lib. ₰ bessern, das beduncket die boten ouch zû swer sin; do ist das rotslahen, das, wer der ist der ein zentner gûts hinfürme anders fürt dann in dem bûche stot, der soll von yedem zentner bessern 1 ₰ oder von yedem fiertel 1 ₰, und man einen solichen ouch hie eidigen (soll) darumb, und soll ouch soliche besserunge hie am lande lossen ee er umbvert, in massen vorstot.

Also ouch in dem bûch stot von aller gedinge von des windingens wegen, das do der winter angon soll uf sant Michelstag und der summer zů ostern, do ist das rotslahen, das es dobi bliben soll das der winter angon soll uf sant Michelstag, aber der summer soll angon uf sant Mathistag und nit zů ostern. Und nochdem wir meister und rat und die XXI die vorgeschriben artickel und ordenunge von worte zů worte nohe einander uf hůt datum dis urteil verhöret hant, so haben wir mit gemeinem urteil erkant, das dieselben vorgeschriben artickel und ordenunge, wie die gesatzet und geordent sint, alle dobi sin und bliben und fürbas gehalten werden söllent, und mögent die schifflůte die in irs antwercks bůche schriben und den fürbas nochgon; doch harinne vorbehalten unser stat friheit, gewonheit und harkommen.

Actum feria quarta post Viti et Modesti. Anno 1450. (17. Juni.)

---

## Beschluss dass jeder Schiffmann auf einer Zunftstube dienen soll.

### 1488.

Stadtordnungen, vol. 19, fol. 155.

Also sich in vergangenen ziten gemaht het, wanne brüderferte gewesen sint, das danne etewie vil unser antwerck uf den wurf kouft hant, und doch kein stubreht koufen noch uf kein stube dienen wöllent, nunt das sie umb brüder werfen můgent; dodurch nů den die sich nie nit anders dann farendes begangen hant und die uf die stuben dienent die brüderferte abgeworfen werdent, dodurch unser antwerck in grosse irrunge kommen ist, danne der merteil die unser antwerck hant uf keinre stube nit dienen wöllent; das het nů gemaht das die andern, die untzhar uf die stuben gedient hant, ouch ir stubreht ufgent und uf keinre stube me dienen wöllent. Uf das nů hinnanfürter solich irrunge versehen werde, so hant der fürsichtige her Obrecht Schalck, altammeister der stat Strossburg, Hanns von Lůtenheim, Heinrich Kibs, Hanns von Westhofen, der meister, Lisenbernhart, Lux Flader und Surlauwel ein rotslagen geton uf alt und nuwe verbesserunge, und lutet das also:

Item alle die untzhar mit uns gedient hant oder die nü fürbas mit uns dienen oder unser antwerck koufen und sich des gebruchen wellent, do soll ouch ein jeglicher ein stubrcht han und uf unser stuben einre dienen, uf welle er danne begert, und die soll er nennen und mit den reden das sie in enpfohent; doch so soll die stube zům Enker by ir friheit und by irem alt harkommen bliben; will aber einer uf der andern stuben keinre dienen, so soll er doch dem antwerck alle fronfaste 26 ꝺ geben; es wer dann das ein solicher der von alter har am antwerck gedient hette und so arm were das er das nit zů tůnde hette, der mag für die meister und das gerichte gon und vor den sine not clagen, wess in danne die erlossent, doby soll das ouch bliben; und geschach dis uf den meyge oben im LVIIIer jor. (1. Mai.)

---

## Verordnung

**welche den Schiffleuten, nach Abbruch der Fischerstube am Teich, die Stube zum Ancker zugesprochen und hingegen die Stube zum Schiff den Fischern übergeben hat.**

**1477.**

G. U. P. Lad. 10, Nr. 1.

Wir Friedrich Bock, ritter, der meister und der rat zů Strasburg, tůnt kunt menglich mit disem briefe, als wir durch unser gemeinen stat Strasburg mercklichen nutz und notdurft willen die vischerstube an dem Tich, nochdeme die vor unser porten an dem ort by Crutenowe sorglich stunt, mit vil anderm ussergebůwe haben tůn abbrechen, der treffenlichen vigentlichen löufe des hertzogen von Burgunde halb, nochdem wir teglich gewarnet wurdent wie er dis lant Elsas, und sunder unser stat Strasburg grösslich überziehen und swerlich beschedigen wolt. Und als nů solich abebrechen in egemelter mossen geschehen ist, so haben wir ouch durch der zweyer erber antwerck der schifflüt und vischer gemeinen nutz und notdurft willen betrachtet, als sie bitzhar mit vil stubecosten swere beladunge gehebt haben, in allerley wege, die den armen allermeist ein überlast gewesen sint, darumb habent wir inen allen zů eren und zům besten geordent, das die erber gesellschaft zům Encker und die schifflůt von der nuwen stuben zům Schiff so sie zů inen entpfangen habent oder fürter entpfohen, noch besage einer sunderen ordenunge, inen im vergangen jore erkant, alle ir stubenrecht uf der stuben zům Encker haben sollent, und das die schiffvertiger uf der stuben irs antwercks in Crutenowe bliben, entpfangen und gehalten werden, noch wisunge der egemelten ordenunge, und fürbass nit me dann die stube zům Encker und die in Crutenowe haben sollent. So soll die stube zům Schiff mit aller gerehtikeit und beladunge und nemlich mit den nochgeschriben zinsen und in alle wege, wie die schifflüt die gehept habent, hynanfürder gentzlich zůgehören den gemeinen vischeren, die alle daruf ir stubenrecht, geselschaft, wonunge und wesen haben und walten sollent, und fürbass nit me stuben haben dann dieselbe stube, und sollent daruf alle ander vischerstuben in unser stat und vorstetten ab sin und verkouft, und das gelt so dovon gelöset wurt in irs gemeinen antwercks nuwen stuben, genant zům Schiff, nutz und notdurft angeleit und bewant werden, es sy die abelösung (der) zinse so uf derselben stuben stont oder die zinse zů richten so lange bitz sie soliche zinse abegelösent, mit namen fünf pfunt geltz, gefallent uf sant Johanstag zů süngihten. Acker Louwels, Walther und Gengenbachs Elsen von Molsheym stont abezůlösen mit hundert pfunt pfenningen. Item sechs güldin geltz gefallent uf den winachttag. Ulrich Schaffener dem schiffman stont hundert und zwentzig güldin abezůlösen. Item sechs schilling ewiges geltes gefallen uf sant Jacobstag den Wilhelmern, und dorzů so sint ouch viertzig pfunt pfennige geslagen uf die stube zům Schiff für besserunge und bůwegelt, als dann dieselbe stub mit gebu gebessert ist. Von denselben viertzig pfunt pfennigen söllen die vischer gemeinlich alle jore jerlich zwey pfunt geltz uf winachten der gemeinen gesellschaft zům Encker richten und geben, so lange untz das sie die von inen mit viertzig pfunt pfennige ablösent. Do ouch die vischer solich losunge tůn mögent, wann oder wels jores sie wellent, mit demselben houptgelt und ouch mit zinsen, noch margzal desselben jores, semlicher losunge inen ouch die zům Encker gehorsam sin söllent, und sie ouch des quitieren noch noturft, so balde das selbe losunge geschicht, one geverde. Nun uf dise obegeschriben ordenunge sint für uns kommen die ersamen herren Hans Berse, altammeister, Hans

Berlin, Frantz Hage, Claus Ersamen, Diebolt Krouge und Heinrich Körber von der geseleschaft zům Encker und des antwercks gemeinen wegen, die von der stuben zům Schiff zům Encker kommen sint, uf ein, sodann die erber lüt die vischer mit namen Hans Mennichen, der ratzherre, Hans Muser, der meister, Claus Ulrich Diebolt von Hüpfesheim, Claus Kage, Wirich Burggrofe, Jocop Gundersheim der junge, Gilgen Heinrich, Hans Rusenmacher, Anthonige Flosse, Veltin Lechenman, die etwie des gerichts, sodann von den alten Diebolt Baltener, Martin Lechenman, Mathis Peter, Adam Suntheim, Bille Hans, Claus Kobel, Oberlin Lechenman und Mathis Můller in namen ir und des gantzen antwercks, gemeinlich aller vischer, ander sit, habent beyder sit mit gůtem, freyem willen versprochen, für sich und alle ir nochkommen, alle vorgeschriben puncten und artickel welich yede parthe berüren, in obgemelter mossen getrůwelich, stete und veste zů halten und dowider nyemer zů tunde noch geschaffen geton werden, sunder die dinge zů volleziehen als do vor geordent ist, aller dinge ungeverlich. Und des zů urkunde hant wir unser stat ingesigel lossen hencken an disen brief, der zwen glich sagen, jeglichem teil einer geschriben und geben ist uf montag nach unser frouwen tag der eren, noch Christi geburt 1477. (18. August.)

---

## Besetzung des Gerichtes der Schiffleut-Zunft.

### 15. Jahrhundert.

G. U. P. Lad. 10, Nr. 1.

Als das erber antwerck der schifflüt vormols alle jor irs antwercks gericht besetzet haben mit den iren von vier stuben, die sie gehebt haben, und als dis jor vergangen der stuben zwo abgangen sin, mit namen zům Holtzapfel und die stůb zům Schiff, so mögent sie ir gerichtslüt nit haben als vormols, desshalb hat das erber antwerck betracht gůt sin das ir gerichtslüt jors fürbas von iren stuben gehalten wurden als hienoch geschriben stot:

Item das man soll alle jor in das gericht kiesen süben mann, die der schifflüt antwerck haben, von der stüben zům Encker, und us denselben ein antwerckmeister kiesen.

Item das man donoch kiesen soll sehs mann von den schifflüten uf der nyder stuben in Kruttenow und us denselben ouch kiesen einen meister.

Nota. Als obstot so wurden dritzehen man jors in das gericht genommen; also ist es ouch an der zale vormols harkummen.

So wurde also jeder stuben ein antwercksmeister, das ist bedoht gůt sin.

Und diewile die dinge nit also in irs antwercks buch geschriben stont und nit me beschehen mag als vormols, desshalb das zwo stuben abgangen sint, so ist des antwercks beger das unsere herren die XV solliches bestetigen wie obstot.

So mögen sie ir gericht yetz besetzen; und so wellen sie donoch irs antwercks buch für die herren bringen, in der beger das die dinge also dorin geschriben werden, uf das man künftig jedes jor sich demnoch wisse zů halten.

---

## Aufrüstung der Zünftigen zum Anker zu der Stadt Dienst.

**1447.**

Stadtordnungen, vol. 29, fol. 16.

Die zům Encker süllent allen den die sie gespannen hant zů riten, fürderlich verkünden, by dem eide, das ir jeglicher sich rüste und gewartig sy wann man uftrumpet, es sy by tag oder by naht, das sie dann unverzögelich ritent uf den Rossmercket und alda wartend uf die houbtlůte die man in dann git.

Die zům Encker süllent ouch disen nachgeschriben schützen fürderlich verkünden, das ir jeglicher mit sime geschütze und gezüge, es sy armbrust oder hantbüsse, gerüstet und gewärtig sy wann man uftrumpet, es sy by tage oder by naht, das sie dann unverzögelich gont in das Bruch und aldo wartent uf die houbtlůte die man in dan git.

Sie süllent ouch den ritenden und den fusgonden verkünden das ir keiner über naht von der stat sy on urlop eines ammeisters, und wer harinne ungehorsam were oder nit fürderlich keme an die ende als vorgeschriben stot, der bessert 5 lib. ₰, die man ouch nieman faren lossen soll, als dann das öffentlich geboten ist.

Es süllent ouch die zům Encker bestellen das zwene meister irs antwercks und ouch dise nochgeschriben schützen am samstage nehstkünftig, so die glock elf sleht, sient im werckhofe by Peter Riffen dem schützenmeister; der soll dann den zwein meistern irs antwercks geben so vil armbrust und hantbüssen als derselben schützen sint die dann vor kein geschütz hant, und süllent dieselben zwen meister solich geschütze unter dieselben schützen teilen und dofür gůt sin und besorgen das der gezůg aller, so vil des in der stat dienst nit verbrucht wurt, den schützenmeister uf den werckhof wider broht werde, so man donoch schicken wurt, und sint dis die schützen die sie also bringen süllent, nemlich etc.

Dazů süllent die zům Enker an irem antwerck fürderlich ordenen acht redelich gesellen, der jegelicher habe einen gůten spies oder ein hallenbart oder ein mordeax oder ein ander redelich hantgewer; doch dürfent sie nit verbunden sin harnsch anzůtůn, dann welicher so vermöglich ist das er truwet ein pantzer oder desglich uf das geringeste zů fůsse zů tragen, das mag er tůn; und wann man uftrumpet, so süllent dieselben acht gesellen mit solicher ir hantgewer ouch fürderlich loufen in das Bruch zů den schützen, und den houbtlůten gehorsam sin; alles by der obgemelten pene.

Feria quinta ante Galli 1447 (12. Oktober).

---

## Ordnung der Schiffleut-Bruderschaft.

**15. Jahrhundert.**

Stadtordnungen, vol. 20, fol. 51.

Es ist zů wissen, also die erbere geselleschaft der schifflüte zů Strossburg, von den vier stuben die sich des Rines gebruchent und der schiffunge begont, des übereinkommen sint, umb des willen also sie me danne ander hantwercklůte an suntagen und andern gebannen tagen faren müssen, umb deswillen das frömde und heimsch nit gesumpt werdent, so hant sie gotte und siner můtter Marien zů lobe und zů eren ein gemein brůderschaft geordent zů den Wilhelmern zů Strossburg, umb deswillen das die habe nohe doby ist, do man danne lůte und last dinget und do man ouch alle schiff fertiget, darumb ouch die schifflůte me messe do hörent danne anderswo.

Zům ersten, so süllent alle die die in dise brůderschaft begerent zů kommen, ingeschriben werden, und weller als brůder wurt, der soll alle fronfast 3 ꝺ geben, das ist zům jor 1 β ꝺ. Do soll man nů vier erber redeliche manne, die in der brůderschaft sint, nemlich von jeder stuben einen (setzen), die solich fronfastgelt von den brůdern enphohent, jeglicher ein fronfast, und süllent das, by iren eiden, getruwelich in ein büsse stossen, und soll dieselbe büsse vier slüssel han, do süllent dieselben vier büssenmeister jeglicher einen sundern slüssel han, und soll keiner on den andern darüber gon.

Item von dem fronfastengelt das die brüder also gebent, do süllent dieselben vier büssenmeister bestellen und ordenen das die erbern herren zů den Wilhelmern allen den die in der brůderschaft sint alle mentage ein selmesse habent, in dem also man prime lůtet oder ein wile dovor, uf das got die brüder behůte uf der flůsse oder uf dem lande.

Item die obgenanten vier büssenmeister süllen ouch ordenen und bestellen ein lichtůch, wahskertzen, liechtstöcke und was danne zů dem ampte der selmessen gehört, noch dem und danne die brüder des eins werdent wie man das halten wil.

Wer es ouch das der brüder einer oder me siechtagen und krankheit halb zů armůt keme, also das er mangel an siner libesnarunge hette, bittet und begert er danne das man im durch gotteswillen uf der brůderschaft zů stüre komme, so süllent die vier büssenmeister zůsammen gon und süllent noch zwen redeliche manne oder viere zů in nemen, die ouch in der brůderschaft sint, und süllent do mitenander eins werden was sie dem armen brůder, durch got, zů stüre geben wöllent us der büssen; und was das merteil unter inen (eins) wurt, das soll vollezogen und gehalten werden.

Item ob ouch ein brůder von tode abginge, der so arm were, den soll man zů grabe und zů der erden bestatten mit selmesse, lipfel, wahskertzen, opfer und mit allen dingen, uf der gemeinen brůderschaft costen.

Ist es ouch das ein brůder, der in der brůderschaft ist, von tode abegot in einer andern stat oder dorfe, nohe oder verre, oder hie in der stat in eim andern kirspel oder closter begraben wurt, wann dann die vier büssenmeister soliches empfindent, so süllent sie den brüdern, die danne die zit heim sint, soliches verkünden, und demselben brůder in demselben kirspel oder closter do er danne lit ein opfer han; und soll ouch geordent sin, wanne dieselben brüder von demselben opfer gont, das dann die herren zů den Wilhelmern demselben brůder ouch ein sunder selmesse habent, und süllent die brüder ouch doselbs opfern; danne ein brůder sterbe verre oder nohe oder lige wo er wölle, soll man im doch zů den Wilhelmern ein sunder lipfel halten und ein opfer.

Item es soll ouch geordent werden das die erbern herren die Wilhelmer alle jor uf einen genanten tag den brüdern gemeinlich, si sigent tot oder lebendig, ein gemein jorgezit haben, mit vigilichen und mit einer singenden selmessen; und soll man das am oben allen brüdern verkünden die heim sint, das si des morgens zů opfer gont und by der selmesse sigent.

Wir süllent ouch keinen in unser brůderschaft enphohen oder inschriben der öfenlich zůr unee sitzet oder der öfenlich wůchert. Wer es ouch das unser brüder einer, der ingeschriben were, beseit wurde das er wucherte oder zů der unee sesse, so süllent die vier büssener denselben für sich besenden und den zů rede setzen und sin antwurt verhören, und sůllen eim semlichen soliches verbieten, das er davon stande in eim monte und das nym tůge; wolte aber einer der büssenmeister gebote nit gehorsam sin, so süllent sie ein semlichen us der brůderschaft schriben und soll nym brůder (sin) und soll nit me ingeschriben werden allewile er nit gehorsam wurt.

Weller brůder ouch alle fronfast sin 3 ß büssengelt nit gebe, der zů stat oder lande ist, das mans im geheischen mag, und dem das von den büssenmeistern zů jeder fronfasten geheischen wurt, und der ouch das zů tůnde het, weller also solich fronfastgelt ein gantz jor oder zům meisten anderthalb jor verzühet und in der zit nit git, den süllent ouch die vier büssener us der brůderschaft schriben und soll nym brůder sin.

Wolte ein solicher darnoch wider brůder werden, so soll man in doch nit wider inschriben er habe danne vor allem das versessen fronfastgelt gegeben, die er der brůderschaft schuldig ist bliben, do er usgeschriben wart.

# Schlosser-Ordnungen.

**1471.**

Stadtordnungen, vol. 1, fol. 116.

Unser herren meister und rat und die XXI haben erkant das die slosser fürbasz kein alte slüssel me koufen sollent durch sich oder yeman anders; dann wer jnen alt slüssel bringet, den sollent sie wisen die an das ungelt zû tragen, und so sollent dann die ungelter eym für solich slüssel, da sie bedunket das die jn der nuwe gebruchet und nit alte rostige verlegen slüssel sint, geben für yeden slüssel einen helbeling, und sollent dann die ungelter solich slüssel behalten und öffenlich ufhenken, und obe yemans harnoch keme und noch slüsseln frogete, jme die slüssel zeigen, und ist es dann das eins sin slüssel findet und glouplich redet oder behaltet, ye nochdem die person an ir selbs ist, das die slüssel sin sient, so sollent sie jme die zû losen geben einen fûr 1 pfenning.

Were aber, so einer also eym slosser slüssel brehte, und so der slosser jme seite die an das ungelt zû tragen, das er das nit tûn wolt oder das den slosser die sache sust argwenig beduhte, so sol er, by sinem eyde, die slüssel behalten und nit von handen lossen, sunder die by der tagezit oder am nehsten tage darnoch an das ungelt antworten; und den slosser mehte die sache so argwenig und unredelich beduncken, so sol er es darzû dem ammeister ouch verkünden, uf das darzû geton werde das sich rehtz halb gebürt.

Ouch sollent die slosser niemans keynen slüssel machen noch abgetruckten slüsseln, und ouch solich abgetruckt slüssel, es were wahsz oder bly, nyemans wider geben, sie habent es denne ee vertruckt oder zerschlagen.

Sie sollent ouch keyn alt slüssel umb die altgewender koufen; noch so sollent ouch die altgewender keyn solich alt slüssel koufen noch verkoufen; were aber das ein altgewender jn eym huszrät ungeverlich alte slüssel koufte, so sol er die lossen versmyden.

Ouch sol dehein smyt, slosser oder spengeler nyeman keyne dietrich machen; und wer der vorgeschriben stück deheyns verbreche, der sol bessern xxx ß δ, das halbe der stat und das halbe dem antwerck.

Ouch sollent die slosser alle die slosse die sie machen jn solicher mossen machen, das slosz und slüssel glich sient, also was gewerbe oder gebreche der slüssel zouget, das die alle jnnewendig jm slosz sient, ouch by der egemelten pene.

Rete und XXI haben dis erkant, feria secunda post Epiphaniam domini anno etc. LXXI. (7. Januar 1471.)

## Bruderschaft der Schlosser- und Sporerknechte.

**1484.**

Stadtordnungen, vol. 13, fol. 187.

Welher jn der brůderschaft ist oder sin wil, er sy meister oder knecht, der sol büntlich sin alle obgeschriben stück und punct zů halten, ouch sin wochengelt zů geben, in mossen vorgeordent ist, by den penen doby geschriben, und welher harin ungehorsam were oder sin wochengelt mit sampt den verbrochen penen nit engebe von einer fronvast zů der andern, denselben mogent die gesellen usz der brůderschaft erkennen und darin abethun und fürter nützit me mit jme zů schaffen haben, jn deheinen weg.

Welher ouch also usz der brůderschaft keme, von eigenem willen oder von den gesellen jn vorgerůrter wise darusz erkant und abgeton wurde, begerte derselbe, über kurtz oder lang, wider darin zů kommen, so sol er vor und ee alle sin versessen wochengelt, so lang er usz der brůderschaft gewesen ist, dotzů alle verbrochen penen und gebot, ob er deren deheins verbrochen hett, jn barem gelt uszrichten und betzalen, und donoch mit der gesellen willen wider empfangen werden, und sust nit.

Welher kneht ouch kompt in die stat Strasburg und arbeiten wil, den sollent die bühsenmeister fragen obe er ouch in die brůderschaft dienen und sich zinszbar machen wil, und so verre er das zůseit, so sollent jme der bühsenmeister umb einen meister helfen, sust sollent sie das unverbüntlich sin; und welhe bühsenmeister, die dann zů ziten sint, sollichs nit hielten, die bessernt 1 lib. wahsz jn die brůderschaft.

Wellicher kneht ouch von den bühsenmeistern oder kertzenmeistern geboten wurt, es sy von messen oder anderer ursachen wegen die brůderschaft oder die gesellen antreffen(d), wellicher do sollichem gebot ungehorsam were, derselbe oder dieselbigen sol yeder jn sunderheit bessern ij ₰ jn der brůderschaft bühse, so dick das geschiht.

Es sol ouch ein jeglicher gesell sinen pfennig alle vierzehen tage antwurten uf den lichof zů sant Martin by jrem grabe, do dann die bühsenmeister und kertzenmeister, so ye zů ziten sint, der gesellen warten sollent ein stunde, von eylfen bitz das die glock xii sleht; und wo ein bühsenmeister die stunde nit do were one redelich ursach, der sol der brůderschaft jn jr bühse bessern iiij ₰, one gnade; und wo ein geselle sümig were und sin pfennig jn der stunden nit breht one redelich ursach, der sol bessern ij ₰, one gnade. Actum ipsa Bartholomei. Anno etc. LXXXiiij.

Ouch sol den slosser und sporer knehten dieselbe brůderschaft widerum ledig jn jr hant werden, und sollent die meister sie unbekümbert lossen an jren bühsenmeistern und kertzenmeistern und an dem das sie jn die brůderschaft koufen oder zů tůn haben; doch wann sie uf yeden sontag noch yeder fronfasten gebot habent von jr kertzen wegen, so sollent sie das jrs antwercks meister verkünden, der sol jnen zwen des antwercks zůordnen doby zů sin, wie das von alter har kommen ist.

Als etwas spenne gewesen sint zwüschent der meisterschaft smyde antwercks uf ein und den slosserknehten und sporerknehten jr brůderschaft halb zů sant Martin andersit, die dann gelanget sint an unser herren meister und rät, die habent dann jr erber ratsfründe, nemlich Sifrit Bietenheim und Hans Vendenheim, geordent sie zů verhören und zů underston gütlich zů vereynen; daruf so habent sie, mit beder teil wissen und willen, bedinget die nochgeschriben artickel ouch zů halten mit sampt den artickeln der alten ordenunge, und sollent daruf miteinander geriht und gesliht sin, doch unser herren meister und rät ir oberkeit vorbehalten, sämlichs mögen meren oder mynren oder gantz abzůtůn, wie sie das ye irer stat und der sach gelegenheit beduncket gůt sin.

Zům ersten so sol den slosser[1] . . . . . . . . . . . .

[1] Hier bricht das Document ab.

# Schneider-Ordnungen.

**15. Jahrhundert.**

G. U. P. Lad. 12, Nr. 19.

Alse bitzhar ein gewonheit gewesen ist das wir alle halp jor unser kneht dingen, nemlichen zů winahten uf sant Stefansdag und zů sant Johans dag zů singiten, das sol fürbas doby bliben und sin; ouch wellicher kneht oder knabe zů derselbig zweigen zil eim meister zůseyt zů dienen oder jeman důt zůsagen von sinen wegen, und wan jm dan der meister büt gewonlichen und mügelichen lon, das dan genůgsam ist, so sol jm der kneht sin zyl us dienen oder sol jn kein meister hie halten dasselbige zyl, es werde dan vor dem antwerck usgetragen; und wer es ouch sache das ein kneht im zyl zü eim keme, der sol demselbigen meister sin zyl foll usdienen jn forgemeltiger mossen, als obe stot; es sol ouch ein jeclicher kneht oder knabe sinem meister dem er dient geloben getrůwen dienst zů důn und sinen schaden zů warnen und sinen frůmen zů fürdern; ouch wellicher kneht jm zyl on redelich ursach von sinem meister gyng, der sol bessern unserm antwerck v ẞ δ jn unser antwerck gemein büsz, und die sol man jm nit faren lon, by dem eyde, und sol jm ouch kein ander meister hie zů arbeiten geben das selbig zyl, und wellicher meister ein sollichen kneht satzt, der bessert unserm antwerck v ß δ jn unser antwercks gemein büsz, und sol man jm die nit faren lon, by dem eyde.

Ouch wellicher kneht ein dag müssig got wider sines meisters willen, der bessert sinem meister dem er dient ein dag x δ also dick er das bricht; ouch wellicher meister uf das selbig zyl als er dan mit sime kneht recht das müssiggon nit abeschlug, so sol sin derselbig kneht darnoch lydig und entladen; ouch wellicher kneht jeman etwas maht, es wer sines meisters kunden oder andern, one sines meisters wissen und willen, der bessert v δ jn unser antwercks gemein büsz und den lon den er gedient hat dem meister des der kůnde dan gewesen ist. Es sol ouch kein kneht oder knabe deheim meister sinen kneht oder knabe abebiten jm zyl, nemlichen nit ee bitz noch dem jmsz, uf sant Stefansdag, desselben glichen ouch uf sant Johans dag zû singiten; und wer das breche und sich das kuntlichen fünde, der bessert v ß δ jn unsers antwercks gemein büsz und sol jn darnoch kein meister halten er habe dan die v ß δ geben. Es sol ouch nieman under uns deheim kneht by dem stückwerck zû machen geben, und wer das bricht der bessert x ß δ jn unsers antwercks gemein büsz; ouch wellicher kneht sinem meister sinen lon angewinnt vor dem antwert, den sol er jm geben an dem ersten dag donoch, on alle geverde, und dût er das nit, was sin denn der kneht kosten oder schaden hat, den sol jm der meister usrihten und bezalen.

---

## Berathschlagung der Schneidermeister und Knechte wegen.

**1468.**

Stadtordnungen, vol. 24, fol. 6.

Thoman Elnhartz, Hans von Lütesheim, Claus Bömgarters, Steffan Wingersheym und Claus Weydelichs rätslahen der snidermeister und knehte halb.

Do hat der mererteil bedoht, wie die räte und XXI nehst erkant haben, das es by der ordenunge der kneht halb begriffen bliben sol, das nû den knehten etwas wider ist. Do besorget nû derselbe teyl, solt uf das erst ouch anderunge oder nuwerunge der löne halb fürgenommen werden, das dann eins das andere jrren wurde, und darumb so beduhte denselben teyl, hettent die snyderkneht oder andere kneht noch nit gesworen, das man dann daran were das sie noch swürent und gehorsam werent, und das man sollichs von der löne wegen liesz anston bisz über dise wynahten, das ein nuwer rät gesetzet würde, dann solt man es fürnemen, und was dann gût were das beschee.

So hat der mynerteil angesehen das jnen bevolhen ist zû rätslahen der löne halb, darumb wie es des swerens der knehte halb vor uszgetragen und erkant sy, doby lot es diser teyl bliben; und beduhte denselben teyl geroten sin zû ordenen der löne halb, wann eyn snydermeister eym jn sim huse negete oder eym einen kneht gebe zû negen, das man dann demselben meister zûm tage dovon nit me geben solt dann viij δ; und wann es were das ein kneht eym ein gantz woche jn sim huse negete, so möhte jm einer vj δ zû trinckgelt geben, und nit me; doch sol niemans verbunden sin jnen sollich trinckgelt zů geben. Were es aber das sie herren, ritter, knehten oder burgern syden cleyder oder desglich köstlich gewant mahtent, was sie dorumb verdienent das losz man gescheen.

Die rete und XXI habent erkant dem mererteil noch zů gon. Actum feria secunda post Mathei. Anno LXV. (23. September 1465.)

---

## Schneider- und Tuchscherer-Ordnung.

### 1494.

Stadtordnungen, vol. 14, fol. 11.

Item des ersten, als ein artickel in der snyder antwerckbuch begriffen ist der do anfohet das dehein snyder dehein tůch feyl haben soll dann in iren gädenen, zů offenem merckt oder offenlich in dem koufhus sammenhaft zů verkoufen, etc., do were der herren meynung das solichs fürbas gehalten und in creften sin und bliben soll, und so vil me das die tůchscherer solichs ouch also halten sollent. Es sollent ouch alle die so tůch feyl haben deheinem snyder oder tůchscherer, sinem wibe, kynde, gesynde, oder jeman anders von sinen wegen, deheinerley schencke, myete noch myetwon geben oder schaffen geben, weder durch sich oder jeman anders, es sy in wine, cappen, tůch, gelt oder anders, nützit usgenommen, und zů deheiner zit im jore. Desglichen soll deheyn snyder oder tůschscherer solichs nit nemen noch tůn nemen durch sich, sin wibe, kynde, gesynde oder jeman anders, wie obgemelt ist, und sollent ouch solichs zů beyden siten sweren also zů halten.

Ouch soll dehein snyder oder tůchscherer mit deheinem der tůch feyl hat, es sy wullen oder lynens, sammenthaft oder zů dem snydt teyl oder gemeyn haben, sonder welher snyder oder tůchscherer feyl haben wil, der soll und mag das tůn für sich selbs, offenlich in sinem huse und gaden, und tegeliche zů feylem merckt, das menglich sehen mag das er tůch feyl hat. Desglich soll ouch deheiner der tůch feyl hat in egemelter moss mit deheinem snyder oder tůchscherer teyl noch gemeyn haben, ouch dehein snyder oder tůchscherer mit dem andern, in deheinen weg. Desglich soll deheiner der tůch feyl hat von deheinem snyder oder tůchscherer, noch dehein snyder oder tůchscherer von deheinem der tůch feyl hat dehein gelt lehenen, entpfohen noch nemen umb fruntschaft oder umb liebtete, in deheinem weg.

Item und daruf söllent alle die tůch feyl haben und ouch alle snyder und tůchscherer, die teyl und gemeyn mit einander haben oder einer gelt hynder dem andern hat, es sy schulde, gelihen gelt, gewinne, geworbe oder in zinnsen, wie vor begrifen ist, hie zwüschen und wynahten von einander teylen und kommen, und fürbas diser obgemelten ordenung nochgon und die stete halten, wie vor begriffen ist.

Item es sollent ouch alle die so tůch feyl haben, desglich ire knechte und dienere, die solich gäden und gewerbe hant und regieren, sweren, und ire frowen geloben, die obgemelt ordenunge zů halten, darzů die snyder und tůchscherer ouch sweren die obgeschriben dinge zů halten und zů vollziehen, so werre es ein jeglichen berürt.

Ouch soll man den snydern und tůchscherern geschriben und in den eydt geben, keinen an das antwerck uf ze nemen er habe dann solichs vor und ee gesworen, und soll ouch ein jedes alt gericht dem nuwen in den eydt geben solichs zů halten.

Actum sexta post Valentini 1494. (21. Februar.)

Item desglich soll in der kremer büttels-ordenunge gesetzet werden, das ein jeglicher büttel sweren soll keinen der hynnanfürter wüllins oder lynen tůch feyl haben wil an ir antwerck uf zů nemen, er habe dann solich obgemelt ordenunge vor ir meisterschaft ouch gesworen.

Ouch als etlich snyder bishar gelt von eym kunden genomen hant inen ir tůch lossen zü scheren, und donoch derselbe snyder solich tůch eym tůchscherer broht und ime das verdinget hat so nohe er konde, und ime selbs das überige behalten, etc., das doch unbillich gewesen ist, do ist gerotslaget das dehein snyder solichs fürbas me tůn soll; dann was ime von eym kunden geben wurt, das eym tůchscherer zůgehört, das soll er ime gantz geben und ime das nützit innebehalten, by sinem eide.

Und welher der vorgeschriben stück deheyns verbreche, der bessert 5 lib. ₰; und soll ouch ein yeglich der tůch veyl hat, ouch ein yeglich snyder oder tůchscherer welher empfindet das der ander solichs verbrochen hat, semmlichs, by sinem eide, rügen und fürbringen meister und rät, das solich besserunge nyman übersehen werde.

# Schuster-Ordnungen.

## 1377.

G. U. P. Lad. 14, Nr. 6.

Allen den sie kunt die diesen brief sehent oder gehörent lesen, daz etwievil erbere lůte von der schůchsuter antwerg zů Strazburg, von iren und dez selben antwerckes wegen, gemeinliche der schůchsutere zů Strazburg, koment vür meister und rat zů Strazburg da Hr. Heinrich von Mülnheim meister waz, und sprachent sie und die schůchsuter gemeinliche, riche und arme, und dazselbe antwerg mit einander, werent einhelleklich überkomen, daz sie under in gekosen hettent vier und zwentzig erber manne, die vür sich sullent nemen alles daz daz irem antwercke notdurftig ist, und zů versehende alle die dinge die hienach geschriben stůnt, uf daz beste und das wegeste, umbe daz daz sie hinanfürme ane nachrede sient und in gůter früntschefte blibent.

Zů dem ersten, daz gelt daz man do sammelt in dez antwerckes bühsze, daz soll ein husgenosze und ein botte sammeln und nieman anders, und sullent die dovon zeren also bescheidenlich ist; und soll man dem botten davon geben einen schillinge strazburger pfenninge, und söllent das gelt in des antwerckes bühsze legen getruwelich ganz und gar, und soll es ouch nit anders bruchen danne in der stette nutz und ere und in ires antwerckes nutze und notdurft, und süllent daz gelt insammeln alle vierteil jares, von iedem mann dritzehen strazburger pfenninge; und wenne man das gelt also sammeln wil, so soll man dem gantzen antwercke vorhin gebieten uf die stuben und soll in daz verkünden daz menglich die dritzehen pfenninge gebe in den nehsten ahte tagen noch dem so es in verkündet wirt; were aber das breche, der soll sehs pfenninge zů beszerunge geben mit den dritzehen pfenningen. Und wenne der husgenosze das gelt ingesammelt zů iedem vierteil jares, so soll er darnach in den nehsten ahte tagen in des meisters hus gän, und soll dem meister und dem gerihte eine gantze rechenunge tůn wie vil des geltes sy daz er danne zů male ingesammelt het, und soll ouch daz gelt zalen und in die bühszen legen, und ensoll nit me dabi verzeren danne ein halp vierteil wines und der frowen einen schilling pfenninge; und soll der husgenosze und der botte dem meister und dem gerihte sagen wie maniger in die bühsze diene.

Sie duncket ouch daz alle die einungen und daz gelt daz in eines burggrafen hofe gevellet, daz irem antwercke zůgehöret, es sie lützel oder vil, gentzlich und garwe tůge der husgenosze in eine sunder bühszen, umbe daz er es verrechenen künne, uszgenomen daz kosegelt und die slehten werungen daz in eines burggrafen hofe gevellet, daz gehöret dem gerihte zů. Es ist ouch under in beredet, waz beszerunge under in gevellet, uf irre stuben oder in des meisters hus, dieselben beszerungen soll ouch ein husgenosze insammeln und soll es ouch berechen, und mag danne ein meister und das gerihte mit der beszerunge tůn daz sie truwent reht zů tunde unschedelich irem eyde. Doch die beszerunge die einre stuben zůgehöret, die soll ein seckeler innemen. Es ist ouch zů wiszende daz der botte, der danne ir botte ist, daz der soll insammeln alle vierteil jares die nahthůte, und waz er danne insammelt daz soll er dem husgenoszen antwurten unverzögenlich, bi sinem eyde, und ouch dieselben personen verschriben geben. Daz gerihte soll ouch den harnasch zwurent zům jahre beschowen, und wenne daz geschiht, so soll der husgenosze dem gerihte geben fünf schillinge pfenninge von des antwerckes wegen, die sie verzerent, und dem botten einen schilling pfenninge. Were ouch daz man reisete, so soll der meister und das gerihte die reiselůte legen; bedürfent sie iemans darzů, nach dem süllent sie schicken und süllent nit me dabi zeren dene ein vierteil wines, minre mügent sie wol verzeren. Und wenne daz geschehe daz man uz züge, so soll der meister und der husgenosze, die denne diesze sint, volle gewalt haben zů tůnde und zů laszende daz iren eren wol anstat. Und wenne sie danne har heim komment, so soll man den reiselůten einen imbis geben und sie in die batstube füren, und soll danne zů stunt der meister und der husgenosze die dusze sint gewesen und ouch der meister und der husgenosze die heime sint gewesen eine rechenunge tůn vor gerihte was die reyse gekostet het, unverzögenliche.

Wenne daz were daz daz antwercke kertzen machen wolte uf der stuben oder in eines husgenoszen hus, so süllent sie zeren bescheidenlich, daz es iren eren wol anstat; und wanne (ein) ammanmeister uf die stuben kommet, wie dicke das in dem jare were, so soll der meister, der danne zůmale schůchsutermeister ist, eine flesche mit wine darschencken von des antwerckes wegen; und wenne man daz gezelte ufsleht oder abe nimmet, so soll der meister ouch ein fleschen mit wine darschencken von des antwerckes wegen. Man soll ouch eime innermeister zů sant Martins naht einen kappen geben von des antwerckes wegen; daz gerihte soll der buhsze pfenninge und der nahthůte ledig sin; man soll ouch keine rechenunge me tůn in eines husgenoszen hus als man vor getan het. Der meister und das gerihte süllent eime nuwen gerihte, vor einem gantzen antwercke, eine volle rechenunge tůn unverzögenliche in den nehsten ahte tagen nach allerheiligen tage uf der stuben, ane alle geverde; und soll man in fünf schillinge pfenninge schencken uf den tische von dem antwercke, und dez husgenoszen frowen fünf schilling pfenninge. Man soll an unsers herren fronlichames dage umbe gan also gewönlich ist, und soll den die die kertzen tragent geben ieglichem sehs pfenninge und das morgenbrot; und soll der husgenosze geben den gesellen die umbegant fünf schillinge pfenninge uf den tische,

Es ist ouch zů wiszende, wo ein kneht von einem meister lieffe und wurde beszernde fünf schillinge pfenninge, dieselben fünf schillinge soll ouch ein husgenosze innemmen und soll es tůn in des antwercks bühsze. Wenne ouch ein meister ein gerihte wolte haben, nach welhem er dann schickete, der des gerihtes were oder nit des gerihtes were, dem anders dargeboten wurde, kem er nit in der prime, der soll beszern sehs pfenninge; wurde aber ime geboten zů wesper, komme er nit in der vesper, der beszert ouch sehs pfenninge.

Es ist ouch zů wiszende, wenne der meister ein gerihte hette, es were uf der stuben oder anderswo, wolte einer wider daz gerihte reden, gebüte ime der meister zů swigende, dete er daz nit, der beszert sehs pfenninge; were aber daz er noch danne nit swigen wolte, gebüte ime der meister zů swigende zů dem andern male, swiget er nit, der bessert einen schilling pfenninge; wil er danne nit swigen, so soll ime der meister gebieten zů dem dritten male zů swigende bi fünf schillingen pfenningen.

Were es daz einer dem gerihte übel retde oder einem der dez gerihtes were von gerihtes wegen, daz soll der meister und daz gerihte under sich nemen und süllent das rihten also es daz gerihte erkennet, bi dem eyde. Sie duncket ouch, daz man zwei pfunde strazburger pfenninge geben soll, von des antwerckes wegen, uf die stuben umbe holtz, und soll ire buhse der stuben darnach entladen sin und unschedelich. Es ist ouch under in beredet daz ein meister und daz geriht tůn und laszen mügent über arme knehte von des buhsgeltes wegen, und soll daz unschedelich sin irme eyde. Es ist ouch zů wiszende daz dem burggrafen alle sine rehte behalten süllent sin, und soll ime dirre brief unschedelich sin zů allen sinen rehten. Und alle dise vorgeschriben dinge und stücke süllent der meister und das gerihte und der husgenosze an dem nehsten mendage nach allerheiligen tage in des burggrafen hofe alle jare sweren daz stete zů haltende, bi iren eyden, äne alle geverde.

Und nach dem also meister und rat daz verhortent, so komment ouch die vorgenanten meister und rat zů Strazburg mit rehter urteile überein und sprächent es ouch zů rehte, daz alles daz daz da vorgeschriben stät stete soll sin und bliben und einen vürgang haben in alle die wise also davor bescheiden ist, äne alle geverde. Und sider wir Johans Zorn der elter, der vier meistere einre, Johans Zorn der Lape, Hetzel Marckes, ritter, Cůntze Bocke, ouch der vier meistere einre, Johans Mollesheim, Eberlin von Schönecke, Heinrich Arge, der ammanmeister, Johans Kurnagel, ein altammanmeister, Hanse Karle, Claus Rellesheim und Johans Lauweler der elter, burgere und schöffel zů Strazburg, hie bi warent und sahent und hortent daz die vorgenanten meister und rat zů Strazburg erteiltent in alle die wise als da vorgeschriben stät, wande ouch wir da zů male in dem rate warent, so hant wir zů einem urkunde unsere ingesigele, durch bete willen, in schöffels wise an disen brif gehencket, der wart gegeben an dem ersten dunrestage nach sant Michels tage des heiligen ertzengels, in dem jare do man zalte von gotz geburte drützehenhundert jare sybenzig und syben jare. (1. October.)

## 1402.

G. U. P. L. 14. Nr. 6.

Wir Hesseman Hesse, der meister und der rat zů Straszburg, tůnd kunt allen den die diesen brief anesehent oder gehorent lesen, das vür uns komend Johans Löbecke, der meister, Contz Schultheisse, der ratherre, Oberlin Hering, Heintz von Ichenheim, Christian von den Barfüssen, Heintze Lutze, Johans Pfowe, Heintze Pflüger, Johans Rafenspurg und Claus Klunke von iren und des gemeinen antwerckes der schůhemacher wegen, und sprochent sie hetten gedaht durch unser stette nutzes und eren willen und ouch durch notdurft willen ires antwercks, daz unser stette und irem antwerck nützlich und gůt were das sie hinnanfürder keinen an ir antwerck sollent empfohen, er werre dann ein wissenhafter burger zů Strazburg und hette das burgreht von sinen altfordern oder hette danne das burgreht umb die stat gekouft. Item und das sie nieman an ir antwerck soltent entpfohen er empfienge danne sinen eynung und gebe darumb so vil geltes als irs antwercks reht und gewonheit were. Item und das ouch ein solicher der zů irem antwercke komen solte, an ir antwerck nit empfohen solte werden er hette danne vor sinen harnesch, mit namen ein beckenhube, ein pantzer, zwene hentschůhe und ein swert, do mitte er unser stette wol gedienen mohte, und botent uns daz vür unser alten ammanmeistere ze wisende, vor den woltent sie lüterlichen darzů reden; das dotent wir. Darnach koment wider vür uns her Ulrich Gosse, unser ammanmeister, her Peter Sünner, her Wilhelm Metziger und her Růlin Barpfening, alter ammanmeistere, und seitent uns das die vorgenanten schůhemacher vor yn weren gewesen und hetten yn ouch die vorgenant rede vůrgeleit und etwaz völliglicher erzalt, und als sie die schůhemacher verhort hetten, so gefiele yn wol, ob es unser wille were, das wir yn mit urteil erteilent die vorgeschrieben vorderunge stete ze sinde; und nach deme wir unsern ammanmeister und die vorgenanten alten ammanmeistere verhorten, und ouch die obgenanten schůhemacher verhorten, die uns seiten das sie die vorderungen durch unser stette nůtzes und eren willen, und ouch irs antwerckes notdurft geton hetten, und das es unser stette nützlich und erlich were, do komend wir, dieselben meister und rat, mit rehter urtheil überein und hant es ouch erteilt das die obgeschriebene vorderunge, die drie artickele als die schůhemacher do vor gefordert hant, söllent stete sin und bliben, doch mit beheltnůsse uns und unser stette alle unser reht, friheit und gewonheit. Und zů eim urkunde so haben wir unser stette jngesigel geton hencken an disen brief. Geben an dem nehesten dunrstage vor sant Martins tage, des bischofes, nach gotes gebůrte viertzehen hundert jar und zwen jare. (9. November.) Haran woren wir her Johans Zorn, genant von Eckerich, Johans Bogk, her Wilhelm Globelouch und Hesseman Hesse, die vier meister, her Ulrich Gosse, der ammanmeister, her Johans von Stille, her Wetzel von Marsilis, her Thoman von Endingen, her Johans von Kagenecke, der elter, her Heintzel von Mülnheim, herren Heintzen seligen sun, Lůtolt von Mülnheim, Reimbolt Swarber, Walther von Mülnheim, Claus Gnipping, Clauss Maasse, Johans Globeloch, Langhans seligen sun, Claus Merswin, Peter Bock, Johans Dütscheman, der elter, Walther Swop, Conrat Phaffenlap, genant zům Růst, Gosse Rebestock, Symund Bühssener, Hug Völtsche, Hamman von Gêdertheim, Johans von Heilgenstein, Johans Peterlin, Jockelin Mansse; von den cremern Johans Barpfennig, von den brotbeckern Contz ame Staden, von den metzigern her Wilhelm Metziger, von den tůchern Johans Verwer, von den kůfern Heinrich Hans zům Zoller, von den gerwern Heintze Stumpf, von den winlüten Heinrich Kranich, von den steinmetzen und murern Johans Bergheim, genant ammeister, von den smiden Stephan Spor, von den snidern Schönheintze, von den Schifflüten Johans Nellesheim, genant Riethans, von den kürsenern Johans Westerman, von den zimberlüten der lange Obereht, von den winrůfern und winmessern Lienhart Heischer, von den schuhemachern Contz Schultheisz, von den goltsmiden und schiltern Andres Clamman der moler, von den kornlůten Contz Rückersheim, von den gartenern Boghans, von den vischern Lambes Hans ame Tiche, von den scherern und badern Hans Obereht an der Schintbrucke, von den saltzmůtern Lienhart Smit zů Trachenfeilsz, von den wöbern Claus Ingenheim, von den winstichern Hans Schencke, von den wagenern, kistenern und dreschelern Steckenhans, von den grempen, seilern und obessern Claus Steingewürcke, von den vasziehern Johans Mörlin, von den schiffzimberlüten Altheim Claus, von den oleylüten, müllern und důchscherern Walther Rinow, der rat.

## Verordnung für die Schuster und Gerber.

**15. Jahrhundert.**

**Stadtordnungen, vol. 13, fol. 71 b.**

Unser herren sint überein komen das hinnenfürder die rintsuter unser(n) burger jre leder sollent drücken verkoufen, und das ouch nieman unsz(er) burgere nasz leder sölle koufen umb lantlüte; darüber zû rûgende sint gesetzt acht manne, vier von den schûhesuttern und vier von den gerwern; die vorgeschriben acht manne söllent alle jore sweren vor meister und rot zû Stroszburg zû rûgende die dinge die hie noch geschriben stont: die vorgeschriben acht manne söllent alle jore, und ein yegelicher under jne, rûgen, by yrem eyde den sie darumb geton hant, einen yegelichen burger zû Stroszburg welcher nasz leder in der louben veile hat. Sehent sie ouch burger zû Stroszburg nasz leder verkoufen, wo das were in disem burgbanne, daz söllent sie ouch rûgen, by jrem eyde; bekenne jn ouch yeman, der burger were zû Stroszburg, der nasz leder gekoufet het und deme der acht manne einre, welher der were, da begegnete und sprech: geselle wer gab dir das nasz leder ze koufende, und spreche denne jenre: der oder der, wer der were, und nant jn mit namen, so sol jn der rûgen einem meister zû Stroszburg, und sol man den koufer und verkoufer zû rede setzen. Sehent sie ouch deheinen unsern burger umb deheinen lantman nasz leder koufen, den söllent sie rûgen glicher wise also da vor geschriben stot. Dise vorgeschriben dinge söllent die vorgeschriben acht manne, und yegelicher under jnen, rûgen und vürbringen also dicke ez jnen vorkommet, als da vor geschriben stot, einem stettemeister zû Stroszburg, wer denne ye meister ist, und sol ouch ez ein yegelich meister, wer denne meister ist zû Stroszburg, richten und rechtfertigen, by sinem eyde. Were ouch dise vorgeschriben gebot bessernde wirt, der bessert ein pfunt stroszburger pfennige; der werdent die halben dem meister und dem rot zû Stroszburg und die andern halben den schûhesuttern und gerwern.

Wellicher ouch in der stat oder im burgbanne ungemaht leder, daz nit wol gemaht were, veil hette, den süllent die gerwer und schůmacher für jre geriht darumb zů rede setzen und bessern, noch dem sie beduncket reht und billich sin, doch wann es geswertzet und gesmyret wurt, so erkennet man keine besserung daruf.

Item man sol ein jeglich stück leders, es sy grosz oder clein, höften an vier enden, und wer daz nit důt, der sol darumb bessern noch der gerwer und schůmacher geriht erkentnusse, und dis ist zů verston von ungewönlichem höften.

# Sitten-Ordnungen.

## Verordnung gegen Ehbruch und Concubinat.

**14. Jahrhundert.**

Stadtordnungen, vol. 19, fol. 8 b.

Unser herren sint überein komen, wer ein elich wip het und der gat und sü lat sitzen und ein ander unelich wip zû huse setzet, der bessert fünf jore von dirre stat. Dete och es ein wip, die einen elichen mann hette und von dem ginge und bi eime andern unelichen manne seze, die bessert öch fünf jore.

Were öch ein elich wip hette und einre andern die ee gelobte und sie domitte also betrüge, der bessert zehen jor von dirre stat. Dete öch es ein wip, die einen elichen mann hette und eime andern die ee gelobte, die bessert öch zehen jor.

## Verzeichniss der Lustdirnen.

**1469.**

Stadtordnungen, vol. 2, fol. 82.

Caspar, der hûrenwürt, das reht frowenhus, dorin sint aht frowen mit der würtin und der lonsetzen.

Magdalenen in Clapergasse [1] selb fûnft.
Else von Augspurg in Bickergasse [2] selb vierd.
Else uf der Lachen [3] selb vierd.
Schanen, des vihetribers dirn, selb dritt.

[1] Die *Klappergasse*, auch *Finkengasse* genannt, im Finckweiler, besteht nicht mehr; sie stand auf dem Grund und Boden wo sich heute die grossen Magazine der K. Tabaksmanufaktur befinden.

[2] Die Bickergasse, heute *Büchergasse*, eine der Seitengassen der Langen Strasse.

[3] *Zur Lachen* war der Name eines der Häuser in der Büchergasse. (Siehe Schmidt, S. 36.)

In der Schwantzgass[1]:

Anna, Fulhansen dochter, selb dritt.
Else Hürtzen selb vierd.
Ritter Else allein.
Langhansen Margred selb vierd.
Trompeters Kathrin selb dritt.

In Burgkgass[2]:

Agnes, der Lorentzen schwester, selbander.
Wolffs Magdalen selb dritt.
Kübels Ness selbander.

In Stampfgass[3]:

Bischofs Kathrin selbander.

Vinckenwilergessel[4]:

Friedrichs frow.

Dise hienoch geschriben wellent nit offen hůren sin:

Des Amhers Ennel selbander uf der Clapergassen.
Susanna doselbs allein.
Kathrin von Heylprunn selb dritt.
Item die schůhebletzerin.
Item Josten frowe.
Item Applonia in Stampfgass allein.
Margred von Hagenow in Stampfgass allein.
Ursel selbander in derselben gassen.
Margred Gersterin in Burgkgass.
Margred Waschner doselbst.
Jörge Pfiffer in Vischergassen hat zwei dirnen.
Des rittmeisters dirn selbander.
Die Baselerin in Kesselgessel[5] selbander.
Die Vigenmůlin by sant Barbeln.
Die Pfyle Bryden selbander.

[1] Die *Schwantzgasse*, auch *Gröybengasse* oder *Griebengesselin* genannt, ist die heutige *Giesshausgasse*.

[2] Die *Burggasse* bei der Blauwolkengasse. (Siehe Schmidt, S. 57.)

[3] Siehe Schmidt, S. 176.

[4] Siehe Schmidt, S. 65.

[5] Siehe Schmidt, S. 84.

## Besichtigung der öffentlichen Hæuser.

### 1469.

Stadtordnungen, vol. 2, fol. 17b.

Item Hans Erhart von Wintertur und Heinrich Bisinger von den kornlüten, item Reinbold zům Trübel, Storcken Conrat und Hans Franck von den sübenen und Mathis Scholle, der ratsbot, habent dise hüser besehen und beduhte sie gelegen hüser sin für die spontziererin. So habent unser herren die rete und XXI es zůgelossen. Actum sabato post Medehardi 1469. (10. Juni.)

Item in Utengasse von dem swybogen hinden us bitz uf den Doubengraben[1] stont by XVIII hůser und uf dem Doubengraben III oder IV hinden im winkel[2].

Item in Mülegessel under fischern stont VIII hüser; hat der spital.

Item in Lumbardshof[3] stont by X hüser, stossent gegen Vinckengasse ein teyl.

Item III hüser by Vinckenwiler törlin harumb gegen der herren stall.

Item das gessel gegen dem Kettener[4], gont ein teil hüser durch bitz in Vinckengasse.

Item hinder dem huse dem man spricht Snabelburg[5] bitz in Bickergasse ouch VI hüser.

Item in Kriegesgasse[6] die nehst doby.

Item uff der hovestat[7] by XII hüser; sitzen voll.

Item in Bickergasse vier hüser oder fünf nidewendig des burnen.

[1] Siehe Schmidt, S. 184.

[2] Siehe Schmidt, S. 120.

[3] Der *Lumbartshof* befand sich in der heutigen *St. Marxgasse.*

[4] Haus am Finckweilerstaden. (Siehe Schmidt, S. 172.)

[5] Haus bei den Gedeckten Brücken. (Siehe Schmidt, S. 36.)

[6] Die *Kriegesgasse*, heute *Linsenfelsergässchen,* an der Langen Strasse. (Siehe Schmidt, S. 103.)

[7] Der *Hovestatt* oder *auf der hofstette*, der spätere Mauerhof, stund auf der Stelle wo sich heute das Palais des Statthalters befindet. (Siehe Schmidt, S. 42.)

## Verordnung die öffentlichen Weibsleute betreffend.

**1471.**

Stadtordnungen, vol. 2, fol. 78.

Unsere herren meister und rat und die XXI haben erkant als hienoch geschriben stot: des ersten als vormals geboten ist, das alle hushelterin, spontziererin und die so offenlich zur unee sitzent oder bůlschaft tribent, wo die in der stat sessent, soltent ziehen in Bickergasse, Vinckengasse, Gröybengasse, hünder die muren oder an ander ende, die inen zůgeordent sint, do ist erkant daz das doby bliben soll. Und als ir etliche sithar widerumb in die stat under erber lůte gezogen sint und ir gewerbe tribent als vor, do sollent dieselben frowenpersonen, by 5 β δ, fürderlich widerumb an die obgemelten ende ziehen in vierzehen tagen, und welhe des ungehorsam were, die sol in die 5 β δ verfallen und nit deste mynner verbunden sin an der obgemelten ende eins zů ziehen, wie dann vormols geordent und verschriben ist.

Und umb daz dieselben dirnen und öden frowen under erbern frowen erkant werden mögen, so ist erkant, was mentel dieselben frowen tragent, die söllent kein bast haben und darzů drijer finger breit ob der erde sin; sie söllent ouch under iren menteln weder vehe noch sidin fůter tragen; sie söllent ouch keinen rock noch schuhe tragen mit vehe oder siden gefütert, ouch dehein veheproge tragen an iren kleidern, oben oder unden, ouch kein guldin spangen daran tragen; und welhe der vorgeschriben stücke dheins verbreche, die soll bessern 5 β δ so dick das beschee; und söllent ouch die ratzboten, die ammeisterknechte, die thurnhüter und der süben knecht, wo die derselben dirnen eine also findent, gon sie pfenden für 5 β δ.

Es soll ir dhein dheinen güldin gürtel, dhein corallen noch katzidonien fünftzig güldin noch ouch dhein fingerlin über eins güldin wert tragen; es soll ouch ir dehein kein rolle tragen oder keinen langen sturtz; aber sie mögent wol tragen gezwangete umbwindelinge und kurtz stürze; und welich solichs darůber trüge, wann dann der stette knecht, einer oder me, sie findet also gon, so söllent sie ir solichs, es sy güldin gürtel, corallen oder katzidonien fünftzig güldin, fingerlin, rolle oder lange stürze, nemen und es inen nit wider geben, ir eine habe dann von jedem stück das sie also getragen hette 1 β δ geben; und welhe solich gelt git, die mag das stücke das sie also gebessert hette, denselben tag us wol tragen; würde sie aber darnoch me funden, soll sie aber gebessert und gehalten werden wie vor stot.

Es söllent ouch derselben lichtvertigen frowen dhein me im münster uf die staffeln für die altar kuderen oder sitzen, es sy uf dem chore für den fronaltar oder hie nydenan in der kirchen für die andern altar; welich das darüber dete, uf die soll man warten so sie us dem münster göt und ir einen sleiger oder mantel nemen zů pfande, und ir solichs nit wider geben, sie habe dann vor gebessert 2 β δ so dick das beschee.

Were es ouch daz einer ein elich wip hette und darüber by einer andern in bůlschaft wise lege, es were uf heilige nehte oder ander nehte, wo das der stett knechten fürkompt, so söllent sie sie ufheben und beide in den thurn leigen, und söllent die zwey morndes nit us dem turn gelossen werden, ir jeglichs gebe dann 5 β δ. Und were es daz solich ufheben uf heilige nehte beschee, so söllent sie darzů ouch geben jeglichs ein pfunt wahs und 1 β δ den ammeisters-knechten, noch besage der ordenunge.

Es sollent ouch die ratzboten, die ammeisterknechte, die thurm-hüter und die sübenerknechte sweren liplich zů got und den heiligen den sachen in egemelter mossen ernstlich nochzůgonde und solichs nyeman zů übersehen, und darumb soll inen der vierde pfenning der besserunge werden; und wo sie dem also nit nochgingent und jemans darinne schonetent oder übersehent, so soll meister und rat sie darumb ernstlich strofen, als sich gebürt.

Proclamatum uf der pfaltzen quarta ipsa Dionysii. Anno 1471. (9. October.)

## Verordnung gegen wilde Ehen.

**1472.**

Stadtordnungen, vol. 28, fol. 369.

Heinrich Bisinger, Lienhart Ameister und Hans Burckart.

Als inen entpfolhen ist zů rotslahen von der personen wegen die öffenlich zůr unee sitzent, so haben sie gehört lesen die ordenunge wie es vormols geordent worden ist, und beduncket sie geroten sin das man solicher ordenunge fürbas nochgange und die uf ein nuwes gebiete zů halten, uf das sich die die mit solichen unelichen sachen (umbgon) und ouch die spontziererin wissen zů hůten vor der pene die daruf gesetzet ist.

So beduhte ir ein teil geroten sin das man den rotherren und den meistern uf jeglicher stůben entpfehlen solt, wo sie jemans, der uf ir stůbe gehörte, wustent oder erfüren das er öfenlich zůr unee sesse, das sie den für sich besanten und im gůtlich seiten von solicher unee zů ston; wolt er dann das nit tůn, das sie im dann ir stůbe verbieten und es ouch verkünden sollen den sübenzühtern; die sollen inen dann darumb öfenlich rehtvertigen und fürnemen umb die besserung.

Die rete und XXI haben dis erkant zů tůn feria tertia post Judica 1442. (17. März.)

---

## Verordnung gegen Sittenlosigkeit, Schwœren u. s. w.

**1480.**

Stadtordnungen, vol. 2, fol. 108.

. . . . . . . . . . . . . . . . . . . . . . .

Sodann von der personen wegen des räts die, als man seit, offenlich zur unee sitzen und ouch der personen des räts so offenlich im banne sint und den rät besitzen, ist noch besage der statt rehtbůchs erkant das sollichs fürbasz nit me gescheen soll, und wo es fürter geschee, das dann ein jeglich rätherre, by sinem eide, solliches als ein wunde oder dotslag, wo es ime fürkompt und nach höresagen, soll fürderlich rügen dem statschriber; der soll es dann auch, by sinem eide, one verzogk dem nehsten gemeynen rät sagen und nennen wer ime also gerüget wurt, uber kurtz oder lang, der zůr unee offenlich sitzet oder in dem banne offenlich ist, er sy wer er wölle, der rete der ein und zwentzig, der XIII, der XV oder der statt amptlůt, hohe oder nyder; und wer also gerüget wurt, den sollent die rete, by iren eiden, darumb fürnemen, und obe er irem erkennen sich des zů reynen in gebürlicher zyt nit gehorsam were, so sollent sie ine umb sin ungehorsamkeit strofen und bessern mit ir urteil, noch handel und gestalt der sachen.

Wer nu fürbasz frevelich sweret by gottes glidern oder by Cristi wunden oder desglich uncristlich swüre tůt, wo das ein ratherre oder schöffel oder ein stattkneht erfindet, der soll es, by sinem eide, meister und rat fürderlich rügen; so sollen es meister und rat, by iren eiden, unverzögenlich rehtvertigen und jeglichen frefeln swur sunderlich bessern, noch irem erkennen, der geschit noch.

So soll fürbasz uf sontag noch uf die vier hochgezite zů offem merckt nyeman nit me veyl haben, weder verkoufen noch koufen deheiner hande dinge, weder grosz noch kleyn, wie die genant sint, uszgenommen eszhaftige dinge und win den man zům zapfen schencket. Doch soll man keynen win vor imbs růfen, weder vor den kelre noch in den gassen; were ouch das jeman frömdes keme, der etwas das nit essehaftig ding were ůf solich zit vor imbs veil wolt han, der von disem gebot nit gewisset hette, dem sollent der stattkneht sagen das er solichs die zit nit veil haben soll, dann es sy den heymschen so wol verboten als den frömden, by straf der rete nach irem erkennen.

Sodann der manne schampern kurtzen cleidunge und ungestalt halb, vorn und hinden sin scham zů sehen, ist erkant das man die fürbasz nit me gestatten soll zů tragen, sunder ein jeglich burger und hindersehsz, der der stat gewant ist, und sin gesinde, soll sin cleidung, es sy rock oder mantel, zůrihten machen das die zům mynesten ein halb vierteil gange für sin scham; und soll man sollichs allen snydern, meistern und knehten, empfelhen, by iren eiden, eyn jeglichen fürter nit kürtzer zů machen dann als vorgemeldet ist; doch mögent sie es eym jeglichen wol lange machen.

Die husbelterin und die spontziererin, die knaben oder manne umb ir gelt nement oder die biderlût kinde oder gesinde by sich lossen fürenthalten an erbern enden, do biderbe lûte sitzen, ir süntlich wonunge und unerelich wesen bitzhar gehebt habent, die alle, keinerley usgenommen, süllent solich süntlich sachen an dheinen erbern enden oder do fromme lûte sitzen in diser stat fürbasz nit me tûn; und welich derselben personen, ein oder me, so lichtvertig ist das sie von solicher büberie nit lossen will, die mage in vierzehen tagen nehstkünftig ziehen in Bickergasse, in Clappergasse, in Gröyben-gasse oder hinter die muren oder an die ende do erber lûte von in unbekimbert sint; weliche aber das in der zit nit tete oder wo sie an andern erber lûte enden funden worden sitzen, solich spontzerie zû triben, der bessert yegliche 30 β δ, und welhe die nit zû geben het, die sullent die rete strofen und ouch hût darüber setzen es zû rügen, und solich besserunge nyeman erlossen, und nemlich der hushelterin, als die mutter der bösen sachen, ir strofe nit übersehen; und wo sich yeman do widersetzte, der soll, noch erkennen der rete, gestrofet werden; und weliche dirnen also usziehen, die sollent iren lehenherren zinsen noch martzal; und soll dis den sübenen empfolhen sin zû strofen und nyeman zû übersehen, by iren eiden.

Actum feria tertia post Sixti, anno 1480. (8. August.)

Proclamatum sexta post crastino Laurentii, anno 1480, in præsentia herren Hanns Rudolf von Endingen und Hanns Erhart von Rotwil.

---

## Verordnung gegen Concubinat und Buhlschaft.

**1493.**

Stadtordnungen, vol. 2, fol. 130.

Dem almehtigen gott zû lobe und zû eren und uf das offener eebruch und ander süntliche werck deste me gemitten werden, so habent unsere herren meister und rat und die ein und zwenzig erkant es fürbas zû halten in mosse nochgeschriben stât:

Zûm ersten, uf das die lûte deste me geneiget werden sich von süntlichem wesen zû keren, welhe personen dann hiezwüschent und ostern von irem unfertigen leben stont und sich fürbas in erberm wesen halten, denselben soll ir vergangen missetat von nyemans me zû uneren oder laster ufgehept oder verwissen werden, dann wo das darüber beschee, das soll gestrofet und gerehtvertiget werden als obe ein person solich missetat nye geton hette.

Darzû so soll hynnanfürder nyemant in diser stat Strassburg noch in disem burgbann me offenlich zûr unee sitzen; wo aber zwey offenlich und hûselich zûr unee sitzent, die beide lidig sint, die sollent, jeglichs by 30 β, in aht tagen von einander kommen, oder aber einander zûr ee nemen. Do aber zwey offenlich und hûselich zûr unee sitzent, do eins in der ee ist und das ander lidig, das ist eebruch, die sollent jeglichs, by dryen pfunden, in aht tagen von einander kommen. Item wo zwey beede in der ee sint und offenlich und hûselich in der unee by einander sitzent, das ist der gröste eebruch, die sollent, jeglichs by 5 lib. δ, in aht tagen von einander kommen.

Item wo ein mann mit einer closterfrowen ze tûn und offenlich zû schaffen hat und lidig und lere ist, der bessert 5 lib. δ; wer aber in der ee ist und das tete, der bessert 10 lib. δ.

Item wo ein frowenperson ein elichen mann hat, der inlendig und kuntlich ist, und sie darüber by jemans, er sy geistlich oder weltlich, in bûlschaft wise oder zû den uneren sitzet, oder obe si jergent sunder sesse und uf jeman also in bûlschaft wise wartete, der ir genere und gewere gebe, die bessert 5 lib. δ und soll dozû wider zû irem eemanne kommen, oder aber, so verre die schulde ir sy, uf des eemannes begeren us der stat Strassburg und dem burgbanne gän und nit me darin kommen one wissen und willen irs eemannes, by der egemelten besserunge der 5 lib. δ, so dick das beschee. Wo aber ein mann siner eefrowen, oder ein frowe irer dohter ursach gebe, hilfe oder stûre tete oder gestattet bûlschaft zû triben umb das inen gelte oder nutzunge davon wurde, die sollen der stat verwisen und dozû, der geschiht noch, gestroffet werden als sich gebürt.

Were ouch das einer der ein elich wip hette und darüber by einer andern in bûlschaft wise lege, es were uf heilige nähte oder ander nähte, wo das der stat knehten fürkompt, so sollent sie sie ufheben und bede in den thurn legen, und sollent die zwey morndes nit us dem thurn gelossen werden, ir jeglichs gebe dann vor 5 β δ; und were es das solich ufheben uf heilige nähte beschee, so sollent sie ouch dozû geben jeglichs ein pfunt wahs und 1 β δ den ammeisterknehten, noch besage der ordenunge, und sollent nit deste mynner umb den eebruch fürgenommen und gestrafet werden wie vorgeschriben stät.

Und welhe also zû unee sitzent noch vorgeschribener mossen und von einander kommen wollent, die sollent ein teylunge tûn, wie das in der sübener bûch geschriben stät.

Sodann von der personen wegen die offenlich zûr unee sitzent, und ouch der personen die offenlich im banne sint und den rat besitzent, desglichen von den personen die frevenlich by gotts glidern und der wunden Cristi swerent oder ander uncristliche swûre tünt, mit den allen soll es ouch gehalten werden wie es in der stat bûch geschrieben stät.

## Von der husheltern und spontzirern wegen.

Item als vil husheltėrin und ander dorehte frowen und döhtere, die do offene spontziererin sint und knaben und manne tegelichs lossent zû inen gän und sie umb ir gelt nement, und ouch biderbêr lûte kinde und gesinde, die doselbs ingefürt werdent, enthalten, an vil erbern enden in diser stat under fromen lûten, do soliche dinge unbillich gescheent, wonent und sitzent, dodurch fromme lûte und ir kinde beswert und geergert werdent, das doch unzimlich ist zû gestatten, darumb so ist geordent, das solich husheltėrin und ouch die andern dorehten frowen und döhtere, die offene spontzirerin sint, sich des begont und dovon nit lossen wöllent, hynnanfürder under erbern lûten und an enden wo sie jetz sitzent nit me wonen sollent, solich offenlich unfûre und sponzery zû triben, sonder in disen nehsten viertzehen tagen ziehen in Bickergasse, in Klappergasse, in Gröibengasse, hinder die muren und an ander ende do von alter har solich frowen wonhaft und gesessen gewesen sint, umb das erber lûte, ir kinde und gesinde davon ungeergert und unbeswert bliben; und welhe das nit teten, oder wo sie an andern enden funden werdent sitzen, solich unfûre und spontzery zû triben, der bessert jeglich 30 β δ so dick das beschee, und welhe also usziehent, die sollent noch margzale den zins geben denen umb die sie gelehent habent.

Es sollent ouch soliche dorehte frowen und spontziererin, die sich der bûlschaft offenlich begont, nyergent in diser stat do fromme frowen oder jungfrowen by einander sint an die denlz gezogen werden under den frommen zů dantzen; dann welher das dete, über das es im gütlich geseit und gewert wurde, was im dann darumb begegent, one wunde und dotslege, do soll kein strofe noch gon.

Und als vil öder dorehter metzen in der stat darafter sint die kein behusung oder heimwisunge habent, anders dann das sie sich stetes tage und nahtes in den wurtzhůsern, uf den stuben und gassen behelfent, dodurch ouch junge töchterlin angefürt und verfellet werdent, dovon vil böses kompt, so soll und wil man solich unfůr und süntliche werck weder uf stuben, wurtzhüsern und gassen nit me gestatten, sonder wo sie nahtes noch der nünerglocken funden oder ergriffen werdent, so sollent sie die scharwahter oder andere der stat kneht in den thurn legen und aht tage darinne lossen ligen wasser und brot essen; und welhes töchterlin funden wurt das libes halben zů dem werck nit geschicket, sunder zů junge ist, also das es weder brüste noch anders hette, das dozů gehört, das soll mit der růten darumb gestrofet und dozů der stat verwisen werden, by libs strofe, so lange bitz das es zů sinem billichen alter kompt.

Und uf solichs, so sollent alle die denen das bevolhen wurt schuldig und verbunden sin den sübenzühtern zů rügen alle solich obgemelten stück, so für sie gehörent, und sollent ouch die sübenzühtere soliche sachen rehtvertigen und dem nochgon und strofen, uf ir eyde, wo inen solichs fürkommet, gerüget wurdet oder es selbs wissent oder befindent in der worheit, darnoch sie ouch ir erfaren haben sollent, und ouch die besserungen, wie dovor geschriben stät, nemen und nyemant faren lossen, und inen donoch gebieten by noch als vil, und donoch aber by noch als vil, untz das soliche sünde vermiten wurt; dann wä si das nit tëtent, so sollent die fünfzehen die süben darumb strofen, so lange und vil untz sie das also tůgent, wie das geordent ist.

Wo ouch dieselben knehte dem also nit nochgingent und jemans darinne schonetent oder übersehent, so soll meister und rat sie darumb ernstlich strofen, als sich gebürt; wann ouch erfunden wurt das dieselben kneht der vorgemelten stück eins selbs verbrechen und nit hülten, so soll ir jeder zwo besserunge darumb tůn, in mossen wie vor stät.

Welhe personen ouch busswürdig fundent werdent, die des geltz nit zû geben hetten, do soll man ein mann ye für 30 ß vierzehen tage im thurn legen by wasser und brot, und für 3 lib. ein monat und darüber, nach margzale; aber ein frowe soll dagegen noch als lange us der stat sin, als der mann im thurn lit, tage und naht ein mile.

Es sollent ouch alle die den das bevolhen wurt zû rügen, sweren liplich zû gott und den heiligen, den sachen in egemelter mossen ernstlich noch zû gonde und solichs nyeman zû übersehen, und darumb soll inen der vierde pfennig der besserung werden; das ander soll geteilt werden: der stat das zweyteil und das dirteil den armen weisen.

Actum secunda post Laetare. Anno 1493. (18. März.)

Item die zwen ammeistersknehte, item die drie turnhütere und die sübenerknehte habent vor dem rat und XXI gesworn die obgemelten dinge zu rügen. Actum quarta post Judica. 1493. (27. Maerz.)

---

## Verordnung wider Kuppelei und Ehbruch.

**15. Jahrhundert.**

Stadtordnungen, vol. 28, fol. 242.

Welicher dienende knecht, dienstjungfrowe, maget oder kellerin jeman dem sie dienen und in des huse und costen sie sint, ir kinde oder ir fründe kinde oder soliche kinde der vogt ein mann were, anherwirbet oder hindergat zûr ee oder zûr unee, inen selbs oder andern lûten verkuppeltent one der nehsten fründe wissen und willen, die kinde sient zû iren tagen kommen oder nit, dete es ein knecht, den soll man ertrencken, dete es aber ein solich wip, als vor geschriben stot, der soll man die ougen uszstechen, und soll darzû nyemer me gon Strasburg kommen, wo solich geschicht geclaget und in der worheit erfunden würt.

Were ouch das dhein dienender knecht sime herren, jungherren oder meister, in des mûse und brot er wer, sin elich wip beslofet und geschendet oder ob ein solich knecht oder dienstjungfrowe, megede oder kellerin oder ander gesinde, wie die genant werent, ein solich frowe jeman verkuppeltent, kommet das in klage für und findet sich kuntlich in der worheit, dem oder den sol man ir zwene rechten finger abhouwen und das bistum ewiclich verbieten.

Fünde ouch ein soliche herschaft solich ir knecht an frischer gedat by irem wiben, was den uf der gedat widerfüre, do engat kein besserunge noch.

Wer hynnanfürder jeman sin kint, es sy knabe oder dochter, anherwirbet das es im die ee gelobet oder zû der ee neme, do der knabe oder die dochter under zwentzig joren alt were (es sy dann mit vatter oder mûter willen, oder der nehsten fründe wille, ob die kinde nit vatter oder mûter hettent), wurt das meister und rat in klage fürbrocht in jores frist, nochdem vatter und mûter oder die nehsten fründe, ob kinde vatter und mûter nit enhettent, das empfindent, das soll nyemer gon Strasburg kommen, one vatter und mûter oder der kinde nehsten, als vor stot, wissen und willen. Und soll das kint das also die ee hinweg gelopt hette, sin erbezal das es von vatter und mûter zû erbe kommen mag verloren haben; es sy dann das vatter und mûter oder eins noch des andern tode es im mit gûtem willen wider gebe und es im benomet das es zû erbe gon solt an irem gût.

Wer sich berümet und ustût das im einer oder eine die ee gelobet habe und das geschieht von hinderunge den lüten zû tûn oder von rûmes wegen, und sich nit findet das soliche wort ergangen sient die zû einer ee trefen mogent, der oder die sollent nyemer me gon Strasburg kommen on des gnade dem soliches geschee, ob er das in clage fürbringet.

---

## Verordnung für die öffentlichen Hæuser.

### 1500.

Stadtordnungen, vol. 3, fol. 4.

Als in vergangenen ziten und noch hütbytage, durch lychtvertige knechte, zûm dickern mole frowen und döchtere us andern landen ufgeweget und har in die frowenhüser versetzt und verkouft werdent, und dann soliche personen durch die frowenwürte und würtin, über und wider iren willen, in süntlichem wesen behalten und verhûtet werden, das sie nit davon kommen mögent, obe schon eine sich gern bekeren und bûsse tûn wolte, das swere und uncristenlich zû liden und zû getulden ist, darumb so habent unser herren meister und rat und die XXI erkandt es fürter zû halten wie harnoch geschriben stât:

Nemlich das kein frowenwürte noch würtin noch kein hushältere kein frowen persone me koufen noch verpfenden soll, weder umb wenig noch umb vil, in deheinen weg; und obe sie solicher personen jetzt kouft oder verpfendet hetten, das soll abe und die dirnen ledig sin; dann welher frowenwürt, würtin oder husheltere hiewider tëten, der jeglichs soll bessern der stat 5 lib. ꝺ so dick das beschee; und welhe das verachten und sich daran nit keren wolten, die sollent dotzû der stat Strasburg verwisen werden, by lybs strofe. Dann welhe sich des süntlichen wesens ye gebruchen wellent, die mögent dyrnen annemen und enthalten umb ein zimelich gemeyn wochengelt für die behusung und das gelyger, wie sie sich des mit gûtem willen vereynen mögent.

Were ouch sache das ein frowenwürt, würtin oder hushältere einer dyrnen cleyder lihen, essen oder trincken geben wurde, das sollent sie inen heissen und lossen wöchentlich betzalen, und das zû schulden nützit ufslahen noch borgen, domit die dyrnen beswert oder verpfendet werden mögent, sonder die dyrnen sollent iren fryen willen haben by ir eim zû bliben oder von im zû gän wann inen geliept, unverhindert der frowenwürte oder hushältere, by der egemelten pene.

Es sollent ouch soliche dyrnen allezit iren fryen willen und wandel haben zû gän und zû stän zû kyrchen, zû predigen, messe zu hören und andern gotzdienst war und wohin inen geliept, unverhindert der frowenwürte oder hushältere, by der egemelten pene.

Und daruf so sollent alle frowenwürte, würtin und hushältere besandt werden und die tûn sweren sich diser vorgemelten ordnung gemäsz zu halten.

Es sollent ouch die zwen ammeistersknechte und die zwene sübenerknechte, by iren geswornen eyden, schuldig und verbunden sin, wo sie enpfinden oder gewar werden das hiewider geton were oder würde, solichs fürderlich zû rügen und fürzûbringen den sübenzüchtern, die ouch das, by iren eyden, rechtfertigen und strofen sollent; und soll den knechten die das rügent der vierde pfennig der besserunge werden und zûgehören.

Actum uf zinstag nach sant Andrestag, apostoli. Anno 1500. (1. December.)

---

# Spielgebote.

## 1447.

Stadtordnungen, vol. 28, fol. 342.

Als untzhar an vil enden beide uf trinckstuben, würtzhüsern und an andern enden gros spiele gewesen ist, und vil grosser übeler swûre gescheen sind, dadurch der almehtige got, sine würdige mûtter Marie und die heiligen manigfalticlich enteret worden sind, ouch manig biderman, sin wib und kinde dadurch von ere und gûte zû verderplicheit komment und vil ander böser sachen darus fliessent, darumb so habent die herren gerotslaget, das hinnanfürder niemand von unsern burgern, hündersessen oder der unsern in unser stat noch burgbann, es sye uf constofelern- oder antwerck stuben, würtzhüsern oder an andern enden, wä oder wie die genant sint, deheinerleye würfelspiele, hohe oder nyder, das den pfennig geschaden mag, nit triben noch spielen söllent; doch schochzabel, brettspiele, walen und karten mag man wol tûn, also doch das deheinerleye spiele uf der karten nit über 1 β ꝺ gelten soll. Und welicher unser burger, hündersesse oder der unser, er sye hohe oder nyder, das verbreche, oder welich meisterschaft, würt oder würtin oder unsere burgere, hündersessen oder die unsern solich spile gestattetent oder verhengtent, es sye uf stuben, würtzhüsern oder sust in hüsern oder an welichen andern enden das were, unsern burgern, hündersessen oder den unsern ze triben, der jeglichs soll bessern unser stat 3 lib. ꝺ, die man ouch deheim varen lossen soll, weliche aber so arm werent das sie soliche besserung nit zû geben hettent, die wil man in den turn legen, einen monat darin lassen ligen und nit anders dann brot und wasser zû essen und trincken geben; doch ist harinne usgenommen des nachrichters schibe, darobe mögent die friheit und andere knehte ir gliche, die daran gehörent, spielen. Der nachrichter soll aber das spiele nyergent anders halten dann offenlich an dem thorhuse, als das harkommen ist.

Die herren beduncket ouch geroten sin, alles uf gehellung der schöffele, das man dis gepot offenlich an der cantzeln verkünden soll, das sich ein jegliches wisse darnach zû rihten. und das man darnach ein solich gepot solte tûn schriben in der stat rehtbûch und alle jore den nuwen reten vorlesen mit andern puncten und artickeln darinne begriffen, uf das den stracks nachgangen und gehalten wurde.

Actum tertia post Reminiscere. Anno 1447. (7. März.)

### 1458.

Stadtordnungen, vol. 2, fol. 44b.

Als untzhar gross und mannigerley spiele uf trinckstuben, würtzhüsern und an andern enden gescheen sint, und dodurch der almehtige got und die lieben heiligen mit grossen swüren vil und dick enteret und mannigerley unfûr gescheen und begangen sint, solichs haben unser herren meister und rät und XXI bedoht und angesehen, und sint überein kommen das hinnanfürder nieman, wie der genant ist, hohe oder nieder, nieman usgenommen, deheinerley spiele, wie das genant ist, in unser stat oder burgbanne, weder uf trinckstuben, würtzhüsern oder an andern enden nit spielen soll, usgenommen schochtzabel, brettspiel, walen, bescheidenlich karten und kegeln; und wer das darüber tete der bessert 30 β δ, die man nieman übersehen noch faren lossen wil.

Und das sollent alle der stat gesworne knehte rügen und fürbringen dem ammeister und dem rät, by iren eiden so sie der stat gesworen hant; und soll inen darumb werden der vierde pfenning der besserung.

Man wil ouch darzû ernstlich hûte daruf haben das solichs nieman übersehen werde; uf welher stuben, würtzhüsern oder andern hüsern ouch solichs geschee, die wil man sunderlich darumb strofen und bessern, noch meisters und räts erkentnisse. Wer ouch die vorgeschriben besserung nit zû geben hat, den wil man einen monat in den tûrn leigen und nit anders dan wasser und brot geben. Harinne ist des nochrihters schibe usgesetzet, do mögent die friheit spilen als das harkommen ist.

Publicatum dominica Quasimodo. Anno 1458. (9. April.)

Unser herren meister und rät und die XXI habent ouch erkant von der bůben und knaben wegen, die do gespielet haben under der pfaltz, am Vischmerckt, am Holwige under der louben und an andern enden, das soll fürbas ouch nit me sin; dan man hat den rätsboten, ammeistersknehten und turnhůtern empfolhen, wo sie solichs fürer sehent, das sie inen das spielgelt nement und die bůben in den thurn leigent; und sie sollent, by iren eiden, nieman darinne ansehen oder schonen, und soll inen das gelt bliben das sie also nement, und wä sie aber das nit also teten, soll meister und rät dieselben der stat kneht darumb strofen.

## 1462.

Stadtordnungen, vol. 2, fol. 53.

Als unserm herren got zů lobe, der würdigen můter Marien und allen lieben heiligen zů eren solich spiele, dovon dann übel swüre und ander swere sünde gescheen, in vergangenen ziten etwie dick verboten worden sint, bede lüstelins und andere schedeliche spiele, und man aber darüber alle mole nuwe namen uf den spielen erdoht hat und den nuwen spielnamen noch gespielet und doby gemeint dasselbe nuwe spiele were nit verboten, als yetz besunder lüstelins und můten uf der karten uf etlichen stuben angefangen und getriben sint umb vil geltz, do doch etlichs mit geverden zůgangen ist, dodurch erber lûte, besunder die jungen, umb das ir betrogen werdent, darumb so habent unser herren meister und rat und die XXI mit urteil erkant, wie vormols spielen verboten ist doby soll es bliben, und das lüstelins und můten uf der karten in solich verbot ouch begriffen sin sollent, das die fürbas niemans me in diser stat noch burgbanne spielen soll; und wer das verbreche, er sy junge oder alt, arm oder rich, der soll bessern der stat 30 β ₰, so dick das geschee; und wer so arm were das er der 30 β ₰ nit zů geben hette, den soll man einen monat lang in den turn leigen und nit anders geben dann wasser und brot.

Man wil ouch ernstlich hůte darüber setzen, und nemlich soll das den sübener kneht und allen der stette knehten empfolhen sin zů rügen, by iren eiden, den sübenen uf der pfaltzen, die ouch semmlich besserunge, wer (in) die verfellet, nieman faren lossen sollent.

Actum sabato ipsa Galli. Anno 1462. (16. October.)

Publicatum crastino Galli. Anno 1462. (17. October.)

## 1462.

Stadtordnungen, vol. 2, fol. 54.

Unser herren meister und rat und die XXI sint überein kommen, got dem almehtigen zů eren und siner würdigen můter Marien zů lobe und zů eren, das disen tag und naht ouch mornden disen winaht obent und die winaht naht und den winaht tag und die naht gantz über untz an sant Stefans tag noch imbs, nieman in unser stat noch burgbanne, an deheim ende, wie das genant ist, deheinerley spiele tůn soll das den pfenning geschaden mag, nützit usgenommen; und wer das darüber dete, der bessert 30 β δ, die man nieman faren lossen wil; und soll ouch nit deste mynner by dem gebot bliben das vormols von des spieles wegen bescheen ist.

Actum feria quinta ante nativitatis Christi. Anno 1462. (23. December.)

## 1463.

Stadtordnungen, vol. 2, fol. 54.

Dem almehtigen got, siner würdigen můter Marien und allen lieben heiligen zů lobe und zů eren, sint unser herren meister und rat und die XXI überein kommen und haben erkant, das hinnanfürder nieman, wie der genant ist, hohe oder nieder, nieman usgenommen, deheinerley listelins spiele mit würfeln, bocken oder desglichen, wie das genant ist, das den pfenning geschaden mag, in unser stat noch burgbanne, weder uf trinckstuben, knehtstuben, würtzhüsern oder an andern enden spielen soll, usgenommen schachzabel, brettspiel, bescheidenlich karten, walen, kegeln und küwel werfen; und wer es darüber dete, der bessert 30 β δ, die man nieman faren lossen soll; und das sollen alle der stete gesworen kneht rügen dem ammeister und dem rat, by iren eiden, und soll in darumb werden der vierde pfenning der besserung.

Man wil ouch ernstlich hůte daruf haben das solichs nieman übersehen werde. Uf welher stuben oder in welhen würtzhüsern oder andern hüsern in diser stat oder in disem burgbann solichs spielen geschee, die wil man semmlich darumb strofen und bessern, nach meisters und rats erkantnussen. Wer ouch die vorgeschriben besserunge nit hat zû geben, den wil man in einen thurn leigen und nit anders geben dann wasser und brot.

Es sollent ouch die würte in iren hüsern und ouch die stubenknehte uf den stuben bestellen, wann die ammeisterkneht nachts infordern, das sie dann fürderlich ingelossen werden, zû besehen ob jeman darinne spiele; alles by der egenanten besserunge; usgenommen des nochrichters schibe, do mögent die friheit spilen, als das harkommen ist.

Actum sabato post dominicam Invocavit. Anno 1463. (5. März.)

## 1463.

Stadtordnungen, vol. 2, fol. 54b.

Als lüstelins uf würfeln und ouch alles kartenspiele verboten worden ist, und jetz kürtzlich viel lûtes uf karten gespielet haben, als die an eim zedel gelesen worden sint, und nû die sache von den XXI den reten entpfolhen worden ist, do haben unser herren meister und rat mit urteil erkant das das würfelspiele verboten sin sol, by der pene als das gebot wiset; aber das kartenspiel lossent sie zû diser zit, noch gestalt der loife, im beston sin unverboten und ouch unherloubet, also das man die die do gekartet haben nit darf deshalp fürnemen; doch wo man uf trinckstuben kartet und gûten win kouft uf der stuben zû trincken, do sol man solichen win, er sy türe oder wolfeil gekouft, eim jeglichen, er sy arm oder rich, wer das begert, harusgeben, als ein zapfener und huswürt verbunden ist zû tûn, wie viel und dicke man wil, in kannen oder fleschen, doch ein mosse nit höher dann umb vier δ, neher mag man in wol geben.

Actum feria tertia post dominicam Exaudi. Anno 1463. (24. Mai.)

## 1468.

Stadtordnungen, vol. 28, fol. 343.

Hans Sturm, Steffan Wingersheim und Peter Schott haben dis gebot gerotslaget feria quarta ante Valentini. Anno 1468. (10 Februar).

Als etlich zit mannigerley spiele gescheen sint, nemlich mit bocken, schiessen über ein stange oder über ein hirtzhorn, ouch mit schiessen in ein glas oder durch ein reif, ouch mit zinsbriefen, mit eim lorchen in ein schantz slahen, ouch mit den meisten ougen werfen, umb cleider, hosen, wamsch und anders, doran unser herren meister und rat und die XXI gantz myssevallen haben und darumb mit urteil erkant das nieman, wie der genant ist, hohe oder nyder, nieman usgenommen, dehein obgemelt spiel noch dehein anderley spiele das den pfennig geschaden mag, wie das spiel jetz namen hat oder fürbas hinerdoht möht werden zů nennen, deheiner hande usgescheiden, hinnanfürder tůn soll, weder in diser stat noch in disem burgbann, an deheinen enden, wie die genant sint.

Es soll ouch besunder dehein unser burger noch burgersknecht solichs nit tůn uf deheiner schribstuben noch an andern geistlichen enden, do dann semmlich sinnlich sachen one das nit geschehen sollen; und wer das darüber dete oder wer würfel leite oder dovon scholdergelt neme oder lichter gebe, es were houbtkanne oder jeman anders, der bessert der stat, von yedem tage und von yeder naht, 30 ß ₰, so dick das geschiht; und wer des gelts nit hat zů geben, den soll man in den turn leigen vierzehen tag und nit anders geben dann wasser und brot.

Es sollent ouch alle der stette knechte solichs, by iren eiden, rügen den süben uf der pfaltze; die sollent ouch, by iren eiden, semmlichs rihten, und soll den knehten die es fürbringen der vierde pfennig werden von der besserung; und ist harinne usgenommen schochzabelspiel, bretspiel, walen, kegeln, küwel werfen und bescheidenlich karten, doch kein spiel höher dann 4 ₰ und ouch kein gebot höher dann 4 ₰, alles by der egemelten besserung; und ist ouch harinne usgenommen schiessen mit der armbrust und mit der hantbüssen.

## 1473.

Stadtordnungen, vol. 2, fol. 83.

Unser herren meister und rat und die XXI haben erkant das man hinnanfürder dheinerley lüstelinsspiele mit würfeln tůn sol, ouch nit bocken, ouch nit in die wanne mit pfenningen schiessen, sonder dhein ander spiele triben dann schochzabel, bretspiel und bescheidenlich karten, ouch walen und kegeln; und wer dis gebot verbreche, der bessert 30 ß ₰, so dick das geschee; und sollent es der stette knehte den süben uf dem pfennigturn rügen, und sol inen der vierde pfenning dovon werden, und sullent es ouch die süben nieman faren lossen.

Actum feria quarta post exaltationis Sante Crucis. Anno 1472. (16. September.)

Die rete und XXI haben erkant das man solich gebot anderwarbe tůn sol, und das ouch eim ammeister entpfolhen sin sol die houbtkannen und stubenknehte für sich zů besenden und tůn zů sweren zů sagen wer hinnanfürder dis gebot verbreche und spielete, im dieselben spieler zů nennen, uf das man die wisse umb die besserunge fürzůnemen.

Actum feria tertia post Reminiscere. Anno 1473. (16. März.)

### 1475.

Stadtordnungen, vol. 2, fol. 29.

Unser herren meister und rat und die XXI sint überein kommen, dem almehtigen got und sinen würdigen liden zů eren, das dise heilige zyt, und vierzehen tage nach ostern nehstkünftig, niemans in diser stat noch burgbanne deheinerley spiele tůn soll das den pfennig geschaden mag, nützit usgenommen, weder uf stuben, würtzhüsern oder an deheinen andern enden; und welher das darüber tete, der soll bessern 30 β δ, so dick das beschee. Uf welher stuben oder in welhem würtzhuse ouch solich spiele beschee, do soll der houptkanne oder der würt ouch bessern 30 β δ; und welher solich gelt nit zů geben hat, den wil man darumb an sinem libe strofen.

Man wil ouch ernstlich hůte darüber setzen das solich besserunge niemans übersehen noch faren gelossen werde, und soll ouch nit deste mynner fürbas by dem ersten gebot bliben, das vormals von des spieles wegen bescheen ist.

Actum tertia post dominicam Judica. Anno 1475. (14. März.)

### 1488.

Stadtordnungen, vol. 2, fol. 117.

Dem almehtigen got, siner würdigen můter Marien und allen lieben heiligen zů lobe und zů eren, und umb das grosse übele swüre, domitte got und die heiligen swerlich entert werdent, vermiten blibent, so habent unser herren meister und rat und die XXI erkant, das hinnanfürder nieman, wie der genant ist, er sy frömde oder heimsch, deheinerley lüstelinsspiele mit würfeln noch lüstelins oder bocken mit den karten noch der offenen ruschen uf der karten, ouch weder passen, gansen, bocken, noch dehein ander spiele in diser stat noch burgbanne tůn soll, weder uf stuben noch deheinen andern enden, weder heimlich noch offenlich.

Es soll ouch besunder dehein unser burger noch burgerskneht, noch dehein unser hindersohsse solichs nit tůn uf deheiner schriberstuben noch an andern geistlichen enden, do dann semmlichs one das billich nit gescheen solt; und wer das darüber tete, oder wer würfel leite oder dovon scholdergelt neme, es sy houptkanne oder jeman anders, der bessert der stat 30 ß ₰, so dick das geschiht; und wer des geltz nit hat zů geben, den soll man in den turn leigen viertzehen tage und ime nit anders geben dann wasser und brot.

Es sollent ouch alle der statt kneht solichs, by iren eiden, rügen den sübenen uf der pfaltzen; die sollent ouch, by iren eiden, semmlichs rihten, und soll den knehten die es fürbringen der vierde pfenning werden von der besserunge.

Welher burger, burgerskneht oder hindersohsse ouch diser ordenung halb us der stat ginge und uswendig der stat spielete, der soll bessern die egemelte besserunge als obe er in der stat gespielt hette.

Es sollent ouch die würte in iren hüsern und ouch die stubenknecht uf allen stuben bestellen, wann die ammeisterknecht oder ander der stett knehte infordern, das sie dann fürderlich ingelossen werden, zů besehen obe jeman darinne spiele; und wä man sie nit inlossen wolt, so sollent die selben die daran schulde hettent darumb swerlich gestrofet werden, nochdem doch ein jeglicher gesworen hat meister und rat und iren geboten und verboten gehorsam zů sin. Doch ist harin usgenommen schochzabelspiel, bretspiel, walen, bescheidenlich karten und kegeln; und mögent die friheit uf des nochrihters schiben spielen, als das harkommen ist.

Actum et decretum quinta post Johannis Baptiste. Anno 1488. (26. Juni.)

**1493.**

Stadtordnungen, vol. 2, fol. 132 b.

Nochdem in vergangenen joren me dann einst alle lüstelinsspiele verboten worden sint, und doch (die verbot) nit so volliglich habent mögen gehalten und gehanthapt werden als man gern geton hett, so habent unser herren meister und rat und die XXI erkant es fürbas zů halten in mossen das vormols ouch zům teil von schöffen und amman erkant worden ist, und mit solichem zůsatz als harnoch geschriben stät.

Nemlich das man uf allen stuben und an allen andern enden in diser stat und burgbann dehein spiele gestatten soll zů gescheen; were aber sach das erber redelich lůte etwan kurtzwilen wolten mit den karten, den mag man wol ein karte geben; aber man soll sie nit höher rechenen dann umb 4 pfennig und zwei lichter darzů umb 1 δ.

Were ouch das zů etlichen ziten, so spiele nit verboten weren, jemans redlichs uf eines ammeisters stuben zů zyemlichen ziten spielen wolt, die mögen noch würfeln schicken zům würfeler, doch also das nieman keinen scholder von keim spiele nemen soll; und soll semlichs uf andern stuben und an andern enden in diser stat und burgbann ouch also gehalten werden dehein scholder zů nemen; und welher houptkanne, kartenleiger oder jeman anders ein karte höher gebe dann umb 4 pfennige und zwei lichter darzů umb 1 δ, oder wer scholder neme, der soll bessern 5 lib. δ; und wer me gebe umb karten oder lichter oder scholder gebe, der soll bessern 30 β δ.

Es soll ouch fürter niemans uf deheinen trinkstuben oder geselschaften deheinerley spiel tůn nochdem die nůnerglock usgelůtet wurt, die man ouch ein vierteil einer stunden volliclich lůten und uf die zehen ungeverlich usgelůtet sin soll; und soll ein jeglicher houptkanne durch sich oder sin knehte, wann man die glocke lůtet, die gesellen uf der stuben warnen und inen sagen das man die glock lůte; und wer darüber funden wurt spielen, wellicherley spiele das were, der soll bessern 30 β δ.

Ouch soll dehein houptkanne oder kneht uf deheiner stuben, oder jemans anders denselben spielern, nochdem die glock usgelůtet wurt, weder licht, würfel noch karten geben zu spielen, by 3 lib. δ.

Were ouch das jemans funden würde spielen nach mitternaht, der soll bessern 5 lib. δ.

Man wil ouch ernstlich hût haben daruf warzûnemen, und wä sie erfindent das hiewider geton wurde, solichs zu rügen und fürzûbringen, das semmlich besserunge niemans faren gelossen werde.

Wann ouch der stett kneht, oder die den solichs empfolhen wurde, beduhte das uf einicher stuben solich spiele und unordenlich wesen were noch der nûnerglocken und man sie noch irem anklopfen nit inlossen wolte, do sollen dieselben die doran schulde hettent bessern 10 lib. δ.

Es sollent ouch alle die denen das bevolhen wurt zû rügen, sweren an den heiligen uf die dinge warzûnemen und die fürzûbringen den sübenzühtern, die abe unfûgen rihten, und soll inen von jeder person die also gebessert wurt werden 5 β δ.

Actum feria secunda post Letare. Anno 1493. (18 März.)

### 18. Jahrhundert.

Stadtordnungen, vol. 12, fol. 299.

Als an vil orten in diser stat heimlich spiele bescheen, und frommer lûte kinder und ander unverstendige personen angefürt und umb das ire betrogen werden, solichs zû fürkommen so were der herren meinung es fürter zû halten wie hienoch volget:

Nemlichen das man uf allen stuben, in herbergen, würtzhüsern, scherehüsern und allen andern orten und enden in diser stat und disem burgbann dehein lüstelinsspiele gestatten noch tûn soll, weder uf würfeln noch karten, wie das namen haben mag, weder heimlich noch offenlich, in deheinen weg. Were aber sache das erber lûte mit der karten in gemeinen spielen kurtzwilen wolten, denen soll man ein karten nit höher rechenen dann umb 4 pfenning, und zwei lichter umb einen pfenning; komment aber zû ziten, so spiele der heiligen ziten oder ander sachen halben insonders nit verboten weren, ersame und redeliche lûte von adel oder burgerschaft uf eins ammeisters stuben oder uf andere redeliche und offene stuben, die gern mit würfeln kurtzwilen oder spielen wolten, die mögent noch würfeln schicken, also das sie kein scholder dovon geben, noch niemanden von ihnen empfohen oder nemen soll, alles by einer pene (von) 5 lib. ₰, die man ouch nieman faren lossen soll.

Desglichen soll es ouch gehalten werden mit dem frömden adel, fürstlichen oder stettebotschaften, die in redelichen offenen und gastgebigen herbergen ligen, wie vor stät.

Man soll ouch uf deheiner stuben, in herbergen noch an allen andern orten und enden deheinerley spiele tůn noch der nůnerglocken, die man uf ein vierteil einer stunden völliglichen lůten und uf die zehen ungeverlichen usgelůtet sin soll; und soll ein jeglicher houptkanne, gasthalter oder meister im huse, durch sich oder sin gedingt gesinde oder kneht, die spieler und gesellen warnen und inen sagen das man die glocke lůte; und wer darüber funden wurde zů spielen, welherley spiele das were, der soll bessern 30 β ₰.

Es soll ouch dehein houptkann, gasthalter oder meister im huse, noch sust nieman anders, denselben spielern, nochdem die glock gelůtet wurdet, weder licht, würfel noch karten geben, by 3 lib ₰.

Were ouch das jemans funden wurde spielen noch mitternacht, der soll bessern 5 lib. ₰.

Wann ouch der stette knehte oder die den solichs empfolhen wurdet beduhte das man uf einicher stuben, in herbergen, würtzhüsern, scherhüsern oder andern orten und enden solich spiele und unordenlich wesen hette oder hielte, wie oder wä das were, anders dann obstat, und man sie noch irem anklopfen nit inlossen wolte, do sollent dieselben so daran schulde hetten bessern 10 lib. ₰.

Man soll ouch ernstlich hůte darüber setzen; dieselben sollent sweren an die heiligen uf die dinge warzůnemen und die fürzůbringen den sübenzüchtern, die abe unfůgen rihten, und soll inen von jeder personen, die also gebessert wurt, werden 5 β ₰.

## 15. Jahrhundert.

Stadtordnungen, vol. 28, fol. 344.

Unser herren meister und rat und die XXI habent erkant und geordent, als etlich antwerck ir stuben hinweg geluhen habent den houptkannen, die dann jederman essen und trincken geben hant als in eim wurtshus, solichs soll fürter nit me sin, sonder die antwerck sollent ir stuben selber beholtzen und halten, und die imbs und urtin je das mole rechenen wie von alter harkommen ist.

Es soll fürter nyemans uf deheiner trinckstuben oder geselschaften deheinerley spiel tûn, das joch nit verboten ist, nochdem die nünerglock usgelütet wurt, die man ouch ein vierteil einer stunden völliglich lüten soll; und soll ein jeglicher houptkanne durch sich oder sin knecht, wann man die glocke lütet, die gesellen uf der stuben warnen und inen sagen das man die glock lüte; und wer darüber funden wurt spielen, welherley spiele das were, ist der ein burger, so soll man ine gedencken und der soll bessern 30 β δ; were er aber nit ein burger, git der sicherheit für die 30 β, wol und gût, were das nit, so soll man in in den turn legen bitz das er die 30 β δ git.

Ouch so soll dehein houptkann oder knecht uf deheiner stuben, oder jemans anders, denselben spielern, nochdem die glock usgelütet wurt, weder liecht noch karten geben zû spielen, by 3 lib. δ.

Were ouch das jemans funden wurde spielen noch mitternaht, der soll bessern 5 lib. δ.

Und sollent haruf warnemen und verbunden sin zû rügen alle der stette knecht, und besonders die ammeistersknecht, und die heimliche hûte daruf einsehen haben, und wo sie sehen oder erfinden das jemans wider die vorgeschriben dinge sampt oder sonder getän habe, solichs, by iren eiden, rügen und fürbringen meister und rat, die ouch semmlich besserunge niemans faren lossen sollent, und soll den knechten von solicher besserunge werden von jeder personen 5 β δ.

Wan ouch die knecht beduhte uf eynicher stuben das spiele oder solichs unordenlich wesen daruf were noch der nünerglocken, und man sie noch irem anclopfen nit inlossen wolt, dieselben die daran schulde hettent, sollent bessern 10 lib. δ, und sollent alle würte und würtin verbunden sin alle vorgeschriben dinge ouch zû halten, by der egemelten pene.

Ouch so soll uf allen stuben und an allen andern enden, in der stat und burgban zû Strasburg, gehalten werden das kein karte höher gerechenet werden soll dann umb 4 δ und zwey liechter dartzû umb 1 δ, do zûm meysten 11 oder 12 liechter uf ein pfunt gänt, by 5 lib. δ, als das zû andern ziten vormals ouch geordent und geboten worden ist.

---

## Spielhaus-Ordnung.

**15. Jahrhundert.**

Stadtordnungen, vol. 19, fol. 160.

Unsern herren meister und rat ist fürkommen wie das man an vil enden in diser stat grosz unfůre tribe mit valschem spile, grossen, unmessigen swüren und haderigen, dodurch doch geschelle und andere übel uferston möhtent, und das frommer lůte kinde ingezogen und an soliche heimliche ende gefüret und swerlichen umbe das ire broht werdent, so ist ouch vormols vil und dicke an solichen und andern enden spielen verboten (worden), das aber nit verfangen hat; darumbe und solichen sachen zů fürkommen und wile man doch spielen nit wol erweren kann, so sint unsere herren meister und rat überein kommen, mit rat der herren der einundzwentzigen, und habent es ouch erteilt, das man ein husz haben soll darinne man spielen mag, und niergent anders; und habent ouch daruf mit urteil erteilt das nieman in diser stat noch vorstetten, weder uf trinckstuben, geselleschaften, garten, hüsern noch an deheinen enden in unser stat noch burgbanne kein spiele mit würfeln, borisz, mit eseln oder mit deheinerleye würfelspile oder lusteles uf der karten, noch böckels oder wisz und schwartz und desglichen spielen soll, denne in dem obgeschriben hůse und an dem offenen torhůse obe des henckers schibe; und wer das verbreche, es sy burger, undersosse oder lantman, der bessert fünf pfunt pfennige als dicke das geschiht; und sollent die halben der stat werden und die andern halben den die die stat über das spiele geordent het; und wil man ouch soliche besserunge nieman varen lossen; und wer der fünf pfunde nit enhett, den wil man darumbe swerlich an sinem libe strofen.

Wer ouch das jeman, es were mann oder frouwe, in iren hüsern oder garten oder an welhen andern enden es were, solich spiel hielte, der oder die so in denselben hüsern, höfen, garten oder andern enden sitzent sollent ouch bessern als vorgeschriben stot, als dicke das geschiht.

Were ouch das jeman von den geistlichen oder der pfaffheit meynde das dis unser gebote nit über sü gon solte und understündent sich also wider unsere herren meister und rat ze setzen, den oder die soll der gemeine fride so mengelich in diser stat haben soll, noch unser stat bůch besage, nit helfen noch schirmen, und obe den ützit geschehe oder widerfüre, soll und wil sich meister und rat in zů hilfe ir nit anenemen.

Es söllent ouch die so unser herren meister und rat über solich spiele gesetzet hant selbs und uf iren costen ein hůs ordenen und bestellen, wie sü dann truwent allernützelichst sin, darinne man solich spiele halten soll als dovor geschriben stot, und sollent ouch der stat do lon geben ein jore vierhundert pfunt pfenninge und zehen pfunt pfenninge uf eins ammeisters stůbe, und söllent alle monat ir gelt geben, mit namen zwei und drissig pfunt pfenninge, und soll das jore anevohen zů sant Galletag schierest kommen.

Sü sollent ouch sweren an den heiligen das sü reht, redelich, ufreht spiele haltent und darlegent, daruf in sonders nieman kein vorteil haben mag, ungeverlich; und were das jeman valsch oder unreht und böse spiele doselbs wolte lossen loufen und nit mit glichem spiele spielen, söllent sü ernstlich weren und nit gestatten, und wer inen darane widersatze gebe und sich nit an sü keren wolte und die lůte also mit valsche und beschisse betriegen und das ire böslich angewunnen, söllent sü einem meister oder einem ammeister geschriben geben, und soll man ouch die strofen noch rehte.

Were ouch obe jeman obe spiele stössig würde, die söllent sü, by iren eyden, noch dem glichesten entscheiden, ungeverlich, und mit rot und hilfe deren die doby sint und darumbe setzen, obe sů ir notturftig sint, nieman zů liebe noch zů leide, und daran soll ouch ein jeglicher ein benůgen han; und söllent ouch böse ungewönliche swüre weren und nit gestatten; wolte in ouch darinne und in den vorgeschriben dingen jemant widersatz geben und ungehorsam sin und dovon nit lossen, sollent sü, by iren eyden, einem meister und einem ammeister fürbringen.

Sü söllent ouch alle hochgezit, unser liben frôwen obende, die gebannen sint, und den palmetag, und die gantze karwoche usz und den ostertag kein spiele halten.

Man soll ouch in dem monat vor e das jor uszgot underston das spiele zů verlihen denen so es nů ze mole hant, obe sü wöllent, oder ir ein teil under in, und niemant anders, er wölle denne zwentzig pfunt pfenninge oder me darumbe geben dann die es vor gehebt hant; und soll man das den dryen uf dem pfennigthurn empfelhen, das ime nochgangen werde also vor geschriben stot.

---

## Verbot am Weihnachtsfest zu spielen.

### 1443.

Stadtordnungen, vol. 2, fol. 24.

Unser herren meister und rat sint überein kummen und haben es ouch erteilt, das nyeman, wie der genant ist, in unser stat noch burgbann uf den heiligen winaht obent, die winaht naht und den winaht tag und die naht gantz über, bitz an sant Stefans tag noch dem imbs, deheynerley spiele tůn soll, es sy uf wůrfeln, karten, brettspil noch dehein ander spil das den pfenning geschaden mag; und wer das darüber dete, der bessert 30 β ₰, die man nieman varen lossen und ouch ernstlich hůte daruf haben wil, beede uf die spieler und ouch uf die houptkannen und wo solichs geschee; und wer so vil geltz nit het zů geben, den wil man in den turn darumb leigen einen gantzen monat, und dozwüschent nüt anders geben dann wasser und brot. Wie ouch vormols spielen verboten ist, das soll fürbas doby stete und veste sin und gehalten werden, by der pene die doruf gesetzet ist.

Publicatum die dominica post beati Thomae apostoli. Anno 1443. (22. December.)

---

## Würfel-, Brett- und Kartenspiel in den Wirthshäusern verboten.

### 1482.

Stadtordnungen, vol. 2, fol. 25.

Als bitzhar in den wurtzhůseren und tabernen vil spiels gescheen ist, bede tages und nahtes, aber das doch sollichs vor zyten verboten ist worden das das nit sin soll, do habent unser herren meister und rät mit urteyl erkant das hynnanfürder dehein wurt noch wurtin deheynerley würfelspiele oder listelins, noch deheyn brettspiel oder karten in solichen iren wurtzhůsern nit gestatten noch tůn lossen sollent, weder tage noch naht; und welher wurt oder wurtin solichs darüber gestattete ze tůnde, der bessert yeglichs 30 β δ; wer ouch die oder der werent die solich spiel tetent, der bessert ouch yeglicher 30 β δ; hette aber einer so vil geltz nit zů geben, den soll man in den turn legen und nůdt anders geben dann wasser und brot, bitz uf meister und rat erkenntnisse, und wil man ouch ernstlich hůte darüber setzen und solichs niemans faren lossen.

Actum sabato ante Valentini. Anno 1452. (12. Februar.)

# Verordnung

## die Steinmetzen des Münsters betreffend.

**1402.**

G. U. P. Lad. 15, nº 6.

Wir Hesseman Hesse, der meister und der rat von Straspurg, tůnt kunt allen den die diesen brief anesehent oder gehörent lesen, das vür uns komend her Ulrich Gosse, der ammanmeister, her Peter Sünner, her Wilhelm Metziger und her Rulin Barpfennig, altammeistere, unser burgere, und sprochent do werent vür si komen meister Ulrich von Ensingen, wergmeister Unser frowen werkes der merren stifft by uns, und mit yme Heinrich Lemer von Frisingen, der parlier, Otteman von Wurtzeburg, Hans Bollender, Adolf von Bunne und Peter zůr Kronen, steinmetzen des egenanten werckes, von jren und der andern steinmetzen wegen, einsite, und darzů Johans Beinheim, der stette wergmeister, Johans Bergheim, den man sprichet ammeister, des antwercks der murer ratherre, Hanseman Ganser, des antwerckes meister, Erhart Kindelin, Lawelin, der estricher, Růlman im Giessen, Michel Ganser, Gerhart von Hagenow, Růlman Lawelin, Hanseman Stümelin, Anthonie, der kacheler, und Lawelin Westerman murere, unser burgere, von jren und des antwerckes der murer wegen, andersite, die hettent gespenne mitenander gehept, als harnach lutet: zům ersten, so hette meister Ulrich und die vorgenanten steinmetzen, sine gesellen und undertane, mit jme gevordert an die murere, es wär von alten zyten harkomen alse sie zů beden siten miteinander dienten und ein antwerck warent, das do ein yeglich wergmeister, wer danne zů ziten Unser frowen werckes wergmeister was, des antwerckes gemeine baner hynder jme hette, und wenne man reysen fůr oder vür das münster zogete so gingent steinmetzen und murer zů eim wergmeister und zogent under die baner; danach zů einre zyt, do hetten die steinmetzen und murer von der baner wegen gespan gewunnen und meinden es were in nit bekümmenlich zů eime wergmeister under die baner zů ziehende, und komend der gespenne (wegen) vür den ammanmeister und vür die alten ammanmeistere, die zû der zyt woren, und botent die murer zû der zyt das in der ammanmeister und die alten ammanmeister gunden eine baner ze machende, die jr meister by jme hette und under die sie zügent, und wenne sie in reysen oder vür das münster koment, so woltent sie gern ir baner under tûn und under die baner ziehen die der wergmeister hette; darzû hettent der wergmeister und die steinmetzen, die zû der zyt woren, geret und vor den herren ertzalt wie das von alter har komen were; do hettent der ammanmeister und die alten ammanmeister, die zûr zyt woren, sie mitenander entscheiden und gerihtet, das die baner by eime wergmeister bliben solte und das die murer keine baner solltent haben, also das zwene briefe eigentliche bewisent und besagent, die darüber gemaht wurden, besigelt mit derselben altammeister jngesigele, der sie einen hetten und die murer den andern, und ny hette sich nuwelingen gefûget das Unser frowen wergk ein wile ostüre stünd das kein wergmeister do was; jn deme hettent die murer der baner sich underzogen, und so meister Ulrich wergmeister worden und die baner an die murer vorderte die zû habende, alse sine vordern sie gehapt hettent, und er ouch zû dem wercke komen were mit solichen vürworten und gedingen, die jme die pfleger und der schaffener des werckes verbriefet und versprochen hetten, von unser geheisse und empfelhnisse, das er by allen eren, würdikeiten und rehte solte bliben und gehalten werden, als ander sine vorfaren bitzhar bliben und gehalten sind. So woltent jme die murer die baner nit geben; do sehent meister Ulrich von Ensingen und die andern steinmetzen gern das jn die murer die banner wider gebent und dem wergmeister die liessent, alse daz verbriefet und uzgetragen were und von alter har komen ist, oder aber seitent warumbe sie das nit tûn solten. Do gegen hetten die vorgenanten Johans Beinheim, Johans Bergheim, Hanz Ganser, Erhart Kindelin, Lawelin, der estericher, Rulman jm Giessen, Michel Ganser, Erhart von Hagenowe, Rûlman Lawelin, Hanz Stümelin, Anthonie, der kacheler und Lawelin Westerman, die murer, es verantwortet und gesprochen : der steinmetzen werent lützel und werent ir gar vil, und beduhte sie billich das ir meister die baner hette, das sie zû deme zogetent so es notdurftig were, oder aber das man jn ouch eine baner gunde, und wanne sie zû der steinmetzen baner kement, so wolten sie die jre gern under tûn; der gespenne und missehelle hettent der ammanmeister und die alten ammanmeister bede partien gûtlich und lieplich mitenander gerihtet und übertragen jn dise wise und ob es uns also gefiele: das ist daz meister Ulrich, der wergmeister, der parlier und alle die steinmetzen, die jetz in der hütten stant oder harnach daryn komend und die darynne würckent und under eim wergmeister sind, und alle ir nachkomen, ewiglich sollend des gefriget sin, das ir keinre mit dem antwercke der murerzunft sol dienen, noch mit keime antwercke jn unser stat, sie tugent es denne gern, und sollent noch dörfent keine nahthûte tûn, ungeverlich; wer aber sache das ein steinmetze uzwendig Unser frowen werckes erbern lûten in unser stat würcken wolte mit dem antwercke das er danne kunde, der sol mit den murern dienen und der zunft empfohen, und halten alles das daz ander murere unde ire zunftgesellen haltent und tunt, ohne geverde, uszgenommen des, wer es das der wergmeister jergent einre stift oder closter in unser stat und burgbanne dienen wolte, schikte der sinre gesellen der steinmetzen dar uf das werg zû würkende in sime dienste, oder ob der wergmeister yeman wolte ein sarg tûn höwen, ein lavatorium tûn machen oder ander dinge derglich, das mag der wergmeister oder die steinmetzen wol tûn, wenne es von alter also komen ist, und sol darumbe er noch sie nit verbunden sin mit den murern ze dienende oder ynen dheinen dienst darumbe ze tûnde in deheinen weg, one alle geverde. Wer ouch sache das unser stat der steinmetzen bedorfte jn eine reise zû varende, begerent ir danne unser stat das sie mit yn varent, so sollent es die steinmetzen tûn und mitvaren, und sol yn unser stat darumb tûn daz bescheidenlich ist, ungeverlich. Und botent uns die egenanten her Ulrich Gossen, der ammanmeister und die andern alten ammanmeister, von beder partien wegen, mit urteil zû bekennende den vorgenanten übertrag stete zû sinde; und noch deme wir die vorgenanten hern Ulrich Gossen, unsern ammanmeister, und die andern alten ammanmeister verhortent, do komend wir mit rehter urteil überein und hant es ouch erteilt, glich als unser ammanmeister und die andern alten ammanmeister das do vor von worte zû worte begriffen hant, das daz ewiglich sol stete und kreftig sin und bliben, doch mit beheltnüsse uns und unser stette alle ir reht, friheit und gewonheit, und das zû eim urkunde. So haben wir unser stette ingesigel geton hencken an disen brief, der geben wurt an dem nehesten tage nach sant Nicolaustage des byschofes, in dem jare do man zalte von gotes gebürte viertzehen hundert jar und zwey jare. (7. December.) Haran woren wir her Johans Zorn, genant von Eckerich, Johans Bock, her Wilhelm Globelouch und Hesseman, die vier meister, her Ulrich Gosse, der ammanmeister, her Johans von Stille, her Wetzel Marsilie, her Johans von Kagenecke der eilter, her Thoman von Endingen, her Heintzelin von Mülnheim, Lüthold von Mülnheim, Reinbolt Swarber, Walter von Mülnheim, Claus Gnipping, Claus Mansse, Johans Globelouch, Langhans seligen sun, Claus Merswin, Peter Bock, Johans Dutscheman der eilter, Walter Swop, Conrat Phaffenlap, genant zům Růst, Gosse Rebestog, Symund Bühssener, Hug Völtsche, Hamman von Gëdertheim, Johans von Heilgenstein, Hans Peterlin, Jeckelin Mansse. Von den cremern Johans Barpfennig, von den brotbeckern Contz ame Staden, von den metzigern her Wilhelm Metziger, von den tůchern Johans Verwer, von den küfern Heinrich Hanseman zům Zoller, von den gerwern Heintz Stumpf, von den winlůten Heinrich Kranich, von den steinmetzen und murern Johans Bergheim, genant Ammeister, von den smiden Stephan Spohr, von den snidern Schönheintze, von den schifflůten Johans Nellesheim, genant Riethans, von den kürsenern Johans Westerman, von den zimberlůten der lang Obereht, von den winrufern und winmessern Lienhart Heischer, von den schůhemachern Cüntzelin Schultheisse, von den goltsmiden und schiltern Andres Clamman, der moler, von den kornlůten Contze Rückersheim, von den gartenern Beghans, von den vischern Lambes Hans ame Tiche, von den scherern und badern Hans Obereht an der Schintbrucken, von den saltzmůttern Lienhart Smit zů Trachenfeilsz, von den wöbern Claus Jngenheim, von den winstichern und winverkoufern Schenken Hans, von den wagenern, kistenern und dreschelern Sterken Hans, von den grempen, seilern und obessern Claus Steingewürcke, von den vaszziehern Johans Mörlin, von den schiffzimberlůten Altheim Claus, von den oleylůten, müllern und důchscherern Walter Rynowe, der rat. Und sind diser briefe zwen glich, einre by dem wergmeister und den steinmetzen und der ander by den murern, die ouch by in blibent.

# Turnhüter-Ordnung.

**15. Jahrhundert.**

Stadtordnungen, vol. 19, fol. 62.

Ein jeglich tůrnhüter sol sweren sine gefengnůsse und sine gefangene getruwelich und sicherlichen zů behůtend und zů beschliessend, und die slüssel bi jme ze tragen, oder aber die in solichen mossen ze besliessen und zů versichern das sin wibe, sine kind oder gesinde, noch niemans anders, zů den slüsseln kommen möge wanne er, und den gefangenen ze geben was man jnen dann befilhet zů geben von essen und von trincken, und keinen gefangenen höher zů schetzende noch zů trengen me zů geben, und nit me ze nemen, weder jr wibe, jr kind noch gesinde, danne ein reht gewönlich tůrnmiete, als es harkommen ist, das ist iiij pfenninge von jeglichem gefangenen, ungeverlich; und söllent ouch verswigen was man verswigen sol, untze uf die zit daz man es sagen sol; und söllent ouch eins ammeisters warten ernstlich und tegelichs, so verre sü mögent. Die tůrnhüter söllent ouch alle wochen geschriben geben wie vil sü costen hant von der gefangenen wegen in alle wege, und welhe je des tůrnhüters gefangen sint gewesen mit namen; und darumb sol man jeglichem tůrnhüter alle jor ze lone geben viij lib. ₰, das ist zůr fronfasten jr eime ij lib. ₰ und sine herberge; und sol man jnen kein gewant noch fůtergelt geben noch dehein gelt dofür.

Die turnhüter sollent ouch die gefangenen die man jnen bringet genaue ersůchen, das sü nützit bi jne habent damit sü uszbrechen und usser gefengnůsz kommen möhtent; sü söllent ouch alle tage ein mole, oder so dicke sü notdürftig beduncket, zů iren gefangenen lůgen und sü besehen, und jn andere kefich legen so dicke das not ist.

# Verbot

## ausserhalb der Stadt zu übernachten.

**14. Jahrhundert.**

Stadtordnungen, vol. 19, fol. 164.

Unser herren meister und rat sint überein kummen, daz nieman der unsern und die bi uns gesessen sint von unser stat über naht riten noch varen sol one urlop meisters und rates, und wer das verbreche, der bessert fünf ior von unser stat und git xx lib.; were ouch ieman von unser stat geritten oder gevaren, der sol in disen nehsten zwein tagen wider in unser stat kummen, und můgent in daz ir fründe entbieten, obe sü wellent; wenne wer daz verbrichet, der bessert die vorgeschriben besserunge.

Actum et pronunciatum ipsa die beati Jacobi apostoli. (25 Juli.)

# Verwahrung der Thore.

## Verordnung über das Beschliessen der Stadtthore.

**1473.**

Stadtordnungen, vol. 29, fol. 45.

Als etliche lihte unahtbar lûte bishar der stat thor beslossen und entslossen habent, villiht des cleinen lones halb der dovon geben, das doby wol zû mercken ist, darumb habent etlich ratherren jors usz irem sekel gelt müssen nochgeben über den lon den die stat git, und kondent dannoch niemans redeliches finden der das tûn wolt, und mustent nemen das sie haben möhtent. Nu, nochdem an solichem besliessen und entsliessen der thor mercklichs gelegen ist, umb das dann die ratherren deste williger sient die thore selbs uf- und zû zûtûn, oder einer dem solichs nit gelegen were selbs zû tûn, deste (leichter) einen redelichen man überkommen möhte solichs an siner stat zû tûn, so ist geordent, als man von sant Niclausthor [1]

[1] Ueber die hier und weiter unten genannten Thore sei nur das Nothwendigste angegeben. Das *St. Niklausthor* befand sich ungefähr da wo die *Akademiestrasse*, die *Dielengasse* und die *Feggasse* auf den *Nikolausplatz* ausmündet. — Das *St. Andresthœrlin* in der Mitte des *Lezay-Marnesiastadens*, bei der ehemaligen Kirche gleichen Namens, dem heutigen Montirungsdepot. — Das *grosse St. Stephansthor* und die zwei *St. Stephansthœrlin* giengen auf den heutigen *Stephansstaden*, ersteres in der Nähe der heutigen Strasse *am Breiten Stein*. — Das *Frauenbruderthor* ist das innere *Spitalthor*, — *St. Elisabethenthor* gieng durch den Wall in der Höhe des heutigen Diaconissenhauses, an der *Spitalwallstrasse*. — Der *Judenthurm* stand ungefähr zwischen dem Offiziercasino und dem Theater gegen die Ecke des *Schœpflinstadens* zu. — Das *Zollthor* befand sich am Ausgang der *Langen Strasse*, am Wasser gegen die *Weissthurmstrasse* zu. — Das *Bischofsburgerthor* (oder Speyrer Thor) stand zwischen dem *Desaixstaden* und dem *Pariser Staden*, am Wasser, dem Eingang der *Kronenburgerstrasse* gegenüber. — Das *St. Petersthor* ist am Ende der heutigen *Blauwolkengasse*, diesseits des Wassers, an dem Eingang der *Steinstrasse* zu suchen.

bishar geben hat jors 1 lib. δ und von sant Andresthörlin xxxii β zů besliessen und zů entsliessen, das man do dieselben zwei thor fürbasz zůlossen soll, so ist man domitte des geltes dovon zů geben entladen; und als die kremer und schůmacher bisher sant Stefans grosz thor und die kremer und kornlůte die zwei sant Stefans clein thörlin beslossen hant, sollent die schůhmacher an der kornlůte statd ie zwei sant Steffans clein thörlin ouch uf und zů tůn. Also diewile die thore nohe by einander gelegen sint, so gät es eins moles zü des morgens zů entsliessen und obendes zü besliessen, und sollent denselben sliessern werden die IV lib. δ, die man bishar dovon geben hat.

Item als man von Metziger thor, Fröwen Brůder thor, sant Elsebethen thor und Judenthurn bisher nit me geben het dann von yedem thore jors ij lib. δ zů besliessen, das was eim ein gantz jore nit me dann j lib. δ, do soll man fürbasz von yedem derselben thore geben IV lib. δ, das ist eim ein jore ij lib. δ.

So hat man von dem Zollethor, Bischofburgethor und sant Petersthor jors geben von yedem IV lib. δ, das ist eim ij lib., dann dieselben hant ouch slüssel zů den ussern thoren, als zů dem Wissenthurn, Cronenburg und Steinstrosz und müssent alle morgen und oben an dieselben usser thor gän und die helfen uf- und zů tůn; do soll man fürbasz von derselben dri thor jors geben VI lib. δ, das ist eim iij lib. δ.

Dogegen so soll ein yeglicher ratherre das thor so ime von sins antwercks wegen enpfolhen ist, selbs uf- und zů tůn, oder aber einen redlichen mann, der ein schöffel ist, bestellen solichs an siner stat zů tůn.

Ouch sollent jerlich etlich des rats geordent werden zů besehen die die also die thor an der ratsherren stat besliessen sollent, und welhe inen dann nit gefallen, derselbe rather soll das thor selbs besliessen, bitz er einen bringet daran dieselben des rats ein benügen habent. Und welhe sie also zůlossent, sollent sweren die ordenunge so deshalb gesetzet und begriffen ist.

Rät und XXI habent dis erkant quinta vigilia visitationis, anno 1473. (1. Juli.)

———

## Verwahrung der Stadtthore und Thürme.

### 1473.

Stadtordnungen, vol. 24, fol. 60.

### Metziger Thor.

Man soll ordenen an Metziger thore vier manne und denen bevelhen das inner und usser thor, darzů ouch den turn, mit dem gezůge, bühssen, pulfer und das dozů gehört, so inen von den schützenmeistern daruf geantwort wurt, zů versehen und zů versorgen noch notdurft, es sy mit schoszgattern, thoren, slossen oder andern dingen; also was sie ye bedunket doran bresten sollent sie eim lonherren oder den schützenmeistern, für wen dann solichs gehört, zů wissen tůn, das solichs by ziten und zů můszen gemaht oder bestellet werde, das es dohin komme.

Es sollent ouch dieselben vier slüssel haben zů den turnen, also, wann sich ützit begebe, fůresnot oder ander sachen halb, das man stürmete, so sollent dieselben vier sich fürderlich in irem harnsch und mit irem redlichen hantgewere, ouch mit den slüsseln dohin fügen und mit hülf der andern die dann ouch dohin geordent sint den turn und das thor innhaben, versehen und versorgen zům besten; welher ouch under denselben die an das thor geordent sint nit darkeme, den sollent sie ufszeichenen und dem ammeister geschriben geben; darzů so sollent die schützenmeister hinder sich verschriben was von gezüge uf Metziger turn kompt, und dovon sollent ouch dieselben vier den schützenmeistern, wenn sie des begerent, rechenunge und underrichtunge geben, das man wisse das der gezügk do sy und das zů unnůtz nit von handen komme; sie sollent ouch die slüssel versorgen in iren hůsern das ir wip, kinde oder gesinde oder sust niemand darzů möge, ungeverlich.

Daruf so sint an Metziger thor geordent von den metzigern Jacob Meyer und Hanneman Friese, und von den küfern Andres Selig und Hans Franck; under denen sollent Jacob Meiger und Andres Selig houptlůte sin: also, welher under inen, so sich solich stürmen begebe, nit in der stat were oder es sust libes halb nit getůn möhte, so soll der ander von sinem antwerck an sin stat houptman sin und das beste tůn, und begegent inen ützit argweniges, solichs fürderlich dem ammeister verkünden und also dobliben bisz der ammeister oder sin gewisse botschaft inen urloubet.

Ouch sint geordent aht manne von den metzigern und aht manne von den küfern, die sollent sweren, wann ein fůre uszget oder ein geschelle ufstünde, mit iren harnsch und redelichen geweren fürderlich an Metziger thore zů gonde und do den houptlůten gehorsam zů sin und das beste zů tůn und nit dannan zů kommen one der houptlůte erloubunge.

| Metziger. | Küffer. |
|---|---|
| Hans Kerling. | Hans Zoller. |
| Claus Meiger. | Wendeling Smützel. |
| Hug Claus. | Flach Hans. |
| Hans Walther. | Jörge Rösel. |
| Hans von Kirchberg. | Lentzel Wecker. |
| Zoller. | Claus von Herrlisheim. |
| Hans von Bach. | Hans Hurler. |
| Ludwig Kopp. | Veltin Stösser. |

## Fröwen Brůderthor.

Man soll ordenen an Fröwen Bruderthor vier manne und denen bevelhen das uszer und das inner thor, darzů ouch den thurn, mit dem gezüge, bühssen, pulfer und das dozů gehört, u. s. w.

Daruf so sint am Fröwen Brůderthor zů houptlůten geordent, von den zům Friburg, Walther von Rore und Hans Wurm, und von den smyden Krut Hans und Bernhart von Druchtersheim; under denen sollent Walther von Rore und Bernhart von Druchtersheim houptlůt sin: also welher under inen, so sich solich stürmen begebe, u. s. w.

Ouch sint geordent aht manne von den zům Friburg und aht manne von den smyden, die sollent sweren, u. s. w.

| Smyde. | Die zum Friburg. |
|---|---|
| Hans Lobeisen. | Diebolt von Rosheim. |
| Caspar, Hans Alleweltz nochkommen. | Heinrich Brether. |
| Hans Franck. | Paulus Murre. |
| Claus Legisen. | Niclaus Franck zum heiligen geist. |
| Hans Nagelisen. | Hans Hiltebrant zur ax. |
| Simon von Heilprunn | Diebolt Brant zum gulden löwen. |
| Erhart Ingelsperg. | Wilhelm Trumpeter zur sonne. |
| Krut Jacob, der sporer. | Heigels Claus zum roten lœwen. |
| Krut Hans, sin vatter. | |

## Sant Elsebethenthor.

Man sol ordenen an sant Elsebeththor vier manne und denen bevelhen das usser und das inner thor, darzů ouch den turn, mit dem gezüge, bühssen, pulſer und das dozů gehört, u. s. w.

Daruf so sint an sant Elsebeththor geordent, von den saltzmůtern, Hans Herbst und Erhart Stürmer, und von den wagenern Peter Krebs und Hans Liebkint; under denen sollent Hans Herbst und Peter Krebs houptlůt sin: also, welher under inen, so sich solich stürmen begebe, u. s. w.

Ouch sint geordent sehs manne von den saltzmůtern und sehs manne von den wagenern, die sollent sweren, u. s. w.

| Saltzmuter. | Wagener. |
|---|---|
| Hans Röder, der junge. | Hans Duheler. |
| Hans Weckenzipfel. | Claus Batzendorf. |
| Martin Friderich. | Simon Smyt. |
| Hans Bösch. | Hans Reymbolt. |
| Jörge Strosser. | Mathis Kern. |
| Hans Hesse. | Peter Krebs. |

## Zollethor.

Man soll ordenen an das Zollthor zwen manne und denen bevelhen das inner und das usser thor, ouch den usser turn, mit dem gezüge, bühssen, pulſer und was dozů gehört, u. s. w.

Daruf sint an das Zollethor zů houptlůten geordent, von den kürseneren Hans Slapp und von gerwern Claus von Westhoſen, und begegent inen ützit argweniges, sollent sie (es) fürderlich dem ammeister verkünden und also dobliben bitz der ammeister oder sin gewisse botschaſt inen urloubt.

Ouch sint geordent vier von den kürsenern und vier von den gerwern, die sollent sweren, u. s. w.

| Kürsener. | Gerwer. |
|---|---|
| Ludwig Pfützer. | Fritsch Smalryem. |
| Lienhart Frŏwendienst. | Claus Dammerer. |
| Hans Senger. | Franck. |
| Hans Slapp, der junge. | Heinrich Höysch. |

### Bischofburgethor.

Man soll ordenen an Bischofburgethor zwen manne und denen bevelhen das inner und usser thor, ouch die türne, mit dem gezüge, bühssen, pulfer und das dozû gehört, u. s. w.

Daruf so sint an Bischofburgethor zû houptlûten geordent, von den tûchern Hans von Isenhusen und von den winstichern Hans von Odratzheim, und begegent inen, u. s. w.

Ouch sint geordent vier von tûchern und wöbern und vier von den winstichern, die sollent sweren, u. s. w.

| Tucher, Wöber. | Winsticher. |
|---|---|
| Frantz Düringer. | Roten Jocob. |
| Andres Griffensee. | Wangen Heintz von Wintzenheim. |
| Hans Umb und umb. | Peters Hensel. |
| Hans Spiegel. | Hans Rörich. |

### Sant Petersthor

Man soll ordenen an sant Petersthor zwen manne und den bevelhen das inner und usser thor, darzû ouch den turn, mit dem gezûge, bühssen, pulfer und das dozû gehört, u. s. w.

Daruf so sint an sant Petersthor geordent zû houptlûten, von den brotbecken, Ulrich Bürer und von den snydern Simon von Duntzenheim, und begegent inen ützit argweniges, u. s. w.

Ouch sint geordent vier von den brotbeckern und vier von den snydern, die sollent sweren, u. s. w.

| Brotbecker. | Snyder. |
|---|---|
| Hans von Bobenberg. | Diebolt Reck. |
| Bernhart zum überhang. | Hans Missener. |
| Lentzel under kürsener. | Marx Zelle. |
| Jacob von Basel. | Heinrich Lichtenöwe. |

Die obgenanten personen alle hant gesworen sabato post Johannis Baptiste, anno 1473 (26. Juni), vor her Peter Schott, Hans Sturm, Adam Mesener, Claus Renner.

### Sant Stefansthor.

Man sol ordenen an sant Stefansthore zwen manne und denen bevelhen das thore und ouch den turn mit dem gezüge, bühssen, pulver und das dozû gehört, u. s. w.

Daruf so sint an sant Stefansthor geordent zû houptlûten Jörge Künig von den kremern und von den schûmachern Hans Meiger, der holtzschûh, und begegent inen ützit argweniges, u. s. w.

Ouch sint geordent fünfe von den kremern und fünfe von den schûmachern, die sollent sweren, u. s. w.

| Kremer. | Schumacher. |
| --- | --- |
| Hans Zetteler der junge. | Ludwig, Lienhart Wolffs sun. |
| Peter von Wiler. | Hans Rote. |
| Lutembach der junge. | Jörg Pfefferlin. |
| Hans Bodem der alt. | Martin Scheffer. |
| Marx von Gengenbach. | Peter Oswalt. |

## Ruwerinthörlin.[1]

Als Jacob Gysebreht geordent ist ein houptmann zû sin an Ruwerinthörlin, also wann man stürmet das er dann fürderlich gange an Ruwerinthörlin, im tage den nehsten weg hinzû und in der naht zûm jungen sant Petersthor usz den graben abe, und ime zûgeordent sint vier von den kornlûten und vier von den murern, halber mit geschütze und halber mit redelicher hantgewere, zû ime dohin zû kommen und ime helfen das beste zû tûn, und zwen von inen zû schicken bis an die Rusch und zwen an Stoltzeneck, uf und abe zû gonde, obe sie ützit gewar wurdent solichs zû sagen dem houptmann, der es fürderlich dem ammeister zû wissen tûn soll, und alldo des ammeisters botschaft zû warten, und welher ungehorsam were dem ammeister zû wissen tûn. Do ist solichs Jacob Gysebreht, als dem houptmann, von nuwem empfolhen und ime zûgeordent dise nochgeschriben personen, und hant daruf sie alle nün gesworen dem also nochzûgonde, ipsa visitationis Marie, anno 1473. (2. Juli.)

| Kornlute. | Murer. |
| --- | --- |
| Peter von Bore. | Volmar Treger. |
| Müller Cleisel. | Kupfer Hans. |
| Jörge von Lupfstein. | Clein Claus. |
| Diebolt von Franckenheim. | Wendeling Estericher. |

[1] Das *Reuerinthörlein* dürfte wohl identisch sein mit dem *Reuscherthörlein*. Es kommt weder bei Silbermann noch bei Pœllnitz vor, kann aber, der Beschreibung nach, kaum anderswo gewesen sein. — Die *Rusch* (im Rausch) ist das Flussgelände zwischen *Finkmattstaden* und *Sturmeckstaden*. — Das *Stolzeneck* war ein in den Zusammenfluss der Ill und ihres Nebenarmes hineingebautes Bastion, zwischen *St. Claren Wœrth* und dem *Stephanstaden*.

### Judenturn.

Man soll ordenen an Judenturn zwen manne und denen bevelhen das thor und ouch den Judenturn mit dem gezüg, bühssen, pulver und das dozů gehört, u. s. w.

Daruf sint an Judenturn zů houptlůten geordent, von den kornlůten, Hans Dober und von den murern Conrat von Bingen, und begegent inen ützit argweniges, u. s. w.

Ouch sint geordent drye von den kornlůten und drye von den murern, die sollent sweren, u. s. w.

| Kornlute. | Murer. |
|---|---|
| Wœlfel von Bernsheim. | Conrat von Bingen. |
| Hans von Franckenheim. | Kurin von Heidelberg. |
| Schultheis Claus. | Conrat Hammelmann. |

### Wissenturn.

Man soll ordenen an den Wissenturn vier manne und denen bevelhen das thore und den turn und ouch am bollewerck mit dem gezüge, bühssen, pulfer und das dozů gehört, u. s. w.

Es sollent ouch dieselben vier slüssel haben zů dem turn, also wann sich ützit begebe, fůresnot oder ander sachen halb, das man stürmete, so sollent dieselben vier sich fürderlich in iren harnsch und mit iren redelichen geweren, mit den slüsseln dohin fügen und mit hülfe derer die im zirckel under wagenern gesessen sint, die dann alle in solichen gescheffeden bescheiden sind, an den Wissenturn zů ziehen, den turn und das thor innehaben, versehen und versorgen zům besten, und besunder ir etlich zů schicken uf den turn und etlich uf die muren, umb sich zů sehen und zů horchen, ouch etlich uf den stumpfen turn und etlich in den garten zů Grüneck[1] zwůschent den wassern, in mossen inen das vormols ouch empfolhen worden ist. Und wer den houptlůten ungehorsam were oder nit dar keme, den sollent die houptlůte ufzeichenen und dem ammeister geschriben geben.

Dozů so sollent die schützenmeister hinder sich verschriben was von gezüge uf den Wissenturn kompt, und dovon sollent ouch dieselben vier, u. s. w.

[1] Das *Grüneck* war ein Thurm, der beim Eingang der Weissthurmstrasse, auf einem Wœrth, im Wasser, gegen das *Grüne Bruch* zu, stand, um den Eingang in den damaligen Stadtgraben zu decken.

Daruf sint an den Wissenturn geordent Claus Wyrich, Fritsch Rebestock, Trens Andres und Martzolf von Blesheim; under denen sollent Claus Wyrich und Fritsch Rebestock houptlût sin: also welher under inen, so sich solich stürmen begebe, nit in der stat were oder sust libes halb nit getûn möhte, so soll der elter under den andern zweyen an sin stat houptmann sin und das beste tûn, und begegent inen ützit argweniges, u. s. w.

Ouch so sollent alle die in dem zirckel under wagenern gesessen sint sweren, wann ein fûre uszgät oder ein geschelle ufstünde, mit iren harnsch und redelichen geweren fürderlich an den Wissenturn zû ziehen und den houptlûten gehorsam zû sin und das beste zû tûn und nit dannan zû kommen one der houptlût erloubung.

## Cronenburgthor.

Man soll ordenen an Cronenburgthor vier manne und denen bevelhen das thor mit den gezüge, bühssen, pulver und das dozû gehört, u. s. w.

Daruf so sint an Cronenburgthor geordent Jörg Rot, Claus Meyger, Claus Brune und Zehen Hans; und den sollent Claus Brune und Claus Meyger houptlût sin, u. s. w.

Ouch so sollent alle die so in dem Brûch und in dem zirckel by Cronenburg sitzent sweren, wann ein fûre usgät oder ein geschelle ufstunde, u. s. w.

## Steinstroszthor.

Man soll ordenen an Steinstroszthor vier manne und denen bevelhen das Steinstroszthor mit der fûrporten, darzû den thurn mit dem gezüge, bühssen, pulver und das dozû gehört, etc.

Daruf so sint an Steinstroszthor geordent Hans Rorbühs, Paulus Fröyse, Hans von Ouwenheim und Hans Claus, der wagener; und denen sollent Hans Rorbühs und Paulus Fröyse houptlût sin, u. s. w.

Ouch sollent alle die so im zirckel an Steinstrosz gesessen sint, u. s. w.

Ouch sollent die houptlût, by iren gesworenen eiden, die bühssenschützen so inen zûgeordent sint yetz fürderlich besenden und mit inen uf die türne fûren, und die bühssen und was dozû gehört besehen und ouch die bühssen zû beschiessen das sie vertig sient, und ob daran ützit brustes were, solichs den schützenmeistern verkünden, das es in zit versorget und verwaret werde; dann welhe das nit tetent, die wurdent darumb gestrofet; weren aber die bühssen-schützen inen ungehorsam, sollent sie die fürderlich geschriben geben.

Dise ordenunge ist allen den so an die thor geordent sint in der stat und vorstetten, mit sampt den bühssenschützen, und ouch dem nehst gemelten artickel geschriben geben secunda ante Bartholomei 1474. (22. August.)

## Sant Johansthor. [1]

Man soll ordenen an sant Johansthor zůn hunden zwen manne und denen bevelhen das thor und ouch den turn, ouch den grendel under der Bedeckten brucken dorby, ouch den gezügk, bůhssen, pulver und was dozů gehört, so von den schützenmeistern uf den egenanten turn geantwort wurt, das alles zů versehen und zů versorgen noch notdurft, u. s. w.

Daruf so sint an sant Johansturn zů houptlůten geordent Rotbertelin Lawlin und Hessers Oberlin, u. s. w.

Ouch sollent die so in dem zirckel in Crutenöwe gesessen und zů sant Johansturn geordent sint sweren, u. s. w.

## Sant Katherinenthor. [2]

Man soll ordenen an sant Katherinenthor zwen manne und denen bevelhen das thor mit siner zůgehörde zu versorgen noch notdurft, es sy mit schoszgattern, thoren, slossen oder andern dingen; also was sie ye beduncket daran notdürftig sin, sollent sie eim lonherren zů wissen tůn, das es by ziten und zů mussen gemaht werde. Un wann sich ützit begebe, u. s. w.

Daruf so sint an Kathrinenthor geordent zů houptlůten Ersamen Hans und Claus Ersame, u. s. w.

Ouch sollen alle die so in dem zirckel in Crutenöwe, so zů Kathrinenthor gehörent, gesessen sint sweren, u. s. w.

[1] *St. Johansthor zun hunden* befand sich am Ausgang des Rheingiessens, links vom Militärhospital.

[2] *St. Katherinenthor* stand dem Terrain der heutigen Artilleriekaserne, gegen die Lazarethwallstrasse hinaus, gegenüber.

## Vischerturn. [1]

Do soll man ouch zwen manne ordenen und denen bevelhen das thor und ouch den thurn mit dem gezüge zû versorgen wie sant Johansthor.

Daruf so sint an den Vischerturn zû houptlûten geordent Mathis Vachman und Körber Hans, u. s. w.

Ouch sollent alle die so in dem zirckel in Crutenöwe sitzent und zû dem Vischerturn beschieden sint sweren, u. s. w.

Item uf mentag sant Francissentag, anno 1473 (4. Oktober), sint die houptlût an den obgemelten thoren und türnen, und nemlich an yedem ende die zwen öberhouptmanne, besant und inen ernstlich gesat das sie zû den thoren, slossen, schoszgattern und andern dingen, so an yedem ende notdurftig sint, ernstlich lûgen, und obe ützit daran notdurftig sy zû machen, das sie do bestellen das es gemaht werde als das noch disen wilden löufen notdurftig ist.

Actum vor herr Hans von Berse, Hans Sturm, Claus Benner, dem lonherren, dem rentmeister, etc.

## Bedeckte brucken.

So sint dise nochgeschriben personen geordent an die Bedeckten brucken und hant gesworen, wann man zûm münster stürmet, fûres oder anders geschelles halb, das sie sich dann fürderlich weffenen und mit iren redelichen handgeweren ouch geschütze, armbrost oder hantbühsse, zogent uf die Bedeckte brucken, yeglicher uf sin brucke do er hin geordent ist und do das beste tûgent, die schoszgatter abelossent und besunder iren houptlûten gehorsam sint die uf yede bruck geordent sint.

Es sollent ouch die houptlût uf der mittelbrucken zwen von inen schicken in das bolwerck im Werdel, umb sich zu sehen und zû horchen; und begegent inen ützit argweniges, das sollent sie fürderlich

[1] Der *Fischerthurn* befand sich neben der heutigen *Königsbrücke* am Dietrichstaden.

Vergleiche überhaupt Silbermann, *Lokalgeschichte*, *passim*, und von Pœllnitz, *Die Befestigungen von Strassburg*, *von den ältesten Zeiten*, Strassburg, Schultz, 1876, in-8⁰, besonders die Karte. (Abdruck aus Kraus, Kunst und Alterthum in Elsass-Lothringen, Bd. I.)

dem ammeister zů wissen tůn. Were ouch das inen ützit understandes begegent, so sollent sie sich abe der brucken weren und das beste tůn bis man inen zů hülf kommen mag, und also dobliben bitz inen der ammeister oder sin gewisse botschaft erloubet danan zů gon.

Darsuf so sint dise nochgeschriben uf dieselben brucken geordent:

### Die bruck am tenne.

Reimbolt Wolff<br>Hans Flosse, der schumacher } houptlüt.

Ebels Hans, der vischer.<br>Flössen Anthon, vischer.<br>Röttels Claus, vischer.<br>Werlin der müller.<br>Nugarten Diebolt.<br>Jacob Schenck und trinck.<br>Bartholmeus Habich.<br>Rulin der vischer.<br>Hans Bürckel von Sels.

### Die mittelbruck.

Hans von Rore<br>Jocob Schade } houptlüt.

Rulin Ader, vischer.<br>Muser Diebolt, vischer.<br>Muser Hans, vischer.<br>Hans Uringer, vischer.<br>Herrman, der brotbecker.<br>Kurin, der winsticher.<br>Hans Jorge, der gerwer.<br>Hans Wytze.<br>Andres Hebenagel.<br>Hans durch den wint.<br>Reinbolts Hans, der küfer.<br>Peter Hirtz zum kacheler.<br>Heinrichs Claus, gerwer.<br>Nugarten Hans.<br>Lutolts Hans.<br>Hans Meiger.<br>München Hans.

### Die usser bruck.

Hans von Geispolsheim, der alte wöber<br>Arbogast Triegenbach, der gerwer } houptlüt.

Rulman, der vischer.<br>Henlins Claus, der vischer.<br>Erhart Voreheimer, der bader, von Sand.<br>Ludwig Hurst, gerwer.<br>Bartholomeus Were, der hutwöber.<br>Hans Hertzog, lutenmacher.<br>Marx Renner, wöber.<br>Claus Kune, gerwer.

---

Diese nochgeschriben bůhssenschützen sint geordent uf die türne und hant gesworen, wann ein füre uszginge oder ein geschelle uferstünde, das got lange wende, also das man zům münster stürmete, yeglicher fürderlich zů gonde uf den turn, dohin er bescheiden ist, und do das beste zů tůnde mit den bühssen die an yedes ende geordent sint, und ouch sust den houptlůten an demselben ende gehorsam zů sin und nit dannan zů kommen one der houptlüt erloubung.

## Metziger turn.

| | | | |
|---|---|---|---|
| Andres Kützelsheim<br>Hans Franck | zu kleinem werck. | Meister Niclaus, der goltsmyd<br>Cunrat Rot, der schuster | zu grossem werck. |

## Fröwen Bruderthor.

| | |
|---|---|
| Heinrich Kannengiesser, zu kleinem werck. | Martzolf Dunder, der wöber, zu grossem werck. |

## Sant Elsebethenthor.

| | | |
|---|---|---|
| Claus Schoner<br>Conrat Sleigel | zu kleinem werck. | Hennenberg zu grossem werck. |

## Zollethor der usser turn.

| | |
|---|---|
| Caspar Keyser. | Lorentz Summerer, der kesseler. |

## Bischofburgethor.

| | |
|---|---|
| Jocob von Lichtemberg. | Hans Bösch. |

## Sant Petersthor.

| | |
|---|---|
| Hans Krebs. | Hans Wissenburg. |

## Judenthurn.

| | | |
|---|---|---|
| Thoman Egenolf<br>Christian Kübeler | zu kleinem werck. | Mathis Volrat, der zimbermann, zu grossem werck. |

## Wisseturn.

| | | |
|---|---|---|
| Martzolf von Rore<br>Trensz Hans | zu kleinem werck. | Bürckels Hans zu grossem werck. |

## Uf Cronenburg.

| | | | |
|---|---|---|---|
| Hans Meiger, der holtzmann<br>Lorentz Lütolt, der wöber am Roseneck | zu kleinem werck. | Claus Lötschel<br>Marx sin knecht | zu grossem werck. |

## Uf Steinstroszturn.

| | | | |
|---|---|---|---|
| Jocob Voltz, der holtzman<br>Friderich Steinhart, der olman | zu kleinem werck. | Hans Styrer, kistener<br>Christian Gerbot, der stubenwürt | zu grossem werck. |

### Uf sant Johansturn in Crutenöwe.

| | | |
|---|---|---|
| Meigers Wendeling<br>Bernhart Hage | zu kleinem werck. | Bock Hans, der murer, zu grossem werck. |

### An den Vischerturn.

| | | |
|---|---|---|
| Jacob Ernst zu Waseneck<br>Knoybers Hans | zu kleinem werck. | Lorentz Stusz zu grossem werck. |

### Uf den stumpfen turn.

| | | |
|---|---|---|
| Ryn Hensel<br>Hans Knabe, bermenter | zu kleinem werck. | Hans Ammelung, der kacheler, zu grossem werck. |

---

Die houptlût sollent in irem zirkel gon von huse zû huse, anschriben die mannespersonen in jedem huse und in sagen, wann man stürmet sich fürderlich anzûtûn und zû gon, mit ir gewer, uf iren platz zu dem venlin, und den houptlûten gehorsam sin, und welicher nit one verzog da were zû rehter zit, so man ir aller namen liset, den soll man anschriben und ime die besserunge abenemen, nemlich 10 β δ der stat; sie sollent ouch, in dem umbgang, anschriben priester und witwen und derglich personen die nit elich manne haben, und die namen alle in die cantzlige geschriben geben.

Gescheen quarta ante Martini 1474 (9. November) von geheisz unser herren.

---

Uff zinstag ipsa Sebastiani, anno 1478 (20. Januar), sint die gantz mennige in Crutenöwe besant und inen die ordenunge vorgelesen, und welhe vor nit gesworn hant habent die yetz gesworn, und ist inen geseit welher uf das mole nit do were, das der vor den houptlûten soll sweren.

# Verordnungen

## für die Waechter auf dem Münster.

### 15. Jahrhundert.

Stadtordnungen, vol. 19, fol. 15.

Die wahter söllent sweren an den heiligen zů rehter zit an ir hůten und wahten uf das münster ze gonde, und keinen win in deheime geschirre mit jnen uf den tůrne ze tragend, danne zů den jmbissen bescheidenliche, ungeverlich, noch dehein frowe noch gast uf den tůrne ze lossend one urlop eines stetmeisters oder eines ammeisters, noch dehein unfůre daruf ze tribende mit deheime wibe, noch niemans anders das gestatten ze tůnd, als verre sü es gewendent mögent, by jren eiden, on alle geverde; und söllent ouch ire hůten getruwelich tůn, und wo ein für uszgot, das got lange wende, das sü das zů rehter zit verkündent, als verre sü könnent oder mögent, by irem eit, ungeverlich, und söllent ouch verswigen, by jren eiden, was zů werswigen ist, und eins stetmeisters, der danne ze ziten rihtet, ernstlich und mit flisse warten, als verre sü mögent.

Es sol ouch mit namen dehein wahter mit jm selbs libe dehein badewerck nit triben, und sol auch jr einer alle tage uf dem münster sin, und die nahthůt söllent sü teilen als es harkommen ist; und wanne jr eime nit me gefüglich sin wil ein wahter ze sinde, so sol er das vor meister und rat ein vierteil jores zůvor abslagen und verkinden, ungeverlich.

Und darumb so sol man ir eime geben alle jor xx lib. δ, das ist alle fronvasten v lib., und ir yeglichem zům jor x β δ für beiltze und botschůh, und zů zweien jor eime viij eln tůchs zů eime gewand und 5 β δ ir eime für lappengelt und nit me, weder herberg noch anders; und söllent auch, by dem egenanten eit, an meister und rat noch sust niemans anders nit me vordern oder das man jnen diser vorgeschribenen dings deheins erloube oder abe tůge, ungeverlich.

**15. Jahrhundert.**

Stadtordnungen, vol. 13, fol. 294.

Die wahter süllent sweren zû got und den heiligen jr hûten und wahten uf dem münster getruwelich und ernstlich zû tûn, nemlich sü beide alle naht daruf zû sin, und der an dem die hûte ist tage und naht darûf zû bliben, jegelicher die halbe naht zû wachen und jn der naht zû yeder stunden zûm mynesten zwei mol umbzûgon, und der ander, der dann sin hût tage und naht geton hat und herabget, nit ee herabe zû gon dann morgens zû thorglocken, die ir jegelicher mit sin selbes hant, und nieman anders von sinen wegen, lûten sol, uf die zit als er von den herren bescheiden wurt, und obendes wider daruf zû sin so man thorglock lûtet, uf das er die naht sin hût und waht tûn sol, und sûllent ouch, by iren eiden, nahts jr keiner herabe gon, noch der der tages daruf sin sol jm tage nit herabe gon, es were dann das jr einer eim ammeister ein botschaft sagen oder verkünden müste oder von eim ammeister geheisen wurde herab zû gon, und so balde er solichs gedût, das er dann fürderlich, by sinem eide, wider daruf gange und do oben blibe sin zit usz, als vor stot.

Es sol ouch jr keiner deheinen kneht bestellen an sin stat uf dem münster jn zû verwesen, es were dann das jr einer siech würde, das er libs halp nit selbs sin hût und waht getûn möhte, so sol er dannoch nit maht han jeman an sin stat zû bestellen dann mit erloubunge eins ammeisters; und süllent ouch sweren, sü beide noch jr deheiner besonder, deheynerley spiele das den pfennig berüren mag an deheinen enden zû tûn, allewile sü an dem ampt sint, und deheinen win jn keime geschirre mit jnen uf das münster zû tragen, dann zû den jmbissen bescheidenlich, ungeverlich, noch durch sich oder yeman anders dehein frowe noch gast uf das münster zû lossen one urlop eines stettmeisters, der dann rihtet, oder eines ammeisters, noch dehein unfûr daruf zû triben mit deheim wibe noch nyeman anders das gestatten zû tûn als verre sü es gewenden mögent, by iren eiden, one alle geverde; und wo ein füre uszgienge, das got lange wende, das sü das zû rehter zyt berufent, als das harkommen ist, und der der jm tage hie nydenan ist sich fürderlich hinuf ze fügen zû sinem gesellen und einander des besten zû helfen, als verre sü könnent und mögent, by jren eiden, ungeverlich; und söllent ouch verswigen, by jren eiden, was zů verswigen ist; und der der des tages hie nydenan ist, nochdem er sin notdurft geslofet, eins stettmeisters, der dann rihtet, ernstlich und flissetlich zů warten als verre er mag.

Es sol ouch kein wahter mit sin selbs libe dehein badewerck triben, ungeverlich, und sol ouch jr einre alle tage uf dem münster sin und die hůte und wahte glich teilen und tůn als davor geschriben stat. Sü sollent ouch alle tage wann man rat haben wil zweÿ zeichen mit der rateglocken lůten, und sollent das hünderste zeichen uf ein halbe stunde velliclich lůten, ungeverlichen, umb das die rete darumb nit erfrüt werdent, und wenn das hünderste zeichen verlassen wurt, so sol yr einre fürderlich für den grossen rat gon und sagen das er gelůtet habe, und von dannen für den cleinen rat und solîchs ouch sagen, und von dannen für die nydern geriht und solichs ouch sagen, und söllent solichs sweren zů tůn; und daruf sol man jnen ein zytglas geben das sü uf die zyt alleweg by jnen haben sollent, das sü wissent wann ein halbe stunde vergangen sy. Und darumb so sol man jnen eim geben alle jore zwentzig pfunte pfennige, das ist alle fronvast fünf pfunt, und jr jeglichem zům jore zehen schillinge pfennige für beiltz und botschuhe, und zů zweien joren eime aht elen tůchs zů eime gewande und fünf schilling pfennige jr eime für lappengelt, und nit me, weder herberg noch anders; und sollent ouch, by dem egenanten eide, weder an meister und rate noch sust nyemand anders me vordern oder das man jnen diser vorgeschriben dinge deheins erloube oder abetůge, ungeverlich; wer aber das jr deheiner die vorgeschriben ordenunge verbreche an eim stücke oder me, so söllent unser herren meister und rate denselben der das verbreche strafen der geschihte noch, und wann je eim nit me füglich ist ein wahter zů sinde, so sol er das vor meister und rate ein vierteil jores zůvor abesagen, ungeverlich.

Es sullent ouch die zwene wahter und ouch die zwene münsterknehte, noch jr deheiner besonder, weder herren noch sust jeman anders, wer der were, dem man dann uf das münster erloubt, nützit heischen noch noisen jn ützit zů schencken oder zů geben, weder lützel noch vil, jn deheinen weg; were aber das jeman von jm selbs jn samenthaft oder jr eim besonder (was gebe), das mögent sü wol nemen, also das sü solichs under sich verteilen süllent, eim als vil als dem andern, ungeverlich.

Ouch süllent die wahter, noch neyeman anders, by naht dehein für jn jr stubeofen uf dem münster machen, und ouch deheinerley burnende licht nahtes uf dem münster offenlich haben, und ob sü sich in dem winter vor gefrüste und keilte nit on glůte enthalten mögent, so süllent sü doch die glůte jn eim geschirre haben ston an eime ende do es weder von dem winde oder von andern sachen keinen schaden bringen möge, und sol ouch jr deheiner uf dehein stonde ding by der glůte sitzen oder leien, sonder jr einer mag sich doby setzen uf einen steinmetzen stůle der nuwent einen stollen habe, umb des willen ob er by der glůten sitzende entschliefe, das er dann mit demselben stůle umbvalle und wider herwache und sin waht tůge, uf das durch sin slofen nit verwarloset werde; und wo jr einer den andern fünde slofen so er wachen solt, wellich zit das were, so sol er jn gütlich wecken, wolt er sich aber daran nit keren und würde darüber me funden slofen, so sol es der ander fürderlich dem ammeister verkünden, uf das die waht bas versorget werde und geschee nach notdurft. Doch mögent sü zů winterzit jm tage mit zaleholtz für jn jr stůbeofen bescheidenlich machen und tages darinne an dem warmen essen, als das harkummen ist; sü süllent ouch die wahlglock allewegen lůten zů den reten als sü je von dem ammeister bescheiden werdent; so süllent sie ouch allewegen zů rehter zit blosen die dinte, den grüsel, den judenblosz und den tag hürnen.

Die zwen wahter und die zwen münsterknehte oder jr deheiner besonder noch jeman anders, süllent ouch deheinerley vogel uf dem münster an deheinen enden usnemen noch vohen, ouch das nyemann gestatten noch verhengen zů tůn so verre sü das geweren mögent; und obe das jeman über jren willen dete, das süllent sü fürderlich dem ammeister oder dem fünfzehener meister verkünden, der oder die süllent dann dozů tůn was sich dann gebürt, dann man solichs nit me gestatten sol, uf das dem münster und den ziborgen so daran köstlich gemaht kein schade me geschee als bitzhar gescheen ist, nochdem die vögel darin nistent, und durch das stigen die ziborgen und daz gemechtete zerbrochen wurt; und wellicher under den wahtern oder münsterknehten solichs me dete oder wo die wahter dise ordenung nit haltent, ez were an eim stück oder me, so sol man sü darumb strofen als sich dann geheischet und billich ist.

---

# Waffenverbot.

## Verbot Harnisch zu tragen.

### 14. Jahrhundert.

G. U. P. Lad. 217, Nr. 7.

Unser herren meister und rat, schöffel und amman sint überein komen das nieman denhein pantzer, sie sint klein oder gros, noch denhein ander harnasche oder gewefen, das dem glich ist, in unser stat noch burgban antůn noch tragen sol, er welle denne in das lant riten oder gan, ane alle geverde, der fünf meister einer erloube sie ime denne zů tragende; und dis gebot söllent alle gesellen, die uf die trinckestube gant und würte daruf sint, sweren stete zů habende und zů rügende und ouch sich selber zů rügende ob sie es an ieman befundent der es gebrochen hette; und wer dis gebot brichet, alse da vor geschriben stat, der sol zweintzig jore von dirre stat sin, nahtes und dages, eine mile und darnach nach den zweintzig jaren mit meister und rat überein komen das sie ime erloubent herwider in zů varende; und wer dis vorgeschribene gebot breche und sich selber nit rügete oder befünde das es ieman anders gebrochen hette und ouch den nit rügete, alse da vor geschriben stat, in den nehsten drien dagen so er befünde das es ieman gebrochen hette, der sol sin burgreht verloren han und sol niemerme in die stat zů Strazburg komen.

Were ouch, das got wende, das ein geschelle wurde, so sol sich nieman weffen, es were denne das man die mortglocke lůte, und sol ouch die nieman heiszen lůten denne ein ammanmeister, und wenne man sie also lůtet, so sol menglich gewaffent zogen zů fůs vür das münster und da bi dem ammanmeister und bi den andern meistern bliben, und wenne sie die meister heiszent heim zogen, so söllent si, bi irem eide, unverzögenlich heim zogen. Were aber das ein fůr usgienge, so söllent sich die antwerck weffen und vür das münster zogen zû dem ammanmeister und den meistern, und söllent die ritter, die knehte und die burger sich nit weffen, es were denne das der ammanmeister und die meister noch in säntent, so söllent sie sich weffen und zû in komen, bi irem eide, und was sie sie denne heiszent tûn, das söllent sie gehorsam sin zû tûnde ane alle geverde; und söllent ouch die die zû den toren benûmet sint zû den toren loufen und gän, alse sie untzher getän händ; het sich ouch ieman zû dem andern verbunden mit eiden, mit truwen oder mit briefen, des söllent sie einander erlaszen und ledig sagen, bi irem eide, und söllent ouch denheine büntnis machen die zû unfriden oder zû zweigunge treffen mag, ane alle geverde; und wer wider dirre vorgeschribenen dinge denheines dete, der sol es bessern also da vor geschriben stat.

Unser herren meister und rat, schöffel und amman sint ouch überein komen, were es daz denheinre mit ieman, der in dem rate gewesen ist sider daz die anderunge nû zû jungeste geschach oder hernach in den rat köme, übel retde oder in übel handelte mit worten oder mit wercken, oder schûffe daz es ieman dete umb denhein ding daz er verurteilt hette in dem rate, oder ieman denheine besserunge hette gesprochen von denheinrehande sache wegen, die daz gerihte oder die stat angienge, oder dem rate hette vürbraht oder gerüget, oder sus mit einem andern biderben manne, der ützit dem rat hette vürbraht daz der stette nûtz und gût were oder darzû riete wie sölich ding versehen wurde, und wer die unfûge dete, das küntlich wurde gemachet vor dem rate der zû den ziten ist so die getat geschehe, daz sollent meister und rat rihten, uf iren eit, strenklich und ane vürzog, nach den dingen alse es denne geschehen ist; und sol das der abgande rat, bi sinem eide, dem änganden rate alle jare in den eit geben.

Unser herren meister und rat, schöffel und amman sint überein komen, wer sweret sol geben sehs pfenninge, und süllent ez alle schöffel, bi iren eyden, rügen und ouch sich selber rügen, bi irem eyde, wenn ir einre swert; und sol man ouch die pfenninge entwûrten bi der tagzit dem boten der sie fordert, by driszig schillingen. Wer ouch ungewönlich swert, daz söllent meister und rat, bi irem eide, unverzögenlich rihten nachdem alse sie danne duncket daz sie reht tûnt.

———

## Verbot lange Messer und Degen zu tragen.

**1482.**

Stadtordnungen, vol. 2, fol. 26b.

Unser herren meister und rät und die XXI sint überein kommen und habent erkant, das niemans, wer der sy, hohe oder nider, nů hinfůrme keyn lang messer oder tegen in unser stat noch vorstetten me tragen soll, weder by tage noch by nachte, die lenger sint dann die mosse, noch keyn lengere scheyde dann gegen eym twerchfinger; und wers das dehein unser burgere oder ire sůne oder einer der hůselich oder hebelich hie gesessen were dehein lang messer, tegen oder scheyde, über die mosse als vorgemeldet ist, trüge, der sol bessern ein pfunt pfennige; wer aber das pfunt pfennige nit haben mag, und das zů got und den heiligen sweret, der sol usfaren und us sin ein halb jare von unser stat ein myle, und sol ouch weder meister, ammeister noch rate noch niemans maht haben ime harin zů erloůbende; und hat man ouch den ammeistersknechten und andern empfolhen, by iren eyden, ernstlich sehen daruf zů haben und warzůnemen, und wen sie also findent messer tragen oder scheyden tragen anders dann davor geschriben stät, das sie das fürderlich den süben uf der pfaltzen rügen und fürbringen sollent, und so sollent dann die süben dieselben darumb, by iren eyden, strofen und bessern, in mosse vorgemeldet ist, und sol den ammeistersknechten und den andern knechten von dem das sie also fürbringent, von yedem pfunde fünf schilling pfennige werden. Welhen dienstknecht ouch die ammeistersknechte oder die andern knechte, denen daruf empfolhen worden ist zů lugen und warzůnemen, findent, in unser stat oder vorstetten, lange messer, tegen oder scheyden tragen über die mosse, es sy by tage oder by nachte, den sollent sie ir messer oder tegen nemen, und die deheinem wider geben, einer überkomme dann mit inen. Wo sie ouch einen lantman also findent lange messer, tegen oder scheyden tragen über die mosse, es sy by tage oder by nacht, do sollent sie eym solichen zům ersten mole sagen und ine heissen sin lang messer, tegen oder scheyde abelegen, welher sich dann daran nit keren wolt und das sie einen solichen me begriffen, dem sollent sie die messer oder tegen ouch nemen und ime die nit wider geben, es sy dann (das) er mit ine überkommen. Alsdann von den dienstknechten dovor gemeldet ist und geschriben stot, ist ouch yemans vormols erloubet lange messer zû tragen, das soll abesin und sol die fürer nit me tragen, by der egeschriben penen, usgenommen die vier stettmeister, do mag yglicher wol ein lang messer tragen und siner knecht einer, und nit me, weder sûne noch ander knechte; und wenn das jare uskompt, so mögent die selben die dann meister gewesen sint wol lange messer tragen; doch sol ir knecht noch ir sûne keyner keyn lang messer tragen. Es mag ouch der ammeister und siner husknechte einer und der stette knecht zwen, die by dem ammeister sint, oder ire nochkomen wol lange messer tragen, und nit me; und sol ouch keynes ammeisters noch altammeisters sûn keyn lang messer hynnanfürder me tragen; doch so mag ein yeglich altammeister und siner knecht einer, und nit me, lange messer tragen, ungeverlich. Es mögent ouch alle dise nochgeschriben personen und amptlûte wol lange messer tragen, und nieman anders dann als dovor bescheiden ist:

Der lonherre — der rentmeister — der husmeister im koufhuse und sin schriber — die vier ratzboten — der dryer knecht uf dem pfennigturn — alle soldener — alle turnhüter — die wachter — der sübener knecht alle die sie von der statt wegen habent — die zoller uf der Rynbrucken — der zoller im Giessen — der zoller am Ryne — sin geselle, der beseher — die drye öbern, loufenden boten — der öber zoller im zollekelre — der wasserzoller — die zwen schützenmeister — alle zoller an den thoren — der zoller an der Bedeckten brucken — der zoller an Kaltöwe[1] — der schultheisse — der vögt — die zwen richter an den nidern gerichten, alldewile sie richter sint und nit lenger — die boten an weltlichem gericht — der underkoufer an weltlichem gericht — der pedell an geistlichem gericht.

Doch so mag ein yeglich unser burger und die unsern, als man nachtes uf die stuben gät essen, so die wider heym gont, wol swert oder lange messer by inen haben, als das untzhar komen und gewönlich gewesen ist, also doch das sie vackeln, schöybe oder andere liechter by inen habent, umb das man wisse wer sie sient.

[1] Die *Kaltouwe* befand sich an der heutigen Metzgerau, jenseits des Krummen Rheines, s. Silbermann, *Lokalgeschichte*, S. 140.

Wer ouch der were, über die vorgenanten personen, nieman usgenommen, der ein lang messer, tegen oder scheyde trüge, anders als dovor geschriben stät, der sol liden und dulden die vorgeschriben besserung; und ist ouch den süben uf der pfaltzen ernstlich empfolhen, wä inen solichs fürbrocht oder gerüget wurt, das sie dann das strofen und rechtfertigen sollent, in mossen als vor begriffen ist; und wil man inen ouch das in ir bůch verschriben geben das sie solich besserunge, by iren eyden, niemans faren lossen sollent; und obe inen yemans deheinen widersatz darinne gebe, den sollent die süben fürderlich meister und rate fürbringen; dieselben wöllent dann solichs fürnemen und strofen als sich gebürt und das niemans übersehen; do wisse sich menglich noch zů richten.

Publicatum dominica ipsa die beati Sixti pape. Anno 1452. (6. August.)

# Wassermeister-Ordnung.

**1480.**

Stadtordnungen, vol. 1, fol. 26.

Der wassermeister soll die Brusche und alle ander graben und giessen alzit besehen wo die landvesten, es syent muren oder ander landvesten, gebrochen oder zerfallen sint, das er do den lûten den solichs zûgehört heisse und gebiete wider zc machen. Ouch was grundes oder gerere davon in die graben oder wasser gefallen were, das sü das wider uf tûnt heben und hünder sich in die lantvesten werfen oder es lossent hinweg füren, also das die wasser und graben davon gesüfert werdent.

Er soll ouch die wasser und alle graben besehen wo zerbrochene schiffe ligent, daz er do den lûten gebiete die dannan ze tûnde, umb das sich die wasser und die graben nit verlendent, und soll inen solichs gebieten in dryen tagen dannan zû tûn; und welher das in den dryen tagen nit endete, so soll der wassermeister soliche schiffe us den graben und wassern schaffen und die zû der stat handen nemen.

Er soll ouch alltzit besehen den Rine und alle ander wasser die zû diser stat gont, ob es sich yergent verlendet oder verlenden wolte, oder wo utzit bresten were oder würde davon schaden kommen möhte, das soll er fürderlich bringen an die rete und XXI; was die dann fürbas darinne erkennent, dem sol dann nochgangen werden.

Er soll ouch besehen das nyemans, wer der ist, in disem burgbanne keine lewen mache noch habe; wer das darüber dete, der bessert von yeder lewen 30 β δ als dicke das beschiht. Doch so soll dis die nit angon die eygene wasser hant, do anders meister und rate und XXI erkennent daz sie eigen sint.

Er soll auch besehen das in disem burgbanne keine stellinge, fach noch gewende gestellet noch gemaht werden, umb daz die graben und giessen nit verlendet und verwüstet werdent.

Er soll ouch lûgen allenthalben zû der stat mûlen und tychen und zů den giessen, obe die gehalten werden noch nutz und notdurft, und was bresten er do sehe, soll er dem gebieten dem es dann gebürt zů versehen.

Es soll ouch nyeman, wer der ist, in diser stat noch ussewendig in der stat graben vischen mit pfulsen, dann die muren und lantvesten vast davon zerstossen und zerbrochen werdent; wer das brichet, der bessert 30 β ₰ so dicke das beschiht.

Er soll ouch besehen wo lere schiffe hangent uf der Brusche, zwüschen Marckpachs brucke[1] bitze an sant Stefans ort, das er die heisse und gebiete dannan ze tůnde.

Er soll ouch warnemen obe yemans feget, myst oder ander wůst uf die wasser und graben leyt oder schüttet, davon der stat gebůwe, graben und wasser verwůstet werdent, daz er do den lůten gebiete solichs dannan zů tůnde.

Er soll ouch bestellen mit den knehten, die dartzů gehörent und solichs empfolhen ist, das sü beide, by tage und naht, flisslich und ernstlich warnemen und lůgen wo yemans steyne, feget, gerere, grunt oder ander wůst, der zů grunde fellet, in die Brusche oder allenthalben in der stat graben und giessen schüttet oder würfet, das sie das uf stunt den sübenen rügent; und wer semlichs tůt, der soll bessern 1 lib. ₰; und was besserunge also gevallent, die süllent die sübene, by iren eyden, nyemant faren lossen, und das halbe gelt der stat werden und das überige dem der es rüget, alz dann diser artickel ouch eigentlich in der sübene bůch geschriben stot; und welicher kneht solichem nit nochginge, wo er das empfindet, daz soll er den sübenen sagen, und süllent die sübene den darumb bessern und strofen als sich das gebürt.

Es soll ouch nyeman kein qwerchgarn legen oder stellen noch sust vermachen, es sy mit griene wasen oder andern dingen, und mit garnen daruf ziehen; wer das brichet, der bessert 5 lib. ₰.

Man soll ouch der stat graben nit megen bitz usgonde des meygen; dann der lyss und rowen dadurch verderbet wurt, und die jungen fische, die man nennet selen oder ungemynnte vische, deste bas fürkommen můgent.

Were es ouch das er uf etliche zit etwas besehen můste uswendig

[1] Ueber die *Margbacher Brücke*, spätere *Martinsbrücke*, s. Silbermann, S. 203.

unser stat, was er dann uf die zit verzeret soll im der rentenmeister uf dem pfennigthurn wider geben und solichs in den kostbrief schriben, uf das die rete und XXI ouch solichs wissent.

Der wassermeister soll ouch maht und gewalt haben zû gebieten zû dem ersten mole by 10 ß, zû dem andern mole by 1 lib. und zû dem dritten mol by 30 ß δ; und wolte im darüber jemant ungehorsam sin, den oder die soll er dem rate geschriben geben, die süllent dann solichs fürnemen und strofen, und ouch die verbrochen gebot nyemant faren lossen, uf den eyd.

Weliche artickel ouch in diser ordenunge stont, die den sübenen empfolhen sint zû strofen, soll er allzit, so ime das fürkomet das solichs verbrochen und nit gehalten würt, den sübenen fürbringen und sagen und sü ermanen solichs fürzenemen, noch inhalt diser ordenunge, umb das die graben, giessen und wasser in eren gehalten werdent.

Als ouch Claus Ockenfuss, der wassermeister, dis jore in dem rate ist, so soll man ime nuschnit geben; aber wann dis jor uskompt, so soll man ime danoch alle jore geben 2 lib. δ zû lone.

Alle und yegeliche vorgeschriben stücke, puncten und artickel, die dem wassermeister nûzemol empfolhen sint oder harnoch empfolhen werdent, soll er sweren stete und veste zû halten und den ernstlich und getruwelich nochzegonde, nyemans zû liebe noch zû leide, uf den eyd, und darumb soll man ime geben alle jore 2 lib. δ also vor stot.

Item Claus Ockenfuss, der wassermeister, hat dise vorgeschribe ordenunge gesworn uf mittwoche nehst sant Gregorientag anno 1450. (11. Mærz.)

# Wein-Ordnungen.

## Verordnungen den Verkauf des Weines betreffend.

### 14. Jahrhundert.

Stadtordnungen, vol. 19, fol. 10.

Unsere herren meister und rat sint überein komen daz kein vesseler, noch nieman anders, hinnan vür me denhein vas soll uftûn zû dem zapfen zû verschenckende, daz minre si danne ein halb fûder oder ein vierling, antweder von siben omen wins oder von sehsen, ane geverde; und soll man ouch dieselben vas verungelten e man sie uftût zû dem zapfen; man soll ouch kein vas me geben eins dages uf glich gelt in eime kelre danne eines, und soll ouch nieman länger uf ein gelt geben denne zwene dage, zû glicher wise alse die tûnt die gantze fûder wines geben und verschencken zû dem zapfen. Waz vesselin ouch mit wine zû mercke habent oder verkouft werdent, es si uf dem wasser, uf dem winmerckete, am langen kelre oder anderswo wo es die vesseler verkoufent uf merschetzen, do soll man von eime fûder wins 4 δ geben, von eime halben fûder 2 δ, von eime vesselin 1 δ; und wer ouch dirre vorgeschriben dinge deheins verbreche, der bessert viere wochen von der stat und git 5 lib.; und wil man ouch hûte darüber setzen.

---

Es sol ouch kein houbtkanne hinnan vür me denheinen win uf den zapfen koufen zû verschenckende oder zû vertribende, und soll ouch mit keime zapfener weder teyl noch gemeyne haben; welr houbetkanne daz breche, der bessert jar und dag und git 5 lib.

Unsere herren sint überein komen das nieman keinen win geben soll zû dem zapfen noch nieman keine flesche füllen, er habe danne denselben win vor verungeltet; wer das breche und win also unvergeltet gebe, der bessert jar und dag und 5 lib.; und soll man ouch das ungelt den öbersten ungeltern entwurten und nit iren knehten, es were denne daz ir einre siech oder nit in der stat were, so mag man es wol den knehten entwurten, also doch daz es dieselben knehte ze stunt widerumbe entwurtent dem öbersten ungelter, der danne heyme ist, ane alle geverde, es si von vesselin oder von fůdern komen, indewendig dirre stat oder uswendig in den vorstetten. Es soll ouch nieman keinen win geben ze schetzende, die ungelter sint denne e gesessen; wer daz tůt, der bessert 30 β.

Es soll ouch kein winrůfer denheinen win růfen noch keinen becher bi dem becherer nemen, der win si danne vor verungeltet; welr winrůfer daz tůt, der bessert 30 β.

Unsere herren meister und rat sint überein komen, waz wine man harbringet, es si uf dem wasser in schiffen, über lant uf wagen oder uf karrichen, do soll man von eime fůder wins 4 δ geben, von eime halben fůder 2 δ, von eime vierling oder von eime vesselin 1 δ, wie dicke es zů merckete gefürt wurt; waz wine ouch hie zů merckete kouft werdent, die man enweg füret, die soll man zů glicher wise verungelten, also do vorgeschriben stat; und wer das breche, der bessert 30 β, also dicke er daz tete; wil man ouch hůte darüber setzen und wellent es ouch unsere herren rihten und rehtvertigen, nach hörsagen wie es in vürkomet.

## Weinrufer- und Weinmesser-Ordnung.

**1388.**

G. U. P. Lad. 12, nº 1.

Allen den si kunt getan die disen brief ansehent oder horent lesen, nun oder hienach, das wir die winrůfer unde die winmesser des antwerckes zů Strazburg gemeinliche, einhellekliche überein sint kommen aller der dinge die hie nach geschriben stant, also sü ouch unsere meistere unde gesworne meister Haneman Seiler, der winrûfermeister, meister Henselin Lauweler, der winmessermeister, meister Johans Vögettlin der von unsern wegen iegenote in dem rate ist, Albreht Senferlobe, Swicker Dirdeler, Eberlin Fröstelin, Ulman Dambach, Cuntze Kistener, Seyer Lawelin, Johanns Ifrion unde Reimbolt zû dem pfole, winrûfere und winmessere, die iegenoten unseres antwercks meistere und gesworne sint, mit gerihte und mit rehtem urteil erteilt und erkant hant, uf den eit, durch friden unde notdurft des vorgenanten unsers antwerckes, und soll man sü ouch stete haben bi den besserungen und in alle die wis also hie nach geschriben stat: zû dem ersten, welher win schetzet, er si winrûfer, winmesser oder vorlagel, der soll dehein win letzen in dehein weg; wer das brichet, der git fünf schillinge strazburger pfennige. Es soll ouch kein winmesser oder vorlagel für den spital gan sinen win, den er denne misset oder warnimmet, rûmen noch dienen noch mit niemanne wetten, noch win tragen oder schicken in glesern noch in deheime anderen geschirre, zû schetzende uf stuben oder anderswar, in deheinen weg; wer das brichet, der bessert ouch fünf schilling der vorigen pfennige. Wer ouch jares von unsern wegen in dem rate ist, wenne der heisset zûsamene gebiten, es sü zû lichen, ersten messen oder suns von welhen sachen das were, welher danne nit darkommet, do bessert der winrûfer sehs pfennige und der winmesser einen schilling; und sollent uns alle sameln vor dem spital, unde soll unser keinre ane unsere meistere und den ratherren denne gan, dar noch danan, do si danne hin gan wellent, bi der vorgenanten besserunge; und welher kûfer ouch do zwischent win diente, der bessert sehs pfennige. Wo ouch oder wenne winrûfer und winmesser bi einander sint an unsers herren lichamen tage, an sant Urbans tage oder sus, wenne daz beschehe, do soll unser ieglicher gelten nach margzal als in denne angebürt. Man soll ouch alle jare an unsers herren lichamen tage, iegelicher unsers antwerckes, in sinen besten kleideren unsers herren lichamen nochvolgende sin, gezögenliche unde ane spotten; wer das brichet, der bessert fünf schilling der vorgenanten pfennige, die halben den winrûfern und die andern halben den winmessern. Es ist ouch beret, welher jars von den winrûfern und den winmessern von unseres antwerckes wegen in den rat kommet, dem soll man des antwerckes gemeine geschirre bevelhen und von stücken zů stücken geschriben geben und antwurten in den drien tagen, ane geverde, und soll das geschirre gehalten daz jar umbe, und soll man ime von des antwerckes pfennigen darumb geben drissig schillinge der vorgenanten pfennige, und wanne daz jor uskommet, so soll er uns daz geschirre wider antwurten und bewisen alz es ime bevolhen ist. Ouch ist beret, wenne es beschehe daz man bi einander were von reisen wegen oder vor dem münster oder sus, wie das beschehe, was denne unsere meister unde gesworne, bede von winrůfern und winmessern, überein koment von unseres antwerckes wegen unde dem antwercke zů nutze, darumbe soll sü nieman der mit uns dienet strafen noch do wider reden das in leit si, in deheinen weg; wer das brichet, der bessert fünf schillinge. Wanne man ouch eine reise würdt varende, so soll man keinen kneht nemen von winrůfern noch winmessern, und sollent unsere meister und gesworne, die danne unsere meister und gesworne sint, knehte nemen unde gewinnen wo sü wellent, die sü truwent unserme antwercke nůtze und gůt sin; were aber das sü bresten hettent an frömeden knehten, so möhtent sü einen teil an unserme antwercke nemen, die dozů nůtze und gůt werent, unde soll nieman anders für den andern bitten, ane alle geverde. Es soll ouch nieman unsers antwerckes, es si winrůfer, winmesser, vorlagel oder wer mit uns dienet, keinre den andern schelten noch ime übel reden diep, retscher, verreter, diffion, bösewiht oder sus daz deme gelich ist, daz zů unfriden driffet; wer das brichet, der bessert fünf schillinge; ist daz es der klaget dem es geschiht den meisteren und den geswornen, und sollent es die ouch rihten uf den eit so es in geklaget und fürbroht wurt, unde vallent die fünf schillinge die halben den winrůfern und die andern halben den winmessern.

Wa man ouch zů opfer gat, es si zů ersten messen, zů lichen oder zů brůten, do soll man gezögenliche opfern einre nach dem andern uf den altar oder in das geschirre do man das opfer in emphahet, und soll nieman sin opfer uf den altar werfen noch nieman den andern stossen noch den kugelhůt abeziehen; wer das brichet, der bessert ein schilling, er si winrůfer, winmesser oder vorlagel.

Man soll ouch alle jare den meisteren und geswornen, die danne meistere und gesworne werdent von unsers antwerckes wegen, diesen brief vorlesen und in den eit geben, daz sü in stete habent und donoch rihten, also das vor geschriben stat. Und dirre dinge zů eime waren steten urkunde, so hant wir unsere beide ingesigele des antwerckes, und wir Haneman Seiler, Johan Lauweler, Johans Vögettlin und Johans Affe unsere ingesigelę ouch an disen brief gehencket, der geben wart an dem meye abende des jars do man zalte von gotz geburte dritzehen hundert jar und fünf und fünfzig jar. (1. Mai.)

---

## Vereinigung der Weinrufer, Weinmesser und Fasszieher zu einem Handwerk.

### 1463.

Stadtordnungen, vol. 28, fol. 165.

Item wir die winrůfer und winmesser und wir die vasszieher haben uns mit einander vereinet, das wir hynnanfürder als ein antwerck zůsammen gehören sollent.

Item das unser schöffel mit einander einen rotherren bestellen sollent, noch besage der herren der XV ordenunge, welicher sie dann under uns, er sy růfer oder messer oder vasszieher, je zů ziten der beste beduncket.

Item die hůten und wahten sollent wir glich tůn, einer so vil als der ander.

Item reisen und ander der stat dienst so uns entpholhen wurt, sollent wir ouch gemeinlich tůn, als sich dann gebůrt und nochdem wir dann des je zů ziten eins werden oder mit dem merer teil erkennen.

Item unser beider stuben und panner, ouch kertzen und ander notdurftiger stück halp wellent wir ouch underston uns selbs zů vereinen, und wann wir spenn gewinnen, die mit hülf unser herren gütlich ustragen.

Actum feria secunda post circumcisionis domini. Anno 1463. (3. Januar.)

---

## Weinsticher-Ordnungen.

### 14. Jahrhundert.

Stadtordnungen, vol. 13, fol. 103.

Es söllent alle winsticher und underköfer sweren zů den heiligen, die do win in dem keller oder anderswo, wo daz ist, den lûten helfent köfen oder verköfen, daz sû, noch nieman von iren wegen, kein underköfe von nieman nement noch entpfahent, der win oder die koufmanschaft, die sü denne verkouft hant, sye denne vor verungeltet und habent des ir wortzeichen enpfangen; und waz also verkouft wurt vor mitem tag, daz sol man verungelten by der tagzit; geschiht aber ein kouf nach mitem tag, so sol man ez verungelten an dem andern tag vor mitem tag, ungeverlich, und ouch ir eime den andern rügen meyster und rat den sü wiszent oder enpfinden der es under in verbrech oder verbrochen het, by dem vorgenant yrme eyde.

Es söllent ouch alle winsticher sweren zû den heiligen daz sü keinen win uf dem merckete nüt stechent, in hab denne der ungelter, der daz ungelt dovon enphahet, vor gezeichet.

Es söllent ouch alle underköfer zû Strasburg, welher hande underkouf sie tribent, ez si von vin, von spetzerie, von gewande, von stahel, von ysen, von saltze, von heringen, bückingen und von andern gesaltzen vischen und ouch darzû von aller andern koufmanschaft und stücke dez sye underköfer heysen und sint, sweren zü den heyligen, daz sie kein underkouf von yeman, wer der ist, nement noch entpfahent sü habent denne vor ir wortzeichen enpfangen von der ungeltkysten, daz dieselbe koufmanschaft und gewerde, die sü denne also haben geholfen koufen oder verkoufen, verungeltet sye; und sol ouch ir keinre letze, schencke, hantgifte, hochgezit noch kein ander miet noch mietwon von nieman nemen, noch nieman von iren wegen, denne iren slehten gewönlichen underkoufe, also daz von alter harkomen ist, und nit anders; und weller under in anders dete denne da vor bescheiden ist, daz meyster und rat, uf den eyt, zû ime rihten alz ein meineyt. Ouch wer ez daz den vorgenant underköfere ieman, wer der wer, schencke oder mietwon büte zû gebende in die wise also da vorstat, oder ieman von iren wegen, der bessert v lib., und sollent daz die vorgenant underköfer, by irme eyde, eyme ieglichen stettemeyster oder ammanmeyster, die denne zů ziten sint, sagen und verkünden; wer ez ouch daz ir keinre under in solich miete oder mietwon von ieman neme, und ez eime andern fürkeme, der sol es ouch, by dem vorgenant syme eyde, also von inen sagen und vürbringen.

Ouch söllent sü, by dem vorgenant irme eyde, den ungeltern uf der kyste sagen weme sü habent geholfen win koufen oder verkoufen, daz sü daz anschriben.

Es söllent ouch alle cremer, frowen und man, und alles ir gesinde, die von iren wegen köfent oder verköfent, es sint ire schribeknehte oder megede, sweren zů den heiligen waz gewerden sie köfent oder verköfent, die zů der cremeryen gehörent, daz sie die, ane allen verzog, verungeltent, von allen den stücken und von ieglichem besunder, als da vor geschriben stat.

Die holtzelůte, die da holtz köfent und verköfent uf merschetzen, die süllent sweren zů den heiligen daz sie kein holtz uf den lant důnt tragen es sy denne vor verungeltet, und söllent ouch das ungelt von den fremden lüten jne behaben oder in aber darlihen.

Die holtzknehte, die das holtz tragent und fürent, söllent sweren daz sie kein holtz tragent noch fürent von dem holtzmercket es sy danne vor verungeltet, ane geverde; waz holtzes aber nit verungeltet würde uf dem merckete, da söllent sie daz ungelt mit irme lone innemen und es ouch unverzögenlich antwůrten dem der darüber gesetzet ist.

## 1463.

Stadtordnungen, vol. 2, fol. 56.

Unser herren meister und rat sint überein kommen das dehein winsticher noch sust nieman anders, wie der genant ist, weder frömde noch heimsch, weder geistlich noch weltlich, deheinen win uf dem winmercket stechen soll noch tůn stechen uf den donrstag, noch ouch uf den fritag frůge untz dass der Barfůssen frůgemesse us ist; und welicher das verbreche, der bessert 10 β ₰, die man nieman faren lossen wil. Es söllen ouch die winsticher orden das alle donrestage zů obent, so es drü sleht, ir vier an dem winmercket sint und bitz naht das man die thorglock lütet dobliben und verhüten das nieman kein win steche, by der egemelten besserunge; sie söllent ouch nieman keynen win abe dem winmerckt lossen füren in grossen vassen oder in cleinen vesselin, er habe dann die wortzeichen von dem ungelt, das sie wissent das er verzollet sy.

Es soll ouch nieman deheinen win uf der strossen von dem Zoltor by dem alten sant Peter stellen zů verkoufen, sonder ein jeglicher soll die win die man verkoufen will füren uf den winmercket, wohin dann jeglicher win gehört, als das harkummen ist: nemlich alle die von der Sornen[1] und dohar, söllent faren uf die site by Otteman Franckenheims seligen huse, und alle die halp fůder oder vierlinge uf karrichen bringen söllent faren by die Elenden herberge[2], und sust alle ander win anderswo har by der koleschüre und do umb uf dem winmercket, als das ouch von alter harkummen ist.

Es söllen ouch der drier uf dem pfenningturn drie kneht des winmercktz warten: nemlich soll einer lůgen by dem Zoltor und der ander by Bischofburgetor und sehen das jederman fare dohin er faren soll, uf den fritag frůge und nemlich ouch uf den donrstag zů obent so es drü sleht do sin und warten bitz naht. Sü söllen ouch keinen verkouften win abe dem mercket lossen faren, er sy dann vor visirt und verzollet.

Man wil ouch ernstlich hůt daruf haben und bestellen obe jeman harinne ungehorsam were, das man den darumb bessern und strofen soll.

Die winsticher söllen ouch sweren solich ordenunge zů halten, und wo sü oder ir einer oder der drier kneht oder sust jeman anders erfindent das das jeman verbreche, welicher do heimsch were, den söllen sü den sübenzühtern rügen, und welicher frömde ist, den söllen sü tůn globen nit us der stat Strasburg zů kummen, er habe dann solichs gegen meister und rat abegetragen, und söllent ouch desselben namen ufzeichen und geschriben geben.

Ouch soll dise ordenunge gehalten werden mit den winen die am

[1] Die *Sorne* oder *Zorn* entspringt auf dem westlichen Abhang der Vogesen, deren Hauptkette sie durchbricht, fliesst bei Zabern in die Ebene hinaus, durch Brumath u. s. w. mit der Moder vereint bei Fort-Louis, in den Rhein.

[2] Die *Elendenherberge* war die von dem Priester Oettelin auf dem heutigen Alten Weinmarkt zur Letzung und Pflege der armen Reisenden gestiftete Anstalt.

krane[1] veil sint, und söllent die winsticher ouch der kranmeister und die kranknehte verbunden sin, die so am krane hiewider tetent, zů rügen und geschriben zů geben, in mosse wie vorbegriffen ist, und soll eim jeglichen der also einen rügel ein dirteil werden von der besserunge, so dick das geschiht.

Actum feria tertia ante Martini. Anno 1463. (8. November.)

### 15. Jahrhundert.

Stadtordnungen, vol. 13, fol. 41.

Es söllent alle winsticher sweren vor den ungeltern das yr jegelicher alle tage, so dicke er den zapfenern, winschencken oder wurten hilfet win koufen, an das ungelt gange und den ungeltern sage oder geschriben gebe wie vil wines einer koufet het und wie er die genummen het; und ist das darumb das man weiss wie sie die win nement, uf das dem ungelt dodurch werde das ym zůgehört und sich die ungelter wissen donoch zů rihten; so müssent sie ouch die win geben uf den pfenning als sie die nement.

Und als sich etwan gemaht hat das etliche winsticher kouf an das ungelt geseit habent doby sie nit gewesen sint, und etwan me oder mynner geseit hant dann der kouf bescheen ist, das soll nit me sin; und welicher winsticher das darüber tete, der soll bessern 10 β ₰ so dick dasbe schee, die ouch die VII uf dem pfenningturn ir keim faren lossen sollent, uf das die zapfener ir win uf den pfenning geben als sie in genommen und nit höher.

Sie söllent ouch, by iren eiden, warnemen obe dehein zapfener, winschencken oder wurte wine dürer nement dann man in bütet oder obe ir deheiner die vasse dürer gebe dann sie wert sint; und was sie solicher geverlicher koufe sehent oder empfindent, das söllent sie an stunt und one verzog, by der tagezit oder am nehsten tage donoch, fürbringen und sagen den ungeltern; und wer also ützit fürbringet, über den soll man kein kuntschaft noch worheit hören, als das in der ungelter ordenunge eigentlich geschriben stot.

[1] Der *Kran* oder die Abladestelle der schweren, zu Wasser in die Stadt gebrachten Waaren, befand sich zwischen dem noch stehenden alten *Kaufhaus* und der *St. Nikolaibrücke*, da wo jetzt das Sparkassengebäude sich befindet.

Es soll ouch kein winsticher keinen win hünder sich legen, er sige sin oder ander lûte, den er uf merschetz koufen oder verkoufen wil; und welicher das verbrichet, der bessert 5 β δ so dicke das beschiht.

Es soll ouch ir keiner hinus uf das lant oder jergent noch gefürten winen faren oder schicken oder noch keinerleye gewehsse, dann sie sollent iren underkouf slechtz alhie triben, one alle furworte, und sollent ouch nyeman keinen win koufen, der köufer oder der verköufer oder ire gewissen nochboten sient dann zûgegen; welicher das verbreche, der bessert von yedem fûder 30 β δ und als noch marzal so dick das beschicht.

Sie söllent ouch keinen win stechen, verkoufen noch verfürworten der uf wegen oder karrichen am Saltzhofe[1] oder an andern ungewönlichen enden feil ist; dann sie söllent die personen, die wine by dem kraniche[2] oder an andern enden also feil hant, sie sient frömde oder heimische, alle wisen und heissen faren uf den alten winmercket by Bischofburgetor, doselbs die wine feil zû habende, zû verkoufen; und welicher winsticher das verbrichet, der bessert 10 β δ so dick das beschiht.

Es soll ouch nieman keinen win stechen noch solichs underkoufs sich begon, er swere dann vor und ee dise ordenunge stete zû halten; und wer das verbreche, der bessert 5 lib. δ so dick das beschiht.

Ouch als man eym winsticher bitzhar 16 δ zû stichgelt geben hat von eym fûder wins in eym kelre, do soll man hynnanfürder nit me dann einen schilling von eym fûder in eym kelre geben, nemelich yedie hant 6 δ und darunder, noch marzal; aber uf dem merckt mögent sie von eym fûder wins oder darüber zû stichgelt nemen 8 δ; item von eym halben fûder 4 δ; item von eym vierling 2 δ, und was under eym vierling ist 1 δ, yede hant das halbe und nit me.

Und alle und yeglich stücke, puncten und artickel yn diser ordenunge geschriben söllent die winsticher sweren stete und veste zû halten, by den eiden und penen als dann yeder artickel des yn sonders uswiset und dovon geschriben stot.

[1] Der *Salzhof* oder Salzmarkt war der Platz vor dem Kaufhaus, insbesondere der Theil der heutigen *Kaufhausgasse* auf welchen die *Stallgasse* mündete. (S. Schmidt, op. cit., S. 148.)

[2] *Kranich* oder *Kran*, s. oben.

## Verordnung den Verkauf des neuen Weines betreffend.

**1464.**

Stadtordnungen, vol. 2, fol. 57.

Unser herren meister und rat und die XXI sint überein kummen und haben erkant, das man den nuwen win, den man uszapfen wil, hynnanfürder vor dem münster, uf dem vischmercket und ouch an andern enden, do es von alter har gewesen ist, zům zapfen schencken soll, untz sant Gallen tag nehstkünftig, und soll man nit gestatten das jeman after sant Gallen tag bitz (zů) dem abelos nuwen win schenck, er sy dann vor vierzehn tag uf dem fingerlinge gelegen. Es soll ouch nieman keinen nuwen win, den man schencket, rüren noch die drůsen dorin nit bewegen, in dehein wise, sonder das vass lossen stille ligen bitz das der win uskumpt, one geverde; und wer das verbreche, der bessert 30 β ₰ so dick das geschiht.

Actum feria quinta post Adelfi. Anno 1464. (30. August.)

---

## Berathung der Fünfzehner in Bezug auf Weinverkauf und die Weinsticher.

**1478.**

Stadtordnungen, vol. 13, fol. 319.

Des winschenckens halb habent die herren die ordenunge so vormols der zapfener und wurte halb verschriben worden ist für sich genommen und verhört, die dann under anderm innhaltet das sie die win geben sollent uf den pfennig als sie die nemen, und am dirten tage den faller geben, mit me gůten redelichen artickeln. Do die herren meynent das man es nit bass geordenen oder gemachen konde, und beduhte sie geroten sin das man solicher ordenunge, fürter nochginge, hoffent sie, wann das also zůgelossen wurt, das dann ein ycglicher finde win umb sin gelt, wie er sin begert, gůt oder sure, hohe oder nohe. So wurt ouch der stat dovon ir ungelt, als es harkommen ist; dann etliche habent ir win bishar so sie zů 12, 14 oder 16 guldin genommen hant, verungeltet uf 2 ₰, domit der stat an irem ungelt grosser abebruch gescheen ist, das in disen weg versehen wurt und nymme geschiht; als das semmlichs, wann man der alten ordenunge also nochgät, der gemeinen stat und ouch der burger nutz ist.

Sodann der winsticher halb, als die begert habent inen den underkouf in den kelren wider zůzelossen, etc.; solichs beduncket die herren nit nütze oder gůt sin; aber diewile man meynet das ir zů wenig und ouch nit gůt sy das sie alle mit einander gemeyn habent, so beduhte sie das man zehen dozů ordent, die dozů die tögelichsten und gebrüchlichsten werent, und das under denselben ye zwen mit einander gemeyn hettent, und nit me; mit dem underscheide, welhe zwen des ersten by dem koufman sint, die mögent ine füren und ime helfen koufen, und sollent die andern sie daran nit irren oder den koufman underston inen abzůziehen, durch sich oder andere, in deheynen weg; und welicher winsticher das darüber tete, der soll bessern der stat 5 lib. δ, die ouch die XV nyeman faren lossen sollent; und wie die ordenung derselben winsticher halb in den kelren sust innhaltet, doby lossent sie es bliben.

Item der pferde underkoufer halb habent die herren ir ordenunge für sich genommen, die do inhaltet: es mag ein jeglicher winsticher mit dem pferde underkouf umbgän, do sich der kouf trifet, bitz an 10 guldin oder darunder, und nit darüber, also das sie vorhin sweren sollent der stat iren zolle zů geben. Und nochdem sie das also verhört hant, so beduncket die herren geroten sin es doby lossen zů bliben.

Sodann des pfenniggeltz halb, etc., beduncket die herren geroten sin, wie es geordent ist das man es doby losse bliben; dann als fürgeben wurt das die winsticher im lande wol erkant sint, etc., besorgent die herren wä inen darinne ützit würde witer zůgelossen, das dann die burger möhtent umb ir gelt deste me betrogen werden.

Item von den winmesser wegen, etc., do ist den winstichern ein ordenunge geben, do die winmesser zů inen geordent wurdent, wie die winsticher sie halten sollent; so stät in der wurt- und zapfenerordenunge was die winmesser tůn sollent und was man inen dogegen tůn soll; doby lossent es die herren bliben und meynent das darüber nit not sy witer ordenunge zů machen.

Dis der XV rotslahen hant die rete und XXI zůgelossen uf mentag noch Martini 1478. (16. November.)

---

## Küfer-, Weinsticher- und Fasszieherordnung.

**1494.**

Stadtordnungen, vol. 13, fol. 42.

Als die küfer, winsticher und vasszieher bishar die frömden oder die geste, die noch winen hargefaren sint, übernommen und beswert habent, deshalb sie die stat gemitten und an ander ende, uswendig der stat, gefaren sint, das nu der gemeinen stat an iren zöllen und gefellen ouch den burgern insunders schedelich gewesen ist, solichs in künftigem zů versehen, und umb das den frömden deste bas liebe har in die stat zů faren und ouch umb das das geverte hie deste besser werde, so habent unser herren meister und rat und die XXI geordent:

Des ersten von der küfer wegen, das die nit me nemen sollent von den frömden gesten, die har farent noch winen, dann von eim fůderigen vass, es sy gross oder klein, ufzůslahen, zů weschen, zů swencken und wider zůzůslahen, zů verspalen, zů verboren und es alles noch redelicher notturft für den zapfen zů bereiten, für sin arbeit 1 β ₰; item von eim halben fůder, wie gross es sy, 6 ₰ und von eim vierling 3 ₰ und darunder nach margzal. Und ob soliche vass reif bedörfent, do soll der küfer nit me nemen dann von eim gůten nuwen reif an ein fůderig vass 2 ₰; item von eim halbfůderigen reif und von einem reif an einen vierling nit me dann von jedem reif 1 ₰ und darunder noch margzal, ungeverlich, also vil er solicher reif dem koufman oder gast von sinem geheis durch notturft an sin vass leit.

Item so soll ouch der küfer nit me nemen dann von eim fůder abzůlossen 1 β ₰; item von eim halben fůder 6 ₰ und von eim vierling 3 ₰ und darunder, noch margzal, die vass sient gross oder klein.

Es sollent ouch die küfer dheinen win me nemen und hinweg tragen, es sy in gölten oder andern geschirre, ouch nit mit den gesten essen oder zeren, ir einer wölle dann sin urtin selber bezalen, sunder sie sollent den gast früntlich halten und in gütlich fürdern, uf das im deste bass liebe har zů faren. Und ob ein gast an ir einen begert mit im zů gon so er win koufen wil, mögent sie wol tůn;

aber sie sollent nyeman zü kelre füren oder dem gast anweisunge geben an das oder gynes ende, sunder den winsticher lossen sinen gang gon; und sollent sie dem winsticher dorin nützit tragen; und welher küfer der vorgeschriben stücke deheins verbreche, der soll bessern 5 β δ, die die süben uf dem pfennigturn nyeman faren lossen sollen; und soll ouch ye einer von dem andern schuldig sin zů rügen und fürzůbringen den ungeltern; die sollent dann, by iren eiden, schaffen das dieselben darumb gestrofet werden als sich gebürt.

## Winsticher.

Sodann von der winsticher wegen ist erkant, das geordent werden sollent zehen erbere, worhaftiger manne von den winstichern, die die dögelichsten und gebruchlichsten dozů sint, die do allein warten sollent uf die kouf in den kelren, und die sollent sust keinen teil haben an dem stichgelt der andern win die verkouft werdent, es sye uf dem winmerckt oder uf dem wasser. Es sollent ouch under denselben zehen je zwene mit einander gemein haben und nit me, mit dem underscheide das durch die meisterschaft irs hantwercks ye zwen zůsammen geordent und uf das glichste geteilt werdent, nit das zwen die besten oder zwen die krengsten zůsammen kommen und ein teil ze tůn habe und das ander zůsehen müsse, dodurch unwille oder widerwertikeit erston möhte; welhe zwene des ersten by dem koufman sint, die mögent ine füren und im helfen koufen, und sollent die andern sie nit daran irren oder den koufman underston inen abzůziehen, durch sich oder andere, in dheinen weg; und welicher winsticher das darüber dete, der soll bessern der stat 5 lib. δ, die ouch die süben die über zolle richten nyeman faren lossen sollen.

Dieselben zehen sollent sweren, vor den dryen uf dem pfenningturn, iren underkouf ufrecht, erberlich und ungeverlich zů triben und einen jeden frommen mann, er sy frömde oder heymsch, der do begert win in kelren zů koufen, zů füren do sie truwent das er sins fůges finde zů koufen, und darumb zů stichgelt zů nemen von eim fůder acht pfenninge, als bishar gehalten und harkommen ist, und nit me, weder stichlon noch anders, ungeverlich.

Sie sollent ouch nit me mit den frömden essen oder zeren, einer welle dann sin urtin selber bezalen; doch ob ein winsticher, nochdem das er eym gast win kouft hette, dem gast fürter diente mit rechenen oder in ander wege, were es do das ein gast eim winsticher für solich sin nochgonde arbeit gebe 6 δ oder einen ymbs für ine bezalte, mag er wol nemen und nit me.

Ouch sollent die winsticher hünder inen geschriben haben was dann die küfer und ouch die vasszieher zů lone nemen sollent von den frömden, und das ouch den fremden sagen, umb das sie von den küfern und vassziehern nit überschetzet werdent; und wo sie erfindent das eynicher küfer oder vasszieher me neme oder sich anders hielte dann die obgemelt ordenunge wiset, das sollent sie fürbringen den ungeltern; die sollent dann schaffen und bestellen das dieselben von den süben uf dem pfenningturn darumb fürgenommen und gestrofet werden, als sich do gebürt.

Es sollent ouch die zehen winsticher verbunden sin die ordenunge so vormols den winstichern geben ist ouch zů halten, und besonder ouch keynen win uf merschatze hünder sich zů leigen oder zů koufen oder mit jemans teil oder gemein zů haben. Ouch sollent sie den gast früntlich halten und gůtlich fürdern, umb das im deste bass liebe har zů faren.

Und als ein teil winsticher bishar von etlichen hie in der stat gůt nyessunge gehebt haben, etwan mit wybe und kinden by inen gezert und wolgelebt, ouch etlichen röck oder andere liebtete worden sint, und wann jeman noch winen frogete, er were heymsch oder frömde, so wisent sie nyemans in keinen kelre dann zů denen deren sie genossen, ob sie doch wol an andern enden bessern win gewisset hetten, do ist geordent das semlichs fürter nit me sin soll und das die zehen winsticher nit me nemen sollent, weder von heymschen noch frömden, dehein schenck, myete noch myetlon, essehaftige oder dringkhaftige dinge, dann allein iren egemelten lone und nit me; alles by iren egemelten geswornen eiden.

Dogegen soll in nyemans in iren underkouf tragen, weder küfer, winsticher noch sust nyeman anders, weder umb gelt noch one gelt, sunder menglich soll sie lossen mit irem underkouf umbgon und des genyessen in mossen wie vor stat; es were dann das ein winsticher oder me wider die vorgeschriben artickel siner ordenunge einen oder me dete und sich nicht hielte als vorgeschriben stot, wer das empfindet, der sol das fürbringen den ungeltern oder den süben uf dem pfenningturn, das er darumb gestrofet werde; dann welher winsticher wider der obgemelten artickel dheinen dete, der soll bessern 5 lib. ₰, so dicke das beschiht, die ouch die süben uf dem pfenningturn ir dheim faren lossen sollen; und soll es ouch ye einer von dem andern schuldig sin zů rügen und fürzůbringen, by iren eiden.

Es sol ouch den dryen uf dem pfenningturn bevolhen sin die zehen winsticher zů ordenen in die kelre, wann es je notturftig ist, domit sie truwent das es versorget sy.

---

Das sin die zehen winsticher:

| | |
|---|---|
| Hans Bischoff<br>Pfaffen Martin<br>Slappen Jacob<br>Claus von Dachstein<br>Hans Rörich<br>Obreht Höwenstein<br>Meygers Diebolt<br>Böymels Hans<br>Adam Heyden<br>Roten Jacob | Hant gesworen uf den süngiht obent.<br>Anno 1478. |

Nochdem das angeben der sehs winsticher so über die keylre gesetzt sint verhört ist, so haben die süben herren, den das bevolhen ist, geordent es fürter zů halten in mossen wie nochvolgt, doch der vorgesatzten ordenung unvergriffen und unabgebrochen:

Nemlich als ir bitzhar sehs gewesen sint, die ye zwen mit einander gemeyn gehept habent, do sollent fürter nit me dann vier winsticher sin, die sollent alle vier mit einander teil und gemeyn haben und sich ouch in solicher mossen dotzů schicken, mit warten und andern dingen, das irenthalben dehein clage komme.

Item wann sie eim burger oder eim frömden witer dienen dann mit win koufen oder verkoufen, es sy mit rechenen, gelt enpfohen oder betzalung zů tůn, wurt inen dann dofür etwas von denselben personen fryes willens geschenckt, das sich trifet ungeverlich uf ein imbs oder vesperurtin, das mögent sie wol nemen, doch sollent sie niemans nützit heischen; desglichen wann sie jemans zů keylre gefürent und derselbe sins fůgs nit findet und also ungekouft blibet, von dem mögent sie für solichen umbgang und unmůss ouch nemen ein imbs oder vesperurtin, ungeverlich ye nochdem sie arbeit mit im gehept haben.

Item von des stichwins wegen ist geordent das ein jeder koyfer der also win kouft von eim jeden stück wins, doran er den rörewin betzalen můss, nemen möge ein moss stichewins, ungeverlich, und nit me, und den tragen oder trincken wo er wil, und soll doch deshalben nit me dann vier mossen rörewin uf ein fůder gerechent werden, in mossen bitzhar gewonheit gewesen ist.

Item sodann von der küfer wegen, do sollent fürter die küfer mit keynem gast gan verzollen, es sy im zollkeylre oder an andern enden, sonder die winsticher, die soliche koufe gemaht habent, die sollent mit dem gast gan verzollen wo sich gebürt, umb das menglich recht beschee und dehein geverde domit gebruchet wurde. Actum tertia post Laurentii. Anno 1489. (11. August.)

Item so beduhte die herren ouch gůt sin Hans Stösser, Niclaus Franck, Hans Rechtembach und Urban Valckener für die vier winsticher zů behalten und den andern zweien zů erlouben.

---

Unser herren meister und rat und die XXI habent erkant das die meisterschaft winsticher antwercks noch vier winsticher zů den alten vieren welen und uf das glichest ye zwen zůsammen orden und teilen söllent, und das fürbas alle jor die eltesten vier, ye von zweyen einer, abgan und ander an ir stat geordent werden, die geschicksten und besten, domit sie truwent das frömde und heimsch wol versorget sin mögent. Die söllent dann alle jor die obgemelt ordenung sweren vor den dryen uf dem pfenningturn, deren ufrechtlich noch zů kommen, domit sie die burgere deste bass genyessen und des iren mit nutze abekommen, ouch frömde und heimsche deste bessern kouf finden mögen und die köyfe nit allein in die grossen keylre gezogen werden, als bitzhar bescheen ist. Actum sexta post corporis Christi. Anno 1494. (30. Mai.)

## Vasszieher.

Die vasszieher söllent nemen zû lone von den frömden, iren win uss dem kelre zû ziehen und uf ire wägen zû laden, von eim fûder das 24 omen haltet 18 δ und von eim halben fûder das 12 omen haltet 8 δ, und was ein vass grösser oder kleiner ist, noch margzal, das were von eim omen drü örtel.

Sie sollent ouch den gast früntlich halten und ine gütlich fürdern, umb das im deste bass liebe har zû faren, und von dem gast nit me nemen dann sinen obgemelten lone, ouch nit by ime essen oder zeren, er wölle dann sin urtin selber bezalen; und welher vasszieher hie wider dete, der soll bessern 30 β δ, so dick das beschiht, die ouch die süben uf dem pfenningturn nyeman faren lossen sollent.

Wo ouch die ungelter erfinden oder erfaren oder inen gerüget oder fürbrocht wurdt das wider dise ordenunge getan were oder wurde, es were durch küfer, winsticher oder vasszieher, so sollent sie, by iren eiden, schaffen und bestellen das dieselben von den sübenen uf dem pfenningturn fürgenommen, gerechtfertiget und gestrofet werden, als sich das noch besage diser ordenung gebûrt, der geschicht noch.

---

## Wirth-Ordnungen.

### 1349.

Stadtordnungen, vol. 21, fol. 187.

Dis ist von der winlûte wegen :

Zûm ersten das alle antwerck blibent sitzende in iren rehten, als sie untzher gesessen sint, unbesweret. Und wer hinnanfürder win umb koste veil het oder win uf den zapfen koufte und sich des began wolte ane aller slahte geverde, der soll mit den winlûten dienen; sattent aber sie jeman zû rede das er mit in dienen solte, wolte der sweren an den heiligen das er eins andern antwerckes me nûsse denne des iren, den soltent sie dovon lan; wolte aber er das nit sweren, so soll er mit in dienen und soll in 10 β in ir gemeine bühse gen, ist er vor irs antwerckes nit gewesen. Were ouch das meister und rat den winlûten erloubtent gelt zû samenende in ir bühse, wer die wile win veil het umb koste oder win uf den zapfen koufte, nůsse er ioch wol eins andern antwerckes me denne des iren, were ouch irs antwerckes erlassen, der soll doch die wile in die bühse alse wol geben nach margzal alse die winlůte; dis soll die winmesser und die winrůfer nit fürbas angan, wande das sie ouch die wile in ir bühse söllent geben die wile sie win umb koste veil hant oder win uf den zapfen koufent so die winlůte gelt samenent in ir bühse, und söllent ouch fürbas keinen getwang von in han, wande sie alle mit wine umbgant und man eins us dem andern nit wol gescheiden mag; ein jeglich mann mag ouch win koufen und verkoufen, das in die winlůte nit daran söllent irren, uswendig die die win umb kost veil hant oder sich des zapfen wellent began, als dovor bescheiden ist, ane alle geverde. Dis soll ouch nuwent die angan die hinnanfüder win umb koste veil hant oder win uf den zapfen koufen und sich des began wellent und es daher nit getan hant. Dis soll disen rat weren; erkantent aber meister und rat deheiner hande bresten hie an, das můgent sie ändern.

Actum anno 1349, vigilia Michaelis. (28. September.)

## 1489.

Stadtordnungen, vol. 1, fol. 47.

Unser herren meister und rat und die ein und zwentzige habent erkant, das ein yeglich huswürt keinen win im lande koufen soll, ouch nit tůn koufen noch bestellen ime harin zů bringen das er ine hie koufe, noch mit keinen fůrworten do us verfohen, durch sich oder yeman von iren wegen; dann was win sie koufen wollent, die sollent sie in unser stat koufen, es sy uf dem winmerckt, in kelren oder uf dem wasser; und mögent ouch den win nemen und koufen wie sie dann truwent inen das nutzeste sy, und ouch den geben uf einen pfennig unverdingt, wie sie ine dann truwent zů vertriben, also das sie ine uf das höher gelt verungelten; und mögent ouch iren win in vesselin lossen und den in iren hüsern mit iren gesten vertrincken; und sollent im tage keinen win für ir türe harus geben, by dem eyde. Were aber das man von der stat Sträsburg wegen herren oder stetten win schencken wolt und empfolhen würde by den würten, wä dann gût win were, solichen schenckwin zû holen, den sollent sie ouch harus geben, und soll inen an iren eiden keinen schaden bringen, es geschee welh zyt es wölle, by tage oder by naht. Doch nahtes, noch der zyt das die dirte gehürnet ist, welich zyt das were vor mitternaht, so soll ein yeglich huswürt, er tribe den zapfen oder nit, menglich umb sin gelt win geben wer des begert, es sy uf stuben oder sust andern lüten, rich oder arm, nieman usgenommen, und eym yeglichen by naht keinen win versagen, uf das menglich in der naht zû trincken finde; und sollent ouch eym yeglichen umb sin gelt nahtes geben des wines den sie tages iren gesten gebent; und sollent ouch dieselben huswürt, ir wibe, kinde und gesinde sweren eym yeglichen den win reht zû messen. Welicher aber under inen solicher vorgeschriben stück eins oder me, welhes das were, verbräche, der bessert von yedem stück 30 ß δ so dick das beschiht; aber noch mitternaht sollent sie nit verbunden sin yeman also win für ir türe zû geben, sie tugent es dann gern.

Welicher huswürt aber gern wil menglich win im tage ouch für sin türe geben und den zapfen triben als ein zapfener, der mag das wol tûn, also das er soll ein stûl für sin türe setzen und haben einen geswornen winrûfer und winmesser, und ouch am dirten tage valler geben; und die sollent ouch, weder tages noch nahtes, niemans keinen win versagen zû geben wer das an sie begert, und sollent ouch der zapfener ordenung sweren zû halten als zapfener.

Was ouch die huswürte koufent, do soll ir keyner, er tribe den zapfen oder nit, solich win sammenthaft wider verkoufen, sie noch nieman von iren wegen; und wer das verbrichet, der bessert von yedem fûder 5 lib. δ und von eym halben fûder 3 lib. δ, und also noch margzal; und soll weder meister, ammeister noch rat noch niemans gewalt noch maht haben yeman soliche dinge zû erlossen, in keinen weg, one schöffel und ammann usgenommen. Obe man von der stat Sträsburg wegen win in vassen umb sie tete koufen, fürsten, herren oder andern personen zû schencken, soll ein yeglicher darinne der stat gehorsam sin als billich ist.

Sie sollent ouch nieman keinen win geben noch in keinen win stechen, derselbe win sy dann vor und ee verungeltet uf der ungeltkisten; wer das verbreche, der bessert jor und tag für die stat und git darzû 5 lib. δ; were aber ein geschiht in solicher mosse gestalt das meister und rat beduhte das ein solich persone oder me fürbas zů strofen were, so sollent sie fürbas besserung erkennen der geschiht noch, uf den eyd.

Sie mögent ouch das ungelt im tage an das ungelt bringen, wann und welhe zyt sie wollent, doch sollent sie in keinen win stechen er sy dann vor verungeltet, als vorstät.

Sie sollent ouch alle die win, die sie in unser stat oder burgbanne koufent, mit eym geswornen winsticher koufen one alle fürwort, und sollent ouch die winsticher solichs an das ungelt sagen, uf das dem ungelt werde das ime zůgehört. Wer das verbreche, der bessert 5 lib. ꝺ so dick das beschiht.

Sie sollent ouch nieman keinen win in iren kelren noch andern gelehenten kelren gehalten, weder burgern, hindersassen noch lantlüten; und ist das darumbe, obe einer also untür were, so möhte er solich win koufen oder verkoufen das kein winsticher doby were, und wurde dann dodurch der stat ir zolle empfürt; und wer das verbrichet, der soll bessern von yedem fuder 30 β ꝺ so dick das beschiht.

So soll ouch kein huswürt, noch nieman von sinen wegen, kein wasser noch keynerley ding tůn in win anders dann er gewahssen ist; und wer das darübe tete und sich das kuntlich und in der worheit erfünde, der bessert unser stat hundert pfunt pfennige und eweklich us dem bystum Sträsburg; were aber ein geschiht in solicher mosse gestalt, das meister und rat beduhte das ein solich persone oder me fürbas zů strofen were, so sollent sie fürbas besserung erkennen der geschiht noch, uf den eyd.

Sie sollent ouch keinen trusenwin oder sackwin in iren kelren noch anderswo haben, machen noch schencken; wer das verbreche, den soll meister und rat strofen der geschiht noch, uf den eyd.

Sie sollent ouch ir reppisvass zeychenen, uf das sie die ungelter bekennen und sich wissen donoch zů rihten. Wer das verbreche, der bessert 30 β ꝺ so dick das beschiht.

Es soll ouch keyner kein vesseler sin oder mit keym vesseler teyl haben, dann welhes er triben wil soll er alles ein jor ushalten und das ander dozwüschen nit triben; und welhes einer noch eym jor empfohen und das triben wolt, soll er dannoch nit tůn er habe es dann vor und ee gesworen zů halten; und wer das verbreche, der bessert 5 lib. ꝺ so dick das beschiht.

Es soll ouch ein yeglicher, by synem eyde, alle die win die er gekouft hat gerwe verschencken obe er die würtschaft ufgit.

Es sol ouch ir keiner keyn houptkanne sin noch mit keym houptkannen weder teyl noch gemein haben; und wer das brichet, der bessert jor und tag von unser stat und git 5 lib. ₰ so dick das beschiht.

Sie sollent ouch erber lüte, die nit zapfener noch würte sint und ir win tůnt schencken, nit letzen, hindern, noch irren, in deheinen weg; wer das verbreche, der bessert 30 ß ₰ so dick das beschiht.

So balde ouch ir eyme ein vass mit win lere wurt, so soll er es am selben tage oder am nehsten tage, one verzogk, den visierern verkünden oder sagen, uf das sie dargont und es visierent und das me oder das mynner an dem ungelt anzeichent.

Welhe würte wurtschaft haltent und iren gesten stetes die imbs nit zů den pfennwerten rechent, als zům Nesselbach[1] und derglich, die sollent ir win uf das höher gelt verungelten, als das in dem ungelt roten bůch eigentlich geschriben stät.

Die huswürte sollent inen ouch keinen win lossen schrencken, das ist zů verston das sie keinen krancken win under gůten, oder keinen gůten under krancken, oder keinen nuwen under virnen, noch keinen virnen under nuwen nit tůn sollent, sunder yeglichen win lossen gantz unvermenckelt wie er an ime selbs ist; und wer das verbreche, der bessert 5 lib. ₰ so dick das beschiht.

Es soll ouch kein huswürt, noch nieman von sinen wegen, teyl noch gemein haben mit der keym umb die er win koufet; wer das verbrichet, der bessert 5 lib. ₰.

Sie sollent ouch, by iren eyden, rügen und fürbringen wä und von wem sie sehent oder empfindent, niemans usgenommen, das yemans der vor und nochgeschriben dinge deheins verbreche, das sie das am selben tage oder am nehsten tage darnoch, one verzogk, den ungeltern verkündent und sagent; und sollent dann die ungelter solichs an die ende bringen und geschriben geben do es dann hingehört, als das ir ordenung eigentlich uswiset, und wer also ützit fürbringet, über den soll man kein kuntschaft noch worheit hören, als das in der ungelter ordenung eigentlich geschriben stät.

[1] Die Wirthschaft *zum Nesselbach* befand sich an der Ecke des Nikolausstadens und des Goldgiessens, wo heute das Haus Nr. 1 steht.

Es soll ouch nieman in unser stat oder burgbanne kein würtschaft halten noch win schencken, er swere dann ee vor unsern herren meister und rat dise ordenunge stete zů halten, und sollent ouch die ungelter eym yeglichen dise ordenunge vorlesen, und ine donoch füren für meister und rat und ime doselbs lossen den eyd geben, als das harkommen ist, und sollent die ungelter einen yeglichen mit sinem namen hinder sich in ein bůch verschriben uf welichen tag er gesworen hat, uf das sie sich wissent donoch zů rihten; und wer ouch wurtschaft hielte und nit gesworen hette, der bessert 5 lib. ₰ und soll darzů in fünf joren weder würtschaft halten noch win schencken, und was einen solichen der also nit gesworen hette anginge, do soll man ime weder beroten noch beholfen sin, in keinen weg.

Alle und yeglich stücke, puncten und artickel in diser ordenung geschriben sollent die huswürte sweren stete und veste zů halten, by iren eyden und penen, als dann yeder artickel das in sunders uswiset und dovon geschriben stät.

---

Als die zapfener und huswürte den win bishar uf 4 ₰ geben und verschencket habent, do hant unser herren meister und rat und die XXI mit urteil erkant, das die zapfener und huswürte den nuwen win koufen sollent das sie ein mosse umb 3 pfennig gebent oder neher, und den virnen win lossent sie bliben by der ordenung, das sie in gebent uf den pfennig als sie ine nement, also doch das sie ine after sant Martins tag ouch nit höher geben sollent dann ein mosse umb 3 ₰; was koufe aber die zapfener tetent von virnem oder nuwem win, die sich trefent näher dann zů 3 ₰ zů geben, sollent sie ouch neher geben, noch besage der ordenung.

Actum feria secunda post exaltationis sancte crucis. Anno 1459. (17. September.)

---

## Wirth- und Zapfer-Ordnung.

### 1461.

Stadtordnungen, vol. 1, fol. 55.

Unser herren meister und rat und die XXI sint überein kommen und haben erkant das man zwen redelich manne orden soll, die do alle morgen, so die glock fünf sleht, an das ungelt kommen und do ein stunde warten söllent der würtc und zapfener die dann win uftûn und schencken wöllent, und soltent dann sie zwen und der ungelter einer, an dem es dann ist, von kelre zû kelre gon in derselben zapfener und würte hüser und den win den sie uftûn wöllent versuchen, und wie dann sie drye oder der merener teil under inen erkennet, uf ir eyde, nieman zû libe noch zû leide, das der würt oder zapfener den win geben soll, nochdem und sie dann der win gût duncket, umb 4 ₰ oder darunder, also soll er ine ouch geben und nit höher, er habe ine joch genommen wie er wölle, doch das sie keinen erlouben sollent höher zû geben dann umb 4 ₰, und söllent dann uf stunt lossen anzeychen das dem würt oder zapfener uf den tag ein so gros vasse mit win erkant worden ist zû geben uf einen solichen pfennig, und söllent dann die drye das vass versigeln und versorgen am bunten, werchzapfen, den fordern reifen und ouch sust wä das notdurftig ist, uf das dehein geverde domit getriben werden mög.

Es söllent ouch die drye deheinem dem sie win schetzent sagen wie sie den win geschetzet habent, das vass sy dann vor versigelt, und söll ouch derselbe solich win fürderlich verungelten, uftûn und schencken, und den win nit verhalten deshalb das er meinte der win were ime zû nohe geschetzet; wer sich harin anders hielte, der bessert 3 lib. ₰, die man ime nit faren lossen soll.

Es söllent ouch dieselben zwen, die von meister und rat hiezû geordent werdent, noch imbs aber an das ungelt gän, so die glock zwölfe sleht, und do warten bis das die glock eins sleht, und wers das dehein würt oder zapfener, dem sin win usgangen were und ein andern anstechen wolt, an das ungelt keme, mit dem söllent sie zwen und der ungelter einer, an dem es dann ist, aber in sinen kelre gän und den sachen nochkommen in mossen wie vorgeschriben stät.

Es soll ouch der zweyer deheiner noch der ungelter deheiner mit nieman der mit win also umbgot weder teil noch gemein haben, ouch nieman kein verleigung tůn und ouch von nieman deheinerley můte noch můtelon nemen.

Es soll ouch kein zapfener, noch nieman anders, deheinen win uftůn er sy dann vor versuchet und versorget, in mosse als vor stät; und wä es were das die dry oder die andern ungelter erfündent oder inen fürkeme das dehein zapfener, würt oder yeman anders win schanckte ee er von den dryen versuchet, versorget und geschetzet wurde, in mossen als vor stät, oder dehein vortheil oder geverde domit tribe, es were an sigeln oder sust, söllent sie den süben uf dem pfennigturn, denen empfolhen ist über solich sachen zů rihten, fürbringen, die ouch solichs für sich nemen und darumb besserunge erkennen sollent, der geschiht noch, bis an 10 lib. ₰; und söllent ouch die süben solich besserung niemans erlossen, by dem eyde.

Sodann von der hüswürte wegen, die söllent iren win ouch menglich harus geben uf den pfennig als die drye erkennent, und ouch einen geswornen winmesser haben, als dann ir ordenung, so inen vormols geben ist, innhaltet, darzů als die würte sich beklagen das die winmesser inen krancke knehte schickent die nit tögelich syent, do soll man den winmessern sagen, wann die würte eins winmessers begertent, das sie inen dann redelich kneht schicken söllent, dann wä sie das nit teten und die ungelter erkennen das der kneht so sie eym würt schickent nit tögelich were, so söllent die ungelter maht haben dem würt uf das mole zů erlouben einen kneht anderswo zů nemen, also das doch der kneht sweren solt reht zů messen.

Es söllent ouch die huswürte valler geben glicher wise als die zapfener.

Es soll ouch dehein huswürt sin win nit me in clein vessel lossen, sunder sin win us fůdern oder halben fůdern, darinne sie den win koufent, schencken, glicher wise als die zapfener, noch besage der zapfener ordenunge; welicher würt aber nit hette ein fůder oder ein halb fůder wins zů schencken, der soll win zům zapfen holen sinen gesten zů geben, wie ouch die ordenunge der zapfener und würte halb begrifet; doby soll es bliben.

Ouch soll man den zweyen, die also von den reten darzû geordent wurdent, geben von hynnan bitz sant Michels tag ir eym 2 lib. ♂ und den ungeltern gemeinlich 1 lib. ♂, und söllent ouch die ungelter das tûn ye einer noch dem andern ein woche umb die ander.

Es söllent ouch unsere herren meister und rat und die XXI, noch niemans anders, den obgenanten dryen in ir sachen nützit tragen, dann wie sie einen win erkennent zû geben doby soll es bliben; und welher würt oder zapfener darüber lief und sich von den dryen beclagete, es were vor den reten oder anderswo, der bessert 30 β ♂ so dick das beschee, die man ime nit faren lossen soll.

Welher würt oder zapfener ouch diser ordenunge halb den zapfen ufgebe oder nit win schanckte, der soll in jor und tage dehein zapfener, vesseler oder winkoufer sin, noch mit deheim zapfener, vesseler oder winkoufer teil oder gemein haben, in deheinen weg; und wer das darüber tete, der bessert 5 lib. ♂ so dick das beschee; und söllent ouch meister und rat, noch niemans anders, maht oder gewalt haben solichs yemans zû erlossen.

Ouch umb des willen das die würt und zapfener deste bass gûten win haben mögent zû schencken, so ist inen gegönnet das sie win im lande koufen mögent bis sant Michels tag nehstkünftig.

Actum feria secunda post dominicam misericordia domini. Anno 1461. (20. April.)

---

## Weinkauf und Zehrung auswendig der Stadt verboten.

**1481.**

Stadtordnungen, vol. 2, fol. 24.

Unser herren meister und rat und die XXI sint überein kommen und habent erkant, das dehein unser burger oder hindersass, weder frowen oder mannesperson, alt oder jung, deheinen win ussewendig des burgbannes, weder zû Schiltingheim oder an andern enden, zûm zapfen holen sollent und ouch nit gen Schiltingheim oder an andern enden usswendig der stat gon zeren, als bitzhar geschehen ist, über das man es doch vor verboten hat; und wer das darüber me dete, der bessert 10 ß ₰ so dick das geschehe; und hat man ouch solichs den sübenzüchtern entpfolhen zů rihten, ouch ernstlich hůte darüber gesetzet das man solich besserunge nieman faren lossen wil.

Actum dominica ante beati Bartholomæi, apostoli. Anno 1451. (22. August.)

## Weinzapfer-Ordnungen.

**1453.**

Stadtordnungen, vol. 28, fol. 145.

Dis rotslahen wart usgetragen vor den reten und XXI sabato ante Georgii martyri. Anno 1453. (21. April.)

Als in dem nehst vergangen jor geordent worden ist das die zapfener win hie in der stat koufen und den verschencken mögent uf einen pfennig unverdinget, wie dann jeglicher truwet den win zů vertriben, etc. Wie wol nů soliches in dem besten geordent wart, umb des willen das man meinde sü würdent dodurch deste ee bessern win koufen, und stetes gůten win zům zapfen schencken, gůt und ouch gemeine pfennwert, jeglichen win noch sinem gebüre geben, das der menige, beide arm und rich, die win zům zapfen holent, deste rehter geschee, so haben doch die zapfener durch solich nuwe ordenunge die menige me besweret und vester übernossen wann vormols, besonder daran, das sü etwan ein gůt fůder wins koufen und verschencken ein mosse umb 3 ₰, und dann ein fůder oder zwey krancken win vast neher koufent und doch ouch ein mosse uf das höher gelt, umb drie ₰, verschenckent, und soliches je lenger je me tribent, wie wol sü den krancken win billich neher gebent und dann noch gůt wynunge daran hettent; darumb und uf das semlich unbillich beswerunge abgeton und die menige etlicher mosse bass versehen werde, so habent unser herren meister und rat und die XXI etlich ir erber boten dozů geordent und den entpfolhen darüber zů rotslahen. Dem noch so hant dieselben boten etlich ander erber personen zů inen besant und die alten und nuwen ordenungen verhöret, sich ouch daruf in manigerley wege underret, und noch aller underredunge gerotslaget das der menige vast besser sy die alt ordenunge, die do wiset das die zapfener die win verschencken süllent uf den pfennig als sü die koufent: nemlich was win si koufent ein fůder umb ein pfunt fünf schilling, oder umb ein lib., oder bitz an 30 β, do süllent sü ein mosse umb ein heilbeling geben, und nit höher, usgenommen das sü den heilbeling zoll daruf slahen mögent, das ist die mosse umb 1 ₰ und also über sich uf zů rechen was dann je ein fůder me giltet, noch wisunge der alten ordenunge.

So habent ouch die herren allen costen so eim zapfener uf ein fůder wins gehört, eigentlich gerechent und überslagen, das er an yedem fůder gůten gewynne hat; so hat er ouch zů gewynne was er es neher kouft dann die summe geltz so uf yedes fůder gesetzet ist; so hat er ouch an yedem fůder wins vorabe zů gewynne 4 β ₰ an dem heilbeling zoll, dann er verheilbelingzollet nuwent 24 omen für ein fůder, dem alten geseige noch, und dût aber ein fůder wins 28 omen dem nuwen geseige noch; darzů so git er ouch dem winrůfer, winmesser und vorlogel nuwent 5 β ₰ zů lone, do man inen doch vor 7 β ₰ gap, des stont im die überigen 2 β ₰ ouch vor von eim jeglichen fůder wins; darzů welicher sin gelt selber entpfohet, der bedarf des vorlogels costen ouch nit han; so stont im ouch etwann vor die vasse noch dem dann einer koufen kann, das nů alles mercklich gewynne ist, doby man clerlich wol verstet das die alt ordenung uf das bestentlichest gesetzet und zům glichesten bedoht ist das der menige dodurch von den zapfener reht geschiht, und das doch der zapfener redelich wynnunge und gůten vorstant hat. Darumb wie dieselbe alt ordenunge uswiset, mit versorgunge aller ander notdurftig stück, puncten und artickel darinne begriffen, doby lassen die herren es bliben; dann so vil das sü ouch geroten beduncket darzů zů setzen das kein zapfener zweyerley win in eim keilre haben soll, sonder nuwent eynerley win, der uf ein gelt gekouft ist; dann was win er koufet uf ein ander gelt, solich win soll er ouch in einen andern keilre leigen, und das sü die win hie in der stat koufen süllent, es sy in keilren, uf dem winmerckel oder uf dem wasser; und was sü win koufent, die süllent sü nit sammenthaft wider verkoufen, weder in fůdern, in halben fůdern oder in vesseln, sonder fürderlich noch einander verschencken, alles by der penen und in dem underscheide als die ordenunge uswiset; usgenommen die stat Strasburg, obe die dete win in vassen koufen, fürsten, herren oder andern zů schencken, soll man der stat gehorsam sin also zů koufen zů geben.

Ouch als in der alten und nuwen ordenunge, an beiden enden, gestanden ist das man keinen andern win uftůn, růfen noch messen soll, der win der dann vormols ufgeton were sy dann vor gerwe us bitz an einen omen oder einen halben omen ungeverlich, do haben die herren verstanden das etwas geverlich domit umbgangen sy und noch fürter me geverde dodurch getriben werden möhte, darumb so beduncket sü geroten zů orden, vas win einer in eim vasse ufdůt, do soll er denselben win gantz usschencken bitz das vasse gerwe lere wurt untz an den drüpwin, den mögent sü in ein repsvass schütten, doch soll ir keiner me repsvasse han in eim keilre dann eins, das vier- oder sehsemig sy und nit grösser, sonder iren win den sü uftůnt in egemelter mosse uszapfen und an dem dirten tage domit vallen, als das von alter harkummen ist.

Ouch als etlich personen, die winrůfer oder winmesser oder vorlogel gewesen sint, oder ander zapfenerkneht, in das lant loufent win do us koufen und alhar zů mercket füren, und doch uf dem mercket nyeman anders zů koufen gebent dann dem zapfener oder wurt des kunt oder verweser er ist, do beduhte die herren ouch geroten sin zů ordenen das solich personen, so also von diser stat in das lant loufen win zů koufen, diselben win, so die har in die stat kement, nit uf den mercket füren soltent, sondern in keilre tůn inleigen, und nit verkoufen sü werent dann 14 tage uf dem leigeringe gelegen, und noch den 14 tagen so möhte man die dann erst verkoufen; ouch soll kein zapfener win an schulden nemen den er verschencken welle; dann was win sü schencken wellent, den süllent sü koufen, noch besage der ordenunge, mit winstichern, die ouch sweren süllent die koiffe an das ungelt ze verkünden, als sü vor geton habent und in mosse das vormals ouch geordent ist; was win aber die burgere, die nit zapfener sint, an schulden nement und dieselben win zům zapfen verschencken wellent, die süllent denselben win geben und verschencken uf den pfennig als er sü stet, nochdem er inen an schulden worden ist, und ouch valler geben und dozů haben gesworne winrůfer und winmesser, als das ouch vor geordent gewesen ist.

Item das ouch ein jeglich burger sin win mag schencken, also das er dozů habe ein gesworneu winrůfer und winmesser, und mag in uftůn uf den pfennig als er truwet das er im usgange, also das er am dirten tag ouch domit valle und das er den win gantz usschenckt bitz an den trüpwin und dozwüschen in kein ander vass steche, glicher wise als ein zapfener.

Sodann von der huswürte wegen, als den in der nuwen ordenunge gegönnet ist das sů menglich, wer das begert, nahtes win herus geben mögent und ouch sust herren und stetten win zů schencken nit versagen süllent, daruf habent die herren angesehen, diewile sü gerotslaget hant, das die zapfener der alten ordenunge noch win schencken süllent uf den pfennig als sü die koufent, umb des willen das sü dann deste bessern win koufen und denselben win deste bas verschencken mögent; so beduhte sü ouch geroten sin zů ordenen das die huswürt im tage nyeman keinen win me herusgebent anders dann iren gesten in iren hüsern, als dann gewönlich und von alter harkummen were, und welicher das verbreche, das der der stat bessert 30 β δ, so dick das geschee. Doch welicher huswürt gern wolt menglich win im tage für sin tůre als ein zapfener schencken, der möht das wol tůn, also das er darzů haben solt einen gesworneu winrůfer und winmesser und ein stůl für sin tůre setzen, und am dirten tage valler geben, und solt ouch der zapfener ordenunge sweren; aber nahtes noch der zit das die dirte gehürnet ist, welich zit das were vor mitternaht, so soll ein jeglicher huswürt, er tribe den zapfen oder nit, menglich win geben wer das begert, es sy uf stuben oder sust andern lüten, rich oder arm, nyeman usgenommen, und eim jeglichen by nahtes keinen win versagen, uf das menglich in der naht ouch zů trincken finde, und süllent ouch eim jeglichen umb sin gelt nahtes geben des wins den sü tages iren gesten geben; und welicher huswürt das verbreche an eim stück oder me, der bessert der stat 30 β δ, so dick das geschiht; aber noch mitternaht sullent sü nit verbunden sin win für ir tůre zů geben, sü tugent es dann gern.

## 1457.

Stadtordnungen, vol. 28, fol. 147.

Der zapfener nuwe ordenung wurt von den schöffen usgetragen sexta post lætare. Anno 1457. (1. April.)

Zům ersten, das ein jeglich burger zů Strasburg, wer do wil, win zům zapfen schencken mag, hohe oder nohe, also das er den win nit uftůge er habe in dann der stat vor verrihtet und verungeltet und habe einen geswornen winrůfer und winmesser, als bitzhar gewönlich gewesen ist.

Wer ouch also win schencket und bitzhar hie gesessen ist, der mag bliben oder dienen wo er wil, als dann vor ziten ouch gewönlich gewesen ist; aber wer hynnanfürter von dem land harin ziehet und win zům zapfen schencken wil, der soll den würten in ir bühse 10 β ₰ geben, ein mol für alle, und mag dienen mit welichem antwerck er wil. Wer ouch also win schencket, der soll solichen win zwen tage uf ein gelt geben und an dem dirten tag domit vallen und neher geben.

Er soll ouch nit zweyer hande win uf einen tag in eim keilre geben uf ein gelt one erloubung der ungelter, die doch nieman erlouben süllent, sie haben dann den win vor versůchet und wissent das sust bresten an win ist und das es notdürftig were zů erlouben.

Wer ouch win im lande koufet und alhie wil verschencken, der soll der stat zoll von beden henden geben von demselben win.

Er soll ouch keinen win anders machen dann als er in kouft hat oder im worden ist, ungeverlich.

Sü süllent ouch die win die sü verschencken wellent verungelten zwüschen den zwein ratzglocken oder umb dieselbe zit, als das harkummen ist.

Und wer der vorgeschriben artickel deheinen verbreche, der bessert 5 lib. ₰, so dick das geschee, von yedem artickel den er verbreche.

Wer ouch win git zům zapfen, der soll in menglich geben im winter bitz das die glock 8 sleht, und im summer bitz das es 9 sleht, und soll darnoch inheben mit sinem geschirre und keinen me geben; aber ein jeglicher zapfener der hus und keilre by einander hat, keme do jeman noch der egemelten zit und forderte win, so soll er im win geben umb sin gelt, ungeverlich; desglich süllent die huswürte after derselben zit menglich ouch win geben wer des an sü begert; doch im tage süllent die huswürte keinen win für die tůre geben noch schencken, sü haben dann gesworen winrůfer und winmesser, glicher wise als ein zapfener die haben soll; und wer das verbreche, der bessert 30 β ₰ so dick das geschee.

Es mag ouch ein jeglicher zapfener den win den er uf das neher gelt geben wil, morgens früge wol uftûn und armen lüten, arbeitern oder bilgerin den geben, also das er zû stunt zû den ungeltern gange oder ir eim under inen das verkünde, und sobalde das ungelt ufkumpt, das er dann denselben win fürderlich verungelte, und anders nit; und wer das verbreche, der bessert 5 lib. ₰.

Die huswürt und zapfener süllent ouch nieman keinen andern win zû schetzen geben, dann den win den sü uftûn und verschencken uf den tag; und welicher das verbreche, der bessert 5 lib. ₰; hette einer aber so vil geltz nit, der soll ein vierteil jors im turn ligen, und soll man ouch das nieman faren lossen.

Es soll ouch ir deheiner der den zapfen tribet nit mynner verschencken dann ein fûder oder ein halp fûder, und die nit in vessel lossen, und soll ein stûl für sin tûr oder für sin keilre setzen; und wer das verbreche, der bessert 5 lib. ₰.

Sü süllent ouch nieman keinen win in iren keilren oder andern gelehenten keilren gehalten, weder burgern, hündersossen noch lantlüten; und wer das verbreche, der bessert von yedem fûder 30 β ₰ so dick das geschee.

Es soll ouch ir keiner keins andern zapfeners schonen noch kein fürworte mit im haben das einer des andern schone; wer das brichet, der bessert 30 β ₰.

Sü sullent ouch erber lüte, die nit zapfener sint und iren win tûn schencken, nit letzen noch irren, in deheinen weg; wer das verbrichet, der bessert 30 β ₰.

So balde ouch ir eim ein vass mit win usget, so süllent sü es den visirern by der tagezit oder am andern tage donoch, one verzog, verkünden, uf das sü das zû stunt visirent, und das me oder das mynner an das ungelt verzeichent; wer das verbrichet, der bessert 30 β ₰.

Ouch als bitzhar gewönlich gewesen ist das man nuwen win vor dem münster und uf dem Vischmercket und ouch an andern enden geschencket hat, bitz sant Martinstag, solichs soll doby blyben; aber man soll nit gestatten das jeman after sant Martins tag nuwen win schenck, er sy dann vor 14 tage uf dem ligeringe gelegen. Es soll ouch nieman keinen nuwen win, den man schencken wil oder schencket, rüren noch die trûsen darinne nit bewegen, in dehein wyse, sonder das vass lossen stille ligen bitz das der win uskumpt, one geverde; und wer das verbrichet, der bessert 30 β ꝺ so dick das beschiht.

Wer ouch wasser dût in den win den man schencket oder schencken wil zûm zapfen oder den win sust velschet, das sich küntlich findet, der soll der stat bessern 100 lib. ꝺ und ewiclich us dem bistûm. Were aber ein geschiht also gestalt oder so dick gescheen das meister und rat beduhte das es fürbas zû strofen were, so süllent sü fürbas besserunge erkennen der geschiht noch, uf den eid.

Die winrûfer und die winmesser süllent ouch sweren keinen andern win zû rûfen oder zû messen, der win sy dann gantz us den sü ufgeton hant, und süllent ouch dozû sweren alle vor und noch geschriben artickel diser ordenunge zû halten, und ouch einer den andern zû rügen wo einer es nit hielte.

Es süllent ouch die huswürte und die zapfener, die stetes win zapfent, dise ordenunge sweren, und süllent die ungelter anschriben die die als swerent, uf das sü wissent wer gesworen habe oder nit, und ouch zû rügen wo einer verneme das es der ander nit hielte.

Es soll ouch solich rügen gescheen, one allen verzog, den ungeltern, die süllent es dann fürbas bringen für die süben uf dem pfenningturn oder für die rete, wohin dann jeglichs gehört, das es gebessert und gestrofet werde nach wisung der ordenunge.

Unser herren meister und rat süllent ouch die sünneisen tûn geben und die sünner sweren zû sünnen als im alten bûch geschriben stot.

---

## Verordnung den Weinzapfern erlaubend Wein auf dem Land zu kaufen.

**1483.**

Stadtordnungen, vol. 28, fol. 144.

Unser herren meister und rat und die ein und zwentzige haben angesehen wie es, noch gestalt dis herbestes, von des wines wegen gelegen ist, und habent den zapfenern gegönnet das sü zû diser zit win im lande koufen mögent und har in dise stat füren und den verschencken zûm zapfen uf den pfennig als sü den nemen, und soll ouch ir jeglicher, by sinem eide, den ungeltern an das ungelt verkünden wie er yeglich stück wines genommen habe, und mögent daruf slahen ein bescheiden fůrlon, doch von eim fůder nit über 6 β; sü süllent ouch von solichen winen die sü do usse koufen den zoll von beiden henden rihten, das ist von eim fůder 4 β und darüber und darunder das marzal, und die win ouch schencken unvermenckelt; sü süllent ouch mit nyeman kein gemeinschaft haben an solichen winen umb die sü koufen; und süllent die ungelter, by iren eiden, warnemen das den sachen nit anders nochgangen werde dann dovor geschriben stot; und soll dis weren so lange unser herren meister und rat beduncket notdurft sin, und das sü das andern mögent wann sü wellent.

Actum tertia post Simon et Jude. Anno 1453. (30. October.)

---

## Beschluss die Weinzapfer und Weinschenken betreffend.

**1457.**

Stadtordnungen, vol. 28, fol. 149.

Als von des winschenkens und zapfens wegen durch der rete und XXI erber boten, die dozů geordent worden sint, ein ordenunge gerotslaget und darinne, under anderm, begriffen ist das ein jeglich burger zů Strasburg, wer do wil, win zům zapfen schencken mag, hohe oder nohe, also das er den win nit uftůge, er habe in dann vor verungeltet und habe einen gesworen winrůfer und winmesser, und möge bliben oder dienen wo er wil, do habent nů die zům Friburg[1] gemeinet das soliches were wider irs antwerckes alt harkummen und wider ir alten und nuwen briefe, darinne dann, vor alten ziten und ouch by nuwen ziten, usgetragen und erkant worden were, wer von dem lande harin zühet oder in unser stat sitzet und win zům zapfen schencken wil, das der mit den würten zum Friburg dienen soll. Dogegen so haben die winrůfer und winmesser gemeinet das solichs so die würte fürwantent nit also gehalten oder harkummen und ouch nit billich were; dann es werent etlich personen dot, so lebetent

[1] Die Eingesessenen der Zunft *zu den Freyburgern.*

ouch etlich personen noch die würte gewesen werent und win zům zapfen geschencket hettent, glicher wise als die würte zům Friburg detent, und hettent doch mit den zům Friburg nie gedienet; dann ein jeglicher winschenk oder zapfener were fry gewesen das er dienen möhte mit welichem antwerck er wolt; über das meinten die zům Friburg das ein jeglicher der hynnanfürder ein zapfener würde mit inen dienen solt; dodurch nů niemans me zů den winrufern und winmessern keme, deshalp sü den rat nit me zů besetzen hetten und der stat nit me gedienen möhten; dann wo es mit solicher ordenunge versehen würde, so möhten sü kein antwerck me sin und müsten ir baner den reten ufgeben. Dagegen so sint die zům Friburg uf ir obgemelten meynunge bliben; dann wo man das nit dete so möhten sü ouch kein antwerck me bliben. Als noch vil rede und widerrede so die beiden antwerck der sachen halp gegen einander gehebt habent, und ouch nochdem ir beider sit briefe verhört sint, so habent unser herren meister und rat und die XXI sich davon ouch underret und bedoht, wie dann zů ziten von etlichen personen, die nit mit den egenanten zwein antwercken dienetent, sonder by andern antwercken warent, vil me winschenkens gescheen und der zapf vast besser gewesen ist, ouch dodurch der stadt von dem zapfen viel me zolles gefiel dann jetz gescheen mag, villiht deshalp das es mit ordenunge übersetzet und vast beswerет worden ist; darumb und nochdem der zům Friburg urteilbrief zů lesen wiset das doch der stat ire friheit, reht, gewonheit und harkummen behalten sin soll, so habent die rete und XXI, durch der stat und der mennige gemeines nutzes und notdurft willen, erkant das es hynnanfürder gehalten werden soll als hienoch geschriben stot: zům ersten, das ein jeglich burger zů Strasburg, wer do wil, win zům zapfen schencken mag, hohe oder nahe, also das er den win nit ufslůge er habe in dann der stat vor verrihtet und verungeltet, und habe einen geswornen winrůfer und winmesser, als bitzhar gewönlich gewesen ist.

Wer ouch also win schencket und bitzhar hie gesessen ist, der mag bliben oder dienen mit welichem antwerck er wil, als das vor ziten ouch gewönlich gewesen ist; aber wer hynnanfürder von dem lande har in dise stat ziehet und win zům zapfen schencken wil, der soll den würten in ir büsse 10 β ₰ geben, und er mag dienen mit welichem antwerck er wil; und wie von jedem fůder wins das einer verschencket bitzhar ein pfennig geben ist, soll fürbas also geben werden; und welicher win rûfen oder win messen wil, der soll mit den winrufern und winmessern dienen so lange er ir hantierung tribet, und soll dozû ir jeglicher, er sy würt, winschenck, zapfener, winrûfer oder winmesser, halten alle puncten und artickel so geordent sint oder werdent.

Actum feria quinta vigilia annunciationis Mariae virginis. Anno 1457. (24. Maerz.)

Vor den schöffel usgetragen und bestetigt uf fritag nach Laetare 1457 (1. April), als ein urteilbrief wiset.

---

## Berathschlagung um die Stadt mit neuem Wein zu versorgen.

**1461.**

Stadtordnungen, vol. 28, fol. 151.

Her Jacob Wurmser, her Hans Trachenfels, her Hans Mehlbrüh und Hans Berer hant zû inen besant Peter von Rore und Hans von Dalheim, und sich miteinander underret, nochdem inen entpfolhen worden ist zû rotslahen wie die stat und die mennige mit dem nuwen win versehen werde, noch gemeinem nutz und notdurft, in mossen hienach geschriben:

Zûm ersten, als den würten und zapfenern gegönnet ist win im lande zû koufen, do haben die obgenanten herren bedaht, solt inen das fürder gegönnet werden, so würde der mercket in dem lande sin, und der stat dodurch grosser abgang zûgefüget an iren zöllen und gevellen; so würde auch dodurch ufslag im lande gemaht, deshalp das die würt und zapfener den win lieber tür nement dann wolfeil, als man das zû ziten hie uf dem winmerckt wol gesehen und gehört hat das etlich gesprochen haben: hette man nun den win türer oder höher geboten, so hetten sie ine ee gekouft, umb des willen das sie ine deste türer verschencken möhten; domit und in ander wege sie ir vorteil gesûchet und die mennige beschetzet haben. Aber das zû versehen und zû bestellen das der mercket mit dem winkouf alhar in die stat gezogen und das deste me wins alhar zû mercket broht werde, so ist der obgenanten herren meynunge, und sint des alle eins, das man den würten und zapfenern verbieten soll das sie, noch niemand von iren wegen, after sontages noch sant Michels tag deheinerley win me in dem lande koufen sollen, sonder was win sie verschencken wellent, die sollent sie alhie in der stat koufen, uf das deste me wins alhar zů mercket broht werde. Dodurch so hat die stat deste me nutzes an iren zöllen und gevellen; so findet ouch die mennige deste bessern win und ouch deste nehern kouf alhie uf dem mercket; so bringet es ouch den antwercken manchen gewinnes, dann wer von dem lande harin feret oder etwas geltz abe winen löset, der kouft gewönlich ouch etwas, des er dann bedarf; so git etlicher sinem schuldener gelt, und ist also in vil wege der stat und der mennige nützer und besser das der mercket hynne sy dann us im lande.

Nü umb des willen das die würte und zapfener ouch geneiget werdent das sie den win lieber nahe koufen dann düre, so haben die herren gerotslaget und sint des ouch eins, das die winschetzer sweren sullent den würten und zapfenern ir win zů schetzen wie sie dann je zů ziten, noch merketz louf, glich und billich beduncket ein mosse zů geben, und wie dieselben drie oder der merer teil erkennen, uf ir eid, das ein jeglicher sin win verschencken soll, des soll ouch jeglicher gehorsam sin, er habe den win hohe oder nahe gekouft; ouch wie die ordenunge wiset es mit dem versigeln zů versorgen und ouch valler zů geben, doby soll es bliben; und soll dis mit dem nuwen win ouch uf den egenanten sontag anfohen und weren so lange soliches unser herren die rete und XXI beduncket nůtz und gůt sin.

So dann der knehte halp, als die würte sich beclagen wie sie die kneht köstlich ziehen und halten müssen mit essen, trincken und lon geben, und das ir einer etwan, so es not dete, nit ein disch im huse rihte, nit eim gast essen antrüge, nit ein wasser in ein küchen holete, und nit anders tůn dann des kelres warten, dovon haben sich die herren underret und meinet ein teil das die würt daran beswerel sient, und das man in günnen solt, das ein würt einen kneht dingen möht der stetes sin gedinget kneht were ein jor oder ein halp jor, also das er sweren solt reht zů messen, und das man die synneisen ouch bruchen solt, als es geordent ist; und würde eine myssemesse erfunden, dovon solt der würt und der kneht glich bessern 30 β, jeglicher das halbe; und soll der kneht dienen mit den winmessern.

Dogegen so meinet der ander teil, sie die würt me clagen, so man bass verstanden, das die kneht mit dem messen reht umgangen, und were nit gût das ein würt so lange einen kneht haben solt, dann es were versehenlich er geturste in nit gerügen; dann wie die ordenunge wiset das einer ein monat by eim würt sin solt, ouch, by sinem eide, rügen und tûn als die ordenung wiset, das das doby blibe und das der kneht mit den winmessern diene, und obe er unreht messe, das er es dann bessere und der würt nit, und das man ouch die synneisen bruche als es harkummen sy.

Ouch als etlich personen win vergrempen mit koufen und verkoufen uf merschatz, dovon haben die herren gerotslaget und sich darinne ouch gezweyet, und ist des mynner teils meynunge, das ein jeglich frömt person die win uf den winmercket brehte, er were im uf sinem eigen gewahssen oder sust gekouft, solichen win soll er uf dem winmercke wider verkoufen und nit inleigen noch abe dem mercket füren, er were dann verkouft; so müste er ine dodurch deste nehter geben und möhte mit siner gremperie deste mynner dürunge gemachen; doch so mag ein jeglich burger sin eigen winwahs uf den mercket füren, und obe er den nit verkoufen kunde, so mag der burger solich sin eigen winwahs inleigen. Dogegen so ist des merern teils meynunge, das alle die personen die win uf merschatz koufen und verkoufen, solich ir win nit uf den winmercket füren sullent, sonder die strackes in ir keilre leigen zûm verkoufen, und die ouch nit verkoufen, sie sint dann vor vierzehen tage uf dem ligering gelegen; und das ein jeglicher sin eigen winwahs mag uf den mercket füren, und obe er den nit verkoufen kann, so mag er ine inleigen.

Ouch als etlich burger mit den ussern an winen gemein gehebt hant und uf dem winmercket gestanden sint, so ine jeman versuchet und gefroget hat wie man in gebe, daruf den win gerümet und geantwurt als obe der win nit ir were, und so geverlich die lüte zû koufen broht, do haben die herren gerotslaget und ist des merern teils meynunge das man solichs menglich verbieten soll, und ouch ordenen das die winsticher alle gemeinlich sweren süllent fürderlich den ungeltern zû rûgen, wo sie erfindent das einer oder me, er sy burger oder nit, gremperie tribet mit win koufen und verkoufen, und solich win nit inleit sonder uf den mercket füret; wer ouch das důt, der soll bessern, so dick das geschiht, von eim fuder 2 lib. und von eim halben fuder 1 lib., und darunder und darüber noch marzal, nemlich das halbe der stat und das ander halbe den winstichern gemeinlich. So ist des mynnern teils meynunge, wer win zů offen mercket bringet, der soll in uf dem mercket verkoufen, doch so soll man den burgern verbieten mit keim ussern weder teil noch gemein zů haben, by 5 lib. ₰.

· Als dann in dem schencken des nuwen wins vil geverde getriben wurt mit den trüsen, das die ouch vast verschencket werden und die win dodurch betrübet, do ist des merern teils meynunge, das die würte und zapfener, noch nieman von iren wegen, die vasse nit swancken noch rütteln süllent, und das man ein jeglich vass nit nyderer anstechen soll dann uf ein qwerch hant; doch so süllent die schetzer sunderlich war daruf nemen, das dehein gewerb mit bewegung der trüsen getriben werde, bitz das der win us dem vasse kumpt, und besonder wann sie der win in dem vasse zů trůscht und nit reht beduht, so süllent sie in heissen lassen liegen bitz er sie zit und reht beduncket, das sie in dann schetzen und versigeln zů schencken; und süllent die schetzer das versorgen bitz sant Martins tag, und nemlich hiezwüschen keinen nuwen win schetzen, er sy dann zům mynnesten drie tag uf dem ligering stille gelegen; noch sant Martinstag aber kein schetzen, er sy dann vierzehen tage uf dem ligering gelegen; und welicher würt, zapfener oder messer harinne bůszwürdig funden wurt, der soll bessern 30 β ₰ der stat.

· Sodann von des lones wegen den schetzern, als versehenlich ist das sie mit umbgon von eim ende zům andern vil arbeit haben werden, do haben die herren gerotslaget das man zwen redelich manne, die es wol getůn mögen, darzů kiese und ordene und der eim zům jor gebe 6 lib. ₰, und den drien ungeltern gemeinlich 3 lib., und das man inen ernstlich entpfelhe, uf die zit als inen bescheiden wurt, den sachen unverzügelich noch zů gon, nemlich von sant Michels tag bitz liechtmessen zů verkünden, das die würt und zapfener zů süben des morgens an dem ungelt sient und sich lossent anzeichen welicher im wil lossen win schetzen zů schencken, das dann die zwen schetzer zů ahtwen des morgens an dem ungelt sint, und mit der ungelter eim anfohent umb zů gon die win zů schetzen, desglich noch imbis zů zwölfe aber anzůzeichen und zů ein (uhr) umb zů gon, und nach der liechtmess des morgens aber ein stunde deste früger mit dem anzeichen und umbgange anzůfohen.

Der herren meynung ist ouch, was brůch die schetzer erfindent, das sie die den süben uf dem pfenningturn fürbringen und darinne cleger sin süllent, und die sache zů ende usfüren von der stette wegen und die süben darüber lassen erkennen, dann die schetzer solich brüche und sache bas wissent fürzůbringen und zů füren dann jemann anders.

Ouch als man von alter har uf dem winmercket vasse und win mit einander gekouft hat, und nů die würte oder die zapfener darinne nuwerung und geverde gesůchet und die vass sonder gekouft und dürer genommen hant dann sie wert gewesen sint, do haben die herren gerotslagt das soliches nit me geschee, sonder hynnanfürder gehalten werden soll als von alter har gehalten ist, das jedermann soll win und vass miteinander koufen, und soll man ouch solichs offenlich gebieten, das sich jederman danoch wisse zů rihten.

Der herren meinunge ist ouch, welicher würt oder zapfener win in sinem keilre hat der gůt zů schencken ist, er sy wie er welle, der soll semlichen win schencken, so es die schetzer heissen.

Sodann von der reppiszvasse wegen, do soll dehein würt oder zapfener me reppiszvass han in sinem keilre dann eins das vier- oder sehseimig sy, und nit grösser, und soll ouch ir deheiner keinen win us dem reppisz nemen oder gewynnen, by sinem eide; dann wann es were das ir einer win us dem reppisz bedörfte visch zů sieden oder sust zů kochen, so soll der gesworne winmesser ime denselben win harus geben, und nieman anders. Es sollent ouch die beseher, wann sie in die keilre gont win schetzen, zů den reppiszvassen lůgen, und wann es voll ist, dem würt oder zapfener gebieten keinen win me zů geben dann den in dem er stecket, er habe dann den reppisz vor geschencket; und wann ir einer ein reppiszvass uftůn wil, soll er (es) am morgen uftůn und schencken, und es den besehern am obent zůvor verkünden; die sollent dann den reppisz schetzen, und wie sie ine dann heissen geben uf den pfenning, soll er ine ouch geben; und sollent die reppiszvass gezeichent sin, das sie die schetzer bekennent. Und welher würt oder zapfener sich harinne anders hielte, soll der winmesser, so balde er es erfindet, rügen und fürbringen, by sinem eide, den schetzern; und soll dann derselbe würt oder zapfener bessern 30 β δ; wers aber das der winmesser solichs erfünde und nit fürbrehte, soll er ouch bessern 30 β δ.

Und als dann die herren ouch vernommen habent, das die würt die an ungelegen enden gesessen sint, als under Wagner und an Steinstrosse, sich beclagen das inen zů swer sy den valler zů geben, und deshalb keinen win me schenckent, so meint der merer teil das man denselben würten under Wagner und an der Steinstrosse gönnen solt das sie ir win in vierling lossen möhtent und das sie sich sust hieltent mit valler geben wie die ordenunge innhaltet; dodurch meint der merer teil das sie wider anfohen wurdent win zů schencken, als das der stat dester me gefälles wurde, und soll in kein ander vass stechen, der vierling sy dann us. So meint der mynner teil, solt es denen gegönnet werden, das dann solichs einen inbruch bringen möhte der nit gůt were, und darumb wie es vor geordent ist doby lot es der mynner teil bliben.

Actum vigilia Michaelis 1461. (28. September.)

---

## Weinverkauf für Rechnung der Stadt.

### 1462.

Stadtordnungen, vol. 28, fol. 154.

Her Jacob Wormser, her Hans Trachenfels, Hans Berer, Thoman Büssener, Peter von Rore, Sifrit Pfaffenheim und Hans Dalheim feria tertia post Dionysii 1462. (12. October.)

Die herren den entpfolhen ist zů rotslahen von des wins wegen, haben sich von der sachen underredt und daruf gerotslaget in dise wise:

Zům ersten ist eins teils meynunge, nachdem der stat jetz 12 fůder wins gekouft sint, und noch by 12 fůder vorhanden sint, das man do sust in der stat me darzů kouf, das man zůsammen fünfzig fůder habe, bitz sant Martins tag je ein woche 10 fůder zů verschencken, ein mosse umb $3^1/_2$ pfenning; obe do die stat wol nochzück doran habe, so besser es doch die mennige etwas gross das es by

$3\frac{1}{2}$ blibe untz sant Martins tag, dann dozwüschen möge man win deste neher gekoufen. So möge man ouch den besten nuwen win durch die schetzer lossen ein mosse geben umb $3\frac{1}{2}$ pfenning; aber wie die schetzer den krancken heissen neher geben, doby soll es ouch bliben untz sant Martins tag; doch darnoch mag man aber zů rote werden was fürbass de stat und der mennige zů tůn (gut) sy.

So meint ein teil das solichs bitz sant Martins tag zů lang sy, und beduhte sie besser das man es nit lenger satze dann bitz vom samstag über aht tage, hiezwüschen sint zwene fritage als merckt hie, uf denselben zwein mercklen würde man wol sehen, nochdem vil oder wenig wins harkeme, was donoch zů tůn were.

So ist ouch gerotslaget, nochdem wenig virne wins ist, und darzů dis jor der nuwe win an vil enden misseroten ist, das do notdurft und gůt were das jemans in geheim usgeschicket würde win in dem lande zů besehen und der stat zů koufen, und doch nit in der stat namen, umb des wille das dodurch nit ufslag entstünde, und das man solichen win gehielte untz das bresten an dem zapfen were, das dann die stat solich win hette zů schencken.

Die rete und XXI haben das merer teil erkant zů bestellen.

Actum feria quinta post Dionysii 1462. (14. October.)

---

## Beförderung der fremden Fuhrleute die Wein in der Stadt kaufen.

### 1463.

Stadtordnungen, vol 28, fol. 155.

Unser herren meister und rät und XXI habent erkant das den frömden fůrlůten, die win hie in der stat ladent und usser lande fürent, gegönnet sin soll das die küfer inen solich ir win abelossen und bereyten mögent noch ir begerunge, uf das die fůrlůte deste geneygter sient hie in der stat zů laden; doch also das die küfer keinem fůrman sin win also bereyten sollent, er tůge dann den glouben solich bereyten win in vier milen weges umb Strosburg nit zů verkoufen, und ouch also das die küfer die win die verkouft werdent den zapfenern oder andern in der stat, oder was win verkouft werdent in das land, in der nehede umb Strosburg, ginsyt oder hiedissyt Rynes, nit sollent bereyten, oder sust nieman anders, sunder die lossen bliben als die sient, in mossen das vormols erkant ist und die küfer gesworen habent.

Actum vigilia pentecoste, anno 1465. (1. Juni.)

---

## Verordnung über den Weinverkauf.

**1466.**

Stadtordnungen, vol. 28, fol. 159.

Als herr Hans Merswin, Heinrich Bisinger und Steffan Wingersheim geordent worden sint zů ratslahen von der wine wegen, haben sie zů inen besant Thoman Buhssener, Peter von Rore und Hans Gerbott, die zwen ungelter, und sich dovon miteinander underret und geratslaget als hienoch geschriben stät:

Vorabe der suren wine wegen, wie do dieselben wine bishar zů 2 pfenningen und zů 3 helbling geben sint, doby lossent sie es bliben, noch besage der ordenunge.

Wers aber das yemans, er were würt oder zapfener, win uf das höher gelt, nemblich umb 3 oder 4 pfenninge, schencken wolt, uf was pfenniges er dann den win ufzůtůn meynt, uf denselben pfennig soll er den win verungelten, und wann der win verungeltet wurt, so sollent dann die zwen die unser herren meister und rät und XXI darzů ordenen sollent, oder ir einer, mit der ungelter eym gän in den kelre darinne der win lit, und den win versuchen, und wie sie dann erkennent das er den win geben soll, es sy umb den pfennig als er ine verungeltet hette oder neher, also soll er ine geben; und obewol erkant würde denselben win neher zů geben dann er ine verungeltet hette, so soll er doch by dem verungelten bliben und ime des nit widergeben oder abgeslagen werden, uf das sie deste geneygeter sient gůten win zů koufen. Sie sollent ouch darzů am dirten tage domit fallen. Dieselben winschetzer sollent ouch die vass versigeln, und wann ye das vass mit win uskompt, soll zům mynnesten der schetzer einer das insigel besehen, das kein geverde domit getriben sy, und es dann wider darnan tůn.'

Es sollent ouch alle winmesser sweren von nuwem, vor den schetzern, den valler zů geben und anderes zů tůn das ir ordenunge innhaltet.

Ouch so beduhte sie geroten sin das man der schetzer eym jors geben solt zů lone 5 lib. ₰, und den ungeltern 1 lib. ₰; und obe es were das es sich im jore mit dem nuwen win begebe das man des winschetzens nit bedörfte, so solt man inen lonen noch margtzal.

Der obgemelten artickel sint sie alle eins.

Rete und XXI haben dis nit gefolgt, sondern erkant der alten ordenunge noch zů gon.

Actum sexta feria post Cantate 1466. (9. Mai.)

---

## Verordnung über den der Stadt zukommenden Antheil an Weinverkäufen.

**1473.**

Stadtordnungen, vol. 13, fol. 47.

Nochdem der stat Strasburg teil wurt von etlichen koufen domit die underkoufer umbgont, so haben unser herren meister und rat und die XXI erkant, was wine uf dem winmercket oder an dem wasser verkouft werdent, dovon soll der stat das halbe stichgelt werden, nemlich von eim fůder vier pfenninge und darunder, noch marzal; sodann von den winen in den kelren soll der stat werden der dirteil von dem stichgelt, das ist von eim fůder ouch 4 ₰, also das ein yeglicher winsticher mag nemen sinen teil stichgeltz so ime zůgebůrt, und wann gynner der den win kouft het den win am ungelt verzollet, so soll er doselbs am ungelt der stat teil des stichgeltz, nemlich von yedem fůder 4 ₰, ouch geben, und sollent die ungelter solich stichgelt in ein sunder bühsse tůn und die alle woche uf den pfenningturn lossen antworten mit andern bühssen, und soll ouch dasselbe stichgelt alle woche in den costen geschriben werden, uf das man wissen möge wie vil es ye zů ziten tůt.

Actum feria tertia post Invocavit. Anno 1473. (9. März.)

---

## Verbot zu Kehl einen Weinmarkt zu halten.

**1473.**

Stadtordnungen, vol. 2, fol. 55 b.

Unser herren meister und rat und die XXI haben erkant das man nit gestatten soll den winmerckt zû Keule; als jetzt kürtzlich in disem herbest angefangen ist über-Rinschen win in vassen gon Keule zû füren und aldo zû verkoufen, das doch vormols nit me gescheen sonder ein nuwerunge ist die man nit gestatten, sonder es by altem harkummen halten und hanthaben soll.

Ouch als die wasser jetz clein sint, das man die über-Rinischen win nit wol in schiffen by dem kran in dise stat bringen mag, als von alter harkummen ist, so soll man solich über-Rinisch win lossen uf wagen oder karrichen by dem kran in dise stat füren und aldo verkoufen; und wer das nit dete, der bessert 10 β ₰.

Man soll ouch der stat Strasburg zoller zû Keule empfelhen den lüten zû verkünden, das man keinen winmercket zû Keule gestatten wil; und welicher darüber understünde win doselbs zû verkoufen, so soll er im ein pfert zû pfande nemen und es alhar in dise stat bringen und es dem ammeister verkünden sich donoch zû rihten, und doch nit desto myner deheinen win doselbs lossen verkoufen.

Actum feria secunda ante Michaelis. Anno 1473. (27. September.)

---

## Verordnung über den Weinverkauf in den Vorstädten.

**1478.**

Stadtordnungen, vol. 28, fol. 160.

Die herren die geordent sint zû rotslahen des winschenckens halb in den vorstetten habent bedoht, das es gût ist das der zapf in den vorstetten vertig sy, dann wä des nit were, so wurde den lûten doselbs ursach geben dester ee win zû Schiltigheim oder an andern enden uswendig der stat zû holen. Nu umb das semmlichs deste bass versehen werde, so were eines teils meynunge, das die würte in den vorstetten, als under Wagnern, im Brûch und an Steinstrosse, von iren winen, die sie schancktent, keinen faller gebent.

So were des andern teils meinunge, das sie am fünften erst den faller geben soltent, und möhtent ir win in vierlingen verschencken. Aber die würte in Crutenöwe lot man bliben wie es geordent ist.

Umb das der zapf in den vorstetten, nemlich under Wagnern, im Brûch und an Steinstross vertig sy, und den lûten doselbs nit ursach geben werde win zû Schiltigheim oder anderswo uswendig der stat zû holen, so ist geordent das die würt in denselben vorstetten am fünften tag erst den faller geben süllent, und ir win in vierlingen verschencken mögent; doch die würt in Crutenöwe lot man bliben wie es vor geordent ist.

Actum vigilia Johannis Baptistæ. Anno 1478. (23. Juni.)

---

## Weinverkauf auf den Zunftstuben.

**1479.**

Stadtordnungen, vol. 28, fol. 161.

Als für die XV gewisen ist zû rätslahen von des winschenckens wegen, nochdem geret wurt das man keinen gûten win zûm zapfen finde, etc., so habent sie sich dovon miteinander underret, und were eines teils meynunge, diewile die zapfener sich vormols beclaget habent, nochdem die stuben ir eigen win hettent, das dodurch der zapf abginge und sie keinen gûten win geschencken kondent, und daruf die rete und XXI erkant habent das man keinen win uf deheinen trinckstuben haben soll, dann menglich soll win zûm zapfen holen; und aber die zapfener sich nit donoch rihten das sie gûten win schenckent, und domit schaffent das etwie mannige persone win us sinem huse uf die stuben treit zû trincken, dodurch der stat mercklicher abbruch geschiht an iren zöllen und gevellen, das dann den stuben wider erloubet sin soll ir eigen win zû haben, doch das sie solich win uf das höher gelt verungeltent wie es dann vormols gehalten worden ist.

So were des andern teils meynunge, das man den constofelern und dem ammeister gönnen solt win uf iren stuben zů haben, und wie es sust geordent ist, doby soll es bliben; dann sollte man allen stuben erlouben win zů haben, so ginge der zapf abe, und wer do uf den stuben esse finde gůten win, aber wer frömdes har keme finde nit gůten win umb sin gelt veyl, das doch der stat unlöbelich were.

So were des dirten teils meynunge, solt solichs den constofelern erloubet sin und nit den antwercken, brehte unwillen, und darumb so beduhte disen teil geroten sin, wie es geordent ist, deheinen win u den stuben zů haben, one uf eines ammeisters stube, doby solt es bliben.

Unser herren meister und rät und XXI habent den constofelern gegönnet das sie uf iren stuben zům Hohen Stege und zům Mülstein win haben mögent für sie und ir gesellschaft zům trincken, doch das sie den uf das höher gelt verungelten und es sust domit haltent wie es geordent ist der win halb so uf des ammeisters stube vertrencket werdent; aber uf andern stuben soll man verzapfen wie es vor geordent ist.

Actum feria dominica post inventionis sanctæ crucis. Anno 1479. (9. Mai.)

---

## Nachlass am Helblingszoll für die Weinzapfer und die Wirthe.

**1481.**

Stadtordnungen, vol. 28, fol. 163.

Von der zapfener und würte wegen, nochdem die meinen beswert zů sin, mit dem das sie ire win müssent uf das höher gelt verungelten und keinen abslag habent am helbelingzolle für sich, ir wibe, kinde und gesinde, do ist geordent das eim jeglichen würt oder zapfener sollent jerlich abgelossen werden für sich, sin wib, ein winkneht oder zwen und ein maget, obe er so vil personen hat die in stetem gedinge by ime sint, für yede derselben personen zům jore 6 β ₰; und soll das zů verston sin von den die do den zapfen oder würtschaft für volle triben, und mit dem antwerck der würte für volle dienen und stetes win hinder in haben und kein ander antwerck tribent, dann uf die würtschaft oder zapfen zů warten. Were ouch das ein würt oder zapfener kinde hette, für die soll nůtzit abgeslagen werden, es were dann das ein würt einen sün hette der ime einen kneht verwyse, und ein würt nit wibes sunder ein tohter hette die ime die würtschaft usrihtete, für die soll abgelossen werden wie vorstät; also doch ir keim über fünf personen die opferbar sint, und welicher mynner personen het dann fünf, es sy vier, drie oder zwene, do soll man es halten noch martzal. Aber was antwercklůt sint die ir antwerck tribent und domit ouch würtschaft haltent, die sollent das nit geniessen, sunder man lot es gegen denselben bliben wie es vorgeordent und harkommen ist.

Actum feria secunda post judica. Anno 1481. (9. April.)

---

## Verbot für die Wirthe Buhlerinnen zu beherbergen.

**1482.**

Stadtordnungen, vol. 2, fol. 112 b.

Unser herren meister und rat habent erkant und geordent, das die wůrte und wůrtin hie in der stat und in den vorstetten fürbas dehein dirnen die sich bůlschaft begont, weder frömde noch heimsch, nit me enthalten süllent, mit essen und trincken, dann zům lengesten ein tag und kein naht; sonder so balde man obendes das gross ave Maria lůtet, von ostern bitz sant Michels tag und von sant Michels tag bitz widerumb zů ostern, nahtes so die glock acht sleht, ir kein me in sinem huse oder in siner huswonunge nit liden, sonder ustriben, und ouch kein ander by naht inlossen. Und welich gemein frow oder dirn me us wurtzhůsern oder us offen gemeinen frowenhůsern nahtes after der egemelten zit uf der gassen oder in den strassen oder winckeln oder an andern enden, do sie by naht nit sin süllent, funden würdent, zů der soll man griffen und sie in turn legen, hertiglich zů strofen, uf das man solicher öden frowen ungebürlich handel entladen werde, dem almehtigen got zů eren und zů lobe, es sy in den korp zů setzen oder in ander wege zů pinen. Und welicher wůrt oder wůrtin, durch sich oder sin gesinde, solich obgemelt ordenunge verbreche und nit hielte, der oder die sollent bessern 30 β δ, so dick das geschee, und soll man ouch die nieman faren lossen; und sollen es der stette knehte rûgen den sübenzüchtern, uf das es nieman übersehen werde; und soll dem rûger werden der vierde pfennig.

Actum feria quinta post Oculi. Anno 1482. (14. März.)

Die Würte:[1]

Pfaffen Martin.
Paulus Tröyse zûm growen Manne.
Lutzen Peter zûm roten Hahn.
Conrad Hungerstein zûm Nesselbach.
Claus Brant zûm gülden Löwen.
Hans Stammeler zûm Geyer.
Diebolt zûm Wolfe.
Hans Walt zûm grünen Schilt.
Veltin Rappe zûm Bock.
Treyer Lienhart zûm Pflug.
Hans Hiltebrant zûr Ax.
Wentz zûm Turn in Spitelgasse.
Heinrich von Wympfen zûr alten Pfaltz.
Hermann Gerbot am Holtzmerkt.
Peter Hirtz zûm Huller.
Behtolt Meyger zûm Vogelgesang.
Conrat Weller zûm Zoller.
Claus Schuhe zûm heiligen Geist.
Heinrich Liepman zûm Spanbett.
Diebolt Ulman zûm Rindsfusz.
Lienhart zûr Lungen.
Claus Cleinclaus zûm Winde.
Hans Treyer zûm Bæren.
Walther Kryser zûr Glocken.
Jacob Hopfenstock zûm Slüssel.

[1] Es würde zu weit führen hier die Lage aller dieser Wirthschaften im Einzelnen anzugeben, und ist um so unnöthiger, als sie alle bei Schmidt (Gassen- und Häuser-Namen) vorkommen, wir verweisen daher einfach auf dieses Werk, S. 32, 67, 68, 75, 78, 86, 109, 112, 133, 135, 137, 138, 142, 145, 147, 149, 150, 175, 176, 180, 188, 193.

Hans Walteyer zům alten Schiff.
Sigersten Hans zům Struss.
Matheus Murner zůr Cronen.
Hans Clowe zům Steinmetzen.
Gerhart Nunnemacher zům Rössel.
Arbogast zůr Wannen.
Peter Diebolt zůr Linden.
Claus von Dingesheim zům Sternenberg.
Claus Beingewants wittwe zům gůlden Ring.
Ursel Adam Rippe seligen wittwe.

Den vorgenanten personen ist die obgeschriben ordenunge gelesen in presentia herren Peter Schotten, des ammeisters, und Andres Hapmachers feria sexta ante Lætare. Anno 1482. (15. März.)

---

## Verordnung gegen Weinfälschung.

### 1492.

Stadtordnungen, vol. 2, fol. 128.

Als ist unsern herren meister und rat und den XXI angelanget wie die win so in schiffen, uf karrichen oder wagen har zů merckte gefürt und brocht werden, mercklichen gesweschet und gefälschet, mit dem das sie underwegen und ouch hie in der stat mit wasser zůgefüllet und fromme lůte domit umb ir gelt betrogen werden, das doch unbillichen geschicht, dorumb so habent sie mit urteil erkant das solichs nyemans me tůn sölle; und wer das darüber tete in der stat oder usserthalben, do die win har zů merckte brocht werdent, es syent winlůte, schifflůte, fůrlůte, küfer, würte, winsticher oder jeman anders, frömde oder heimsch, meister oder knechte, wie die genant werent, und sich das küntlich erfindet, den oder die soll und wil man darumb strofen an libe oder an gůt, ye noch dem die geschicht begangen und an ir selbs erfunden wurdet; und sollent das alle burgere und besonder alle schifflůte, küfer, winsticher und kranelůte und ouch alle der stette knechte schuldig sin zů rügen und fürzůbringen, by iren gesworn eiden, wie und wo sie das sehent oder hörent, das hiewider geton wurt; und sollen ouch meister und rat das strengklich richten und rechtvertigen, uf ire eyde, ungeverlich.

Actum secunda ante Galli. Anno 1492. (15. October.)

---

## Zapfer- und Weinverkauf-Ordnung.

### 15. Jahrhundert.

Stadtordnungen, vol. 12, fol. 258.

Die zapfener die do win schenckent in iren kelre, die in iren hüsern sint oder die sü denne lehent umb ander lûte, oder wo sü denne win schenckent, in der stat in jeder gassen, do soll men dem zapfener verbieten das er kein oleibe nit beheben oder verslahen soll, und ist das darumbe und ouch zû wissende, wenne men also oleiben verschlecht oder verhebet, die let men ligen an vier tage oder also lange das derselbe zapfener ein gût fûder wines sûchet usser den winen die er denne koſt het, und wenne dasselbe gûte fûder also uskommet, so setzet er den narten für die oleibe die er denne vor verschlagen het, also wenent die lûte die den win holent, in sölle werden des gûten wines, so wurt in die oleiben, die do kranck ist worden, und werdent die lûte also betrogen; so solt er dieselbe oleibe uf dieselbe zit neher han gen, also der stette reht ist, also komment sü ire oleiben abe in gûtem werde; do soll men heissen sweren den winmesser und den verkofer kein oleiben me zû behebende und nit zû verschlahende; und wer das breche, den soll meister unde rat darumbe strofen, als denn der rat erkennet.

Es soll ouch winmesser, oder vorlogel oder underknecht, wele mit unserm antwercke dienent den winmessern, die sollent es sagen unde rügen, by irem eide, dem stettemeister oder dem ammemeister.

Es soll ouch kein zapfener, in welem kelre er denne win git oder schencket, öbe men ime den win nit ustrûncke und er in neher müste gen, wenne denne derselbe valler uskeme den er also neher hette gen, uf denselben tag keins me in demselben kelre geben uf den pfenning als er den valler gen het; das ist darumbe zû verstonde, wenne der valler uskam, so verungeltet men, uf den pfenning als er den valler gen hette, ein folles vasz, und den holtent die lûte und wendent die es were des vallers des sü vor getruncken hettent ebe in der würt neher gab; also werdent die lûte betrogen; darüber so mag rat und meister ein pene erkennen, wenne es sü fůrkomme; doch welher winmesser und welher vorlogel, oder wer das dete, die sollent glicher wise bessern alse der würt oder des der win gewesen ist.

Wenne ein zapfener ouch fůder wins verschencket und derselbe win uskommet, wil er denne ein volles geben uf das gůt fůder, der ime vorhin also us ist, das soll men ime nit erlouben, es sy denne das der ammemeister schicke einen oder zwen, das sie den win versůchent; duncket denne den einen oder die zwen das der win also gůt sy als der erste und wenne sü das gehent, so mag der würt sinen win wol verungelten und mag heissen den rûfer die becher dohin tragen so im das wortzeichen wurt; öbe man nun denselben win nit ustrůncke, so soll er doch darnach in den andern tag uf dasselbe gelt gen, öb er wil, darnach so soll er in neher geben.

Es ist ouch zů verstond, wenne einer also ein gůt fůder wins gab und der balde us war, so gab er uf dasselbe fůder ein ander fůder, das war villicht win mit einem ougen, und war nit also gůt alse das vorderste das er geben hette, also wendent die lûte es were des ersten wines den men vor geschenket hette, also werdent die lûte betrogen. Das ist ouch zů verstonde, wenne einer also afternoch ein fůder wins also gab, so lag er obe demselben fůder zwen tage oder dirtenhalben, und gab in nit neher als der stette bůch seit.

Es ist ouch gewonheit gewesen, welher zapfener kofte in einem kelre etwie manig fůder wins, do lüde er die hoptkannen morndes zů der morgenurten, so gab er in essen und trincken und bot es in wol, und nam villicht von einem einen pfenning, und gab in do des besten wins der villicht under den winen was, und was der win noch nit verungeltet; darumbe so sollent sie keinen win gen untze das der win verungeltet wurt, dass ein würt und ein winmesser wissent welhes fůder si denne gen wellent; so der rûfer die becher dohin treit, do wisse man das die hoptkannen und ander ir gesellen gezerent und des wins getrinkent und sü sich in sich selber bedenckent das man do keinen bessern mag gen; als ist es in zů spote, uf den imbisz, das sü nit můgent umb und umbe geschetzen, und also get jeder hoptkanne uf sine stube und heisset im win holen; also get der würt an das ungelt und verungeltet den win, und sieht ouch der würt das men lützel wins git, so louft der würt balde für den kelre und heisset ein anders gen, das do nit also gût ist; wenne nun derselbe win uf die stube kompt und in der hoptkanne versucht, so dunckt in in sinem sinne das der win nit also gût sy alse den sie trunckent zû morgenurten; also hebet im die herschaft und die meisterschaft uf was wins er do geholet habe, des müssent wür hoptkannen dicke hören unde liden und künnend es nit verantwûrten. So man also gisset nach dem imbisz anhin, so hant denne drie hoptkanne oder vier oder also vil ir deren wellent, die gand anderwerbe für den kelre und schetzent des wins anderwerbe, so hebet einer under den hoptkannen an, oder villicht alle, das sy nit des wines des sie zû morgenurten getruncken habent; ist denne der würt do oder der winmesser das ist wor, men het lützel wins gen, hette ich noch ein krenckers in allem kelre ich hette es geben, wande men mûste in doch on das gehept han. Also werdent die hoptkannen betrogen und die den win trinckent, und geschieht den lüten unrecht.

Die zapfener hand ouch einen sin, wenne sü win neher gent und men den denselben tag nit trincken wil, so nement sü an dem andern tage und sprechent es sye ein volle vasz; so komment die lûte und wenent sie sagent wor und holent den win; so ist es des ersten wines; wenne das die ungelter befündent das men sprichet das es ein volle vasz sy, so gehent die ungelter je einer zû dem andern, wem er es verungeltet habe; so spricht je einer zû dem andern er het in mir nit verungeltet, und nimmet ir einen oder zwen und loufent in den kelre und lûgent öbe es ein volles sy, so ist es die oleibe die sie hant neher gent; also werdent die ungelter dovon bekümbert, und werdent die lûte die den win holent betrogen.

Die winmesser und der vorlogel und die knechte die für den kelre hörent, wenne die gent kranken win und sü sin nit enmûgent, so heissent sie holen den besten win der denne in der stat ist veil, und wenn sie denne essen wellent oder zeren, so setzent sie denselben win den sie geholet hant anderswo für sich; wer nun für sie got und sie grûsset, deme gent sie trincken des gûten wins; wenne nun derselbe der des wins getruncken het der gedencket in sinem sinne das ist gar gût win und tût in holen und wiset ouch ander lûte dahin, und wenne sü den win also heim bringent, so ist es kranker win, und ist nit des wines des (men) in zû trinckende het geben; also werdent die lûte betrogen; das die meistere und rat ein pene darüber setzent, als sü wol künnent; wolte do einer do tûn win holen der do besser were, den soltent sü trincken in dem kelre, und solte men in nieman bieten, sü woltent ime denne sagen daz derselbe win daz sü in nit gebent, sü hettent in anderswo geholet.

---

## Weinverzapfer-Ordnung.

### 15. Jahrhundert.

Stadtordnungen, vol. 30, fol. 15.

Unser herren meister und rat, scheffel und ammann sint überein kumen, waz wine die zapfener in diser stat koufent, es sie uf dem winmerkte oder in den clostern, uf dem wasser oder uf dem lande, in disem burgbanne, uf dem winmerkte oder anderswo, die sie wellent heim ziehen, daz sie dieselben wine ze stunt in disen nehsten ahte tagen, noch dem tage so sie gekoufent, sullent anevohen ze verschenkende, und sollent ouch die danne one underlos schenken, eins noch dem andern, bitz sie gerwe uskumment.

Sie sullent ouch die wine, die sie uf dem winmerkte koufent und ouch verschenkent, unvermenkelt und unabegelossen (lossen) unde sullent ouch die in den ahte tagen verschenken, als vor geschriben stot, unde kein gelt daruf slahen, me denne der kouf geschehen ist.

Waz wine sie ouch in dem lande koufent, wanne sie die harin in unser stat bringent und ingelegent, so sullent sie dieselben wine in den vierzehen tagen anheben unde sie schenken ze stunt an dem andern tage, und wenne eins (us) kummet, so sullent sie ze stunt mornendes in ein anders stechen und das ouch verschenken, bitz die wine gerwe uskumment, die sie denne also gekouft hant.

Zû glicher wise, waz wines die zapfener anderswo in der stat koufent, in kelren, do sullent sie ouch dieselben wine in denselben kelren verschenken wo sie wine inne koufent, und sullent ouch dieselben wine verschenken unvermenkelt unde unabegelossen, unde nüt anderswohin ziehen, es sie in kelren oder anderswo, und sullent das anheben ze tůnde in den nehsten ahte tagen noch dem koufe, und sullent dieselben wine verschenken one underlos; wenne eins uskummet, so sullent sie ze stunt in ein anders stechen, unde sullent ouch kein gelt daruf slahen me denne der kouf geschehen ist oder gewesen ist.

Es soll ouch dehein zapfener, noch nieman von sinen wegen, dehein wine koufen denne im selber, es sie alhie in der stat oder vorstetten oder in dem lande, unde waz wines er also kouft oder verkouft, den soll er verschenken in aller der mossen also vorgeschriben stot.

Wer uf disen hutigen tag ein zapfener ist und den zapfen ufgit, daz wellent wir dofür haben, daz er es durch diser gebote willen tůge unde sich in ungehorsamkeit stelle, und darumbe wer daz důt und den zapfen ufgit, der soll darnoch den zapfen in fünf joren niemmer me getriben und keinen win me in den fünf joren schenken, noch nieman von sinen wegen, noch soll (er) in den fünf joren mit nieman weder teil noch gemein haben, der do win zům zapfen git.

---

## Ordnung der Zapfer und Hauswirthe.

### 15. Jahrhundert.

Stadtordnungen, vol. 2, fol. 12.

Unsere herren meister und räte, schöffel und amman sint überein kommen, was wine die würte und zapfener hynnanfürder koufent oder die sü untzhar kouft hant, es sye im lande oder in der stat, das sü ouch dieselben wine zům zapfen geben und verschencken söllent und die nit sammenthaft verkoufen, sü noch nyemand von iren wegen, wie der genant ist, es sye in fůdern, in halben fůdern oder in vesseln; und wer das verbrichet, der bessert von jedem fůder fünf pfunde pfenninge und von jeglichem halben fůder dirthalb pfunt, und dornoch noch margzal als dick er das tůt. Und soll ouch weder meister, ammanmeister, der rat noch nyeman gewalt noch maht haben im soliche ding zů erlossen, in deheinen weg, one schöffel und amman.

Item was wine sü koufent umb 12 lib., umb 13 lib. oder 13½ lib. δ, do mögent sü eine mosse umb 6 δ geben und nit höher.

Was wine sü koufent ein fůder umb 10 lib., umb 10½ lib. oder umb 11 lib. δ, do mögent sü eine mosse wins geben umb 5 δ und nit höher.

Was wine sü koufent ein fůder umb 8 lib., umb 8½ lib. oder umb 9 lib. δ, do mögent sü ein mosse geben umb 4 δ und nit höher.

Und was wine sü koufent ein fůder umb 6 lib., umb 6½ lib. oder umb 7 lib. δ, do mögent sü ein mosse geben umb 3 δ und nit höher.

Item was wine sü koufent ein fůder umb 4 lib., umb 4½ lib. oder umb 5 lib. 5 β δ minre, do mögent sü ein mosse geben umb 2 δ und nit höher.

Item was wine sü koufent ein fůder umb 3 lib. und 5 β und 4 lib., do mögent sü ein moss wins geben umb 3 heilblinge und nit höher.

Was wine sü koufent ein fůder umb 2 lib. und 5 β und 2 lib. oder 5 β δ minre denn 2 lib., do söllent sü ein mosse umb 1 δ geben und nit höher.

Was wine sü koufent ein fůder umb 1 lib. 5 β und umb 1 lib. δ bis an 30 β, do sollent sü ein mosse wins umb 1 heilbling geben und nit höher.

Und wer der vorgeschriben stücke deheins verbreche und wine anders gebe dann davor geschriben stot, usgenommen das sü den heilblingzol daruf slahen mögent, der bessert 5 lib. δ so dick er das tůt.

Ouch soll nyemand win geben zům zapfen, noch nyemand deheine flesche füllen, er habe dann denselben win vor verungeltet; doch so mag ein jeglich zapfener den win den er uf das neher gelt geben wil morgens früge wol uftůn und armen lüten, arbeitern und bilgern den geben, als das er zů stunt zů den ungeltern gange oder ir eime under inen das verkünde, und so balde das ungelt ufkompt, das er dann denselben win fürderlich verungelte; und wer das verbricht, der bessert jor und tag von unser stat und git darzů fünf pfunt pfenninge.

Es soll ouch dehein houptkanne hynnanfürder deheine wine uf den zapfen koufen zů verschencken oder zů vertriben, und soll ouch mit deheim zapfener teil noch gemeyn haben; und welher houptkanne das verbreche, der bessert jor und tag und git darzů 5 lib. δ.

Wer ouch wine git zům zapfen, der soll in menglich geben untz zů der dirten wahtglocken, und soll in ouch davor nit verslahen, und soll darnoch in holen mit sinem geschirre und deheinen me geben; aber ein jeglich würt der do hus und kelre by einander hat, keme do jemand noch der dirten und vorderte win, so mag er im den geben ungeverlich; und wer das verbreche, der bessert 30 β δ.

Es ensoll ouch dehein zapfener dehein vesseler sin und dehein vesseler dehein zapfener sin, noch ir deheiner mit dem andern teil oder gemein haben; dann welhes einer under inen beiden sweret zů halten, das soll er alles ein jor ushalten und das ander dozwüschent nit triben; doch wann ir einer das ander under den zweyen noch ein jor empfohen wolte und das triben, das soll er nit tůn er habe es dann vor gesworen zů halten; und wer das verbreche, der bessert 5 lib. δ.

Es soll ouch dehein zapfener, by sinem eide, deheins andern zapfeners schonen noch dehein überkommen mit ime haben das einre des andern schone; und hett sich ouch deheiner gegen dem andern ützit solicher dinge versprochen, das soll abe sin; wer das verbreche, der bessert 5 lib. δ.

Was wine einer uftůt den soll er, by sinem eide, nit verslahen.

Es soll ouch dehein zapfener, noch nyemant von sinen wegen, deheinen kouf me in eim hof, hus oder kelre tůn, er habe dann die wine verschencket die er also kouft hat; darnoch mag er aber wol darinne koufen; wer das verbreche, der bessert fünf pfunde pfenninge.

Sü söllent ouch, by iren eiden, erbere lüte, die nit zapfener sint und iren win tůnt schencken, nit letzen, hündern noch irren, in deheinen weg; wer das verbreche, der bessert 30 β δ.

Es mag ouch ein jeglich unser burger sin winwachs selbs schencken und sin gelt empfohen mit sinem wibe, kinde oder gesinde, wie er dann truwet das er im usgange, doch das er am dirten tage domit valle, und also das er einen geswornen winmesser und einen küfer haben soll, die man ime ouch nit versagen soll; wolte aber unser burger einre sin winwachs tůn schencken umb lon, das mag er ouch tůn, und dem sol man die losung geben oder die eynung, welhes er wil; wer sich des widert, der bessert 30 β δ.

Es soll ouch hynnanfürder dehein würt noch zapfener wine me im lande koufen; dann was wine sü als verschencken wöllent, söllent sü in unser stat oder burgbanne koufen, und söllent ouch deheine wine also koufen dann mit eim geswornen winsticher, und söllent ouch die winsticher, by iren eiden, den ungeltern sagen wie vil wins einer koufet, und besunder wie er die genommen hat; und ist das dorumb das man weis wie die zapfener ire wine nement, das dem ungelt dodurch gevalle das ime zůgehört. So geschiht ouch der menige dodurch recht, dann sü die wine uf das gelt geben müssent als sü die nement; so kommet ouch dodurch vil me wines harin dann vormals, dann die lantlüte ire wine harin bringen werdent. Und söllent ouch die zapfener die wine, die sü also in unser stat koufent, in den kelren verschencken darin sü die koufent, es sy in priesterschaft, rittere, knechte, burgere oder antwercklüte kelre; doch mag ein jeglicher einen kelre haben; also wer das er wine koufete in unseren vorstetten, in clöstern oder an anderen ungelegenen enden, das sü dann dieselben wine in ir kelre ziehen mögent und den do verschencken; doch das sü nit me eins moles in ire kelre ziehent noch fürent dann ein fůder oder aber zwey halbe fůder, us einem vasse und einerleye win, und das verschenckent, und dann aber eins und das ouch verschenckent uf das gelt und den pfenning als dann die wine genommen und kouft werdent und noch dem und an disem bůch verschriben stot; was wine sü aber koufent uf dem winmercket, mögent sü ouch wol in ire kelre ziehen, doch das sü das damit haltent als dann in disem bůche geschriben stot; koufent sü ouch halbe fůder umb erber lüte, die mögent sü wol also schencken und das halten als mit den fůdern; also doch das sü nit zweyer hande wine inlegent in solichen halben fůdern; und söllent ouch dehein gelt uf den kouf slahen, weder kelrelon, miete, furlon, vasszieherlon noch abelos, usgenommen den heilbelingzoll, dann sü söllent den win geben uf den pfenning als der kouf zům ersten zůgangen ist und nit höher, neher mögent sü in wol geben; und welher zapfener oder würt der vorgeschriben dinge deheins verbreche, der bessert fünf pfunt pfenninge als dick er das tůt.

Es mögent ouch unsere burgere und hündersessen oder wer danne die sint, usgenommen würte und zapfenere und die do mit inen teil und gemein hant, wol win im lande koufen uf merschetzen, doch söllent sü soliche wine nit uf den winmercket noch uf das wasser in der stat füren zů verkoufen; dann sü söllent dieselben wine in ire kelre legen und die nit fürbas verkoufen, sü sint dann vierzehn tage uf dem ligeringe gelegen; koufent sü aber wine in der stat, es sye uf dem winmercket oder uf dem wasser, söllent sü ouch nit fürbas verkoufen, sü sint dann noch vorbegriffener mosse vierzehn tage uf dem ligeringe gelegen.

Es soll ouch hynnanfürder dehein zapfener oder würt deheinem houptkannen me borgen dann untz an 10 β δ, one geverde; wo aber ein zapfener oder würt deheinem houpkannen me borgete dann untz an 10 β δ, do soll der houptkanne solich überig gelt nit verbunden sin zů gebende, und soll ouch dehein gerichte darnoch gon; und wo es meister und rat empfindent oder in fürkompt das ein zapfener oder würt eim houptkanne me borgete dann untz an 10 β δ, do bessert der zapfener oder der würt 30 β δ.

Unsere herren meister und rat, schöffel und amman sint ouch überein kommen, was wine die zapfener in diser stat koufent, es sye uf den mercketen, in clöstern, uf dem wasser oder in disem burgbann, uf dem winmerckete oder anderswo, die sü wellent heim ziehen, das sü dieselben win zů stunt, im nechsten monate noch dem tage so sü die gekoufet, sollent anheben zů verschencken, und söllent ouch die dann one underlass schencken, eins noch dem andern, bis sü gerwe uskomment.

Sü söllent ouch die wine die sü uf den mercketen koufent verschencken unvermenckelt und unabgelossen, und söllent ouch die in dem nechsten monat verschencken, als vorstat, und dehein gelt doruf slahen me dann der kouf geschehen ist, danne den heilblingzoll; und wann eins uskompt, so söllent sü zů stunt morndes in ein anders stechen und das ouch verschencken, als vorstot, bis die wine alle nacheinander uskomment die sü dann kouft hant; wer aber das ir eim ein fůder bresthaft, seih oder seiger wurde, das sü das solicher sachen halb nit geschencken kundent, die mögent sü wol lossen ligen untz das soliche wine wider zů inen selbs komment, und söllent sü dann ouch zů stunt fürderlich schencken, ungeverlich.

Sü söllent ouch nyemand deheinen win zů schetzen geben, der win den sü dann geben wöllent sye dann vor verungeltet und die becher ee getragen und für den kelre kommen; und wer das verbrichet, der bessert 5 lib. δ, und got das die würte nit ane die do wine in halben fůdern oder in vesseln in diser stat oder vorstetten verschenckent; die söllent doby bliben als das hünder den driyen verschriben stot.

Ouch söllent die zapfener und huswürt sweren nyemand deheinen win zů gehalten, weder den burgern noch lantlüten, in iren kelren oder andern gelehenten kelren; und ist das darumb, obe einer also untür wer, so möchte er win verkoufen das kein winsticher doby wer, und möchte der stat der zolle damit empfürt werden; und wer das brichet, der bessert von jedem fůder 10 β δ.

Welher zapfener, würt oder würtin ein fůder wines uf einen tag verschencket in einem kelre, der oder die söllent uf denselben tag keinen win in dem kelre me verschencken; und welher das brichet, der bessert 5 lib. δ.

Ouch söllent alle zapfener, huswürte und die do gastunge habent und die do wine für ire türe gebent, jeglicher zapfener, wurt und würtin einen geswornen winrufer und winmesser haben zů sinem wine, und dem soll man geben als harkommen ist. Und soll kein zapfener, würt noch würtin nit minre dann ein fůder oder halb fůder verschencken und die nit in vessel lassen, und soll einen stůle für sine türe setzen und am dirten tage vallen; und soll ouch kein winrůfer me noch minre nemen dann von eim fůder 2 β und von 1 halben fůder 1 β δ; wer das verbreche, der bessert 4 lib. δ.

Ouch söllent alle zapfener und würte, die ire wine zům zapfen schenckent, einen geswornen winmesser haben, der sin zunft het und mit den winmessern dienet; und söllent ire kinde, knechte noche gesinde die win nit lassen messen. Welher das bricht, der bessert 5 lib. δ als dick er das tůt.

Es söllent ouch alle zapfener, die win zům zapfen verschencken wöllent, denselben win verungelten zwüschent den zweyen rotes glocken, als dann von alter harkommen ist; und söllent ouch die zapfener und die winmesser nyemand deheinen wine geben zů schetzen der besser wer dann den sü uftůnt; und welher zapfener oder winmesser, oder jemant von iren wegen, das verbreche, der bessert fünf pfunt und jor und tag für die stat; het aber einer nit so vil geltes, zů des libe wil man das rehtvertigen.

Es söllent ouch alle zapfener, was wines sü uftůnt, denselben wine noheinander schencken bis er gerwe uskommet, und in nit verslahen, sü noch nyeman von iren wegen, und ouch dozwüschent in dehein ander vass, es sy fůder oder halbs, stechen noch die narten fürrucken, der erste win sye dann gerwe us bis an ein omen oder ein halben ungeverlich; und hette einer anderswo win der ime wer überbliben, den soll er nit in einen andern kelre tragen und den verschencken; und das söllent die zapfener und winmesser sweren zů halten; und welher das under inen verbreche oder in ein ander vass steche und den narten fůrbas ruckete, dete es der zapfener oder jemant von sinen wegen, so soll es der winmesser by der tagezit und by sinem eide den vier ungeltern fürbringen, und welher dann also busswürdig funden wurt, der bessert fünf pfunt und soll dorzů in fünf joren weder zapfener noch winmesser sin noch werden, noch ouch in den fünf joren mit deheim andern zapfener weder teil noch gemein haben. Und het einer nit so vil geltes zů geben, zů des libe soll man es richten und rehtvertigen; und wie es den ungeltern fürkompt, das sollent sü meister und rat fürbringen unverzogenlich, und söllent ouch meister und rat richten und rechvertigen, uf den eid.

Man soll ouch die lere vasse visiren by der tagezit so sü uskomment oder am andern tage darnoch.

Wer hynnanfürder sin winwahs selber verschencket oder verlonet, der soll geben von jedem fůder der stette an das ungelt 2 β δ zů dem ungelt und dem heilblingszolle; und wer das nit tete, wo das den ungeltern fürkompt und wissentlich empfindent, das söllent sü meister und rat verkünden unverzogenlich; und der der also win umb coste verschencket und das ungelt, als vorstat, nit git, der bessert 5 lib. δ als dick er das tůt.

Wer ouch uf disen hütigen tag ein zapfener oder huswürt ist und den zapfen ufgit, das wöllent wir dafür haben das er es durch diser gebote willen tůge und sich in ungehorsamkeit stelle, und darumb wer das tůt, der soll darnoch den zapfen in fünf joren nit haben und deheinen win in den fünf joren nit schencken, noch nyemand von sinen wegen, noch soll (er) ouch mit nieman kein teil oder gemein haben der do win schencket; und welher darüber win schencket, das söllent die andern zapfener, by iren eiden, meister und rat für-bringen und sagen, und soll darzů der stat bessern 10 lib. δ.

Unsere herren meister und rat sint überein kommen, wen die ungelter busswürdig vindent, rügent und fürbringent das er der vorgeschriben stücke deheins verbrochen und mit dem ungelt und dem zapfen anders geton habe oder tüge danne er billichen soll und davor geschriben stot, das man den strofen und bessern soll noch dem und an disem bůche geschriben stot, und soll man ouch kein worheit über die ungelter hören.

Es söllent ouch alle zapfener, würte, winmesser, winrůfer und vorlogel sweren an den heiligen, wer es das sü bevindent das einer oder me der vorgeschriben dinge deheins verbreche oder verbrochen hette, das soll er zů stunt den ungeltern verkünden und fürbringen, und welicher das fürbringet über den soll man dehein worheit hören; und sollent dann die ungelter solichs den sübenen, so über die zolle am pfenningturn gesetzt sint, fürbringen, das solichs gestrofet und gebessert werde.

Es soll ouch nyemand in unser stat deheine wine zům zapfen schencken, er swere dann ee an den heiligen vor unsern herren meister und rat dise vorgeschriben stücke, puncten und artickel stete zů halten; und soll man ouch den verschriben der do sweret; und welher das nit swüre, der bessert fünf pfunt und soll in fünf joren den zapfen nit me triben; und was ouch einen solichen der nit gesworen hette angienge, des soll man ime weder beroten noch beholfen sin zů deheinen sachen die in anegont.

Welher würt oder zapfener oder wer do win zům zapfen schencket, wanne der ein vass mit wine ufgetůt, das soll er zů stunt noch einander schencken, untz der win uskumpt, und soll dozwüschent nützit darin tůn, weder win, trůsen noch wasser noch deheinerleye ding; und wer das brichet, das wil man strofen noch der rete erkentnisse und noch dem schöffel und amman erkant habent.

Ouch als unsern herren meister und rat fürkommen ist das zů wilen zapfener win türer nement dann man in bütet, umb des wille sü in deste türer mögent geschencken, ouch habent sü wine gedinget uf einen pfennig und haben die vass widerumb geben türer danne sü wert sint, umb das sü den win deste türer ufgetůn und geben möhtent zům zapfen, die beiden stücke söllent ouch hynnanfürder nit (me) sin, danne wer das hynnanfürder tete, den wil man strofen noch erkentnisse der rete.

Es soll ouch dehein winsticher deheine wine hünder sich legen, er sy sin oder ander lüte, den er uf merschelzen verkoufen wil; welher winsticher das darüber tete, der bessert 5 lib. δ.

Es soll ouch dehein winsticher hinus uf das land oder jergent noch gefureten winen schicken oder noch deheinerleye gewehsse, dann sü söllent iren underkouf slechts triben und nyeman keinen win verkoufen, der koufman des die wine sint, oder sin nochbote oder die sinen sy denne zůgegen; welher winsticher das verbreche, der bessert 30 ß δ.

---

## Verordnung für Wirthe und Weinzapfer.

### 15. Jahrhundert.

Stadtordnungen, vol. 28, fol. 166.

Als die herren die geordent sint zů rätslahen des zapfen halb, verhört habent die alte ordenunge so deshalb begriffen ist, so lont sie die bliben wie sie geschriben stät; dann allein als in derselben alten ordenunge den zapfenern und würten verboten ist win im lande zů koufen, do were ir meynunge das derselbe artickel abe sin und inen gegönnet und erloubet sin solt win zů koufen in stat und lande wä es inen eben were.

Als dann ouch in derselben ordenunge begriffen ist das der zapfener jeglicher einen gesworenen winmesser haben soll, und sollent ir kinde, kneht noch gesinde die win nit lossen messen, do lossent es die herren ouch by bliben, doch mit dem zůsatz, wers das yemans keme, nochdem sie zů den ziten als dovor in eim artickel begriffen ist ingehept hettent, dem soll der zapfener durch sich oder sin gesinde win geben, also das sie eim jeglichen das reht messe gebent, by der pene so daruf gesetzt ist.

Ouch als die würte im herbst die win bis uf die trůsen geschenckt und dann die trůsen zůsammen geschüttet hant und die lossen sitzen, und was wines dann noch dem sitzen der trůsen uf den trůsen bliben ist in den reppis geschüttet und verfüllet haben, das soll nü hinfürme nit me sin; dann was trůsen inen überblibent, sollent sie in solicher mossen für trůsen verkoufen und anders nit domit tůn, weder zapfener, würt, winmesser, fröwe, kinde oder gesinde.

---

## Verbesserung der Zapfer- und Weinschenken-Ordnung.

**15. Jahrhundert.**

Stadtordnungen, vol. 13, fol. 363.

Als jetz etwas bresten an win ist und nů die geste und ander, die gewerbe mit win triben, die gůten win im lande gewönlich ufkoufen und dodurch das merer teil die krancken win alhar zů mercket gefürt werdent und von den zapfern kouft und verschencket, deshalp das den zapfenern und würten bitzhar verboten gewesen ist win im lande zů koufen, dodurch die menige gar dick krancken win zům zapfen hat müssen trincken umb vil geltz, do doch die huswürte umb dasselbe gelt alle wegent bessern win iren gesten in iren hüsern geben haben und ouch etlichen lůten herus und etlichen nit, das nů unwillen broht hat und unbillich ist; aber solichs zům besten zů versehen und zů orden das die menige hynnanfürder deste bessern win zům zapfen veil finde, und das ouch me wins geschencket werde dann bitzhar, und der stat deste me zölle und ungeltz von win fallen möge, so habent die herren den das entpfolhen gewesen ist, nemlich her Claus Lentzel, Reinbolt Museler, Claus Linser und Sifrit Pfaffenheim gerotslaget in dise wise als hienoch geschriben stot:

Zům ersten, das ein jegelicher zů Strosburg, wer do wil, win zům zapfen schencken mag, hohe oder nahe, also das er den win nit uftůg er habe dann der stat den win vorhin verrichtet und verungeltet und habe einen geswornen winrůfer und winmesser, als bitzhar gewönlich gewesen ist, und derselb mag bliben oder dienen wo er wil, als das vor alter zit gewönlich gewesen ist.

Item wer also win schencket, der soll solichen win zwen tage uf ein gelt schencken und uf den dirten tag domit vallen und neher geben.

Item er soll ouch nit zweyer hande win uf einen tag in eim kelre geben uf ein gelt one erloubung der ungelter, die doch nieman erlouben süllent, sie haben dann den win vor versůchet und wissent das sust brest an win ist.

Item wer ouch win im lande kouft und alhie wil verschencken, der soll der stat iren zolle von beiden henden geben von demselben win.

Item er soll ouch keinen win anders machen dann als er den kouft hat oder im worden ist, ungeverlich.

Item der winrůfer und der winmesser süllent ouch sweren keinen andern win zů rufen oder zů messen, der win sy dann gantz us den sie ufgeton hant, und süllen ouch dozů sweren alle vor- und nochgeschriben artickel diser ordenung zů halten und ouch je einer den andern zů rügen, wo einer es nit hielte.

Item es süllent ouch die huswürte und die zapfener, die stetes win zům zapfen schencken, dise ordenunge sweren vor den reten, und süllent die ungelter anschriben die die also sweren, das sie wissen wer gesworen hab oder nit.

Item meister und rat süllent ouch sinneisen tůn geben und die sinner tůn sweren zů sinnen als im alten bůch geschriben stot.

---

## Bestimmung des von den Fassbindern zu entrichtenden Zolles.

**15. Jahrhundert.**

Stadtordnungen, vol. 19, fol. 148.

Unser herren meister und rat sint überein kommen, was wine die vesseler von fůdern oder von halben fůdern in vesselen brechent, das sü do vorhin dovon den heilbelingzoll und ouch den alten zoll, von eime omen 4 δ, von beden henden gebent, umb das der stett reht beschehe, und ouch das die ungelter und visirer sü in den kelren besehen sullent, als sü den zapfener und huswürten tůnt; und söllent alle die vesseler nyeman keinen heilbelingzoll heischen noch vordern, wenne sü mögent den win geben wemme sü wellent und wie hohe sü wellent; und welher das under den vesseler verbreche, der bessert ouch fünf pfunt als dicke das beschehe, und soll man inen das, by dem eide, nit faren lassen; und welre das nit sweren wil, der soll in fünf gantzen joren das vesselwerck nit me triben.

## Verordnung

### besagend dass von jedem Ohm Wein 6 Pfenning bezahlt werden sollen.

**18. Jahrhundert.**

Stadtordnungen, vol. 19, fol. 154.

Unsere herren meister und rat, schöffel und amman sint überein kommen, das alle die so in unserer stat oder burgban wonende oder sesshaf sint, es sient priesterschaft, clöstere, gemeinde sammenungen, gotteshüsere, pfaffen oder leigen, nyeman usgenommen, wer der ist oder wie sie genant sint, die wine in ire kelre legent und die sie oder ir gesinde trincken wöllent, das die von yedem omen wines, den sie also inlegent, sechs pfenninge zů ungelte geben sollent; und wer das verbreche, der bessert 5 lib., und wil man ouch die nyeman varen lossen; und man hat ouch ernstliche hůte darüber gesetzet, die daruf lůgen und warnemen sollent.

Ouch sint unser herren meister und rat, schöffel und amman überein kommen das unser liben fröwen werck, der spital und die gůten lůte ouch solich ungelt geben sollent von allen den winen die sie zům zapfen verschenckent oder sust vertrenckent; dann man ouch angesehen hat das die menige, die wine by inen holet, solich ungelt git.

---

## Weinschank-Ordnung.

**18. Jahrhundert.**

Stadtordnungen, vol. 13, fol. 340.

Item zům ersten, so söllent alle die win wellent schencken für ir důr, es sügent huswürt, zapfener oder burger, einen geswornen winmesser haben; derselbe winmesser soll, by sinem geswornen eyde, nit von dem win oder von dem würt gon, der win sige dann us uf ein omen oder ein halben omen, ungeverlich; und welicher winmesser solichs nit hielt, den soll man strofen noch uwerm erkennen; und welicher win als für sin důr wolt geben, er wer huswürt, zapfener oder ein burger, der solt do sin win gar uschencken untz uf ein omen oder ein halben, ungeverlich, by sinem eyd; und welicher wurt oder zapfener oder burger also ein stück wins verungelt, uf welichen pfennig das sy, also soll er in zwen dag geben, und wer es das er im in zweigen dagen nit usging, so soll er in an dem dirten dag, jede moss, eines helblinges neher geben, by sinem geswornen eyd; und soll ouch keiner me behalten dann also vorgeschriben stot, ungeverlich, ein fass sig grosz oder klein; und welicher würt, zapfener oder burger soliches verbrech, den soll man strofen noch uwerm erkennen; und welicher also win geben wolt, wer es im eben, so meht er ouch ein winriefer haben, ob er wolt; und soll hinfürder me keiner würt oder der win für sin tůr schencket, behalten sehs oder aht omen, also untzher beschehen ist, dodurch die mengen swerlich betrogen ist worden; und welichem huswürt soliche artickel nit gebürlich werent zů halten, der soll win zů dem zapfen holen und kein win in sinem hus hinder im haben den er den gesten gebe, dann den er zů dem zapfen geholt hat; aber welicher würt der das mol git und kein pfenwert, der meht wol win in sinem hus haben und den nüt für der tůr geben, by sinem eyd; und soliche artickel so dann hie vor geschriben stont, die werent der stat gantzen menge das best, by unserm eyd so wir dann rot und meister der stat Stroszburg gesworen hant.

---

## Verordnung den Verkauf guten Weines bezweckend.

### 15. Jahrhundert.

Stadtordnungen, vol. 28, fol. 164.

Die herren die geordent sint zů rätslahen des wins halb, wie zů ordenen were das man gůten win zům zapfen schanckte, habent bedoht, nochdem dis jore surer win gewahsen sy, den niemans gern hinder sich leyt, ouch nit hinweg gefürt wurt, deshalb sie meinent das man deheinen bresten haben werde an nuwem win, solte man darüber gönnen den würten solichen win höher dann umb 2 pfenninge zů schencken, so ist zů besorgen das man den win den man yetz trincket umb 2 pfenninge, müste gar bald trincken umb 2 ½ oder um 3 pfenninge, also das der mennige beswerunge und kein nutz entston möge; und darumb wie es vormols erkant und bishar gehalten ist die moss nuwen wins umb 2 pfenninge zů geben und nit höher, doby lossent sie es fürter bliben bitz noch ginen pfingsten, ushin mag man alsdann aber tůn nochdem es die zit gestalt hat.

Item ouch beduhte einen teil von der würten win wegen, das man den würten gönnen solt den zů schencken uf den pfennig als sie ine nement, doch das sie die mosse nit höher gebent dann umb 3 pfenninge und ouch das sie den valler gebent.

So meint der ander teil, soll man den würten erlouben virnen win zů schencken, so werdent sie donoch kranke win schencken, und beduhte disen teil das die stat solt virne win koufen und die zům zapfen verschenken, die mosse umb 4 pfenninge oder höher, also das sie keinen verlust daran hette, umb das ein yeglich mönsch, er sy frömde oder heymsch, einen gůten trunck veil finde umb sin gelt; und wolte man die würte darnebent lossen ouch virnen win schencken in egemelter mossen, liesz diser teil gescheen; und wers dann das die würte sich domit redelich hieltent, das unser herren beduhte das sie der mennige den vollen teten, möhtent sie ir schencken abelossen.

So dann von den houptkanen wegen, wie do vormols erkant ist das sie ir virnen win verungelten sollent die mosse umb 4 pfenninge und den nuwen win ein moss umb 2 pfenninge, das lot man fürbass doby bliben.

Item ouch solt man den ungeltern bevelhen die winsticher irer geswornen ordenunge zů ermanen und mit inen daran zů sin, das sie die koufe so die würte tunt mit win an das ungelt sagent wie sie die win nement, uf das die ungelter wissen möhtent (sich) donoch zů rihten.

---

## Verbot den Wein am Stock zu kaufen.

**15. Jahrhundert.**

Stadtordnungen, vol. 12, fol. 310.

Als dann vormals in der stat Straszburg artickelbůche verordenet und by hoher pen verboten ist, das niemans weissen, rocken, habern oder sust einicher hande geträgde, so noch uf den ackern und veldern stot, fürkoufen soll, und doch under solchem der win nit gemeldet noch usgedruckt worden, und aber unser herren meister und rat und die XXI angelangt wie das etlich burgere und die iren, wider göttlich ordenunge und alle billicheit, win so noch an den reben unverzittiget stat uf einen gesunderten angedingten slagk fürkoufen und domit ein thüre in stat und lande zů machen understandent; domit dann menglich, beyde arme und riche, by einander bliben und sölcher ufslagk des wins durch die fürkoufer und iren unersettigten grydt verhütet und fürkommen werde, so haben sie erkandt, das nun hinfůro niemans deheinen win vor herbstzit uf einen gesunderten anslagk oder gebot fürkoufen oder bestellen soll, oder yemans anders in sinem namen thůn lossen oder daran teyl oder gemein haben, sunder des gemeinen herbstes oder landtloůfigen winschlags erbritten, domit menglich zů bewinung kommen möge und der feyl merckte der gemeinde nit entzogen werde.

Dann welcher solichs verbreche, er were burger oder hindersas oder der stat Straszburg oberkeit verwandter, und den win, in mossen obstot, fürkouft oder verkouft, der soll von eim yeden kouf oder verkouf verfallen sin der stat zehen pfunt; so manig fůder er ouch also kouft oder verkouft soll er von eim yedem bessern 10 lib. δ; welche besserung ouch, by den eiden, niemans nochgelossen werden soll.

Hette ouch yemans zů diser zit uf den künftigen herbst also fürkouft oder verkouft und etwas gelts oder geltswert daruf geben oder empfangen, der soll von solchem kouf ston und derselb todt und ab sin, und sins daruf gegebenen gelts by Martini nehstkünftig erwarten und keinen costen uf die armen lůt triben, oder aber den win so er kouft het uf den gemeinen louf, so alsdann in dem herbst sin wurt, nemen und yederman das sin, zů gebürlichen ziten, umb einen landtloufigen pfennig feyl bieten und verkoufen lossen, alles by egemelter pen, die man, by den eiden, niemans faren lossen soll.

## Weinmarkt-Ordnung.

**15. Jahrhundert.**

Stadtordnungen, vol. 12, fol. 257.

Als bitzhar ein böser gebrůche an dem winmerckt gewesen ist mit dem, so einer mit eim in kouf gestanden und gemerckt hat, andere dahinder gestanden sint und die zapfen abgeslagen und sie die win genommen haben, das doch unbillchen und wol grosser unrat, wo nit fürkommen, darus entstehen möcht, darumb so habent unser herren rete und XXI erkant, das solichs nit me sin und niemans dem andern geverlichen in sinen kouf ützit mer tragen soll; dann welcher solchs verbreche, der soll bessern 30 β δ, die die süben so über die zolle richten, by iren eiden, niemans faren lossen sollent.

Und sollent ouch die winsticher ir ernstlich ufsehen daruf haben, und wo sie befindent das yemans wider die obgeschriben artickel oder die ordenunge des winmerckts gehandelt oder geton hett, denselben, by iren eiden, by der tagzit den ungeltern rügen, domit derselb fürgenommen und gestroft werde.

Als man ouch bitzhar glich noch der frůgemesse zům Barfůssen die win uf den merckten angestochen und verkouft hat, und aber es winterzit zů frůge und einer nit sehen mag was er kouft, so habent unser herren erkant das man fürter von sant Michels tag bitz Martini vor den süben und noch Martini bitze winachten vor den achte uren, und noch den winachten bitz liechtmess aber vor den süben uren keinen win mer anstechen, verkoufen oder verfürworten soll, by der pene 30 β; und sollent ouch die winsticher mit irem stechen sich fürdern und flysslichen darafter uf den merckten theylen, und den lůten mit irem koufen und verkoufen zům besten beroten und beholfen sin, domit irenthalb nützit versumpt werde.

---

## Verordnung den Vorkauf von Früchten und Wein betreffend.

**15. Jahrhundert.**

Stadtordnungen, vol. 28, fol. 167.

Als man bitzhar in stat und in lande manigerley geverlicher fürkoufe getriben hat an win und an allerley früchten der der mönsch geleben soll etc., das doch unbillichen bescheen und fürter nit me wol lidelich ist zů gestatten, darumb habent unser herren meister und rät und die XXI erkant und geordent das man es fürter in diser stat Strasburg also halten solt wie das vormols zům teil in der stat bůch ouch verordent gewesen ist.

Nemlichen das hynanfürter nieman deheinerley getreyde, als weissen, rocken, habern, gerste, erbissen, bonen, lynsen, zwybelsot, senf, magesot, hanfsot, nusse und anders desglichen fürkoufen solt, allediewile das noch in dem velde stät und noch nit in huse oder schüren gefürt ist.

Wolte aber jeman eim armann im lande oder in der stat uf sin arbeit etwas lihen oder geben zů siner notturft, umb das einer sine frühten deste bass erwarten und die inbringen möhte, der möhte wol für solich sin usgelihen gelt mit im einen kouf treffen, umb wellerley frucht er wolt an siner betzalung zů nemen, wie es ungeverliche gülte uf ein bestimmten mercktage, zwüschent sant Adolfstag und sant Martinstag, oder ungeverlichen zweyer pfennig neher, und wer anders koufte, der kouf solt nit gelten und dotzů bessern 5 lib. δ.

Desglichen so solte ouch nieman in diser stat deheinen win uf den reben bereden oder fürkoufen vor sant Adolfstag, und dannoch darnoch nit anders dann uf den gemeinen slagk noch landes gebruch; wolt aber jemans eim rebeman im jor ützit vor ufsgeben oder lihen zů siner notturft, der möhte wol ein kouf mit im treffen und win an siner betzalung nemen, uf den slagk oder wie er ungeverlichen gelten wurde uf ein benante zite oder mercktage zwüschen Martini und wynachten; und wer anders koufte, so dick das beschee, der bessert ouch 5 lib. δ.

Und welher also win oder früchte koufte wie vor stät und des nit gewert oder betzalt wurde, der soll das donoch, so es merer gülte, dem armann nit wider an gelt rechenen oder slahen, sonder by sinem ersten kouf bliben, ouch by der pene 5 lib. δ.

Wann ouch fürbass ufslege oder thürung an win oder korn würden oder infielen, so soll niemans in diser stat, one erloubung, in keylre oder casten loufen oder in die wochenmerckte fallen solichs samptlich oder mit huffen geverlichen ufszůkoufen und in diser stat uf merschatz wider zů verkoufen, dann wer das tete, der solt bessern 10 lib. δ. Doch so solt das würte und brotbecken nit berüren, die der mennige domit dienent zům zapfen und brotladen.

Es solt ouch nieman keinen rocken umb weissen lihen, noch gerste oder habern umb rocken oder desglichen von anderm getreyde, by der pene 5 lib. ₰ so dick das geschee.

Welher ouch ützit uf borge und zile verkoufte und das an der stat umb bar gelt wider koufte, das soll für ein ofenen bletschkouf oder wůcher gehalten und gestrofet werden.

Wer ouch in diser stat wůcheret, do es dem rat fürkompt, der bessert zwen jor von der stat ein myle und git 10 lib. ₰, und soll dotzů den wůcher wider geben dem er ine abgenommen hat, und sollent es die im rat rügen, by iren eiden, wo es inen fürkompt.

---

## Verbot Wein aus der Stadt zu führen.

### 15. Jahrhundert.

Stadtordnungen, vol. 21, fol. 164.

Als yetz türung und gebreste an winen in unser stat ist, darzů etliche wine us unser stat gefürt sind und werdent; also wa das fürbas gestattet werden solte, so ist zů besorgen, das nit so vil wines in unser stat sye oder kommen möge das die menige dis jore zů trincken habe; so wurde ouch unser stat ir ungelt und zolle vast gemynret; so habent ouch die herren verstanden das etliche unsere burgere und die unsern einer umb den andern in unser stat wine gekouft habent und an derselben stat gelassen ligen, und den darnoch verkouft uf merschatz; solte das ouch also sin, so müste die menige den win deste dürer trincken.

Da habent die herren gerotslaget, und ist ir meynung das man mit den ungeltern und den zollern an den thoren und uf dem wasser versorgen und bestellen soll, das deheine wine me, wenig noch vil, us unser stat gelassen werden sollent zů verkoufen; danne alle die personen so ire wine uf disen tag in unser stat habent, mögent die denen zapfenern zů koufen geben wie hohe sie mögent; da sollent dann dieselben zapfener soliche wine geben und verschencken uf den pfenning als sie die nement, nach wisung unser stette ordenung.

Wer aber das die zapfener umb unsere burgere und die unsern ire wine nit koufen woltent oder kundent nach irem willen, so mag ein jeglicher unser burger oder der unser sinen win selbs verschencken, hohe oder nohe, wie er dann truwet das ime der win usgange; also dass sich jeglicher darinne und mit dem winschencken halten soll ouch noch unser stette ordenung und gesetzde.

Werent ouch etliche äpte, clostere oder lantlüte die ire eigenen wine in unser stat hettent ligen, etlicher ir wine, vil oder lützel, hinus in das lant zů irem gebruch notdurftig, die sollent solichs vordern vor unsern herren meister und rat, die mögent dann nach verhörung ir gelegenheit erkennen obe man soliche wine hinus volgen lassen soll oder nit.

Es soll ouch dehein unser burger noch der unsern keinen win, vil oder wenig umb den andern in unser stat nit me koufen uf merschetzen, dann in massen und so vil einre mit sinem wibe, kinde und gesinde in sinem huse trincken wil, den mag er wol koufen und fürter nit.

Und beduncket die herren geroten sin das man eine pene daruf setzen und ein gebote tůn soll das den sachen in vorgeschribener massen nachgangen werde, so meinent sie das die menige deste bas zů trincken komme und ouch unser stat ir ungelt und zolle nit gemynret werde.

---

## Verzeichniss der Wirthshäuser zu Strassburg.

### 15. Jahrhundert.

Stadtordnungen, vol. 30, fol. 3.

In Krutenöwe:

Zum Selosen.
» Wolfe.
Böseheitz.
Zum Jungburnen.

Zum Sternenberg.
» Bocke.
» Löwenberg.
Zu der Spangen.
» dem growen Manne.

Ueber alle diese Namen siehe Schmidt (Gassen- und Häuser-Namen) S. 40, 49, 63, 64, 67, 68, 69, 75, 76, 78, 82, 87, 93, 95, 96, 98, 108, 109, 110, 111, 112, 129, 135, 137, 139, 147, 149, 150, 151, 172, 173, 174, 175, 176, 180, 181, 191, 193, 195. Fraglich scheint mir allerdings die Richtigkeit der im Original beigefügten Ueberschrift, da in diesem Verzeichniss eine Reihe von Häusernamen stehen, welche niemals Wirthshäuser bezeichnet haben. Eher mag es eine Liste von Absteigequartieren (Wirthshäuser und Privathäuser), gewesen sein, die bei irgend welchen grossen Festlichkeiten, fürstlichem Einzug, Turnieren, oder dergleichen, aufgestellt wurde.

Zu dem Dürle in Uttengasse.
Zum Riekorbe.
Lawelin zu der muten.
Zum Hecker.
» Snabel.
» Fögelsange.
» Grisheimin.
Zu der Glocken.
Zum Baradise.
» Kerus.
» Salmen.

—

Zu den Gertenfischer.
Zum Eber.
Münchel.
Nesselbach.
Hans von Jehenheim.
Ludeman.
Diebold der winsticher.

—

Clorhanse hinder sant Claus.
Zum Büffel.
Biderman, der kiefer.
Messerer Henselin hinder dem von Heiligenstein.
Hensel Beildecke.
Heinrich Fachicher.
Zum Swederiche.

—

Zum Boumgarten an dem Holtzemerckket.
» Griffen.
» Wirfeler.
» Griene.
» Spanbette.
Gensels frowe.
Zum güldin Schofe.
Zu der Exe.
Filippel zu Löwestein.
Zum Essigkruge.

—

Zum Rinsfusz.
Zu der Wogen.
» der Wilgen.
Zum Slüssel.
Zum Bären.
» rothen Löwen.

—

Zu der Eiche.
Zum Antvogel.
Wittich und sin gemeiner in der kirsener stube.
Zu der Geisse.
Von Wasselnheim.
Zum grienen Drecke.
An dem Klantzhofe Flipenlauwelin.
Zum Swerte.
Hans von Ehenheim.
Claus zum roten Löwen.

Unter Wagnern:

Zum Spitelhofe.
Trowe Pfitzheim.
Die Bilgerinne.
Getzemann.

In dem Bruche:

Zu der Krusen.
Zum Rade.
Fliphügelin.
Zum Birbömme.
Peter von Mutziche.
Hans Heiden zum Rade.
Zu der Kannen.
» der Leittern.
» dem Strusse.
Zum Pfluge.
Zu der Kronen.
» dem Steinmetzen.
» dem von Nuwenburg.

An Steinstrossen:

Zum Engel.
» Seiler.
» hohen Huse.
» Heiden.
» Schotten.
Wirich Lauwelin zum Wasenecke.
Zu der Jungfröwen in Jungfröwengasse.
Zu der Schelckelin.

## Werkmeister-Ordnung.

**15. Jahrhundert.**

Stadtordnungen, vol. 19, fol. 25.

Der tumeler und meister Ammeister der murer, und alle jre nochkommen an denselben zweyen ambahten, söllend sweren an den heiligen der stette wergk getreuwelich ze tůnde und zů arbeitende und doby gedihte zů blibende und nit vom werck jn jre hůsere noch anderswohin zů gonde, es sy danne zit an den lone zů gonde, ungeverlich, und deheine abschröte zů nemende noch deheinre hande holtz noch spenen, danne sü söllend die abgeschröte spenen und unnütze holtz verkoufen und die pfennige den dryen dovon antwurten, und sol der lonherre bestellen das das also geschee. Sü söllend ouch alle dinge die dem wercke zůgehörent getruwelich gehalten tůn und fridelich uf dem wercke sin und das beste und wegeste tůn, nochdem als danne das der stette allernützelichest ist, und keinen andern weder an zimber- noch an murwergk zů jnen uf das wergk zů nemende, danne die ein rote oder die drye und der lonherre daruf beduncken gůt sin, und ouch nit me dann jr daruf sin sol und als die drye die dann sint harkoment, one geverde; wanne man ouch einen gebuwe oder ein wergk der stette gemachet het, so söllend sü unverzöglichen allen den gezůge den man do gebruchet het wider gehalten tůn, es sige holtz, stein oder geschirre.

Wanne sü ouch zů eime gebuwe oder zů einre teilunge eins huses oder solicher dinge das die stat nit antreffende ist geschicket werdent oder zů boten gesendet, darzů söllend sü nit gon danne an eime sonnendage oder an eime virtage, und anders nit, es were dann mit urlop meister und rates, one alle geverde.

Sü söllend ouch nützit machen ungeverlich danne mit der dryen urlop und eines lonherren mit den dryen; sü söllend ouch nieman weder stein noch holtz zů koufende geben, es sy danne das die drye das harkoment, und wanne es jnen also harloubet wurt, so söllend sü doch solich stein noch holtz nieman von stat lossen volgen, die drye habent jnen danne von mûnd oder in geschrift verkündet das solich holtz oder stein jnen bezalet sy noch dem werde alz es danne ye der wergkman, by sime eide, geschetzet hat; were aber das man semlich holtz oder stein anderswo jn der stat veil funde, so sol die stat soliches niemans zû kouffende geben und sol ouch das niemans harlouben ze tûnde, jn deheinen wegk; sü söllend ouch noch deheime anderen wercke stellen noch sich deheins anderen werckes underwinden danne der stette wergk; sü söllend ouch, by jren eiden, nieman dehein wergkgeschirre lihen noch heissen lihen, sü habent denne vor und ee gûte pfant dofür die besser sint, umb des willen, das semliche geschirre wider umb komment und der stette nit verloren werdent.

Wer es ouch das der tumeler oder meister Ammeister der murer von unser stette wegen umb jeman buholtz oder quaderstein koufen woltend, und jnen derselbe miet oder schencke wolte geben das sü deste ee umb sü koufetent, dieselbe miet noch schencke söllend sü, noch niemans von jren wegen, nit nemen, by jren eiden.

Es sol ouch der tumeler noch meister Ammeister und alle andere die an der stette wergk sint, es sigent zimberlûte oder murer, noch jre kneht, deheynreleye geschirre das der stette ist jn jre hûser tragen noch das darinne bruchen, ungeverlich. Sü söllend ouch jnen selbs noch nieman anders deheynerleye holtz noch stein, wie das genant ist, clein oder grosz, verarbeiten noch verwürcken das der stette ist, by jren eiden, alles ungeverlich.

Es söllend ouch alle der stette werglûte, es sigent zimberlûte, murer, estericher und alle der stette wergklûte, wie die genant sint, den man tagelon von der stette wegen git, und jre knehte die an der stette wergk sint hinanfürder an deheime wergktage zû jres antwerckes gerihte opfere oder schenckin gon, es were danne dass jr einer sin selbes person oder sachen sines wibes oder sines kindes halp soliches ze tûnde hette, derselbe alleine magk zû gerihte schencken oder opfer gon und anders nit, ungeverlich, wanne der stat biszhar grosze sumsale und schade usz solichen hinwegkgon kommen ist.

Man sol ouch hinanfürder deheinen ambahtlûten, weder zimberlûten, murern noch andern der stette ambahtlûten, dehein nûwe tischelachen, hanteswehelп, fleschen, krûsen noch soliche dinge von der stette wegen koufen oder bezalen, noch ouch jr deheime kein saltz geben, jn deheinen wegk, als vormols gescheen ist.

Ouch sol man nieman, es sye meister oder kneht, die an der stette wergk sind, dehein zûgelt geben, es bedûncke dann den lonherren, by sime eide, der stette nûtze und fürderunge sin.

Der tumeler und meister Ammeister söllend ouch nit me von der stette wegen haben denne jr yegelicher einen lonckneht zû yegeliches sûn; würde aber jr einre zwene sûne in dem wergk haben, so sol er deheinen lonckneht haben; doch so söllend semeliche jre sûne und knehte sin jn semlicher mossen das sü lonber sigent, und sol ouch der lonherre, by sime eide, jr deheime keinen lone geben, er sye denne könnend und geschicket dozû, und zû was lone einer geschicket ist, den sol man jme geben und darüber nit, ungeverlich.

Und darumb so sol man jr yegelichem alle fronfasten x ß ₰ geben und jren gewönlichen tagelon und jre herberge oder eime iiij lib. ₰ dofür, und jr eime zûm jore vier fûder holtzes und ein hundert wellen, und söllend darüber nit me heischen, nemen noch vorderen, weder holtze, abeschröte noch spenen, sü noch niemans von jren wegen, by jren eiden.

---

# Zimmerleut- u. Schreiner-Ordnung.

**15. Jahrhundert.**

Stadtordnungen, vol. 24, fol. 55.

Die zimberlůte mögen machen kensterlin in muren oder under stegen oder geseilte benck, so mögent die kistener ouch benck machen.

Die zimberlůte mögent ouch machen sleht disch uf bein oder dryspitzen, also das dieselben dische nit gevalten sint und kein snytzelwerck haben; desglich mögent die kistener ouch machen.

Die zimberlůte mögent ouch machen slehte stüle oder dryspitzen; desglich mögent die kistener ouch machen.

Die zimberlůte mögent ouch machen gestüle jn kirchen; desglich mögent die kistener ouch machen.

Die zimberlůte mögent ouch machen galteren für keilre oder an stegen oder an thüren; desglich mögent die kistener ouch machen.

Die zimberlůte mögent ouch machen olestempfe, wurtzstempfe oder bulferstempfe; desglichen mögent die kistener ouch machen.

Die zimberlůte mögent ouch jn hüsern oder jn stuben machen und snyden von bencken, wenden und gehymeltz was sie dann konnent, das angenegelt wurt; und were es das jemans an einen kistener begerte jm etwas hübesches snytzelwerckes zů machen für ein thor oder ein hübesch thür, mag derselbe kistener ouch machen, und meinen die wagener und kistener das sie das billich machen und jn ouch billich gestattet werde, als man doch eim bildesnyder gestatten můs bilde zů snyden und eim moler gestatten můs thor oder thüren zů molen.

---

# Zoller-Ordnung.

**1463.**

Stadtordnungen, vol. 1, fol. 65.

Die zollere an den thoren, ire husfrowen, kinde und gesinde, die zů iren tagen kommen sint, sollent sweren zů got und den heiligen ire ampte ernstlich und getruwelich zů wartende, und warzůnemende uf die wegen und kerriche die mit koufmanschatz us und in farent; und was wegen und kerriche mit koufmanschatz hinus farent, das sie do von yedem wagen und karrich die wortzeichen empfohent und die briefel domitte die inen der koufhusherre git, uf das sie sehent und warnement das die koufmanschatz die also hinusgät gar verzollet sy; were aber das sie me stücke uf dem wagen oder karrich vindent dann die wortzeichen und briefel wisent, dieselben sollent sie nit lossen faren, dann sie doby wol verstont das soliche stücke nit verzollet werent.

Und als etlich zollere an den thoren underwilent pfande hant genommen für gůt das hinusgefürt ist, das sol hynnanfürder nit me sin, dann ein yeglich zoller dehein koufmanschatz füren noch tragen lassen soll one wortzeichen.

Wann aber ein fůrman mit eym wagen oder karrich harin feret mit koufmanschatz, er füre wenig oder vil, so sollent die zollere aber ernstlich warnemen wie vil stück einer uf sinem wagen oder karrich het, dofür er ouch pfande nemen soll, als von alter harkommen ist. Und soll man bestellen das die zoller an allen thoren underscheidenlich wortzeichen habent, daran so vil stücke gezeichnet stont underscheidenlich als ein fůrman füret; und soll der zoller dasselbe wortzeichen dem fůrman geben und darzů den fůrman heissen globen, by siner truwen, das er dasselbe gůt so einer füret mit dem wortzeichen in das koufhus antworte und dem husherren soliche wortzeichen gebe, uf das der husherre wisse was ein yeglicher fůrman gefürt habe und ime könne die lidigen zeichen geben widerumb an das thor sin pfande zû lösende, doby der zoller wol sehende wurt ob ein yeglicher sin gût in das koufhus geantwortet habe oder nit.

Die zoller sollent ouch getruwelich und ernstlich warnemen uf die wegen und kerriche und ander die do mele, korn und alle ander getregde, ouch brot harin fürent, das sie, ir wibe, kinde und gesinde die besehent und betastent; und welher hande getregde einer also füret, das sie dann gûte pfande dovon nemen sollent, die do besser sint als das gelt das einer zû zolle schuldig blibet, und uf soliche pfande schriben und zeychen so vil geltz alsdann das getregde tût in zolle; und soll dann dem fûrman wortzeichen dovon geben mit namen von yeglichem stück uf sinen pfennig, als er dann in einer laden hinder ime haben soll. Dieselben wortzeichen sollent dann die fûrlûte an das ungelt bringen; uf das wissent und sehent dann die ungelter wol was der fûrman harin gefürt hat; und sollent dann die ungelter ander wortzeichen geben, als sie one das tûnt; zû yeglichem stück uf sinen pfennig; die sollent sie dann den zollern bringen; doby so verstot dann der zoller wol das die stücke so er harin gefürt hat verzollet sint oder nit, und daruf soll er ime dann sin pfant wider geben und volgen lossen; und er soll ouch keinen lossen faren er habe dann solich gegenwortzeichen von den ungeltern oder pfande, als vorstät.

Desglich soll er ouch tûn und sich halten gegen den die win harin fürent, es sient fûdere, halbe fûdere, vierlinge oder vesselin klein oder gros, nützit usgenomen.

Er soll ouch alle samstage die wortzeichen, so er hinder ime hat, widerumb in das koufhus und an das ungelt antworten und dogegen sin wortzeichen widerumb nemen, als das von alter harkommen ist.

Sie sollent ouch sunder bühssen haben darin ir yeglicher disen nochgeschriben zolle enpfohen und tûn soll, und erberlich und getruwelich domit umbgän, und eigentlich daruf warnemen, und dieselbe bühsse alle fronvast den dryen uf dem pfennigturn antworten.

Item von eym wagen mit holtz 2 ₰; ist er aber voll geladen so git er 3 ₰.

Item ein karrich mit holtz 1 ₰.

Item ein wagen mit lorinde 4 ₰.

Item ein wagen mit kolen 4 ₰.

Item ein karrich mit kolen 2 ₰.

Item ein wagen mit stro 2 ₰.

Item ein karrich mit stro 1 ₰.

Item was holtzes die wagener koufent git pfunt zolle.

Item ein wagen mit höwe über Rine har 4 ₰.

Item ein wagen mit höwe usser dem Riet 2 ₰.

Item ein karrich mit höwe usser dem Riet 1 ₰.

Item was wegen mit wine uswendig fürfarent uf den graben, do git yedes fůder 2 β ₰ und noch margzal.

Item was wegen und kerriche mit ander koufmanschatz ouch uswendig fürfarent, die sollent sie in das koufhus wisen, und niergent lossen faren, sie wissent dann das es verzollet sy.

Und was pfande inen blibent ston über vierzehen tage, die soll er darnoch an stunt uf den pfennigturn tragen.

Und sollent also die zollere, ouch ir wibe, kinde und gesinde, die zů iren tagen kommen sint, alle vorgeschriben stücke, puncten und artickele und ouch das inen sust bevolhen ist oder wurt, von unser stette wegen, stete und vesteklich halten und hanthaben und den getruwelich und ernstlich nochgän, noch allem irem vermögen, one intragk.

Sie sollent ouch von dem wagener und kistener holtz, das zů den thoren harin gät, den zolle von beden henden empfohen, umb das der stat ir zolle von der gegenhant ouch deste völliklicher werde.

## Brotkärriche.

Die zoller an den thoren und der am Wighüsel sollent sweren ernstlich aht und warzůnemen uf die lantbrotbecker und ir wegen und kärrich, das sie deren deheinen lossent faren, ir yeglicher bringe dann ein wortzeichen von den zollern das er sin brot, das er harin gefürt hat, verzollet und dovon geton habe das er tůn soll. Und wä sie von yemans empfindent der den zolle enpfürt hette oder understunde zů enpfüren oder sust geverde darinne suchte, den sollent sie rügen und fürbringen meister und rät, umb das der darumb fürgenomen und gestrofet werde als sich gebürt.

Were es ouch das dehein lantbrotbecker oder sust yeman, wer der were, brot harin fürte oder trüge in körben, secken oder heymelich, dem sollent sie, by iren eyden, die körbe und secke mit dem brot nemen und das brot geben an diese vier ende: nemlich in den grossen spital, in die Ellende herberge, den Gůten lůten und den Weysen, und darzů den der solichs also gefürt oder getragen hat fürderlich rügen meister und rät, das der ouch darumb gestrofet und ime die besserung so daruf gesetzet ist nit faren gelossen werde.

Die zollere an den thoren und ouch am Wighüsel sollent redeliche gesellen sin, die schriben und lesen können, und soll der am Wighüsel ouch können schiessen mit armbrost oder hantbůssen, und sollent die an den dryen thoren tages hie nydenan an dem thore in dem stůbelin sin den zolle doselbs zů entpfohen, noch besage der vorgemelten ordenunge, und sust ieren sesse und hüsere haben jeglicher uf dem turne an dem thore daran er bescheiden ist.

Es sollent ouch dieselben zollere nahtes ir jeglicher uf sinem turn ligen, und ob es wer daz sich ützit machte by tage oder by nacht, oder das by nacht ützit botschaft von warnunge oder ander sachen wegen keme, solichs eim ammeister fürderlich zů verkünden.

Were es daz ein für usginge oder ein geschelle geschee, dovor got sy, so soll ir jeglicher fürderlich uf sinen turn gon und daruf bliben, und do mit andern, so ouch dohin geordent sint, das beste tůn, alles by iren eiden.

So soll der zoller am Wighüsel sich doselbs by dem andern zoller im huse enthalten, als bitzhar, und den sachen des zolles halb nochgon, wie die vorgeschriben ordenunge daz innehaltet.

Derselbe zoller soll ouch die vallebrucke am Wighüsel morgens und abendes zů rechten zyten uf und zů tůn, und by nacht nyemans der ine argwenig beduncket inlossen.

Und umb solichs soll man inen lone geben, nemlich dem am Wissen turn 10 lib. ₰.

Item dem am Kronenburg 8 lib. ₰.

Item dem an Steinstrass 8 lib. ₰.

Item dem am Wighüsel 10 lib. ₰.

Actum quinta scilicet vigilia Martini. Anno 1463. (10. November.)

# Zunftstuben-Ordnung.

**1478.**

Stadtordnungen, vol. 2, fol. 90.

Unser herren meister und rat und die ein und zwentzige haben erkant dise ordenunge zů halten:

Nemlich als etlich antwerck jr stuben hinweg geluhen haben den houbtkannen, die dann yederman essen und trincken geben haben als jn eim wurtzhuse, soliches sol fürter nit me sin, sonder das sol gehalten werden also, das die antwerck jr stuben selber behalten und halten und nit verlihen sollent.

Item das hynnanfürder keynerley spil das nit verboten ist uf keiner stuben me gehalten oder gestattet werden sol zů tůn von jemans der nit zünftig uf derselben stuben ist.

Were es ouch das einer der nit zünftig wer uf einer stube mit eim zunftgesellen spilete, wo das die schöffel, die gerihtzlůte oder der houptkann gewar werden oder jnen fürbraht und angeben wurt, so süllen sü, by jren eiden, unverzögelich fürbringen jrer meisterschaft, uf das die dinge gestrafet und gehandhabent werden, und mit namen süllent die meister und das geriht sü beide darumb fürnemen und jeglichen bessern umb x β ð als dick das beschiht, das halbe der stat und das ander halb dem antwerck; dieselben sollen ouch, by jren eiden, solich besserunge nyeman faren lossen; wo ouch das geriht solichs nit strafte und das keme für unser herren meister und rat, die süllent dann das geriht strofen.

Uf welicher stuben ouch solich spil geschee, und der meister oder der houbtkann soliches gestatte, oder der houbtkann oder jeman von sinen wegen würfel leite oder sust förderunge zům spil dete, oder so es wider sinen willen geschee, es were by tage oder by naht, und das nit fürbreht dem geriht, der soll bessern xxx β ð, der stat das halbe und dem antwerck das ander halbe.

Man sol ouch nit lenger nahtes uf den stuben bliben dann bitz man die nûnde glock lütet, sonder es sol sich yederman heim zû huse fürdern.

Ouch süllent die antwerck fürbas kein schenck me haben uf jrem stuben anders dann uf sontag oder virtagen.

Es sol ouch fürbas kein burger umb spilenswillen jergens hin faren zû spilen usser der stat, und wer soliches verbreche der sol, so dick das beschiht, bessern v lib. ß.

Es süllen ouch fürbas alle burgere, alle würte und alle die hüsere halten jn jren hüsern keinerley spile gestatten, sondern daran sin das es jn jr huswonunge gehalten werde, als hie vor von den stuben stat des spiles halp, und wer das verbreche der bessert v lib. ß so dick das geschee; das süllen alle der stat kneht rügen, und sol jn dovon werden der fünfte pfennige, und sol man dis allen antwercken geschriben geben.

Actum feria quinta post Martini. Anno lxxv. (16. November 1475.)

# GLOSSAR

von

**Johann BRUCKER und Gustav WETHLY.**

*Abburnen* abbrennen
*abe* herab, hinweg
*abebieten* aufkündigen
*abedingen* abwendig machen
*abekomen* (cum gen. rei) verlustig gehen
*abelos* Ablass des Weines
*abelüte* arme Sünder
*abe sin* aufgehoben, abgeschafft sein
*abgebrechen* vermindern
*ablosen* abzahlen, zurückzahlen
*ablosunge* Wiederkauf
*abrellen* April
*abschrot* Abfallstücke
*abstricken* nehmen, entziehen, verbieten
*abwerfen* entziehen
*aehten* austheilen
*aehtewer* Zunftrichter
*after* nach, hinter
*afterbodem* Hinterboden
*afterdem* nachdem
*afterslag* Abfallholz
*afterwege gon* herumgehen, herumschlendern
*ahe* Fluss
*aldar* dahin
*alhar* hierher
*allerslahte* allerhand
*allwegent* s. *allwent*
*allwent* überall, auf allen Wegen, immer
*altgewender* einer der alte Kleider verkauft, Trödler
*ambaht* Amt, Dienst, Gottesdienst, Hochamt
*anbringen* subst. Antrag
*ancken* Schmalz (auch Butter)
*andern* an einen andern Ort bringen
*anderwerbe* wieder, zum zweiten male
*anderwenden* anderswo
*ane* ohne
*angewinnen* an sich reissen, erhalten
*anherwerben* verlocken, anreizen
*anhin* fernerhin
*ankören, sunderlichen flysz a.* Fleiss anwenden.
*anlaufen* anfallen
*anlossen, sich* sich schiedsrichterlich verständigen
*anmut* Gelüste
*ansehen* in Betracht ziehen, berücksichtigen
*anslahe* Vorschlag
*antreffen* betreffen
*antwerck* die Gilde
*antwert* Uebereinkunft
*antwurten*, auch in der Form *entwurten*: übergeben
*arcke* Fahrzeug, Fischbehälter
*argwœnig* verdächtig
*arman* armer Mann
*artzenen* ärztlich behandeln
*artzot* Arzt
*Badtag* blauer Montag

*balde* schnell
*bast* Saum, Schleppe eines Kleides
*becherer* Verfertiger von Bechern
*becherfölge* (bechervoll) vom Inhalt eines Bechers
*becke* das Backen
*beckelhube, beckenhube* Pikelhaube
*beclagen* anklagen
*bedehten* unterreden
*bedenken* berücksichtigen
*ein bedenken haben* nachdenken, überlegen
*beduhten* dünken, bedünken
*befriden* umzäunen
*began* ins Werk setzen
*sich begen* (c. gen.) sich ernähren von
*begriefen* eidlich aussagen
*begriff* Umfang, Bezirk
*behaben* feststellen, überliefern, erhalten
*behaft* vom Teufel besessen
*behalten sin* vor Gericht angenommen sein
*behämen* hemmen, fangen, aufhalten
*beheltnusz* Vorbehalt
*beholfen sin* helfen
*beholzen* mit Holz versehen
*beilge* Vogelgarn (?)
*beiltz* Pelz
*beiten* warten, zögern
*beknätzen, beknotzen* betasten
*bekimbert* bekümmert
*bekorn* schmecken, kosten, kennen lernen
*belyir* ein Gewürz
*belieben* zugestehen, gestatten
*bengeleht* bengelartig
*benügig* befriedigt
*benumen* urkundlich namhaft machen
*berbelin* Bartfisch
*bereden* überführen, beweisen
*beredung* Beweisführung, Vertheidigung
*bereitschaft* Ausrüstung
*beriskörner* ein Gewürz
*berment* Pergament
*bernelin, berner* Setzgarn
*beroten sin* Rath ertheilen
*besagen* anklagen, bestätigen
*besage* fem. Bestätigung, auch Inhalt 81
*bescheidenlich* nach Gebühr
*beschen* geschehen
*beschetzen* besteuern
*beschiessen* ausreichen, pag. 17 zum Nutzen gereichen
*beschöpfen* gründen, schaffen
*besetzen* Geld anlegen, vermachen
*bessern* Schadenersatz leisten, Strafe bezahlen
*bessern us der stat* aus der Stadt verbannt sein
*besserung, die in der stette b. sint* = die eine verhängte Strafe noch abzubüssen haben
*beste* Thier, Vieh
*besten* binden, schnüren
*bestend, bestendec* dauerhaft
*bestoss* Lagerplatz
*betragen* ernähren
*betragen, mit dem wuchenlichen almusen* auskommen
*ein betrahten haben* dafür sorgen dass
*bevelhen* anvertrauen
*bewaren* das Abendmahl reichen
*bewenden* anwenden
*an zinse bewant werden* an Zinsen angelegt werden
*bewidemen* ausstatten
*biderbe* brav, bieder
*biere* Birne
*billige* gemäss, geziemend, subst. Billigkeit
*bitten* laden, vor Gericht laden
*bitzhar* bis jetzt
*blaig und brohe* wahrscheinlich eine Pelzverbrämung
*blatisischin* Plattfisch
*blattner* Harnischmacher
*bletschkouf* venditio dolosa, überstürzter Kauf
*bliblich* bleibend, *b. machen* aufhalten
*blotterlüt* Blatternkranke
*blutrunz* blutige Wunde
*bocken* mit Karten spielen
*bockenspil* Fastnachtsspiel
*bodem, boedeme* Boden, Holz zu Fassboden
*bollebrot* ein Gebäck aus feinem Mehl (*bolle*)
*böllelin* Anhängsel

*bōme würmen* Bäume abraupen
*borbeleht* blatternkrank
*borse* ein Theil der Eingeweide
*bose* Arbeitshaus (?)
*böse* (von Fischen) faul, (von Häusern) baufällig
*boszler* Hausknecht
*botenbrot* Geschenk für die Ueberbringung einer Nachricht
*botschuh* eine Art grober Schuhe
*brechen* vertheilen
*breisnestel* Schnürnestel
*bresten* mangeln, fehlen
*bretstellen* Brezel
*briefe* Satzungen, Statuten
*brofogel* Brachvogel
*brötlin verdienen* einen kärglichen Verdienst haben
*bruch* Gebrechen, Zuwiderhandlung
*bruderferte* Klosterfahrt
*brügen* brühen
*brüger* Metzgergehülfe, der die Schweine brüht
*brust (brest)* Schaden, Unannehmlichkeit
*brute* Hochzeit
*brutlache* Laichstelle
*brutlouf* Vermählungsfest
*brutwatte* eine Art Zugnetz
*buchen* die Wäsche in Lauge einweichen
*buffey* Kleiderzeug
*bühel* Hügel
*bülerige* Buhlerei
*bulge* Sack von Leder
*büntlich* verpflichtet
*büntlich sin* haften
*bürgen* weigern
*burnen* Brunnen
*burrets* Kleiderzeug
*bursehet, bursat* halbseidenes Zeug
*büsse* Büchse
*büssener* Kassierer
*büteln* sieben
*büttichin* Bottich
*butze* Poltergeist, Schreckgestalt
*Cacöbel* ein Gewürz
*cadis* Kleiderzeug
*cammertuch* eine Art Leinwand
*cappa* Zeug für Weiberhauben
*cappe* Kapaun
*cardamümel, cardamone* ein Gewürz
*catzidonie* Achat
*clebeltag* Mariae Verkündigung
*clegede* Klage
*clige* Kleie
*collerisz* Goldlack (?)
*compost* Eingemachtes
*consciencien* Vermächtnisse für Seelenmessen
*constofeler* Ritter, die keine Gilde bilden
*contrafaiter* Verarbeiter von falschem Gold
*crane* Kranich
*Dahündenan: als das von inen d. verschriben stot:* weiter unten
*dannan* fort, *dannan gon, dannan tun* beiseite schaffen p. 516
*dapfer* gewichtig, ansehnlich
*dar* da, dahin, dort
*darafter* in Zukunft
*darf* Bedarf
*dargeben* ausgeben, aussagen
*darstossen* erstatten
*darüber (wer darüber tut)* gegen ein Verbot, trotzdem
*daruf slagen* den Preis einer S. erhöhen
*deckenmerküse* Käse in Schachteln
*deind, dinde* welsches Huhn
*denckeht* teigich
*dennan (dannan)* hinweg
*denne* dahin
*dennzemol* zur Zeit
*deweder* der eine oder der andere
*dick* oft, häufig
*dienst* Abgabe, Zins
*dingen* abkaufen, verkaufen
*dirre* dieser
*dirreiverbe* dreimal
*dirte* zum dritten Mal
*doreht* thöricht, unsittlich
*dozwuschen* (auch: *dozwüschent*) inzwischen
*die drie* die 3 Schatzmeister der Stadt auf dem Pfennigthurm
*drigerleige* dreierlei

*drüpwin* Tropfwein
*dryewerbe* dreimal
*dus, dusze* draussen
*dustkan* ein Gewürz
*Eben* passlich, bequem
*egelsalmen* eine Salmengattung
*ehaftige not* rechtsgültiges Hindernis
*eht* etwa, zufällig
*ehter* Geächteter
*eigen* Besitzthum; zugehörig
*eigentschaft* Eigenthum
*eiger* Eier
*einst* einmal
*einung* Vereinigung, angesetzte Strafe
*elleclich* insgesamt
*emig* adject. von *em* die Ohm; eine Ohm haltend
*ende, heimliche e.* das Gesäss
*endingen* vollführen
*enger* Frohne
*engern* frohnen
*enhelleclich* einhellig
*enkerrus* Fischreuse mit Anker
*enmügen* wollen
*entbinden* öffnen
*entpfohen* aufnehmen
*entreinigen* anstecken, besudeln
*entsagen* verheimlichen
*entweltigen* berauben
*entweren* nehmen, berauben, verhindern
*entwichen* ausweichen
*entzeiten* entziehen
*enweg* weg
*erbören* einen Rechtsanspruch erheben
*erfaren* hervorgehen (?) p. 6
*erfrüt werden* vor der Zeit berufen werden
*erfuillen, erfollen* ersetzen
*erhenn* herein
*erlaufen* erwerben
*erlecht* ausgetrocknet
*erlöbet, dem in unserm burgbann er. ist,* der verweilen darf
*erloubunge* Erlaubniss
*erluten* auseinander setzen
*erobern* überwältigen
*erper* Erdbeere
*erschieszlich* erspriesslich
*erspüren* (vom Holz) zu trocken werden, zerklüften
*ersuchen* untersuchen
*so erste* so bald als
*ertzenige* Arznei
*erweissen* Erbsen
*esch* Asche
*eser* Speisesack zum Umhängen
*esterichen* pflästern
*etwie* ziemlich, sehr
*Fach* Vorrichtung zum Aufstauen des Wassers und zum Fischfang
*faren lossen* nach lassen
*fausthammer* Bettelvogt
*federspil* Falke
*feldsicherheit* eidliches oder ehrenwörtliches Versprechen eines Kriegsgefangenen sich zur bestimmten Zeit einzustellen
*fellig* schuldig erkannt
*ferre* fern
*fertiger* Versender, Verkäufer
*fingerlinge* wahrsch. eine Art Lager für Weinfässer
*firmet* Zeugnis
*firne* alt, vorjährig
*flasche* Grube
*flesche* Flasche
*flithe* Conjunct. Præt. zu fliehen (25, 6)
*flosch* Fluss, Strömung
*flosschiff* Fischbehälter
*fluchtwise* auf der Flucht
*frauenpfennig* Hurensteuer
*frauentag, der eren* Mariä Himmelfahrt
*frauentag, der jungern* Mariä Geburt
*frauentag als sie in das Gebirge ging* Mariä Heimsuchung
*frevenlichen* frech, gottlos
*friburg* Freiburgerzunft
*friese* Damm- und Schlammarbeiter
*friheit* Schutzort, Asyl
*friliche* freiwillig; ohne Rückhalt
*frumen* Nutzen
*fry gevisirt* modellirt
*fug* billig, anständig, nöthig
*sines fugs finden* das nöthige, rechte finden
*fürbasser, fürter* weiter, ferner

*fürderlich* schleunig, alsbald
*fürdern* beschleunigen
*sich fürdern* eilen
*fürdingen* zuvor unterhandeln
*fürfallen* vorfallen
*fürgeben* anzeigen
*fürgrif* Uebereinkunft
*fürkommen* vorbeugen; zu Ende gehen. Auch: einem bekannt werden, z. B. p. 93 *meister und rot f.*
*fürkouf* Vorwegkauf zum Behuf wucherhaften Wiederverkaufs
*fürloufen* in den Weg laufen, den Weg versperren
*fürsprech* Advokat
*fürstand* Vortheil
*fürter* weiterhin
*fürwenden* einwenden, vorhalten
*fürworten* verabreden; angreifen
*fusse köpfe* Maul und Fuss
*Gabhochzeit* Hochzeitsmahl auf Kosten des Bräutigams
*gaden*, *gadem* Gemach, Kammer, Verschlag, Bude
*galaune* Tresse, Galone
*galgen, galgenwurz* (*galunga*) ein Gewürz
*gansen* Jagd auf Gänse machen
*ganten* versteigern
*gantener* Unterhändler, Verkäufer
*gantreichung* Versteigerungskosten
*gargel* (franz. gargouille) Röhre
*garner* einer der mit Garnen fischt
*garst* ranzig
*garwe* geradezu, unmittelbar, ganz
*gast* Fremdling
*gastung* Beherbergung, Bewirthung
*gebannen* ge- und verbieten
*gebot* Vorladung, Zusammenberufung
*gebrehe, gebrœhe* Gepräge
*gebrise* ein Hemd mit Spitzenbesatz an der Halsöffnung
*gebrisen* eingefasst
*gebure* Bauer
*geburschaft* Gemeinschaft, Gesellschaftsrecht
*gebuwe* Bauwerk: *das Husz in gutem g. halten* in gutem Zustand erhalten
*gebruchelich* (*gebruchig*) brauchbar
*gedencken haben* bedacht sein auf
*gedihen lossen* zugestehen, bewilligen
*gedihte* ununterbrochen
*geding* Vertrag, Bedingung
*gedinge* Gericht
*geeigt* berechtigt
*geese* Speise, Lockspeise
*gefahr* Betrug
*gefall, gefälle* Ertrag, Einkommen
*gefallen* einkommen
*gefertiger* Absender
*geflecket* geflickt
*gefreicter hof* Schutzort
*gefriget* frei gemacht
*gefrüste* Frost
*gefüglich* passend, nutzlich
*gefüre* Vortheil
*gefürt* vortheilhaft
*gegen haben* vergleichen
*gegenwürtigkeit* Gegenwart
*gehalten* bewahren
*gehandeln* behandeln
*gehebe* fest, unbeweglich
*gehellen, gehollen* einstimmig sein, zustimmen
*gehellung* Zustimmung
*gehimelze* Zimmerdecke
*geliben, gelibern* erlauben, gestatten
*geliden* sich gefallen lassen
*geliger* Lager
*gelihtert* erleichtert, vermindert
*gelten* bezahlen, entschädigen
*gemechde* Person mit der man ehelich verbunden ist
*gemechete* Arbeit
*gemeine* Mittelsperson
*gemeiner* Theilhaber, Mitbesitzer
*gemeinlich* gemeinsam
*gemöst* gemästet
*gemuite geben* entbinden, lossprechen
*genempt* genannt
*genere* Nahrung
*geniesen* sich zu Nutzen machen
*geraten* entbehren
*gereht* tadellos
*gerere, geröre* Schutt

*gerihten* zurecht machen
*gerisen* rieseln
*geruf* Ruf, Nachrede
*gerwe* gänzlich
*gescheit* Grenze
*geschelle, geschölle* Aufl auf, Tumult
*geschift* mit Schaft versehen
*geschiht* Sache, Vorgang
*gesegede* Aussage
*geseige* geeichtes Maas
*gesesse haben* sitzen
*gesiht, noch dem gesiht:* auf ungefähre Abschätzung im Gegensatz zu *noch dem gewiht* (p. 222)
*gesleder* schlammiges Flusswasser, das in kein Hochwasser fliesst
*gesmeche* Schmach
*gesmide* Geschmeide
*gespan* Zwist, Uneinigkeit
*gespannen* zum Kriege rüsten
*gespenet* abgenutzt, verzogen (von dem Bogen der Armbrust)
*gespenget* mit Spange(n) versehen
*gespieren* fühlen, einsehen
*gestalt haben* sich vorhalten
*gestende* (*in spuntzirens oder kuppelns wise*) Rendez-vous
*getar* Kühnheit, Vermessenheit
*getörsten, getursten, getören* wagen
*getregede* Getreide
*getreng* Gedränge
*getrost syn* unverantwortlich sein
*getruwen* anvertrauen, glauben
*getwang* Zwang-Bedrängnis
*gevengnuss* Gefangenschaft, Körperbedeckung, Kleidung 292
*geverde* Hinterlist, Betrug
*geverlichen* hinterlistiger Weise
*gewand, gewant* angehörig (z. B. *der stette*)
*gewandeln* weggehen
*gewantman* Tuchhändler
*gewartig* zum Dienst bereit
*gewefe* Waffenrüstung
*gewende* Fischgeräth
*gewenden* abwenden
*gewerb* Missbrauch
*gewerbe* Wirbel, Gelenk
*gewerde* Eigenthum
*gewere* Aussage, Gewahrsam
*gewere ruwe* aufrichtige Reue
*geweren* versorgen, wahren, verbieten
*gewinnen* anstellen, in Dienst nehmen Gelder einziehen
*gewute* Lärm, Getöse
*gezog* Zugnetz, Appellation
*gezogenlich* anständig
*gezück* m. Geräthschaft, Werkzeug
*gezwangte umbwindelinge* enge knappe Mantille, längliches Schultertuch
*giler* (*gyler*) Bettler, Landstreicher
*gilwerk* Bettelei
*ginen* beginnen
*giner* jener
*ginsite* jenseits
*glencker* Klingeler, auch der Glockenhammer
*glügen* glühen
*gölte* Küfergeschirr, Schleifkanne
*gonden* ordnen
*gönnen* mittheilen, Antheil geben
*grase* fett, feist
*gremperige* Krämerei
*grendel* Riegel
*grene* kleines Gewicht
*grete* Stufe, Treppe
*gridt, grittigkeit* Geiz, Habsucht
*grien* sandiger Platz
*griesen, griezen* zermalmen, auskörnen
*griff* Griebe, ausgeschmelzter Fettwürfel
*gro, growe* grau
*grogen* grauen
*grot* Fischgräte
*grugel* Gräuel, Abscheu
*grüsel* ein metallenes Horn, das zu Strassburg Nachts zum Andenken eines entdeckten Verrathes der Juden geblasen wurde
*gryebe* ausgeschmelzter Fettwürfel
*günder* Gönner
*gute lüte* Aussätzige
*gutlüthus* Spital für Aussätzige
*gufe* Stecknadel
*guldenschreiber* Einnehmer des Guldens,

der für jedes Fuder Wein gegeben werden musste
*Habe* Hafen
*haben* halten
*haderige* Zank, Streit
*hagen* Verhau, umzäunter Ort
*halbwahser visch* eine Stockfischgattung
*hallenbart* Hellebarde
*halp* Seite, Theil, Gegend
*halp, halpfisch* Plattfisch
*für handen nemen* in die Hand nehmen
*hantgift* Geschenk
*haran* hierbei, gegenwärtig
*harin* hierin, in diesem Punkte
*harlouben* erlauben
*haruszer werden* (*ligendes und farendes gut*) herausbezahlt werden, zufallen
*haube* unterster Beschlag an der Schaale eines Messers
*haushèrr* Vorsteher
*hebelich* begütert
*heden* Altwasser
*heilbeling* die Hälfte eines Pfennigs in seinem jeweiligen Wert
*heilsen* Glück wünschen, herzen
*heilwert, helwert* einen *heilbeling* wert
*heimliche hut* Geheimpolizei
*hentschu* Handschuh
*heringmenger* Häringsverkäufer
*hienoch* hernach; auch local: weiter unten
*hinafter* in Zukunft
*hinanfürder* dass. (auch in der Form: *hynanfürterme*)
*hinanthin* hinfort
*hinder sich legen* (z B. *win*) ablagern
*hinforme, hinfürme* von nun an
*hochgezit* Festzeit, Festlichkeit
*hocken* Fischgabel mit Widerhaken
*höflen* bankettiren
*horbe* Gassenkehricht; Lehm p. 130
*hören* gehören
*hosenstrumpf* gestrickte Unterhose
*hot* eingeschlossenes Wasser
*houptkanne* Zunftwirt
*houwe, höwe* Heu
*howe* Haue, Hacke
*höwen* hauen, hacken
*hufen* zusammenrotten
*huirig* in diesem Jahr
*hulfter* Halfter
*huller* Verfertiger einer Art Kopfdeckung für die Frauen
*hultzin* hölzern
*hunenbrod* Brodart
*hürnen* blasen
*die dirte hürnen* die dritte Stunde anblasen
*huszere* Hauswesen
*hushelterin* Wirthin eines Bordells
*husherr* Kaufhausinspector
*huszarm* als adject.
*hutbytage* heutzutage
*hutteber* Hutzelbeere
*huttel, hutzel* getrocknete Birne
*Iht* etwas
*ilende* eilends
*iller* Illfischer
*imbes, imbs, imsz* Mahlzeit
*indewendig* inwendig, innerhalb
*ingeber* Ingwer
*ingehebt* in Besitz genommen
*ingenote, iegenote* unausgesetzt
*ingewinnen* einnehmen
*inheben* einhalten
*inlegen* wegthun, zurückziehen
*innermeister* Innungsmeister
*innhalten*: *die ordenunge innhaltet diz* ist dieses Inhalts, lautet so
*intrag* Einrede
*irren* hindern, schädigen
*irten* siehe *urtin*
*irtenhochzeit* Hochzeitsschmaus dessen Kosten die Gäste bestreiten
*Jahracht, joracht* Zeitraum eines Jahres
*jahrachte* jährlicher Fruchtzins
*iemer* irgend einmal
*ietzent an* von nun an
*ietzliches* jegliches
*iewelten* von jeher
*joch* auch, nebst
*jorgezit* anniversarium, Gedenktag (z. B. *der toten j.*)
*Kammer* Vorrathskammer
*kar* irdenes Geschirr

*katzidonie* Chalcedon, milchblauer Halbedelstein
*kelle* Tümpel in einem Fluss, zum Fischfang
*kenne* Kanne
*kensterlin* Schrank
*keren* zuwenden
*keren, den schaden* vergüten
*kertzen machen* bei Lichtern bankettiren
*kettener* zur Kette geschildet
*keylere* Keller
*kimperlich* ungern, mit Mühe
*kirnen* Kern
*kirspel* Kirchspiel
*kistener* Schreiner
*klaret* aus Branntwein und Zucker bereitetes Getränk
*klebegarn* ein Fischnetz
*klenken* läuten
*klige* Kleie
*klingeler* Almosensammler
*kliter, klütter* Entwurf
*knolle* Klumpen
*kolben geben* ein Spiel
*kosegelt* die bei den Wahlen entrichtete Steuer
*kostbrief* Kostenverzeichnis
*kötschen* schleppen, nachschleifen
*kræ(e)mperige* Kramhandel
*kræntz aufsetzen* ein Spiel
*krenker* schwächer
*krese* Gekröse
*kriegesgasse* Lindenfelsergässel
*kropf* Klammer, Haken
*krösz* Rock, Oberkleid
*krouben zubere* grosse Zuber
*krumbe mittwoch* Mittwoch vor Gründonnerstag
*krummitwuche* siehe vorherg.
*kruse* Krug
*kudern* kauen
*kugeleht* kugelförmig
*kulhut* Kapuze
*kummen, uskummen* leer werden
*küniqreich* ein Spiel
*küntlichen werden* bekannt werden
*kuppelige* Kuppelei
*kurbelin* Korb, Fischreuse
*kürnen* mahlen
*kuter* gefütterte Steppdecke über das Bett
*küwelwerfen* Fassspielen
*Laicken* leugnen
*lamp* Lamm
*lande* Staden, Landungsplatz
*langen, zu schaden l.* zum Schaden gereichen
*lantgonde garn* Streifgarn
*lantmann* Mann vom Lande, Nichtbürger
*lappengeld* Geld für das Ausbessern der Kleider
*lassiren* lackieren
*laster* Schmähung, Schmach, Schimpf
*latwerie* Latwerge: ein aus Honig, Sirup und Fleischbrühe zusammengesetzter Brei
*ledelich* beschädigt
*lege* gegenseitige Hülfleistung
*lehs* Lachs
*lehunge* Verleihung
*in den leichet gon* laichen
*leidigen* beleidigen
*leige* Laie
*leigering* Lager, Lager der Fische
*leigung* Verweigerung
*leiten* Zeugnis abgeben
*lettner* Emporkirche
*letze* Posten, Geschenk
*letzen* hindern, verletzen
*lewe* Fischhecke im Wasser eingelegt
*lewen befohen* Fischhecken anlegen
*liberunge* Erleichterung
*lichamentag* Frohnleichnamstag
*lichof* Gottesacker
*lidelich* erträglich
*lidern* ledern
*liebtete* Vermächtnis, Wohlthat
*liene* Wildschwein
*linegolt* goldner oder vergoldeter Zahlpfennig
*lipbevilhe* Begräbnis
*lipfel* Leichenschmaus
*lipgeding* Leibrente
*lomelle* Klinge
*lonber* lohnwürdig, belohnungswerth

*lonsetze* Magd
*lorgen in ein schantz slahen*, ein Spiel
*lossen* hören, acht geben
*loucken* siehe *laicken*
*louckenjarn* eine Art Zuggarn
*loufe* fem. der Gang
*loufer* Mühlstein
*lupvisch* Stockfischgattung
*lüstlinsspil* Hazardspiel
*luszgefügel* Edelvögel
*noch lut und sage* nach dem Wortlaut (z. B. *des buches*)
*lutertrank* mit Kräutern und Gewürzen abgeklärter Rothwein
*lützel* wenig
*lutzern* Laterne
*lymut* Leumund
*lynin* leinen
*Macher* Unterhändler
*magesatoley* Mohnsamenöl
*mahtbote* Bevollmächtigter
*malatrie* Aussatz
*mannesnam* männlichen Geschlechts
*margzal* Verhältnis
*martel* Folter
*massen* mässigen
*matze* Matte, Wiese
*meekin* Kümmel
*megen* mähen
*meigetag* der erste Mai
*men(c)keln* vermengen
*menglich* jedermann
*mennige* Menge
*mere stift* Hochstift
*merre, daz* der grössere Theil
*merrich* Taucherente
*merschatz* Vortheil, Wucher
*mertzen* ausmerzen, austragen
*mess* das Maass
*messikeit* Zeit, zu der Messe gelesen wird
*meyngerleige* mancherlei
*mie* Beschwerde, Mühe
*miet, mietewon* Miethlohn, Belohnung
*migig* brauchbar
*mile* Meile; Mühle
*minern, minren* vermindern
*minner* weniger
*misse* das Fehlen, der Mangel
*misshandler* Missethäter
*missekouf* verbotener Kauf
*missemesse* schlechtes Maass
*missewege* schlechtes Gewicht
*mol* Mahlzeit
*more* schwarze Sau
*morgenurtin* Frühstück
*mornendes* morgen
*mortglock* Allarmglocke
*mosse* Maass
*mossen* dermassen, nach Maassgabe
*mulzer* Mahllohn in natura
*murvogel* Sumpfvogel
*musel* Gefäll
*mussig gon* ausgeschlossen sein
*muse* Verköstigung (z. B. *in muse und brot sin* bei jemandem in der Kost, also in Dienst sein)
*zu muszen* nach Bedürfnis
*mute* Zoll
*muten* messen
*muten* begehren, verlangen
*mutern* verdorben, ungesund
*mystegedinge* Meistgebot
*Nachrede* Verläumdung
*nachwein* Extrawein
*über naht* in der folgenden Nacht
*nahthute* Nachtwache
*nahtvart* nächtliche Ausfahrt
*namen* adv. namentlich
*narte* Trog
*negel* Gewürznelke
*neher* billiger
*nertelin* demin. von *narte*
*nestbellen* eine Obstart
*neusen* versuchen, erproben
*nidewendig* unterhalb
*niemerme* nicht mehr
*niesunge* Genuss, Vortheil
*nochbot* Stellvertreter
*nochburen* Nachbarn
*nochgon* untersuchen, gerichtlich einschreiten
*nochzuck* Ausfall, Abgang, Deficit
*nohe* billig
*noisen* belästigen

*nolbein* Nadelbüchse aus Knochen
*nole* Nadel
*nontag* Christi Himmelfahrt
*notdurft* adj. nöthig
*notzoge* Nothzucht
*notzuck* Verlust
*nunocke* Neunauge (Fisch)
*nuschnit, nützit* nichts, *utzit* etwas
*nusz, nusse* (*nusche*) Spange, Schnalle
*nüssen, niessen* (s. *neusen*)
*nüst* nichts
*nuwelingen* neulich
*nuwen* neuerdings
*nuwent* nicht mehr
*nuntzemol* jetzt
*nym* nicht mehr
*Obe* ehe; auch *ee ob*, p. 221
*oben* der Abend
*obes* das Obst
*obstot, als o.* wie oben gesagt ist
*obwendig* oberhalb
*öch* auch
*öde* nichtsnutzig
*örtel* Viertelspfennig
*ofentürer* Händler
*ohte* acht
*olei* Oel
*oleib* Ueberbleibsel
*olestampf* Oelpresse
*on, one* weniger, ausgenommen
*opferbar* zum Opfern geeignet
*ortband* eisernes Band an der Spitze der Schwertscheide
*ostiure* ohne Leitung
*öwe* Aue, Wiesenland
*öweholz* auf Auen gefälltes Holz
*Parlier* Geselle, der die Arbeit anzuordnen und die Aufsicht zu führen hat
*passen, paschin* ein verbotenes Würfelspiel
*pene* Strafe
*pfalze* Rathhaus
*pfennig, den pf. geschaden* das Vermögen schmälern
*pfennwert* einen Pfennig werth; eine Waare, die einen Pfennig gilt
*pfinnig* drüsig
*pfister* Bäcker
*pfisterie* Bäckerei
*pflegde* f. Amt, Ueberwachung
*pfor* Stier
*pfrunde* Proviant
*pfugel* eine Art Behälter (?)
*pfulwe* Federkissen, Pfühl
*pfundzoll* Abgabe, Zoll von dem Preise verkaufter beweglicher und unbeweglicher Sachen
*pfulse* Stange, mit der die Fische aufgestört werden, damit sie ins Garn gehen
*pinen* strafen, peinigen
*plattner* s. *blattner*
*precarien* auf eine gewisse Zeit verliehene Güter
*prime* die erste der horæ canonicæ; die Glocke, die zu dieser Zeit geläutet wird
*process* feierlicher Umgang
*profe* Probe
*proge* Verbrämung, Aufschlag eines Kleides
*pünctel* Klausel
*Quinsin, quintin* der vierte Theil eines Lothes
*Rackhals* eine Entenart
*rackvisch* Stockfischgattung
*ratung* Berathung und Ergebnis derselben
*rechtfertig* recht, ächt
*redelich* brauchbar, passend; in Richtigkeit, 235
*refental* Speisezimmer der Mönche
*reff* Hotte
*registerlin* Recept
*reht* Process, Rechtsverfahren
*rehten, rehtigen* rechtfertigen; vor Gericht, zur Rechenschaft ziehen
*reisig* zum Reisen geeignet
*reisiger kneht* Fussknecht, Fusssoldat
*reppiswin* vinum acinaceum, vielleicht aus Trauben bereiteter Wein
*retscher* Schwätzer
*reuwerin, ruwere* Reuerin (Nonnen-Orden)
*riberin* Bademagd
*richten* Speisen auftragen
*rickele* Kalbsdrüse
*riensen* heraustropfen

*riffion* Ehebrecher
*rintsuter* Schuster, der Rindsleder verarbeitet
*Rintsutergraben* Gerbergraben
*ritern* sieben, auslesen
*ritpfor* Zuchtstier
*rontz, runtz, runs* Rinne
*rörewin* Tropfwein
*rörlin* Rohr
*roubig* geraubt
*rowen, rogen* Fischeier
*ruch und gestossen* verdorben
*ruchin brot* Roggenbrot
*rufolcken* Fischart
*rügen* anzeigen, gerichtlich verfolgen
*rüger* Ankläger
*rumen* c. dat. pers. einem aus dem Wege gehen
*ruse* Fischreuse
*rüttern* siehe *ritern*
*ruwe* Reue
*Sache sagen* den Sachverhalt angeben
*sackwin* gefälschter Wein
*saferon* Safran
*salzmuter* Salzmesser
*samatin* Sammet geringer Art
*sammenen* sammeln
*samenung, sammlung* Bruderschaft
*sammenthaft* zusammen, in Menge
*sasse* Sitz
*saten, satten* setzen
*zu rede satten* zu Rede stellen
*dowider satten* sich widersetzen
*satzen, setzen* einen Sitz anweisen
*schaffen* verarbeiten, machen
*schaftwatte* eine Art Zugnetz
*schalten* schieben, stossen, mit dem Ruder in Bewegung setzen
*schamper* schamlos, unzüchtig
*schancken* wirtschaften, ausschenken, gastieren
*schantz* grober Kittel, Arbeiterkleid
*schappl* Rosenkranz
*schar* Menge, Versammlung
*scharen* zusammenrotten
*schaube* langes Kleid, Unterrock
*scheide* Sonderung, Trennung
*scheidewin* Abschiedstrunk
*schelkelin* Schälkin
*schenck* Schmaus oder Mahl bei gewissen Anlässen
*schenckewin* zu Geschenken bestimmter Wein
*scherehüser* Barbierstuben
*schetzen* kosten, verkosten, schätzen
*schibe* Glücksrad, Marterwerkzeug, Rad, Walze
*schiblin* hölzernes Gefäss
*schierest* nächst
*schiessenwoge* Schnellwage
*schilter* Schildermaler; Gürtler
*schirmen* schützen, verteidigen, entschuldigen
*schletz* schlechthin
*schochzabel, schachzabel* Schachspiel
*schœn* (im Gegensatz zu *sundersiech*) rein, gesund
*schöffel* Schöffe
*scholdergeld* Spielgeld
*schöller* Schelle
*schosgatter* Fallgatter
*schwub, schwibe* Strohbündel zum brennen bestimmt, kleine Kerze
*schouweliren* herumschauen, gaffen
*schrage* Gestell, Bock, Gerichtsschranken
*schrencken* mischen, vermischen
*schrot* Stück eines Baumes, Klotz
*schube* Mantel
*schuchsuter* Schuster
*schue, scheu* Abscheu
*schultheiss* Stadtrichter
*schultheissenburger* Bürger, der nicht mehr als zehn Pfund im Vermögen hat
*schüre* Scheune, Schuppen
*schweickkäse, sweigkäse* auf einer Sennerei bereiteter Käse
*schwenkel* Schlagbaum
*sebedenkorb, söbdenkorb* Korb aus Binsen
*seckler* Schatzmeister
*segme, segene* grosses Zugnetz
*sehen, ernstlich s. dazu haben* eifrig nachsehen, kontrollieren
*seidemohr* wahrscheinlich schwarze Seide
*seigen, sinnen* visieren, aichen

*seih, seiger* schimmelich, verdorben
*seilbe* Salbe
*selgerete* Testament
*zu seltzamkeit* selten, zufällig
*semlich* solch
*sergenweber* Sarschenweber
*serre* Schlagbaum
*sesz* (*haben*) Sitz
*sesse und hüsere* Sitz, Aufenthalt
*setzen* bestellen, festsetzen, einrichten, anordnen
*sextern* Lage von sechs Bogen
*sey, say* halbwollener Stoff mit Seide, Baumwolle und Leinen gemischt
*sider, sit* seitdem, nachdem
*sibogen* Schwibbogen
*sibenzüchter* Polizeirichter
*siechtag* Krankheit, Siechtum
*sigerst* Küster
*simmelbrot* Weissbrod
*sin* Kunstgriff
*singihte, süngihte* das Sommersolstitium, 24. Juni
*sinne* Art und Weise
*sinnen* siehe *seigen*
*sit, syt* Sitte
*sitmoles* seitdem
*slag* Streich; Kaufpreis; Arbeit; Handschlag bei einem Kauf
*slahte* siehe *allerslahte*
*slegel* Schlegel, Werkzeug zum Schlagen, Stiebzapfen am Weiher zu ziehen
*slegeschatz* der dem Inhaber des Münzrechts zukommende Anteil
*sleht, slehtlich* abgenutzt, einfach, ohne Gepränge, schlechthin
*sleiger* Schleier
*sliethen* schlichten
*sluch* Schlund, Abgrund
*slut?* Wasservogel 183
*smelsel* Gemüse
*smich?* Wasservogel 183
*smye* eine Entenart
*snelling* Fallbrücke
*snotfisch* Schnotfisch
*sod* Saline
*so ze* sobald als
*sorglich* gefährlich, bedenklich
*Sorn* die Zorn (ein Wasser)
*spanbett* Tragbett, Schragen
*spannen* rüsten, bezeichnen
*specke* Knüppelbrücke, Knüppeldamm
*spengelin* Spange
*spenne* n. Zerwürfnis, Streit
*spennig* uneinig
*spillentreher* Spindeldreher
*spinder* Versorger des Spundzapfens
*spint* Fett, Schmer
*spitzen* Badstube zu der Spitzen
*sponziererin* feile Dirne, Kupplerin
*sporer* Sporenmacher
*sprecher* Verteidiger
*sprochhus* Abtritt
*stab* Gerichtsbarkeit
*staende kouf* wahrscheinlich fester Verkauf im Gegensatz zu *precarien*
*stande* Stellfass, Kufe
*stat* Stand, Zustand, Lebensweise
*stebeler* Kirchendiener
*stechen* zapfen, anzapfen
*steg* schmale Brücke, Steg
*steinwatte* Zugnetz, das durch einen daran gehängten Stein auf den Grund des Wassers gesenkt wird
*stellen* trachten, streben
*stelling* Damm
*stellung* Sperrung des Wassers
*stemfe* Stampfe
*stendel* kleines Stellfass
*stete* gültig, beständig
*stichgelt* Bezahlung für das Anzapfen eines Fasses
*stichwin* der zur Probe aus dem Fass genommene Wein
*stierknabe* Steuermann
*stietzapfen* Vorrichtung an einem Weiher?
*stiffe* starr, fest, wacker
*stifot* Stiefel
*stock* Zollkasse; Gefängnis
*stockgericht* peinliches Gericht
*stodel* scheunenartiges Gebäude
*ston* standhalten, fortsetzen, dauern
*stössig* uneinig
*stoup* Staub

*stöwen* Einhalt thun, verbieten
*streifberner* Streifnetz (*ber* Netz) 189
*striche* Streichholz
*stube* Zunftversammlungsort
*stück* 12 Dutzend
*stulegeld* Sitzungsgeld
*stunde* Verlöbnis
*uf stunt* alsbald
*stüppig* Bottich
*stüre* Beitrag
*zu stüre komen* Einhalt thun
*sturtz* Schleier
*uf stuz* plötzlich, sofort
*sûfern* säubern (*sûfer*=sauber)
*sumen* einhalten, verzögern
*sumesal* Säumnis
*summe* eine Summe Geld
*sunderlingen* besonders, absonderlich
*in sunders* besonders
*sundersieche* Aussätzige
*süngiht* St. Johannistag, Sommersonnenwende
*sus* sonst
*swebelisen* siehe *swebelknecht*
*swebelkneht* der eine Fackel ansteckt, die sich wohl auf dem *swebelisen* befand (?)
*sweigkese* Käse, der in einer *sweige* (Sennhütte) gemacht worden ist
*swemmen* ins Wasser treiben, tauchen
*swertag* Tag der Huldigung

*Tag, zu sinen tagen sin* mündig sein
*tagehorn* Ankündigung des Tages durch Hornblasen
*tagen* berathschlagen; vertagen
*tagewon* Tagewerk, Frohnarbeit
*teisem* Sauerteig
*tennin* aus Tannenholz
*tergenel* ungeblümter Doppeltaffet
*tesche* Tasche
*test* Schlacke
*thüre* Theuerung
*tobin* schweres gewässertes Seidenzeug
*tögelich* tauglich
*tölben* ausgraben
*topelsammet* würfelartiger Sammet
*tören* betrügen, lärmen, rasen
*tragen* einmischen, eingreifen
*tranr* Balken
*trasen* Troddeln
*trasie* Traschwurz, Roselwurz
*tremen* schwanken, rütteln
*treszkammer* Schatzkammer, Ornamentenkammer
*tritvogel* Quackerente (anas clangula L.)
*trogk* Truhe
*trösten, getrösten* Sicherheit, Schutz gewähren
*trostung* Schutz, Trost
*trubel* Traube
*trumen* trommeln
*trunckhaft* trinkbar
*truscht* trüb
*trusen* Trabern
*trymeye* Mühltrichter
*tugen* Fassdauben
*tumeler* Werkmeister
*twergfinger* Zwergfinger, Querfinger

*Überbliben* n. Tischreste
*überfaren* zuwiderhandeln
*überkommen* übereinkommen, sich verständigen
*überleit* überladen
*überlengen* verkürzen, übervortheilen
*überlossen* durchlassen
*übermieder* Obermieder
*übermessen* über ein Mass, eine Grenze hinausgehen
*überniessen* übervortheilen
*überröbig* geraubt p. 357
*übersehen* vergessen
*übersetzen* in die Enge treiben, Concurrenz machen
*übertrag* Uebereinkunft, Vertrag
*übertragen, sich* übereinkommen, sich versöhnen
*ufgang* Zunahme
*ufgesetzet* veranschlagt (bezügl. des Zinses)
*ufgezöwe* aufgezogen, zerrissen
*ufkommen* anfangen, beginnen
*uflegen* anhäufen
*ufreht* aufrichtig
*ufsatz* Hinterlist, Vorsatz
*ufsatzung* Bestimmung, Anordnung

*ufschrencken* auf einander setzen, verschrenken
*ufstan* entstehen (z. B. ein *geschelle* 495)
*ufwegen* aufwiegeln
*ule* Topf
*umbgebieten* zusammenberufen
*umbkommen* verfliessen (von der Zeit)
*umbsossen* umliegende Bewohner
*umbstender* Umstehende
*umbvohen* umfassen
*underdingen* verdingen, vermiethen
*underkouf* Zwischenhandel
*underkoufer* Zwischenhändler
*underschiedenlich* verschieden
*understand* Hinderniss, Schutzort
*underwile* einstweilen
*underwinden* über sich nehmen
*underziehen* in Besitz nehmen
*undögelich* untauglich
*unee, zu u. sitzen* in wilder Ehe leben
*unerfolget und unerkant* ohne officielle Bestätigung von seiten der zuständigen Behörde
*unferrig* anstössig
*unfertig* leichtsinnig
*unfure* Ausschweifung, Unfug
*ungebure* einer, der das Gesellschaftsrecht nicht besitzt
*ungelt, umgelt* Zehr- und Verbrauchssteuer (Octroi)
*umgelter* Einnehmer dieser Steuer
*ungeminte vische* Fische, die noch nicht gelaicht haben
*ungetat* Vergehen
*ungeverlich* ohne Arglist
*ungewarntes dings* unversehens, ohne vorherige Ankündigung 155
*ungezeicht* ungezeichnet
*ungöttlich* ungerecht, unfromm 3
*unkommend* unfähig
*unmusz* Arbeit, Last
*unrät* Schaden
*unrede* böse Rede
*unsere lieben frawen werck* das Frauenhaus
*unterdingen* zu geringem Preis verkaufen
*untür* gering, unwürdig, unredlich
*untzhar* bisher
*unvermügenlich* kraftlos, unvermögend
*unverwert* unverdorben
*unwen uf* von unten auf
*untz an* bis zu
*üppig* nichtig, ungiltig
*urlop* Urlaub, Abschied
*urlüge* Kampf, Streit
*ursessen, ursossen* vergüten
*urtin* die Zeche
*usbeheben* ausbedingen
*usbringen* zu Stande bringen
*usching* etwas
*usgeben* aus der Haft entlassen
*ushin* ferner
*uskummen* leer werden, zu Ende gehen (z. B. *das halb yor*)
*ussagen* verbieten
*usschiessen* (*ein schyf*) ausladen
*ussere* Auswärtige
*usweren* den Eid leisten, nicht in die Stadt zu kommen
*ustrag* Schlichtung
*ustuon* aussagen
*usverbannen* die Benutzung einer Sache untersagen
*uszgeboten* ausgewiesen
*uszrihten* versehen, ausstatten
*ut, utzit* irgend etwas
*Utengasse* St. Magdalenengasse
*Utentörlin* kleines Thor bei der St. Magdalenengasse
*Valler geben* den Preis vermindern
*vasszieher* Auflader
*vaste* Fastenzeit
*vechten* eichen (ein Mass oder Gewicht)
*veget* Kehricht
*vehe* Pelzwerk
*veltsicherheit* Versprechen eines Ueberwundenen gehorsam zu sein
*veilsen* handeln, feilschen
*veist* fett
*vellig* verurteilt
*verandern* austauschen, in andern Besitz bringen
*verantwort* Vertheidigung, Verantwortung
*verbachen* sperren, zusperren
*verbannen zit* verbotene Zeit

*verbeinte sulen* Säulen mit Belag aus Knochen
*verbieten* vorladen, vor Gericht laden, versagen
*verboren* anbohren
*verbrechen* zuwiderhandeln
*verbüntniss* Verpflichtung
*verburgert* bürgerlich niedergelassen
*verburnen* verbrennen
*verdehtlich* verdächtig
*verdingen* verbinden, verpflichten
*verdocht* gesonnen
*verdocht* Drohung
*verfangen* aneignen, bemächtigen
*verfaren* p. 322 sterben
*verfellen* tr. zu Fall bringen, verführen
*verfohen* verhandeln
*verfürworten* angreifen
*vergeben* schenken, hingeben
*vergicht* Ausspruch, Aussage, Bekenntnis
*vergrempen* verschachern
*vergrifen* einschliessen, einbegreifen
*verhalten* verheimlichen, veruntreuen, verbergen, verschweigen
*verheben* zuhalten, verdecken, schliessen
*sich verheften* sich zu einem Verbande zusammenthun
*verhengen, verhangen* erlauben, bewilligen
*verher, verlin* Ferkel
*veriwen* schminken
*verjehen* aussagen
*verkosen* ausgeschlossen, zurückgewiesen
*verkumet* verdorben
*verkunden* vorladen, berufen
*verlan* hinterlassen
*verlenden* verstopfen, verschütten
*verleigung tun* etwas auf eigene Rechnung unternehmen
*verlich* gross, äusserst
*verlonen* bezahlen; verdingen, geben für
*verlossung* Abtretung
*verlot* hört auf
*vermenckeln* vermischen
*vermüglich* tauglich
*vernähen* zuschliessen (ein Altwasser)
*verr* fern
*verriben* reiben, schminken
*verrihten* entrichten, bezahlen
*verschinen* ablaufen, vergehen
*verschinung* Ablauf (der Zeit)
*versehen* versorgen, bedenken, abwenden, verhüten
*versehelich* vermutlich, wahrscheinlich 273
*versess* versäumte Bezahlung
*versessen* rückständig
*versitzen* vernachlässigen, unterlassen
*verslahen, verslagen* abschlagen, unterschlagen, mit Interdikt belegen
*verslagen, eine stelle v.* einen Verschlag, eine bretterne Bude auf einem Platze errichten
*versorgen, mit händen und füssen* jem. durch Binden an Händen und Füssen unschädlich machen
*versweren* falsch schwören
*vertig* beweglich
*vertigen* brauchbar machen, zu stande bringen
*vertragen, eine spenne* ausgleichen
*vertrenken* zum Trinken ausgeben, verschänken
*vertriben* verthun, durchbringen
*vertrinken* Einstand geben
*verungelten* verzollen
*verüssern* verkaufen
*vervaren* dahingehen, sterben
*verwächseln* vertauschen, ablösen
*verwart* anvertraut
*verwandt* angehörig, beteiligt
*verwen* das Schminken
*verwesen, verwisen* ersetzen, jemandes Stelle vertreten
*verwisseln* verwechseln, austauschen
*verwürcken, würcken* kunstmässig verarbeiten
*verwüschen* verderben
*verwuschen* unnütz verbrauchen, verschleudern
*verzeigen* amtlich feststellen
*verzeren* beköstigen
*verziht* Verhinderung, Verzögerung
*verzog* Aufschub
*vesperurtin* Abendbrot
*vesseler* Küfer, Fassbinder

*vesselwerck* Küferei
*vettich* Flügel
*viele* Menge, Vielheit
*vierziten* Quatember
*vifitz* Kiebiz
*vigende* feindlich
*vihen, vyhen* weichen
*vingerlin* Fingerring
*viren* feiern
*virkummen* gedeihen
*vogeler* Vogelfänger
*vogelgrien* Vogelherd
*voget, vöget* Vormund
*volle* Fülle, Ueberfluss, Befriedigung
*vollen tun (den)* vollständig befriedigen
*volleclich* völlig, ausführlich, vollständig, vollkommen
*volter* Zwang
*vorabe* im voraus
*vorgerurt* vorher erwähnt
*vorhende* vorhanden
*vorhin* vorher 335
*vorlogel, vorlagel* Einnehmer des Kaufpreises von Wein
*vorstand* Gewinn, Ueberfluss
*vortragen, den böse exempel* böses Beispiel geben
*vressen, fressen* Nahrung
*vürbasz* siehe *fürbasser*
*vürgang* Fortgang, Erfolg
*vürwort* Verabredung, Bedingung, Vorbehalt

*Walen* spielen, rollen, kegeln
*waltmann* Waldhüter, Waldbewohner
*wambesch* Wams, Brustbekleidung
*wande* weil
*wandel* Rückgang, Rückgänglichkeit
*wandelbar* veränderlich, mangelhaft, straffällig
*wann, wanne* vielmehr, sondern, dann
*wannan* woher auch
*wanne* Getreide-, Futterwanne
*wapfen* waffnen
*war* wohin
*warbe* Versammlung
*warheit* Beweisführung, Zeugnis
*warnemen* vorbereiten, ausrüsten
*warnen, schaden w.* verhüten
*warten* acht haben, zuschauen, dienen
*wartolf* eine Art Netz (Warzlof)
*wartschilling* das Wartegeld, eine Entschädigung, die z. B. ein «*löffer*» für langes Warten erhält
*was* war
*watter* Fischer mit Zuggarn
*weffen* siehe *wapfen*
*weg, weger, wegeste* vorteilhaft
*wegen, von sinen wegen* an seiner Stelle
*welle* Reisig- oder Strohbündel
*weide* Wasserweide
*wendelböm* Wende- oder Hebebaum
*wenden* anrühren, betasten, umwenden, kehren, abwenden, wehren, hindern, wähnen, glauben
*wenden* wähnen, glauben
*wendig* rückgängig
*wenne* siehe *wanne*
*werbe* Wirbel, Strudel; Damm
*werben* sich bemühen, thätig sein
*werd, werde* der Wert
*were* Weigerung
*weren* bezahlen; bürgen, sicherstellen, gewährleisten
*werg* Geschäft, Arbeit
*wergmann* Arbeiter, Gehülfe
*werkhof* Aufbewahrungsort für städtische Gerätschaften, so z. B. jetzt noch unter diesem Name in Mülhausen i/E.
*werlich* wehrhaft
*werschaft* Gewährleistung
*werschaft haben* vorschriftsmässig sein
*werung* Bezahlung
*wetten* einen Pfandvertrag eingehen, ein Pfand einsetzen, wetten
*wettepfennig* Pfandgeld
*wibelessig* wurmig
*wickhüsel* Kriegsgebäude (propugnaculum)
*widelin* Weidenruthe
*wideme* Ausstattung, Dotierung
*wider* gegen
*widern* weigern, widersetzen
*widersatz* Widerstand
*wihen* weihen

*wiher* Weiher
*wilge* Weide, Weidenbaum
*wilgehe* ?
*Wilhelmer* Konventuale zu St. Wilhelm
*willentuch* wollenes Tuch
*winrufer* Ausrufer des zu verkaufenden Weins
*winung* Gewinn
*wissenhaft* gewissenhaft
*witting* Weissfisch
*woge* Wage
*wogen* Gewässer
*wor* wohin
*worzeichen* Merkzeichen, Beweis
*wullen legatur* wollenes Zeug
*wurf* Fischerei mit Wurfgang
*würken* arbeiten, in Arbeit nehmen
*würmen* abraupen
*wüste* beschmutzte Lappen
*wurtz* Gewürz
*Ys* Eis
*Zale, zal* bestimmte oder unbestimmte Anzahl, Menge
*zahlholz* Wipfelholz
*zapfen, den z. triben* Schenkwirtschaft halten
*zapfener* Weinzapfer, Weinschenk
*zarge, bodemzarge* Einfassung am Boden eines Fasses
*zeihen* erziehen, ernähren, füttern
*zeine* Korb
*zendel* eine Art Taffet
*zeren* Aufwand für Essen und Trinken machen
*zergen, zergan* ein Ende nehmen
*zerknütschen* zusammendrücken
*zervellen* auseinander machen
*ziborgen* Säulenhäuschen (für Heiligenbilder)
*ziehe* Geis, Ziege
*ziehen* erziehen zu
*zieche* Ueberzug meistens nur vom Kopfkissen
*ziger* Molken, Quark
*zihen* zeihen, beschuldigen
*zil* abgegränzter Raum
*zimlich* gebührend
*zimme* siehe *zymen*
*zinssamener* Zinssammler
*zinstag,* auch *zistag* 175 Dienstag
*zit, zitic* reif, was die rechte Zeit erreicht hat
*zöchenohsen* Zugochsen
*zom, zoum* Zaum
*zougen* zeigen
*zuber* hölzernes Gefäss
*zubot* Ersatzbote
*zufallent* hinfällig
*zufelle* Gefälle
*zugonden* zuführen
*zurisen* zufliessen, zufallen
*zuversprochen* angehörig
*zweien* streiten
*zweierhand* zweierlei
*zweigen* zu zweien vereinigen, gesellen
*zweigeling* Münze; Brod, das so viel kostet
*zwürent, zwenent* zweimal
*zwüsent* zwischen
*zybel* Zwiebel
*zyl geben* Frist geben, den Zahlungstermin hinausschieben 141
*zymen* Zimmet

# INHALTSVERZEICHNISS

## Z

FSC
www.fsc.org
MIX
Papier | Fördert
gute Waldnutzung
FSC® C083411

Kolibri 360 GmbH
Ferdinand-Jühlke-Straße 7
99095 Erfurt, Deutschland
produktsicherheit@kolibri360.de